קראתי בכל לב

מיכל טיקוצ'ינסקי

קראתי בכל לב

קריאות בפרשת השבוע

עריכה: חיותה דויטש

מגיד
ספריא

Michal Tikochinsky
I Call with All My Heart
Readings in the Weekly Parasha

מיכל טיקוצ׳ינסקי
קראתי בכל לב: קריאות בפרשת השבוע

עורך אחראי: ראובן ציגלר
עורכת משנה: אפרת גרוס
הגהה: משה גרוס
כריכה: שמואל לעסרי
עימוד: רינה בן גל

ספרי מגיד, הוצאת קורן
ת״ד 4044 ירושלים 9104001
טל׳: 02-6330530 פקס: 02-6330534
www.korenpub.co.il

מסת״ב ISBN 978-965-526-337-4

נדפס בישראל Printed in Israel 2022

מוקדש באהבה
לאמי רות כהנא שתחי׳
על המתקת הלימוד מגיל צעיר

תוכן העניינים

חומש שמות

חומש ויקרא

חומש במדבר

חומש דברים

הקדמת המחברת

שגרת ימיי מורכבת מלימוד והוראה של גמרא והלכה. הדרשנות ולימוד התורה שבכתב הם פינה נסתרת בתוכם. משלהי שנת תשע״א התחלתי לכתוב באופן שיטתי דברי תורה על פרשת השבוע ולפרסם אותם ברשת למנויי וידידי בית מורשה, שבו הייתי באותה עת ראשת בית המדרש לנשים.

במבט לאחור, הספר הראשון שחיבר אותי לעולם של לימוד פרשיות השבוע היה ספרה של רבקה אליצור: **על אבות לילדים**. הסיפור הפותח שבו אברהם אבינו יוצא לשדה, מתפעל מן הטבע ותוהה: ״מי ברא כל אלה״ – הפעים אותי. מעולם לא חשבתי קודם לכן שהעולם קורא לנו לחקור אותו. חוכמתו של אברהם וויכוחיו המתוחכמים עם תרח אביו לימדו אותי את תורת הוויכוח והנצחנות, והעניקו לי השראה במציאת הכשל הלוגי בכל טיעון. תעוזתו ונכונותו להישרף בכבשן האש למען אמונתו, כבשו את ליבי. אגדות חז״ל בלבושן הפשוט היו עבורי מבוא לעולם של מחשבה יהודית, של גילוי וחקר וזרעו בי אהבה לתורה ואהדה ליצירה ולדרשה.

בגיל מבוגר קצת יותר, סביב שולחן השבת, היה אבי ז״ל חד לנו חידות מתוך רש״י על פרשת השבוע. החידות הללו היו עבורי אתגר מיוחד, וגרמו לי לפנות זמן גם בתוך הלחץ של ימי שישי לשבת להתכונן לחידון: לקרוא את פרשת השבוע מתחילתה עד סופה עם רש״י. אוצרותיו של רש״י חקוקים בי ומעורבים לעיתים עם דמותו המיוחדת של אבא ז״ל. בשנות התיכון (באולפנית בני עקיבא תל אביב) נהגתי לעיין בפרשת השבוע מדי בוקר, בין התפילה לתחילת השיעור הראשון. לאורך השנים צברתי שאלות, מחשבות ותמיהות, כל אלה מצאו את דרכם לתוך דברי התורה המונחים לפניכם, כשלצדם מחשבות ופתרונות שקיבצתי מתוך דברי הפרשנים המוקדמים והמאוחרים, מתוך לימודי הגמרא והמדרש וגם מן הספרות הכללית.

מראשית הדרך, התקינה ד"ר חיותה דויטש את דברי התורה שלי וערכה אותם בנדיבות. למדנו לעבוד זו לצד זו וגם את הספר הזה היא ערכה בתשומת לב, בחן ובחסד המיוחדים לה. הרב פרופ׳ יהודה ברנדס היה שותף להתגבשות דברי התורה בשנים הראשונות, העיר והאיר עליהם, ומדבריו הבאתי רבות. בעלי, ילדיי, אחי ואחיותיי ניהלו איתי דיונים פוריים בעקבות דברים שפרסמתי, וכך גם קוראים רבים שטרחו לכתוב להגיב ולשאול.

בשנים האחרונות התחלתי לפרסם את דברי התורה גם בעלון **שבתון** המתפרסם משבת לשבת. זו הזדמנות להודות מאוד למוטי זפט עורך שבתון על המקום המכובד שפינה לי בבמה החשובה הזו. דברי התורה המכונסים כאן אינם כל המצוי באמתחתי. בפני הקוראים הובאו רק חלקם ובע"ה חלק אחר יועלה לאתר ספריא ויהיה זמין שם לכל דורש.

תודה עמוקה אני חבה לאנשי **ספריא** ובראשם: דניאל ספטימוס, ליזי מרטין והרבנית שרה וולקנפלד, תלמידתי לשעבר, שתמכו בהוצאת הספר. בזכותם, ובזכות הרב ראובן ציגלר מהוצאת **מגיד־קורן**, הספר הזה זוכה לראות אור. תודה מיוחדת לאפרת גרוס מהוצאת מגיד־קורן על הבאת הספר לדפוס. תודה רבה גם לכל שאר צוות מגיד שטרחו בהכנת הספר, ובהם: אריה גרוסמן, רינה בן גל, שמואל לעסרי, משה גרוס ואביחי גמדני.

ואחרונה חביבה, תודה לאמי היקרה רות כהנא הי"ו, שסיפורי האבות שקראה לי בחן ובנועם עדיין מתנגנים באוזניי בקולה. ספר זה מוקדש לה.

מיכל טיקוצ׳ינסקי

הקדמת העורכת

"מהו הבסיס לתוקף התחייבותם של הערבים בעסקת ממון קלאסית? מה תורמת לנו לשון הערבות?", החיבור בין ערבות משפטית רגילה לבין סיפור יהודה ובנימין בפרשת ויגש אופייני לדרכה של הכותבת.

הדרך שבה קורא אדם את פרשת השבוע היא מראה לעולמו. בדרשותיה של הרבנית מיכל משתקף עולם של אישה למדנית החובשת כבר שנים רבות את ספסלי בית המדרש ומלמדת נשים גמרא והלכה. עולם של עורכת דין המכירה מקרוב מאוד את עולם המשפט, וגם עולמה של אישה, רעיה ואם, בעלת עין רגישה לקריאת המציאות ויכולת להבחין ולהצביע על ניואנסים וניואנסי ניואנסים במפגש בין הפסוקים לנפש האדם.

את דרשותיה של הרבנית מיכל אני מכירה שנים רבות. כדי להבין ולנסח את ייחודו של הספר המקבץ אותן הייתי זקוקה לאותו מבט מן החוץ שמספקת העריכה, להתבונן על אוסף הדרשות שלפניכם כמכלול אחד ולהבין את גודל החידוש שיש בו. בקריאתה את הפסוקים ואת המדרש יוצרת המחברת תמונה שלמה, ססגונית וחיה של מציאות מוכרת ומקרבת פרשיות קדומות לעולמנו אנו.

סרח בת אשר היא דוגמה נהדרת: "סרח בת אשר", כותבת מחברת הספר בדרשה לפרשת פנחס, "זכתה למעמד של פוסקת הדור ויודעת ח"ן, יושבת ב'מועצת גדולי התורה' וממליכה מלכים בהבל פה". בתגובותיה, המתוארות במדרש, משתקף היגיון בריא: סרח מלגלגת על הרעיון ש"טיפוס" העושה ניסים ואותות יזוהה כמשיח הגואל. רק השימוש בקוד המסור לה בסוד מבית יעקב אבינו, מזוהה אצלה כסימן מסימני הגאולה – ודברי משה רבינו על הגאולה הצפויה – אכן זוכים לאישורה ומתקבלים.

הקדמת העורכת

בדיון על העדים הזוממים בפרשת שופטים, מתארת המחברת מקרה פרדוקסלי שמביא **המנחת חינוך**, ובו מזימים שני ילדים שהפכו בני מצווה בראש חודש ניסן את עדותם של המעידים שראו לבנה בחידושה באותו ראש חודש עצמו. בהזמה זו הם שומטים כמובן את מקור התוקף להיותם בני עדות – והלומד מוצא עצמו ב"לופ" למדני מבלבל ומשעשע כאחד. ב"מרכזם של שעשועים למדניים רבים" היא מעירה, "מצוירת סוגיית העדים הזוממים כתמונות מפלצת בולענית, וזו מתוארת בשפה למדנית – פלפולית". בכותבה, היא לא רק מתארת את הבעיות ומציעה להן פתרון בעזרת רוחב ידיעותיה, אלא גם מנסה להעניק לשאלות שמעוררת הפרשה פשר ומובן שיש בו עומק קיומי וחינוכי.

דוגמה מאפיינת נוספת היא דרשה יפהפייה לפרשת תרומה, שבה צועדת המחברת בעקבות המדרש, ומתארת את הקב"ה כאותו אב מתגעגע המורחק על כורחו מבתו שנשאה לאיש. "כדי לראותה הוא נאלץ ללכת לביתה החדש – הלוא הוא המשכן" היא ממשיכה, ומסרטטת את המהפך שחל במערכת היחסים של ה' וישראל עם הקמת המשכן, ואת בקשת ה"אב" להקצות לו "קיתון למגוריו, מעין חדר אורחים שמסדרים להורי הכלה כשהם באים להתארח".

בספרה של הרבנית מיכל שוכנים זה לצד זה הלכה ואגדה, פלפול תלמודי של הגרי"ז לצד דרשות ר' צדוק הכהן מלובלין והרב קוק. יֶשְנם גם חדשים: פרשנים ראשונים לצד הוגים בני זמננו, יהודים ושאינם יהודים. קריאה שוטפת או אקראית בספר תפגיש את הקוראים בפסקה של הרש"ר הירש, ר' נחמן מברסלב, הנוירולוג אוליבר סאקס או הסופר דוד גרוסמן. תמיד מתוך מבט מרענן, תוך הצעת זווית מקורית ומחדשת. התחושה היא של עושר גדול, של תורת חיים, שהיא גם אמת וגם שעשוע.

זכות גדולה היא לערוך ספר אשר כזה ולסייע להביא לעולם מבחר מדרשותיה של אחת מתלמידות החכמים הבולטות בדורנו, שיש בו חידוש גדול מצד עצמו, ולא רק מצד זה שכתבה אותו אישה. אשריי שזכיתי, ואשרינו שזכינו.

חיותה דויטש

חומש בראשית

פרשת בראשית

וישלחהו מגן עדן

פעמיים בפרשתנו האדם מגורש ומיטלטל ממקומו: בפעם הראשונה כאשר הקב"ה מגרש את האדם מגן עדן אחרי חטא האכילה מעץ הדעת; בפעם השנייה קין הוא שמגורש כאשר מתברר שהוא רצח את אחיו את הבל. כבר במקרה הראשון הקב"ה אינו עומד באזהרתו. הקב"ה הזהיר את האדם "כִּי בְּיוֹם אֲכָלְךָ מִמֶּנּוּ מוֹת תָּמוּת". אולם בפועל הוא מקבל עונש אחר. מעתה "בְּזֵעַת אַפֶּיךָ תֹּאכַל לֶחֶם". הגירוש מגן עדן אינו העונש אלא מטרתו למנוע את האדם מלאכול מפרי עץ החיים. כלומר, מניעה והרחקה ולא ענישה.

התורה אומרת "וַיְשַׁלְּחֵהוּ ה' אֱלֹהִים מִגַּן עֵדֶן לַעֲבֹד אֶת הָאֲדָמָה אֲשֶׁר לֻקַּח מִשָּׁם. וַיְגָרֶשׁ אֶת הָאָדָם וַיַּשְׁכֵּן מִקֶּדֶם לְגַן עֵדֶן אֶת הַכְּרֻבִים וְאֵת לַהַט הַחֶרֶב הַמִּתְהַפֶּכֶת לִשְׁמֹר אֶת דֶּרֶךְ עֵץ הַחַיִּים". הפסוקים הללו אינם מובנים בפשטם. נדמה שהקב"ה שלח את האדם באמתלה שיעבוד את האדמה מחוץ לגן עדן ולאחר שהאדם יצא ה' סגר את השערים ולא נתן לו לשוב. קודם הוא שולח את האדם וממנה אותו לשליחות מסוימת של עבודת האדמה שבחוץ ורק אחר כך הוא מגרש אותו.

האבן עזרא קורא את הפסוקים אחרת. לדעתו, כל "שילוח" הוא גירוש. כשם ששילוחין הם גירושין. ולכן אין לומר שהקב"ה שולח את האדם לבצע שליחות מחוץ לגן עדן. אלא יש לומר ששני הפסוקים הללו מתארים את הגירוש. אולם, אם השילוח הוא גירוש ועונש לאדם, יש לבחון מדוע הוסיף הקב"ה עונש זה על עונשו הראשון, ולבחון את פשרו.

החזקוני מציע: "וישלחהו – כדין רוצח בשגגה לפי כשהביא (כך במקור) הוא מיתה לעולם על אכילת עץ הדעת עדיין לא היה בו דעת ובינה". כלומר, שני עונשים הם על שני מעשים שונים: מוות על האכילה מעץ הדעת הראשון וגירוש על כך שהאדם המיט על כל ברואי העולם את גזרת המוות ודינו כרוצח בשגגה הנענש בגירוש ובטלטלה. הדברים מתיישבים עם עונשו של קין, שאף הוא נענש ב"כִּי תַעֲבֹד אֶת הָאֲדָמָה לֹא תֹסֵף תֵּת כֹּחָהּ לָךְ נָע וָנָד תִּהְיֶה בָאָרֶץ". הצעת החזקוני משונה מעט, שכן העונש ניתן לנרצחים כשם שניתן לרוצחם, אך היא מרתקת מבחינת ההצעה לראות במעשהו של אדם הראשון רצח של אנשים שטרם נולדו. על פי החזקוני כל קיומנו בעולם הוא קיום מטולטל, בצל המוות. החיים בעולם הזה הם מאחורי שערים נעולים ומחוץ לבית.

התולדות יצחק אינו מסביר כך. הוא מפרש כפי שהצענו קודם, שהשילוח היה אכן יציאה למשימה. "כמי ששולח שליח לעשות איזה שליחות". לפי דבריו, הקב"ה אכן התחכם לאדם הראשון ואמר לו שעליו לצאת מגן עדן למשימה. האלשיך מסביר מהי אותה משימה. "צריך לדעת מה העבודה הזאת, האם לחרוש שלחו?". לאלשיך ברור שהאדם לא נשלח לעבוד את האדמה במובן הפשוט של חרישה וזריעה. שכן הקב"ה מציין מפורש שהאדם צריך לעבוד את האדמה אשר לוקח משם. כלומר, שיש עניין באדמה ולא בעבודה דווקא. האלשיך מציע שהקב"ה שלח את האדם להקריב לו קורבן לרצותו, וביקש ממנו שילך מגן עדן למקום כפרתו, הר המוריה, ושם יוכל לרצות את הקב"ה. כי ממקום כפרתו הוא נברא. ואחרי שהאדם יצא מגן עדן כבר לא הייתה לו דרך חזרה. כשם שאישה שנשלחה מן הבית – חדלו נישואיה להתקיים בפועל, מתן הגט הוא רק חיזוק ותיקוף לאובדן הזוגיות ולתומם של יחסי האהבה והקירבה.

פרקי בראשית הראשונים בוודאי משקפים ומציגים לפנינו את יסודות התיאולוגיה היהודית. רש"י מחדד זאת בהצביעו על הקושי שבפתיחת התורה בסיפורי הבריאה וסיפורי האבות. אילו הייתה התורה רק ספר חוקים ואתיקה היה ראוי לפתוח אותה בפרשת בא. אולם התורה היא קודם כול ספר האמונה שלנו ובה מוצגים יסודות המחשבה היהודית. מהפירושים הללו עולה שישנם שני אופנים להסתכל על מציאות קיומנו בעולם שלאחר גן עדן, שני אופנים להסביר את בריאת האדם ואת פשר קיומו. על פי האופן האחד אנו מורחקים ומוגלים, יושבי חושך וצלמות. במובן מסוים האדם

מושלך לעולם. הוא נזרק אל מחוץ לדבר האמיתי ומגשש את דרכו באֲפֵלה. העולם הוא גורלו של האדם. האופן השני הוא לומר שאנו נמצאים כאן כדי למלא משימה של כפרה ותיקון. העולם הוא מקום כפרתנו. כל מכשול הוא הזדמנות לתיקון. והוא המקום שבו אנו יכולים לעבוד בו את עבודת ה׳ הנכונה. העולם הוא ייעודו של האדם.

גשם

המפגש שלנו עם פרשת בראשית מאפשר להתבונן מחדש בנקודת המבט הא־לוהית על הסדר החברתי הנכון. פרשת בראשית היא, במובן מסוים, "בית המרקחת", תנאי המעבדה של העולם, המצב ההיולי, הנקי, שבו כל דבר מצוי במקומו, השמש והירח במרום, המים התחתונים מופרדים מן העליונים, בעלי החיים מסודרים על פי משפחות, וכדומה. בפרשת בראשית ניתן למצוא את שלבי התכנון, אלו שהיו לפני המהפכות האנושיות והקלקולים או התיקונים שהאדם עוד יבוא ויערוך.

בנקודה אחת נערכת במפורש השוואה בין המצב הבריאתי ובין המצב שלאחר כניסת האדם לתמונה: מערכת המים וההשקיה.

בתחילת פרק ב נאמר "כִּי לֹא הִמְטִיר ה׳ אֱלֹהִים עַל הָאָרֶץ וְאָדָם אַיִן לַעֲבֹד אֶת הָאֲדָמָה". העובדה שהקב"ה אינו מוריד גשם תלויה איכשהו בהיעדרותו של האדם. אולם אין משמעות הדבר שהאדמה אינה מושקית במשך הזמן הזה. להפך, הפסוק העוקב מציין "וְאֵד יַעֲלֶה מִן הָאָרֶץ וְהִשְׁקָה אֶת כָּל פְּנֵי הָאֲדָמָה" וגם "וְנָהָר יֹצֵא מֵעֵדֶן לְהַשְׁקוֹת אֶת הַגָּן".

הופעת האדם מחייבת מערכת הפעלה מתאימה, התורה מניחה שבואו של האדם מחייב שינוי יסודי. אי־אפשר להשתמש יותר בהובלת מי נהר ובאידוי של מי תהום ונצרכת מעתה התערבות א־לוהית. מעניין שהציפייה שלנו הפוכה, ולכאורה, דווקא בהיעדר אדם שיחפור מנהרות ותעלות על מנת להוליך את מי התהום או מי הנהרות אל האדמה, היינו מצפים מן הקב"ה להמטיר גשם. ולהפך – עם הופעתו, אפשר לוותר על מתת השמיים, ולסמוך על האדם שיבצע את עבודת ההשקיה.

המדרש מסביר את השינוי הזה כאילוץ וכסטייה מן התוכנית המקורית: "וחזר בו הקב"ה, שלא תהא הארץ שותה אלא מלמעלה". כלומר, הקב"ה

חשב מלכתחילה שהשקיית הנהרות והאד העולה מן הארץ היא השיטה הנכונה ביותר להשקיה, אך הוא נדחק לסגת לתוכנית חלופית. המדרש גם מביא ארבעה טעמים למהפכה זו:

רב חנן דציפורין בשם ר' שמואל בר נחמני,
מפני ד' דברים חזר בו הקדוש ברוך הוא שלא תהא הארץ שותה אלא מלמעלן,
מפני בעלי זרוע,
ובשביל להדיח טללים רעים,
ושיהיה הגבוה שותה כנמוך,
ושיהו הכל תולים עיניהם כלפי למעלה
הדא הוא דכתיב: (זהו שנאמר) לשום שפלים למרום (איוב) (בראשית רבה, יג).

על פי המדרש, רק אחת מהסיבות לשינוי תלויה בהנהגת בני האדם, כעולה מן הפסוקים. "מפני בעלי זרוע" – כשהמים מצויים באדמה יהיה מי שיאגור אותם בשטחו, שימנע אותם מאחרים וידאג לעצמו בלבד בכוח הזרוע. על כך נוספו טעמים אחרים המבטאים את יתרון הגשם על פני ההשקיה התחתית. לכאורה, ללא קשר לנאמר בתורה: "שיהיה הגבוה שותה כנמוך" – שיטת ההשקיה באמצעות נהרות גורמת למים לחלחל ולזרום למקומות הנמוכים. עובדה זו נותנת יתרון ועדיפות לאזורים הללו על פני המקומות הגבוהים. הגשם, לעומת זאת, יורד ומשקה באופן שווה בכל מקום. "בשביל להדיח טללים הרעים" – הגשם משפר את האיזון האקולוגי. הוא מטהר את האוויר ומסלק מזיקים מן הצמחים. השקיה תחתית רק מרווה את האדמה אך אינה פועלת על מרחבים נוספים. "ושיהו הכל תולים עיניהם כלפי מעלה" – מאגרי המים שביבשה יוצרים תחושה מדומיינת שאיננו נזקקים לחסדי ה'. הורדת הגשם משמיים מעוררת את בני האדם מושפלי המבט להרים את עיניהם לשמיים. כשהאדם מרים את ראשו ומצפה למתת שמיים הוא חש את התלות הקיומית בבורא עולם.

אם כן, לגשם יש ערך במיתון הטבע בכללותו וביצירת איזונים בתוכו: במיתון הטבע האנושי ויצירת שוויון בין החסון והכוחני לחלש; במיתון

אי־השוויון הטופוגרפי בין "נמוך וגבוה"; ביצירת שיפור בנזקי הבלאי של העולם "טללים הרעים"; וביצירת איזון בין אדנותו של האדם על הטבע לבין הופעת א־לוהים כתמונת המראה של האדם.

את סגולתו של הגשם לייצר איזונים בטבע אנו קולטים בחושים, אך המדרש קשר את הרעיון לפסוקים בפרשתנו ומשליך מהם על מערכות נוספות: מה שיוצר איזון אקולוגי באוויר ובמים יוצר גם שוויון בין בני האדם ואף איזון ראוי בין חומר ורוח.

העיקרון הזה, שחיי הרוח שלנו ומערכות היחסים בין בני האדם הם תמונת מראה של הטבע ופועלים באמצעות אותן מערכות, הוא עיקרון יסודי שחז"ל הציבו לנגד עינינו במדרש הזה. מן העיקרון ניתן להסיק שכל דבר שאנו מגלים במעבדה כתופעת טבע אפשר לראות בו גם משל להתנהגות האנושית והבין־אישית, וליחסי אדם וא־לוהים. תרכובות ותערובות אינן רק ממצא כימי, והן תקפות גם בעולם הרוח. התיאור הפיזיקלי של קיומן של אנרגיות איננו מוגבל לאוצר הנולד מכוחם של תנועה וגובה בלבד. אנו מזהים אותו לאחר טעינה של שנת לילה בבני האדם, ואנו מזהים אותו בהתחדשותם של כוחות רוחניים שונים בחלוף הזמנים והעיתים. כוח המשיכה פועל לא רק על עצמים ובאמצעות כוח הכבידה, הוא חל על בני אדם וביניהם, והוא חל בין האדם לבוראו וביחס שבין הנשמה והגוף. תורת הרשתות מתארת רשת של קווי חשמל כשם שהיא מתארת קשרים במוח, קשרי תחבורה וקשרים חברתיים. מערכות קשרים בין בעלי חיים מלמדות אותנו לא מעט על המערכות המקבילות אצל האדם. על הנהגה והובלה ועל לכידות ומבנים חברתיים. ומכאן גם השראה על קיומם של הבדלים בעבודת ה' בין ציבור ליחיד.

אבל המשמעות העמוקה של המדרש היא שהעולם עובר מהפכות ותמורות מרובות, כולן בעצתו העמוקה של הבורא ובכוונת מכוון שמטרתה לשמור על שיווי משקל בעולם. שיווי משקל זה נחוץ לא רק בטבע וכחלק מן הצורך לשמרו או להתאימו להתפתחות האנושית. תגובה גאולוגית, תנודת חומרים ושינוי במערכות היחסים בין אנשים, הם כולם משל להתרחשות המרכזית של שינוי בדרכי הופעת ה' בעולם.

"ללמדך שגדול יום הגשמים כיום שנבראו בו שמים וארץ" (תענית ט ע"ב).

שם קוד: "אדם"

מפלצת הספינקס שישבה בשערי תבי התירה לעבור רק למי שידע לפתור את חידתה: מהו היצור שבתחילה הולך על ארבע לאחר מכן על שתיים ולבסוף על שלוש. מי שפתר את החידה והציל את העיר היה אדיפוס שקבע כי התשובה לחידה היא "אדם" – בראשית ימיו זוחל על ארבע, בבגרותו צועד על שתיים ובזקנותו נשען על מקל. פתרונו של אדיפוס גורם למות הספינקס, נפילתה של מפלצת הספינקס באמצעות הקוד "אדם" מסמלת את נפילת האלים וכניסת האדם לתפקיד השליט.

על פי הספינקס האדם הוא גל סינוסי: מתחיל מלמטה, עולה ושוב יורד. האדם מתחיל את חייו בזחילה, בשלב מאוחר יותר – נעמד על רגליו ומשם כושל וקורס חזרה למצבו הכפוף הראשוני. האדם כגל הוא תקוות שוא חולפת. דווקא מי שיכול היה להישיר מבט אל הארעיות האנושית, אדיפוס, ניצח את בן האלים. החולשה מקנה לאדם את כוחו.

הניסיונות לתאר את האדם בדרך מיתית שתתאר את מהותו ואת הקונפליקט שבתוכו הוא נתון, מרובים מאוד. על פי התיאוריה האבולוציונית נולד האדם מהכלאה של אבות קדמונים שבחלקם אינם אנושיים ושייכים למינים שונים. ההתפתחות האנושית מתגוונת ומתחזקת על פי התיאוריה האבולוציונית. במידה מסוימת, שלטון האדם מובטח לא בגלל ארעיותו אלא בגלל שהוא פיתח יכולת הישרדותית והשתמש בתבונה כדי לפתח תקשורת, אינטלגנציות שונות להבנת המרחב ולמיפויו ועוד. לפי התיאוריה הזו, הכוח והעליונות האנושית היא סוד קסמו של האדם.

האדם כתופעה בראשיתית נדון בסוגיה במסכת סנהדרין שבה הוא מוצג בדרכים אחדות. יש מהחכמים שתיארו אותו בממדים מיתיים ממש, למשל רב יהודה בשם רב סבור שאדם הראשון מילא את כל החלל:

> אמר רב יהודה אמר רב: אדם הראשון מסוף העולם ועד סופו היה, שנאמר "למן היום אשר ברא א־להים אדם על הארץ ולמקצה השמים" (ועד קצה השמיים), כיון שסרח – הניח הקדוש ברוך הוא ידו עליו ומיעטו, שנאמר "אחור וקדם צרתני ותשת עלי כפכה" (חגיגה יב ע"א).

אומנם, לפי זה יש לומר שלאחר החטא התמעט האדם והגיע לממדים המוכרים לנו.

לדעת רבי אלעזר אדם הראשון היה גבוה ורם וכשעמד על הארץ ראשו נשק לרקיע. גם כאן ברור שבסופו של דבר בגלל החטא התמעט לגודלו המוכר לנו היום:

> אמר רבי אלעזר: אדם הראשון מן הארץ עד לרקיע היה, שנאמה, למן היום אשר ברא א־להים אדם על הארץ ולמקצה השמים עד קצה השמים, כיון שסרח – הניח הקדוש ברוך הוא ידו עליו ומיעטו, שנאמר "אחור וקדם צרתני" וגו' (סנהדרין לח ע"ב).

נראה שלדעת רבי אלעזר האדם הוא בעל יכולת לשלב כוחות עליונים עם הבנה של המציאות. שתי רגליו היו מונחות על הקרקע אבל ראשו הגיע לשמיים. יכולותיו היו מפעימות מבחינת יכולת הראות למרחק, החיבורים בין רוח וגשם והחיבור בין גבוה ונמוך.

לדעת רבי יהודה בשם רב האדם שלפני החטא לא הותיר מרחב פנוי. הוא מילא את החלל כולו בנוכחותו. חשיבותו ומרכזיותו של האדם בבריאה היו כה בולטים ובלתי מעורערים שכך נדמה האדם המשתקף לעינינו מתחילת פרשת בראשית.

הדגש של רבי יהודה הוא על מרכזיותו של האדם ואילו הדגש של רבי אלעזר הוא על יכולותיו המרשימות. המשותף לשתי הגישות הללו הוא התחושה שהאב הקדמון הנברא איננו זהה לנו בצורתו, בקומתו ובתבונתו אלא הוא מייצג דמות נשגבה, הקרובה יותר לצלם א־לוהים, דמות רוחנית יותר ובולטת הרבה יותר על רקע המציאות של החיים על פני כדור הארץ. אותו אדם עצמו הצטמצם ברוחו, בממדיו וביכולותיו וכך נוצר האדם שלפנינו.

האדם, אם כן, הוא תוצר של פוטנציאל אינסופי הטמון בו. לא היותו בן חלוף, ולא התפתחותו ויתרונותיו המוחשיים הם הנותנים לו את שלטונו, אלא דווקא הידיעה שהוא מסוגל ליותר.

במה חטא אותו אדם ראשון שגרם לו להתמעט?

לשאלה זו ניתנות שלוש תשובות. הראשונה של רבי יהודה בשם רב: "אדם הראשון מין היה", השנייה של רבי יצחק: "מושך בערלתו היה" והשלישית של רב נחמן: "כופר בעיקר היה". כל ההצעות משונות במידה דומה. לפי הפירוש הראשון הוא נאשם במינות, כלומר, שליבו נטה מן הקב"ה למחשבות זרות. לפי הפירוש השני (המניח שהאדם נולד מהול או

שה׳ מל אותו) הוא נאשם בכך שמשך בערלתו וניסה להסוות את בריתו עם ה׳. לפי הפירוש השלישי הוא כפר במציאות ה׳. שלוש ההצעות קשות להבנה: הרי אדם הראשון הסתובב בגן עדן, שוחח עם הקב״ה ולא היה לו ממי להסתיר את בריתו עם ה׳. האם הוא זה שלא חש בנוח עם ההזדהות עם הבורא? האם רצה לברוח מהקשר איתו וזיהה בעולם אפשרויות שאינן מחייבות הכרה בו?

נראה שחכמים מבקשים לומר כאן, כי הקשיים והאתגרים האמוניים אינם קשורים כלל ועיקר לנוכחות זרים. שורשם נטוע דווקא בסתירה שיש באדם בין היותו נוצר ובין היותו צלם א־לוהים. הקונפליקט בין שני הפנים יוצר חוסר הלימה וזהות לא מבוררת. השייכות לשמיים ולארץ בעת ובעונה אחת, היכולת להיות בכל מקום ובכל זמן איננה מאפשרת בידול של האנושיות. התמעטותה במדרש אפשרה לאדם להאמין. העוצמה שהייתה מתחילה באדם פחתה כדי שהאדם יוכל לראות את גדולתו של הקב״ה. לא הארעיות היא יסוד כוחו של האדם ולא עוצמתו הטבעית והביולוגית אלא הקונפליקט שבין שני אלו, בין מה שבפועל ובין מה שבכוח, בין ״אָנֹכִי עָפָר וָאֵפֶר״ ובין ״בשבילי נברא העולם״.

המוסר של למך

וַיֹּאמֶר לֶמֶךְ לְנָשָׁיו
עָדָה וְצִלָּה שְׁמַעַן קוֹלִי
נְשֵׁי לֶמֶךְ הַאְזֵנָּה אִמְרָתִי
כִּי אִישׁ הָרַגְתִּי לְפִצְעִי וְיֶלֶד לְחַבֻּרָתִי.
כִּי שִׁבְעָתַיִם יֻקַּם קָיִן וְלֶמֶךְ שִׁבְעִים וְשִׁבְעָה.

למך מספר לנשותיו סיפור. הוא מבקש שהן תאזנה לו, חורז את דבריו ומספרם בלשון השירה, אולם תוכן הדברים חידתי ואינו מובן. לפניית למך לנשותיו המפרשים מציעים מספר כיוונים, אחד מהם הוא שהוא מתנה את צרותיו בעקבות הבחירה בנישואין עם שתי נשים.

אך האפיק הפרשני המרכזי הוא שלמך מבקש לשכנע את נשותיו לחזור לחיים משותפים ולחיי אישות איתו, שכן הן מסרבות לכך ומורדות בו. הנימוק להתנהגותן הוא הידיעה שהבנים שיוולדו להן עלולים למות

כעונש על רצח קין על ידי למך, ועל כן אין הן רואות טעם להשקיע בבניית העתיד.

ויש פירוש נוסף בכיוון דומה: סרבנותן של נשות למך קשורה בהבנתן את מה שצופן העתיד, אבל לא מעשיו של למך הם הגורם לעתיד הבעייתי, אלא ידיעה מוקדמת שהייתה להן על המבול העתיד להתרחש, המבול ישמיד ויכלה את כל היקום ויחד איתו את צאצאיהם, על כן ביקשו להימנע מפרייה ורבייה:

> תבען לתשמיש,
> אמרו לו: למחר המבול בא, נשמע לך ונהיה פרות ורבות למארה ורביה ולהוליד תולדות שגורלם נגזר? (בראשית רבה, כג).

הידיעה על העשוי להתרחש בעתיד הגיעה אליהן באמצעות אצטגנינים, ידע שהיה מפותח בזמנו. כפי שמבואר במדרשים וכפי שמתאר מאוחר יותר ר' יוסף בכור שור בפירושו:

> ולי נראה כי בימים ההמה היו חוזים וחכמים שהיו יודעים שיבוא מבול בימי בני למך, כי לא תמצא בבני למך תולדות, כי טבעו הם במבול, והיו שומעות נשי למך כך, והיו רוצות לפרוש הימנו, כי אומרות: למה נלד לרוח ולהבל ונסבול עצבון הריון ולידה וגידול – בנים.

בדברי חז"ל והמפרשים נזכר לא פעם השימוש באיצטגנינות החוזה את העתיד, על מנת לתכנן את העתיד בדרך שתעקוף את הגורל או תנצל ותטה אותו. אברהם אבינו ידע על פי האיצטגנינים שלא יוליד, יעקב אבינו ידע שמבני יוסף – אפרים ומנשה – עתיד לצאת ירבעם בן נבט ורצה להימנע מלברכם. אשת פוטיפר פיתתה את יוסף כי ראתה באצטגנינות שעתידה להיבנות מיוסף ולא הבינה שיוסף עתיד לשאת את בתה אסנת. אצטגניניו של פרעה ידעו באיזה יום יוולד מושיעם של ישראל, וכן ידעו שהוא עתיד ללקות במים ומשום כך נגזרה גזרת ההשלכה ליאור. קורח חשב שיינצל מעונש כי ראה שמבניו ייצא שמואל ששקול כנגד משה. בלק באיצטגנינותו ראה שמבני ישראל עתיד לצאת מי שיילחם במואב ועל כן שכר את שירותי בלעם לקללם. שאול הציל את אגג כי ראה שמזרעו עתיד לצאת זרע כשר, ר' עקיבא ידע על פי האיצטגנינים שבתו תמות ביום חופתה ועוד.

האיצטגנינות מבוססת על קריאה מדויקת של מערכת הכוכבים והשפעותיהם על האדם. הרמב"ם שלל זאת, אבל הרמב"ן ואחרים סברו שיש בכך ממש. גם לדעות אלו תפיסת האצטגנינות בעולם היהודי שונה מזו המקובלת בין אומות העולם. גם אם האיצטגנינות מבוססת מדעית, הרי שאין חשיבות לשאלה מה העתיד צופן, חשוב מה ה' רוצה שיקרה. אל לנו לשבש את תכניותיו של הקב"ה או להתחכם להן.

לאור זאת, השימוש באיצטגנינות באופן כללי מבטא התחכמות על פני הליכה בתלם והוא מפגין חוסר אמונה וחוסר יכולת להתמקד ברצון ה' בלבד.

מפתיע מאוד שתשעה דורות לאחר הבריאה ושמונה דורות לאחר הגירוש מגן עדן, בני האדם כבר מבקשים דרכים לעקוף גזרות שמיים וזוממים תחבולות שבעזרתן יוכלו לנהל את העולם. נראה שמאז הגירוש מגן עדן, מערכת היחסים שבין האדם וה' השתנתה. קין והבל עוד מקריבים קורבנות, ביטוי לצורך בקירבה. לאחר רצח הבל איננו שומעים על הקרבה נוספת לה' ואיננו פוגשים את הקב"ה בשיח עם האדם. הנתק הזה הופך במרוצת הזמן ל"מלחמה קרה" וה' נעלם מדברי הימים. אובדן האמון הזה בא לידי ביטוי בדבריהן של עדה וצילה, הסיבה לכך עשויה להיות המוות הכפול של קין ותובל קין באותה תאונה מצערת, מוות שמדגיש את החידלון של האדם מול הבורא ואת הצורך להתמודד מולו כיריב.

חוסר האמון נראה הדדי, עד נח איננו שומעים על התפעלות של הקב"ה מאדם כלשהו, למעשה אהדתו לנח בולטת ומטעימה את יחסו אל בני הדורות שקדמו לו.

המאבק הסמוי הזה על שליטה בחיי האדם הוא נושא שירו של למך.

את שירו של למך ניתן לקרוא לא (רק) כמדבר על המקרה הספיציפי שאירע לו, אלא כמשל, כמסה הגותית נגד הניהיליזם ובעד הפריון וההשקעה בעתיד. מסה המתנגדת להתחכמות היתרה שבה לוקה הדור והאדם בכלל. למך קובע שתרבות שמרוכזת בעצמה ובגורלה היא תרבות שמחסלת את מורשת האבות – "כִּי אִישׁ הָרַגְתִּי לְפִצְעִי"", ומוותרת על הוולדות – "וְיֶלֶד לְחַבֻּרָתִי". הריגת ה'אב' ורצח ה'נער', אומר למך, אינם משיגים דבר, כי אם פצע וחבורה בלבד. האדם נועד להיות חולייה בשרשרת הדורות, שרשרת המוסרת את ערכי א-לוהים המבוססים על חשיבות הפרייה והרבייה ועל מילוי צו א-לוהים. אדם הנלחם בה', הבוחר לו נתיב כוכבי משלו, הורג את אבותיו ואף את דור העתיד ומשועבד לעצמו, הוא אומנם מקריב את העבר והעתיד אבל אינו זוכה גם להווה (ראו: פירוש הרש"ר הירש לתורה).

תפקידנו בעולם לעשות את המוטל עלינו מבלי להכנס לחשבונות של שמיים, "בהדי כבשי דרחמנא למה לך?". אין לנו אלא לעשות, לפעול, לקדם ולהתפלל ולזכור – שערי דמעות לא ננעלו.

פרשת נח

מחריב ובונה

הלמות הפטיש של בניית התיבה הדהדה בעולם במשך מאה ועשרים שנה. מאה ועשרים שנה קדמה התיבה לחורבן. התיבה היא בעת ובעונה אחת זכר לעולם שחרב ותשתית לעולם אחר וחדש. התיבה, כספינה המפליגה לעולם חדש, היא מיקרוקוסמוס של תהליכים היסטוריים שלמים, דפוס חוזר ונשנה בעולם. הגאולה והבניין החדש תלויים בחורבן העולם הישן. תחושת האסון הקרב מכילה בתוכה את ניצני הגאולה שכבר מהדהדים חרישית בעולם, ואוזניים רגישות גם שומעות.

"הקב"ה בונה עולמות ומחריבן". ודוק, לא בעבר, בפרהיסטוריה, אלא בהווה. הרעיון של חורבן הישן וגאולת החדש אינו חידוש של נח. המלבי"ם מסביר שכאשר ברא הקב"ה את האור הוא אומר עליו "כִּי טוֹב", כלומר: "שלא יצויר שתהיה הויה חדשה רק על ידי חורבן הצורה הראשונה". הקב"ה טבע בעולם את המעגליות הזו. חורבן ובנייה וחורבן ובנייה. החורבן הוא קשה וההיעדר – אבל ואובדן. בכל זאת, בסוף התהליך הבריאה כולה מתעלה למדרגה גבוהה יותר. ועל כך נאמר "כִּי טוֹב" (בראשית א, ד).

לפני שירדו ישראל למצרים וחרב בית יעקב, נשבה יוסף והורד לשם. לפני שעבוד מצרים, נמשה משה גואל ישראל מן המים.

הפסוק בדניאל מתאר: "וַיִּשְׁקֹד ה' עַל הָרָעָה וַיְבִיאֶהָ עָלֵינוּ כִּי צַדִּיק ה' אֱלֹהֵינוּ" (דניאל ט', יד). הגמרא בסנהדרין שואלת כיצד ייתכן שהרעה שה' מביא עלינו נחשבת לו לצדקה. ומשיבה שצדקה עשה עמנו ה' כשהביא

עלינו את גלות צדקיהו בטרם זמנה, בעוד גלות יכניה קיימת. גלות יכניה הקימה וקיימה תשתית תורנית בבבל. כשיבואו הגולים החדשים לבבל, תלמידי החכמים מן הגלות הקודמת כבר ימתינו להם ללמדם ולקיים מרכז רוחני חדש. הספינה כבר שלוחה לפניהם (סנהדרין לח ע"א).

הסיפור על ספינת ארבעת השבויים, תלמידי החכמים שהובלו בסוף המאה העשירית כשבויים בידי שודדי ים עד שנפדו בקהילות שונות, בין אם אגדה הוא ובין אם מציאות, מבוסס על האתוס הזה של הספינה המשולחת על פי ה' לבנות את עולם התורה בִּמקום זה העתיד להיחרב. ובעוד רב האי גאון יושב על כסאו וישיבות הגאונים נדמות כעומדות בתפארתן, כבר עולים וצומחים מרכזי תורה חדשים בקירואן, צפון אפריקה, מצרים וספרד.

הדברים הנכונים לעולם התורה המתחדש נכונים ביחס לתנועות עמים, לתקומת אימפריות ונפילתן, למשטרים ולרעיונות, לשינויים בחוק ובמוסר.

גם ספינות מבשרי הציונות והרצל הפליגו לארץ ישראל בתקופה של שגשוג. קודם להפלגתן התעוררו בעולם שאלות של לאומיות. במקביל, התעוררו שאלות הנהגה וחברה בתורה ובהלכה. כל זאת הרבה לפני שאירופה חרבה ונזדעזע העולם.

הגמרא ביבמות קובעת ש"אפילו ספינות הבאות מגליא לאספמיא אינן מתברכות אלא בשביל ישראל" (סג ע"א). התנודות בעולם, סירות ההצלה, אינן נשלחות אלא בזכות ובשביל עם ישראל ותחייתו.

ר' צדוק מעמיק ומסביר שהעולם מזדעזע לצורך עם ישראל, ועם ישראל מתעורר להתחדש בתורה.

> התורה היא מפת העולם... דישראל הוא עצמו אור התורה... כפי ההתחדשות שבנפשות מישראל בכל דור, כן התחדשות העולם באותו זמן... וכמו שהנפשות משתנות מדור לדור כן התורה. ועל פיהם נתחדש גם כן עניינים בעולם (צדקת הצדיק, אות צ).

על פי ר' צדוק, אין להבחין בין התופעות המדיניות לתופעות המתרחשות בעולם התורה. כשמתעורר כוח חדש בעולם הרי זה סימן להתחדשותו של עם ישראל. ובסופו של דבר זהו אות להתחדשות התורה ולגילוי רובד חדש ופנים הטמונות בה שלא נגלו עד עתה. לשיטתו, כל התופעות כרוכות אלו באלו, התנועות ההיסטוריות והמהפכות הרעיוניות כולן נולדו כדי לגאול חלק רדום בתורה. "וממצב העולם בכל דור נוכל להתבונן על מצב נפשות ישראל שבדור

וכן על מצב התורה שבפיות תלמידי חכמים האמיתיים שבאותו דור". המתבונן במבט רחב מן החוץ פנימה יראה ויצפה את כיוון ההתקדמות של התורה, את מחויבותה החדשה, בעקבות שיבת ציון, להתיחס לשאלות של לאום וחברה.

באותו אופן, מהפכות חברתיות של צדק כמו אלו שבימינו, הן ספינה המגיעה לחופנו שמטרתה לעורר את רעיונות הצדקה שבתורה ולהשיב לתחייה את החשיבה המוסרית ואת ערכי האחווה.

אם כנים דברינו, מתברר שהתיאור של נח כאיש צדיק תמים – "בדורותיו", מכוונת לכך שנח מילא את משימת דורו, לגנאי או לשבח.

לגנאי – מפני שזו המשימה המדויקת אך רק לדורו. אחר כך תתפתח משימה חדשה, בחירת אברהם, שהיא, במידה מסוימת, חורבן האומות ותקומת עם ישראל (באר הגולה, באר רביעי, טז) וכן הלאה על זה הדרך.

ולשבח – מפני ההתפעלות מן היכולת להסתכל קדימה, מעבר לחמס הדור ולשפלותו, ולראות את התיקון. את האפשרות לחידוש ויצירה, אפילו אם 'בדורותיו' כבכל דור, קשה לזהות את האור המפציע (ועיינו קהלת רבה, ג).

ולסיום, מעניין להקביל את התהליך המתרחש במישורים ציבוריים וחברתיים, לחוויות האישיות והפרטיות. לידה, לדוגמה, כמודל של יציאה מן המים. בקיעת חדש מתוך ישן. כך גם בחוויות המטלטלות שכל אדם חווה בחייו בהקשרים שונים, במצבים של התפוררות השיגרה. הלקח האישי מהחידושים והתפניות האלה במציאות, הכללית או הפרטית, הוא לא לחוש רדוף, אלא לנוע בשמחה וברצון אל ההתחדשות ולהיאחז בביטחון בנקודה האחת היציבה תמיד: הקב"ה.

משפטיזציה

במרכז עולם המסחר עומדת פעולת המכירה. ככל פעולה אחרת, גם פעולה זו בנוי מרכיבים קטנים שיחדיו מצטרפים לתמונה שלמה: החפץ עבר מיד ליד והבעלות בו שונתה. עם זאת, רוב העסקאות מורכבות מעט יותר. אפילו קניית קופסת שימורי תירס במכולת השכונתית היא תהליך שלם: בחירה מדוקדקת של המוצר בהתאם למראהו, החברה המייצרת אותו (המותג), גודלו, עיון במחיר, בחינת הכדאיות, השוואת מחירים, היסוס, החלטה ותשלום, במזומן או באשראי.

השאלה מאיזה רגע בדיוק הופכת קופסת השימורים הקטנה להיות של הקונה היא שאלה מעניינת. האם ברגע שיש הסכמה (הנהון) בין שני הצדדים עברה הקופסה הקטנה מיד ליד, ולפי זה, הסדר התשלום הוא רק ביטוי מוחשי של הקניין שכבר התרחש? או שמא רגע התשלום בקופה הוא רגע הקניין? ואולי הכנסת הקופסה לשקית? היציאה מן המכולת? ואולי רק לאחר שמתברר שאין מחזירים אותה לחנות לאחר שהובאה הביתה?

שאלת גורלה של הפחית אינה קריטית או דרמטית, עם זאת, בעולם העסקי השאלה מתי בדיוק התרחש הקניין עלולה להוליד טרגדיות. למשל, כשקונים דירה. קונה מצא את דירת חלומותיו, סיכם עם המוכר על מחירה, והלך שמח לביתו על מנת לחתום חוזה. ביום המחרת גילה שעל אף ההסכם שבדברים, קונה אחר הוסיף שקלים אחדים למקח וחטף את הדירה מתחת לאפו.

בנקודות הכרעה אלה מתגלה הפער הגדול שישנו בין שיח אנושי רגיל מבוסס הגינות, לבין שיח משפטי־חוקתי. הבנה שנוצרה בין שני בני אדם, נתפסת כמחייבת על בסיס אמון פשוט, אבל העולם המשפטי חותך את הדין באופן חד שלא תמיד הולם את אופן ההתנהלות האנושית. המשפט הוא עיוור לצבעים וחרש לניואנסים.

חז״ל אומרים שלא נחתם דינם של דור המבול אלא על הגזל. אולם באשר לטיב הגזל נחלקו חכמים. יש הדורשים שלא מדובר בגזל ממש: ״וכך היו אנשי דור המבול עושים היה אחד מהם מוציא קופתו מליאה תורמוסין, בא זה ונוטל פחות משווה פרוטה ובא כל אחד ואחד נוטל פחות משווה פרוטה שלא יהא יכול להוציא ממנו בדין״ (בראשית רבה, לא).

על פי החוק היבש, אנשי דור המבול לא גזלו בכלל. כל אחד לקח נתח קטנטן משל חברו, כזה שלא ראוי להתחשבן עליו בכלל, ״פחות משווה פרוטה״. הגזל שגזלו אין בו עילת תביעה. בשפה המשפטית קוראים לזה ״זוטי דברים״. אך, בפועל, הנגזל עומד חסר כול. הוא מעולם לא הסכים שאיש יקח ממרכולתו קמצוץ. מה שחז״ל מתארים במדרש הוא את המשפטיזציה שנהג בה דור המבול.

לרוב אנו סבורים שמשפטיזציה היא רצון לדייק ולהיות מכוונים לרצון המחוקק. להיות בסדר, לעשות הכול כשורה. מהתיאור של אנשי דור המבול מתברר שדקדקנות משפטית, המוחקת את האפשרות לשפה האנושית הפשוטה, אינה צדקות גדולה ומקורה הוא כשל מוסרי. הטיפוסים הלוקים בו יחפשו כל דרך לחמוק ממצלמות האבטחה של החוק, ועל מנת למלא

את כל רצונותיהם יתגדרו מאחורי טענות מנוסחות היטב בידי עורך דין. ויכלכלו את מעשיהם הנפשעים בהתאם לפרצות וללקונות שבחוק. אנשים כאלה, יבחרו לנצל את זכויותיהם המשפטיות גם תוך רמיסת האחר.

ההלכה קובעת שהקניין אינו מסתיים בתשלום ובנתינת מעות אלא רק במשיכת החפץ: "נתן לו מעות ולא משך הימנו פירות יכול לחזור בו" (משנה, בבא מציעא פ"ד מ"ב). ההלכה הזו יכולה להוות פתח להשתמטות מאחריות. כשם שדור המבול השתמש בזכות שלא לשלם עבור פחות משווה פרוטה, כך ניתן לנצל את ההלכה הקובעת שעד למשיכה לא נחתם הקניין, כדי לבטל את העיסקה שלא הושלמה, ולהעדיף עסקאות חלופיות נוחות יותר. חז"ל מודעים לפירצה שנוצרת בעקבות הקביעה השרירותית של ההכרעה שללא משיכה אין קנין. מודעים לכך שיהיה מי שינצל את הפירצה כדי לחמוק מהשלמת עיסקה משיקולים אנוכיים. לכן הוסיפו: "אבל אמרו מי שפרע מאנשי דור המבול ומדור הפלגה הוא עתיד להפרע ממי שאינו עומד בדבורו" (שם). חז"ל מטילים את קללת אנשי דור המבול על מי שעושה כן. להזכיר לאותו טיפוס שכבר קדמוהו אנשי דור המבול...

לעומת אנשי דור המבול בולטת דמותו של נח, שבמקום לעסוק במיניות ובסיפוק אישי, עוסק בפרייה ורבייה. שבמקום לגזול את האחר רואה את צרכיו ולוקח איתו לתיבה נטל כבד, את רכיבי היסוד של עולם שלם, תרומתו לעתיד.

בושה

וַיִּיקֶץ נֹחַ מִיֵּינוֹ וַיֵּדַע אֵת אֲשֶׁר עָשָׂה לוֹ בְּנוֹ הַקָּטָן וַיֹּאמֶר אָרוּר כְּנָעַן עֶבֶד עֲבָדִים יִהְיֶה לְאֶחָיו (בראשית ט, כד-כה).

יציאת נח מן התיבה מלווה בלא מעט קשיים. השתכרותו של נח מבטאת ומשקפת קשיים אלה. וכפי שמבואר בזוהר:

ואמר ר' יהודה, מבולבל בדעתו היה נח כשיצא מן התיבה בדירתו עם החיות הרמשים והשרצים, ומפני ששתה מעט יין נשכר ונתגל (זוהר חדש א, נח, לח, א).

במילים ספורות וקצרות אלו קושר הזוהר בין הטראומה של נח, שהות של שנה ומעלה בבדידות ובכלוב אחד עם כלל בעלי החיים, לבין התנהגותו. חוויה כזו, כשברקע כובד משקלה של האחריות שהוטלה על כתפיו להמשך קיומו של העולם, סופה התפרקות וקריסה של נח, בשיכרונו והתגלותו. התנהגותו משקפת את אובדן היציבות ואת אבדן האיזון ושיקול הדעת. בניסוח של הזוהר: "מבולבל בדעתו". היא משקפת את התסכול, את אובדן הכבוד העצמי של נח, כבוד האדם שבו. מעניין שדווקא חילול כבודו של נח על ידי חם מעורר אצלו בסופו של דבר את כוח החיות ואת זעקת הכבוד האבוד.

מה בדיוק עשה חם לנח? בגמרא נחלקו רב ושמואל אם חם סירס את נח או רבעו (סנהדרין ע ע"א). המהר"ל מבאר באריכות את עומק הפשט שבמחלוקת הזו (באר הגולה, באר חמישי יא). לדבריו, יש רמזים בפרשייה עצמה לכך שמדובר במעשה שהוא מעבר לסתם ביזוי. השימוש במילים "אֵת אֲשֶׁר עָשָׂה לוֹ בְּנוֹ הַקָּטָן" הרומזים למעשה ממש. "וַיַּרְא חָם" – השורש רא"ה משמש במקרא לערווה. מדרשי האגדה מציינים פרטים נוספים בפרשה המעידים על כך שהפגיעה בנח הייתה פגיעה בכושר ההולדה. הם ציינו את העובדה שנח מקלל את כנען שהוא בנו הרביעי של חם, עובדה זו מצביעה על כך שנח חש באובדן בנו הרביעי שכבר לא יבוא לעולם. גם העונש, עבדותו של כנען, הוא תוצאה מכך שנח איבד את הבן שביקש להעמיד כמי שישמשו לעת זקנה כתפקידם של בני הזקונים, ועוד (בראשית רבה, לו).

אולם הרמב"ן סבור כי הפשט אינו מחייב את הפירוש המרחיב הזה. וכך אומר הרמב"ן:

> והנה החטא שראה חם ערות אביו ולא נהג בו כבוד, שהיה ראוי לו לכסות ערותו ולכסות קלונו, שלא יגידנו גם לאחיו, והוא הגיד הדבר לשני אחיו בפני רבים להלעיג עליו, וזה טעם "בחוץ", וכן תרגם אונקלוס "בשוקא". וטעם וידע את אשר "עשה לו", שגלה חרפתו לרבים, והיה בוש בדבר. ורבותינו הוסיפו עליו חטא (עיינו סנהדרין ע ע"א).

חטאו של חם כפול, לפי דברי הרמב"ן. הוא חטא בכך שלא כיסה את ערוות אביו ונתן לו להתגולל באופן שאינו מכבד אותו. והוא חטא, מפני שהלך

וסיפר לכל מי שהיה מעוניין לשמוע ובכך החריף את מצבו המביייש של נח. לפי הפירוש הזה עיקר המעשה שעשה חם אינו פיזי, אלא נפשי. גם זה מעשה! חם תפס את נח בקלקלתו וברגעיו הקשים ובמקום לסייע בידו הוא עשה שימוש במצבו על מנת לבזותו ברבים. לפרסם ולהשפיל את נח בנוסף על תחושת השפלות הפנימית שנח כבר חש בעצמו.

המשנה בפרק "החובל", העוסקת בחיוב תשלום בגין בושת, מציינת כי "המבייש את הישן – חייב, וישן שבייש - פטור" (בבא קמא פו ע"א). למשנה הזו שני צדדים. כבודו של האדם מתחלל גם אם הדברים נעשים מאחורי גבו ובלא ידיעתו. שאלת ערנותו לנעשה, בזמן אמת, אינה גורעת מן הנזק שנגרם לו בהשפלתו. היא נגרמת מעצם פרסום קלונו, ומידיעתם של האחרים אף אם הוא עצמו יתוודע לכך מאוחר יותר. רוב בני האדם היו שמחים להעלים פרטים על חייהם מעיני הציבור אף שהם בעצמם נאלצים לחיות עם ידיעת הפרטים הללו. הסודיות האופפת את האדם, המאפשרת לו ליצור חיץ בין החוויות האישיות שלו ובין מה שנראה לכל אדם מבחוץ היא מחסום בריא, הגבול העובר בין האדם שבבית לבין האדם שהוא ברחוב או בעבודה, הוא גבול נכון, התורם לזרימת החיים. הרצון לעצב תדמית חיצונית מסוימת היא זכות יסוד של האדם וזכותו לכבוד. העירום הוא הפכה של הצניעות הזו.

החלק השני של המשנה אף הוא חשוב. "ישן שבייש - פטור" מפני שהגורם לבושה נעוץ בכוונת הזדון. עצם הניצול והבגידה שמעבר לחשיפה של האישי הוא תוספת של פגיעה על פגיעה.

בספרו **לא אירא רע** מתאר נתן (אנטולי) שרנסקי את ההשפלות אשר עבר בימי מאסרו בידי הקג"ב. הוא כותב על הקג"ב כי "הם ידעו היטב כי אדם מושפל שאיבד את כבודו העצמי לא יהיה מסוגל לעמידה נפשית ללא חת. אפשר שייהפך לשואף נקם ערמומי, אך במקרים כאלו ניתן לתעל את השנאה ולכוונה נגד חבריו לכלא מה שאך יחיש את חורבנו". בהמשך הוא כותב: "לאחר שהבנתי זאת, הבנתי גם שדבר ממה שיעשו שוב אינו יכול להשפיל אותי. רק אני מסוגל להשפיל את עצמי בעשותי דבר בו אני עלול להתבייש" (עמ' 28).

מה שמחדד שרנסקי בדבריו הוא שההשפלה מתחילה ממעשיו המבזים של האדם עצמו. אדם שפל עשוי להיות מושפל עוד יותר. אך מניסיונו אנו לומדים נקודה נוספת: כבוד האדם הוא הכוח המניע שלו. כסותו ולבושו החיצוניים הם כרטיס הביקור שלו. דחיית הדימוי הזה עלולה לעקר את

אישיותו לחלוטין. בביזוי ובעירטול ציבורי של אדם על כורחו, יש משום שלילת רצונו החופשי, שלילת הבחירה שלו כיצד יציג את עצמו וכיצד ייעצב את הדימוי שלו.

הדברים מתיישבים יפה עם תיאורו של סארטר שלפיו הבושה נגרמת מהפיכת אדם לאובייקט. מציצנות הופכת את האדם לחפץ, לתמונה שצופים בה. נקודת המבט הזו מפקיעה מן האוביקט את האותנטיות ואת הזכות לאותנטיות, היא מפקיעה את הממד האישי ואת החותם הבחירי והופכת אותה ל"מידע" מנוכר.

בזה מקרבים שרנסקי וסארטר את דברי המדרש ומחלוקת רב ושמואל בגמרא לפשט הרמב"ן. משום שיש קשר בין עיקור לבין ביוש וביזוי. עקירת הכבוד מהאדם, והותרתו עירום וחשוף, די בהם כדי להביא עליו את חורבנו הפנימי.

הסבא מנובהרדוק, שייסד את אחד מהזרמים החשובים בתנועת המוסר, לימד כי בשפלות ובהשפלה אפשר להשתמש מתוך בחירה חופשית, ככלי חיובי. הוא הדריך את תלמידיו לעשות פעולות קיצוניות ומוזרות – כמו ללכת לבית מרקחת ולבקש מסמרים – על מנת להתבזות. ההתבזות האישית לשיטה זו אמורה לפשוט מן האדם את מחלצותיו ואת מקור גאוותו. לאפשר לו לחזור לעמדה הנכפפת כלפי ה' ולהיות עבד ה' אשר "הוא לבד חופשי". זו התבזות של בחירה ועבודה פנימית. התבזות של חירות.

אבל כאן בפרשתנו, בהתבזות שלא מתוך בחירה עסקינן, התבזות כשל בעלי החיים וכשל העבדים. תגובת נח בקללת העבדות על בני חם מצביעה אף היא על העוול שנעשה לו. שלילת הזכות לבושה נענית בשלילת האנושיות: "אין לעבדים בושת" (בבא קמא פו ע"א).

פרשת לך לך

ואגדלה שמך

הקב"ה פונה לאברהם ומצווה עליו ליטול את מקל הנדודים ולצאת למסע שאין לו יעד ברור. "לֶךְ לְךָ מֵאַרְצְךָ וּמִמּוֹלַדְתְּךָ וּמִבֵּית אָבִיךָ". הגזרה לנוע בעולם מוכרת לנו מאדם הראשון שגלה מגן עדן ממקום מבטחים, ומקין שרצח את אחיו ונדון לגלות. במובן האישי הפנימי, הנדידה מולידה אובדן זהות והקשר. היא עוקרת את העוגן הבטוח, ומערערת את היציבות.

אולם הקב"ה מבטיח לאברהם כי יתברך בכל המובנים: הוא עתיד להתעשר, להתברך בזרע ולזכות בשם טוב. "וְאֶעֶשְׂךָ לְגוֹי גָּדוֹל וַאֲבָרֶכְךָ וַאֲגַדְּלָה שְׁמֶךָ וֶהְיֵה בְּרָכָה". רש"י מעיר שהברכה באה כעידוד וכמענה לחששות המלווים את האדם הנודד. על פי רש"י וכדברי ר' חייא במדרש, הדרך גורמת לשלושה דברים: היא ממעטת פרייה ורבייה, מצמצמת ממון ונכסים וגם מונעת מן ההלך לצבור שם טוב ומוניטין (בראשית רבה, לט).

מקובל לחשוב שאדם שעובר ממקום למקום הוא אדם לא מוכר. כל שבנה במהלך חייו נעלם, כי הוא אינו קיים בתודעה של הסובבים אותו. הם אינם מכירים לו טובה על מחוות שלו, כיוון שאין כאלה. הם לא צברו חוויות משותפות. ובכלל הוא חשוד כזר וכאחר, כמי שמאיים בכל מקום מחדש, על תפיסת מרחב המחיה שנרכש בעמל של נשיאה משותפת בעול. הזר אינו נחשב למי שזכאי באופן טבעי לחלוק עם החברה את הונה ורווחיה שנקנו ונרכשו בהתמדה, בריסון ובאחריות. הזר הוא גם כזה שאינו מכיר בטיב התרבות המקומית הוא לא תרם להתהוותה, וההנהגות שהוא מביא

איתו חורגות מן המוסכמות. אדם שמכה שורשים במקום אחד קונה את שמו בעמל של שנים, ביצירת יחסי גומלין עם הסביבה בכל המובנים הללו. של שותפות, אחריות ותרבות. והנה, אברהם מצטווה לעקור את מושבו ועומד לאבד את מקורות המחיה שלו, את הקשרו הטבעי ואת שמו הטוב. במצב החדש, גם כל הון ורכוש יהפכו למשא כבד המעיק על הנידות. על כל אלה מתחייב הקב"ה לפצות את אברהם בכך ששמו יגדל בעולם.

הבטחה זו עומדת בניגוד לנוהג שבעולם, ולתוצאה הטבעית של הציווי. המדרש מביא גם את דרשת ר' ברכיה:

"ויאמר ה' אל אברם", רבי ברכיה פתח (שיר השירים א) "לריח שמניך טובים שמן תורק שמך", אמר רבי ברכיה, למה היה אברהם אבינו דומה? לצלוחית של אפופילסימון מוקפת צמיד פתיל, ומונחת בזוית ולא היה ריחו נודף. כיון שהיתה מיטלטלת היה ריחו נודף. כך אמר הקדוש ברוך הוא לאברהם אבינו, טלטל עצמך ממקום למקום ושמך מתגדל בעולם (שם).

הדרשה הזו, בניגוד לקודמתה (ראו דברי ר' חייא לעיל), מזהה בנדודים פוטנציאל אחר. היא אינה מתמקדת בצערו של אברהם ובמחירים האישיים שישלם אלא דווקא ברווחים שיצמחו לו ולעולם מטלטולו. באברהם גנוזים כוחות בעלי עוצמה. כוחות אלו יכולים להישמר בקרן זווית וסופם שלא יבואו לידי ביטוי. הדרך היחידה לגלות את הכוחות הללו הוא בנענוע ושינוי.

הנדידה משנה את אופיו של האדם. הוא חווה זעזועים ומתחים. קצב החיים שלו אינו אחיד יותר, וכל התרחשות קלה נותנת את אותותיה על מהלך חייו. הוא חייב להיות קשוב יותר למתרחש, הוא לומד להאזין לצרכים המשתנים של אנשים שונים. הוא לומד על העולם, מזהה תפיסות ורעיונות. והוא מפתח חדות הבחנה באשר למניעי העומדים מולו. הדברים הללו מסבירים את תיאור המאורעות השונים שעל אברהם לעבור והמתוארים בפרשתנו. במצרים עם פרעה, בהחלטה להיפרד מלוט, במלחמת המלכים, בשיחה עם מלכיצדק ומלך סדום, ובהכרעה על גירוש הגר. כל המאורעות הללו אינם מתרחשים אלא למי שנודד בעולם ופוגש תרבויות ואנשים. מעניין לעקוב אחר התגובות השונות של אברהם למתרחש. ה"שקר" ביחס לשרה וההמלטות מהתמודדות מוסרית, אל מול הפסקנות וההחלטיות כלפי הפרידה מלוט לצד המסירות והאחריות כלפיו. אך גם העמידה על עיקרון

מוסרי שאין לו אח ורע באשר לשלל המלחמה. כל אלו הם ריחו הנודף של אברהם.

ערכה של הקביעות הוא בביטחון וביציבות. ערכה של נדידה הוא בערנות, ברעננות ובעימות. האדם ב"גולמיותו", ללא הגנה של חברה וסביבה, עומד נוכח מצבים שונים ומוצא עצמו מחויב למידה של חמקנות, תושיה ועצמאות, יושר, נדיבות וגם עמידות. גיוון האירועים מאפשר להוציא את הטמון בו אל הפועל.

המהלך הא-לוהי המוציא את אברהם מהקשרו פועל שתי פעולות. הוא מסייע בידו לזהות ולחדד את האיכות העברית, אך גם הופך אותו לאב המון גויים, לקוסמופוליטי.

קוסמופוליטיות היא תוצאת לוואי של הנתק מהשייכות המקורית. היא מעוררת להכיר באינטרסים השונים של כל עם, להנכיח את אנושיותו ואת זכותו לקיום. לספוג רב תרבותיות. בסופו של דבר היא גם מניחה יסודות למחשבה על אחדות וסולידריות בעולם. גורלו של העם היהודי אינו שונה בהרבה מזה של אברהם. הגלויות השונות הנספגות בו במשך הדורות צובעות את הגרעין היהודי בצבעים מרובים ומגוונת את תגובותיו. אלו גם מאפשרות הותרת החותם של עם ישראל בעולם כולו ומזככות בנו את הקריאה למחויבות ואחריות לאהבת אדם.

מארצך וממולדתך ומבית אביך

הציווי שניתן לאברהם לצאת מארצו ומולדתו וללכת אל ארץ לא נודעת מנוסח באופן תמוה. לא ברור מדוע הקב"ה צריך לסמן את נקודת היציאה בפירוט רב כל כך ("ארצך", "מולדתך", "בית אביך") בניגוד גמור לנקודת היעד המתוארת באופן מעורפל ולא מוגדר ("הָאָרֶץ אֲשֶׁר אַרְאֶךָּ").

המדרש מבאר כי ריבוי תיאורי המקום הנעזב, מעצים את הוויתור הנלווה לעזיבה: "מארצך, מארפכי שלך, וממולדתך, זו שכונתך, ומבית אביך זו בית אביך" (בראשית רבה, לט). אברהם מתבקש לצאת ממדינתו מן המחוז שאליו הוא משתייך לאומית-אתנית, מן השכונה והחממה החברתית, ומן המשפחה הקרובה, מקורת הגג המוכרת ומהשמיכה החמה. הקב"ה לא גילה לאברהם להיכן הוא הולך ולפי המדרש מטרת הסתרת היעד היא נתינת משמעות להליכה עצמה, לעצם ההתקדמות ולהתרחקות, כמו שאומר

המדרש: "ולמה לא גלה לו... וליתן לו שכר על כל פסיעה ופסיעה" (שם). התורה מעמידה את ההתנתקות ואת חווית החיפוש בחזית הדיון.

בילקוט שמעוני הדברים מובאים בהיפוך מסוים:

א"ר יצחק: משל לאחד שהיה עובר ממקום למקום וראה בירה אחת דולקת,
אמר: תאמר שבירה זו בלא מנהיג
הציץ עליו בעל הבירה, אמר ליה: אני בעל הבירה –
כך שלפי שהיה אבינו אברהם אומר תאמר שהעולם הזה בלא מנהיג,
הציץ עליו הקדוש ברוך הוא, אמר: אני בעל העולם.
ושכחי עמך ובית אביך, לך לך מארצך וממולדתך וגו' (המדרש בצורתו זו מופיע בילקוט שמעוני תהילים רמז תשנ, למקבילה ראו: בראשית רבה, שם).

אברהם היה עסוק בחיפוש עוד בטרם ציווה עליו הקב"ה ללכת, כהמשך לכך הקב"ה שולח אותו להמשיך בתהיותיו, ללכת בעקבות סקרנותו. לעזוב את ארצו ואת מולדתו. הילקוט שמעוני אינו מזכיר כלל את מטרת ההליכה ואת ארץ כנען, אלא רק את העובדה שהמענה לספקות של אברהם ניתן באמצעות עצם ההליכה.

השפת אמת (האדמו"ר מגור) מדגיש את מסירות הנפש הכרוכה במהלך שנדרש מאברהם. "לֶךְ לְךָ מֵאַרְצְךָ וּמִמּוֹלַדְתְּךָ וּמִבֵּית אָבִיךָ", החזרתיות הזו מזכירה לנו את הציווי לאהוב את ה' "בכל לבבך ובכל נפשך ובכל מאודך". לדבריו, אברהם מתבקש לוותר על כל היקר והאהוב על מנת להגיע לאמונה השלמה בקב"ה. על מנת לגבש דעות נכונות ומדויקות. גם לדברי השפת אמת, הדגש בפסוקים אינו על מעלתה של ארץ ישראל, אלא על הויתור הגדול ועל המהלך המבוקש.

מארצך – נגד בכל לבבך כי מחשבות האדם נוטה אחר מה שרואה ומכיר כל הדברים שבארצו.
נפשך – הוא ממולדתך כי הנפש נמשך אחר אביו ואמו ומשפחתו.
ומבית אביך – הוא נגד בכל מאודך כי לא חסר לו בבית אביו מאומה ועזב הכל לכבודו יתברך (שפת אמת בראשית, פרשת לך לך, שנת תרל"ה).

דברי המדרשים וכן פירושו של בעל השפת אמת טוענים שמה שיש לפנינו הוא הוראת "סוּר מֵרָע" ואחר כך "עֲשֵׂה טוֹב".

מחשבות שונות מאלו עלו בדעתי בעת שקראתי את הפסוקים. ספקותיו של אברהם יכולים להיענות בשני אופנים: לך לשם או לך מכאן. הקב"ה אינו בוחר בדרך הראשונה אלא בדרך השנייה. המשמעות הראשונה של הפנייה הזו היא תזכורת לאברהם על כך שכל הליכה למקום היא יציאה ממקום. החזרה של התורה אל נקודת המוצא והדגשת פניה השונים מצביעה על המטען ועל מערכת ההקשרים שאברהם יוצא אתם לדרכו. התוצר המבוקש איננו התנתקות, אלא חיבור. חיבור בין עולמות. אברהם מתבקש להרחיב את הטווח של מקום המצאו. לחיות בקונפליקט תמידי של תנועה בין שני מוקדים, לעולם להיות חצוי בדעותיו, בתפיסת עולמו. החברה הקרובה אל ליבו תהיה הטרוגנית. לעיתים יתבקש למצוא את הדרך לפייס בין הקטבים המוליכים את חייו ולעיתים יחוייב להיות קרוע בין שניהם. חייו יימצאו מעתה בין צדק אנושי ובין התבטלות בפני הא-לוהי, בין חופשי לנכנע, בין שכרון הכריזמה האישית לבין הכרה בקיומו של "מנהיג לבירה", בין טבעיות בלתי אמצעית של העולם לתודעת קיום עתיר משמעות, בין אוניברסליות לפרטיקולריות.

דמותו של אברהם היא דמות מופת המוצבת אל מול כל יהודי:

> עלינו היהודים הוטל עומס של משימה כפולה: עלינו להתמודד עם הבעיה של עימות כפול. אנו חושבים על עצמנו כעל יצורי אנוש, השותפים לייעודו של אדם בפגישתו הכללית עם הטבע... אנו מאמינים שהננו נושאי משא כריזמטי כפול. זה של כבוד האדם וזה של קדושת עדת הברית. אנו נקראים על ידי א-לוקים שהתגלה גם בדרגת הבריאה האוניברסאלית וגם בזו של הברית המיוחדת, לקבל על עצמנו שליחות כפולה, האוניברסאלית אנושית והעימות הבלעדי של הברית (הרב סולובייצ'יק, ממעמקים פ"ב).

הקרעים של אברהם ורסיסי זיכרונות בית אביו מלווים אותנו עד היום. במשברים הגדולים הנובעים מן הגעגועים למימוש עקרונות המוסר הטבעי, ובתהייה על הצורך לעקוד את אלו על מזבח ההלכה והמסורת. ובעיקר בראייה נכוחה של האיזון המתבקש בין השניים. תוך בקשה ותחינה שיציץ אלינו בעל הבירה.

אחד היה אברהם

התמקדותה של הפרשה בסיפור חייו של אברהם, ובסיפור ההתרחשויות השונות בעולם מנקודת מבטו, מלמדת על בולטותו ועל ייחודו. ההתמקדות הזו באדם אחד והפיכתו למרכז העולם מקבלת הד בדברי יחזקאל בשם אומות העולם הקובלים על דחיקת רגליהם על ידי אברהם: "בֶּן אָדָם יֹשְׁבֵי הֶחֳרָבוֹת הָאֵלֶּה עַל אַדְמַת יִשְׂרָאֵל אֹמְרִים לֵאמֹר אֶחָד הָיָה אַבְרָהָם וַיִּירַשׁ אֶת הָאָרֶץ וַאֲנַחְנוּ רַבִּים לָנוּ נִתְּנָה הָאָרֶץ לְמוֹרָשָׁה" (יחזקאל לג, כד).

על פי דבריהם של 'יושבי החרבות' ביחזקאל, אין הצדקה לחלוקה בלתי שוויונית המעניקה לאברהם היחיד את הארץ כולה. לכאורה זוהי תביעה לצדק חלוקתי, אבל בשורשה מונחת טענה רחבה הרבה יותר.

ר' אלעזר חורז במדרש מספר מראי מקומות שבהם מופיע מושג ה"אחד". "וַיְהִי כָל הָאָרֶץ שָׂפָה אֶחָת וּדְבָרִים אֲחָדִים" או "ה' אֱלֹהֵינוּ ה' אֶחָד". פירוש המילה מתוך הקשרה מגלה שתלונתם של העמים אינה על ירושת הארץ, אלא על רעיון האחדות. הם מתעבים את העובדה שהעולם מדבר בשפה אחת והם אינם מאמינים בבורא אחד. גם אברהם עצמו הוא אחד שכן הוא גם עקר ואינו מוליד (בראשית רבה, לח). ניתן לומר שהטענה היא על היובש ועל חוסר הפוריות של היחידות. אין הבור מתמלא מחולייתו, אברהם אינו יכול למלא חלל של עולם שלם. לא ניתן להסביר בריאה עצומה, תופעות טבע שונות והנהגות מגוונות ולקשור הכול למקור אחד.

בטענותיהם כלפי אברהם החמיצו העמים את יכולת ההולדה ואת יכולת ההתרבות האינסופית שלו. הם החמיצו את הרעיון של הגיון שיש באחדות עצמה, ואין בפירוד. ניסוח דומה של תלונת העמים מופיע בספרי: "והרי דברים קל וחומר, ומה אברהם שלא עבד אלא א-לוה אחד ירש את הארץ, אנו שעובדים א-לוהות הרבה אינו דין שנירש את הארץ" (ספרי, ואתחנן, פיסקא לא). לשיטת הספרי, טענו העמים כי היובשנות של האמונה בא-ל אחד אינה ראויה לפרס. הטלת מלוא כובד המשקל על אפשרות אחת ויחידה הינה חסרת אחריות והתנהגות ילדותית ושלומיאלית של מי שטרם פקח עיניו להבין את מורכבות העולם.

לפי מדרש אחר, ה"אחד" המיוחס לאברהם מעיד על העקביות שלו. "הוא תחילתו הוא סופו". אומנם, אברהם דווקא מזוהה עם מהפך ושינוי. על כך מעיר המדרש שזרע התשובה היה באברהם מקטנות. למעשה אברהם מייצג רצף אישיותי שבא לביטוי לאורך כל חייו (בראשית רבה, ל). רציפות

זו באה אולי לביטוי גם בתיאור שבתחילת פרשתנו "וַיֵּצְאוּ לָלֶכֶת אַרְצָה כְּנַעַן וַיָּבֹאוּ אַרְצָה כְּנָעַן". אין סטיות בדרך, אין שינוי מן התוכנית המקורית, אין הטיה של נקודת המבט. תכונה זו של היכולת להתעלם מן הסובב ולהישאר בבדידות מזהרת מעידה לפעמים גם על קשיות וחוסר הקשבה.

מדרש נוסף מתייחס ליחידאיותו של אברהם וקובע "לא היה באותן ימים כיוצא בו" (במדבר רבה, י). המדרש הזה מדגיש את חד פעמיותו של אברהם, את חריגותו ואת בולטותו על רקע סביבתו. ספק אם התופעה ניתנת לחיקוי. אברהם הוא משונה. תלונת אומות העולם היא על הטיפוח של יוצא הדופן על חשבון הדאגה לכלל.

המשמעויות השונות הניתנות למילה "אחד" מתארות בדרכים שונות את תופעת יחידאיותו של אברהם. הוא יחיד כי הוא ממוקד מטרה. הוא יחיד כי הוא בודד, הוא יחיד כי דרכו קשה, וקשה למצוא לה ממשיכים. הוא יחיד כי הוא איננו גמיש, הוא יחיד כי הוא הולך ישר אל המטרה, הוא יחיד כי הוא אחר.

תשומת הלב המרובה למשמעות היחידאיות המיוחסת לאברהם נעשית במדרשים משני עברי המתרס. היא נעשית מן הצד של תיאור אברהם ומן הצד המתוסכל האחר של אומות העולם שנותרו מחוץ לסיפור. אוסף התיאורים הזה משקף את התפיסה היסודית של עם ישראל את עצמו אבל גם לא מותיר מקום לספק באשר לפירוש של אותם סיפורים מכוננים של ספר בראשית. דמותו של אברהם המייצגת את שורשי עם ישראל ואת ראשית קיומו מתוארת כדמות שהתגברה על תנאי חייה הראשוניים. אברהם אינו מודע למיעוט אנשיו, ולא לחדשנות שבגישתו, הוא התברך בכך שהעמדה הבכירה והמרכזית שייכת לו וזו אינה מושפעת מעובדות או ממספרים. ויש לו העזות להאמין שההבטחה הזו תתקיים. האתוס הזה הוא אתוס שניתן להצביע על קיומו גם כיום. תחושת הוודאות, ההעזה וההליכה כנגד הסיכויים בביטחון מוחלט. המרכזיות בתודעה למרות צדדיות הסיפור. כל אלו מאפיינים לא רק את אברהם ההיסטורי, אלא גם את בני בניו, ולא במקרה. הם תוצר החינוך היהודי והתפיסה המקראית האברהמית.

משפט ומשפחה

בריחת הגר מבית אברהם היא תולדה של חיכוך וסכסוך בין האישה הראשונה

והאישה השנייה, תחרות על ליבו של אברהם. במסגרת העכירות הכללית של מערכת היחסים המורכבת והמשולשת הזו שרה פונה לאברהם בדרישה בלתי מתפשרת ומזמינה את שופט כל הארץ לפסוק בעניינם: "יִשְׁפֹּט ה' בֵּינִי וּבֵינֶיךָ".

הקנאה על הרקע המשפחתי והפוליטיקה הפנימית העדינה הופכים עד מהרה מסוגיה אישית ורגשית לסוגיית זכויות וחובות. ככזו היא מוצגת בפיה של שרה בפניו של אברהם. למעשה, אם קוראים את הפסוקים בשים לב, הרי שעוד קודם לדרישה להביא את הדברים לדין בפני ה', קובעת שרה: "חֲמָסִי עָלֶיךָ"! ונראה שמשמעות צמד המילים הזה אינו כמצטייר בקריאה ראשונה: "כעסי עליך" אלא "גזלתי נעשתה בגללך". כלומר, שרה אינה מביעה צער רב או ייאוש וכעס אלא באה בדברים ותובעת את השייך לה ונלקח ממנה שלא כדין: כבודה ומעמדה (ראו: הכתב והקבלה).

המעתק משיח משפחתי לשיח משפטי הוא מעתק שאנחנו מכירים מתוך ההקשר הישראלי שבתוכו אנו חיים היום. את מאבקי הכוח בשאלות שבמחלוקת בין דתיים וחילוניים למשל, כדוגמת השאלה על אופיו של כביש בר אילן בשבת, אין פותרים ברחוב ובקהילה. לא נעשה כל ניסיון ליצירת מרקם עדין שהוא נכון לתושבים עצמם. הבחירה היא לנהל את הדיון בבתי המשפט ובכך מוקרבת האחווה על מזבח הזכויות והחובות האזרחיים (ראו: א' שגיא, 'על המתחים בין דתיים וחילוניים: בין שיח זכויות לשיח זהות', בתוך עין טובה, עמ' 408).

זהו ההבדל בין האפשרות ליצור דיאלוג ובין האפשרות לעמוד על זכויות. הדיבור והדיאלוג יש להם מחיר. השיח הדיאלוגי מחייב ויתור מסוים על היציבות של העמדה של כל אחד מהצדדים. משום שבתוך כדי דיאלוג מתברר שיש גם צד שני למטבע, המאזין חייב לשמוע את עמדתו של מי שעומד מולו ובזה הוא כבר מתרכך ומעמיד עצמו מחוץ למרחב המוגן שלו. לעומת זאת, מי שבוחר בדרך של שיח הזכויות המשפטי שומר וגודר את עצמו מפני כל אפשרות לדיון. הוא מתבצר בעמדותיו ומבקש למתוח קו גבול מדויק בין הטריטוריה שלו לבין זו של האחר העומד מולו. הפנייה אל אותו אחר נעשית רק דרך החוק ובאמצעות הפריזמה של החובה.

במקרה של שרה המצב הזה מודגש ביתר שאת באשר היא אינה מטיחה את זכויותיה בפניה של הגר עצמה כלל. היא פונה לאברהם כאחראי וכבעל דין, כמי שתרם ככל הנראה לערעור יציבות מעמדה של שרה בבית. בכך שהיא מזעיקה את הקב"ה לשפוט בינה ובין אברהם היא מסרטטת באופן

המדויק ביותר את נקודת המבט שלה. לפי נקודת המבט הזו הגר היא כלי וחפץ בבית, לכל היותר משמשת בתפקיד יצירת המשכיות לאברהם, אך ככזו היא משמשת רחם ואמצעי. הזמנתו של אברהם לדין במקום הזמנתה של הגר מקבעת בדרך הברורה ביותר את נקודת המוצא שלה. הבחירה באפיק הדיאלוגי הייתה מחייבת אותה לדיון אל מול מי שמבזה אותה. הבחירה במסלול המשפטי גררה התעלמות מוחלטת מן הפן האנושי שבהגר. בתוך התמונה שנוצרת מנקודת מבטה של שרה אין מקום להגר בכלל והיא איננה חלק מן הדיון. מי שממשיכה להיות אשת אברהם וגבירת הבית היא שרה בלבד.

המדרש מתאר זאת בשני משפטים בתמצית, בדיוק ובבהירות:

> מפני שרי גברתי אנכי בורחת.
> מכאן אתה למד שלא נעשית הגר אשה אלא לאברהם,
> אבל לשרי נקראת שפחה (מדרש אגדה, לך לך, סי' ז).

המדרש מתאר מודעות גבוהה של הגר לעובדה שמבחינת אברהם היא רעיה, אישה, אך מצידה של שרה היא בסך הכול שפחה. בזה מצדיק המדרש את טענתה של שרה גם אם לא את דרך פעולתה. על כך באה שרה חשבון עם אברהם ואין לה דין ודברים עם הגר כלל.

שאלת ההצדקה להתנהגותה של שרה נדונה לא מעט. הרמב"ן סבר ששרה נהגה בניגוד למוסר הטבעי ולמתבקש מאישה במעלתה. ואומנם מן הפרשנים עולה שהנושא העיקרי בפרשייה הוא התנהגותה של שרה.

אולם, כשמשנים את נקודת המבט ואין מעיינים דווקא בגירוש הגר, שהוא תוצאת הוויכוח בין שרה ואברהם, אלא מביטים בוויכוח עצמו, ניתן לתהות על התנהגות שני הצדדים בסיפור הזה: לא רק שרה אלא גם אברהם. אברהם אינו פונה לקב"ה ואינו ממתין לתגובתו ועצתו כשם שיעשה בעתיד כששרה תתבע את גירוש ישמעאל. הוא בוחר להתרחק מן הדיון ומפנה את הזירה לשרה, נסוג לגמרי ואינו מתגדר בעמדותיו, אף אינו מגן על הגר: "הִנֵּה שִׁפְחָתֵךְ בְּיָדֵךְ עֲשִׂי לָהּ כַּטּוֹב בְּעֵינָיִךְ". הוא מודה לשרה בטענתה המרכזית כי מדובר בשפחה וכי האדון רשאי לעשות בשפחה ככל העולה על דעתו. הסתלקותו של אברהם מן הזירה ככל הנראה כוונה כנגד שני עניינים. ראשית, אברהם מביע בכך את מורת רוחו מהדרך המשפטית שבה נקטה שרה, הוא אינו מוכן לערב משפחה ומשפט. אבל ייתכן שאברהם

ניסה להפגין אדישות מוחלטת כלפי הגר כדי לרכך את עמדתה של שרה ולערער את תחושותיה. אימוץ נקודת המבט של שרה כלפי הגר היה אמור לפוגג את תחושת הביזוי ולגרום לשרה לחזור בה.

אולם שרה אינה נענית. נראה שכשלונה של שרה אכן נבע מעצם ההתבצרות והבריחה אל התביעה לדין צדק. מהמקום הזה אין חזרה. את הדין צריך למצות. אולי משום כך מובא במדרש כי שרה נענשה. אך לא על יחסה הקלוקל והנורא אל הגר. המדרש בוחר דווקא להדגיש את האפיק שבו מנהלת שרה את הדיון כיסוד חטאה. ואת הבחירה השגויה שלה במילים הקשות של מידת הדין כבוץ שהטביע אותה:

ראויה היתה שרה להגיע לשניו של אברהם,
ולפי שאמרה "ישפוט ה׳ ביני ובינך",
נתמעטו מחייה שלשים ושמונה שנה (פסיקתא זוטרתא, לך לך).

עם זאת, צריך לזכור ששרה זכתה במלוא דרישותיה. היא קיבלה לידיה את הניהול המוחלט של הבית ונותרה להיות בכירת נשותיו של אברהם. גם אם העניין כולו קיצר את חייה, וגבה ממנה מחיר אישי שללא ספק אכל בה, בפועל היא לא ויתרה כמלוא הנימה וככל הנראה שצדקה בדין.

נוכח העיון בתבנית ההיסטורית הקדומה ביותר של מערכת היחסים שבין האימהות של ישמעאל ושל יצחק, אין מנוס מן התהייה וההרהור מה היה קורה וכיצד הייתה מתעצבת מערכת היחסים הזו אילו נקטה שרה בדרך הדיאלוגית ולא בדרך הדין.

פרשת וירא

"לא, כי צחקת"

וַיֹּאמְרוּ אֵלָיו אַיֵּה שָׂרָה אִשְׁתֶּךָ וַיֹּאמֶר הִנֵּה בָאֹהֶל: וַיֹּאמֶר שׁוֹב אָשׁוּב אֵלֶיךָ כָּעֵת חַיָּה וְהִנֵּה בֵן לְשָׂרָה אִשְׁתֶּךָ וְשָׂרָה שֹׁמַעַת פֶּתַח הָאֹהֶל וְהוּא אַחֲרָיו: וְאַבְרָהָם וְשָׂרָה זְקֵנִים בָּאִים בַּיָּמִים חָדַל לִהְיוֹת לְשָׂרָה אֹרַח כַּנָּשִׁים: וַתִּצְחַק שָׂרָה בְּקִרְבָּהּ לֵאמֹר אַחֲרֵי בְלֹתִי הָיְתָה לִּי עֶדְנָה וַאדֹנִי זָקֵן (בראשית יח, ט-יב).

תיאור הבשורה על הולדת יצחק הוא תמוה. ראשית האורחים מבררים היכן אשתו של אברהם. אך למרות שמתברר שהיא באהל הם אינם קוראים לה, אלא מודיעים ומבשרים לאברהם על הולדת יצחק. אלא, שאז מתברר ששרה שומעת את הדברים כיוון שהיא עומדת בפתח אוהלה. סביר לומר שהשמועה הגיעה לאוזניה לא במקרה, האורחים המתינו לומר את שבפיהם רק לאחר שווידאו ששרה שומעת את דבריהם. לאחר התיאור הזה ישנה אתנחתא ובפסוקים מובאת הערת סוגרים, הודעה לקורא שלשרה חדל להיות אורח כנשים. משמע: המצב האובייקטיבי הטבעי סותר מעיקרו את האפשרות להולדה. הערת המספר הזו היא רקע והסבר לצחוקה של שרה ומציבה אותו כתגובה מתבקשת. ועם זאת, הקב"ה מתעניין לדעת מדוע צחקה שרה וכיצד זה אינה מאמינה ובוטחת ביכולתו של הקב"ה לחולל נס. שרה מכחישה את צחוקה בפני אברהם. ממילא, צחוקה היה "בְּקִרְבָּהּ" ואיש לא יכול היה

לדעת. הפסוקים מתארים את חששה להודות, "כִּי יָרֵאָה", אולם אז הקב"ה פונה אליה ישירות ואומר לה: "לֹא כִּי צָחָקְתְּ".

קשה להבין את השתלשלות המאורעות העקלקלה הזו. מדוע לא לבשר לשרה ישירות על הלידה הצפויה? מדוע בפעם הראשונה שרה מכחישה את צחוקה? מה סיבת ההתעקשות להביך את שרה ולומר לה שהיא משקרת וכי צחקה? איזה הישג מתקבל מהתגובה הזו שנראית קטנונית למדי? ומדוע שרה אינה מצדיקה את צחוקה המוצדק?

נראה שכל הסיטואציה בוימה על ידי האורחים על מנת לאפשר ו"להוליד" את צחוקה של שרה. יתר על כן, אברהם קיבל את הבשורה על הולדת יצחק לפני ברית בין הבתרים ובשבילו אין בהודעתם שום הפתעה. שרה היא שאינה יודעת על הלידה הצפויה והיא זו שהאורחים טורחים לוודא שתשמע את ההבטחה. אך בו בזמן טורחים להשאירה עם עצמה, דבר המועיל לחילוצה של תגובה אותנטית ממנה.

צחוקה של שרה אינו היעד הסופי. לדברי רב כהנא במדרש, הקב"ה התחכם ותכנן את כל המאורע כך שבסופו של דבר יוכל לעמוד מול שרה ולשוחח איתה. וכדבריו: "כמה כרכורין כרכר בשביל להשיח עמה" (מדרש רבה). הקב"ה עושה "שמיניות באוויר" כדי להביא את שרה לידי צחוק שיהיה הגורם המזמן לשיחה ישירה, הידברות ותוכחה.

הרעיון שהקב"ה "מכרכר" כדי לדבר עם שרה הוא תמוה. הייפלא מה' דבר? לא זו אף זו, ברגע השיא, כשהקב"ה הצליח להשיג לעצמו את הפגישה המיוחלת. כל שהוא אומר לשרה הוא משפט בן שלוש מילים בלבד: "לֹא כִּי צָחָקְתְּ!"

ויש לעיין היטב במשמעות שלוש המילים הללו ובפשרן. מה החשיבות הגדולה בהבכתה של שרה ובתפיסתה בקלקולה? נראה שאין כאן האשמה בחוסר כנות בלבד, מה שהקב"ה אומר לשרה הוא שהסיבה לכך שהיא לא ילדה היא העובדה שצחקה. הגורם המעכב את הלידה אינו אי־יכולתו של הקב"ה אלא אופי אמונתה של שרה. המדרש אומר זאת באופן אחר: "לולי אמר הקב"ה לאברהם ששרה תלד לו בן, שרה לא היתה יולדת, כיוון שלא האמינה" (ילקוט שמעוני).

ישנם מצבים שבהם הקב"ה רוצה להושיע, אך אי־האמון מעכב, מפריע ומסכל את ההצלה. האדם עומד בדרכו של הקב"ה להושיע אותו. הכשלת המהלך הא־לוהי טמונה בקוצר הראייה של האדם. האדם מורגל בחשיבה

לוגית שבבסיסה תהליכים המורכבים מסיבה ותוצאה. האדם אינו מסוגל לחשוב שחומץ יכול לדלוק. תפילות שנישאות לרפואת אדם על ערש דווי מבקשות רחמים ונס. אלו מבוססות על המחשבה שנחסמו הנתיבים שבדרך הטבע. ביסוד התפיסה הזו מונחים שני כשלים מהותיים: האחד הוא במחשבה שהטבע אינו ניסי, והשני הוא של קריאה חד מימדית של מצבים. ולמעשה, אובדן האמונה ביכולת הבלתי מוגבלת של הבורא, שאינו כפוף למערכות של הסיבה והתוצאה. בהיותו סיבת כל הסיבות.

> דהענין הוא כך, שהצדיק צריך לקדש עצמו כל כך ולהכיר נפלאות וגדולות הבורא ברוך הוא עד שיבא למדרגה כזו שגם אם יראה איזה פלא לא יפליא בעיניו לחידוש גדול... ונמצא מה שיתפלא האדם על איזה פלא שהוא חדוש גדול בעיניו הוא מיעוט קילוס המקום ברוך הוא (נועם אלימלך, וירא).

הביטוי החיצוני של החשיבה הזאת הוא הצחוק. אדם צוחק כשהוא נתקל בשבירה של ה"רצף הנכון" של סדרי עולם. הילדים שלי מספרים בדיחה המכילה משפט אחד: "אדם אחד הלך ברחוב, אופס שניצל", הבדיחה הזו היא המקבילה של ההחלקה על בננה. מה שמצחיק הוא השיבוש של המהלך, מקרה בלתי צפוי ששובר וקוטע את האינרציה. השבירה מעוררת לצחוק. שרה אומרת "הַאַף אֻמְנָם אֵלֵד?" סיפורם של האורחים נדמה לה כקריקטורה, כסתירה וכנונסנס. שרה שומעת את האירוניה שבדברי האורחים ותגובתה מבליטה את אמונתה העמוקה בכך שיש סדר בעולם, וכי הרעיון שהיא תלד הוא מחוץ לסדר הזה. מנקודת מבטה של שרה, הבאת ילד לעולם מחייבת שבירה של הדין. אברהם מאמין, כי אברהם איש של חסד ולא של דין (ראו תגובתו על חורבן סדום ועמורה), אך שרה צוחקת.

מתברר שאף שרה כלואה בדפוסי החשיבה הללו, המנמיכים את קומתו של הקב"ה. שרה היא שהעמידה את הקב"ה במצב בלתי נסבל. כדי להביאה לאמון מלא ובטחון בהבטחת ה' עד כדי הפקרת הדאגה וביטול הדין, היה צריך להציב את שרה מול המראה. להעמידה אל מול צחוקה. הקביעה "לֹא כִּי צָחָקְתְּ" אין בה האשמה בשקר, המילה "כי" היא מילת סיבה. כי – בגלל, ולא "אלא". כיוון שאת צוחקת אינך יולדת. הצחוק מגלה באופן המובהק ביותר את סתרי ליבה של שרה ואת אופי אמונתה בהופעת ה' בעולם, בדין.

קריאה עדינה בפסוקים בעקבות המדרשים מבארת יפה שכל המהלך הא־לוהי היה מהלך מתוכנן של חשיפת הצחוק ותוכחה שעיקרה ומטרתה הסופית שינוי תודעתי ודתי. עמידת שרה מול ה׳, בורא העולם בחסד.

אב ובנותיו

התורה מבנה את היחסים שבין אב ובתו באמצעות מערכת מצוות מרובת פרטים. דוגמה לכך היא זכותו של האב להפר את נדריה של בתו כאשר זו נודרת ומקבלת על עצמה איסורים שונים. הפרת הנדרים על ידי האב היא אמצעי לעקוב אחרי הלך נפשה של הבת. יד על הדופק לבחון אם היא נתפסת למצבים של הלקאה והענשה עצמית, מעקב אחר כניסה למהלך של דיאטה קיצונית המגובה בנדר שלא לאכול, שימת לב להחלטות לא סבירות בתחום החברתי הלימודי או בכל תחום אחר. כל אלו מושגחים על ידי האב מקרוב, והוא אמור לבחון אלו מתוך ה״קבלות״ שהבת מקבלת על עצמה הגיוניות וסבירות ואלו מהן מעידות על סערה נפשית המצריכה טיפול ותשומת לב. האב זן ומפרנס את בתו ונותן לה כל מחסורה, היא, מצדה, משנסת מותנים ותורמת את מרצה וכוחה למשק הביתי. על פי ההלכה הבת גם מחויבת לתת לאביה מה שהיא מוצאת ברחוב, כשלמעשה, המצב שנוצר הוא שאין ״קופות קטנות״. השותפות הכלכלית־הדדית הזו יוצרת יחסי חיבה ואימון.

עניין כלכלי נוסף שיש לו היבט רחב יותר, הוא הקנס הנמסר לאב במקרים מצערים של אונס, חלילה, או פיתוי. עולה מכאן חיובו של האב לחנך את בתו לצניעות ולשמירה על כבודה, אחריותו לשמור עליה ולהדריך אותה לחיים של קדושה. אפשר למתוח ביקורת על חלקים מסוימים בתוך המערכת הזו, כגון על זכותו של האב למכור את בתו לאמה ואף על פי כן, קל לראות שמן התורה עולה מערכת שלמה שמגיבה לצרכים השונים של בנות קטנות ומבטיחה להן שלום ובטחון חינוך וכבוד.

התיאור הזה מקבל משנה תוקף כשמשווים אותו למודל יחסי אב־בנות שאותו אנו פוגשים בפרשתנו בסיפור לוט ובנותיו.

הפעם הראשונה שבה אנו מתראים עם בנות לוט הוא כשהמלאכים האורחים בביתו של לוט נתבעים לצאת מביתו על מנת שקהל עדת סדום הצובא על הבית יוכל לעשות בהם כרצונו. לוט יוצא אליהם ומציע להם ״הִנֵּה נָא לִי שְׁתֵּי בָנוֹת אֲשֶׁר לֹא יָדְעוּ אִישׁ אוֹצִיאָה נָּא אֶתְהֶן אֲלֵיכֶם וַעֲשׂוּ

לָהֶן כַּטּוֹב בְּעֵינֵיכֶם רַק לָאֲנָשִׁים הָאֵל אַל תַּעֲשׂוּ דָבָר כִּי עַל כֵּן בָּאוּ בְּצֵל קֹרָתִי" (יט, ח).

שאט הנפש העמוק שחש כל בעל לב ודעת נוכח הפסוקים הללו נובע בראש ובראשונה מערעור המקום הבטוח, הבית, וערעור הדמות הבטוחה – האב. הבית היה אמור להיות מוגן מפני איום. האב אמור היה להיות המושיע והתומך. למלא עבור הבנות דמות נערצת שאת ערכיה יש לאמץ, לחנך אותן לצניעות ולכבד אותן כבני אדם וכנשים. תחת זאת, הוא מעניק את ההגנה שנחסכה מבנותיו לאורחים שבאו לרגע.

היפוך התפיסה משקף חולי בסיסי ויסודי. לוט, כאנשי סדום, היה שטוף בזימה ובתאוות, וכפי שמתאר מדרש תנחומא, בשל תכונות אלה הוא בחר מראש לגור בתוכם. אובדן הדחף הבסיסי להגן על התא המשפחתי, סילוף מערכת המושגים הטבעית באים לידי ביטויים הקיצוני במסירת בנותיו ללינץ' של תאוות בשרים. "בנוהג שבעולם אדם מוסר עצמו ליהרג על בנותיו ועל אשתו והורג או נהרג, וזה מוסר בנותיו להתעלל בהם" (תנחומא, וירא יב).

והנה, העולם המוסרי המעוות של לוט, עולם של היפוך היוצרות, חלחל לבנותיו.

לוט מעיד על בנותיו שהן "לא ידעו איש" ובכך חורג הכתוב ממנהגו, שכן בדרך כלל בתורה אנו מוצאים שנשים בבתוליהן נחשבות לנשים ש"איש לא ידען". אצל רבקה נאמר שהייתה "בתולה ואיש לא ידעה" (בראשית כד, טז). לעומת זאת, על בנות מדין הפרוצות נאמר "וְכָל אִשָּׁה יֹדַעַת אִישׁ" (במדבר לא, יז), הנשים הן שיודעות את הגברים. ההבדל הזה בין תיאורה של רבקה מצד אחד, לבין תיאור בנות לוט ובנות מדין מצד שני, מרמז על כך שהן אומנם היו בתולות אך לא בהכרח שהיו תמימות וצנועות. וכך אומר חזקוני: "מנהג הוא שדרך האיש לפתות את האשה, אבל בנות לוט פרוצות בעריות היו ודרכן לפתות".

בסופו של דבר אובדן הגבולות הללו בא לידי ביטוי במעשה החריג והמעוות של בנות לוט השוכבות עם אביהן. "וַתֹּאמֶר הַבְּכִירָה אֶל הַצְּעִירָה אָבִינוּ זָקֵן וְאִישׁ אֵין בָּאָרֶץ לָבוֹא עָלֵינוּ כְּדֶרֶךְ כָּל הָאָרֶץ. לְכָה נַשְׁקֶה אֶת אָבִינוּ יַיִן וְנִשְׁכְּבָה עִמּוֹ וּנְחַיֶּה מֵאָבִינוּ זָרַע" (יט, לא-לב). על פי הזוהר, עליהן נאמר במשלי "לַעֲלוּקָה שְׁתֵּי בָנוֹת הַב הַב" (משלי ל, טו). עיבורן המיידי של הבנות מעיד אף הוא על מידת העזות "אף על פי שאין דרך האישה לעבר מן בעילה ראשונה אלא אלו שלטו בעצמן ועיברו מן בעילה ראשונה" (פסיקתא רבתי, מב).

תקדים בנות לוט חרות כטראומה בזיכרון האנושות. בגללן, מתפרש האיסור של "עֶרְוַת אָבִיךָ לֹא תְגַלֵּה" כאיסור המכוון לבנות שלא תבואנה על אביהן, זאת אף ש"מורא האב על בנותיו". האיסור טבעי ולכן מיותר לחלוטין ולא היה כל צורך למנותו בתורה לולי הן – "מצאנו בנות לוט שעשו כן. לכן כתבה התורה אזהרה לנשים" (משך חכמה, ויקרא יח, ז), חשבנו שלא יעלה על הדעת, והנה מסתבר שכבר עלה על הדעת.

על אובדן הבושה והכבוד העצמי נענש לוט: "תינוקות של בית רבן משחקין וקורין 'ותהרין שתי בנות לוט מאביהן'" (תנחומא, וירא יב). אות קלון על מצחו של לוט נזכר ונקרא מידי שנה בשנה ומוטח בו שוב ושוב לדיראון עולם.

שקידתם של חכמים על תקנת בנות ישראל, חרדתם שתהיינה מוגנות ושתזכינה לכבוד הראוי להן, מובנת מאד על רקע זה. ואין לומר שההבניה הזו היא למעשה מערכת משפטית שנזקקים לה רק במקרי קיצון.

בין שרה לאבימלך

כשאבימלך משיב את שרה לאברהם הוא מעניק לו לצד צאן ובקר, עבדים ושפחות, גם זכות אזרחות ורשות ישיבה בארצו (בראשית כ, יד). לשרה הוא אומר: "הִנֵּה נָתַתִּי אֶלֶף כֶּסֶף לְאָחִיךְ הִנֵּה הוּא לָךְ כְּסוּת עֵינַיִם לְכֹל אֲשֶׁר אִתָּךְ וְאֵת כֹּל וְנֹכָחַת". המשפט הזה תמוה ואינו מובן בקריאה פשוטה. בהנחה ש"אחיך" הוא אברהם. שהרי הציגו עצמם כאחים בתחילה, נראה שיש כאן עקיצה ורמיזה על חוסר הנוחות שנגרם לו מן הפרשה. אך מהו "אֶלֶף כֶּסֶף" שלא צוינו קודם לכן? מה היא "כסות העינים" ועל מה היא מכסה? מי זקוק לה, מיהם כל אשר איתך הזקוקים לאותה כסות עינים, ומה פשר המילה החותמת את הפסוק "ונכחת"?

המפרשים עסקו בפירוש פסוק סתום זה והציעו הצעות שונות.

היו מי שסברו שהדיאלוג הזה בין אבימלך ושרה נאמר בכעס. אבימלך חש ששרה הכשילה אותו ולא עשתה דבר כדי להוציאו מן המבוכה אליה נקלע. על כן הוא רומז לה על השימוש בכסות ה"אח". ועל כן הוא מקלל אותה ב"כסות עיניים" כלומר, בעיוורון. קללה זו התקיימה ביצחק כשהתעוור (מגן אבות לרשב"ץ). היו שסברו שסכום הכסף שניתן לה היה פיצוי על הבושת שהתביישה בכל המעשה. יש בו גם הגנה לעתיד: מעתה לא תצטרך

להסוואה, לכסות את זהותה (הפלאה כתובות סא ע"א). וכך מתוארים הדברים בפי הרש"ר הירש (פירוש הרש"ר הירש על התורה, על אתר):

> הנה אני המלך רק בקשתי לקרוב אליך וכבר באתי על ענשי משלם, אף הוכרחתי לכפר את פניך ולרצות את עוני; הנה כל זה לך כסות עינים; שום איש לא יעז עוד לשאת את פניו אליך, ופטורה את מעתה מלהעלים את זהותך: כאשת אברהם תבואי בין הבריות, לעין כל ובגלוי.

פירוש החזקוני אינו שם דגש על התועלת של שרה מכל האירוע, אך מבליט את טענת אבימלך לניקיון כפים: "לא פשעתי כל כך":

> הנה אברהם אחיך הוא לך כסות עינים מעלים ומכסה מעיני כל חי שאת אשתו ולכל אשר אתך הוא מצוה לעשות כך ואת כל ונוכחת וגם לכל העולם היית מתוכחת לומר אחי הוא וא"כ לא פשעתי כל כך.

המשותף לכלל הפירושים הללו הוא ששרה עומדת בהם כנזופה וסופגת את התוכחה. אבימלך אומנם מפצה אותה אבל הוא לא מסתיר את היעדר קורת הרוח ואת התחושה שנפל למלכודת ולפח שטמנו לו בני הזוג. הוא אף טורח לציין ששרה בסך הכול "הרוויחה" מכל הסיפור. יראתו של אבימלך מכריחה אותו לנהוג באדיבות תוך חירוק שינים. הוא יודע שעתידו תלוי בידיו של אברהם. זה אמור להתפלל עבורו ולחלץ את בני ביתו מן המצב הקשה של עצירת כל רחם שאליו נקלעו. אולי משום כך הפסוק עצמו נשמע כמלמול חסר פשר. רצף של תחילת משפטים בלתי גמורים. "הִנֵּה נָתַתִּי אֶלֶף כֶּסֶף לְאָחִיךְ", "הִנֵּה הוּא לָךְ", "כְּסוּת עֵינַיִם", "לְכֹל אֲשֶׁר אִתָּךְ", "וְאֵת כֹּל" "וְנֹכָחַת". הטקסט הזה נראה חסר ומקוטע. וסופו "וְנֹכָחַת" – הוא תיאור מצבה של שרה כמי שעומדת אל מול התוכחה הזו.

למול הפירושים הללו, חשבתי להציע שאת הפסוק הזה ניתן לקרוא כדיאלוג בין שרה ואבימלך.

הוא אומר לה "הִנֵּה נָתַתִּי", והיא עונה לו "הִנֵּה הוּא לָךְ כְּסוּת עֵינַיִם". הוא טוען לפיצוי, והיא טוענת לבעיה עמוקה הדורשת טיפול. הוא אומר "לְכֹל אֲשֶׁר אִתָּךְ", והיא מתקנת אותו: "וְאֵת כֹּל... וְנֹכָחַת", כלומר, ומתווכחת. קשה להבין מן התמליל מה בדיוק הוא טוען ומה בדיוק טוענת היא. אך שרה עומדת על שלה, היא אינה מוותרת ואינה נכנעת. קריאה כזו מחלצת

את שרה מעמדת האשמה, ועל כן רציתי בה, אך, לא מצאתי לדבר הד בדברי הפרשנים.

מנקודת מבטם של הפרשנים, סיפור אבימלך מייצג היטב מקרים של ניצול לרעה של מעמד וסמכות תוך רצון לרחוץ בניקיון כפים. אדם רם מעלה חוטף אישה בלי לשאול לרצונה, מחזיק בה בכפייה ורק בנס לא מתקרב אליה, מתייחס אליה כאל חפץ עובר לסוחר ולבסוף כשמשחרר אותה טורח לומר לה עד כמה הדבר הוא לתועלתה, ורומז עד כמה היא בעצם זו שאשמה בהתרחשות כולה. את עוצמת רגשי האשמה ואימוץ עמדתו של התוקף ניתן לזהות באתוס שנרקם סביב הסיפור הזה. כך למשל, הדגל מחנה אפרים סבור שעקרותה של שרה נבעה מהיותה "רוחנית" מדי. היא ואברהם חיו בעולמות עליונים ולכן לא הולידו. אולם מעשה אבימלך הפך אותם לנוכחים יותר "ונוכחת" בעולם הזה. וכדבריו:

> ועל כן לא היה מוליד בגשמיות כלל אבל עכשיו נתתי לך אלף כסף היינו תאוות גשמיות נעלמות הנ"ל, ומזה יומשך את כל ונוכחת היינו שיהיה הולדה ממש בנוכח, וזהו איזהו חכם הרואה את הנולד בגשמיות, והבן.

פירוש זה הוא רק אחד מיני רבים אשר מוכיחים עד כמה קל להזדהות עם הצד האפל בסיפור ולראות את ההצדקות לנקודת מבטו. להיטפל לקורבן, למצוא בו דופי ולהאשימו. מצד שני, אפשר גם לחלץ מתוכו מסר אופטימי. לעיתים דווקא אסון נורא ונפילה קשה מטלטלים ומחלצים מהאדם כוחות חבויים, הגורמים לו להתגבר על מכשולים בחייו, ומולידים אך טוב.

"הנני נתתי" – על מתנות ושאינן מתנות

לאחר שנוכח ששרה אשת איש ולא פנויה כפי שסבר בתחילה אבימלך משחרר את שרה ואת אברהם לדרכם. אך הוא אינו מסתפק בכך. התורה מציינת כי הוא מעניק לבני הזוג שזכו להתאחד שוב – מתנות.

> וַיֹּאמֶר אֲבִימֶלֶךְ הִנֵּה אַרְצִי לְפָנֶיךָ בַּטּוֹב בְּעֵינֶיךָ שֵׁב... וּלְשָׂרָה אָמַר: הִנֵּה נָתַתִּי אֶלֶף כֶּסֶף לְאָחִיךְ (בראשית כ, טו-טז).

נתינת הכסף לאברהם מלווה בהודעה לשרה, הודעה הנאמרת בטרוניה, תוך הזכרת מקור התקלה: "לְאָחִיךְ" (ראו: תולדות יצחק, לר' יצחק בן ר' יוסף קארו, תלמיד הר"י קנפנטון). נראה שאבימלך רומז כאן שהמתנות שהוא נותן יש בהן מצד אחד ממד של פיצוי על עוגמת הנפש שנגרמה, פיצוי שנתינתו היא חובה גמורה מצד הדין. אך יש בהן גם מימד של נתינה ונדיבות לב שכן אברהם ושרה הם שהחטיאו את אבימלך באומרם "אֲחֹתִי הִוא". שמא, רומז אבימלך, הייתה פה תחבולה כשניסו השניים בעורמה לגרום לו לחוש בצורך לפצותם. בכך, הוא מציג אותם כזוג נוכלים שבאו לרשת את כספו שלא בדין והכסף שהוא מעביר הוא מתנה ולא חוב.

הדיון הקצר הזה מעורר את המחשבה באשר להגדרת המושג מתנה. המושג הזה נדון גם בהלכה. כמה הלכות נתייחדו לקניין מסוג זה. הלכה פסוקה היא ש"זכין לאדם שלא בפניו" ועל כן, אדם זוכה במתנה שהקנו לו גם אם אינו יודע על הנתינה. שכן, ברור לכל שהוא רוצה בה. הרצון הזה די בו כחלופה לקיומה המפורש של "דעת הקונה" והבעת הרצון לקבל. דא עקא, חז"ל הבינו שלא תמיד ברור לשני הצדדים שהחפץ המועבר הוא מתנה. ושמא גם לא ברור שזו זכות לקבלה.

בסוגיה במסכת שבת (י ע"ב) ישנה מחלוקת אם "הנותן מתנה לחבירו צריך להודיעו". מי שסובר שהנותן חייב להודיע למקבל על המתנה, תומך את דעתו בשני מקורות: האחד הוא הפסוק "לָדַעַת כִּי אֲנִי ה' מְקַדִּשְׁכֶם" – הנה, בפסוק הזה ה' מודיע לבני ישראל שהוא נותן להם את קדושתם ונוסך בהם סגולה מיוחדת. ה' אינו מסתפק בנתינה אלא גם מודיע על הנתינה.

המקור הנוסף הוא מן האגדה. שם מסופר שהקב"ה אומר למשה "מתנה טובה יש לי בבית גנזי ושבת שמה ואני נותן אותה לישראל – לך והודיעם" (שם). מן האגדה עולה שמשה צריך ליידע את עם ישראל על המתנה שנתן להם – השבת.

השיטה החולקת סוברת שאין צריך להודיע ומתבססת על משה שקרן עור פניו והוא לא ידע על כך וגם לא טרחו להודיעו. אולם הגמרא מבארת שהסיבה לכך שהקב"ה חרג ממנהגו ולא הודיע למשה על המתנה שקיבל היא שממילא דבר המתנה עתיד להתגלות למשה. מכאן שחובת ההודעה קיימת רק כשהמקבל אינו יודע על המתנה ועל קיומה וגם לא יכיר בה בדיעבד (שם).

המקרים שבהם אנשים אינם יודעים על קבלתה של מתנה הם מגוונים. כבר בסוגיה יש שתי דוגמאות למקרים כאלה כפי שהראינו. הדוגמה

האחת עוסקת במקרה שבו המתנה היא ערטילאית ורוחנית ואינה נקלטת בחושים – קדושת עם ישראל. משום כך, נדרשת הודעה.

הדוגמה השנייה היא של השבת. אומנם, דבר קיומה של השבת גלוי לכול, אך כידוע חובת השביתה בשבת אינה נתפסת תמיד כמתנה, יש מי שעבורו האיסורים המרובים וחובת המנוחה הם חוויה כובלת. על כן, צריך להודיע למקבל שיש כאן מתנה. שמי שידע לנצלה, להפנים את ערכה של המנוחה ואת היכולת לשכוח מהוויות העולם הזה יזכה בה.

ניתן להוסיף דוגמאות למקרים שבהם יש להודיע על המתנה, מפני שאין זה מובהק שמדובר במתנה. אדם הנותן מכספו לנזקקים עושה זאת בגדר מצוות צדקה, כחובה הלכתית. עדיין מדובר במתנה. מקומות עבודה מעניקים מתנות לעובדים על פי החוק והנוהג, העובדים אף משלמים על כך מס, אז מדוע היא נחשבת למתנה? הטשטוש שבין חובת הנתינה למתנה מקבל גם ביטויים מגוחכים לעיתים. באחד מאתרי החדשות ברשת סופר על זוג שנישא ושלח לאורחיו מכתב בזו הלשון:

> לד"ר נ' וד"ר מ',
>
> מבקשים להודות לכם מקרב לב על השתתפותכם בחתונתנו ועל השי הנדיב שהענקתם לנו. רציתי שתדעו שמנת הגורמה שאכלתם עלתה לנו 350 שקל למנה (700 לשניכם), כך שלמעשה שילמנו על השתתפותכם באירוע 400 שקל...
>
> לא יעלה על הדעת שאורח באירוע לא יישא לפחות בעלות מנתו ויצפה שהזוג הצעיר והמסכן יממן את ארוחת הגורמה שהוא אכל!!! זו פשוט שערוריה (פורסם באתר ynet, 31/7/08).

תחושת בני הזוג שחובתם של האורחים באירוע לשלם עבור השתתפותם בו ולשאת בהוצאות מבהירה עד כמה התרופף מושג המתנה והפך בתודעה הרווחת לחובה. לעיתים לא רק המקבל אינו מודע לכך שמה שהוא מקבל הוא מתנה. לעיתים גם הנותן אינו יודע שהוא נותן. עובד המשקיע אינסוף זמן בעבודה ואינו מקבל על כך גמול, חש כי הוא עושה את עבודתו, אף שלמעשה הוא תורם מזמנו החופשי והפנוי לטובת המעביד.

הנה כי כן, הוויכוח אם הדבר שניתן הוא מתנה או שמא הוא חובה הוא דיון עתיק יומין ששורשיו גם בסיפור שרה ואבימלך. תשומת הלב של חז"ל לשאלה הזו והחובה לכנות את הדברים בשמם מחייבת בסופו של

דבר את הצדדים להסתכל ברובד העמוק של המתרחש ביניהם. לעיתים מתברר שההבדל בין מתנה לחובה אין מקורה בשאלה אם ניתנה תמורה מן המקבל, אלא בתחושות הצדדים. יש מי שחש כשהוא מקבל מתנה שהוא מעניק במתנה לאחר את הזכות לתת לו כי מי בכלל רוצה לחוש חייב. יש מי שחש שהוא מעניק משלו כי נכפה לסיטואציה ויש מי שאינו מודע לכך שהוא מקבל מפני שנדמה לו שהוא מקבל את המתת בדין. אל מול כל אלו נדמה שצריך להזכיר ולהיזכר שיש נתינה שנובעת מרוחב לב, ויש קבלה פשוטה – שיש בה הכרת הטוב. שהענין המקורי הוא נתינה וקבלה כדרך להבעת אהבה, וידידות.

מידת סדום

"מידת סדום" היא כינוי גנאי להנהגות שיש בהם צרות עין ורשעות. "האומר שלי שלי ושלך שלך, זו מידה בינונית; ויש אומרים זו מידת סדום" (משנה, אבות פ"ה מ"י). סדום מצטיירת כאן כהיפוכה של נדיבות. אנשי סדום מאופיינים בשמירה קפדנית על בעלותם על רכושם, גם אם אינם שולחים ידם בגזל. מכאן גם להלכה ש"כופין על מידת סדום", כלומר שבמצבים שהבעלים אינו משתמש ברכושו וגם לא ייפגע משימוש של אחרים בו, אזי כופים אותו לאפשר את השימוש הזה לאחרים, ולא לנהוג כסדומיים, מפני ש"זה נהנה וזה לא חסר".

אולם הגמרא, בעזרת רצף של מדרשים, מתארת את הבעיה של סדום לא מן הזווית המעשית־חברתית אלא מן הזווית הרוחנית־מוסרית:

> ארבע דייני היו בסדום: שקראי, ושקרוראי, זייפי, ומצלי דינא (סנהדרין קט ע"א).

לכאורה, בשורה מצוינת: בסדום יש דיינים! ישנה בה מערכת משפטית – סממן של חברה יציבה ומסודרת. אך תיכף ומיד השמחה מתפוגגת כי שמות הדיינים חושפים את מהותם ואת היותם שקרנים, רמאים וזייפנים. דייני סדום הם האנטיתיזה המושלמת לתיאור הדיינים בתורה כאנשי אמת שונאי בצע ויראי א־לוהים. את מעלליהם של ארבעת הדיינים הללו מתארת הסוגיה בארבעה פרוטוקולים הנחשפים לעינינו:

הדיון הראשון עוסק באשת איש שנפגעה מגבר זר, פגיעה שגרמה לה להפיל את עוברה. הבעל הוא התובע מהגבר הפוגע פיצוי (=דמחי ליה לאיתתא דחבריה ומפלא ליה).

פסק הדין של הדיינים במקרה הזה הוא – תן את אשתך לפוגע והוא יעבר אותה עבורך (= אמרי ליה: יהבה ניהליה דניעברה ניהליך). ההליך השיפוטי בסדום הוא הליך שאין בו מענה לנרמס ולחלש. להפך, הוא בא לחזק את החזקים, ולהטות את המשפט לצד האלים והאכזר. באותו אופן, של "רצחת וגם ירשת".

ניתן גם פסק הדין השני שמתייחס למי שתובע את חבירו על כך שתלש את אוזן חמורו (=דפסיק ליה לאודנא דחמרא דחבריה). פסק הדין למקרה הזה הוא: תן לו את החמור עד שאוזנו תצמח (=אמרו ליה: הבה ניהליה עד דקדחא). ושוב – הפושע הוא הזוכה בכל הקופה.

המשפט השלישי עוסק במי שפצע את חברו. דינו לפי הלכות סדום הוא לקבל שכר עבור הפגיעה, שכן הקזת דם היא אינטרס בריאותי של הנפגע, והוא לא יזכה בה מן ההפקר:

> דפדע ליה לחבריה,
> אמרי ליה: הב ליה אגרא, דשקל לך דמא.

בשלב הזה, מתעצמת התחושה שאין מדובר רק בהטיית משפט ובהדרת החלשים. סדרת המשפטים הללו איננה רק עיוות מוסרי. פסק הדין האחרון מלמד שיש בחוקי סדום ניסיון ליצירת מערכת משפטית עקומה, המסתמכת על לוגיקה מהופכת של אנטי צדק ואנטי־משפט. לחדש צורת מחשבה שההיגיון שלה הוא אי־גיון.

בהמשך רצף האגדות מסופר שהחוק בסדום קבע שבעליו של שור אחד, יצטרך לשמור על השוורים שבעיר למשך יום אחד. אולם, מי שאין לו שור כלל, יצטרך לשמור יומיים על כלל השוורים כולם. יתום בן אלמנה (כל יתום כידוע הוא בנה של אלמנה או אלמן, אך נראה שהגמרא רצתה להעצים את מסכנותו של אותו יתום), נתבקש לרעות את השוורים יומיים, שכן לא היה לו שור. אותו יתום לקח את השוורים ושחטם. הציג את השוורים המתים לפני בני העיר וקבע: מי שהיה לו שור אחד ייקח עור של שור אחד. מי שלא היה לו שור, יקח עור של שני שוורים. כששאלו אותו "מאי האי?", הוא השיב בתמימות מעושה שכדין השמירה – כן דין שאריות השוורים.

בהמשך הסוגיה יסופר גם על אליעזר עבד אברהם שנקלע לסדום ויידרש (ונדרש?) לשלם לאדם שפצע אותו, כדין המקובל. אליעזר בתגובה יפצע את השופט וידרוש מן השופט לשלם את שכר פציעתו ישירות למי שפגע בו. כדי לשרוד בסדום יש לקבל את המהלך הלוגי העקום שהם מציעים ולפעול לפיו. סדום אינה מאפשרת לאנשים להיות ישרים ואינה סובלת ישרי מחשבה.

המשפט האחרון מדבר על גביית אגרה:

דעבר במברא יהיב ארבעה זוזי,
דעבר במיא – יהיב תמני זוזי.

הדין בסדום הוא שמי שמשתמש במעבר המסודר (אונייה או גשר) ישלם ארבעה זוזים דמי שימוש ואגרת מעבה. אולם, מי שלא השתמש במעברים המוסדרים ועבר במים עצמם ישלם שמונה זוזים. זהו כמובן חוק עם היגיון סדומי־קלסי: אומנם, במבט ראשון הוא נראה כחוק שאינו מחזק חזקים ואינו מפלה בהכרח. אף במדינות מתוקנות ניתן לזהות לפרקים מיסוי שמוטל על הכנסות מאפיקים שונים. התקדים המתואר בהמשך האגדה מבאר מה הבעיה בחוק הזה:

זימנא חדא אתא ההוא כובס, איקלע להתם,
אמרו ליה: הב ארבע זוזי.
אמר להו: אנא במיא עברי.
אמרו ליה: אם כן הב תמניא, דעברת במיא.
תרגום:
פעם אחת נקלע לשם אותו כובס,
אמרו לו – תן ארבעה זוזים
אמר להם: אני עובר במים
אמרו לו: אם כן, תן שמונה שהרי עברת במים.

משהבהיר הכובס שלא השתמש במתקנים הסדומיים – גילה שהמחיר על אי־השימוש גבוה פי שניים. המקרה מעניין משום שהוא חושף מיהם הנפגעים העיקריים מחוקי סדום: האורחים, הנקלעים, התמימים ובעלי ההיגיון הבריא.

חוסר היכולת לנחש את החוק ולעקוב אחרי הלך המחשבה הסדומי גורם לכל זר להפוך להיות מפר חוק או לפחות בעל חוב גדול. אם המוסכמות האוניברסליות אינן פועלות, אזי ברור שסדום "הפוכה".

בעיית הכנסת האורחים של סדום, ואפס גילויי נדיבות של אזרחיה, הם אפיק אפשרי בלבד של שימוש בכללים עקומים. שהרי כפי שהראה אותו יתום בן אלמנה – את אותו היגיון מעוות ניתן לנצל גם כדי להיטיב עם החלשים והנזקקים. משמע רשעותה של סדום היא בהשקפת העולם והתרבות שהיו קיימים בה גם בלא החוק. אולי זוהי משמעות הביטוי "רעים וחטאים לה' מאוד". קודם כל רעים, ואז גם חטאים.

נציב מלח

פרשתנו עמוסה בסיפורים של סבל אנושי. מסיפורם של הגר ובנה המגורשים, ועד פרשת העקדה. אחד מסיפורי הייסורים האלה הוא סיפורו של לוט. לוט יוצא בעור שיניו מן המקום שהיה לו בית. חתניו נותרים מאחור ובנתיב ההימלטות הוא מאבד גם את אשתו בדרך משונה: "וַתַּבֵּט אִשְׁתּוֹ מֵאַחֲרָיו וַתְּהִי נְצִיב מֶלַח".

מה קרה לאשת לוט? הפירושים לארוע רבים ושונים, ובעיני, פורסים פירושים אלה דרכי התמודדות שונות עם אובדן ועם יסורים.

הפירוש המוכר ביותר הוא זה המובא בבראשית רבה:

ותבט אשתו מאחריו, ר' יצחק אמר שחטאה במלח,
באותו הלילה שבאו המלאכים אל לוט מה היא עושה,
הולכת אל כל שכינותיה ואומרת להן תנו לי מלח שיש לנו אורחים,
והיא מכוונת שיכירו בהן אנשי העיר.
על כן: ותהי נציב מלח.

המדרש מנסה להצדיק את דינה של אשת לוט המרשעת. עינה הייתה צרה באורחים, שאת חייהם סיכנה בדרך אלגנטית ומתוחכמת: לא סיפרה מפורשות שיש לה אורחים, אבל גרמה לאנשים להבין את זה בעצמם. מעשה אשת לוט חמור פעמיים לדעתי – פעם אחת מפני שלא חסה על האורחים, לא

הגנה עליהם, כמצופה, אלא להפך: ניצלה את הכנסת האורחים כדי לפגוע בהם. ושמא פעם נוספת מפני שסיפרה לעצמה שהיא צדיקה, שהיא מטפלת באורחים.

הצידוק שניתן במדרש למיתתה המשונה הוא של "מידה כנגד מידה". זה מדרש קליט, הוא מספר על תככים של אישה, ומתאר מציאות אוטופית שבה היינו רוצים להאמין. אין עונש, אין מוות ואין יסורים בלי חטא. הרעיון הזה נותן מרגוע בדרך כלל, למי שאינו חווה את הסבל בעצמו. הוא מצליח להקפיא את הרע בתוך נציב מלח.

וכבר כתב הרב סולובייצ'יק:

> הרע הוא עובדה שאין להכחישה, ישנו רע, ישנו סבל וישנם יסורי שאול ותופתה בעולם. מי שרוצה להטעות את עצמו על ידי היסח הדעת מן הקרע שבהוויה ועל ידי רומנטיזציה של חיי האדם, אינו אלא שוטה והוזה הזיות... בהסתכלות החלקית של האדם הסופי אין הטוב המוחלט שביצירה נחשף... ישנו רע שלא ניתן לפירוש ולהבנה. ('צדיק ורע לו', בתוך איש האמונה, עמ' 67).

הרמב"ן מציע דרך שונה ומסביר שאשת לוט בסך הכול נדבקה מן החיידקים שהסתובבו באוויר. היא לא ברחה מספיק מהר, ולכן חלתה ומתה.

> כי הראות באויר הדבר ובכל החולאים הנדבקים יזיק מאוד וידיבקם וכן המחשבה בהם. ולכן יסגר המצורע וישב בדד... ולכן היתה נציב מלח, כי באת המכה במחשבתה כאשר ראתה גופרית ומלח היורד עליה מן השמיים, ודבקה בה.

גם ר' אליעזר אשכנזי (המאה השש־עשרה) בספרו מעשי ה' מבאר את הסיפור בדרך הטבע:

> כי ידוע כאשר יוליך הרוח השלג וימצא איש או אילן עומד יתעכב עליו השלג ויכסהו, מה שאין כן כשהוא רץ והולך,
>
> וזה אומרו פן תדבקני הרעה, שגם לאחוריו בהיות זרם השלג או המלח והגפרית מופלג שידבק לאחוריו, גם זה ינצח את האדם ויפילנו כשיכבד עליו,

ועד היום במדברות אשר נמצא בהם החול הדק כאשר יבא רוח ויקים
מן החול ההוא ויוליכנו אל מקום אחר, אם בדרך ימצא איש או עץ שם
ינוח החול ויעשה גל על האיש ההוא או העץ ההוא.

לפי דבריו, מי שאינו בורח מהר מן הצונאמי נתפס ברשתו. דברים קבועים ועומדים כמו עצים מתכסים בקלות בשלג או בעפר. ורק הדברים הנעים במהירות אינם נלכדים ברשת איתני הטבע.

הרמב"ן בדרכו ור' אליעזר אשכנזי בדרכו עוקרים מסיפור הסבל את הצורך לפנות אל הקב"ה ולתהות מדוע עולל כל זאת. הסיפור של אשת לוט הוא סיפור טבעי, הסבל הוא תוצאה של שרשרת נסיבות מוכרת. אנשים נדבקים במחלות שונות בסיבתיות ידועה, והעניין הוא סטטיסטי לחלוטין. אשת לוט לא נשמרה מספיק מפני המגיפה ולכן לקתה בה. השרשור הסיבתי הזה עוקר את הצורך אומנם להרהר בשאלות הקשות כלפי שמיים, אבל הוא מותיר את לוט ואת הסובבים מלאי רגשי אשם ונקיפות מצפון על שאולי היו יכולים למנוע את האסון.

אבן עזרא קורא את הפסוק בצורה שונה לחלוטין, לשיטתו, הפסוק כלל אינו מתאר את מותה של אשת לוט אלא מספר לנו שהיא מביטה לאחור ורואה כיצד הופכת סדום לנציב מלח. פירוש זה קשה, כפי שמקשים עליו חלק מן הפרשנים. שהרי אם כן, לאן נעלמה אשתו של לוט? קריאה מסוגו של האבן עזרא יש בה הדחקה של הסבל, ונסיון לדלג מעליו. להשכיח אותו, ולהמשיך הלאה.

פירוש אחר לגמרי מציע המדרש (המאוחר יחסית) פרקי דר' אליעזר:

ואמר להם אל תביטו אחריכם,
שהרי ירד שכינתן של הקב"ה שימטיר על סדום ועל עמורה גפרית ואש,
עדית אשתו של לוט נכמרו רחמיה על בנותיה הנשואות בסדום,
והביטה אחריה לראות אם היו הולכות אחריה אם לאו.
וראתה אחריה השכינה, ונעשית נציב מלח, ועדין היא עומדת.

המדרש הזה מתאר את דרך ההתמודדות של אשת לוט עם המצב המייסר שאליו נקלעה, משפחתה נתונה בתוך מסע המסכן את חייהם. היא ממאנת

לקבל את הוראת המלאכים שלא להביט לאחור. ההבטה לאחור היא סמל לחוסר היכולת להשלים עם המצב החדש. הוא מבטא את הערגה וההשתוקקות למצב הקודם. כאילו אפשר לחזור לנקודה שבה הכול השתבש, ולתקן. הופעת נציב המלח מתפרשת כאן בדרך רעיונית־סמלית. הניסיון של אשת לוט להקפיא ולשמר את המצב הקודם נדון מראש לכישלון – אי־אפשר לפקוח את העיניים ולגלות שהכול היה חלום, אי אפשר לחזור בזמן ולתקן את הטעות הגורלית הבלתי נסבלת והמטרידה. שאלת ה"אילו" היא שאלה מכשילה, היא מערערת על המציאות עצמה. היא ניסיון לראות את השכינה, לחשוף את מהלכיה הנסתרים. והשאלה הזו גם גורמת לקיפאון, הופכת אדם חי ונושם לאי של מליחות חסרת חיים.

המדרש הזה אינו מסתיים כך. הוא מוסיף תמונת המשך:

> כל היום לוחכים אותה השורים ויורדת על רגליה,
> ובבוקר צומחת, שנאמר: ותבט אשתו מאחריו ותהי נציב מלח (שם, כו).

המתח בין השוורים המכלים ובין הצמיחה דווקא מתוך הכיליון הוא מתח נורא שכנראה מתאר גם את הקושי והמבוכה הפנימיים. בין להיות נציב מלח ובין לצמוח מן הייסורים (כפי שמבאר רש"י בישעיהו "מצבתה נטיעתה"). ואולי זאת השאלה הגדולה וההתמודדות הבלתי פוסקת של המתאבל, האם לזנוח את ההתבוססות בסבל ולהתמקד בנטיעה ובצמיחה. האם נציב מלח או צמיחה מחודשת.

האם מצאנו כאן מרפא או פתרון לשאלת הסבל? כנראה שלא. יש התמודדויות שונות ותג מחיר כואב לכל דרך, ותפילה, משאלה אחת הנלחשת מתוך עולם שברירי: ואל תביאנו לידי ניסיון.

פרשת חיי שרה

מה' אישה לאיש

בכל יום ויום בת קול יוצאת ואומרת "בת פלוני לפלוני", ומצד שני: "מותר לארס אישה בחולו של מועד, שמא יקדמנו אחר" (מועד קטן יח ע"ב). שתי המימרות הללו מיוחסות לאמורא שמואל, והסתירה ביניהן, שהגמרא מקשה עליה, בולטת: איך חוששים שמא אדם אחר יארס את האישה המיועדת לי משמיים? אם היא זו המוכרזת ועומדת, לא ייתכן שהיא תנשא לאחר ואין מה להזדרז, ואם היא אינה זו שמוכרזת עבורי, ודאי שאין סיבה להזדרז ולטעות.

שני רבדים אלו והיחס הבלתי פתור ביניהם מלווים את פרשת חיי שרה ואת סיפור איתורה של כלה עבור יצחק.

הסיפור נפתח בשליחת העבד ובהשבעתו על ידי אברהם להביא ליצחק כלה מארץ הולדת אברהם. אולם העבד חושש שהכלה לא תאבה לבוא איתו. "אוּלַי לֹא תֹאבֶה הָאִשָּׁה לָלֶכֶת אַחֲרַי" (כ"ד, ה).

אברהם משיב לשאלת העבד שתי תשובות. האחת: "ה' אֱלֹהֵי הַשָּׁמַיִם אֲשֶׁר לְקָחַנִי מִבֵּית אָבִי וּמֵאֶרֶץ מוֹלַדְתִּי וַאֲשֶׁר דִּבֶּר לִי וַאֲשֶׁר נִשְׁבַּע לִי לֵאמֹר לְזַרְעֲךָ אֶתֵּן אֶת הָאָרֶץ הַזֹּאת הוּא יִשְׁלַח מַלְאָכוֹ לְפָנֶיךָ". אותה השגחה עליונה שסייעה לי עד כה, אומר אברהם, היא שבוודאות תסייע לך למלא את השליחות. ולכן הסיומת: "וְלָקַחְתָּ אִשָּׁה לִבְנִי מִשָּׁם". אולם אברהם מוסיף תשובה אחרת: "וְאִם לֹא תֹאבֶה הָאִשָּׁה לָלֶכֶת אַחֲרֶיךָ וְנִקִּיתָ מִשְּׁבֻעָתִי".

התשובה הראשונה מעוררת תמיהה על העבד. כיצד ייתכן שלא שם לב להשגחה המיוחדת המלווה את אברהם בדרכו הקשה, להצלחותיו ולהגשמת

תפילותיו בדרך פלאית, כגון הולדת בנו בגיל מאה וכדומה. האומנם העבד לא הבחין במשך השנים שמישהו "מחזיק לאברהם את היד" ומסייע לו לאורך הדרך? התשובה השנייה מעוררת תהייה על אברהם עצמו. היעלה על הדעת שהנערה לא תאבה? איך ייתכן שעכשיו, אחרי כל הדרך הארוכה הזו הקב"ה יחליט לעצור את הפרויקט? וכי לחינם עבר את כברת הדרך הארוכה הזו? ואיך מתיישב אותו בטחון עם הספק?

העבד השליח עושה לעצמו סימן המלמד שהפנים את המסר שקיבל מאברהם בדבר ההשגחה הפרטית. העבד יחזור על כך בדבריו למשפחת רבקה מאוחר יותר. העבד מחפש נערה חביבה וזריזה, שתשים לב למצוקת הזר ותיחלץ לעזרתו. ואכן, נמצאת נערה כזו שמטפלת בכל צרכיו מתוך טוב לב ושמחה. אומנם, מתברר שהיא ממשפחתו של אברהם, אולם אברהם לא הקפיד על משפחתו, אלא על ארצו ומולדתו.

כשהעבד בא ומספר להורי הנערה את סיפור המעשה, לו ולמארחיו ברור כשמש ש"מה' יצא דבר". צירוף מקרים כזה. רק משמיים.

המדרש מעיר שתחושת משפחתה של רבקה הייתה שהסיפור היה כל כך משכנע, שנשללה מהם בכלל היכולת להשיב או לסרב. כפה עליהם הר כגיגית. מישהו כבר החליט בשבילם, הכול כבר גמור ועשוי ומוחלט. "לא נוכל דבר אליך רע או טוב. התינח רע, טוב למה, אלא הטוב לא מאלינו, אלא מה' יצא" (פסיקתא זוטרתא, בראשית, כד).

אולם מיד אחר כך קוראים לנערה לשאול את פיה, כי אומנם ישנה הסכמה עקרונית אבל לא ברור שישנה הסכמה מעשית.

שני מפלסים של תיאור יש כאן, משולבים בהרמוניה: סיפורו של הקב"ה המושך בחוטים, והשולח מלאכים, וסיפור ההשתדלות, התפילות, ההחלטות והמקרים. למעשה, החוויה הפרטית של כל אחד מאיתנו אף היא כפולה. היחס, הזיקה וההשפעה ההדדית בין שמיים וארץ הן חלק מתודעת כל יהודי. כל אחד מאיתנו יכול לספר את סיפורו האישי בשני האופנים: זה המצביע על התחנות וההחלטות המשמעותיות שהחליט בדרך. וזה המצביע על הנס והפלא שבהשתלשלות המאורעות לאמור מאת ה' הייתה זאת היא נפלאת בעינינו. אנו יכולים לחוש איך עמלנו נשא פרי ואיך ברכת ה' היא שתעשיר.

בובר כותב: "זהו טיבו של יחס האדם החי חיי אמת... יש בידו לשלב בתוך הסיבתיות את המיתוס. משום שהתפיסה המיתית פותחת לפניו אמת

עמוקה יותר ושלימה יותר מן האמת הסיבתית ומגלה לו באורח זה את הדמות האהובה אשר עמה אושר רב בעצם עצמותה" (המיתוס היהודי).

היכולת של האדם לרומם את הפרטי, הפשוט והטבעי לרמת אגדה ולחוויה של התגלות מעוררת להתחזק בשמחת החיים, ומעניקה לחייו מעבר לעצם קיומם, גם משמעות גאולית.

וזרח השמש ובא השמש

ומן הידוע כי כל הפרשיות שבתורה כמו שהן מסודרות וסמוכות זו לזו יש טעם גדול לסמיכתן כי לא לחנם נסמכו, אבל מתוך סמיכות פרשיות יתבאר לנו לפעמים חכמה מפוארה בהוראת חדוש העולם או בסוד היצירה כענין פרשה זו (רבינו בחיי, בראשית כג).

רבינו בחיי פותח את עיונו לפרשתנו בהצהרה רבת חשיבות. בסמיכות פרשיות כמוסים סודות גדולים וחכמה מפוארה. פתיחה זו רומזת ומתייחסת לחוט הסמוי הנשזר בין הולדת רבקה בסוף פרשת וירא (בראשית כ"ב, כג), ובין פטירת שרה בראש פרשת חיי שרה (בראשית כ"ג, א). חוט שנקשר בסוף פרשתנו כשהתורה מתארת כיצד רבקה מובאת לאוהל שרה: "וַיְבִאֶהָ יִצְחָק הָאֹהֱלָה שָׂרָה אִמּוֹ וַיִּקַּח אֶת רִבְקָה וַתְּהִי לוֹ לְאִשָּׁה וַיֶּאֱהָבֶהָ" ואז: "וַיִּנָּחֵם יִצְחָק אַחֲרֵי אִמּוֹ" (בראשית כ"ד, סז). ניתן היה להסתפק בתיאור כיצד יצחק מתנחם באשתו על פטירת אמו. די היה בכך כדי ללמדנו שלכל מכה יש רפואה. שה' דואג להגלדת הפצעים. התורה ביקשה ללמדנו משהו שהוא מעבר לכך, משהו מסוד היצירה. לפיכך, הטרימה לסיפור פטירתה של שרה את הפרט של הולדת רבקה.

הקורא התמים מתוודע להולדת רבקה על דרך הסיפור של השתלשלות הדורות כפי שהיא מופיעה מפעם לפעם מתחילת ספר בראשית. פסוקים אלו חיוורים וחסרי צבע. בדרך כלל הם נדרשים לצורך הבנת אזורי ההתרחשות, ולצורך ההתרשתות על התקדמות השנים והזמן, והם מהווים רקע ותו לא. לפיכך, רק בסוף פרשת חיי שרה כאשר יצחק נושא את רבקה לאישה הקורא שב על עקביו ומגלה כי את רבקה זו הוא כבר פגש קודם לכן בשעה שלא היה ערני מספיק למשמעות נוכחותה בעולם.

המדרש מתייחס לתופעה הזו של הופעת ה'תחליף' בעולם בד בבד עם היעלמות שחקן מרכזי וחשוב:

> קודם עד שלא ישקיע הקדוש ברוך הוא שמשו שלצדיק הוא מזריח שמשו שלצדיק חבירו,
> יום שמת ר' עקיבה נולד רבינו,
> יום שמת רבינו נולד רב אדא בר אהבה,
> יום שמת רב אדא נולד רב אבין... (בראשית רבה, נח)

בהמשך המדרש, חוזרים לתקופה מוקדמת יותר, לפני פטירת משה, מתחילה שמשו של יהושע לזרוח. עם שקיעת יהושע, שמשו של עתניאל בן קנז עולה ומאירה. בטרם תשקע שמשו של עלי ונר א־לוהים טרם יכבה, זורחת שמשו של שמואל.

> אמר ר' יוחנן כהדה עגלתה תמימתה, עד שלא השקיע הקדוש ברוך הוא שמשה שלשרה הזריח הקדוש ברוך הוא שמשה שלרבקה, בתחילה הנה ילדה מלכה (בראשית כ"ב, כ), ולבסוף ויהיו חיי שרה" (בראשית רבה, שם).

המדרש כולו נעזר בפסוק מקהלת: "וְזָרַח הַשֶּׁמֶשׁ וּבָא הַשָּׁמֶשׁ" (קהלת א', ה). פסוק המתאר באופן סתמי ומיותר לכאורה את מהלך השמש שכולנו מכירים. לדעת חז"ל, הפסוק הזה המתאר את מהלכה הטבעי של השמש, יש לו מקבילה בעולמות רוחניים, בסוד היצירה. קרי, התחלפות מאורי הדורות.

צדיק או מנהיג שדועכים ועוזבים את העולם אינם מותירים את העולם יתום. בד בבד עם היעלמותם ממסך ההיסטוריה מופיעה דמות חדשה שעשויה להוות נחמה על היעדרם.

ליווייה של השמש עד לשקיעתה מותירה את האדם הצופה בשקיעה בעלטה ובדכדוך. עד זריחתה של השמש יחלפו אי־אילו שעות חשוכות. ואף שיש רציפות בין שני אלו, הפצעת האור החדש אינה ניכרת לעין. חמור מזה, מי שליווה את השמש עד לשקיעתה, עומד ופניו למערב. השמש שתזרח תעלה במזרח, מגבו.

כשיום הפטירה של אדם גדול משיק ליום הלידה של ממלא מקומו, יעבור עוד זמן עד ששמשו של אותו תינוק תתגלה ותפציע. באותן

שעות חשכה ואפלה העולם אינו חוזר למצב הבראשיתי שבו היה לפני השקיעה. והשמש שתזרח תזרח על עולם חדש. אינו דומה ר׳ עקיבא ומשנת מסירות הנפש ואהבת ה׳ שיש בה ממד של ערעור האחיזה בעולם לרבי יהודה הנשיא, שמביא עמו את בשורת הלכידות והיציבות, סידור ליקוט והכרעות לטווח הארוך. אינו דומה משה הנשגב ליהושע המעורב. ופשוט שהנהגה חדשה מתמודדת עם שאלות חדשות וזהו אחד מן הטעמים לעצם החלפתה.

אולם השוואת התחלופה האנושית של המנהיגים למהלכה של השמש במרום משמיעה גם צד שלילי, שעמד עליה ר׳ מנחם מנדל מרימנוב, תלמיד ר׳ אלימלך מליז׳נסק בספרו שפתי צדיקים.

הרוטינה והשגרה שבזריחת השמש ודאות שקיעתה – כשהיא מתורגמת מעולם הטבע לעולם האנושי – צמיחתם ושקיעתם של מנהיגים, יש בה לומר משהו על יכולת השינוי והתיקון. התחלפותם של הצדיקים והמנהיגים בעולם אינה משנה את פני העולם מהותית, והוא נותר קודר ועלוב כשהיה.

אם נמשיך את המשל, אזי תפקידו של הצדיק והמנהיג מצפה לדור שבו יתברר שניתן לגאול את העולם מחשכתו. לומר לשמש דום. לעוצרה במרכז השמיים ולהנציח את חומה ואורה: ״שיש בכל דור ודור צדיקים גמורים שיכולים בידם לקרב את הגאולה על ידי מעשיהם הטובים״ (שפתי צדיקים כתובים, בשם הרבי מזלאטשוב).

הרבי מזלאטשוב (המצוטט כאן), המצר על ההחמצה הגדולה של השמשות דור אחר דור, מסביר את מקורה לדעתו:

> רק מחמת שהם נזהרים מאד בכל מ״ח דברים שהתורה ניקנית בהם, ואחד מהם המכיר את מקומו (אבות פ״ו מ״ו), היינו שצריך כל אדם הישר לחשוב תמיד מאיזה מקום קדוש בא נשמתו אליו ולאיזה צורך שולחה אליו ומה יש לו לתקן בעולם הזה, לכן כל עניני העולם הזה אצלו כלא נחשב.
>
> ואף שיש לו צער גדול מגלות המר ולבו דוה עליו, עם כל זה אין נותן את לבו להתפלל בכונות ויחודים השייכים לזה, מחמת שהוא משתוקק תמיד שישוב אל ביתו בשלום, הוא מקור נשמתו אשר נחצב משם, ולהנות מאור החכמה עילאה עין לא ראתה כו׳ (שם).

הצדיק עסוק בתיקון מידותיו ובהכרת מקומו. בניסיון לכוון את נשמתו שלו למקומה הנכון ולהעלאתה. שם 'ביתו' – מקור נשמתו. ומפני שהצדיקים עסוקים בתיקונים אישיים הם אינם שתים ליבם לכך שישנן משימות ששייכות לכלל ישראל, ולתיקונם בעולם הזה.

אומנם, המנהיגים שעסוקים רוב ימיהם בעיון ובחינה עצמית משפיעים מאוד על סביבתם. הם מאתגרים את העולם בעצם הוויתם. הם מחדשים צורות התמודדות אינדיבידואליות שמסמנות את הדרך לכל נצרך. אולם צחצוח והברקה אלו בסופו של דבר נובעים מן ההבטה פנימה אל תוככי הנפש תוך קיום דיאלוג עם החיים והמכשולים שהם מזמנים. מה שדורש הרב מזלאטשוב מן הצדיקים הוא שיצאו מ'ביתם' הפרטי ויביאו את הגאולה לכלל. הבאת הגאולה הכללית טעונה מבט החוצה. בגיבוש עמדה ומחשבה הנובעת מאחריות חברתית.

חוסר הקשבה

הדיאלוג בין אברהם ובני חת ובין אברהם ועפרון מלווה בבקשות חוזרות ונשנות להקשבה מצד כל הדוברים:

שְׁמָעֵנוּ אֲדֹנִי נְשִׂיא אֱלֹהִים אַתָּה בְּתוֹכֵנוּ,
שְׁמָעוּנִי וּפִגְעוּ לִי בְּעֶפְרוֹן,
לֹא אֲדֹנִי שְׁמָעֵנִי הַשָּׂדֶה נָתַתִּי לָךְ,
אֲדֹנִי שְׁמָעֵנִי אֶרֶץ אַרְבַּע מֵאֹת שֶׁקֶל כֶּסֶף,
וַיִּשְׁמַע אַבְרָהָם אֶל עֶפְרוֹן (כ"ג, ו-טז).

"וכי כלם חרשים היו?" שואל בעל תולדות יצחק. הדוברים לא היו חירשים, כמובן. בבקשתם להקשבה ושמיעה פירושה קריאה לבני שיחם להאזין לתוכן שבין השורות, ולדלג מעל הכסות החיצונית של המילים הנאמרות במפורש.

וכך זה מתחיל: אברהם מבקש מבני חת לתת לו אחוזת קבר. הוא כנראה כבר יודע שהוא רוצה את המערה שבאחוזתו של עפרון, אך הוא פונה אל בני חת בטרם ינקוב בשם המקום המדויק. הוא מדבר עם בני חת אך מתכוון להכניס את עפרון למצב שלא יוכל לסרב לו, כפתגם הידוע: "מדבר על הבת ומתכוון לכלה".

הוא מגייס לטובתו את כל בני המקום שמעתה מזדהים עם צרכיו, ולא עם אלה של עפרון. תגובת אנשי חת היא: "שְׁמָעֵנוּ אֲדֹנִי נְשִׂיא אֱלֹהִים אַתָּה בְּתוֹכֵנוּ בְּמִבְחַר קְבָרֵינוּ קְבֹר אֶת מֵתֶךָ", ומוסיפים: "אִישׁ מִמֶּנּוּ אֶת קִבְרוֹ לֹא יִכְלֶה מִמְּךָ מִקְּבֹר מֵתֶךָ". לכאורה הם פותחים את הלב ואת הבית, אך יש בדבריהם לפחות רמז לכך שנדיבות זו נכפתה עליהם. הם פותחים בשבחו של אברהם ומודים, שלולא שהיה מדובר בו, לא היו מוותרים על חלקת האדמה שלהם.

או אז מציג אברהם את בקשתו המדויקת: "שְׁמָעוּנִי וּפִגְעוּ לִי בְּעֶפְרוֹן... וְיִתֶּן לִי אֶת מְעָרַת הַמַּכְפֵּלָה אֲשֶׁר לוֹ אֲשֶׁר בִּקְצֵה שָׂדֵהוּ בְּכֶסֶף מָלֵא יִתְּנֶנָּה לִּי בְּתוֹכְכֶם לַאֲחֻזַּת קָבֶר". אברהם אינו רוצה לנצל את מעמדו כדי לעשות שימוש באדמות בני המקום ללא תמורה. הוא מציע תשלום מלא. למעשה אינו מותיר לעפרון ברירה אלא למכור. מהמשך הפסוקים מתברר שאף שאברהם לא פנה אליו ישירות, עפרון נוכח בכל הדיאלוג הזה. בפנייתו של אברהם לאנשי המקום: "שְׁמָעוּנִי וּפִגְעוּ לִי" הוא מתעלם מן העובדה שעפרון נוכח ושומע.

עפרון מיישר קו עם השיח הדיפלומטי שנוצר ומשיב: "לֹא אֲדֹנִי שְׁמָעֵנִי הַשָּׂדֶה נָתַתִּי לָךְ וְהַמְּעָרָה אֲשֶׁר בּוֹ לְךָ נְתַתִּיהָ". עפרון מגדיל את המתנה ממערה לשדה שבו המערה כלולה. וכמובן שבכך הוא מעמיד את אברהם במצב שלא יוכל לקבל את המתנה הגדולה הזו.

בתגובה למחווה הנימוסית של עפרון, משתחווה אברהם לפני עם הארץ. כלומר, בתחילה אינו מתייחס ישירות לעפרון אלא מודה לבני חת על התיווך המוצלח, פעולה שלא תאפשר לעפרון לסגת מאוחר יותר. רק אז הוא פונה אל עפרון באוזני עם הארץ ואומר: "אִם אַתָּה לוּ שְׁמָעֵנִי נָתַתִּי כֶּסֶף הַשָּׂדֶה קַח מִמֶּנִּי וְאֶקְבְּרָה אֶת מֵתִי שָׁמָּה". תגובתו של אברהם, הפותחת במילים: "אִם אַתָּה לוּ שְׁמָעֵנִי", יוצרת תחושה שהוא מודיע לעפרון שהוא שומע היטב, וכי נוח לו להמשיך להתדיין באופן הזה, שאינו חושף את כל האינטרסים החבויים כאן.

"אֲדֹנִי שְׁמָעֵנִי", משיב לו עפרון. "אֶרֶץ אַרְבַּע מֵאֹת שֶׁקֶל כֶּסֶף בֵּינִי וּבֵינְךָ מַה הִוא?", על פני השטח אומר עפרון: אדמה כה זולה אין טעם למכור, תוכל לקחתה. אך בנקבו במחירה של הארץ, רומז עפרון לאברהם שישלם את הסכום המופרז הזה. ומיד: "וַיִּשְׁמַע אַבְרָהָם אֶל עֶפְרוֹן וַיִּשְׁקֹל אַבְרָהָם לְעֶפְרֹן אֶת הַכֶּסֶף אֲשֶׁר דִּבֶּר בְּאָזְנֵי בְנֵי חֵת". אברהם שומע בדיוק כמה תעלה לו מתנת ה"חינם" הזו.

לכל הנוכחים ברור שכאן מתנהל משא ומתן. עפרון לא טוען שהאדמה שלו וכי אינו חייב למוכרה ואברהם לא טוען שהמחיר מופרז. הדיאלוג נוצר בתוך סיטואציה דיפלומטית ופוליטית ולא בינאישית. השיח הדיפלומטי חושף את האסטרטגיה שבחר בה אברהם כדי לסיים את עסקת הקנייה של קבר עבור אשתו ולהתפנות לאבלו האישי עליה. בפועל, נראה שהשיח שאינו מניח לרגשות הטעונים להיכנס לתוך הדיון דווקא אינו כסות או טקטיקה. אברהם באמת אינו מנהל דיון על חלקת קבר לאשתו, הוא מנהל דיון על נקודת אחיזה באדמת הארץ. זהו דיון במישור לאומי ולא אישי: אברהם תוקע יתד בארץ ישראל.

בשיבה טובה

"וַיִּגְוַע וַיָּמָת אַבְרָהָם בְּשֵׂיבָה טוֹבָה זָקֵן וְשָׂבֵעַ וַיֵּאָסֶף אֶל עַמָּיו". תיאור יציאת אברהם מן העולם מפורט מאוד ומקרין נחמה גדולה. אברהם מגיע לגיל שיבה, והוא זקן ו"וּשְׂבַע יָמִים". השובע הרמוז כאן, המלאות, ההיאספות אל עמיו – כל אלה גורמים למדרש לדבר על המוות ועל ההבדל בין פטירת אדם זקן לפטירתו של צעיר.

> מה בין מיתת נערים למיתת זקנים?
> ר' יוחנן אמר:
> הנר הזה בשעה שהוא כבה מאיליו יפה לו ויפה לפתילה, ובשעה שאינו כבה מאליו רע לו ורע לפתילה,
> רבי אבהו אמר:
> התאינה הזו בשעה שהיא נלקטת בעונתה יפה לה ויפה לתאינה, ובשעה שהיא מתלקטת שלא בעונתה רע לה ורע לתאינה (בראשית רבה, סב).

המדרש פותח בשני משלים. המשל הראשון הוא משל הנר הדולק והפתילה: הנר דולק כל עוד יש שמן בנר. הבעירה מכלה את השמן, ובסופו של דבר גם הפתילה מתעכלת ומתכלה. אומנם, נר יכול לכבות לא רק כשמתכלה האנרגיה המזינה את חיותו, הוא יכול לכבות מרוח שאינה מצויה, הוא יכול לכבות כי מישהו שפך את השמן. והוא יכול לכבות מפני שהפתילה התבררה כעשויה מחומרים שאינם מספיגים היטב את השמן. על כן המדרש מדבר על נר שהוא

כבה מאליו. הנמשל הוא של מיתה שיש בה מיצוי של הפוטנציאל ושל כילוי טבעי בתהליך מתמשך המוליך אל הסוף המתבקש. במיתה כזו יש תחושת מימוש ומיצוי אך יש בה גם אורות עמומים של סוף, של התרחקות מעוצמות של הארה חזקה, מהיות המאור הגדול, תהליך של היחלשות, וגם ביטול איטי של הקשר בין הפתילה והשמן. בין התאוות והגוף והחומר, לנשמה.

המשל השני הוא משל התאנה. בשונה מן הנר שמתאר את החיים ככילוי חומרים ואנרגיות, המוות המתואר באמצעות סיפור התאנה הוא סיפור של הבשלה. החיים מתוארים כהתכוננות לבאות, וכזמן של התמלאות וחינניות מתגברת אבל גם כריצה מהירה ובלתי מתפשרת עד הסוף. כשהתאנה מגיעה לשיאה עסיסית ומתוקה היא נקטפת על מנת שתוכל לממש את ההבטחה הגלומה בה.

במשל הנר הדעיכה היא טבעית ונראית כתוצאה הכרחית של התמשכות הדלקה, רק הפרעה לא צפויה למהלך הדלקה עשוי לגרום להחמצת הפוטנציאל. ואילו במשל התאנה המוות נעשה על פי רוב על ידי מעורבות חיצונית, מישהו צריך לבוא ולקטוף אותה וגם לדייק בעיתוי. עליו לכוון את הקטיף כך שלא יהיה מוקדם מדי, שאז התאנה בוסרית ומרירה, ולא מאוחר מדי כשהיא מתחילה להתליע. בלי היד הקוטפת – התאנה תנשור מהעץ ותרקיב – במקום להיאכל בשיא מתיקותה ולמלא את ייעודה.

המוות במשל הנר הוא סוף, ואילו במשל התאנה הוא יריית הפתיחה. במשל הנר המוות מגיע לאחר דעיכה וגסיסה, ואילו במשל התאנה הדשנה ומלאת הנחת והשובע המוות הוא גדיעה של רצף הולך ומתמלא.

מכאן שיש לפנינו גם שני תיאורי זקנה – האחד הוא תיאור של התבלות, השני תיאור של השבתה: סוג אחד של זקנה מתואר כתופעה של בלאי מתמשך של איברי הגוף השונים, של מערכות ומנגנונים פנימיים, התכחשות החומר. התיאור השני הוא תיאור שלפיו הגוף ברגע מן הרגעים פשוט מושבת, מתוכנת להזדקן, מערכת ההפעלה והמנגנון המוביל למוות יופעלו בדיוק ברגע הנכון לאותו אדם. שני התיאורים הללו משקפים תיאורים ידועים במחקר הזיקנה.

> ההשקפה הקלאסית היא שההזדקנות מתרחשת בשל בליה אקראית. ההשקפה החדשה ביותר היא שההזדקנות מסודרת יותר ומתוכנתת בגנים... מינים מסוימים של במבוק למשל, יוצרים סבך שיחים עבה שגדל ומשגשג במשך מאה שנה, פורח כולו בבת אחת ואחרי כן מת.

הרעיון שהיצורים החיים מושבתים ולא מתבלים מקבל חיזוק בשנים האחרונות (להיות בן תמותה, אטול גוואנדה, עמ׳ 34).

איזה משני סוגי הזקנה חווה אברהם? המדרש אינו מכריע. הוא קובע שכל אחת משתי הדרכים היא דרך למות שׂבֵע. האלטרנטיבות לשתי הדרכים – כשאין קמילה טבעית, או כשאין הבשלה מלאה – אינן מלהיבות.

היום, כשתוחלת החיים שלנו גדלה עוד ועוד, אנחנו כבר יצורים יוצאי דופן שמאריכים ימים הרבה מעבר לקצוב להם. המוות שאנחנו מדברים עליו היום כבר איננו לא של נר כבה ולא של תאנה נקטפת. לעיתים קרובות המוות אינו טבעי אלא מוארך בעזרת אמצעים מלאכותיים – מכשירים או תרופות. כמובן שהארכת תוחלת החיים היא לברכה, ומקנה עוד שנים של הנאה מהמשפחה. אך תופעת הזקנה שינתה את פניה והפכה להיות אוסף של מחלות שכל אחת מקבלת טיפול הולם כנהוג בעולם המודרני. איש לא מעז להביט בפני הזקן ולומר לו שאוסף הפרטים הללו הם הם זקנותו. לפעמים נדמה שהזקן הולך לאיבוד בתוך שפע התרופות והסיוע שהוא מקבל, ולא תמיד מקנים לו כל אלה את היכולת להתענג על המשפחה, להיות שבע ומדושן ומלא נחת, ולהעביר את המסורת הלאה.

תיאור פטירתו של אברהם מן העולם מזכירה לנו את הצורך גם להישיר מבט אל הזקנה, לכבד אותה ואת פניה השלמות.

פרשת תולדות

קול מלחמה וקול שלום

השוני שבין שני האחים יעקב ועשיו ניכר עוד בטרם נולדו. הביטוי הראשון לכך מתגלה כבר בצאתם לאוויר העולם, ההבדל במראה חיצוני: הראשון הוא אדמוני כולו כאדרת שיער, והשני – ידו אוחזת בעקב אחיו. אין מדובר בניגודים דווקא. עשיו בולט, נראה פרא אדם, ואילו יעקב אינו מתואר פיזית אלא דרך המעשה שהוא עושה בניסיונו הנואש להקדים את אחיו. בחלוף השנים מתברר שעשיו הוא יודע ציד, איש שדה, ויעקב איש תם יושב אהלים.

על פי הפרשנים, עשיו מתבלט ביכולת הרטורית שלו "כִּי צַיִד בְּפִיו". הוא גם יודע לנצל את הכישרון הזה על מנת להטות את דעת הבריות, ולהרשים. רושם זה כרוך בשקרים ומצגים מזויפים. כך רש"י מביא את המדרש המתאר כיצד עשיו בחלקות לשונו היה בא לאביו בקושיות של דקדוקי הלכה, בעודו מנהל את חייו ללא כל זיקה למחויבות מוסרית. על פי הפשט הוא גם איש מעשה הבא בין הבריות, ומעורב מאוד בנעשה סביבו ועיסוקו בציד הוא עיסוק גס וכוחני עם נטייה רצחנית. כוח זה של ציד בפה ובזרוע בא לידי ביטוי בכל דרכיו של עשיו. על ההוללות המינית אנו שומעים מרש"י בעקבות נישואיו של עשיו לבנות חת. רש"י מעיר על כך שעד גיל ארבעים היה עשיו "צד" נשים מתחת בעליהן ומענה אותן. לעומת זאת, יעקב הוא המדדה בעקבות אחיו, זה שאוחז בעקב עשיו. שקט ומופנם ולכאורה, חסר כריזמה, איש תם היושב באוהל ואינו עסוק ביישוב

העולם כלל. חז"ל מפרשים שיעקב היה שקדן ולמדן, וכי ישב באוהל בית מדרשם של שם ועבר.

הפרשה ממשיכה בתיאור עדין, עמוק ומדויק של ההבדלים בין שני האחים: יעקב מבשל נזיד עדשים, אך עשיו מכנה את המרק "אדום אדום". יעקב קונה את הבכורה בחוזה ובהסכמה, והתורה אף מציינת שערכה של הבכורה בעיני עשיו היה נמוך מאוד, מה שמוכיח שהתמורה שניתנה הייתה שוות ערך לממכר, מכירה בת תוקף. אולם עשיו סבור שיעקב רימה אותו וגזל את בכורתו "וַיַּעְקְבֵנִי זֶה פַעֲמַיִם אֶת בְּכֹרָתִי לָקָח וְהִנֵּה עַתָּה לָקַח בִּרְכָתִי" (כ"ז, לז).

בספרו העולם של אתמול, מתאר סטפן צווייג את נסיעתו לשוויץ, אל מחוץ לגבולות הלחימה (מלחמת העולם הראשונה) שהתנהלה על אדמת אוסטריה מולדתו, מאדמת מלחמה לאדמה נייטרלית. צווייג מתעד את תחושותיו שליוו את המעבר החד בין תמונות עולם מקוטבות, ובין שתי צורות חיים. עבורו, מעבר זה התרחש בתחנת הרכבת ב"בוכס".

> בעיירת הגבול הקטנה, שם, שאת שלטיה קראנו מתוך הרכבת, הוצאו הגברים מכל בית ובקתה, ונסענו ברכבות ההולכות לאוקראינה ולאלבניה, כדי לרצוח שם ולהירצח. ואילו כאן, במרחק חמש דקות ישבו גברים בני גיל זה בשלווה עם נשותיהם ליד בתיהם עטופי הקיסוס ועישנו מקטרות. על כורחי שאלתי את עצמי האין גם הדגים בנחל הגבול לוחמניים בגדה הימנית ונייטראליים בשמאלית (עמ' 196).

אווירת המלחמה או חלופתה, השלווה והרוגע, מחלחלות לתוככי כל התודעה הקיומית. תודעה שתחילתה באדם ופועלו אך היא יורדת עד האופן שבו האדם קורא את תנועת הדגים שבים.

> אך עברתי את הגבול וכבר נשתנתה מחשבתי, הייתה חופשית ערנית בלתי שַׂרְתנית, וכבר למחרת הרגשתי כי לא רק הלך הנפש שלנו הורד לשפל המדרגה בעולם המלחמה אלא גם הגוף... מהומה זו, סחרחורת נעימה זו פעלו גם בתחום הרוח, כל עץ היה יפה יותר בעיני, כל הר נישא יותר, כל נוף משמח יותר, מפני שבארץ לוחמת ראו עינינו הקודרות בשלווה שופעת האושר של אפר – אדישות חצופה של הטבע, וכל שקיעת שמש ארגמנית – מזכירה לנו את הדם שנשפך... (שם).

המעבר של צווייג ממלחמה לשלום, הוא המעבר בפרשתנו מעשיו ליעקב. עשיו שכל חייו מערכה וקרב, ויעקב שכל חייו ומהותו שלום, שלווה וביתיות. לכן הנזיד הריחני החם והביתי של יעקב, ויש אומרים סעודת האבלים שלו, הוא "אדום אדום" אצל עשיו. כשם שלאדם שעולמו נתון במרדף רצחני גם שקיעה ארגמנית יכולה להזכיר רק דם. משא ומתן פשוט נדמה לעשיו כשדה המערכה, כניצול וככיפוף ידיים. ומכירה כמעשה של רמאות. לא לחינם השתמש רש"י בביטוי "צד" גם כדי לתאר את יחסו של עשיו לנשים. כי המהות של איש ציד אינה מסתיימת בעיסוק. היא יורדת עד לשורשי קיומו, ובאה לידי ביטוי ביחסו לאביו, ביחסו לנשים, בהבנת מערכות יחסים בין אדם לאחיו, והיא נרטיב שלם והשקפת עולם תועלתנית ואכזרית.

בכורה בנזיד עדשים

עשיו מגיע מן השדה רעב מאוד לאחר יום עבודה ומאמץ, והוא תר אחר דבר מה לאכול. המטבח של יעקב מלא בכל טוב, אך הוא חסר תבלין רוחני אחד – ושמו בכורה. נדמה שעשיו דווקא אינו מחשיב כלל את יתרונה הרוחני של הבכורה ומזלזל בחשיבותה. עסקת החליפין הנרקמת: בכורה תמורת נזיד עדשים, נראית כעסקה מצוינת שבה כל הצדדים מרוויחים ואיש אינו מפסיד.

מנקודת מבט אחרת, העסקה הזו אינה שקולה: יעקב מצוי בעמדת עליונות, מפני שיש לו הידע המתאים על ערכה של הבכורה שמצויה בידי עשיו. עשיו סבור כי היתל ביעקב וזכה בארוחה דשנה חינם אבל יעקב מבין היטב כי רכש לעצמו באפס מחיר דבר שאין להשיגו גם תמורת כל הון שבעולם.

לכאורה דומה עסקה זו לעסקה שעשו עם האינדיאנים ראשוני הדורכים על אדמת אמריקה, כשמכרו להם מחרוזות צבעוניות מפלסטיק תמורת זהב ויהלומים.

רוב הפרשנים הניחו שהעסקה שעושה יעקב עם עשיו אינה הוגנת ואצו לבאר מדוע רעבונו של עשיו אינו הופך אותה לחוזה שנחתם תחת לחץ ומתוך אונס, ולכן בטל. הם הזכירו שגם לאחר שעשיו אכל נאמר מפורש "וַיִּבֶז עֵשָׂו אֶת הַבְּכֹרָה". אחרים הצביעו על הקושי הנובע מכך שעשיו קיבל מחיר הפסד עבור הבכורה וטענו שהייתה תמורה נוספת שאינה כתובה

במקרא, כלומר שיעקב שילם כסף מלא עבור הבכורה, והנזיד הוא רק המעשה הסימבולי של הקניין.

אני מבקשת לטעון כי מדובר בעסקה הוגנת. ההכרעה בשאלת הוגנות העסקה תלויה בשאלת מפתח: האם עשיו מכר את הבכורה מתוך רצון חופשי. האם הבין עשיו את משמעותה של הבכורה והמניע שלו למכירתה הוא מניע סביר כשל אדם סביר?

<u>וַיֹּ</u>אמֶר עֵשָׂו הִנֵּה אָנֹכִי הוֹלֵךְ לָמוּת וְלָמָּה זֶּה לִי בְּכֹרָה (כ"ח, לב).

הדברים שהתורה שמה בפיו של עשיו אינם קשורים לרעבונו המיידי. דבריו של עשיו נחשבים להשקפת עולם ראויה על פי דברי חז"ל בפרקי אבות: "דע מאין באת ולאן אתה הולך" (משנה, אבות פ"ג מ"א). למרות גילו הצעיר (חמש-עשרה שנים) עשיו חש בכל רגע את אימת המוות הממשמש ובא. המוות מעורר את עשיו למחשבות חידלון, חוסר אונים וריקנות (ראו חזקוני כ"ח, לב). קהלת בספרו תיאר אף הוא "כי הולך האדם אל בית עולמו", גם הוא בחר לראות את מסע החיים מנקודת הסוף שלהם, והמעיט בערך העשייה והחידוש.

השאלה היא מהי המסקנה המעשית הנגזרת מתחושת העמידה אל מול אפשרות הכיליון. מסקנת עשיו היא: "אָכוֹל וְשָׁתוֹ כִּי מָחָר נָמוּת" (ראו ישעיהו כ"ב, יג). העמידה אל מול המוות, מבחינתו של עשיו, מגמדת כל הישג שיש בו ממד רעיוני ומותירה עבורו את ההישרדות הפיזית עצמה כערך עליון. עשיו בוחר בהעצמת הנהנתנות הרגעית. הוא בוחר להתייחס לחיים כאל אירוע חד פעמי שיש לנצלו לרווחת האדם.

הבחירה ה'יעקובית' הפוכה: להציב את רגע המוות כמראה וכהזדמנות לחשבון נפש, כתובנה מכוננת המשפיעה על כל רגע ורגע ומציבה בעוצמה את שאלת הנצח. לפי גישה זו הזכייה בחיי נצח מתרחשת רק בזכות הזיכרון המיוחד שיותיר אחריו אדם שהשקיע בעתיד צאצאיו ותרם לבני בניו כוחות נפש, מידע, תובנה ורעיון.

ניתן להיווכח שמחשבותיהם של יעקב ועשיו נעוצות בתהיות פילוסופיות קיומיות. תשובתו של עשיו נראית מנקודת המבט של יעקב נלעגת אך גם להפך. לפי כל אלה, לפנינו עסקה הוגנת לחלוטין. שני הצדדים העמיקו והביעו עניין בחליפין כמות שהם. שאלת ההוגנות תלויה בעצם בשאלה פילוסופית: האם ניצול מתרחש רק כשצד אחד רפה שכל? האם מה שיקבע את מידת הוגנותה של העסקה הוא חופש הבחירה והמודעות לה, או

אמת מוחלטת כלשהי. התפיסה הקובעת כי יעקב ניצל את עשיו מחייבת את אימוץ נקודת המבט של יעקב והפיכתה לעמדה הפטרונית והשלטת, כפי שאכן עושה המדרש: "הנה... ולמה זה לי בכורה. מלמד שכפר בעיקר" (מדרש אגדה, תולדות כ"ה, לב). התפיסה הליברלית תקבע כי העסקה הוגנת ותקפה בהחלט, מפני שנעשתה מתוך רצון חופשי של הצדדים.

הצעות שונות לכריתת ברית זוגיות כאלטרנטיבה לנישואין כדת משה וישראל הן דוגמה טובה לבחון את שאלתנו. נישואין יכולים להיחשב לקשר משפטי של זוגיות שתוכנו ומחויבותו נתונים לשיקול דעתם החופשי של הקשורים בו, או לחלופין – הם יכולים להיות קשר הכולל בתוכו מערכת שלמה ונתונה מראש של חובות וזכויות של הצדדים, מחובת מזונות ועד אישות. התפיסה הליברלית אינה חפצה לומר דבר על מהותם של הנישואין אלא להותיר זאת לטוב ליבם של המתקשרים. ואילו התפיסה השמרנית סבורה כי יש להכתיב לא רק את אפשרות מיסוד הקשר אלא גם את תוכנו, באופן שיהיה ראוי והוגן.

נדמה שהבחירה בין שני סוגי המשטרים נוגעת בעצמה בשאלה מה נכון: האם נכון לכפות עקרונות שנראים ראויים ונכונים או שנכון להותיר חלל שימולא על ידי אנשים בני דעת. ההתמודדות על האחיזה באמת עצמה נעוצה בהתמודדות ערכית, בין ערך הכבוד לבין ערך החירות. מנקודת המבט הערכית של עשיו הוא רוצה בעסקה. עשיו גם סבור שהכללים שחלים ביחס לעסקאות צריכות להיות קוהרנטיים לתפיסת החופש הכללית שלו בחייו. בסופו של דבר, התקבלה עמדתו של עשיו וההכרעה בפרשתנו היא שהעסקה תקפה. יעקב זכה בבכורה וגם בברכות, ועשיו זכה בנזיד עדשים.

יצחק בן אברהם

"וְאֵלֶּה תּוֹלְדֹת יִצְחָק בֶּן אַבְרָהָם אַבְרָהָם הוֹלִיד אֶת יִצְחָק" (כ"ה, יט) בדיווח כפול זה פותחת פרשת תולדות. הייתור צד את עיני הפרשנים שנצרכו לתת טעם להיפוך המובן מאליו הזה. אם יצחק הוא בן אברהם אזי אברהם הוא גם אביו. בפרט בולט ייתור זה כשמשווים את תיאור הייחוס של יצחק לאברהם לתיאור הייחוס של ישמעאל ליצחק, פסוקים אחדים קודם לכן (כ"ה, יב).

אציג כאן שלוש גישות המצויות במדרש לפתרון חידת ההדגשה והחזרה.

גישה אחת היא זו המובאת במדרש שמות רבה: "וכתיב 'ואלה תולדות יצחק בן אברהם...', ללמדך שהיה דומה לאביו בכל דבר, בנוי בחכמה בעושר ובמעשים טובים" (שמות רבה, א). המדרש הזה למד שהדמיון בין אברהם ויצחק היה ברמה בלתי מצויה. מעבר למראה החיצוני כשל כפיל, דבקו ביצחק גם חכמת אביו ותכונותיו המיוחדות וכן ניחן בברכת ה'. החזרה הכפולה מתפרשת כהעברת המבט חליפות מזה לזה תוך השתאות על הדמיון הרב.

גישה שנייה מתייחסת להתהדרות ההדדית. בשלב כלשהו אברהם הופך להיות אביו של יצחק, והיותו אב ליצחק הופך למה שמגדיר אותו. בה בעת, מבחינתו של יצחק הייחוס לאברהם הוא גאווה גדולה.

> 'עטרת זקנים בני בנים' (משלי), האבות עטרה לבנים, והבנים עטרת לאבות, האבות עטרה לבנים, שנאמר 'ותפארת בנים אבותם', הבנים עטרה לאבות, דכתיב עטרת זקנים בני בנים (בראשית רבה, סג).

המדרש מרחיב ומבאר כי למעשה מפרספקטיבה מאוחרת נראה שכל ההצדקה לקיומו של אברהם היא הולדת יצחק:

> רבי שמואל בר רב יצחק אמר: אברהם לא ניצל מכבשן האש אלא בזכות של יעקב... דבר אחר עטרת זקנים בני בנים, ואלה תולדות יצחק בן אברהם (שם).

גישה שלישית במדרש משתמשת בטכניקה של קריאה שאינה מתחשבת בסימני הפיסוק:

> ואלה תולדות יצחק וגו'... יצחק נקרא אברהם: 'ואלה תולדות יצחק בן אברהם אברהם' (שם).

לפי המדרש, יצחק נקרא אברהם מפני שכתוב "וְאֵלֶּה תּוֹלְדֹת יִצְחָק בֶּן אַבְרָהָם אַבְרָהָם" תוך שהוא מתעלם מכך שהמילה אברהם היא פתיחה לפיסקה חדשה שממנה עולה כי אברהם הוליד את יצחק. משיבוש פיסוק זה יוצא שיצחק הוא אברהם. המדרש מרחיב ומראה כי יעקב נקרא ישראל וגם אברהם נקרא

ישראל, וכך הולך המדרש ומרחיב את העיקרון שיצחק וכל צאצאיו הם למעשה נוכחות אברהמית בעולם.

שלושת המדרשים מצביעים על גישות שונות ליחסים שבין הדורות המתחלפים ובאים. המדרש הראשון מדבר על דמיון בין הדורות, השני מדגיש את ההתפתחות והשלישי מתאר זהות.

ניתן להתייחס למדרשים כנובעים מתבניות למדניות. במושגים הלכתיים המבנה של הפסוק הוא של כלל (אלה תולדות יצחק בן אברהם) ופרט (אברהם הוליד את יצחק). מבנה זה אומר שאין בכלל אלא מה שיש בפרט. הכלל כולל את הפרטים שיבואו אחריו. מכאן לדרשה ההתפתחותית.

מי שרואה בפסוק כלל ופרט וכלל (אלה תולדות, יצחק בן אברהם, אברהם הוליד את יצחק) עשוי לראות בכלל כעין הפרט. ולראות במבנה הזה כרומז לדמיון. וכן על זה הדרך.

שלוש הגישות הן גישות קיימות וקיומיות בעולמנו.

גישת הדמיון – גישה זו הוכחה מדעית והיא מתבטאת בהעברה גנטית של מטען התכונות והביטוי החיצוני והפנימי שלהם. ברור כי ישנם שינויים שמתחוללים במעבר מדור לדור, הן מפני שישנם גנים שמטענם מגוון והן מפני שיש לכל אדם זוג הורים. אך בסופו של דבר סל האפשרויות טעון ומצוי כבר בתחילת השרשור הגנטי. אשר על כן, המבנים המתחדשים הם למעשה פנים חדשות והרכבות מגוונות של ראשית האנושות. מבחינה פילוסופית המשמעות היא שדורות מאוחרים הם וריאציות ופראפרזות של דורות קודמים. בגישה זו יש העדפה לראות את הדומה על פני השונה. והיא כוללת אמירה מהותית על הזיקה שבין הדורות.

עקרון ההתפתחות – עיקרון זה קשור בדרך כלל לתיאוריות הדרוויניסטיות, ומדגיש שמשמעות החיים אינה מסתיימת עם קיצם אלא ממשיכה ומתבררת ביצירתם של חיים חדשים ושל אנשים ודמויות שייצרו ויחדשו דברים בעולם. הגישה הזו יוצרת מערכת מוסרית של מחויבות של הדורות המוקדמים כלפי אלה שיבואו אחריהם לשמירה על הטבע ומקורות החיות. אך גם נותנת לדורות המאוחרים תחושת קטנות אל מול התעצומות שכבר באו לביטוי לפני בואם לעולם ושהיו גנוזים באלו שקדמו להם. כפי שתיאר ר׳ ישעיה מטראני כשנקודת המוצא שלו הייתה שאנו חשים ננסים לעומת הראשונים וכי זכותנו להיכנס לדיון שבו החלו דורות ראשונים, לטבוע את חותמנו בעולם הוא רק מפני שאנו ״ננסים על גבי ענקים״: ״כך

אנו ננסים רוכבים על צווארי הענקים מפני שראינו חכמתם ואנחנו מעמיקים ומכוח חכמתם חכמנו לומר כל מה שאנו אומרים ולא שאנו גדולים מהם" (שיבולי הלקט, מבוא). תיאור התוספת הזו היא התוספת ההתפתחותית.

הגישה השלישית מתארת **זהות** – חזרה על התמודדויות שאינן פוסקות, על אותן תהיות קיומיות, אין חדש תחת השמש. אברהם הוא אברהם, יצחק הוא אברהם, אברהם הוא יעקב ולהפך.

תיאור היחסים הבין־דוריים המתייחסים לתקופות המתחלפות בפאזות גדולות בהיסטוריה האנושית אינו שונה מן החוויה האישית הפשוטה שכל אדם חווה באשר ליחסיו עם הוריו ועם ילדיו. תחושת הגורל המשותף והאינסופי, יחד עם תחושת הקירבה והדמיון, לצד השוני והתוספת.

של מי המים האלה?

הגמרא במסכת גיטין (ס ע"א) מסדירה את השימוש במקורות המים ומציעה הכרעות שונות ביחס לשאלה איזה שדה משקים תחילה, זה הסמוך לנהר או זה התחתון הנמוך מכולם. מעבר לדיון המשפטי מתארת הסוגיה הזו בצבעים עזים דרכים שונות להשיג עדיפות ושליטה על מקורות המים בתקופת האמוראים. החתם סופר מקשר בין הסוגיה הזו ובין פרשתנו ובכך מעמיד את פרשת בארות יצחק כפרשה שבמרכזה מתח אנושי שגרתי של סכסוכי שכנים.

אפשרות אחרת היא לראות בסיפור הזה סכסוך הנוגע להכרעות עקרוניות בדיני ממונות. רד"ק למשל סבור שהמחלוקת בין הצדדים הייתה אם הבאר היא מגבול גרר או מגבול באר שבע. הנושא, לפי עמדה זו, אינו כיצד יסתדרו השכנים ביניהם אלא שאלת הבעלות על המים. כשלשיטת רד"ק בין שני הצדדים שוררת הסכמה שהבעלות נקבעת על פי מקום הנביעה של המים.

הרמב"ן אף הוא הולך בכיוון דומה ומבאר שהשאלה הייתה אם המים שבבאר נקווים אליו ממי הנהר או שמדובר בנביעה של מעיין. אם המים שבבאר נלקחים מן הנחל השייך לבני גרר לא ייתכן שיזכה בהם יצחק, אך אם מדובר בנביעה טבעית שחשפו יצחק ורועיו, הרי שהם זכו במים. לכן רועי גרר דורשים את המים, אך רועי יצחק מדגישים שמדובר ב"מים חיים" ולא במי נחל. למעשה, לדברי שניהם יש כאן שאלה מי הבעלים, האם יש

כאן השתלטות שאינה לגיטימית על מים שהם בבעלות רועי גרר, והמוציא מחברו עליו הראיה, או שמא להפך.

בעל הערבי נחל מחבר בין הסכסוך הממוני הזה ובין סוגיה ממונית אחרת: "זה אומר של אבותי וזה אומר של אבותי", שהרי כל הבארות שנחפרו בימי אברהם סתמום פלשתים, וכעת יצחק מגיע ובא וחופר שוב את בארות אביו אברהם. אך כיוון שהדבר נשכח מן הלב באים תושבי המקום וטוענים שהמקום שלהם ובחזקת אבותיהם (תולדות, דרוש ו). המכנה המשותף לפרשנים הללו הוא האמונה כי גרר איננה המערב הפרוע, שהן רועי גרר והן רועי יצחק כפופים לחוקים מסודרים של דיני ממונות. במסגרת החוק מתגלעים סכסוכים ובהם לשני הצדדים נרטיבים וטענות משפטיות סותרים לגבי המציאות ופירושה. הכרעות בעניינים אלו ידונו בסופו של דבר במסגרת הלכות חושן משפט, על פי כללים המציעים פתרונות שונים במצבי ספק.

אך ישנה אפשרות נוספת, ולפיה חושפת פרשה זו ויכוח אידיאולוגי על עצם האפשרות לזכייה ולבעלות של אדם פרטי:

> שהיה מחוקי המלכות שכל הנמצא בבטן הארץ שייך אל המלכות,
> ואם כן מי תהומות הם של המלך ובני המדינה,
> ורועי יצחק היה להם טענה שהמים שבבטן הארץ הם הפקר,
> ושייך להם אחר שהם חפרו ומצאו אותו (מלבי"ם).

המחלוקת בין רועי יצחק ורועי גרר מוסברת על ידי המלבי"ם כמייצגת שתי עמדות יסודיות בשאלת האפשרות לזכות בנכסים. עמדת רועי גרר היא העמדה הגורסת שאין בעלויות פרטיות וכי המים הם רכוש המלך והעם. באמתחתם רעיונות מרקסיסטים הגורסים שהמשאב הוא משותף ואין לאזרח יכולת להשתלט על אוצרות הטבע ובכלל. לעומת זאת, רועי יצחק מייצגים את העמדה הקפיטליסטית, קרי: האדם – יצחק, במקרה זה – שעשה את המאמץ לחפור והצליח במשימתו, זוכה משום כך לבעלות על המים. מדובר במציאה כשרה ובעסקה מוצלחת שלו. יצחק מייצג כאן תזה שמפוררת את הריכוזיות השלטונית ואת החיבור האוטומטי שבין בני העם השולט – לנכסי ארצו. ההזדמנות של יצחק תלויה בשינוי תפיסתי של בני הארץ ולא רק באיזה סכסוך ובשאלה ממונית נקודתית.

ההפתעה בשלוש הדרכים הללו היא שאף לא אחד מן הפרשנים שנקטו אותן הלביש את הסכסוך בצבעים של שחור ולבן. להפך – ברור

ופשוט שהמחלוקת עצמה משקפת את המציאות המורכבת והלא מוכרעת שבתוכה פועל יצחק. יש צד לומר שהוא צודק ויש צד לומר שאנשי גרר צודקים. אם מדברים על סכסוך בין שכנים, הרי שזהו עניין טבעי המתאר מתח ששורר תמיד בין אנשים שחיים ומתגוררים באותו שטח. אם מדברים על סכסוך ממוני ובהכרעה במצבי ספק הרי שבאמת יש לדון מה מעמדו של הנחל שממנו נמשכים המים ומה מקורם של המים אם הוא מן הנחל או ממי מעיין, והאם יש כאן זכויות קודמות של בעלות ולמי. אם מדברים על סכסוך עקרוני אידיאולוגי, אפשר להצדיק כל אחד מן הצדדים. יצחק איננו הצדיק וגרר אינם הרשעים.

את המצב המאתגר הזה שבו נתון יצחק מתאר הזוהר באמצעות משל מעולמה של התורה שבעל פה:

> באר דרבו עליה דא אורייתא דבעל פה,
> דאתמר בה ויריבו רועי גרר עם רועי יצחק לאמר לנו המים,
> אלין מקשין על אלין ואלין חולקין על אלין,
> אלין מטהרין ואלין מטמאין אלין פוסלין ואלין מכשירין,
> אלין אוסרין ואלין מתירין (תיקוני זוהר קמז, א).

לפי הזוהר, את מצב ההתכתשות הזה בין שני צדדים נכונים בין אסור למותר בין טמא לטהור בין פסול לכשר אנו מכירים כדיאלוג נצחי שהוא הוא התורה שבעל פה. הזוהר התכוון לתאר את התורה כמים ולהתייחס לסיפור יצחק כמשל. אך ניתן להפוך את הדברים ולומר שהתורה שבעל פה ומתודת הלימוד שלה הם משל למצבו של יצחק. אך לא רק למצבו של יצחק התורה שבעל פה היא משל. כותרת ההבטחה לרשת את הארץ נתקלת מאז ימי האבות ועד ימינו (על אף היפוך התפקידים) במסכת חיכוכים שבחלקם נגועים ביחסי שכנות מעורערים ובחלקם נובעים משאלות בעלות וסכסוכי קרקעות ובחלקם נוגעים לשאלה הפוליטית של המשטר הראוי והנכון. הבטחת הארץ אינה סוף פסוק אלא התחלה של התמודדות, תחילה של עיון מעמיק בסוגיות שאין בהן צודק וטועה. הצד המשמח שבכך הוא בזכות לחיות כאן, בזכות להיות חלק מן התורה שבעל פה, תורת הארץ.

פרשת ויצא

שער השמיים או רציף תשע ושלושה רבעים

ויצא יעקב. יעקב יוצא מבית הוריו שאינו מקום מוגן יותר עבורו. הוא יוצא מלא תקוות להגיע למקום חדש, למצוא את זיווגו, להשתחרר מעולו של אחיו המאיים על חייו. הוא עובר דרך "שער השמיים" והאגדה, לכאורה, מתחילה. שער השמיים מזכיר את המעבר של הארי פוטר ברציף תשע ושלושה רבעים ואת הנפילה של עליסה לתוך גזע העץ: פתח לעולם אחר וחדש שמתחיל מכאן.

אלא שהעולם הקסום שמתגלה לעיניהן של אותן דמויות הוא תמונת המראה ושיקוף משעשע של העולם שנשאר מאחור. כשם שהארי פוטר מגלה שגם בעולם החדש יש בית ספר, בירוקרטיה, מעמדות, רשע וחוסר הגינות. וכשם שעליסה מגלה שהטיפשות והשרירות, האקסיומות החברתיות והשפלות נמצאים גם בעובי האדמה, כך מגלה זאת גם יעקב. הוא מוצא עצמו זר בארץ לא מוכרת, ופוגש את שקריו ואת תככנותו של קרובו לבן. התמונה המתגלה מפתיעה ומרתיחה.

לבן אינו מקיים את ההתחייבות שלו כלפי יעקב בתואנה שהחוק המקומי אינו מתיר לו לתת את הצעירה לפני הבכירה. "לֹא יֵעָשֶׂה כֵן בִּמְקוֹמֵנוּ". לבן מופיע כשומר חוק ומוסר. אומנם, בין יעקב ללבן ישנה הסכמה וחוזה מחייב. יעקב עבד שבע שנים ובסופו של דבר וללא שאיש טרח להודיע לו מראש, זכותו הופרה. אך לבן אינו כופר בהסכמה שהייתה,

אלא טוען שישנו חוק מוסרי קודם. חוק שמקורו בהסכמה החברתית של בני המקום. הנורמה החברתית גוברת על ההסכמה המנוגדת לה.

הנורמה של קדימותה של הבכירה לנישואין אינה בהכרח העדפה לא הוגנת וייתכן שיש לה מקורות במשפט הטבעי האנושי. צדק הוא מושג לא אחיד ויכול לסבול פירושים רבים. גם הכפיפות לנורמה המוסכמת והעדפתה על פני ההסכמה הבינאישית היא סבירה. אף אנו בימינו סבורים שחופש החוזים, כלומר החופש לנסח כל תוכן אשר יאבו הצדדים ולגבשו לכלל הסכמה, מוגבל על ידי נורמות חברתיות. כך, מעסיק אינו יכול להחליט שאינו משלם פנסיה לעובד שלו, גם אם העובד יסכים לכך. החוק שולל את תוקפם של חוזה והסכמה שכאלה ואין להם שום השפעה על מערכת החיובים של הצדדים. גם בהלכה יש עקרונות דומים. למשל, איסור ריבית. גם אם שני הצדדים יסכימו על תשלום ריבית עדיין ההסכמה ביניהם לא תהיה בת תוקף. אפילו אם לא היה ניצול, ולשני הצדדים יש אינטרס בקיומו של החוזה כמות שהוא.

אולם בהמשך מתברר שלבן הוא מפר חוזים סדרתי. את משכורתו של יעקב החליף עשרת מונים. לולא השגחת ה' היה יעקב נותר עני וחסר כול. "אִם כֹּה יֹאמַר נְקֻדִּים יִהְיֶה שְׂכָרֶךָ וְיָלְדוּ כָל הַצֹּאן נְקֻדִּים וְאִם כֹּה יֹאמַר עֲקֻדִּים יִהְיֶה שְׂכָרֶךָ וְיָלְדוּ כָל הַצֹּאן עֲקֻדִּים". חלוקת הצאן השתנתה מפעם לפעם כשלבן חשש שהבחירה בזן זה או אחר מן הצאן תתברר כבחירה הפחות משתלמת.

כשיעקב מודיע לנשותיו שתמה תקופה ועליו לשוב לארץ אבותיו, מתגלה טרוניית הבנות על אביהן, "הֲלוֹא נָכְרִיּוֹת נֶחְשַׁבְנוּ לוֹ". ורש"י מסביר: "אפילו בשעה שדרך בני אדם לתת נדוניא לבנותיו בשעת נישואין, נהג עמנו כנכריות". מסתבר שבניגוד להסכמה החברתית "הקדושה", ובניגוד ל"משפט האבות עם הבנות" (אבן עזרא) לבן לא שילם את נדוניית בנותיו. לבן התייחס אל בנותיו כאל נכס וכאל מטבע עובר לסוחר. דווקא מן החוק החברתי הבסיסי וההגיוני הזה לבן מתעלם. לבן מתנער מן המנהג שמבטא יחס אנושי טבעי של פריסת חסות, דאגה ואחריות. מתברר שכשהחברה אינה מאיימת עליו – לבן הוא פורע חוק. את זרותו של יעקב ואת חולשת בנותיו הוא מנצל כדי למנוע מהם את המגיע להם בדין על פי המוסר והנורמה. "הַעוֹד לָנוּ חֵלֶק וְנַחֲלָה בְּבֵית אָבִינוּ?" על חוק אחד לבן בהכרח יקפיד: על החוק שלפיו בנות אינן יורשות.

סמלי הוא סיפורה של רחל הגונבת את התרפים. מה לרחל ולתרפים

של אביה? הסיפור היה יכול להיות תמוה לולא הסיום הממצה בתמונה אחת עלובה את כל אישיותו של לבן. ללבן אין א-לוהים, אין לו מצפון יש לו רק חששות חברתיים, ורדיפת כבוד, מעמד, קניין ובצע. לבן רודף אחר א-לוהיו ובאובססיה של מי שאבד לו המצפן הוא ממשמש את כלי משפחתו (לא לחינם יש מי שפירש [רד"ק] שאין המדובר בעבודה זרה, אלא בכלי נחושת שרואים בו את שעות היום והעתיד). לבן נטול המצפון והמוסר רומס ומפר באופן בוטה את זכותן של בנותיו לפרטיות בחפשו אחרי תחליף – אחרי אלוהיו/אליליו האבודים. זהו הגיחוך בהתגלמותו. האירוניה שבהנהגתו מוצגת יפה בפי יעקב כתגובה ניצחת לתלונתו העילגת של לבן, "לוּלֵי אֱלֹהֵי אָבִי אֱלֹהֵי אַבְרָהָם וּפַחַד יִצְחָק הָיָה לִי כִּי עַתָּה רֵיקָם שִׁלַּחְתָּנִי".

התנהגותו של לבן מזכירה נשכחות. עשיו חשב שזכות הבכורה מעניקה לו כל טוב גם אם בינו לבין יעקב נערך חוזה למכירתה. גם לבן חשב שהבכורה של לאה מעניקה לה זכויות הגוברות על ההסכמה שבינו לבין יעקב. עשיו צד את אביו בפיו ולבן אף הוא מרמה את יעקב. אין חדש בעולם החדש. אבל כמו בהארי פוטר ובעליסה, גם כאן, המעבר לעולם הקסום נתן לגיבור הזדמנות לנהוג אחרת, להתמודד עם עולם השקר החדש ממקום מרכזי ומתוך אומץ ועוז רוח. מי שמשנה את פניו הוא יעקב. ניתנה לו ההזדמנות להכיר את עצמו את תכונותיו הטובות ואת נקודות החוזק שלו. הוא נדרש להציג את האנטיתזה לעולם ההוא שהשאיר מאחוריו.

שער השמיים, עולם בתוך עולם, האפשרות של כל אחד מאיתנו לזהות הזדמנות. להמשיך כמעט עם אותם הנתונים, בתודעה של אדם חדש. של שינוי תדמית של עוז רוח, גבורה ומוסר.

קפצה לו הדרך

תנו רבנן: שלשה קפצה להם הארץ: אליעזר עבד אברהם, ויעקב אבינו, ואבישי בן צרויה.

אבישי בן צרויה – הא דאמרן.

אליעזר עבד אברהם – דכתיב ואבא היום אל העין, למימרא דההוא יומא נפק.

יעקב אבינו – דכתיב "ויצא יעקב מבאר שבע וילך חרנה", וכתיב "ויפגע במקום וילן שם כי בא השמש" (סנהדרין צה ע"א-ע"ב).

יעקב אבינו הוא אחד משלושה שהייתה להם קפיצת הדרך. שני האחרים הם אליעזר (עבד אברהם) ואבישי בן צרויה. על קפיצת הדרך של אליעזר לומדים חז"ל מדיוק בדבריו "ואבוא היום אל העין", שבאותו יום שיצא מבית אברהם הגיע למחוז חפצו. על קפיצת הדרך של אבישי בן צרויה מלמדת האגדה המובאת בהרחבה בסוגיה: בדרכו להציל את דוד קפצה לו הדרך והוא הגיע מהר משהיה אפשר בדרך הטבע.

אף בפרשה שלנו נאמר שיעקב יצא מבאר שבע, הלך לחרן ופגע במקום שבו בסופו של דבר לן. ריבוי המקומות המובא בהקשרו של יעקב מתואר בפשט כמהלך מזורז. יצא, הלך פגע וכן, נראה שרק לאחר שפגע במקום גם שקעה השמש שזרחה עם צאתו מבאר שבע, והוא החליט לשכב לישון.

בחיבור שעושה הברייתא בין שלושת האירועים, היא מצביעה על הצד השווה שבהם, אבל יש לתת את הדעת גם על ההבדלים ביניהם: סיפור אליעזר, גם בלי טענת חז"ל על קפיצת הדרך, אפוף באירועים החורגים מגדר הטבע. התיאור הסוביקטיבי של כל הפרשה מנקודת מבטו של אליעזר היא של מי שחווה התרחשות ניסית שיד ה' מעורבת בה בכל עת. מפשט הכתובים נראה שאליעזר הרגיש לאורך כל הדרך שהוא לא עושה דבר, הוא רק מובל בידי יד נעלמה אל היעד. התוספת של "קפיצת הדרך" מתאימה ומתבקשת.

אצל אבישי בן צרויה נראה שהנחיצות של פעולה מיידית להצלת נפש הובילה את חז"ל לתבל את הסיפור כולו גם בהצבעה על הזריזות, היעילות והמסירות של אבישי לאדונו ומלכו. מילוי השליחות הדחופה אפשר לאבישי לדלג על המשוכות שבדרך. אין כאן מיסטיקה אלא בהילות אנושית, שה' מסייע לה בדרכו.

קפיצת הדרך של יעקב היא אפשרות שלישית:

> כי מטא (=כשבא) לחרן אמר: אפשר עברתי על מקום שהתפללו בו אבותי ואני לא התפללתי בו?
> בעי למיהדר (=רצה לשוב),
> כיון דהרהר בדעתיה למיהדר (=כיוון שהרהר בדעתו לחזור),
> קפצה ליה ארעא (=קפצה לו הארץ). מיד "ויפגע במקום".

יעקב החמיץ הזדמנות נדירה לתפילה, הוא מבין את טעותו ומתחרט עליה. לפי המדרש מחשבת החרטה עצמה היא שמגוללת עבורו את הדרך לאחור ומאפשרת לו לחזור לנקודה שבה יתקן את מעשיו. הלשון של קפיצה היא

לשון של כיווץ. משמעות הדבר שהאדם אינו מדלג על כברת דרך ארוכה, אלא זו מתכווצת לפתע ומקרבת בין קצוות רחוקים. בפסיעה אחת נעשית דרך שאחרים עושים בזמן ארוך (מקור מים חיים, חיי שרה).

לפי המדרש, אירוע קפיצת הדרך הוא אירוע נדיר בתולדות האנושות. חז״ל לא הפכו אותו לתופעה החוזרת על עצמה בדורות מאוחרים. רק בתקופת החסידות אנו מוצאים סיפורי נפלאות על הבעל שם טוב ובתוכם גם מקרים של קפיצת הדרך. סיפורים אלו מייחסים לבעל שם טוב בדרך כלל את שלוש הכוחות המוצגים כאן ובהם היכולת לחולל ניסים. הבעל שם טוב עשה שימוש ב״שם״ על מנת להשיג את האפשרות, והמודל שלו לכך הוא אליעזר (ראו בעל שם טוב, חיי שרה). אך ניתן לצרף לכך גם את העובדה שהוא שליח ומושיע של יהודים נידחים וקשי יום – כאבישי בן צרויה, והן את העובדה שמחשבות התיקון שלו מתקנות עולם כיעקב אבינו.

בעצם, הרעיון של קפיצת הדרך, בפרט במובנו ה׳יעקבי׳ הוא רעיון לא חינוכי. אנו מחנכים לתהליכים איטיים, להשקעה ומאמץ ולא לדילוג על ההרים והגבעות. אולי משום כך הרעיון לא חוזר בסיפורים רבים לאורך הדורות ואולי משום שתופעת מעשי המופתים מופיעה דווקא בדורות מאוחרים, לא רק בכתבי החסידות אלא גם בסיפורי עגנון וסופרים בני התקופה. אך אם מעיינים בדברי חז״ל נראה שההצבעה על עצם קיומה של התופעה החריגה הזו הוא חשוב. אנו אכן נתקלים מפעם לפעם באנשים שקופצת להם הדרך וניתן להצביע על הזדמנות חד פעמית שבה מילאו שליחות חשובה או נצרכו לתקן ולחדש איזה דבר בעולם וכך באבחת מקרה הפכו להיות מנהיגים. התגובה של חז״ל למקרים כאלה היא שאין לצפות לנס. אך יחד עם זאת, לחיות בידיעה שיש כוח בשליחות, יש כוח בהיחלצות ויש כוח במחשבות של תיקון.

ויעש משתה

יעקב ולבן הסכימו ביניהם על התנאים, וכאשר מסיים יעקב למלא את חלקו בהסכם זה, הוא פונה ללבן:

וַיֹּאמֶר יַעֲקֹב אֶל לָבָן
הָבָה אֶת אִשְׁתִּי כִּי מָלְאוּ יָמָי וְאָבוֹאָה אֵלֶיהָ

וַיֶּאֱסֹף לָבָן אֶת כָּל אַנְשֵׁי הַמָּקוֹם
וַיַּעַשׂ מִשְׁתֶּה.
וַיְהִי בָעֶרֶב וַיִּקַּח אֶת לֵאָה בִתּוֹ וַיָּבֵא אֹתָהּ אֵלָיו
וַיָּבֹא אֵלֶיהָ (כ"ט, כא-כג).

תיאור החתונה הקצר: התאספות אנשי המקום ועריכת משתה, הוא תיאור מתבקש ושגרתי. הפרשנים עסקו ב'פורמט' שבחר בו לבן: משתה. חלק מן הפרשנים הבהירו כי באותה חתונה הושם דגש על הגשת משקאות משכרים כחלק מתכסיסו של לבן להביא את יעקב לידי ערפול חושים, כדי שלא יבחין בתרמית. כך למשל מובא בפירוש הדר זקנים: "ויאסוף לבן את כל אנשי המקום ויעש משתה. לבן היה אב לרמאים ועל כן נקרא לבן הארמי ונתכוון לשכר יעקב ולרמותו שלא יבין".

פרשנים אחרים העירו שכך היה מקובל לחגוג, "שכך היה המנהג" (פסיקתא זוטרתא). מהערת המדרש ניתן ללמוד כי הפורמט נראה חריג בעיניו של הקורא.

התעכבות נוספת על המילים הללו עשויה לאשר שמדובר בסוג של קישור־על, מעין 'לינק' הנושא עמו מטען ייחודי שבעזרתו הכתוב שולח לקורא רמז אפי מוקדם, להסב את תשומת ליבו לכך שמשהו עומד להשתנות או להתחדד במערכה הבאה. המילים "וַיַּעַשׂ מִשְׁתֶּה" משמשות במידה מסוימת בתפקיד שבו משרתת מוזיקת מתח המושמעת בסרט בנקודת מהפך. המוזיקה המושמעת היא כזו המבהירה לצופה שמשהו עומד להתרחש, שצפויה תפנית בעלילה. גם כאן, הקורא מודע לעומד להתרחש שניות ספורות לפני שהדבר יתרחש במציאות וכמו בסרט מתח גם כאן, מודע אך אינו יכול לפעול. ומכאן לתחושה המכוונת.

דוגמה נוספת לשימוש במוטיב המשתה נמצאת בפרשת וישב:

בְּעוֹד שְׁלֹשֶׁת יָמִים יִשָּׂא פַרְעֹה אֶת רֹאשְׁךָ מֵעָלֶיךָ
וְתָלָה אוֹתְךָ עַל עֵץ
וְאָכַל הָעוֹף אֶת בְּשָׂרְךָ מֵעָלֶיךָ.
וַיְהִי בַּיּוֹם הַשְּׁלִישִׁי יוֹם הֻלֶּדֶת אֶת פַּרְעֹה
וַיַּעַשׂ מִשְׁתֶּה.

אצל הקורא בסיפור שר החלומות ושר המשקים של פרעה נוצרת ציפייה

דרוכה לראות מה יתרחש, היעמדו דברי יוסף והחלום יהפוך למציאות? אין צריך להזכיר את משתה אחשוורוש, שמוביל בסופו של דבר להחלפת המלכה באסתר והוא פתיח לעלילה שלמה ורמז לגאולת ישראל שתבוא בסופה. גם אצל שלמה המלך חוזר ובא המשתה כנקודת שיא ומבחן:

> וְשָׁאַלְתָּ לְּךָ הָבִין לִשְׁמֹעַ מִשְׁפָּט הִנֵּה עָשִׂיתִי כִּדְבָרֶיךָ הִנֵּה נָתַתִּי לְךָ לֵב חָכָם וְנָבוֹן אֲשֶׁר כָּמוֹךָ לֹא הָיָה לְפָנֶיךָ וְאַחֲרֶיךָ לֹא יָקוּם כָּמוֹךָ...
> וַיִּקַץ שְׁלֹמֹה וְהִנֵּה חֲלוֹם וַיָּבוֹא יְרוּשָׁלַיִם וַיַּעֲמֹד לִפְנֵי אֲרוֹן בְּרִית אֲדֹנָי וַיַּעַל עֹלוֹת וַיַּעַשׂ שְׁלָמִים
> וַיַּעַשׂ מִשְׁתֶּה לְכָל עֲבָדָיו. אָז תָּבֹאנָה שְׁתַּיִם נָשִׁים זֹנוֹת אֶל הַמֶּלֶךְ וַתַּעֲמֹדְנָה לְפָנָיו... (מלכים א׳ ג, יא-טו).

לאחר ששלמה שואל על החכמה ועל היכולת להבין ולשמוע משפט, הוא עושה משתה, ותכף ומיד מסופר על שתי הנשים המזמנות את ״משפט שלמה״ בה״א הידיעה. המשפט שפרסם את שלמה וחכמתו בעולם.

״המשתה״ של אפלטון הוא הזדמנות לדיון פילוסופי מעמיק על משמעות האהבה וההשתוקקות, כך גם במקורות חז״ל אנו מוצאים את המשתה כאירוע המתאים לשיחת עיון מעמיקה. וכך מסופר:

> אמר ר׳ עקיבא: שאלתי את רבן גמליאל ואת ר׳ יהושע באטלס של אמאוס, שהלכו ליקח בהמה למשתה בנו:
> הבא על אחותו ועל אחות אביו ועל אחות אמו בהעלם אחד מהו? חייב אחת על כלם או אחת על כל אחת ואחת?
> אמרו לו: לא שמענו, אבל שמענו בבא על חמש נשים נדות בהעלם אחד שהוא חייב על כל אחת ואחת ורואים אנו שהדברים קל וחומר (ספרא ויקרא, דבורא דחובה, פרשה א פרק א).

השאלה המובאת על ידי ר׳ עקיבא אל האטליז במסגרת ההכנות למשתה היא שאלה עיונית עקרונית העוסקת במניין הקורבנות שיש להביא לאחר חזרה על איסורים דומים בשוגג. עיקר עניינו של העיון הוא לבחון שאלות יסוד בהלכות שגגות והבחנות דקות מן הדקות בתחום.

במעבר בין המשתה המקראי למשתה התנאי הופך המשתה ממקום של של דריכות ושל תפנית בעלילה למקום של כינוס בית מדרשי, הזדמנות

לדיון אינטלקטואלי ולתענוג רוחני. ממקום של מבט צופה פני עתיד, הופך המשתה למקום של הוויה ונוכחות.

ההבחנה הזו בין משמעות המשתה בתורה שבכתב למשמעותו בתורה שבעל פה תואמת את העיקרון הרעיוני המובע על פי הסוד, בהבחנה בין משתה של דין ומשתה של חסד. כשבהתאמה, התורה שבכתב מייצגת את צד הדין של המשתה, והתורה שבעל פה כדרכה תמיד, מציגה את צד החסד.

לשינוי המשמעות הזה רומז ר׳ צדוק כשהוא מבאר שיין יש לו שני פנים. יש יין לבן ויש יין אדום, חסד ודין. וכך הוא מוסיף ואומר:

> לעתיד מצינו שנלמד ממה שנאמר (בראשית כ״א, ח׳) ויעש משתה גדול ביום הגמל את יצחק, שעתיד הקדוש ברוך הוא לעשות סעודה לצדיקים ביום שיגמל חסד לזרעו של יצחק (פסחים קיט, ב). והוא על פי מה שמובא בזוהר הקדוש פרשה זו (ר״ל סוף ע״א) ובגין דא אמרו רבנן וכו׳ בעולם הזה נכתב אני בהוי״ה ונקרא אני באדנ״י, אבל בעולם הבא נכתב בהוי״ה ונקרא בהוי״ה למהוי רחמי מכל סיטרא (פרי צדיק במדבר, פנחס).

יש משתה ויש משתה. יש משתה שהוא פתיחה לעתיד, מצב של דין, של מתח לקראת הבאות. זהו המשתה שעשה אברהם לקראת היגמלו של יצחק. במשתה הזה נקודת המבט של עם ישראל כולו מופנית לעתיד ממועד זה של דין, של ״פחד יצחק״ אל עבר ההיסטוריה העתידה להתגלות. אך לעתיד לבוא, כשיסתיים מסענו המתמשך, נסב למשתה עם הקב״ה.

מנקודת מבט פסיכולוגית, שני הפנים של המשתה והיין שהצגתי כאן מתלכדים לאחד. היין מאפשר כניסה לעומקים ולסתרי הלב: ״נכנס יין יצא סוד״. כרטיס כניסה למקום של הסתר. להוצאת החבוי אל האור. על כן יש בו צד של עירוב וטשטוש לא בריאים וקשים. אך יש בו גם צד שני של אמת עמוקה, של קליעה ודיוק ושל פגיעה בליבת הדברים. לקיחת לאה היא תרמית ודין, אך היא מחלצת מתוך המציאות אמת עמוקה המתבררת כמקור שפע וברכה ליעקב.

לוז

יעקב שוכב לישון בלוז. בחלומו הוא רואה סולם מוצב ארצה וראשו מגיע

השמיימה, ובהקיצו הוא קורא למקום בשם חדש, בית אל: "וַיִּקְרָא אֶת שֵׁם הַמָּקוֹם הַהוּא בֵּית אֵל וְאוּלָם לוּז שֵׁם הָעִיר לָרִאשֹׁנָה". החזרה אל השם הקדום רומזת שאולי ישנו עניין עמוק הגנוז במקום עוד קודם לכן, אולי טמונה משמעות גם בשם המקורי. השם "לוז" אינו נמחה לחלוטין מן התנ"ך. יעקב ישוב "לוּזָה... הִוא בֵּית אֵל" (ל"ה, ו), והוא עצמו יזכיר שהקב"ה נראה אליו בלוז (מ"ח, ג). השם לוז יופיע שוב בספר שופטים, שנים רבות לאחר פטירת יעקב, בפרשה שבה מתוארת היאחזותם של השבטים בנחלתם. כחלק מסיפור מורכב זה של כיבוש והתמודדות עם אויבים חזקים:

וַיַּעֲלוּ בֵית יוֹסֵף גַּם הֵם בֵּית אֵל וַה' עִמָּם:
וַיָּתִירוּ בֵית יוֹסֵף בְּבֵית אֵל
וְשֵׁם הָעִיר לְפָנִים לוּז
(שופטים א', כב-כג).

בלוז פוגשים בני יוסף אדם שמוכן להראות להם את "מבוא העיר" ובעזרתו הם מצליחים לכבוש אותה.

על לוז הקדומה מסופר במדרש רבה לפרשתנו:

ואולם לוז,
היא לוז שצובעין בה את התכלת,
היא לוז שעלה סנחריב ולא בלבלה נבוכדנצר ולא החריבה,
היא לוז שלא שלט בה מלאך המוות מעולם,
הזקנים שבה, מה עושין להם?
כיון שהם זקנים הרבה, מוציאין אותם חוץ לחומה והם מתים.

על פי המדרש, לוז היא עיר שהטבע אינו שולט בה, סנחריב לא יכול לה ולא נבוכדנצר, ואפילו למלאך המוות אין דריסת רגל במקום. עד כדי כך, שזקני העיר שמאסו בחיים צריכים לבחור לצאת ממנה כדי לאפשר לעצמם למות. בלוז מצוי האוצר של חיי הנצח.

בהמשך מביא המדרש תיאור נוסף, הלקוח מעולם הפנטזיה:

ר' אלעזר בשם ר' פנחס בר חמא אמר,
לוז היה עומד על פתחה של מערה,

והיה לוז חלול
והיו נכנסין דרך הלוז למערה דרך המערה לעיר.

לפי מדרש זה, על פתח העיר צמח עץ לוז. על מנת להיכנס לעיר היה צריך להיבלע בתוך גזע העץ החלול הזה, מתוכו גולשים למערה וממנה נכנסים אל העיר. לפי המדרשים הללו, לוז היא עיר קסומה שנכנסים אליה דרך גזע עץ ואין המוות שולט בה. ושמא היא אינה נראית לעין אדם שכן היא כולה מצויה במעבה האדמה. דבר זה מסביר כמובן מדוע פתח העיר נסתר ויש לגלותו. נראה שהדימוי הזה לעיר, דימוי שנראה כמו גרסה מוקדמת של סיפור עליסה בארץ הפלאות, מתאר נקודת מבט שלפיה המקום הזה הוא מקור החיות האנושית ומעיין הנעורים. העץ שהוא אולי עץ החיים. שפעת החיים הנובעת במקום ונסוכה על תושביו רומזת לכך ששם נקודת הראשית של הזמן, שם מכונסים מאגרי הנפש, של האדם ושל העולם.

מדרש אחר מתאר את סגולותיה של עצם בגוף האדם הקרויה לוז. תאורה של עצם מיוחדת זו דומה להפליא לתיאורה של העיר לוז: אותה עצם לעולם אינה נשחקת בריחים, אינה נרקבת לעולם, אינה נשרפת באש ויש לה חיי נצח, והיא העצם שממנה מתחיה כל אדם בתחיית המתים. גם במדרש הזה הלוז הוא מקור החיים ובו אצורה כמוסת חייו של כל אדם.

על אותה עצם, ובעקבות המדרש, כתב פעם דוד גרוסמן כך:

> קראתי פעם רעיון חזל"י, שיש בגוף עצם אחת קטנה, למעלה בקצה חוט השדרה, לוז שמה, שאי־אפשר להכחיד אותה, והיא לא מתפוררת אחרי המוות ולא נשרפת באש, וממנה יתחילו לברוא את האדם מחדש בתחיית המתים.
>
> ואז היה לי משחק קטן – הייתי מנסה לנחש מה הלוז של אנשים שהכרתי, מה הדבר האחרון שיישאר מהם, הלא ניתן להכחדה, ושממנו הם יבראו מחדש. וכמובן שחיפשתי גם מה הלוז שלי (מתוך: שתהיי לי הסכין, עמ' 12).

על פתחה של לוז נוצרת החבירה לגזע עץ החיים. שם ניתנת לאדם מראה שדרכה נשקפת אליו בבואת הלוז האישית שלו. שם יוכל לגלות את סוד

עצם קיומו, זה שהופך אותו להיות הוא עצמו. הכוח המניע שלו, והרעיון שאותו הוא מממש, תמצית הווייתו.

יעקב מתעורר בלוז, ובוחר להעניק לה שם חדש: "בית אל". נראה ששם זה הוא שם פרטי, מיוחד, שנותן יעקב ל"לוז" שלו – ושל עם ישראל העומד לקום ממנו. מקור החיות של עם ישראל היא ההסתופפות בבית ה' והאמונה בו. זהו הכוח המחיה את יעקב וזוהי הכמוסה שממנה שואב עם ישראל כולו את עוצמתו. ממנה עתיד הוא להתחיות ולהיגאל.

גל ומצבה

פרידת יעקב ולבן מלווה בטקס משונה:

וַיֹּאמֶר לָבָן לְיַעֲקֹב הִנֵּה הַגַּל הַזֶּה וְהִנֵּה הַמַּצֵּבָה אֲשֶׁר יָרִיתִי בֵּינִי וּבֵינֶךָ.
עֵד הַגַּל הַזֶּה וְעֵדָה הַמַּצֵּבָה אִם אָנִי לֹא אֶעֱבֹר אֵלֶיךָ אֶת הַגַּל הַזֶּה
וְאִם אַתָּה לֹא תַעֲבֹר אֵלַי אֶת הַגַּל הַזֶּה וְאֶת הַמַּצֵּבָה הַזֹּאת לְרָעָה אֱלֹהֵי אַבְרָהָם וֵאלֹהֵי נָחוֹר יִשְׁפְּטוּ בֵינֵינוּ...
וַיִּשָּׁבַע יַעֲקֹב בְּפַחַד אָבִיו יִצְחָק.
וַיִּזְבַּח יַעֲקֹב זֶבַח בָּהָר וַיִּקְרָא לְאֶחָיו לֶאֱכָל לָחֶם וַיֹּאכְלוּ לֶחֶם וַיָּלִינוּ בָּהָר
(בראשית ל"א, נא-נד).

יעקב ולבן כורתים ברית ומבטיחים שלא לחצות את הגבול על מנת להרע זה לזה. שני העדים שהם בוחרים לאשש בעזרתם את הברית הם גל אבנים ומצבה. הבחירה בשני עדים דוממים לחלוטין, שאין להם כל יכולת לבוא ולעמת את בעלי הברית עם מחויבותם, היא בחירה תמוהה.

אומנם, את האפשרות לכרות ברית ולהעיד עדים שאין להם מענה לשון אנו מכירים ממקומות נוספים. יצחק כורת ברית בעניין הבארות "וַיֹּאמֶר כִּי אֶת שֶׁבַע כְּבָשֹׂת תִּקַּח מִיָּדִי בַּעֲבוּר תִּהְיֶה לִּי לְעֵדָה כִּי חָפַרְתִּי אֶת הַבְּאֵר הַזֹּאת" (בראשית כ"א, ל).

עוד קודם לכן הציג הקב"ה את הקשת כאות לברית בינו ובין האנושות.

מעשה נוסף בשני עדים שאינם אנושיים אנו מוצאים בגמרא:

ואמר רבי אמי: בא וראה כמה גדולים בעלי אמנה,

מניין – מחולדה ובור.
ומה המאמין בחולדה ובור – כך,
המאמין בהקדוש ברוך הוא – על אחת כמה וכמה (תענית ח ע"א).

הסיפור על אמונה בחולדה ובור מובא ברמז ובקוה, וזוקק ביאור. רש"י משלים את החסר ומעיר שהסיפור המלא מצוי באגדה, וזהו הסיפור:

מעשה בבחור אחד שנתן אמונתו לריבה (בתולה) אחת שישאנה,
אמרה: מי מעיד?
והיה שם בור אחד וחולדה,
אמר הבחור: בור וחולדה עדים בדבר,
לימים עבר על אמונתו ונשא אחרת, והוליד שני בנים,
אחד נפל לבור ומת, ואחד נשכתו חולדה ומת,
אמרה לו אשתו: מה מעשה הוא זה שבנינו מתים במיתה משונה
ואמר לה: כך וכך היה המעשה.

הסיפור על הבור והחולדה הוא סיפור של שני עדים מעולם הדומם והחי שלימים קיבלו אחריות על עדותם ומילאו את שליחותם: העונש על הפרת הבטחת הנישואין של הנער לנערה מתגלגל בסופו של דבר על ידיהם. כמו שכתוב בתורה "יַד הָעֵדִים תִּהְיֶה בּוֹ בָרִאשֹׁנָה" (דברים י"ז, ז).

בפרשת האזינו מעיד עלינו הקב"ה שמיים וארץ: "הַאֲזִינוּ הַשָּׁמַיִם וַאֲדַבֵּרָה וְתִשְׁמַע הָאָרֶץ אִמְרֵי פִי". וגם במקרה הזה העדים פעילים בענישה: "בזמן שאין ישראל עושים רצונו של מקום מה נאמר בהם?" וְחָרָה אַף ה' בָּכֶם וְעָצַר אֶת הַשָּׁמַיִם... וַאֲבַדְתֶּם מְהֵרָה מֵעַל הָאָרֶץ" (ספרי דברים, האזינו שו). בניגוד לבני האדם, השוכחים, מתעלמים, מתקשים לעמוד בניסיון, מוחים ומתרחקים. העדים הלא אנושיים – איתני הטבע, אבנים בורות או חיות, מייצגים נאמנות מוחלטת לקב"ה, שאינה משתנה לעולם. וכשם שהשמיים והארץ הם גם עדים וגם גורמי ענישה, כך על פי המדרש גם גל האבנים והמצבה שבפרשתנו:

"עד הגל הזה"
זהו שנאמר ותלחץ רגל בלעם אל הקיר,
הגל הוא הקיר,

לפי שעבר בלעם את השבועה שנשבע ליעקב,
שנאמר "אם לא תעבור את הגל הזה ואת המצבה הזאת לרעה",
ובלעם זה לבן.

רגלו של בלעם נלחצת לקיר כדי להזכיר לו את השבועה שנשבע אבי אבותיו ליעקב שלא לפגוע בו לרעה. וכעבור דורות רבים נוספים יילחם יואב בארם נהרים בשליחות דוד המלך, ואז יצאו לקראתו בני המקום וידרשו ממנו לקיים את שבועת לבן ולהימנע ממאבק:

אמרו לו אתה מבני בניו של יעקב,
ואנו מבני בניו של לבן,
והרי תנאי שלהם קיים,
דכתיב "עד הגל הזה" (בראשית ל"א, נב),
כששמע יואב חזר אצל דוד,
אמר לו: מה אתה אומר הרי תנאו שבועת יעקב אבינו,
מיד הושיבו סנהדרין שושן עדות, למדוהו ואמרו באמת כך היה,
אלא הם עברוהו תחילה (תנחומא).

בני יעקב, לפי המדרש הזה, נוקו משבועתו של לבן משעה שהפר אותה בלעם. ועל כן לא חבו כל חובת נאמנות לבניו ורשאים היו להילחם בהם.

מברית השמיים והארץ למדנו שיש חשיבות ומשמעות לזהותם הספציפית של העדים. כך למשל, מסמלים־רומזים החולדה ובור (בצורתם) לזכר ולנקבה, ורומזים בכך לברית הזוגיות (ראו גם מאמרו של אבישר הר־שפי בנושא).

מה משמעות זהותם של העדים – הגל והאבן – בפרשתנו?

בעל צרור המור (ר' אברהם סבע, המאה החמש־עשרה, ספרד־מרוקו) מציע שהגל והמצבה דומים, שניהם קורצו מאבן. ההבדל ביניהם הוא בכך שהגל נמוך והמצבה גבוהה. משמע, יש לברית רובד גלוי ויש לה רובד שפל ונסתר – הסכמה לשביתת נשק כלפי חוץ וטינה סמויה. יש בה רובד עכשווי וגלוי, ויש בה רובד גבוה הרואה למרחקים, בניו של יעקב יצטרכו לבחון כל העת את מערכת היחסים המאתגרת הזו.

על דבריו ניתן להוסיף עוד. מערכת היחסים של לבן עם יעקב שנפתחת בקשרי משפחה ועבודה היא מערכת בעייתית ולוחצת, יעקב עטוף וכלוא

בחיבוק הדוב של המחותן לאורך כל הדרך. הפערים התרבותיים, המוסריים והדתיים בין שני האנשים ניכרים מתחילת הדרך ועד למשבר הסופי של הפרידה שבה יוצא סוף סוף יעקב מלפיתתו של לבן. הגל והמצבה מאותתים ליעקב וללבן שעליהם להיפרד איש לדרכו ולהעמיד חיץ ביניהם. בלעם מפר את האמון הזה כשהוא נוטל על עצמו את אומנותם של בני יעקב – הדיבור והנבואה. בני יעקב מפרים את הברית כשנוטלים על עצמם את אומנותו של לבן – כיבוש וניכוס. השאלה העומדת על הפרק היא אם ועד כמה יתמידו בני הדורות הבאים להבחין בהבדלים הללו ועד כמה יצליחו להעמיד גבול ברור בין המצבה שנבנתה לשמו של הקב"ה השומר על יעקב בדרכו, ובין גל האבנים האקראיות של לבן. שמעתי מהרב יהודה ברנדס שניתן לפרש בדרך הפוכה. המצבה מייצגת את לבן ואילו גל האבנים את יעקב. מצבה היא אבן יחידית, וגל האבנים הוא אוסף. המצבה שהייתה רצויה בימי האבות נאסרה, בניגוד למזבח שעשוי כגל אבנים "יחד שבטי ישראל" והוא מותר. המצבה היא סטטית וגאוותנית, ואילו הגל הוא דינמי, מורכב וצנוע.

פרשת וישלח

מאבק וחרדה

פרשת היאבקותו של יעקב באישון לילה עם איש זר היא פרשה סתומה וחסרת פשר. יעקב שב לארצו ולמשפחתו לאחר עשרים שנות גלות, עשיר ברכוש ומוקף בנשותיו ובילדיו, חדור שליחות א־לוהית של שיבה לארץ האבות. ההיתקלות הזו היא סיוט לילה הפוגש אותו על סף מימוש חלומותיו והשלמת משימתו. גם ברובד הפשט שלו, רווי האירוע במטפיזיקה. סיפור כמעט דמיוני, חלום בלהות.

אכן, כל המפרשים הטעינו את המעמד הזה במשמעות מיסטית וסימבולית. לשיטה אחת המלאך נשלח על ידי הקב"ה כשרו של עשיו, כמסר א־לוהי וכהבטחה שעשיו לא יוכל ליעקב וכי אין ליעקב לחשוש כלל. לשיטה אחרת המעשה מסמל את ההיאבקות המתמדת של עשיו ביעקב, לא רק עשיו ויעקב הפרטיים, אלא צאצאיהם לדורי דורות. לפיכך, הפגיעה ביעקב היא סמל לדורות השמד, שבהם ייפגעו גם צדיקים וצדקניות, כאשר בסופו של הסיפור מובטח כי יאיר השחר. תגיע הגאולה ויתברר כאור שבעת הימים, ניצחונו של יעקב ובחירתו.

את סיפור המאבק הזה ניתן להסביר באופן שונה על רקע הסיפור כולו, הנפתח בתיאור פחדו של יעקב: "וַיִּירָא יַעֲקֹב מְאֹד וַיֵּצֶר לוֹ". הפרשה מתארת שיעקב נתון במצוקה. הוא נמצא בין המצרים, לחוץ וחרד, חושש למשפחתו, לחייו, לרכושו למעמדו ולגורלו. והנה בלילה הוא שרוי לבדו אך מתברר שאיש עמו: אורח לא קרוא. את דמותו של האורח ניתן לראות

כביטוי ושיקוף אנושי־סמלי לחששותיו וחרדותיו של יעקב. המאבק באיש הוא מאבק פנימי, וההתכתשות משקפת דיון המתנהל בין יעקב לבין עצמו.

המדרשים מתארים את הדמות שנאבקה ביעקב בלבושים ואופנים שונים. באמצעות הלבשת דמות ה"איש" בצורה ואופי ניתן להבין את תמונת המאבק והקונפליקט שהיא מציגה. איסוף הקריאות מן המדרשים השונים מציג קשת מגוונת ורחבה של חששות המגולמות באיש העומד מול יעקב.

אחד המדרשים (בראשית רבה, עז) מתאר בשם ר' הונא:

> בדמות רועה נידמה לו, לזה צאן ולזה צאן לזה גמלים ולזה גמלים, אמר לו העבר שלך ואני מעביר שלי.

על פי הצעתו של רב הונא, אותו מלאך כמוהו כיעקב. שני רועי צאן. זה מעביר את צאנו וזה מעביר את צאנו. התיאור הזה של המדרש מבאר שהחששות של יעקב מרוכזים במחשבה שהוא עצמו איש פשוט, בעל מקצוע. מה בינו לבין עשיו? לשניהם רכוש, לשניהם משפחה והקשר. יעקב חרד, במה יתרונו על עשיו אחיו? היכן שאר הרוח של יעקב ובמה כוחו וזכותו?

מדרש אחר מובא בשם ר' חמאי בר' חנינא. על פי מדרש זה המלאך "לשרו של עשו הרשע נדמה לו... כי על כן ראיתי פניך כראות פני א־להים". המדרש הזה מתאר כיצד יעקב מזהה עליונות רוחנית ומוסרית של עשיו על פניו. חז"ל אומרים שיעקב חושש שמא בשנים שיעקב היה בגלות, עשיו זכה וקיים מצוות כיבוד הורים. התרגום הדמיוני של אותו איום מובעת באמצעות שרו של עשיו שפניו כפני א־לוהים, הנאבק בו (שם).

בגמרא (חולין צא) מוצעות עוד שתי אפשרויות. הצעה אחת היא לומר ש"כגוי נדמה לו", גוי היינו זר ונוכרי. על פי מדרש זה, יעקב דואג שמא השתלבותו במשפחה וחזרתו ארצה תלווה בקשיי קליטה. בגילוי העובדה שהוא ומשפחתו הם נטע זר, ככל משפחה שחיה בסוג של בידוד בחוץ לארץ, בריחוק ממשפחת המוצא.

הצעה אחרת היא לומר שאותו מלאך "כחכם נדמה לו" (שם). החשש מן החכם הוא בעליונות הוכחותיו וטיעוניו הלוגיים. בלא אלימות שולל החכם את כל זכויותיך ומעמיד אותך ריק וחסר כול. על פי פירוש זה, יעקב מרגיש שטענותיו וצידוקיו לחוקיות כניסתו ארצה אינם מספקים.

שבמישור הרציונלי אין לו עדיפות על עשיו וכי אף אם ישכור לעצמו עורכי דין מפולפלים לא יצליח להוכיח שברכת הארץ היא שלו. במשך השנים היטשטשה עוד יותר זכותו לאזרחות בארץ, נשלל דרכונו, והוא הפך להיות מהגר ופליט.

ארבע דאגות מובעות במחזה הזה: דתית, מוסרית, סוציולוגית ומשפטית. הספקות הללו מחלחלים לעמקי התודעה של יעקב והם פרי הגלות, תוצאת העקירה מן הבית ואובדן העוגן וההקשר. הגלות מְפֵרה את האיזונים הפנימיים המספקים לאדם זהות ברורה וכושר עמידה. החשדות הללו, המתגנבים לליבו של יעקב והמתגלים לו עם שובו לארצו שלו, מערערים את יציבותו ואת זקיפות קומתו. "ויוותר יעקב לבדו". ביטוים החד משמעי בסופו של לילה: נקע וצליעה.

אך יש צד נוסף. יעקב לאחר המאבק יוצא מחושל, הגלות כשלעצמה אכן טומנת את הסכנות המובעות בחששותיו, אך דווקא מודעותו להן, צניעותו ותחושתו המתמדת שאינו זכאי ואינו ראוי וכדאי, היא זו המשמרת אותו ערני ומוסרי.

ישראל אף על פי שחטא

מדרשים אחדים העוסקים ביעקב אבינו מסרטטים את קווי המתאר המיוחדים של דמותו. אחד מן המדרשים הללו עוסק בשוטטותו של יעקב בלילה שלפני המפגש הצפוי עם עשיו. התירוץ להליכתו של יעקב באישון ליל לבדו, על פי המדרש, הוא רצונו של יעקב לתור אחר פכים קטנים.

> ויותר יעקב לבדו – אמר רבי אלעזר: שנשתייר על פכין קטנים (חולין צא ע"א).

יעקב חושש שמא הפועלים שסייעו בידו בהעברת החפצים הותירו אחריהם פכים קטנים ובלתי חשובים מתוך זילות וחוסר תשומת לב לקטנות. דקדוקו של יעקב אבינו בשמירה על חפצים זניחים, במין אובססיה תמוהה, קמצנות או קטנוניות, הופך במדרש למוטיב אישיותי חשוב בדמותו. יעקב מייחס חשיבות לקטנות, ואינו מוכן לזנוח את הטפל לטובת העיקר. בעיניו הכול חשוב, למן הפרטים הקטנים ועד לעניינים החשובים והמהותיים.

דיוק דומה נמצא במדרש נוסף בהקשר ובמרחב אחרים לחלוטין. ברכת יעקב לראובן מנוסחת בלשונו של יעקב כך: "רְאוּבֵן בְּכֹרִי אַתָּה כֹּחִי וְרֵאשִׁית אוֹנִי". המפרשים דייקו שיש ייתור בפסוק בנוגע לתיאור ראשוניותו של ראובן. על מנת לקבוע שראובן זכה בבכורה די בריש הפסוק "בְּכֹרִי אַתָּה". מדוע חזר יעקב ותיאר כי ראובן הוא גם בבחינת "כֹּחִי וְרֵאשִׁית אוֹנִי"? ר' יצחק קארו בעל התולדות יצחק מדקדק במילותיו של יעקב ולומד מהן שיעקב לא נכשל מעולם בהוצאת זרע מיותרת ולא איבד מזרעו לריק. על כן אין מדובר במקרה רגיל של בכורה, אלא דווקא במקרה יוצא דופן של מי שנולד מ"טיפה ראשונה".

משמעות הדרשה היא שהנהגותיו של יעקב מאפשרות לו להיות מרוכז דיו כדי לשמור על מחשבותיו ועל גופו. באמצעות תכונה זו הוא מצליח לשמור על פסולת הגוף ולהותיר אותה בת משמעות. ההנהגות הללו הן חריגות ביותר, כפי שמציע ר' צדוק הכהן מלובלין:

> בכל אדם יש פסולת בתולדה מעטיו של נחש ערבוביא דטוב ורע ומזה הוא מקרה לילה שעל זה אמר (תהילים צ"א, י) לא תאונה אליך רעה, ואמרו ז"ל (סנהדרין קג ע"א) חלומות רעים והרהורים רעים היינו כמו שאמרו ז"ל (עבודה זרה כ ע"ב) על פסוק (דברים כ"ג, י) ונשמרתם מכל דבר רע שלא וכו' וזה נקרא חלומות רעים דמוציא זרע לבטלה נקרא רע וכמו שאמרו בנדה (יג ע"ב) (צדקת הצדיק, אות קד).

הקפדה אישית ונקיות כה גדולה המגיעה עד לרמת השליטה במחשבה שמורה ליחידי סגולה. אנשים שיכולת ההערכה שלהם לקטנות ושימת הלב לדברים שבשולי הדרך, מחייבת אותם לרמת טהרה גבוהה. אנשים שמסוגלים לחיות בתודעה שלכל זמן, ועת לכל חפץ, ולהפנות את כוחותיהם לאפיקים הנכונים.

בסוף ימיו מתואר יעקב בגמרא כמי שאוסף את כל בניו על מנת לצוות עליהם ולברך אותם. על דאגתו האחרונה מספרת הגמרא:

> ויקרא יעקב אל בניו ויאמר האספו ואגידה לכם. ביקש יעקב לגלות לבניו קץ הימין, ונסתלקה ממנו שכינה. אמר: שמא חס ושלום יש במטתי פסול, כאברהם שיצא ממנו ישמעאל, ואבי יצחק שיצא ממנו עשו. אמרו לו בניו: שמע ישראל ה' א-להינו ה' אחד. אמרו: כשם שאין בלבך אלא אחד – כך אין בלבנו אלא אחד. באותה שעה פתח יעקב אבינו ואמר: ברוך שם כבוד מלכותו לעולם ועד (פסחים נו ע"א).

בשעה שיעקב אוסף את בניו הוא מבקש לוודא שאין במיטתו פסול. בקשה זו של יעקב עומדת בניגוד להשתלשלות המקובלת במשפחה: בבניו של אברהם נעשתה 'סלקציה'. מבין הבנים יצחק וישמעאל: יצחק ממשיך את השושלת, אך ישמעאל מוצא אל מחוץ למחנה. יצחק מוליד את יעקב אך גם את עשיו, האיפכא מסתברא של יעקב. יעקב חרד שמא הברירה הזו בזרעם של האבות תימשך ותהיה נכונה גם לגביו. דאגתו של יעקב מתבדה ובבניו לא נמצא שמץ פסול.

לטהרה הכללית הבאה לידי ביטוי גם במיטת יעקב, לשימור כל צאצאיו של יעקב תחת כנפי השכינה ישנו גם מחיר מסוים, של מציאת המכנה המשותף הרחב. ההוכחה והאימות לכך שאין במיטתו של יעקב פסול מצויים במענה של בני יעקב לאביהם. הראיה לכך שהם לא סרו מדרך הישר מובעת במילים: "כשם שאין בלבך אלא אחד, כך אין בלבנו אלא אחד". האמונה בה' היא המכנה המשותף והמאחד את כולם. גם אם מתברר ששמעון ולוי אחים וכלי חמס מכורותיהם, עדיין ליבם לה'. וגם אם ראובן חילל יצועי אביו. וישראל שחטא, אף על פי שחטא ישראל הוא. לאידך גיסא, האמונה בייחוד ה' היא זו שמאפשרת לראות ערך גם בחוטאים שהם כעין פסולת שהחברה רוצה לברור מתוכה. הנקיות והטהרה כרוכים בעין מטהרת, ואלו באים על חשבון הטהרנות והקפדנות. היכולת לראות בכל אדם את נקודת החיבור שלו לקב"ה, את צלם א-לוה ממעל שבו, מאפשרת לראות את חשיבות בריאתו ואת השלמות שהוא יוצר בעצם קיומו בעולם. בזה מתגלה תכונת יעקב בפנים נוספות שלה, של יכולת ראיית החיוב והדגשתו על פני השלילה, עם האפשרות לריבוי אופנים ואפשרויות של שמירת ברית אבות.

פנים רבות לשליחות

אחת משלוש הדרכים שבהן לפי חז"ל, נערך יעקב לפגישה עם עשיו, היא הדורון. את הדורון יעקב אינו נותן לעשיו פנים אל פנים אלא באמצעות שליחים: "וַיִּשְׁלַח יַעֲקֹב מַלְאָכִים לְפָנָיו".

השליחות בחז"ל היא מושג שכיח, המטופל מכל זווית אפשרית. מחז"ל עולה כי רק חלק מן הפעולות אדם יכול לעשות באמצעות שליח ולגבי פעולות אחרות אדם נדרש וחייב לעשותן בעצמו. אי אפשר למנות כשליח מישהו שיאכל במקומך, וכך גם לא ניתן למנות כשליח מישהו שיניח תפילין

עבורך. אבל אפשר למנות שליח למכירת חמץ, אפשר למנות שליח לגירושין כדי שיטפל בהעברת הגט ליעדו וניתן אפילו לקדש אישה באמצעות שליח. אומנם, השליח מייצג את מי ששלח אותו אל המשימה וככזה הוא צריך להיות בר דעת ובר הבנה בנושא שלשמו הוא נשלח. השליח הוא ידו הארוכה של משלחו והוא אמור להביא לביטוי את רצונו המדויק בשבילו ולטובתו.

העובדה שהשליחות היא מושג מטופל ואפשרי אינה פוטרת אותנו מלברר מדוע בוחרים אנשים לפעול באמצעות שליחיהם, מי משתמש בשליח על מנת לסיים מלאכה המוטלת על כתפו ומדוע. הגמרא בקידושין מציינת: "מצווה בו יותר מבשלוחו", זאת מפני שברור שחלק מן המשימה הולך לאיבוד, "מתייבש", באמצעות השליחות. המשימה משילה מעליה אלמנטים מסוימים כשאינה נעשית בידי בעל הדבר. אנו מצפים מן האדם שעומד לקדש אישה שיתכבד וילך לפגוש אותה, שיסתכל לתוך עיניה של מי שעומדת להיות אשתו לחיים, לשמחה ולשלום. מכאן, שהפעולה הרצויה היא הפעולה האישית והעצמאית. מדוע אם כן אנשים בוחרים מפעם לפעם להיעזר בשליח?

הנימוקים לביצוע מעשה על ידי שליחות מגוונים ומשתנים בהתאם לסיטואציה.

כאשר אדם המעוניין לגרש את אשתו ממנה שליח לגירושין הסיבה לכך שהוא נמנע מלפעול ישירות מולה – ברורה. הוא רוצה לחמוק ממפגש ישיר, ממבטה הכואב. בדומה, כשמנהל צריך לפטר עובד הוא אינו נלהב לבצע את המשימה ויעשה הכול כדי להטיל את התפקיד על אחרים. כאשר המעשה אינו נוח, מתחמקים מלבצעו באופן אישי.

אבל ישנן סיבות נוספות: לפעמים שימוש בשליח נעשה משום כבודו של השולח. כאשר מדובר באדם שנושא משרה רמה למשל, אדם כזה אינו מתפנה לפעולות הפשוטות והשוטפות של החיים. את אלו הוא עושה באמצעות האנשים האמורים לסייע לו להתרכז בתפקידו המשמעותי. לאדם כזה יש יועצים ותומכים שתפקידם לבצע עבורו אפילו מעשים שנחשבים לאישיים.

לעיתים לא מעמדו של השולח אלא דווקא מעמדו של מקבל השליחות הוא כזה שאינו מאפשר להגיע עד דלתו. לפני הכניסה אליו עומדים שומרים ועוזרים. העברת חפצים מיד ליד תיעשה באמצעות מי שיש לו רשות להיכנס לשמש אותו.

שלוש פרספקטיבות אלו – אי־נוחות, יצירת מרחק של כבוד מהשולח,

ואי־נגישותו של הנמען – קיימות בפרשה שלנו ביחס למתנותיו של יעקב הניתנות לעשיו באמצעות שליח.

מצד אחד, ניתן להניח שיעקב חושש מן המפגש עם עשיו. המבט בעיניו הוא הדבר שהוא רוצה לחמוק ממנו. 'הלבן שבעין' של עשיו מגלה את חולשותיו של יעקב כמי שלקח את הבכורה ואת הברכות וברח כגנב לשנים מרובות. המפגש עם עשיו אינו הדבר שיעקב חושק בו, בלשון המעטה. דא עקא, במתנה – כמו בקידושין – אם לא נותנים אותה מיד ליד, השליחות מצליחה לקיים רק פן אחד של הענקת המתנה – העברת הקניין. היא אינה יכולה להעביר את השדר של אינטימיות וחיבה כמתנה שניתנת פנים אל פנים. היעדרו של המטען הרגשי הזה בולט כאן.

מצד שני, ייתכן שיעקב בוחר בדרך הזו של משלוח מפני שהוא רוצה לשדר שהוא נמצא במעמד אחר. יש לו כבר משפחה וילדים ורכוש רב ופמליה שלמה. בזה חפץ יעקב לפתוח בהכרזה שלא כדאי לעשיו להרהר ברעיון ל"התעסק" איתו. הוא לא יעקב שהכיר, האח התמים והלמדן. יעקב כבר אינו אנונימי וכל איום או פגיעה יהוו הכרזת מלחמה מול צבא ההגנה שלו.

פרספקטיבה נוספת אפשרית היא שיעקב חש או מעוניין לשדר שעשיו נעלה מכדי להתייחס למפגש איתו כאל מפגש בין שני אחים. גם עשיו כבר שליט ובעל שושלת מכובדת וטריטוריה שבה הוא שולט. לאדם כזה, לא ראוי לתת מתנה מיד ליד.

נראה שבין שלוש הפרספקטיבות נקט עשיו באפשרות האחרונה: "יֶשׁ לִי רָב" – רומז שהוא אינו סתם אדם אלא איש חשוב ובעל נכסים רבים.

יעקב בוחר להציג את עצמו כמי שהוא בעל מעמד: "כִּי חַנַּנִי אֱלֹהִים וְכִי יֶשׁ לִי כֹל" – בחסד ה' עליו גם הוא איש נכבד ובעל רכוש.

אבל הסיפור כפי שמסופר מגלה לנו את הצד הנוסף, את פחדיו של יעקב. את העובדה שהתקדמותו של עשיו גורמת ליעקב בכל פעם מחדש לרעדה ולחרדה, על מאמציו לגלות תושייה ולחשוב על דרך התמודדות עם האסון הממשמש ובא. ברור שהתורה רצתה להציע ששליחת המתנות מטרתה הגלויה או הסמויה היא למנוע את הצורך במפגש ישיר.

השיח המתפתח בסופו של דבר בין עשיו ויעקב סביב המתנות אינו שיח בין שני אחים, אלא בין שני רוזנים בעיני עצמם. המעשה הלא מודע של יעקב: השימוש במדיום המרוחק להענקה, דווקא הוא שהשיג את המטרה המבוקשת. הריחוק שבמתנות הכניס את שני הצדדים למצב של העמדת

פני אישים חשובים. במצב זה לאיש מהם לא היה יאה להיכנס לסכסוך כשני אחים ולהיאבק בשל איזה זיכרון ילדות רחוק. בסופו של דבר, הפחד והחשש מן הקירבה אכן השיגו את הריחוק המתבקש, על משמעויותיו, והגנו על יעקב.

מעשה דינה

סיפורה העצוב של דינה והצל שמטיל הסיפור הזה על בית יעקב מולידים עיסוק נרחב אצל המפרשים סביב השאלה איך קרה הדבר, על מה ולמה. השאלות מתפזרות לכיוונים שונים – איך קרה כך ליעקב אבינו, הצדיק שהובטחה לו שמירה מיוחדת? איך קרה כך לדינה בת יעקב? איך קרה כך למשפחה המכובדת הזו? איך הרשה לעצמו שכם לפעול כפי שפעל? ועוד.

נעקוב כאן רק אחר שתי גישות הנוגעות לדינה בלבד.

> חופר גומץ בו יפול וגו׳ – זו דינה בת לאה.
> שהיו אחיה ובית אביה יושבים ושונים בבית המדרש,
> ויצאה לראות בבנות הארץ שנאמר: "ותצא דינה בת לאה" (בראשית ל"ד, א)
> מי הוא נחש שנשכה? זה שכם בן חמור (אבות דרבי נתן, נוסחא ב׳ פ"ג).

קטע זה מאבות דר׳ נתן מתאר את תמונת החיים שקדמה לאירוע. כל משפחת יעקב ובניו יושבים ולומדים בבית המדרש. מחוץ לתמונה נשארת רק דינה, הבת הקטנה שאין לה מקום בבית המדרש וגם אינה מושגחת על ידי איש שכן כולם למעשה עסוקים. דינה יוצאת להעסיק את עצמה וננשכת על ידי נחש ערמומי. היא נופלת כטרף קל לידיו של שכם בן חמור. אומנם, הדרשה הזו נסמכת על הפסוק "פורץ גדר ישכנו נחש" ורומזת לכך שדינה אשמה בכך שפרצה את הגדר. אך נדמה שקריאה זו אינה מוכרחת. אפשר לקרוא את הפסוק בהקשר הזה לא כהטחת אשמה, וככרוניקה של חטא ועונש. אלא כתיאור עובדתי – פרצה את הגדר, יצאה וננשכה, מי שיתאמץ יוכל אולי אף לשמוע את הלחנים של פרוקופייב מתנגנים ברקע: בסיפור על פטר והזאב – אשם מי שלא סגר את השער. לפי זה אם יש בסיפור הזה אשמה כלשהי, הרי שהיא מוטלת לפתחו של יעקב ובניו, הספונים להם בבית המדרש

ואינם זוכרים לדאוג לבת הקטנה והפגיעה. הם נמצאים במגדל השן ומזניחים את השמירה על אחותם.

במדרש בראשית רבה ישנה ביקורת הפוכה על יעקב:

ודינה היכן היא? נתנה בתיבה ונעל בפניה.
אמר: הרשע הזה עינו רמה היא, שלא יתלה עיניו ויראה אותה ויקח אותה ממני,
אמר לו הקב"ה... לא בקשת להשיאה דרך היתר הרי נשאת דרך איסור (בראשית רבה, עו).

לפי המדרש הזה, יעקב לא התרשל בהשגחה על דינה, אלא להפך, שמר עליה יותר מדי כשהכניסה לתיבה ונעל אותה במפגש עם עשיו, שמא יחמוד אותה אחיו וייקחה. הדימוי של נעילת הבת בתיבה עשוי לשקף את אופי החינוך שנתן יעקב לדינה. ואת השדר שהיא סוג של מטמון, מתנה באריזה. יש לשמור אותה בצמר גפן ואין לחשוף אותה לעין זרה. האהבה והגנת היתר הללו אולי גרמו את ההיפך מן המצופה.

לעומת אלו, בבראשית רבה ישנה דרשה על בריאת האישה שחתימתה בדינה עושה רושם שזה עיקר עניינה. הדרשה מספרת על מאמציו של הקב"ה לברוא אישה מושלמת, שמידותיה מדויקות לצורכו של האדם. מאמצים אלו באים לביטוי בבחירה של הקב"ה לברוא את האישה דווקא מצלעו של האדם. מהן האפשרויות האלטרנטיביות שעמדו בפני הקב"ה?

התבונן מאין לבראתה,
אמר לא אברא אותה מן הראש שלא תהא מיקרת ראשה,
לא מן העין שלא תהא סקרנית,
ולא מן האוזן שלא תהא צייתנית,
ולא מן הפה שלא תהא דברנית,
ולא מן הלב שלא תהא קנתנית,
ולא מן היד שלא תהא ממשמשנית,
ולא מן הרגל שלא תהא פרסנית,
אלא ממקום שהוא צנוע באדם, אפי' בשעה שאדם עומד ערום אותו המקום מכוסה, ועל כל אבר ואבר שהיה בורא בה היה אומר לה תהא אשה צנועה אשה צנועה (בראשית רבה, יח).

האישה המיוחלת לא תהיה סקרנית, לא תצותת לשיחות לא לה, לא תהיה פטפטנית, לא קנאית, לא חטטנית וכו'. וכל זה – על מנת- שתהא צנועה. אבל זה לא הצליח.

בהמשך המדרש מתואר הכישלון של הקב"ה:

> אעפ"כ (משלי א') "ותפרעו כל עצתי",
> לא בראתי אותה מן הראש, והרי היא מיקרת ראשה שנאמר (ישעיה ג') "ותלכנה נטויות גרון",
> ולא מן העין והרי היא סקרנית שנאמר (שם) "ומסקרות עינים",
> ולא מן האוזן והרי היא צייתנית שנאמר (בראשית י"ח) "ושרה שומעת פתח האהל",
> ולא מן הלב והרי היא קנתנית שנאמר (בראשית ל') "ותקנא רחל באחותה",
> ולא מן היד והרי היא ממשמשנית שנאמר (בראשית ל"א) "ותגנוב רחל את התרפים",
> ולא מן הרגל והרי היא פרסנית שנאמר (בראשית ל"ד) "ותצא דינה" (בראשית רבה, יב).

ובבראשית רבה במקום אחר נטען שלמרות המאמצים הללו כל הנשים הן בעלות התכונות הרעות הללו:

> ד' מדות נאמרו בנשים, גרגרניות, צייתניות, עצלניות, קנאניות... (בראשית רבה, מה).

ושם ההוכחה לכך היא משרה, מרחל, ממרים ומלאה. כלומר, אפילו אימותינו הצדיקות כולן לא עמדו במודל האידיאלי שחפץ בו הבורא.

מה משמעות המדרש הזה? אפשר כמובן לשמוע כאן אכזבה גדולה ותחושת כישלון שאין לו עילה, הקב"ה נתן לנשים את כל נתוני הפתיחה הטובים הללו והן התכחשו לטבע בריאתן. מתוך הקושי בהאזנה למדרש הזה אני מציעה כאן להטעין אותו במשמעות חדשה וחיובית – אומנם אין עצה ואין תבונה, אישה היא אדם. וככזו היא סקרנית, והיא מאזינה, והיא בוחנת ומתפעלת, ומשתפת וגם יוצאת לרשות הרבים לפגוש ולהכיר חברות. דינה יצאה החוצה לא כי אינה צנועה, אלא כי היא אדם.

הצעה אחרת היא "כאמה – בתה" (ירושלמי, סנהדרין פ"ב). הירושלמי משווה בין לאה שיצאה ובין דינה שיצאה. בעיה בחינוך או אולי נטייה תורשתית. על כל פנים, אני בוחרת להסביר שהמדרש מצביע על מעשי דינה כטעות מצערת שיש בה כנראה גם טענה לחוסר תמימות שלה. כפי שמדרש בראשית רבה מביא במקום אחר: "שכל אשה שיוצאה לשוק סופה להיכשל, מנא לן? מן דינה. שנאמר (בראשית ל"ד) 'ותצא דינה' ולבסוף נכשלה".

אפשר לטעון שהמקורות הללו מהווים ניסיון לתת פשר למעשה דינה, לנסות ולהשיב לסימני השאלה סביבו. אבל לדעתי, אפשר גם לראות בכל אלו התייחסות פוסט טראומטית למאורע הקשה הזה. כל מי שקורא את הפרשה בכל שנה מחדש מתרעם וזועם על הסבל שנגרם לדינה, על החמס ועל העוול הגדול, וגם כואב ועוצם עיניים מראות בנקמה הקשה.

מצד אחד חזרה אל פרטי האירוע וניסיון לנבור בהם ולהבין היכן הייתה השגיאה, האם אלו הם ההורים שהיו עסוקים, האם הייתה זו טעות בגישה והיעדר הכנה מתאימה של הנערה לחיים. גם הטחת האשמה בקורבן והטלת דופי באופייה או במעשיה עשויות להיות חלק מאותה תגובה. אנו החשופים לסיפור מחטטים יחד עם דינה במבוכי אישיותה, בטעויות שעשתה, בחוסר הזהירות ובכך מתעדים למעשה את ההזדהות המוחלטת שלנו עם דינה וחווים יחד איתה את ההאשמה העצמית ואת הכעס.

האתגרים של יעקב עוד ילוו אותנו דרך ארוכה. דינה אחרי הפרשה הזו תיעלם לגמרי, על פי אחד המדרשים היא יולדת לשכם את אסנת ויורדת איתה למצרים. בסופו של דבר, תהיה לסבתם של בני יוסף ותחזור לחיק המשפחה. בתוככי מבוכי הדרך הארוכה, בעומק המחשכים, טמונים זרעי ההתאוששות והגאולה שלעיתים, בתוך הטראומה עצמה, קשה להבחין בהם.

פרשת וישב

חלומות ופשרם

(נכתב בהשראת הספר השפה שנשכחה, מאת אריך פרום)

היחס לחלומות כאל עניין רציני ובעל משמעות ממשית מודגש מאוד בפרשתנו ובפרשה שאחריה. אחרי פרויד ומשנתו בדבר החלומות שמציפים רבדים נסתרים בנפש, היחס הזה מובן יותר. עובדה היא שפעמים רבות החלום מביא לידי ביטוי אינטואיציות ראשוניות שלנו. כאלה שהופרעו מלבוא לידי ביטוי בגלל הסחות כאלה ואחרות. שטף המאורעות הרבה פעמים אינו מניח לנו "לתפוס" את התחושה ולשים אותה במסגרת הראויה. אולם בחלום יחזרו התחושות וישתבצו לתוך תמונה מוגדלת מאד. לעיתים החלום יהיה ביטוי מוקצן של סעיף קטן במציאות הרגילה. הקושי עם החלום ופענוחו הוא שהחלום מדבר בשפה זרה, בשפה של סמלים, שהרי בחלום אנו רואים תמונה וציור, ריח ותחושות. יתרונו של החלום הוא בעדינותו ובדיוקו. בהצגת תמונה רחבה ורב ממדית.

חכמת פותר החלום היא בקריאת הסמלים והרמזים ובהבנתם, אך גם בהנחתו באופן מאוזן ובממדים הנכונים במציאות. חלומות יוסף למשל, ברובד הפשוט, מעידים על שאפתנות וקלים לפענוח. הנקודה המשמעותית היא שהחלומות חושפים לא רק את עובדת היותו של יוסף "בעל חלומות", אלא גם את העובדה שכמוסים בו כוחות בכיוון הזה. במובן הזה לחלום יש אפשרות לחשוף כוחות שיתגלו בעתיד, לכן יש בחלום ממד של נבואה. לעיתים הניבוי אינו מכוח החשיפה של התפתחות אפשרית של תכונותיו

של החולם, אלא מכוח תפיסה על חושית שלו את העתיד להתרחש. הגמרא אומרת בכמה מקומות שלפעמים אדם לא רואה אבל "מזלו רואה". סימנים ראשונים להתרחשות קרבה והולכת קיימים במציאות ואדם קולט אותם. לרוב הסימנים אינם בולטים מספיק בשביל להתבסס בחלק המודע שלו, אבל הם חודרים לתת המודע וצפים בחלומו.

בחלומו של שר המשקים ישנם גפן עם שלושה שריגים. הגפן נראתה פורחת ועלתה בה ניצה ואשכולותיה היו בשלים. החולם רואה את עצמו סוחט מן הגפן ומגיש לפרעה כוס יין טרי. תיאור הגפן המתפתחת משלב הפרח אל הניצן ואל האשכולות הבשלים הוא תיאור פריחה מפתיע ומהיר. גפן מזוהה עם גאולה. שיר השירים מבוסס על ההשוואה שבין עונת הפריחה של הגפן לבין הגאולה. "לְכָה דוֹדִי נֵצֵא הַשָּׂדֶה נָלִינָה בַּכְּפָרִים, נַשְׁכִּימָה לַכְּרָמִים נִרְאֶה אִם פָּרְחָה הַגֶּפֶן פִּתַּח הַסְּמָדַר" (שיר השירים ז', יב-יג). לכן פתרון החלום הוא פשוט: גאולה מהירה, החזרת עטרה ליושנה.

לעומתו חלום שר האופים כשעל ראשו שלושה סלי חורי, מנוקבים ובלויים (רשב"ם) הם סלים שמילאו את משימתם בעולם. הסלים מלאי מאכלים מן המוכן. החולם עצמו הנושא אותם הוא חסר חשיבות ועלוב. הוא אינו מגיש למלך דבר וגם אינו נצרך להכין לו דבר. זאת ועוד, הוא איבד צלם אדם, עופות אוכלים מתוך הסלים שעל ראשו והריהו כמת שעופות עטים עליו ללא פחד, אפילו מדחליל מאיים ממנו. גם כאן, מי שמסוגל לראות מעבר למילים מתבקש שיבין שלשר האופים לא נכון עתיד מזהיר במיוחד.

יוסף אכן פותר את החלומות. לאור הפתרונות הללו, יוסף מבקש משר המשקים שיזכיר את שמו לפני פרעה ויסביר לו את הטעות הנוראה שבשהותו בבית הסוהר. התורה מספרת ששר המשקים לא זכר את יוסף וישכחהו. והפרשנים מסבירים שזה עונשו של יוסף על כך שתלה תקווה בבשר ודם במקום להתפלל לקב"ה להצלתו.

נדמה לי שאפשר להסביר אחרת את בקשתו של יוסף משר המשקים.

בבראשית רבה (פרשה פח) חלום שר המשקים מתפרש מעט אחרת. על פי המדרש, הגפן רומזת לעם ישראל שנאמר "גֶּפֶן מִמִּצְרַיִם תַּסִּיעַ". פריחת הגפן היא משל לגאולת ישראל וכוסות פרעה רומזים לארבע כוסות של ליל פסח. שלושת השריגים הם משה, אהרן ומרים. על פי המדרש יש לומר שהחלום של שר המשקים היה דו משמעי. היה בו את חיזיון הגאולה הפרטית של שר המשקים. אבל מבחינת יוסף הוא היה חלום בתוך חלום. יוסף הבין מיד שהנה החלום הזה הוא שיקוף והמשך של חלומו הישן על

עלייתו הצפויה לגדולה. לפי זה, יוסף לא מבקש אלא מודיע לשר המשקים שהוא עתיד לספר לפרעה על אותו אסיר היושב בחושך היודע לפתור חלומות והרואה את העתיד גם בחשכת הבור.

פתגם סיני עתיק אומר: אמש חלמתי שהייתי פרפר ועתה איני יודע אם אומנם אני אדם שחלם שהיה פרפר או אולי פרפר החולם כעת שהוא אדם. יוסף שנמצא בחלום הגאולה והשלטון עוד מימי היותו בבית אביו, יודע גם יודע שהוא שליט החולם שהוא בכלא. ולא אדם בכלא החולם שהוא שליט. שר המשקים וחלומו הם המציאות של יוסף. יוסף אינו מתפלל. יוסף מצוי במימוש החלום. כל שלב, גם אם נראה כנפילה, מתפרש אצלו מידית כשלב בהתקדמות לקראת העתיד הידוע.

עולם החלומות הוא עולם מרתק אך אנשים רגילים עומדים מולו נבוכים. החלום שובר את הכללים כולם. בחלום שום חוק אינו חל. לא חוקי הגאוגרפיה וגם לא מושג הזמן והרצף. בחלום שנים חולפות כהרף עין, גומאים מרחקים ללא כל קושי, מחברים רעיון שנבט לפני שנים לרעיון נוכח וממשי. החלום מעמיד את הממשות בסימן שאלה כי אין בו אפשרות לאמוד ולדעת מה ממשי ומה לא. רק אנשים שהם חולמים בטבעם, מסוגלים לעמוד מול המציאות ולהתייחס אליה כאל חלום שבו המרחק, הזמן והרעיונות מתאחדים. במקביל הם עומדים מול כל חלום, מסוגלים לתת לו את פשרו הנכון כיוון שחייהם אינם מבוססים דווקא על ההווה. מבחינתם ההווה והמציאות מטעים, והחיים האמיתיים הנם החלום וההישג שיגיעו בסופם.

"ויבא יוסף את דבתם רעה"

יוסף מביא לאביו את דבתם של אחיו רעה. חז"ל קושרים את התנהלותו זו להיותו נער:

> "יוסף בן שבע עשרה שנה" וכו', ואת אמר והוא נער? אלא שהיה עושה מעשה נערות, נתלה בעקיבו מתקן בשערו, היה רועה ויבא יוסף את דבתם רעה (בראשית רבה, פד).

המדרש מצייר לנו את יוסף כפרחח. הוא עסוק בדברים שעוסקים בהם בני הטיפש־עשרה, בטיפוח מראהו ומעמדו החברתי, על כן הוא מתנשא על אחיו

בהביאו את דיבתם לפני אביו. הוא גם מתרועע עם בני השפחות ומורד בכך בהיררכייה המקובלת בבית אביו. התנהגותו זו אולי אינה תואמת את גילו. אבל הולמת את מקומו במשפחה ומצבו האישי: הפינוק שהוא זוכה לו מאביו הן כבן האישה האהובה והן כיתום צעיר. כך על פי המדרש.

ניתן להסביר את התנהגותו של יוסף גם בדרך אחרת. הפרשה שלנו פותחת בהתנחלותו של יעקב בארץ כנען. לכאורה, יעקב מגיע לאחר התלאות המרובות אל המנוחה ואל הנחלה, אל התחנה האחרונה בדרכו שהחלה לפני למעלה מעשרים שנה. מצבו התייצב: צילו של עשיו סר מעליו, משפחתו הענפה והמרשימה מתאקלמת בארץ אבותיו ואפילו את אביו כבר פגש. אך בה בעת, מתחילות גם הצרות להתרגש עליו. "ביקש יעקב לישב בשלווה – קפץ עליו רוגזו של יוסף". הגמרא בסנהדרין מציעה שהמילה "וישב" היא רמז 'אפי מוקדם' לכך שאנו עומדים בפני פרשייה מצערת. "אין וישב אלא לשון צער" (סנהדרין קו ע"א). כך הוא בפתיחה: "וַיֵּשֶׁב יִשְׂרָאֵל בַּשִּׁטִּים וַיָּחֶל הָעָם לִזְנוֹת אֶל בְּנוֹת מוֹאָב" (במדבר כ"ה), וכך הוא בפרשייה: "וַיֵּשֶׁב יִשְׂרָאֵל בְּאֶרֶץ מִצְרַיִם בְּאֶרֶץ גֹּשֶׁן... וַיִּקְרְבוּ יְמֵי יִשְׂרָאֵל לָמוּת" (בראשית מ"ז), וכך הוא בתיאור שבספר מלכים: "וַיֵּשֶׁב יְהוּדָה וְיִשְׂרָאֵל לָבֶטַח אִישׁ תַּחַת גַּפְנוֹ וְתַחַת תְּאֵנָתוֹ" (מלכים א' ה', ה), ובהמשך חטאי שלמה ופיצול המלוכה.

העיקרון שעומד ביסוד המדרש הזה הוא שלישיבה הנינוחה יש מחיר. התיישבות היא אומנם משאת נפש של הרבה אנשים. רבים ממתינים לרגע שבו יוכלו להרים רגלים לנוח ולהנות מפירות מעשיהם לרוות קצת נחת מהמשפחה המורחבת ולעשות כל מה שנחשב למיותר ולמותרות בימים עמוסים במיוחד. אבל הדינאמיות והפעלתנות מסייעים מאוד בידי האדם למלא את החלל הפנוי. למצות את יכולותיו, להגשים חלומות להיות בר שיח ולחוש את דופק החיים.

סיפור הצער שבישיבת יעקב נפתח בתיאור של יוסף המביא את דיבתם של אחיו רעה אל אביהם. זוהי ההתפתחות הראשונה הנזכרת מפורשות בפרשה. וכאן ישנה הצבעה על נקודה מעניינת. משפחה, קהילה ועם הנמצאים במצבי לחץ מלוכדים סביב מטרה ואידיאולוגיה. מצוקה, בדרך כלל, מפתחת מאוד את יכולת החשיבה. היא מעוררת לדיון ולליבון מתמיד של העקרונות המנחים. היא מסייעת בחידוד מתחים על רקע השקפתי ומושכת את האדם להיות טרוד בשאלות של עיצוב מדיניות והשקפת עולם.

כשהמצב הוא של שקט ורגיעה, השאלות העקרוניות נעלמות, במצב כזה כל אחד שוקע בהישגיות, במלחמת ההישרדות הפרטית שלו ובמימוש עצמי ואינדיבידואליזם. החלופה לליבון רעיוני משותף המתחייב בשעות קשות היא הרכילות והלשון הרעה.

יצירת קוד חברתי משותף לעגני ומתנשא הוא שותפות דרך מן הסוג הנמוך, במקום להתנגד לעמדותיו של האחר מדגישים את הטעויות האישיות שלו ומתכבדים בקלונו. בעולם חסר מעוף המקבילה של הדיונים הפילוסופיים והאקדמיים העמוקים היא הוצאת דיבה.

מדרש אחר מבקר את הקשבתו של יעקב לדיבה, ותולה בה את עונש הניתוק מבנו אהובו למשך עשרים ושתים שנה.

> תני אליהו אומר ישמור אדם דברים בלבו שלא יבא לידי חטא ואפילו חטא הקל שבתורה, מפני שהקל הרי הוא כחמור, שבשביל דבר קל שדבר אברהם שאמר במה אדע (ט"ו, ח) ובשכר אותה תמיהה ירדו בניו למצרים. ובשכר ששמע יעקב מיוסף בנו דבתם רעה נענש עליו כל אותם כ"ב שנים (בראשית רבתי, פרשת וישב, עמוד 186).

ראיית פגמי האחר נובעת מחוסר ביטחון ומעידה בעיקר על הדובר, הזקוק לחיזוק וסיוע. אדם שיש לו חיים שלמים ומלאים אינו זקוק להיבנות על חורבנו של אחר. הדיבה שמביא יוסף מעידה על קשייו שלו. אלו מובילים בסופו של דבר לניתוק שלו מאביו שהחיים בצילו אינם מועילים להתפתחותו. היציאה לגלות והתבגרותו – התעצמותו של יוסף מאפשרים בסופו של דבר את החבירה המשותפת של האחים, והחזרה לשיח אמיתי. יוצא שהדיבה אינה רק סימפטום לריקבון. היא גם מנגנון מתוכנן, ביטוי בלתי מודע לקושי פנימי המעורר את הסביבה לאנטגוניזם שבסופו של דבר מייצר אקלים המחייב התעוררות.

> וזה את דבתם רעה היה הוא מביא אותן הדברים אל אביהם,
> היינו שהיה מקשר אותם לשורשן,
> והבן כי כן ראיתי ושמעתי מן אדוני אבי זקני זללה"ה,
> ומי ייתן לבוא למדרגה זאת באמת (דגל מחנה אפרים, בראשית וישב).

בעל דגל מחנה אפרים מוסיף פן אחר – גם האחים נבנו מהדיבה, בשל נקודת האמת שהייתה בה, שבדיעבד קישרה אותן לשורשם ולתיקונם.

המלבוש היהודי – דיוקן יעקב וכתונת הפסים

גלגוליו של יוסף הם משל לתלאותיו של עם ישראל כולו. מי שאביו עושה לו כתונת פסים, ובוחר בו מכל בניו – נסחר בשוק כאח רון העבדים, עובר מיד ליד, ומושלך אל הבור בעוונות שלא ביצע. תלוי בחסדי שרים ורוזנים, אך גם מנהל את העולם באשר הוא שם.

בתקופת החשיכה הגדולה של הדור הקודם היוותה דמותו של יוסף מקור השראה לא אכזב לדרשות. בספרו משנה שכיר כותב הרב טייכטל כי נתחדש לו חידוש בסיפורו של יוסף. הרב טייכטל למד בישיבת פרשבורג והיה מקורב לאדמו״ר ממונקאטש וקרוב לדעותיו הקיצוניות. במהלך מלחמת העולם השנייה החל לעסוק בענייני השקפה וכתב את ספרו הידוע אם הבנים שמחה. כשהחלה השמדת יהודי הונגריה, נתפס בנתיב בריחתו ונרצח בדרך לאושוויץ בשנת 1944. הרב טייכטל מספר כי בצוק העיתים נאלץ להסיר את הבגדים שצביינו אותו כיהודי, לשנות את חזותו ולמחות את רושם יהדותו כלפי חוץ. לפתע, כשהוא מוצא את עצמו בבגדים זרים, מצא הרב נקודה של הזדהות עם יוסף שכתונת הפסים הוסרה ממנו והוא נאלץ להתגולל בבגדים שאינם מבטאים את זהותו ואינם הולמים את אישיותו.

וכך מתאר הרב טייכטל את החוויה האישית של יוסף בהגיעו לביתו באותו יום שבו תפסה אותו אשת פוטיפר. בדמיונו של הרב, הבית הוא בית המדרש, אליו יוסף מגיע כדי לעשות ״מלאכתו״ כלומר, ללמוד תורה בשקידה כפי שהיה רגיל בבית אביו.

> אבל בעת שישב ללמוד לא מצא עצמו בנכונה, כי חשב בלבו על צורתו של כעת שהיה מוכרח מחמת הגלות לפשוט מעליו צורה היהודית ודמות דיוקנו של אביו וללבוש צורה מצרית.
>
> דהיינו שכבר הפשיטו ממנו הטלית של תלמיד חכם היא הכתונת פסים שעשה לו אביו, וגם סלסל בשערו כדרך המצרים, וגם הפאות היה מוכרח לגזוז.
>
> באותו רגע כשיוסף חש כלוא בבגדיו החדשים ובתפאורה הכללית המחודשת שהוא נושא על עצמו. ובחוסר הנוחיות ובהיעדר משכנו המוכר הוא זועק לקב״ה ״הכר נא אם כתונת בנך היא אם לא״.
>
> וזה שאמרו חז״ל ונראה לו דמות דיוקנו של אביו, כלומר שהצטער בעת הזאת שישב ללמוד תורתינו הקדושה בישיבה, שחסר לו

> דמות דיוקנו של אביו [הצורה היהודית]... ועל כן היה כמתרעם על גורלו המר.

ומספר הרב טייכטל בהקשר זה סיפור נפלא על רבה של חוסט שהלך ברחובות חוסט בזמן מלחמת העולם הראשונה ועבר ליד כת של שבויים מרוסיה שטיטאו את הרחובות. אחד מהם פנה לרב בנימוס ובכבוד והצדיק את התנהגותו בכך שהוא חולק כבוד ל"מרא דאתרא". מתוך שיחתם התברר שאותו שבוי היה רב של עיר במולדתו. רבה של חוסט פעל לשחרורו ולאחר מכן קירבו אליו והזמינו לדרוש בבית הכנסת. בית הכנסת התמלא עד אפס מקום מהתרגשות לשמע הסיפור שמאחורי הרב שהוזמן לדרוש. הרב השבוי הגיע לדרוש בבית הכנסת, אך התעקש לדרוש במדי השבוי שבידיו. בבואו לפני ארון הקודש פתח ואמר "רבונו של עולם הכר נא הכתונת בנך היא אם לא", ובאמרו זאת בקול מר וצורח אחז בידו בלבושיו השבויים ואמר: "האם זה לכבודך רבונו של עולם הלבוש הזה שאני לבוש בו??" ולא היה צריך לומר יותר, וכל העם געו בבכי מתוך התרגשות עצומה (משנה שכיר, פרשת וישב).

נקודת האחיזה של הגעגוע של היהודי השבוי הזה היא דמות הדיוקן ה'יעקובי', כלומר המראה היהודי הטיפוסי, שנגזל ממנו, ודווקא את חסרונו הוא מבקש לשמר, כדי לזכור מי הוא. אותו השבוי הרוסי התגלם בדמותו של יוסף הצדיק, שנפל לבור השבי, ומשם הוא זועק אל א-לוהיו בלשונם של האחים – ומהפך אותה – הכר נא את הכתונת הזאת.

אם נחזור לסיפור ההשראה של הרב טייכטל ולמדרש המהווה לו מקור נראה שניתן להסביר את העניין בדרך אחרת. התורה מספרת שיוסף מגיע לבית אדוניו פוטיפר לעשות את מלאכתו. המדרש מפרש את סיבת בואו ואת מהותה של המלאכה אותה ביקש לעשות בבית אדוניו בשני אופנים הפוכים. ההצעה הראשונה היא לומר שהגיע לעבודה היום־יומית הרגילה. וההצעה השנייה היא לומר שהוא בא על מנת לחטוא עם אשת פוטיפר וניצל מן החטא ברגע האחרון בזכות דמות דיוקנו של אביו שנראתה אליו.

> ויבא הביתה. לחשוב חשבונות של רבו:
> ד"א מלמד שבא לשכב עמה וזימן לו הקדוש ברוך הוא דמות דיוקנו של אביו (מדרש אגדה, וישב).

לפי הדרשה השנייה, טלטלות הגלות ואובדן סימני ההיכר החיצוניים אצל יוסף היו ביטוי לריחוק הנפשי שנוצר בתהליך איטי מתוך היטמעות בתרבות המקומית. ההיזכרות בדמות האב היא דרך (מיידית, דרמטית) להיזכר ליישר ולכוונן בעזרתה את המחשבה הפנימית. אין דרך אחרת להיזכר במכלול רב של פרטים אם לא דרך דמות אחת ומודל אנושי המרכזים בתוכם שלל היבטים בעלי משמעות. נקודת מבטה של הדמות הזו – של יעקב – מאירה את הדרך ליוסף, מאפשרת בחירה נכונה ומונעת נפילה למקומות זרים.

מנקודת מבטנו הדואבת, אך גם מנוחמת מעט, ניתן לומר שלעיתים נחוץ גם קילוף המלבושים. נדרשת חזרה למצב הבראשיתי על מנת לאפשר לאדם לברר את נקודות היסוד – את שורשי דמות דיוקנו של אביו, על מנת שיוכל לשוב ולחדשה בלבושים חדשים חיצוניים ומהותיים.

שני חלומות

שני חלומותיו של יוסף דומים, שניהם הולכים בכיוון אחד הרומז לשאיפותיו הפוליטיות והשלטוניות של יוסף, אולם יש ביניהם גם הבדל משמעותי. בחלום הראשון יוסף רואה אלומות ובחלום השני הוא רואה את גרמי השמיים, הכוכבים הירח והשמש. בחלום הראשון הוא בעצמו אחת האלומות ובחלום השני הוא נותר אנושי, הוא נשאר יוסף וכל השאר – קרי אחיו והוריו, מיוצגים באמצעות גרמי השמיים, כולם – מלבדו.

על פניו ברור ששני החלומות רומזים לשני דפוסי שליטה שונים. החלום הראשון מרוכז בעניינים כלכליים. הדימוי של האחים לאלומות מביע את הצרכים האנושיים שלהם במחיה ומזון. תקומת אלומתו של יוסף מעידה על הצלחתו הכלכלית ועל השגשוג שאליו יצליח להגיע והשתחווית שאר האלומות לאלומתו מייצגת את ההיזקקות של האחים לפרנסתו של יוסף, להיבנות מהישגיו בתחום.

החלום השני שונה. יוסף, הנעדר בו מן התמונה, הוא כוח מניע, הוא מושך בחוטים אולם השחקנים הראשיים הם הכוכבים, הירח והשמש. גרמי השמיים המאירים את הרקיע ומאירים לעולם. בחלום הזה יוסף כמעט שקוף, והאחים בעצמם הם הכוכבים.

שני החלומות משקפים שתי תפיסות עולם שונות של מקומו של השלטון ונקודת אחיזתו בחיי מי שכפוף לו.

החלום הראשון הוא חלום מאוד "רזה" מבחינת ההבנה המשפטית שלו. הוא תופס את יחסי הכפיפות בהקשר מאוד צר, נזקק ומעניק. הוא קובע את נקודת הרלוונטיות של השלטון לנקודה המסוימת המתייחסת לתלות הממונית והכלכלית. כל הסיפורים האנושיים מצטמצמים דרך נקודת מבט זו לנקודה המרכזית האחת של שמירה על החיים, כמו התלות של בעל חיים בבעליו. יש פה האחדה של הסיפור האנושי לנקודה מינימלית צרה מאוד. ויש פה איתור של הנחת יסוד נוחה. זוהי צורת חשיבה שאינה רואה את קומתו השלמה של מי שנתון לחסדי השליט. שלטון שיוצר פער עצום בין מורכבות הקיום האנושי ומגוון משמעויות החיים לבין יכולתו של השליט לתפוס את מלוא מרחב המשמעויות הזה.

החלום השני הוא חלום עצום, הוא רואה בכל אחד מן האחים כוכב מאיר, עולם שלם של יכולות וכישורים. והוא מבטא את ההבנה ששלטון הוא מרכז של סיוע שפועל מתוך רגישות לצרכים המרובים של כל אחד מהנשלטים, שאף הם, כל אחד מהם לעצמו רווי עוצמה. זוהי שליטה שבאה מתוך הבנה של מורכבות גדולה יותר של המצבים החברתיים והאישיים בזירת החיים. ההבנה שלכל אחד יום ולילה. שלכל אחד שעת ההארה שלו. שהוא נשלט גם בידי גורמים שמחוצה לו ושעל מנת לצחצח את זוהרו יש לנהוג כלפיו ברגישות ובחכמה מרובה. לראות את הצדדים המרובים שבו ולהעצים אותם. בחלום הזה, השליט הוא משרתם של אדונים רבים הראויים לכיסא רם ונישא בפני עצמם. כאמור, תפקידו של יוסף בחלום הזה הוא לא להיות על הבמה אלא רק מאחורי הקלעים. רק בהכוונה, בדיוק, בשימור הכוחות השונים ובתיעולם לכיוון נכון. זוהי שררה אחרת, אוטופית.

יעקב מתרעם על החלום השני כשהוא שומע עליו. ובכל זאת "וְאָבִיו שָׁמַר אֶת הַדָּבָר". מה מהותה של שמירה זו? ר' יוסף בכור שור מבאר שהשמירה היא נטירה, היינו שיעקב נוטר ליוסף על החלום הזה ובליבו טינה עליו. אולם על פי הזוהר שמירה זו היא שמירה כשמירת שבת. בעקבות הזוהר ניתן לומר שיעקב שמר את החלום במובן אקטיבי. הוא מבין שעליו להכין את יוסף למשימת חייו. אולי כחלק מהבנת גודל המשימה הוא שולח את יוסף לראות את שלום אחיו. הוא מבין שהחלום הגדול הוא חלום המחייב יותר מאשר הבנה והיכרות עם תכנון וניהול משק הבית. החלום הגדול מחייב הבנה אנושית רחבה, היכרות עם משעולי החיים ונתיביהם. והוא מחייב התנסות ממשית והיכרות אינטימית עם קורות החיים, עם האקראיות שלהם, עם החיפוש והתהייה.

רש"י ומפרשים אחרים מסבירים שהשמירה היא המתנה. יעקב התמלא תקווה מחלומו של יוסף והמתין בידיעה שיום יבוא והחלום עתיד להתממש. יעקב נוצר את החלום כאבן יקרה. הגדיל לעשות המדרש המתאר שיעקב מתיישב וכותב בקולמוסו את היום והשעה. מתעד את החלום בידיעה שבידיו עדות חשובה מאין כמוה – פיסה מן העתיד.

החלום הקטן, החלום הראשון, אכן התממש. יוסף חולש בסופו של דבר על עוצמה כלכלית, עטוף בטחון ועצמאות. החלום השני, חלום האור הגדול הנמשך והולך משלל גווניו של עם שלם שיפעת אור השמש והירח עליו, שמור עוד בליבו של יעקב ומחכה לפתרונו.

פרשת מקץ

אמונה וביטחון

למעלה מעשרים שנה לא פגש יוסף את אחיו ולא ראה את אביו. שנות ההתמודדות הקשות עם העבדות ואחר כך המאסר הממושך וחסר הרחמים, על לא עוול בכפו, מתוארים בתורה בצורה שהיא עובדתית כרונולוגית, כמעט יבשה: פסוקי התורה, כדרכם, אינם מגלים לנו את תחושותיו של יוסף, אין בהם הדים לבדידותו של יוסף, לחמלה עצמית, להתרפקות על זיכרונות העבר או לאבל על השנים האבודות.

בקטע קודם הסברנו כי יוסף מצוי בתוך חלומותיו. במשך כל הזמן הזה יוסף יושב ומצפה לראות כיצד יתגשמו וכיצד תלאותיו יובילוהו בסופו של דבר אל היעד. חלומות פרעה, פתרונם ובסופם הושבתו על כס השליטים במצרים היא כבר מימוש של החלומות. יוסף מבין ששנות הרעב שתבואנה בעוד שבע שנים, תהיינה שנות שלטונו, השנים בהן תודגש עליונותו. עד אז, בשלב הבינים הזה של שבע שנות השובע, יוסף בונה את מעמדו ומכין את עצמו למפגש עם אחיו ועם אביו.

באותן שנים של מילוי תפקידו, צבירת התבואה התבססות כבודו ומעמדו ובניית משפחתו, שנות ההמתנה והציפייה ל"הפי אנד", המתח מתכהה מעט. רק עם הולדת בניו נפערים להם סדקים שמבעדם מבצבצים ביטויים והדים להרהורים על הבית.

לבכורו קורא יוסף מנשה ולצעיר בניו הוא קורא אפרים. בשני השמות הוא מביא לידי ביטוי את התהליך שעבר בחייו. שם הבכור מנשה "כִּי נַשַּׁנִי

אֱלֹהִים אֶת כָּל עֲמָלִי וְאֵת כָּל בֵּית אָבִי", ואפרים "כִּי הִפְרַנִי אֱלֹהִים בְּאֶרֶץ עָנְיִי".

רד"ק מסביר את השם מנשה:

"כי נשני": כל כך נתן לי ה' עושר וכבוד עד כי השכיחני כל עמלי שהיה לי משנמכרתי, וגם כל בית אבי השכיחני: ואת השם אפרים על הפריה "בארץ עניי": שהייתה לי מתחלה ארץ עניי ועתה הפרני הא-ל בה בבנים ובעושר ובכבוד.

לפי רד"ק, הולדת הבנים חושפת תחושה של המתקת דין. כעת, כשהמצב משתפר והולך, יוסף חש שהעושר וההצלחה מסייעים לו בשכחת השנים הקשות ואף מרככים את המרחק מן הבית. גם האדמה המקוללת הופכת עבורו לכר פורה ולמקור צמיחה. והנה, מכלל ההן ניתן לשמוע את הלאו: הלאו שהיה מנת חלקו שנים ארוכות. הלאו של שלילת הבית, גזלת הנחלה, הקרקע היציבה ובית הגידול, הלאו של הבדידות שבהיעדר משפחה, הורים, אחים ובנים, והקושי שבעמל ובהישרדות. הלאו של ההיעדר ושל ההזנחה וההדחה.

סבלו של יוסף לא בא מהיעדר מודעות לכוחותיו ולייעודו. לפי הסברנו הוא גם לא נובע מהממד האובייקטיבי של טלטלותיו. הקשיים הם דווקא תולדה של חוויית האמונה של יוסף. תודעת האמונה של יוסף בולטת מאוד. כבר בפותרו את חלומות שר המשקים והאופים יוסף מזכיר בשם ה' ואומר: "הֲלוֹא לֵאלֹהִים פִּתְרֹנִים סַפְּרוּ נָא לִי". ולפרעה הוא מציע גם כן בלשון דומה "וַיַּעַן יוֹסֵף אֶת פַּרְעֹה לֵאמֹר בִּלְעָדָי אֱלֹהִים יַעֲנֶה אֶת שְׁלוֹם פַּרְעֹה". גם בקריאת שמות שני הבנים הקב"ה נזכר כמי שעומד מאחורי גלגוליו ומניע את חייו. הוא זה ש"נשני" והוא זה ש"הפרני". המשפטים הללו מבטאים את העובדה שיוסף חש שהקב"ה הוא המוליך אותו. כיוון שכך, אין הוא מובטח שה' יעזור לו דווקא כאן ועכשיו כאשר הוא עומד לפתור את חלום פרעה. אך גם ברור ליוסף, כאשר הצליח, שיד ה' בדבר.

את התודעה הזו של יוסף בין "לא-לוהים הפתרונים" לבין "הפרני א-לוהים" ניתן לתרגם לחוויה נפשית, ולהבינה באמצעות דברי הרב יוסף דוב הלוי סולובייצ'יק:

האדם המאמין, אשר חוויתו הדתית עמוסה מאבקים פנימיים וסתירות, הפוסח על שתי הסעיפים, בין דביקות בא-לוקים ובין ייאוש. שעה שחש

כי נעזב על ידי הא-לוקים, ואשר משוסע בגלל הניגוד המובלט בין הערכה עצמית ובין התבטלות – תפקידו קשה היה מאז ימי אברהם אבינו ומשה רבינו (איש האמונה הבודד, ירושלים תשנ"ב, עמ' 9).

האמונה היא גורם מטלטל. אדם המאמין באמת בא־לוהים קונו ויוצרו, יש בתודעתו תלות מוחלטת מתמדת. אדם כזה אינו יכול לעשות מעשה קל שבקלים מבלי לדעת שהצלחת המעשה תלויה ברצון ה'. הוא פותח את פיו לומר איזה רעיון ויודע שבלעדי ה' והנהונו, דבריו לא יישמעו. החיים של האדם המאמין מדודים ומדויקים. הם חיים של צעידה יד ביד. מידי פעם הוא לוחץ קצת כדי להיות בטוח שהיד עוד שם. לפעמים היד לוחצת מלמעלה וזו האות שצריך ללחוץ חזרה.

לחיים כאלה יש כל העת משמעות כפולה. מצד אחד, הם מלאים חיבוטים, תסכולים ונפילות: האדם מחפש כל העת את היד האוחזת. אם היא שם, הוא ממשיך ללכת. אם היא לא שם, כנראה אינו ראוי לה. אולי אבדה הדרך. תרגום התחושות להכרה הוא בשאלה הקיומית המטרידה מה ה' חושב עליך. האם הוא מרוצה. האם יש לו סיבה להמשיך ללוות אותך בדרכך הארוכה. האם יסייע בידך, או שמא יתייאש ממך. ההערכה העצמית מותנית כל הזמן ברצון ה'. וזו נועדה למפלה ולמפח עם כל חשש מעידה.

מצד שני, כל הדיון הפנימי הזה יש בו הכרה שאינה משתמעת לשתי פנים בפוטנציאל הטמון בו, באדם זה. כשהוא מרים את הראש ומסתכל לאחור הוא יודע בוודאות שמישהו מאמין בו. המבט הרחב והפרספקטיבה נוסכים בו תחושת בטחון וודאות. תחושת בטחון זו אינה מבטלת את ההכרח של להיות תמים עם ה'. של המבחן המתמיד והסערה הפנימית. רק למביט מן החוץ נדמה שיש סתירה פנימית בין שני העניינים. בין האמונה ובין הביטחון. בין ההכרה בערך לבין ביטול מוחלט וייאוש.

הסיפור הזה מצוי ומקופל בין דפי הפרשות שלנו. סיפור של אדם שכל כולו אמונה וכל כולו ביטחון. שספינתו מיטלטלת על הגלים המטאפיזיים הללו. המודד את חייו מנקודת מבט חיצונית למאורעות במציאות. שסיבתם אינה הסיבה הנראית לעין של חולין. מתוך מודעות עצמית גבוהה למתרחש ולמתרחש בנפשו.

בכיו של יוסף בסוף הפרשה, עם ההתוודעות לאחים, מקפל בתוכו גם את כל זה. את עוצמת הצער והסבל עם עוצמת ההבנה שהכול מה', את ההחמצה אך גם השגב, את הגעגועים אך גם את התודה.

בליעה

בליעת השיבולים או הפרות הבריאות על ידי השיבולים או הפרות הדקות והרעות היא פרט מרכזי בחלומותיו של פרעה. הפירוש של מעשה הבליעה לדברי יוסף הוא "וְנִשְׁכַּח כָּל הַשָּׂבָע בְּאֶרֶץ מִצְרָיִם וְכִלָּה הָרָעָב אֶת הָאָרֶץ" (מ"א, ל). נדמה כי שיבולים הבולעות שיבולים הן עיקר הרמז לכיוון זה של פתרון. פרות הבולעות פרות הוא עניין שהדמיון מאפשר, אך שיבולים אינן בולעות אפילו בדמיון. על כן, ברור כי מדובר במטאפורה. אם השיבולים הבריאות מסמלות שנות שובע והשיבולים הרזות הן סמל לבצורת ורעב, הרי שהיבלעות של אלו באלו מסמלת את עוצמת הרעב ומשמעותו ששריד לא ישאר מכל שנות השפע. שנים טובות המופיעות ברצף יוצרות אשליה של רווחה ושל שאננות וגוררות בזבוז וראוותנות. גם אם הן אינן מסתיימות בשנות ריקנות מוחלטת קשה להניח שיישארו מהן חסכונות מרובים. אך כאן, מתוארת בליעה של רזות את הבריאות והמשמעות היא שהסיבה לכך שלא יישאר שריד משנות השפע אינה תלויה בשנות השפע אלא דווקא באופיו של השפל. השכחה באה בזכות החרפה האיומה של כילוי כל חלקה טובה, אובדן התשתיות החקלאיות ומצוקת אובדן התנובה והצמיחה המתמדת והנצרכת לקיום. מתוך העוני המוחלט הזה תיזכרנה השנים הטובות כחלום רחוק ולא כמציאות. אדם לא יזכור את טעמה הדשן של הרווחה הכלכלית.

הכלי יקר מוסיף ומדייק מן הבליעה עד כמה איומות תהיינה שנות הרעב הצפויות, וכי אין מדובר במציאות סובייקטיבית, שביחס לשנות השובע שקדמו לה אפשר לכנות אותה "רעב". העובדה שהשובע נשכח ונמחה זכרו לחלוטין מעידה על שנים של מצוקה גדולה וחוסר כול, באופן אובייקטיבי ומוחלט. אין מדובר ברעב בהשוואה לשובע, אלא ברעב מוחלט, מדכא ואינסופי.

המהר"ל סבור שהבליעה אינה מורה על עוצמת הרעב ועל שכחת הזמן הטוב. אלא דווקא להפך. לדבריו, הבליעה היא הפתרון, הטמון כבר בחלום עצמו: על מנת לחמוק מן הגורל האכזר יהיה צריך להבליע את השנים הטובות בשנים הרעות. הפתרון הוא לחסוך בשיבולים ולאפסנן כדי לאפשר חיים בשבע השנים הבאות אחריהן. לדבריו של המהר"ל, פירוש זה הוא מוכרח תיאולוגית: הכיצד זה יכול יוסף להציע דרך פתרון שאיננה כלולה בחלום? הרי תהיה זו עזות גם כלפי שמיא, ושמא גם הפתרון לא יצלח אל מול הגזרה, וגם מסיבה פוליטית, מכוח מחויבותו כלפי פרעה לפירוש החלום (גור אריה, בראשית מ"א, ד).

שתי הגישות, הגישה האפלה והקשה המוצגת בפי הכלי יקר וזו של המהר"ל הקושרת תקווה, יש בהן מן המשותף: שתיהן מזהות את נקודת הפליאה שבחלום, את הנתון הבלתי מתבקש שבו. ובעוד שהכלי יקר רואה בנקודה זו את נקודת השפל העמוקה ביותר, המהר"ל רואה בו את נקודת התקווה והאור. המקום שבו אדם מגיב בהפתעה, הוא המקום שבו מתגלה הקב"ה מציץ מן החרכים. המצבים שמעל לטבע הטוב או הרע הקיצוניים הם תמיד רמז להופעת ה' בעולם.

פרשנות המדרש הלכה בכיוון שונה:

> והנה מן היאור, בשעה שהשנים יפות הבריות נעשין אחין אלו לאלו, ותרעינה באחו, אהבה ואחוה בעולם...
> א"ר אחא... והנה שבע שבלים דקות וגו', בשעה שהשנים רעות גופן של בריות מעלה חטטין (בראשית רבה, פט).

המדרש מעביר את הדיון למישור חדש, מטאפורי, שבמרכזו עומדת שאלת האווירה הציבורית הנולדת מתוך הרזון לעומת זו הנולדת מן השובע. שעה שיש שובע בעולם, כולם רועים באחו. אנשים מדושני עונג שמחים ועליזים ומצהילים פנים זה לזה. שנות הרעב מצמקות לא רק את הקיבה אלא גם את שמחת החיים והן מצננות את מערכות היחסים בין בני האדם, אנשים מצמיחים קוצים. אנשים רעבים בולעים זה את זה. האחר הופך שקוף לחלוטין ורק הבטן המקרקרת האישית הפרטית היא טבורו של העולם.

אבל המדרש מכוון לנקודה נוספת, חשובה יותר. במצב של חסר כלכלי, כשעוגת המשאבים קטנה, האחר נתפס כאיום. בזמן כזה מתחדדים ההבדלים בין בני האדם ורב המפלג על המאחד. ה'אחר' הופך לדמות דמונית, כזו שגם אם היא שיבולת דקה היא מסוגלת לבלוע אותך ומאיימת לעשות כן. הסטריאוטיפ של הזר העויין מתנפח לממדים חסרי פרופורציה המאיימים לכלות את טיפת החן האחרונה ואת צלם האנוש של מי שחש מאוים.

לפי המדרש, האדם ולא הקב"ה מחוללים את הבלתי צפוי והניסי במבטם, בהכרעותיהם ובחירותיהם.

בחנוכה, אנו חוגגים גם את ניצחון המעטים על הרבים. מן הניצחון הזה ניתן להפיק תובנה נוספת. עם ישראל, הדק בשיבולים, בסופו של דבר ינחל את שפע מצרים ואת שפע החזקים והשבעים ממנו לאורך הדורות. כי החסר והרעב יש בהם מה שאין במלא ובבריא, יש בהם החסר, ההיעדר

והשבר, ואלו מכוננים מלאות מסוג אחר. מלאות של כמיהה, של שאיפה לטוב ושל רגישות ופתיחות.

חיפוש

"וַיְחַפֵּשׂ בַּגָּדוֹל הֵחֵל וּבַקָּטֹן כִּלָּה וַיִּמָּצֵא הַגָּבִיעַ בְּאַמְתַּחַת בִּנְיָמִן".

חיפוש הגביע, שלבסוף נמצא באמתחת בנימין, הוא חיפוש מבוים שתוצאותיו ידועות מראש. המחביא והמחפש הוא גם המוצא. החיפוש הזה נערך על ידי הסמכות השלטונית, תוך שימוש בכוח ותוך כדי פגיעה בזכותם של האנשים לפרטיות ולכבוד. במקרה הזה מטרת החיפוש היא הפללתו של בנימין והוא תוכנן כך במחשבה זדונית ומכוונת.

התנ"ך מכיר גם חיפושים אחרים. החיפוש של לבן אחר התרפים שאבדו לו הוא חיפוש של חסר. גם שאול מחפש אתונות ומוצא את המלוכה. מן הסיפור מתברר שלפעמים אדם מחפש הוא דווקא אדם שפתוח לשינוי באשר לזהות החפץ או הדבר שישלים את מבוקשו ואת חסרונו. לעיתים המחפש איננו יודע מה הוא באמת מחפש.

כיום "חיפוש" הוא מה שעושים בגוגל. החיפוש הזה כולל הקלדה של מילות מפתח וניסיון לדוג מבין שלל התוצאות את זו שמשביעה את רצון המחפש. ככל שהחיפוש יותר מדויק, כך התוצאות תתאמנה יותר לצורך. הבעיה בדרך אל המציאה היא בהגדרת הצורך של המחפש. במקרה הזה לפעמים לומדים חיפוש מחיפוש.

החיפוש שבפרשתנו, אף שהוא מעושה, משמש כאבטיפוס לחיפוש במובן אחר לגמרי:

המשנה במסכת פסחים נפתחת בחיוב בדיקת חמץ לאור הנר בליל י"ד בניסן. הגמרא נותנת טעם לחובה לחפש חמץ באמצעות נרות:

> אמר רב חסדא: למדנו מציאה ממציאה, ומציאה מחיפוש, וחיפוש מחיפוש, וחיפוש מנרות, ונרות מנר.

רב חסדא משרשר את הרעיון של חיפוש חמץ באמצעות נר ממציאה ומחיפוש לנרות ולנר. זאת, על בסיס פסוקים שהוא קיבץ העוסקים או מזכירים את המושגים הללו:

מציאה ממציאה – כתיב הכא שבעת ימים שאר לא ימצא בבתיכם,
וכתיב התם ויחפש בגדול החל ובקטן כלה וימצא.
ומציאה מחיפוש דידיה (=מהחיפוש הנזכר באותו פסוק)
וחיפוש מנרות – דכתיב בעת ההיא אחפש את ירושלים בנרות,
ונרות מנר, דכתיב נר ה' נשמת אדם חפש כל חדרי בטן (פסחים ז ע"ב).

במבט ראשון נראית הדרשה של רב חסדא תמוהה ומסורבלת. מה הקשר בין איסור "לא יימצא" של איסור חמץ לחיפוש הגביע באמתחת בנימין ומציאתו שם? נראה שהדרשן קישר בין הדברים משום שהוא חותר לבאר את מושג החיפוש של החמץ בדרך שונה מהמקובל. מקובל לחשוב שאנו מחפשים חמץ ממשי, בגודל מסוים, כדי לבערו. כאן מתברר שבדיקת חמץ איננה רק בדיקה שלילית, שתפקידה לוודא שאין חמץ, אלא יש לה מטרה נוספת, הדומה בעומקה לחיפוש הגביע באמתחת בנימין.

על חיפוש הגביע ניתן ללמוד מן הנרות שעליהם הקב"ה אמר "אֲחַפֵּשׂ אֶת יְרוּשָׁלַיִם" (צפניה א', יב). הנושא בפסוק הזה הוא חיפוש אחר פשעי ירושלים, הקב"ה בודק אחריהם לאור הנרות. והנרות הם הנר – הוא נשמת האדם (משלי כ', כז). שם בעמקי הנשמה נמצא נרו של הקב"ה – אור של טהרה ונקיות. כדי למצוא את הנר הזה על האדם להיות נקי, בלי גביע זר בין כליו.

בעזרת הקישור בין חיפוש החמץ ובין חיפוש הגביע, מבאר רב חסדא לא רק את עניין חיפוש החמץ שהוא ניקוי פנימי אלא גם את סיפורו של יוסף. חיפוש הגביע אינו חיפוש אחר רכוש. מטרתו החיפוש עצמו, הפשפוש בכליהם של האחים. לתמונת החיפוש הזו ישנו מסר: יוסף מבקש להזכיר לאחים היכן נמצאת הנקודה שאליה הם צריכים לתת את ליבם, על מנת שיערכו בירור עם עצמם כיצד נלכדו בטומאת מצרים, וכדי להזכיר להם שהתקווה לטוב אינה מצויה בשיבולים שאותם יביאו בכליהם, אלא בהתכווננות המחודשת לטוב. עליהם להתפנות לעיסוק בשבר המשפחתי שעברו ובגורמים לו.

מתברר שחיפוש הוא תמיד רק תחילת הדרך, ושפעמים רבות אדם מחפש משהו מסוים, כשאינו מבין שהוא מחפש אחר דבר אחר. החיפוש אמור להוביל לחיפוש ואותו חיפוש יוביל לחיפוש. ובסוף, בסוף הדרך, ממתינה הנקודה הגרעינית הפנימית שאליה חותר כל אדם "מחפש". זוהי הנקודה שבה נמצא הנר, המהבהב ומאיר מן הפנים חוצה.

התוכנית הגדולה

פשר חלומותיו של פרעה עומד כנקודת המהפך של סיפור יוסף, זהו הרגע שבו הופך יוסף מאסיר לנסיך ולמשנה למלך על כל מצרים ובעתיד השליט הבלתי מעורער של כל הסביבה הקרובה.

על פי המסופר, פרעה אינו פונה ישירות ליוסף, שאותו אינו מכיר כלל. הוא פונה בתחילה לכל חכמי מצרים. אין תיעוד מפורש על השיח שהתנהל בין חכמי מצרים ופרעה. אנו מקבלים רק את הסיכום – פרעה אינו מקבל את פתרון החלומות המיוחל וממשיך לתור אחר פותר חלומות שידייק יותר את פתרון החלומות. חז״ל משלימים עבורנו את החסר ומציגים את הפתרונות שנדחו על ידי פרעה.

הפרות הרזות והשמנות, כך אמרו חכמי מצרים, משמען שבע בנות אתה מוליד ושבע בנות אתה קובר. ואילו חלום השיבולים מעיד ששבע מדינות אתה כובש ושבע מדינות מצליחות לפרוק את עולך. במבט ראשון לא ברור מדוע אלו הפתרונות שהציעו חכמי מצרים או שהציעו חז״ל בשמם. גם לא מסופר לנו מדוע דחה פרעה את הפתרונות הללו ומדוע קיבל את אלו של יוסף, במה יתרון פתרונותיו של זה? אומנם, חלק מן הפרשנים טענו שפרעה חלם גם את הפתרונות ושכחם. וכשיוסף הציג בפניו את הפתרון מיד נזכר פרעה ונוכח באמיתות דבריו. אך ייתכן שהצעה זו אינה מוכרחת.

נעיין בשני קובצי הפתרונות – אלו של יוסף ואלו של חכמי מצרים. המכנה המשותף של כלל הפתרונות, גם אלו של יוסף, הוא שעומדים להתרחש שני תהליכים הפוכים. תהליך טוב יופיע ראשון והיפוכו הרע בהמשך. ועוד ברור כי המספר שבע הוא חלק מן החלום וכי הוא מעיד על ריבוי הטוב והשפע וריבוי הרע והשפל שיבוא בעקבותיו. מכנה משותף נוסף לפתרונותיהם של יוסף ושל חכמי מצרים קשור לרובד המשמעות של החלום. הבנות שיוליד פרעה הן ביטוי לפוריות והתפתחות. והמדינות שיכבוש אף הן ביטוי לשגשוג כלכלי והגדלת האימפריה. אם כן, הפתרונות לא היו רחוקים אלו מאלו. אולם בזה תמו נקודות ההשקה ביניהם.

יוסף מבין ששני החלומות – חלום אחד הם, בעוד חכמי מצרים התייחסו אל החלומות כאל שני חלומות נפרדים, האחד מבשר על הולדת בנות, על צמיחה אישית ופרטית ועל קמילה שתבוא בעקבותיה, והשני מבשר על כיבוש ושליטה, על צמיחה מדינית ופוליטית ועל הצטמקות לממדים הראשוניים לאחר מכן. מכאן ברור מדוע פרעה לא קיבל את הפתרונות הללו.

שהרי מסופר שפרעה הוטרד מפני "הישנות החלום". אם כן, פרעה הבין בחוש שמדובר בשני מופעים של חלום אחד ושני החלומות מבשרים לפרעה על אותו עניין שעתיד להתרחש ולשנות את עתידו. רק יוסף הבין שהפוריות והשגשוג הם כלכליים והם שיובילו לשליטה ולהתפשטות הממלכה. שחלום אחד מפרש את השני, ושיש קשר של סיבה ותוצאה בין השניים.

בנוסף, חכמי מצרים הציעו פתרונות שאין לאדם שליטה עליהם. אם בנות תיוולדנה ואחר כך תמותנה אין עצה ואין תבונה. וכן, כיבוש ארצות רבות הוא מתכון למרד ולמפלה בהמשך. שאיפת העמים לחירות אינה תקווה שניתן לפוגג על ידי כיבוש. על כן, הפתרונות שהציעו חכמי מצרים לחלומות פרעה לא היו יכולים להיות הפתרונות ה"נכונים" שכן הכתוב מעיד שהחלומות גרמו לפרעה לדפיקות לב "וַתִּפָּעֶם רוחו". חלק מפיענוח החלום היה ההבנה שיש לעשות, שיש לקום ולפעול. החלומות לפי חכמי מצרים נאמנים ומטפחים את ההשקפה שהגורל שולט באדם, ואילו פתרונו של יוסף מעיד על כוח הבחירה של האדם ועל יכולתו לשעבד את הטבע לטובתו ולצרכיו. הפתרונות שונים מפני שהשקפת העולם של הפותרים שונה. לימים, חכמי מצרים יעשו בלהטיהם בדיוק מה שמשה יעשה בלהטיו. הם יחשבו שחיקו את משה ומכאן שהם יכולים לו. אולם גם אז ההבדל הוא בין היוזם, הנוטל לידיו את הטבע וכוחותיו, לבין מי שנענה לכך. בין מי שמוביל למי שמגיב. יוסף אינו סתם פותר חלומות, הוא מנהיג, הוא מביא אתו בשורה חדשה. חיים של ניצחון הרוח על החומר. בעולמו של יוסף טוב ורע הם מושגים תפלים הנובעים מראייה צרה שאינה מתנשאת מעל לפרטים. יוסף מביא לעולם את היכולת לראות מעל לפרטים את הנצנוץ הא־לוהי, את התוכנית הגדולה, את הראייה ההיסטורית הרחבה.

פרשת ויגש

אהבה עזה כמוות

נצח חלף עד שיעקב קיבל את הבשורה כי "עוֹד יוֹסֵף חַי".

> וַיַּגִּדוּ לוֹ לֵאמֹר עוֹד יוֹסֵף חַי וְכִי הוּא מֹשֵׁל בְּכָל אֶרֶץ מִצְרָיִם
> וַיָּפָג לִבּוֹ כִּי לֹא הֶאֱמִין לָהֶם (בראשית מ"ה, כו).

ולאחר מכן:

> וַיְדַבְּרוּ אֵלָיו אֵת כָּל דִּבְרֵי יוֹסֵף אֲשֶׁר דִּבֶּר אֲלֵהֶם
> וַיַּרְא אֶת הָעֲגָלוֹת אֲשֶׁר שָׁלַח יוֹסֵף לָשֵׂאת אֹתוֹ
> וַתְּחִי רוּחַ יַעֲקֹב אֲבִיהֶם (שם, כז).

בתחילה "פג ליבו" כי לא האמין ולאחר מכן חייתה רוחו, הוא מתאושש ומצליח לדבר: "רַב עוֹד יוֹסֵף בְּנִי חָי אֵלְכָה וְאֶרְאֶנּוּ בְּטֶרֶם אָמוּת". די להרבות בשבחו ובמעלליו, העיקר שהוא עדיין חי. הניחו לי לפגשו לפני שיהיה מאוחר מדי.

פרשנים שונים ניסו להסביר את המתרחש בליבו של יעקב ואת התהפוכות המהירות והחדות שהוא עובר. במיוחד התעכבו על התגובה הראשונית, מתוארת במילים הקשות "וַיָּפָג לִבּוֹ".

האברבנאל סבור שזו תגובה של צער בשל אי־אמון:

> שנחלש רוחו לפי שלא האמין להם. וזה כי בזכרם ענין יוסף בנו חמודו שכבר נואש ממנו זה כ"ב שנה ואמרם עתה שהיה חי והוא לא האמין נתעוררה אנחתו נהפך לבו בקרבו כי נתחדש לו צער מיתתו ויפג ונחלש לבו על העדרו ומותו כאלו אז מת כי לא האמין להם שהיה חי (אברבנאל שם).

אברבנאל מתאר כאן התחדשות של צער, תחושה המוכרת לאנשים שאבלים על אדם קרוב להם ועל אהבתו החסרה. הזכרת שמו ומעשיו מעוררת מחדש את תעצומות הכאב.

על פי רש"י והרשב"ם יעקב מגיב לחדשה המסעירה בדחייה ובהדחקה: "החליף לבו לומר: אין זו אמת", "נחלף לבו והלך מלהאמין". לפי פירושים אלו מדובר בניסיון להדוף את הבשורה הלא צפויה כדי לתת לה זמן לשקוע בנפש. הקושי לעמוד מול שינוי חד במציאות מחייב דחייה של הרגע. "כי לא האמין" זהה לתגובה המוכרת לנו של "לא יכול להיות". המקבילה הנלעגת להלך הנפש המתואר מצויה בתשדירי הפרסום של מפעל הפיס כתגובה לשיחה מאראלה:"מה?", "את רצינית?", או בביטוי "אני לא קולטת" שנאמר שוב ושוב אחרי שמיעת בשורה טובה.

לפי הרמב"ן, מדובר בתגובה פיזיולוגית לשינוי קיצוני בתודעה, שינוי שאדם אינו יכול לסבול:

> וגם זה, ויפג לבו, שנתבטל לבו ופסקה נשימתו, כי פסקה תנועת הלב והיה כמת. וזה הענין ידוע בבוא השמחה פתאום, והוזכר בספרי הרפואות כי לא יסבלו זה הזקנים וחלושי הכח, שיתעלפו רבים מהם בבוא להם שמחה בפתע פתאום, כי יהיה הלב נרחב ונפתח פתאום, והחום התולדי יוצא ומתפזר בחיצוני הגוף ויאפס הלב בהתקררו.

על פי הרמב"ן, ליבו של יעקב עמד לרגע מלכת. "ויפג לבו כל זמן שאדם חי דופק לבו בקרבו, ובשעה שאמרו לו יוסף חי וידם לבו ולא דפק כי נבהל" (אבן עזרא לחבקוק א', ד). בגמרא מסופר על רבי חנניה בן חכינאי שהופיע בפתאומיות לפני אשתו לאחר היעדרות של שנים עשר שנה כי שקע באוהלה של תורה בבית מדרשו של רב. כשרצה לשוב לביתו התקשה למצוא את הדרך. בעודו יושב בצומת דרכים שמע שקוראים לבת חכינאי לחזור הביתה. הוא זיהה מיד את בתו והלך אחריה עד לביתו. אשתו שישבה בחוץ וניפתה

קמה הרימה את עיניה וכשראתה אותו פרח רוחה ומתה. "אמר לפניו: רבש"ע, ענייה זו זה שכרה? בעא רחמי עלה וחייה" (כתובות סב ע"ב). הסיפור הזה, שחייב את רבי חנניה להתפלל על תחיית המתים כדי להחיות את אשתו המתה, מתאר את הסכנה הממשית שיש לגוף כשלפתע מופיע לפניו קרובו ה"מת". פחד ובהלה והפוגת הלב הם תופעות פיזיולוגיות שבקיצוניותן עלולות להביא עד שערי מוות. זו גם הסיבה שבדרך כלל נהוג לבשר בשורות בהדרגה (וראו: אלשיך, בראשית מ"ה, כו).

הפוסקים הרבו לעסוק באפשרות שיעקב בעצם מת לרגע עם שמיעת הבשורה הטובה. פרשה זו של 'ויפג לבו' שימשה כר ומצע לדיון בשאלות הלכתיות ביחס למושתלי לב או ביחס למי שעבר ניתוח לב פתוח. כאלה שליבם מוצא מקרבם לרגעים או מנותק ממערכת הדם. מה גדרם, האם הם נחשבים למתים שקמו לתחייה או שלמרות העלפון הרגעי ודום הלב לא מתו כיעקב שהתעשת והמשיך לחיות. שאלת המוות-לרגע היא בעלת משמעות בדיון על הנשים הנשואות לגברים כאלה והשאלה האם הן עדיין נשואות להם או שמא הקידושין פקעו במותם הרגעי, ועוד כהנה וכהנה (שו"ת ציץ אליעזר חט"ז, סי' סד).

מבחינתנו, המוות הרגעי הזה מספר משהו על אהבה וכמיהה. המימוש של הטוב הנשגב נכרך בסוג של מיתה. אנשים שעברו אירוע משמח במיוחד מדווחים לעיתים על מחיקת הזיכרון מאותם רגעים, ועל מצב של ריחוף בחלל ואובדן הקשר לחיים ולמציאות. הדבקות באדם אהוב יוצרת בועה שהיא בספירה שמעל החיים. ובמובן מסוים היא מדמה את הקשר של כל אדם לבוראו, קשר שיש בו צד ממית המבטל את הגוף וחיותו.

"שִׂימֵנִי כַחוֹתָם עַל לִבֶּךָ כַּחוֹתָם עַל זְרוֹעֶךָ כִּי עַזָּה כַמָּוֶת אַהֲבָה" (שיר השירים ח', ו).

העיסקה של יוסף

התנהלותו של יוסף כשר האוצר של מצרים איננה מבוססת על ערכים הומניים ומוסריים. יוסף קונה את כל רכוש האזרחים בתמורה ללחם. והוא מעניק להם את הזכות לחיים בתמורה לחירותם הכלכלית. בסוף התהליך נותרים כל אזרחי מצרים מחוסרי כול ותלויים לחלוטין בהכרעות הממלכה. לאחר שכל שדותיהם נגבו בחובם הם גם מועברים אל הערים ואינם יושבים עוד

באחוזתם. בסופו של דבר מציע יוסף לאזרחי מצרים לעבוד את אדמת המלך ובלבד שחמישית מן התבואה תועבר לאוצר המלך ובשאר יתפרנסו כאריסים באדמות ללא זכויות קניין בהן.

והנה, הפרשנים דווקא הדגישו את הצדדים המוסריים וההגונים בהסדר שהציע יוסף. לפי המדרש יכול היה יוסף לקנות את האדמות לצרכיו הפרטיים והוא נמנע מכך: "ואעפ"כ לא קנה אותם לצרכו כי אם לפרעה" (שכל טוב מז). הרמב"ן מדגיש שיוסף לא קנה גם את האזרחים עצמם לעבדים אלא הותיר אותם בני חורין (רמב"ן מ"ז, יט). הדגשתו של הרמב"ן – קשה למצוא לה סימוכין חד משמעיים בתוך הפסוקים. אומנם מצד אחד נאמר "וַיִּקֶן יוֹסֵף אֶת כָּל אַדְמַת מִצְרַיִם" (כ), ולא נזכר שקנה גם את האנשים לעבדים. אולם בפסוק אחר מצוין שיוסף טוען מול הנתינים: "הֵן קָנִיתִי אֶתְכֶם הַיּוֹם וְאֶת אַדְמַתְכֶם לְפַרְעֹה" (כג). עוד מוסיף הרמב"ן שהסדר החלוקה של התנובה הוא נדיב ביותר. יוסף יכול היה לתת לפועלים את חמישית השכר ולקחת לאוצר המלך סכומים גבוהים בהרבה (רמב"ן שם). אך גם כאן, לא ברור מה היה גובה ההוצאות של הפועלים, מה היה גובה הרווחים ולפיכך אין לדעת עד כמה ההצעה הייתה נדיבה. כך או כך, לא היה שוויון בין הצדדים לעיסקה ולא היה מי שיגן על זכויות הפועלים אשר נאלצו על כורחם להיכנס לעיסקה הנתונה, תוך ניצול עמדתם הנחותה והנזקקת. הרש"ר הירש אף הוא מוסיף נקודת אור בהנהגת יוסף. לדבריו, ההגירה הכפויה היה בה צד חסד, שכן יוסף פינה חברות שלמות כצורתן לערים. לכל הפחות דאג יוסף שהקשר הקהילתי ישמר. כך בלם זעזוע גדול יותר ונמנעו צרות שונות שישנן בחברות מהגרים (פירוש הרש"ר הירש לבראשית מ"ז, כא).

הניסיון החוזר של המפרשים והמדרשים להצביע על נקודות האור במעשיו של יוסף ובדרכי פעולתו מחדדות את הקושי שבו. ההסדר שהציע יוסף הוא הסדר קשה ה"מוּנְחַת" על המצרים בידי השליט שאמור לדאוג לביטחונם ולשלומם. הוא נקבע בידי מי שצפה את האסון אך במקום לגרום לאזרחים לחסוך ולאגור לעצמם, ולו בכפייה כפתרון וכתשובה לאותו אסון, דאג למלא בעזרתו את קופת המדינה. מדובר בהסדר שפוגע בכל זכות יסוד שאנו מכירים בה כיום: זכות הבעלות, הזכות לחיים בכבוד, הזכות לחירות ועוד. השאלה אם יוסף לקח או לא לקח לכיסו רווחים היא שולית. ברור לכולם שיוסף חי חיי רווחה ועושר, וגם אם לא קיבל אחוזים מן התנובה הרי שמשכורתו הייתה גבוהה ביותר, ודאי הגבוהה במשק, והוא זכה בה לכאורה

ביושר, כי העשיר את קופת המדינה והציל את אזרחיה מרעב. אולם קשה להתעלם מכך שהקבוצה היחידה הזוכה להטבות שמחוץ לכל ההסדר הזה הם בני משפחתו הקרובה. אלו קיבלו חלקת ארץ משובחת והם ממשיכים לקבל את פרנסתם על חשבון המדינה כולה.

השלטון היוספי הוא שלטון טוטליטרי ואיננו מהווה מודל ראוי לשום הנהגה. יחד עם זאת, דרכם של הפרשנים השונים כפי שהוצגה כאן מאירה זווית חשובה. הגבול שבין שחיתות שלטונית ובין התנהלות ממולחת הוא גבול דק ביותר. לכל יכולת שלטונית נלווית העוצמה שבאפשרות להיטיב לאחרים ובכך להרוויח טובות הנאה כאלה ואחרות.

נושא טובות ההנאה מטופל בדרכים שונות גם בעולם הלמדני של חז״ל. לכל עמדת כוח יש בסופו של דבר ביטוי ממוני וכלכלי. ישראל אין לו זכות בתרומה שבפירותיו, הוא חייב לתת אותה לכהן. אולם יש לו זכות לבחור מי יהיה הכהן שיקבל את התרומה. בכך צובר האיש הישראלי כוח וסמכות והופך את הכהנים למי שצריכים להילחם ולהתחרות על קבלת התרומה. הכוח הזה עשוי להיות מנוצל ומתורגם גם לכסף ממש. רש״י מבאר שישראל יכול לומר לישראל אחר: ״הילך סלע ותן כל תרומותיך לבן בתי שהוא כהן״ (רש״י, פסחים מו ע״ב, על פי ברייתא בבכורות). אם כן, ישראל יכול לנצל את היותה של התרומה בכיסו על מנת להעשירו, למרות שאין מדובר בכסף שלו, אלא בכסף שמתגלגל באמצעותו הלאה לתעודתו. את הדרך הזו ניתן לשכלל גם מעבר להצעתו של רש״י. ישראל יכול בעצמו ליזום תשלום עבור קבלת התרומה. היתרון הזה של ישראל הוא זכותו והוא מוגדר כ״טובת הנאה״ שיש לו בתרומה. במקום אחר מתואר שרבי יהודה הנשיא שהיה עשיר, פרנס מכיסו רק תלמידי חכמים בשנות רעב. הוא העדיף את קבוצת האליטה על פני עמי הארץ. יחד עם זאת, הסוגיות הללו מדברות כולן על טובות הנאה שיש לאדם בממונו ולא בכספי ציבור (בכורות כו ע״ב).

זו ככל הנראה גם ההצדקה להתנהלותו של יוסף. מצרים מתנהלת כמדינת המלך. התפיסה שהאדמות שייכות למלך היא תפיסה לגיטימית באותו הקשר של זמן מקום. במצב כזה ובתנאים תרבותיים נתונים אלה, שבהם מתנהלים השליטים כמי שכיס המדינה הוא כיסם, נהג יוסף באופן הגון, יחסית.

ועדיין, השאיפה הראויה היא לתרבות שלטונית אחרת. לאותו מצב שעליו מדבר משה לקראת פרישתו ״לֹא חֲמוֹר אֶחָד מֵהֶם נָשָׂאתִי וְלֹא הֲרֵעֹתִי אֶת אַחַד מֵהֶם״ (במדבר ט״ז, טו).

אובדנו של בנימין

הרגע שבו רואה יוסף את בנימין, הוא הרגע ששובר את ליבו וגורם לו להתוודע, סוף סוף, אל אחיו. מפגש זה הינו רגע שיא במשפחת בני יעקב ורגע דרמטי בחיי האומה.

המדרש מנסה להציץ לשיחה בין השניים:

השיחה לפי חז"ל נפתחת בלאקוניות ובהשלמת מידע ופרטים על בנימין:

"וישא עיניו וירא את בנימן אחיו" (בראשית מ"ג, כט)
אמר ר' שמואל בר נחמן,
בשעה שראה יוסף את בנימן, מיד נתקררה דעתו ופתח ואמר: א־להים יחנך בני,
באותה שעה אמר להן: קרבוהו אצלי,
והיה משאיל [שואל] אותו:
בני, כלום אח יש לך?
אמר לו: אח היה לי ואיני יודע להיכן הלך,
אמר לו: יש לך אשה?
אמר לו: יש לי אשה ועשרה בנים.

השאלות הטכניות הללו מתבררות כניסיון של יוסף להתחקות אחר משמעות מכירתו והשפעתה על בנימין. הוא מתעניין לדעת אם בנימין בכלל זוכר ומודע לכך שהיה לו אח גדול ממנו שנעלם. לאחר שהוא מקבל תשובה חיובית, הוא מברר – כנראה מתוך סקרנות, מהו מצבו המשפחתי ומגלה שאחיו הצעיר כבר נשוי ואב לעשרה בנים. בשלב הבא הוא מברר מה שמם של אותם בנים:

אמר לו מה שמן?
אמר לו בלע ובכר ואשבל וגו'.

המדרש אינו מסתפק במידע האינפורמטיבי הזה, שמן הסתם בנימין מספק ליוסף. ההפתעה שנכונה ליוסף לפי המדרש – גדולה. שמות בניו של בנימין

חושפים שבנימין לא רק היה מודע להיעדרו של יוסף, אלא שזו הייתה החוויה המכוננת של חייו. שמות בניו מדברים בעד עצמם ומספרים שהטרגדיה של בנימין התעצמה עם כל שמחה ושמחה בחייו. כל ילד שנולד היה עוד הזדמנות להנציח את האח שאבד:

בלע שנתבלע ממני,
ובכר שהיה בכור,
ואשבל שנשבה ממני,
גרא שנעשה כגר בארץ אחרת,
נעמן שהיו מעשיו נאים ונעימים,
אחי שהיה אחי וודאי,
וראש שהיה לי ראש,
מפים שהיה יפה עד מאד בכל דבר,
וחפים שלא ראה בחופתי ואני לא ראיתי בחופתו,
ארד שהיה כוורד שושנים (בראשית רבה, צג).

שמות בניו של בנימין מהדהדים, בזה אחר זה, את היעדרו של יוסף. תוספת זו של המדרש מסבירה גם מדוע המפגש הזה הוא נקודת השבר של יוסף, הנקודה שבה הוא אינו מתאפק יותר.

עיון ברשימה ובמדרשי השמות מדייק גם את תהליך האבל של בנימין על יוסף ולא רק את עצם הגעגוע ועומק הכאב. לבנו הבכור בנימין קורא בלע, השם מבטא את תחושתו שאחיו פשוט נבלע באדמה, נעלם יום אחד ואיננו. הפתאומיות, חוסר ההכנה להיעדר הזה הוא החוויה הראשונה שבנימין נושא בליבו. החלל שנפער מקבל פנים נוספות בהמשך: הבנת החסר של האח הבכור המוביל והמודל לחיקוי – בכר. הכעס שבא בעקבות השלילה הלא הוגנת הזו של האח מובע בשם אשבל – נשבה ממני. האמירה ברורה – חלק ממני נלקח ואחר כך גם נכלא בעמקי התודעה. השמות הבאים מתארים את הגעגועים והחמלה שבנימין מגלה כלפי יוסף, כאשר משתקפת בהם העובדה שכאן הוא מתפנה מן ההלם הראשוני והשקיעה בעצמי, והוא מצליח לראות גם את "יוסף שבסיפור" את הסבל של יוסף שנעשה גר בארץ אחרת. בהמשך הוא מביא לביטוי לא רק את הבור שנפער ואת הריקנות אלא גם את המהות שאיננה, את דמותו של יוסף כשלעצמה:

אחי וראש ומופים, וארד. אח – כפשוטו, אח כמודל להזדהות. וגם הצער על אותו בחור יפה תואר ואציל שכבר איננו. אז גם מגיע הביטוי המחודש של ההיעדר הנוכח, שאין בו התרפקות על העבר אלא הבנת פניו החדשות של החיסרון: לא ראה בחופתי ואני לא ראיתי בחופתו. הפירוד הפיזי הביא לפירוד רגשי. יוסף נעדר מן הרגעים המשמעותיים של חיי אחיו, וגם מחיי היום־יום. זהו הפסד שלא ניתן לפצות עליו.

להסבר השמות והקשר שלהם ליוסף מובאת במדרש דעה נוספת שגם לפיה שמות בניו של בנימין מבטאים את הגעגוע ליוסף. אך לפי דעה זו בנימין אינו חווה את היעדרו של יוסף באופן ישיר, וייתכן שכלל אינו זוכר אותו. את היעדרו של האח חווה בנימין דרך החיסרון והאבל של אביו: אשבל, שנשבה מאביו והלך לו. נעמן – שהיה נעים לאביו ולאמו וכו׳. תיאור מרוחק כזה של אבל משני הוא אולי אפילו יותר מכמיר לב. אדם שאיננו יודע מה חסר לו ורק מקבל תמונות וקטעי זיכרונות, ומדמיין את דמותו של אותו אח עלום ונאהב שאבד ממנו.

> באותה שעה נכמרו רחמיו של יוסף, שנאמר וימהר יוסף כי נכמרו רחמיו (שם).

וישנו פרט נוסף שהמדרש אינו מציין במפורש אך הוא משלים את התיאור שבו. בנימין בולט בריבוי בנים ביחס לאחיו ולמקובל ביניהם. הסיבה לכך לא נאמרת כאן מפורשות אך שמא המניע לילודה המרובה הוא חיסרון גדל והולך שאינו מוצא מזור, רצון לייצר חיים במקום שבו נתגלה חלל, כוח חיים חזק המעורר בעוצמה את האשליה האנושית שהפיצוי לאובדן חיים הוא עוד ועוד חיים. ועוד יותר את השאלה מהם חיים.

הַעוֹד אָבִי חָי?
עוֹד יוֹסֵף חָי!
רַב עוֹד יוֹסֵף בְּנִי חָי!

כי עבדך ערב את הנער

העירבון שנתן יהודה לאביו במטרה לשכנע אותו שיגן על בנימין (״אָנֹכִי

אֶעֶרְבֶנּוּ מִיָּדִי תְּבַקְשֶׁנּוּ") מתממש בפרשה שלנו. המימוש הזה מאפשר להבין את מהותו של העירבון הזה ואת היתרון שלו על פני הצעת ראובן שנדחתה ("אֶת שְׁנֵי בָנַי תָּמִית").

בגמרא במסכת בבא בתרא קובע רב הונא שאת השעבוד של הערב להלוואה לומדים מיהודה שאמר "אָנֹכִי אֶעֶרְבֶנּוּ מִיָּדִי תְּבַקְשֶׁנּוּ". לולא הלימוד מיהודה לא היה מקום לחייב את הערב, שהרי הוא אינו זוכה בהלוואה והוא ניטרלי לחלוטין, וקשה למצוא הצדקה לחייבו לשלם חוב של אחר שלא נהנה ממנו כלל (קעג ע"ב).

באותה סוגיה מפקפק רב חסדא באפשרות ללמוד מיהודה שערבות מחייבת את הערב. לדבריו, יהודה כ"ערב קבלן" היה כתובת ראשונה לגביית הערבות על בנימין, ומהותית, ההסדר שעשה עם אביו שונה במהותו ודומה יותר להלוואה מאשר לעירבון: האחים מבקשים להוריד את בנימין למצרים כדי שיוכלו לשבור להם מזון, ולשם כך יהודה "לווה" את בנימין מיעקב ומבטיח להשיבו.

רב חסדא בגמרא טרוד בשאלה מהו הבסיס לתוקף התחייבותם של הערבים בעסקת ממון קלאסית. אבל אנו, העסוקים בסיפור יהודה ובנימין, מעוניינים להבין את הזווית המיוחדת שלשון הערבות תורמת לסיפור שלנו, למרות שאינה משקפת את מצב הדברים הנכון ביחס לבנימין.

בפרשת ויגש שטר הערבות של יהודה מוגש לפירעון ומתוך הביטוי המעשי של הערבות הזו מתחדד עניינה. כשיוסף מאשים את בנימין בגנבת הגביע ומבקש להשאירו עבד במצרים יהודה מגיב ומציע ליוסף את כל האחים כעבדים ובלבד שבנימין ישוחרר. מדובר בעסקה שלכל הדעות משתלמת ליוסף. בתגובה להצעה יוסף מזדעזע וטוען לחוסר צדק משווע: מי שגנב ייענש ולא מי שלא פשע. ניתן לדמיין את חיוורון פניו של יהודה שמוצג כמי שאינו חושב צדק אלא מציע שוחד.

בשלב הזה יהודה ניגש ומספר את כל סיפור הורדתו למצרים של בנימין ומזכיר כי הוא אישית ערב את הנער: "כִּי עַבְדְּךָ עָרַב אֶת הַנַּעַר מֵעִם אָבִי לֵאמֹר אִם לֹא אֲבִיאֶנּוּ אֵלֶיךָ וְחָטָאתִי לְאָבִי כָּל הַיָּמִים". הצגת הערבות כעת היא תגובה לקושיית יוסף ותוכחתו. ויש בתגובה זו מענה בכמה רבדים:

ברובד הבסיסי, הממוני: יהודה מבאר שאולי בנימין הוא הגנב אבל יהודה הוא הערב. על כן מתבקש שבנימין יושב לאביו, ויהודה יממש את התחייבותו. אין כאן חוסר צדק אלא הסדר בעל תוקף משפטי.

להזכרת הערבות יש גם חשיבות ברובד המחשבה הפלילית: יהודה מסביר ליוסף שהמשוואה שלו שגויה. המחשבה שבנימין הוא הגנב ועל כן ישלם הוא על פשעו אינה מביאה בחשבון את התמונה הכוללת. בתמונה הכוללת מי שמשלם את המחיר הכבד הוא יעקב. בנימין אינו אדם העומד ברשות עצמו הוא ילד שעשועיו של אבא. התמונה הרחבה מלמדת שתפיסת בנימין גם היא בגדר של ענישת חפים מפשע שממנה ניסה יוסף לחמוק כביכול. דווקא "עונש נקי ומדויק" יתקיים על ידי שימוש בחלופה – ביהודה.

ברובד הרעיוני: ערבות אינה רק מונח הקשור לדיני הממונות ולנושא הבטוחות שיש למלווה (שזהו ההקשר הראשון שבו השתמש יהודה עצמו בסיפור תמר כשהוא מוסר לה כעירבון את החותמת והפתילים). הערבות במובנה החדש, כפי שמתבאר מן הסיפור הארוך של יהודה, המלא בפרטים מיותרים לכאורה, היא מושג רעיוני. היא תחושת ההזדהות הבסיסית עם בנימין ועם גורלו. הרלב"ג מבאר את מהות הערבות הזו, ומתוך דבריו מתבאר שהקישור באמצעות ערבות עמוק אף יותר:

> וכמו שכשיחלה אבר מה מאברי האדם יזוק בו האדם ההוא בכללו,
> כן כשיחטא איש אחד מהקבוץ ההוא יינזק בו כלל הקבוץ.

זהו חידוש עצום ביחס לכל מה שהכרנו בספר בראשית עד לרגע זה. ההבטחה של יהודה ליעקב היא לראות בבנימין חלק מגופו ממש, אין כאן שתי ישויות משפטיות ולא יחסי לווה-מלווה וערב, אלא גוף אחד. את מידת ההזדהות הזו מצליח יהודה להעביר ליוסף דרך הסיפור המשפחתי המכמיר לב, ועמדה זו היא שמשנה באופן דרמטי את נקודת מבטו של יוסף.

וברובד הרוחני: יהודה מצליח להעביר מסר עמוק יותר ליוסף. יעקב אינו האב היחיד בתמונה, כל אחד נבחן במבחן "איך אעלה אל אבי" – אביו שבשמיים. המבחן הזה מסיט הצידה את האינטרסים האישיים, ומציב במרכז נקודת מבט נקייה מחשבונות. כשיהודה מדבר על אביו הוא למעשה מבקש מיוסף לזכור את נוכחות הא-לוהים במשפט, את נוכחות האב האמיתי:

> וזהו כי איך אעלה אל אבי,
> כתיב 'ויגש אליו יהודה ויאמר בי אדני', היינו שאני מתכוון לצער השכינה,
> העיקר מה שיהודה עורר היה על ידי שאמר 'כי איך אעלה אל אבי'

ואז הוכרח יוסף להתגלות (אמרי אמת, ויגש).

"אֵיךְ אֶעֱלֶה אֶל אָבִי" – נוכחות א-לוהים מבארת את עוצמות הצער האנושי. העיוות המוסרי אין לו מרפא כי הוא מהווה פגיעה בעולמות עליונים. השאיפה של האדם לעולם מתוקן היא שאיפתו העמוקה לרצות את אדון הכול.

מושג הערבות יש בכוחו להכניס את הא-לוהות לחדר. כי הערבות לא משאירה איש לבד, כל אדם הוא חלק מהשלם הגדול. והשלם הגדול כולל את א-לוהים, את המשפט ואת הצדק המוחלט.

נוכחות מושג הערבות בדברי יהודה ליעקב היא קודם כל התחייבות פשוטה, אבל היא גם רעיון עמוק וחידוש עצום של יהודה שיש בכוחו להציע צדק מסוג חדש.

להתעורר מהחלום

הסרט "התחלה" של כריסטופר נולאן עוסק בשאלת המעבר מחלום למציאות, ומערער את הגבולות ההדוקים שבין שני אלו. בסרט הזה יש גם תזכורת לחוויה שמתרחשת לעיתים. כשאדם שחולם נהיה מודע במהלך החלום לכך שהוא חולם. במצב כזה הדבר הקשה ביותר הוא לנסות ולהתעורר ממנו. החרדה מהיתקעות בחלום הולכת וגוברת.

כשיוסף מתוודע לאחיו הוא מבקש מהם לרדת למצרים בטענו: "כִּי זֶה שְׁנָתַיִם הָרָעָב בְּקֶרֶב הָאָרֶץ וְעוֹד חָמֵשׁ שָׁנִים אֲשֶׁר אֵין חָרִישׁ וְקָצִיר". במילים אלו יוסף חושף בפניהם את המידע הסודי שיש בידיו, כמצרי בכיר, מידע שגרם להתעשרות של מצרים ולהתפתחות המרשימה של כלכלתה. כמובן, שיש בכך גם קריצה לאחים שסברו עד כה שיוסף חולם חלומות שווא. אך כעת, כשהתברר גם להם שחלומותיו התגשמו במלואם, נקל יהיה להם להשפיל עיניהם ולקבל שיוסף יודע את שעתיד להתרחש (תולדות יצחק לפרשתנו). והינה, דווקא בנקודת השיא של יוסף, ברגע שבו הוא מצוי בשיכרון נצחון ה"אמרתי לכם", מעיב על ידיעת העתיד שלו צל של ספק, כאשר הרעב שהובטח מבושש לבוא:

המצרים משלמים במיטב כספם עבור שבר אוכל, כשתם הכסף מכיסם הם מעבירים ליוסף ולבית פרעה את כל מקניהם, ובסופו של דבר, כשהם נותרים עירום ועריה וחסרי כל הם ניגשים ליוסף ואומרים לו:

"לֹא נְכַחֵד מֵאֲדֹנִי כִּי אִם תַּם הַכֶּסֶף וּמִקְנֵה הַבְּהֵמָה אֶל אֲדֹנִי לֹא נִשְׁאַר לִפְנֵי אֲדֹנִי בִּלְתִּי אִם גְּוִיָּתֵנוּ וְאַדְמָתֵנוּ לָמָּה נָמוּת לְעֵינֶיךָ?" ולאחר שיוסף קונה גם את אדמותיהם התורה מספרת שהא נותן למצריים זרעים לזרוע בתמורה לחמישית התבואה שתובא לבית פרעה. "הֵא לָכֶם זֶרַע וּזְרַעְתֶּם אֶת הָאֲדָמָה, וְהָיָה בַּתְּבוּאֹת וּנְתַתֶּם חֲמִישִׁית לְפַרְעֹה וְאַרְבַּע הַיָּדֹת יִהְיֶה לָכֶם" (פרק מז). הנה כי כן, מתברר שהחל מסוף השנה השנייה המצריים מתחילים לזרוע ולקצור ואף לשלם מיסים גבוהים לבית המלוכה. אך רעב אַיִן. גם חריש וקציר מתקיימים כסדרם.

אם כן, דווקא בנקודת הזמן שבה יוסף מתרברב על ידיעתו את העתיד, חלומו מופר והחיים חוזרים להיות כסדרם.

הפרשנים תהו כיצד קרה שהרעב נפסק בשלב כה מוקדם ובניגוד לחלום, תשובתם כוללת שני אפיקים אפשריים. האחד – תיקון החישובים והצעה לבאר את המשמעות של "השנה השנית" כשנה השנייה שלאחר מכירת כל המקנה ואגירת כל כסף וזהב מצריים, שהיא השנה השביעית לרעב. השנייה – תליית ההפרה של החלום בהגעתו של יעקב למצרים.

דוגמה לפרשנות הראשונה יש בפסיקתא זוטרתא:

"ועוד חמש שנים אשר אין חריש וקציר"
ואיך היו זורעין בשנה השלישית?
אלא זה שאמר הכתוב "ויבואו אל יוסף בשנה השנית",
שנית – למכירת מקניהם, שהוא **שביעית** – בסוף שני הרעב.

אף הרמב"ן בחר בדרך הזו ונימוקו עמו, לא ייתכן שהמוניטין של יוסף נפגע: "ואם כן לא נתקיימו דברי יוסף כפתרונו ויבא הענין לחשוד אותו בחכמתו".

דוגמה לפרשנות מן הסוג השני מצויה בתוספתא:

עד שלא ירד יעקב למצרים היה רעב שנאמר: "כי זה שנתים הרעב" משירד מהו אומר? "הא לכם זרע וזרעתם את האדמה" (תוספתא, סוטה פ"י ה"ט).

הנחות היסוד של שני הפירושים שונות בתכלית. לפי הפירוש הראשון גזרת שמיים אינה ניתנת לשינוי, וגם הוודאות של יוסף, שליטתו הבלתי מעורערת, בנויות לתלפיות בפרשיות הללו ואין מקום לספק בדבר הצלחתו. הנחת היסוד

של הפירוש השני היא שיש דינמיות וכי כל גזרה נכונה לשעתה. אפשר להתמודד עם הגזרה בדרכים יוספיות – לאגור מזון, לשמר מספוא. אך ניתן להתמודד עם גזרות ועם אסונות טבע צפויים בדרך שונה: אפשר למנוע את התממשותם. יש לאדם כוח לשלוט בחוקי הטבע אם רק יגיע לקרבת ה'.

אפשרות שלישית שניתן להציע היא שיוסף רומז לאחים שאם לא ישובו למצרים לא יהיה חריש וקציר. אבל אם יבואו, הנתונים משתנים, הכול משתבש, והתוצאה המתקבלת עשויה להיות מפתיעה. זו גם הסיבה שיוסף נעתר לאנשי מצרים והסכים להשקיע בזריעה ובחרישה, שהרי ההיגיון אומר שיוסף היה צריך למנוע מהם את ההשקעה המיותרת אם הבין שכל זה לשווא. ואולי מעבר לזה, יוסף מבין באותם רגעים שבהם הוא משכנע את אחיו לרדת למצרים, שחלומו של פרעה הוא בעצם חלומו שלו. וכי החלומות מתמזגים לאחד. יש תוכנית א־לוהית הקושרת בין החלומות, והיא שעם ישראל צריך לרדת מצרימה. השובע והרעב הם רק התירוץ, הם חלום בתוך חלום. אם ירדו יעקב ובניו מצרימה תיעלם הסיבה למימושן של שנות הרעב, ואפשר להתעורר מחלום פרעה לתוך חלומו של יוסף. החלומות אינם מחייבים תקיעות, אפשר להקיץ מהם לתוך מציאות מגוונת ומיטיבה.

פרשת ויחי

על החיים ועל המוות

שלוש פעולות עושה יעקב בטרם מותו: הראשונה היא הדאגה לקבורתו בארץ. השנייה היא הברכה לבני יוסף הכוללת הזדמנות להשיח עם יוסף על אודות מות רחל אמו וקבורתה. והשלישית והאחרונה – פנייה לכל אחד מן הבנים במעין שילוב של צוואה אישית, הצבת יעדים וברכה.

בעזרת ההתבוננות על מעשי יעקב אלה, ניתן להתבונן על משמעות המוות מנקודת מבטם של החיים. אנו רגילים לעסוק במוות מנקודת מבטם של המתים – הזדמנות לקבלת שכר ועונש, עולם הבא, גלגול נשמות, תחיית המתים וכדומה. אך כאן, ברגעי המעבר, יש גם הזדמנות להבחין ביחס המיוחד שיש למוות ולמתים בעיני אלו החיים עדיין, להתבונן במקומם של המתים בתוך החיים עצמם.

הזדמנות לדיון בנושא המוות בעיניהם של החיים מספקת המשנה במסכת שבת, העוסקת בכיבוי הנר בשבת במצבים שונים (מצבי סכנה, טעמי חיסכון בחומרי הבעירה וכדומה). בגמרא הדנה במשנה זו (שבת ל ע״א) וכדי להגיע בסופה להלכה שנפסקה, שמותר להדליק נר למען החולה בשבת, מובאת אגדה ארוכה ויפה, המדברת על הקשר הרעיוני שבין נר לנשמה ״נֵר ה׳ נִשְׁמַת אָדָם״, על ערך החיים ועל המשמעות הסימבולית של כיבוי הנר: חשכת המוות – ליקוי מאורות והחשכת המסך.

שלושה פסוקים משמשים את האגדה לתיאור היחס לחיים ולמתים: ״וְשַׁבֵּחַ אֲנִי אֶת הַמֵּתִים שֶׁכְּבָר מֵתוּ״ (קהלת ד׳, ב) הוא פסוק שממנו משתמע

שיש שבח במיתה יותר מבחיים. מנגד, מביאה הגמרא שני פסוקים המצביעים דווקא על יתרון החיים על פני המתים: "לֹא הַמֵּתִים יְהַלְלוּ יָהּ" (תהילים קט"ו, יז) ו"כִּי לְכֶלֶב חַי הוּא טוֹב מִן הָאַרְיֵה הַמֵּת" (קהלת ט', ד). שלושת הפסוקים הללו אינם סותרים אלא משלימים זה את זה ויחד יוצרים את התמונה המורכבת.

מן הפסוק "לֹא הַמֵּתִים יְהַלְלוּ יָהּ" אנו לומדים כי הפיכת החיים לשיר הלל לה' היא ערך מוסף של החיים על פני המתים, שכן האחרונים מושתקים, ואינם יכולים לקדש שם שמיים לאחר מותם. עולם העשייה מזמן אפשרות לברך ולהודות, ללמוד תורה ולמלא בתוכן חיובי ובמשמעות את החיים. ואילו "במתים חופשי", בקבר אפשר לנוח, המוות הוא פרידה מעולם של עשייה.

מן הפסוק "וְשַׁבֵּחַ אֲנִי אֶת הַמֵּתִים שֶׁכְּבָר מֵתוּ" ניתן להסיק על היתרונות שיש בהיות מת. והגמרא מתארת אותם אחד לאחד:

בדרשה הראשונה הדרשן אינו נענה לציפייה למצוא יתרון במתים מעצם היותם מתים. אלא מתאר בדרך חיובית את נוכחותם וחשיבותם של המתים. שמא הוא מנסה לתאר את החוויה הקיומית שלנו, שהורינו והורי הורינו שנפטרו עדיין מגוננים עלינו. וכך מציין הדרשן שהמתים במותם הם משענת ובסיס **לזכות האבות** של צאצאיהם. החיים אינם יכולים להשלות את עצמם שהם אוחזים במושכות בעצמם. מעשיהם מושתתים על יסודות עמוקים ותוקפם וביטחונם בא מכוח אלו שכבר אינם. משמעות הדבר היא שאדם שאין לו שורשים עמוקים ואין לו עוגנים במסורת הוא אדם שיכולת העמידה שלו מול פני ה' היא דלה יותר. כי החיים תלויים במתים, וכפי שמספרת הבדיחה הידועה על המשותף לגזר ולייחוס: "החלק הטוב קבור באדמה".

בשנייה, הדרשן מתייחס לנקודת אחרת: **ההתקבלות.** דבריו של משה רבינו, שכבר מת, מקובלים יותר מכל תקנה וחוק שיותקנו. דורות אחרי מותו חוקות משה עדיין ממשיכות להתקיים ותוקפן רק מתחזק. העיקרון הוא שדבריו של אדם בחייו מתקבלים באהדה והבנה פחותים. הרעיונות המושמעים מפיו יש להם "גוף", יש להם הקשר מסוים, הם נאמרים כחלק מאג'נדה, ובתוך פוליטיקה חברתית, גישה ומדיניות מסוימים. אולם, כשהאדם האומר אותם הולך לעולמו, מה שנותר אחריו הוא הדברים עצמם, הרעיון בגולמיותו, המופשט ממה שספח אליו הרעיון המולבש בגוף. הרעיון הוא נצחי. נצחיותו מתגלה אחרי מות אומרו. וזהו היתרון של המתים על

החיים, שדבריהם מקובלים יותר מושמעים יותר והגושפנקא שלהם חזקה וחריפה יותר.

ובשלישית, **יכולת המחילה.** האגדה שבגמרא מביאה את סיפורו של דוד, שבחייו היה נתון במחלוקת גדולה סביב סיפורו האישי וחטא בת שבע. לאחר מותו ניתנה ההזדמנות לטיהור שמו, לקבלת מורשתו השלמה הגדולה וגוברת על כישלונותיו.

לצורך ביאור הפסוק "כי לכלב החי הוא טוב מן האריה המת", המורה על יתרון החיים, מביאה הגמרא את סיפור מותו של דוד המלך. דוד יודע שימות בשבת והוא נתון במלחמת הישרדות. בכל שבת ושבת הוא לומד תורה ללא הפוגה ובכך דוחה את מותו. בסופו של דבר, בבוא העת, מלאך המוות נעזר בתחבולה, משמיע רעש ודוד המלך מוסח מלימודו ומת.

כעת, כשגווייתו של דוד מוטלת בשמש בחוץ, ביום השבת, בנו שלמה חרד לכבודו ולשלמות גופו ומבקש מחכמי בית המדרש הוראות כיצד לפעול: "כלבים של בית אבא רעבים ואבא מת ומוטל בחמה", הוא מתאר ושואל. ההוראה שהוא מקבל היא להאכיל את הכלבים באחת הנבלות, ואילו את דוד אביו מתירים לו לטלטל כשעל גופתו, כיכר או תינוק. הנה, הכלבים הרעבים החיים יכולים לקבל את מזונם ללא הצדקה הלכתית עקיפה, ואילו דוד המלך, האריה הגדול, הופך להיות מגש ללחם על מנת שיוכלו לטלטלו למקום מבטחים. בצורה זו, ללא רחמים, מתארת האגדה כיצד המוות הופך את האדם לחפץ. דוד המלך איננו עוד שחקן הפועל על מגרשם של החיים אלא נדחק לאחורי הבמה. נוכחותו דוממת, אומנם יש לה חשיבות מסוימת עבור החיים אבל השרביט כבר אינו בידה אלא בידיהם של החיים, על פי מעלתם.

כשיעקב מתכונן למותו הוא מניח במרכז את המשמעות הזו האחרונה, של הנזקק והנצרך, את המעבר מגברא לחפצא. המעבר אל הרקע של החיים. בסגירת המעגל מול יוסף בנו הוא מנסה להשיג מחילה, להגיע לאיזון וקבלה. ואילו בברכותיו לבניו הוא מבין את חידלונו של המת. הוא מבין היטב את הפרידה שלו מעולם העשייה וחש את ההתרוקנות שבמיתה. בה בעת הוא מבין שמעמדו ומקומו כמי שהוא אבן יסוד וציון דרך לבניו רק מתעצמת. ברכותיו ייתנו למעשי החיים משמעות עמוקה של שליחות מכוחם של שורשים עמוקים. ודבריו שלו יישמעו באוזניהם אחרי מותו, כאשר יבואו לבקש להם עצה ודרך במבוך ההנהגה הציבורית והחיים האישיים, אולי

יותר משהיו בחייו. מורשתו של יעקב תלווה אותם ותחזק אותם גם בנפתולי החיים שיעקב כבר לא יהיה חלק מהם.

היאספו

יעקב מכנס את בניו לקראת מותו: "הֵאָסְפוּ וְאַגִּידָה... הִקָּבְצוּ וְשִׁמְעוּ" (מ"ט, א-ב). החזרה על מוטיב האיסוף פעמיים, במילים שונות, מעוררת את הלומד להתעכב על מושגי ה'קיבוץ' ו'האספה' ועל משמעותם לעת הזאת.

רבו המדרשים שעסקו בעניין זה.

מדרש אחד ראה בחזרה על עניין ההתאספות לא ככפל הדבר במילים שונות, אלא כצורך ממשי בקריאה חוזרת. "נאמר האספו ונאמר הקבצו ושמעו, אלא **הודיען שהן גולין שתי פעמים**" (בראשית רבה, צט). המדרש רומז לכך שבין ההיאספות להיקבצות שנית התרחש פיזור. בקשתו הכפולה של יעקב רומזת לתהליך ההיסטורי המוכפל שעתיד עם ישראל לחוות. יעקב ובניו, לפי מדרש זה, סרטטו במעשיהם את מפת ההיסטוריה כדרך שעשו הנביאים האחרונים בתקופה מאוחרת יותר, וכסימול של העתיד להתרחש.

המדרשים האחרים מציעים אפשרויות אחרות שאינן סמליות. האחד מדגיש את הצורך המעשי, הממשי בהתאספות ובהקבצות: האספו מארץ מצרים והקבצו לרעמסס. מהמדרש הזה עולה שהפיזור הגאוגרפי של השבטים על פני מצרים חייב שתי הוראות לפעולות שונות בתכלית. האחת נוגעת להוצאת כל אחד ואחד מן השבטים ממקום מושבו המרוחק במצרים, והשנייה היא ההוראה להגיע משם אל נקודת הכינוס.

מדרשים אחרים התעמקו במשמעות האסיפה והציגו קשת אפשרויות רחבה להבנתה. מצד אחד מטרת אסיפה זו היא ליצור אחדות בין השבטים ואולי בפרט בין שבטים מסוימים לאחרים, ומן הצד השני אסיפה במובן ההפוך של "היעשו אסופות אסופות" כלומר, שעניינו של יעקב לא היה באחדות אלא דווקא בייחודו ונבדלותו של כל אחד ואחד מן השבטים. קיבוצם לא נועד ליצירת אחדות אלא להקשבה משותפת לדבריו טרם מותו. על אותו הרצף, בתווך, ישנה גם האפשרות להקביל בין היאספות האחים לאיסוף שבעים הזקנים. כמו שם, גם כאן מדובר בליקוט ראשי העם, ובחיבור בין איכויות מגוונות וראויות כל אחת לעצמה.

ודוק, כל אחד מהמדרשים מתייחס בדרכו לפסוקי הפתיחה של ברכות הבנים. החשיבות שבמדרשים הללו היא בכך שהם רואים בפסוקים הללו כעין "פתיחתא" השופכת אור על מהותו של המעמד כולו. האפשרויות המגוונות מלמדות על ההתלבטות ביחס לתפקיד מעמד ברכות יעקב ונוכחותו במישורים משתנים. בין מיסטי וסמלי למוחשי, בין הווה לעתיד, בין ריבוי לאחדות, ועוד.

הכיוונים הפרשניים מתלכדים לכלל תובנות מוכרות ביחס לאסיפות וכינוסים בני ימינו.

יש אסיפות שבמרכזן התוועדות, רצון ליצירת שיח ושותפות. מהם מתוך עמידה על השונות כמו בכנסת ישראל למשל, ומהם מתוך רצון למנף את העולם הרעיוני המשותף כמו בתוך מפלגה, בהפגנה, או להבדיל בחתונה, בר מצווה ואזכרה.

ישנה התאספות למקום אחד שאין בה שום תוכן משותף, כגון ברחוב או בפקקים שנוצרים בכביש. לעיתים ההתאספות חסרה את התוכן והזיקה בין הפרטים למרות שיש לכולם מטרה משותפת מפני שזו אינה כרוכה בהידברות ובהיכרות בין הצדדים, כך הוא בתיאטרון או אפילו באוטובוס. יש אסיפות של נציגים שמאחוריהם ציבור שלם נעדר, ככאלה הן יוצרות חיץ בין מי שמוזמן ובין מי שאינו מוזמן, וישנן אסיפות עם הפתוחות לכל. יש כינוסים בינלאומיים ויש אסיפת דיירים בבניין. יש אסיפות יזומות ויש אסיפות אקראיות, למשל כשנתקעים במעלית או בתור, יש נאספים מתוכננים ויש נאספים מזדמנים. כל אחת מצורות ההתאספות האלה מקדמות מטרות שונות, מתרחשות במרחבים אחרים, ונושאות עליהן מטען אחר.

המדרשים מכירים את המודלים השונים ומציגים את הלבטים בין אלו.

מה בדיוק התרחש באותה נקודה בין בני יעקב? ככל הנראה, שכל התשובות נכונות. בני יעקב התכנסו ומתכנסים במגוון של צורות ודרכים לאורך ההיסטוריה היהודית. וכמו במגוון אסיפות וכנסים בני ימינו – לפעמים הם חשים שהם עומדים כתף אל כתף עם הדומים להם, לפעמים הם נדחקים יחד לקרון משותף. לפעמים הם נרתמים למשימה יחדיו ולפעמים הם מגלים את ההבדלים ומחדדים את העדתיות או המגזריות. פעמים הגורל הוא המזמן ופעמים הייעוד.

בכל הגילויים הללו מלווה אותם־אותנו דמותו של יעקב ומזכירה להם־לנו את היותנו בני אב אחד.

אפליות

"אנו מאמינים שכל בני האדם נבראו שווים", אמר תומס ג'פרסון, הנשיא השלישי של ארצות הברית ומאבותיה המייסדים. מהי אותה תכונה המשותפת לכל בני האדם באשר הם, שבגללה אנו אומרים שהם שווים זה לזה מצד אחד ושונים מכל שאר היצורים עלי אדמות מצד אחר?

מה היא תכונה מיוחדת זו האמורה לבטא את מהות האדם?

הפילוסוף המטאפיזי מתקשה לגלות את התכונה הזאת ולהצביע עליה.
עד מהרה מתברר לו שאינו מוצא שום תכונה המשותפת לכל בני האדם
ובד בבד מייחדת אותם משאר היצורים...
(א' וינריב, על שיווין ואי שיווין: מבט פילוסופי, עמ' 10).

המדרש בפרשת וישב מעביר ביקורת על יעקב שהעניק לבנו יוסף כתונת פסים והבליט בכך את יחסו האוהד כלפיו, ואת העדפתו על פני אחיו:

"ועשה לו כתנת פסים",
ריש לקיש בשם ר' אלעזר בן עזריה אמר: צריך אדם שלא לשנות בין בניו,
שעל ידי כתנת פסים שעשה אבינו יעקב ליוסף: "וישנאו אותו" וגו'
(בראשית רבה, פד).

המדרש מאשים את יעקב שבמעשיו המפלים גרם לשנאה בין האחים. מכאן פונה המדרש להסקת מסקנות בתחום הדרכת הורים: אין להפלות בין בני המשפחה. יחס לא שוויוני גורר תחושות של קנאה, קיפוח, כעס ושמירת טינה.

מי מאיתנו לא עשה מאמץ לתת לילדיו תחושה שכולם אהובים עליו? מי מאיתנו לא נמנע ממעשים שיתפרשו כהעדפה, וטרח ווידא שהתנאים בין הילדים יושוו? והנה יעקב מרשה לעצמו להבליט את העדפותיו ולתת להן ביטוי חיצוני ניכר לעין וללא התנצלות. החתירה האנושית (המודרנית) לשוויון בין בני האדם, מדגישה מקל וחומר את ערך השוויון בבית ובמשפחה – המקום שבו אמור כל אדם לזכות לביטחון ולהכרה בערכו.

אפשר, אם כן, ללכת בדרך המדרש, לדון את יעקב לכף חובה, ולראות באמירתו של ג'פרסון תיקון לעולם קדום שהדגיש פחות את ערך השיוויוניות.

ועם זאת, אפשר לקרוא את יעקב גם בדרך אחרת. מברכתו לבניו בסוף הפרשה ניכר שיחסו הלא שיוויוני לאחים הוא מכוון, ומקורו אינו אי־היכולת לרסן חיבה טבעית. בפרשה שלנו מתברר שליעקב יש אמירה עקרונית ואולי אף ערכית בנושא השבטיות והשוני. במהלך הברכות יעקב חוזר על כל מה שנחשב בעיני המדרש לטעות: הוא אינו נרתע מלהעדיף שוב את יוסף ומעניק לשני בניו מעמד כבניו שלו, ובברכת יוסף הוא מפרש: "נָתַתִּי לְךָ שְׁכֶם אַחַד עַל אַחֶיךָ". יעקב גם מוסיף ומברך את יוסף בברכת ההנהגה: "תִּהְיֶיןָ לְרֹאשׁ יוֹסֵף וּלְקָדְקֹד נְזִיר אֶחָיו".

למעשה, עוסקות הברכות כולן בשוני שבין האחים ויש בהן סיבה להשוואות לא בריאות. אם יעקב לא למד את הלקח מן השנאה שנוצרה בין האחים ולא השכיל להבין עד כמה האפליה בין האחים הייתה בעוכריו, וגם אינו מכיר במחיר העצום אותו שילם על מעשיו, אין זאת אלא שיש לומר שמדובר בתפיסת עולם ולא בהכרח בטעות.

מברכותיו של יעקב אכן משתקפת תמונה שלפיה אומנם האחים שונים זה מזה בתכונותיהם, באופיים, בכישוריהם, בהשקפת עולמם ובנטיית לבם. אך טבעי ומתבקש שהאחים יקבלו יחס שונה מאביהם. שוויון יכול להתרחש רק בין שווים, אך בין שונים השוויון הוא מיטת סדום המקצרת רגליהם של הגבוהים ומותחת רגלי הנמוכים. השוואה בין אחים נובעת מזה שמסתכלים על אורך המיטה במקום על רגליהם של בני האדם. היא נובעת מזה שאין רואים אותם כפי שהם לעצמם, אלא כרכיב בתוך קבוצה. האפליה וההבחנה הן ביטוי לראיית הבן כאדם.

לפי שופנהאואר, הרופא רואה באדם את חולשתו, המשפטן את רשעותו והתיאולוג את טיפשותו. הרפואה מזהה את החולשה מפני שזה תפקידה – לאבחן ולרפא חולשות. המשפט מזהה את הרשעות מפני שהוא מודע לשאלות מוסריות וחוקיות ולחובתו להעניש ולתמוך. ואילו התיאולוגיה מדגישה את קטנות האדם ובכך מנמיכה את קומתו. לאור כל אלה – מהו תפקידם של ההורים? או אחרת, מהו תפקידם לדעתו של יעקב?

אם נבחר לדון את יעקב לכף זכות, נאמר שבניגוד למקובל היום, הוא אינו סבור שעל ההורים לראות בילדם רק את הצד החיובי. לשיטתו, על ההורה להכיר את ילדיו ולדעת למה כל אחד ואחד מהם זקוק, מה נכון עבורו, מהם איכויותיו ויכולותיו, ורק בהתאם לכך הוא יוכל להצמיח אותם למקום שהוא מדויק עבורו.

דן ידין עמו

ברכתו העיקרית של דן היא "דָּן יָדִין עַמּוֹ כְּאַחַד שִׁבְטֵי יִשְׂרָאֵל". ככל ברכות האחים גם ברכה זו והמשכה מצריכים ביאור.

רש"י, רד"ק, רבנו בחיי ומפרשים נוספים הסבירו שמדובר בנבואת יעקב על שמשון: "דן ידין עמו: זה שמשון שהיה משבט דן, והיה שופט ישראל" (רבנו בחיי מ"ט, טז). לפי דעה זו, יעקב בברכתו לדן מתנבא ששמשון שייצא מחלציו יושיע את ישראל.

הרשב"ם חולק על הגישה ועל הפירושים הרבים שנקטו בעמדה זו. הוא חולק על עצם התפיסה שיעקב בדברו אל דן מתייחס רק אל דמות אחת ומיוחדת מצאצאי דן ובכך מסתפק.

> המפרשו על שמשון לא ידע בעומק פשוטו של מקרא כלל. וכי יעקב בא להתנבאות על אדם אחד שנפל ביד פלשתים וינקרו את עיניו ומת עם פלשתים בעניין רע? חלילה חלילה. אך על שבטו של דן נתנבא שהיה מאסף לכל המחנות (רשב"ם מ"ט, יז).

מעבר למחלוקת העקרונית על דרכי פרשנות המקרא, יש כאן כלל פרשני הנוגע לפרשיית ברכות בני יעקב. בהתאם לכלל זה אין לפרש את הברכות כמתייחסות אל מאורע היסטורי יחידאי. הברכות מתארות תובנה יסודית מכוננת בקשר לשבטים ולעם ישראל לענפיו. כמובן, יש גם רובד שלישי והוא הביקורת שיש לרשב"ם על הצבתו של שמשון כגיבור ישראל, או כסמל להצלחה.

עיון בחז"ל מגלה שניתן לאחד בין שתי הגישות הללו. חז"ל אינם קובעים כי ברכת יעקב כּוּונה לשמשון, אלא משתמשים בה כדי לתאר את שמשון. חז"ל מתארים באמצעות הפסוקים את תכונות היסוד המאפיינות את שמשון. כאשר הפסוקים עצמם מתפרשים באמצעות דמותו של שמשון שמכניסה נפח ומשמעות במילות הפסוק. אך בסופו של דבר לא רק על שמשון באים הפסוקים ללמד אלא על שבט דן בכללותו ועל תרומתו הייחודית לעם ישראל.

מחז"ל משתמע שהמילים "יָדִין עַמּוֹ" מתייחסות להופעת שמשון כבריון שיש לו היכולת לנקום את נקמת עם ישראל מאויביו. בדומה

למשמעות המילה "ידין" בפסוק "יָדִין בַּגּוֹיִם מָלֵא גְוִיּוֹת מָחַץ רֹאשׁ עַל אֶרֶץ רַבָּה" (תהילים ק"י, ו). דמותו של שמשון מטופלת באריכות בסוגית הגמרא, בין השאר מובאת בה דרשת ר' יוחנן: "שמשון חיגר בשתי רגליו היה שנאמר 'שפיפון עלי אורח'" (סוטה י ע"א). דרשה זו תמוהה לאור הסיפורים המרובים על שמשון התנכ"י שאינם עולים בקנה אחד עם מוגבלות כל כך חמורה. ברור שכוונת הסוגיה לאפיין את שמשון ואת דרכי פעולתו באמצעות הצגתו כבעל מוגבלות כזו. שמשון למעשה מתואר כמי שעושה גדולות ונצורות עם שתי ידים קשורות מאחורי הגב – אולי רמז לדרך שבה ייפרד מן העולם – עיוור ומוחלש אבל מכה מכה אנושה בפלשתים. ייחודו הבולט הנוסף הוא עצם שייכותו לשבט דן. שבט זה כידוע אינו מן המיוחסים, דן הוא למעשה אחד מבני השפחות. כאן מוצגת הטענה שאין מדובר בפרט צדדי או אקראי: כאחד מבני השפחות דרך ההנהגה שלו היא שונה. אין בה כובד ראש בשלות או אחריות. הנהגתו נולדת מתוך פרצי זעם ויש בה חתירה לצדק של מי שחווה על בשרו אפליה והדרה. אחת החוויות הממשיות האישיות הללו של שמשון היא המקרה של נתינת אשתו לאיש אחר. נקמתו חושפת את כוחותיו הפיזיים ואת האימה שהוא עשוי להטיל על הסביבה. הגמרא מתארת גם את מידותיו הפיזיות כאיש רחב כתפים, שהן ברוחב של שישים אמה. גסותו של שמשון והדורסנות שלו מתורגמות כאן לממדים בלתי סבירים. שמשון הוא פיל בחנות החרסינה של העולם ושל האדם. תכונות אלו של פרצי זעם, של היעדר חמלה, של 'יום נקם ושילם', אמונה בצדקת הדרך, והליכה עד הסוף – כל אלה שמורים לשבט דן. תפקידו המקורי של שבט דן היה לשמש כשבט המאסף. תפקידו של השבט המאסף הוא להגן מפני האויבים המזנבים. אלו אינם ראויים לטיפת חמלה. ונחוץ מאוד שיפגשו באנשים נחושים הנכונים למסור את נפשם בחינת "תָּמוֹת נַפְשִׁי עִם פְּלִשְׁתִּים". החידוש בברכת יעקב טמון במילים "כְּאַחַד שִׁבְטֵי יִשְׂרָאֵל". התכונות הייחודיות לשבט דן אומנם אינן שייכות למנהיגות הממוסדת. אבל גם זו הנהגה הראויה לבוא בקהל (רד"ק, שם).

ומן הממד הלאומי אל הממד האישי. שני פנים יש לביטוי 'ידין עמו'. שתי דרכים של שיפוט והנהגה. מחד הדין המיושב, הדעת, והתבונה של השופט ה'קלסי', ומאידך דין הזעם והכאב המתפרץ המיוחד לשמשון.

כל אדם ראוי שיהיו בו שתי הדרכים הללו. הראשונה לימים רגילים, והשנייה כדי להלחם בעזרתה בחריפות על מה שמאיים על זהותו וכבודו, על עקרונותיו ואידיאות המסמנים את גבולותיו.

חומש שמות

פרשת שמות

התגלות

מפגש הקב"ה עם משה בסנה הוא חוויית ההתגלות הראשונה מזה מאתיים שנה ויותר. הדיון שמתקיים בין ה' למשה מכיל את פנייתו של ה' אליו למנותו לשליח אל פרעה ולהוציא את בני ישראל ממצרים. בתגובה מעלה משה שלוש טענות מנומקות מדוע אינו חפץ במשימה. הראשונה קשורה לתחושתו שהוא אינו ראוי לשליחות: "מִי אָנֹכִי כִּי אֵלֵךְ אֶל פַּרְעֹה". הטענה השנייה קשורה לבני ישראל: "וְאָמְרוּ לִי מַה שְּׁמוֹ". הם לא מכירים את הקב"ה (לפירושים אחרים עיינו למשל: רמב"ן ג', יג). הטענה השלישית: "וְהֵן לֹא יַאֲמִינוּ לִי" מביעה את חששו של משה שהעם לא יאמין שהוא שליחו של הקב"ה. כלומר, אף אם יאמינו בקיומו של ה'. "כִּי יֹאמְרוּ לֹא נִרְאָה אֵלֶיךָ ה'".

נתמקד בטענה השנייה של משה ובתגובתו של ה', שכן הן חושפות במשהו את מצבו הרוחני של עם ישראל. מתוך הדו־שיח שבין משה וה' עולה הסכמה מוחלטת באשר לעובדה שעם ישראל אינו זוכר עוד את א־לוהי אבותיו. כשהקב"ה מתאר בפני משה מדוע "נזכר" כעת לטפל בבעיית העם הוא מציין "רָאֹה רָאִיתִי אֶת עֳנִי עַמִּי אֲשֶׁר בְּמִצְרָיִם וְאֶת צַעֲקָתָם שָׁמַעְתִּי מִפְּנֵי נֹגְשָׂיו כִּי יָדַעְתִּי אֶת מַכְאֹבָיו". ובהמשך: "וְעַתָּה הִנֵּה צַעֲקַת בְּנֵי יִשְׂרָאֵל בָּאָה אֵלָי וְגַם רָאִיתִי אֶת הַלַּחַץ אֲשֶׁר מִצְרַיִם לֹחֲצִים אֹתָם". הקב"ה מתאר את השעבוד וקשייו משני היבטים. מצד המשעבדים: את הלחץ את ההכבדה של העול ואת הנגישה. מצד המשועבדים: את הכאב ואת הצעקה. צעקת בני

ישראל ושוועתם עלו השמיימה מאליהן ודחפו את הקב"ה לפעולה. מתוך הסיפור מתברר שעם ישראל לא פנה לה', לא התפלל וכנראה גם לא קיווה לישועה. הצעקה המתוארת אינה אלא קול, יללת כאב אינסטינקטיבית, שאין לה כתובת ונמען. תגובה לסבל, אך לא תחינה או בקשה.

הריחוק של בני ישראל מה' בא לידי ביטוי באופן נוסף. כאשר, תוך כדי הדיון, משה עורך סימולציה שבה הוא מדמיין את עצמו מבשר לבני ישראל כי הוא נשלח מטעם א-לוהי אבותיהם. אך לדבריו, בני ישראל יגיבו בשאלה "מַה שְּׁמוֹ", ושאלת משה היא "מָה אֹמַר אֲלֵהֶם?".

אותו הא-ל שהיה חרות על דגלו של אברהם. שאברהם הקדיש את חייו להפיץ בעולם את האמונה בו, שהציץ אל אברהם שהאמין בו וחיפש אחריו, שיצחק נעקד על המזבח בציוויו, שיעקב התפלל אליו ושיוסף קרא בשמו – אותו הא-ל נשכח כלא היה. אפילו בשעה שבני ישראל כורעים תחת עול השעבוד ומבקשים לעצמם מפלט הם אינם מרימים את העיניים אל-על, מעבר לזעקה הפנימית. כי אין להם לאן. את א-לוהיהם אינם זוכרים.

סיפור הגלות הזה הוא אכן סיפור של שקיעה בשכחה גדולה ושל כפיות טובה. על פי התיאור בתורה, החל צער הגלות בגלל מלך אשר לא ידע את יוסף. המצרים לא זכרו לבני ישראל את טובתם הגדולה ולא ראו בהם מושיעים בעלי מעמד מועדף. אדרבה, בתואנה שבני ישראל מתרבים וכי נאמנותם לממלכה מוטלת בספק, החליטו המצרים לשלול מבני ישראל את האפשרות לקיומו של אתוס לאומי (עיינו: כלי יקר, ד"ה הנה עם בני ישראל). הם ביקשו למחות את זכותם להרהר הרהורי חירות והגדרה עצמית. לשם כך זנחו המצרים את חובתם ההיסטורית כלפי ישראל וכפרו בטובה. בכך, ביקשו לערער על זכות האבות הקנויה לבני ישראל. המושג הזה של "זכות אבות" נמחה ולא קיים עוד במצרים. בני ישראל הפנימו את התפיסה של המשעבד וכתוצאה מכך ביטלו את זכותם, את מוצאם ואת מקור גאוותם.

לקב"ה יש שתי תשובות למשה, כיצד עליו להשיב לשאלת "מַה שְּׁמוֹ". הראשונה מתפצלת לשתים: "**אֶהְיֶה אֲשֶׁר אֶהְיֶה**", ובקצרה: "כֹּה תֹאמַר **אֶהְיֶה** שְׁלָחַנִי אֲלֵיכֶם". השנייה: "כֹּה תֹאמַר אֶל בְּנֵי יִשְׂרָאֵל ה' **אֱלֹהֵי אֲבֹתֵיכֶם** אֱלֹהֵי אַבְרָהָם אֱלֹהֵי יִצְחָק וֵאלֹהֵי יַעֲקֹב שְׁלָחַנִי אֲלֵיכֶם זֶה שְּׁמִי לְעֹלָם וְזֶה זִכְרִי לְדֹר דֹּר".

ריבוי התשובות והשמות המוחלפים מעורר תימהון, יוצר תחושת גמגום וזוקק הסבר. יש להציע שהשתנות השמות היא חלק מן התשובה.

משמעות השם הראשון ״אהיה״ מייצגת את תכונתו היסודית, העצמותית והמהותית של הקב״ה, שמו הפרטי. תכונתו של הקב״ה שהוא מתעלה מעל ההווה ורואה מראשית אחרית. מֵמד הזמן אינו קיים אצל ה׳ כלל. ככזה הוא מאפשר לעם המאמין בו את החיבור לנצח, את המבט המפוכח על היעד, מעבר למכשולים ולסבל. ההסתכלות אל היעד נוסכת גבורה ונותנת כוח לצלוח את כל הקשיים שבדרך. עם הנצח לא מפחד. לכן זהו המסר הראשון שעל עם ישראל לקבל. עבור עם של עבדים ששכח שיש לו היכולת להרים את הראש ושיש לו למי לפנות ולבקש, התשובה המיידית והדחופה היא קריאה לטרנספורמציה פנימית. נצרך שינוי בסיסי בדפוס החשיבה: ממחשבה קיצרת טווח למחשבה ארוכת טווח. ממכאוב וסבל לפשר ואתגר. כל זה תוך היתלות בנקודה חיצונית וערטילאית, בישות אינסופית.

במיוחד ראוי לשים לב לכך שהשימוש בצורת העתיד ״אהיה״ הוא שימוש בשם מיוחד ויוצא דופן. בדרך כלל השימוש הוא בצורת ההווה. מגמת ההתגלות כאן אכן לחזק את התקווה לעתיד ולהסיט את תשומת הלב מן ההווה המפרך אל העתיד המבטיח.

בשלב השני, שמו של ה׳ מוחלף לא־לוהי אברהם יצחק ויעקב. שם שאינו מבטא את הדבר עצמו אלא את השייכות והקשר. תיאור משני ומציאותי. השם הזה נצרך כדי לעבור ממצב של היתלות בשמיימי ובנצחי למצב של הנהגה וליווי מתמידים. חוויית הא־לוהות היום־יומית אינה אמורה למחות את רושם החוויה הקיומית הפשוטה, ואת עוגן האחיזה במציאות. העמידה מול ה׳ אמורה לכלול דווקא את הקשר והמחויבות השורשיים, המלאים בחיבה ובנוסטלגיה ומאפשרים את ההליכה המשותפת גם בצוקה ובצרה מתוך אמון מלא וזיכרון הבחירה.

נמצאנו למדים שהקב״ה ושמותיו מבטאים קודם כל את מצבו הרוחני של האדם. השכינה המתגלה לאדם היא שיקוף ונגזרת מצרכיו שלו, המיידים והנקודתיים. לה׳ אין דמות ואין לו מובן אחד, שמו ו׳דמותו׳ הנם תמונת המראה של מידת התלות של האדם בו.

הנה כי כן, ההתגלות המפציעה מחדש בסנה הבוער מכילה בתוכה לא רק מסר למשה ובני דורו אלא לאדם בכל דור ודור. ״אֶהְיֶה אֲשֶׁר אֶהְיֶה״: לכל אדם, בכל מקום ובכל מצב אני מראה את פניי באופן הנצרך לו, ובכך גאולתו.

ותתצב אחותו מרחוק

משה רבנו מונח בתיבה קטנה ומשולח על גלי היאור. בין קני הסוף נעמדת מרים ומלווה במבטה את התיבה השטה. ובלשון התורה: "וַתֵּתַצַּב אֲחֹתוֹ מֵרָחֹק לְדֵעָה מַה יֵּעָשֶׂה לוֹ". זהו סיפור פשוט, אחות דואגת, אחיה התינוק מוטל במקום סכנה, ומה תוכל לעשות אם לא להסוות את הקשר שלה לתיבה המפלילה? סיכויי הצלתו של התינוק תלויים בטשטוש זהותו ובהרחקתו מן המשפחה הישראלית שלתוכה נולד.

מה מרגישה מרים בעומדה על שפת היאור? איננו יודעים ולא מסופר לנו. הצמצום האופייני של התיאור המקראי לכדי פעלים ספורים, מותיר כר נרחב לפרשנות ואל החלל הזה נכנסים הפרשנים, ראשונים כאחרונים.

הרש"ר הירש כמעט מתרעם על המינימליזם של התורה שמסתירה מעינינו את ביטויי המתח והלחץ המלווים את מרים, העומדת ומציצה מן הסוף. בפירושו הוא משווה את דברי התורה לרומן ספרותי מתוך טרוניה על ההחמצה שעולה מהשוואה זו, ועל כך שהתורה הטילה על הקורא את המשימה לחלץ משמעות באמצעות כלים דלים השאובים מחכמת הדקדוק. ולו כדי לדלות משהו מן החוויה שעוברת על מרים באותם רגעים:

> והנה, סיפורי התורה נבדלים היטב מסיפורי בני האדם.
>
> הללו ייבצר מהם, כמעט, להישמר מפניות אישיות, ולא יסתפקו בתיאור העובדות כהווייתן הפשוטה. משתפים עצמם בחוויות הגיבור, ומבקשים לתת ביטוי לרגשותיו ולהלכי נפשו וכו'.
>
> איה המספר, אשר בהעלותו חזיון שכזה היה מוותר על תאור הרגשות העזים, שפיעמו את הנפשות הפועלות, הייאוש, הפחד, החלטת הגבורה, הלב הרוטט בשעת העשייה, זעקת האימה אל ה', חרדת הציפיה: האיך יפול דבר וכו' וכו'?
>
> אבל דבר ה' יביא את העובדות, כמות שהן, אל שכלו של האדם.
>
> מה היו רגשותיהן של הדמויות – יוכבד ומרים – ברגע כזה, לבו של כל אדם בעל רגש יגיד לו זאת.
>
> אך באשר לעובדות, דבר ה' ישרטט אף את גווני הגוונים הדקים ביותר. ברגעים כאלה אין האדם פועל מתוך הכרה מלאה. יודע הוא את מעשיו, וגם רצונו משתתף בהם. אולם תוקפו של הרגע מתגבר עליו, עד שהוא כנשמע בעל כורחו לכוח עליון. ידוע ידעה האחות על לכתה; אבל

לפתע פתאום – גם מצאה את עצמה שם, כאילו הוצבה שם על ידי כוח עליון. לכך "וַתֵּתַצַּב": מזיגה של פעולה שקולה ופעולה כפויה:

הרש"ר הירש סבור כי המילה ותתצב (שחסרה בה י' להיות כמילה המתבקשת "ותתיצב") מתארת עמידה 'סתמית', מכאנית. התורה השתמשה בתיאור החיצוני הזה כדי לרמוז להלך הנפש של מרים באותם רגעים של אימה. הרגשות המציפים אותה הם אלה שמביאים אותה לעמידה מרוקנת ורובוטית, ועל העמדה הנפשית הזו אנו זוכים ללמוד מכוחה של מילה אחת.

קריאה אחרת של הפסוק (ובתוכו הפועל 'ותתצב') עשויה ללמד על הלך נפש כמעט הפוך לזה. מרים לפי המתואר בפסוק "ניצבת" מנגד וגם מצפה "לדעה" מה ייעשה לו. צירופו של הגֵו הזקוף עם המבט החוקר משדרים דווקא עמידה יציבה, בטוחה ויודעת. וכך, בתרגום יונתן מיתרגמות מילים אלו ל"לאתחכמא מה איעביד ליה". כביכול נעמדת שם מרים בעמדת החוקר, רק על מנת להחכים ולהבין את המהלך הצפוי ולסקור את ההתפתחויות.

למעשה, רוב המפרשים והמדרשים התייחסו לתיאור העמידה שלה – לפועל החריג במקצת – ותתצב. לדבריהם, מרים לא עמדה שם עמידת איש פשוט, אלא עמדה שם ביודעה שכל שעליה לבדוק הוא כיצד תתגשם נבואתה.

ותתצב אחותו מרחוק לדעה מה יעשה לו.
לדעת מה יעשה בסוף נבואתה... (פסיקתא זוטרתא, ובמדרשים נוספים).

לפי המדרש הזה מרים ברוח נבואתה ידעה עוד בטרם נולד משה שהאח שיוולד לה יושיע את ישראל. אומנם, גזרת הבנים הותירה אפילו את הוריה מיואשים וחסרי תקווה. אך מרים שהתנבאה לא חדלה להאמין. היא חיה בוודאות של הצלה, כל שנותר לה לברר הוא כיצד יתרחשו הדברים. כיצד יוליך הקב"ה את מהלך העניינים. איך יביא את הגאולה.

או במילותיו של האלשיך:

והנה אין ספק כי עודנה מתחזקת באמונת נבואתה,
על כן אומר הכתוב כי הנה ידעה בודאי שיעשה לו נס,
אלא שלא ידעה מה יהיה הנס.
וזהו אומרו לדעה מה יעשה לו, כלומר מה יהיה הנס אשר יעשה לו:

הרב נריה מרחיב את הנקודה הזו ומתאר בצבעים את מחשבותיה של מרים סביב אותה שאלה המנקרת במוחה, לדבריו:

> שליחות ממרום להצלתו של משה רבינו, הייתה יכולה להתלבש גם במהלכים טבעיים: הנה יגיע ויבוא דייג עני משליך חכה ביאור, פורש מכמורת על פני המים, והעלה את תיבת הגומא. מעתה יהיו חייו של האח הקטן מובטחים, אולי יגדל במשכנות דלים, בכפר דייגים מצרי. או הנה תעלה מבין גלי הנהר סירת מטיילים עליזה, תגלה את התיבה אשר בסוף, תחליט לאמץ את הילד, והוא יחיה חיי רווחה במשפחה מצרית אמידה. יש מקום לשקול, מה עדיף לחינוכו של מושיע ישראל... (נר למאור, שמות; ראו גם ספורנו על אתר).

הרעיונות והאפשרויות החולפים במוחה של מרים מבטאים לא רק את עצם הציפייה אלא גם את הרצון להבין מה נכון? כיצד נכון והיכן גדל מושיע של עם! איך תבוא הגאולה? כך או כך מציין הרב נריה:

> ברם נראה שעמידתה־יציבתה של מרים שהיתה כולה דעת, דעת־קודש, התרוממה מעל לעצות הרגילות, אחרי שכבר נתנה חלקה בהתקנת תיבת הגומא, ומעתה ציפתה לעצת־ה׳ אשר היא תקום.

הרחיק לכת המדרש המתאר שלא מרים היא הניצבת שם, אלא עמה ניצבים כוחות רבים ועצומים – כולל השכינה בכבודה ובעצמה:

> ותתצב אחותו מרחוק. וקיימא לן פסוק זה על נבואה נאמר כולו.
> ותתצב, כמו שנאמר ויבא ה׳ ויתיצב וגו׳ (שמות ג׳, י׳):
> אחותו. כמו שנאמר אמור לחכמה אחותי את (משלי ז׳, ד).
> מרחוק, כמו שנאמר מרחוק ה׳ נראה לי (ירמיהו ל״א, ב).
> לדעה, כמו שנאמר כי אל דעות ה׳ (שם ב׳, ג) (מדרש אגדה, שמות ב׳, ד).

המלבי״ם מעמיק את המדרש וכותב שהנפש, שהיא חלק א־לוה ממעל, יש לה אחות בעולמות העליונים והגם שאותו חלק עומד מרחוק הוא מתייצב על נפשות החסידים כמו שנאמר ״ויתייצב ה׳״. חלק זה עומד לדעה מה

יעשה לו. לפי זה, השכינה היא זו שהייתה עם משה כדי להשגיח על הצלתו. אותה שכינה ניצבת עם האדם, גם בזמן שבו מצוקתו רבה וגדולה, והוא נתון בתיבה מיטלטל בין הגלים.

על פרשה קצרה זו של המתנה וציפייה השליכו הפרשנים השונים את עמדותיהם ואת השקפת עולמם בנוגע לאופנים השונים של השגחת ה׳ ומציאותו בעולם. השברירויות של מבוכה באשר לעתיד המתוארת בדברי הרש״ר, והביטחון המוחלט המתואר בדברי הרב נריה הן דרכים נבדלות בעבודת ה׳. אלה מאיתנו שהקב״ה ״לא עובד אצלם״ ואלה שבשל מסירותם הטוטאלית לרצון ה׳ סמוכים ובטוחים שה׳ ייענה לבקשותיהם.

הדרך שהמדרש האחרון מציע היא דרך שלישית: להתבונן במציאות וברצף המאורעות כאות להשגחה הא־לוהית. כל מה שיקרה הוא סימן לאחות הניצבת מרחוק. אפשרות זו היא אפשרות הביניים: מצד אחד, ביטחון מוחלט בהשגחה ובטיפול האישי, אך מצד שני – היעדר הנחות מוקדמות וציפיות לתסריט מוכתב מראש.

מכאן שהפרשנים השונים החילו על פרשה קצרה זו של המתנה וציפייה את עמדותיהם והשקפת עולמם בנוגע לאופנים השונים של השגחת ה׳ ומציאותו בעולם. בכך הפכו את נקודות המבט הרבות על מצב האדם המיטלטל בין מים למקובלות.

וילך איש מבית לוי

חומש שמות פותח בנושא חדש שאינו קשור בהכרח לאירועי סוף חומש בראשית. כדי לגשר על הפער בין שני החומשים מספרת התורה כי הדור הוותיק, דור בני יעקב תם וחלף מן העולם ועם ישראל המשוקע במצרים הופך להיות עם עבדים, שבבוא העת גם נגזרות עליו גזרות קשות ובתוכן גזרת המתת הבנים. בד בבד עם הפתיחה המכאיבה הזו והמעבר החד מימי שלטון יוסף ואחיו ועד לשפלות הנוראה של בניהם ובני בניהם, מובא סיפורו של משה ״וַיֵּלֶךְ אִישׁ מִבֵּית לֵוִי וַיִּקַּח אֶת בַּת לֵוִי. וַתַּהַר הָאִשָּׁה וַתֵּלֶד בֵּן״.

הפרשנים והדרשנים לא הניחו לפסוק הסתמי הזה, חסר הצבע ונטול הפרטים הבסיסיים ביותר, להישאר נידח ויובשני כפי שהוא. במילים פשוטות אלו הרי טמון סיפור הולדתו של משה מושיעם של ישראל. הפרשנות תחפש, מטבעה, מטען משמעותי ובעל ערך. בנוסף, הפסוק מספר סיפור

בלתי אפשרי. בהינתן שמשה אינו בנם הבכור של עמרם ויוכבד ובהינתן שמדובר ביולדת בת מאה ושלושים, התיאור הבראשיתי הזה על זוג צעיר שנישא ונולד להם נראה כהסחה הקוראת לפרשן.

הפירושים נחלקו בין ארבע נקודות מבט על הפסוקים:

על פי הגמרא, הפסוק מתאר את נישואיו השניים והמחודשים של עמרם עם יוכבד, שהיה נשוי לה בעבר, אך גירש אותה בעקבות גזרות פרעה. גירושין שהיו חלק מתפיסת המדיניות של עמרם כתגובה לגזרות. ואכן, כל בני הדור הלכו ועשו כמותו. אולם בזכות מרים שהעירה לעמרם על שהוא גוזר גם על הנקבות במעשהו זה, וכי גזרתו קשה משל פרעה, חזר ולקח לו לאישה את יוכבד (סוטה יב ע"א). לפי הפירוש הזה "וַיֵּלֶךְ" היינו – הלך בעצת בתו מרים. היה במעשה הזה מתינות של החלטה לאחר התייעצות, וגם סוג של התקפלות והודאה בטעות. מהודאה זו נולד בסופו של דבר משה.

הרמב"ן הלך בדרך כמעט הפוכה. לדבריו ההליכה מסמלת את נחישותו של עמרם להינשא ליוכבד על אף הגזרה ודווקא בגללה. ההליכה מתארת עזות, חיפזון ומחאה כנגד הגזרות. מבחינת עמרם הצעד הנכון הוא להראות למצרים שהם לא יצליחו להחריד אותו ולא לאיים עליו: "ועל דעתי, בעבור שלא חשש לגזרת פרעה ולקח לו אישה להוליד ממנה בנים, אמר הכתוב כן. בעבור כי בכל מזדרז לעשות ענין חדש יאמר כן".

לסיפור בתלמוד הבבלי קדם הסיפור **במכילתא.** במכילתא, מדרש התנאים על ספר שמות, מובא הסיפור על הגירושין מאותן סיבות של חוסר תוחלת בהולדה, וגם במכילתא מסופר על החזרת הגרושה לאחר שלושה חודשים. אך לא נאמר שם מדוע החזיר עמרם את יוכבד, סיפור מעורבותה של מרים נעדר מן המכילתא. פרט אחר יש במכילתא שאינו בגמרא: כשגירש עמרם את יוכבד היא כבר הייתה בהיריון עם משה. וכעבור שלושה חודשים, כשנשָׂאָהּ עמרם שוב ברוב טקס כבר הייתה הכלה בחודש השלישי להריונה. המצרים שלא ידעו על ההיריון שקדם לנישואין, ספרו תשעה חודשים מהחתונה וציפו ללידה רק שלושה חודשים מאוחר לתאריך הלידה בפועל. ומכאן שהפועל "וַיֵּלֶךְ" מתייחס לגירושין (ולא לנישואין). והגירושין הללו הם סיפור ההצלה של משה, הם שגרמו להטעיית האויב ובלבולו (מכילתא דרשב"י, שמות ו', ב).

בזוהר הפסוק הזה כולו רצוף רמזים ואופף אותו סוד גדול. "וַיֵּלֶךְ" אינו מתייחס להליכת עמרם אלא להליכתו של הקב"ה, קימתו מכיסאו ויציאתו לקראת עם ישראל. המהלך הטבעי של "וַיֵּלֶךְ" "וַיִּקַּח" "וַתַּהַר" אינו אלא

ניסיון של התורה לפשֵט תהליכים קוסמיים המתרחשים בעולמות העליונים. ״וַיֵּלֶךְ אִישׁ״ מקביל ל״דּוֹדִי יָרַד לְגַנּוֹ לַעֲרוּגוֹת הַבֹּשֶׂם״. זוהי השעה שבה הקב״ה יוצא כדי להתבשם מריחות הצדיקים בעולמות העליונים. זו שעת הבחירה במשה (זוהר, שמות יא, א).

ארבע נקודות המבט הללו מנסות להצביע על הרגע שבו נראה האור בקצה המנהרה ולתאר אותו. כיצד נראה אותו הרגע שבו מפציעה הישועה, ומתחילה להתעבר ולקנן בתהליכים איטיים וקצובים שאחריתם בגאולה השלמה.

לפי הגמרא, הרגע הזה הוא הרגע של ההכנעה ושל ההכרה באמת הגדולה יותר מן הזוועה האנושית. שכחת דרך הטבע והפקרת העתיד בידי שמיים.

לפי הרמב״ן זהו רגע ההתנערות והמרד, רגע ההבנה שיש להילחם בגורל. האקטיביות וקבלת האחריות הן עצמן כבר חלק מהפצעת הגאולה.

לפי המכילתא קריאה נכונה של המציאות וניצול שעת הכושר, הבנת מגבלות האויב וניצולן לטובתנו, כל אלה יוצרות שעת כושר לגאולה. החכמה והתחכום היהודיים הפורצים את גבולות המחשבה הם הבסיס לשינוי סדרי בראשית והבאת הגואל.

ואילו לדברי הזוהר הכול מתרחש כאילו באקראי, במעשים קטנים שעוצמתם סמויה מן העין. שום דבר אינו מתרחש בעולם, עד שהקב״ה מתרומם מכיסאו.

אם תרצו, יש כאן הקבלה לארבע לשונות הגאולה. והוצאתי – היכולת של עמרם לצאת מתוך עצמו, ולקחתי – לקיחת הגורל בידיים, והצלתי – הצלתו של משה מידי המצרים, וגאלתי – הפעולה הא־לוהית הנסתרת. ארבע הלשונות מתארות מבוכה שיש לעיתים בזמן הצלה וגאולה. יש קושי לעקוב ולדייק מהי נקודת הפתיחה, מה בדיוק גרם למה, ומה קדם למה, לגאולה אבות רבים. אלא ששילוב הכוחות כולם והפעולות והתגובות הסותרות לעיתים, כולן מוליכות לאותה נקודה של התעוררות מלמטה ומלמעלה, תוהו ובוהו נפלא של חידוש עולם.

של נעליך מעל רגליך

משה המביט בסנה מצטווה: "שַׁל נְעָלֶיךָ מֵעַל רַגְלֶיךָ" והנימוק לכך הוא: "הַמָּקוֹם אֲשֶׁר אַתָּה עוֹמֵד עָלָיו אַדְמַת קֹדֶשׁ הוּא".

השלת הנעליים במקום קדוש מופיעה בתרבויות שונות, אצל המוסלמים יש להסיר את הנעליים בכניסה למסגד, אצל הבודהיסטים בכניסה למקדש ועוד. ובדומה, על פי ההלכה אין ללכת בנעליים על הר הבית, כהנים עולים לדוכן רק לאחר שהסירו את נעליהם.

עם זאת, בהלכה חליצת נעליים מתקיימת לא רק בהקשר של פסיעה במקום קדוש אלא גם במקרים אחרים: אבלים אינם נועלים נעליים, הן באבלות יחיד והן באבלות ציבור של תשעה באב. ביום הכיפורים יש איסור על נעילת הסנדל. שליפת הנעל שימשה לביצוע קניין על פי הכתוב במגילת רות והריטואל מובא בגמרא כמקור לאפשרות של קניין סודר (בבא מציעא מז ע"א). חליצת הנעל מופיעה גם בהקשר של חליצה ליבמה, כשאחי המת מסרב לייבם את אשת אחיו וכחלק מן הטקס של התרתה לקהל. בתנ"ך מובאת ההליכה היחפה גם כחלק מהשפלה של הגולים והמשועבדים (ישעיהו כ'). כמובן שאין זהות מוחלטת בין כל המופעים הללו. בחלק מהם העניין הוא בעצם הסרת הנעל, בחלק העניין הוא לא לנעול נעליים ובחלק מהם הדגש הוא על היות יחף. חליצת הנעל עשויה להוות מעשה מבייש ומשפיל אבל ההליכה ללא נעליים מתפרשת כמעשה של יראה וכבוד למקום, וההליכה ללא מנעלים מחברת בין האדמה והאדם. בכל הגוונים הללו יש מכנה משותף אחד והוא שהם משקפים את העובדה שהנעל אינה רק פריט לבוש אלא גם סמל.

להבנת מהותו של הסמל כדאי לעיין בחלק מאגדות חז"ל המשבצות את הסרת הנעל בתוך סיפור אגדי. במסכת גיטין (נו ע"א) מסופר על מרתא בת בייתוס שבעת המצור על ירושלים מתמודדת עם רעב קיצוני. כשהיא שולחת את משרתה לרכוש עבורה קמח, ובמשך מספר פעמים הוא חוזר כשבפיו התשובה שהקמח שביקשה אינו בנמצא, אלא רק קמח מסוג אחר שאותו לא רכש. היא שולחת אותו שוב לקנות את הקמח המשובח פחות אך המצוי בשוק וכשהוא שב ריקם היא שולפת את נעלה והולכת לחפש דבר מאכל כלשהו: "הוה שליפא מרתא מסאנא, אמרה איפוק ואיחזי אי משכחנא מידי למיכל".

בסופו של דבר היא דורכת על גללים ומתה: "איתיב לה פרתא בכרעא

ומתה", ואז קרא עליה רבן יוחנן בן זכאי את הפסוק "הרכה והענוגה לא ניסתה כף רגלה". חליצת הנעל של מרתה בת בייתוס מסמלת את הירידה אל העם, את השלת המחיצות, וגם את ההכנה למגע ולמפגש עם המציאות (וראו ש' פאוסט, מרתה בת בייתוס, באתר 'דעת'), אולם, אם להתעכב על הנעל כשלעצמה, הרי שהיא מסמלת את מעמדה המכובד, היא שמסמלת את הניתוק שהיא חווה מן העם ומן המציאות.

בסיפור אחר בגמרא (תענית כד ע"ב). מסופר שכשרב יהודה היה שולף נעל אחת, מיד היה יורד גשם. סיפור זה מובא על מנת להביע את עוצמתו של רב יהודה, שלא היה צריך להתאמץ כדי שהקב"ה ייעתר לבקשתו להורדת גשמים בעת בצורת אך מדוע שלף רב יהודה את נעלו ומה היה בה, בהסרת הנעל, שהביא לרחמי שמיים? נראה שגם כאן, הסרת הנעל מביעה את חווייתו האנושית הקיומית של רב יהודה שבעת בצורת קשה חש את החידלון האנושי ואת האפסות בעמדו מול כוחות הטבע והנהגת ה' בעולם. הנעל, המייצגת את מעלת האדם, שבעבר נחשבה לבוש יוקרתי של אנשים עשירים, אינה הולמת את המעמד של 'העני ממעש' – מי שחש תלוי, זנוח וחרד לגורלו.

מטפורה של נעל מופיעה גם בסוגיה ההלכתית של מקח טעות בקידושין. מה קורה אם החתן מקדש את האישה על מנת שהוא לוי ונמצא לאחר מכן שהוא כהן? לכאורה, מעלתו גבוהה ומה הפסידה האישה בקידושין אלו? אך הדין הוא שאינה מקודשת וכי יש כאן טעות:

> אמר עוּלא: ...אבל בשבח יוחסין – דברי הכל אינה מקודשת;
> מאי טעמא?
> מסאנא דרב מכרעאי לא בעינא [=נעל הגדולה מרגלי, איני רוצה בה] (קידושין מט ע"א).

הנימוק להלכה זו הוא שיכולה האישה לומר שהיא אינה חפצה בנעל שגדולה על מידתה שלה. הנעל פה היא סמל סטטוס, ומסמלת לא את גודל כף הרגל אלא את מעלת האיש ביחס למעלתה שלה. האישה אינה חפצה להינשא לבן המעמד הגבוה. היא חפצה בנישואין שיש בהם הדדיות ולא בנישואין שבהם נחיתותה נתונה מראש.

על פי המפתח הזה, יש לבאר את הופעת הנעל במקורות ההלכתיים השנים. החליצה נועדה להשפיל את האח המסרב למלא את חובתו האנושית

ואינו חש את הסולידריות המצופה ממנו ובהסרת נעלו יש ביטוי לירידתו ממעלתו. בעת אבל אדם חש מחוסר הגנה ועל כן הוא מסיר את נעליו ומבטא בכך את חולשתו ושבירירותו כאדם. בעשותו קניין האדם מציב את הנעל המסמלת את כבוד האדם שבו, את היותו ג׳נטלמן, כאות למחויבותו העמוקה להסכם שנקשר ובמקרה של פרשתנו, בהתקרבו אל הקודש האדם חש את אפסותו ואת פיחות ערכו אל מול פני השכינה. מכאן גם לתרבויות מסוימות שבהן ההליכה יחפים מקובלת מאוד, ושמא היא מעידה על חתירה לפשטות, על ניסיון לשוויון. בתרבויות אחרות נאסרה ההליכה ללא נעליים ואיסור זה מעיד על הרצון להעמיד את הערך של כבוד האדם במרכז.

השל״ה פירש את עניין הנעל בכיוון אחר. לדבריו הנעל היא כעין מנעול, והיא מסמלת את המסגרת הכובלת של האדם (של״ה כי תצא, תורה אור, טז). האישה היא מנעל בעלה, שכן היא ״נועלת״ אותו בחיקה. ומכאן גם להופעת הנעל בטקס החליצה כשחרור האישה מחיבוקו של הבעל. הפסוק ״מה יפו פעמיך בנעלים״ מבטא את הרגליים האסורות בנעליים כגורם המעדן את הפסיעות ומאט את קצב ההליכה. מטאפורית, פסוק זה מתאר עם ישראל כשהוא נתון בנעלי המחויבות ההלכתית שמעדנות את הנהגותיו ועל כך תפארתו. ועל פי זה הציווי למשה: ״של נעליך מעל רגליך״ מקושר עם קדושה ויראת רוממות, ומורה על הפרישות הנדרשת ועל הזיווג של האדם עם השכינה.

פרשת וארא

פרעה והחבית של דיוגנס

פרשתנו פותחת צוהר לאופי שלטונו של פרעה 'החדש' המסואב והמרוחק מצורכי העם. הדבר ניכר בהתעלמותו של פרעה מסבל בני עמו הנגרם מן המכות, אבל גם ביחסו לעם הזר שתחתיו. עם משועבד זה איבד את זכויותיו הבסיסיות והפך בעל כורחו למכשיר, לאמצעי שמטרתו להגדיל את כוחה של המעצמה והאימפריה השלטת. מצרים תחת שלטון חדש זה הופכת מארץ מולדת לבני עמה, ליישות שאיבדה את משמעותה הסגולית כמדינה וכמחסה. התפוררותה הערכית היא שגורמת בסופו של דבר להתנפצות חוסנה. המכות שמביא ה' על המצרים בידי משה אינן רק כוחות הכנעה שמשקלן הולך ומצטבר. המכות הללו הן תמונת מראה צינית המוטחת אל מול פרצופו של פרעה, ויש בהן רק משום חותמת וגושפנקה לשקיעת עליונותו.

על מנת להבין את פרשת המכות, ראוי אולי לשוות אל מול עינינו את דמותו של דיוגנס. מעשיות רבות מתארות את מעשיו המגוחכים והמשונים של הפילוסוף היווני. מעשייה אחת מתארת כיצד הוא הולך באור יום כשנר בידו ולשאלת הפונים אליו הוא מצהיר כי הוא מחפש איש ישר. מעשייה אחרת מתארת כיצד הוא פורש מחיי החברה ומתגורר בחבית בסגפנות יתרה. כאשר אלכסנדר מוקדון פונה אליו ושואל מה הוא יכול לעשות למענו, הוא משיב – "לזוז, אתה מסתיר לי את השמש". המעשים המשעשעים הללו לא נועדו לבדח בלבד. במקורם הם באו לתאר את אובדן האמון בכוחה של המדינה. דיוגנס מחפש בנרות איש ישר, אך לא ניתן למצוא אדם ישר

במרחב הציבורי, במקום שבו אמור לשרור צדק ויושר. אלכסנדר השליט המאפיל על החבית של דיוגנס הוא ביטוי לכך שהקיסר הכל־יכול מהווה מכשול וחוסם את האור ואת האמת. השליט הגדול פולש לחלקת הא־לוהים הקטנה היחידה שנותרה. מדיניותו הקלוקלת והמושחתת מעיבה על היכולת להתבונן בדברים כהווייתם ועל הצדק והיושר הטבעיים – כמו גם על אמצעי המחייה הבסיסים – השייכים לכל אדם באשר הוא אדם.

המופת הראשון של משה, ההופך את המטה לנחש, מסמל אף הוא בדרכו את היפוך התפקידים האירוני במטה פרעה: משרביט המביא בשורת סדר וחיים הופך המטה לחית טרף רודפת ופתלתלה, הנושכת בעקבי בני אדם. גם המדרש רואה בנחש סמל לאופי השלטון של מצרים: "מה ראה הקדוש ברוך הוא להקיש מלכות מצרים לנחש, מה הנחש מעוקם אף מלכות מצרים מעקמת דרכיה" (שמות רבה, ט).

את המים, מקור המחיה הטבעי והחיוני, משה הופך לדם. בכך הוא רומז שפרעה עושה שימוש ציני בחיי אדם, כשבתמורה לזכותם לחיים הוא סוחט מהם את תמצית חלבם ודמם. בכך, פרעה מתרגם אנשים לחומר, לדם שממנו בני האדם קרוצים.

בשלב הבא, משה מעלה את הצפרדע על ארץ מצרים. על מנת להבין את משל הצפרדע נעיין במדרש הידוע המתמקד בשאלה כיצד הפכה אותה צפרדע שעליה נאמר "וַתַּעַל הַצְּפַרְדֵּעַ", לצפרדעים רבות לאין ספור המתרוצצות בבתים, בחדרי השינה, במיטות, בתנורים ובלחם.

> ותעל הצפרדע ותכס את וגו',
> תני ר' עקיבא אומר, צפרדע אחת היתה והיא השריצה ומלאה את ארץ מצרים,
> אמר לו רבי אלעזר בן עזריה, עקיבא מה לך אצל הגדה? כלה מדברותיך ולך אצל נגעים ואהלות,
> צפרדע אחת היתה ושרקה להן ובאו (שמות רבה, י).

על פי המדרש, ר' עקיבא סבור שבאמת הייתה רק צפרדע אחת בתחילה. אבל קצב התרבותה היה כה מהיר עד שמילאה במהרה את כל ארץ מצרים. על עמדתו זו של ר' עקיבא חולק ר' אלעזר בן עזריה בבוז ובדחייה מוחלטת של הדרשה ושל הדרשן: "כלה מדברותיך, ולך אצל נגעים ואהלות". ומהו הסברו של ר' אלעזר בן עזריה לסיפור הצפרדע שהפכה לצפרדעים רבות?

פשוט: "אחת היתה ושרקה להן ובאו". קורא המדרש עומד תוהה במה עדיפה עמדתו של ר' אלעזר בן עזריה על פני זו של ר' עקיבא. זו אינה מציאותית אלא פנטסטית, וכן זו. שתיהן נראות כמדרש אגדה אפשרי ביותר. ייתכן שמה שרוצה ר' אלעזר בן עזריה לומר הוא שמכת צפרדע מגחיכה את אופיו הנכלולי של פרעה, כמנהיג הפושט על בתי נתיניו, וחודר לרשותם הפרטית ביותר. טורף את פיתם ומתערב בחדרי משכבם. הדימוי הנכון למנהגיו של פרעה הוא הדימוי של כנופיה. פרעה הוא ראש הגנבים ויחד עם פמלייתו – שריו ומשרתיו – הוא שולט במצרים בסיאוב נורא. זה מאותת בשריקה ואלה מבצעים את הפשיטה וסרים למשמעתו. דימוי הצפרדע המשריצה שהציע ר' עקיבא, חסר את התחכום הנדרש כדי לבטא את הסתאבותו של פרעה. כך או כך – סרחון נבלתם של עדת הצפרדעים נותר באוויר זמן רב לאחר שהם נעלמים שבעים ומדושני עונג על חשבון האדם חסר ההגנה.

עפר הארץ ההופך לכינים (שמות ח, יג) מסמל את הפיכת הקרקע מתשתית קיום ומחיה, למכשיר רדייה באדם ובבהמה שעליה. ממקום חיות היא הופכת לנטל בלתי נסבל ולמוקד גירוי עצבי טורדני.

בסופו של דבר פרעה מורה למשה ולאהרן "לְכוּ זִבְחוּ לֵאלֹהֵיכֶם בָּאָרֶץ". ותשובת משה היא: "לֹא נָכוֹן לַעֲשׂוֹת כֵּן כִּי תּוֹעֲבַת מִצְרַיִם נִזְבַּח לַה' אֱלֹהֵינוּ" (שמות ח', כא-כב). פרעה מנסה לבקש ממשה שעם ישראל יעבוד את א-לוהיו מתוך מצרים, אבל משה משיב לו חד משמעית שהדבר בלתי אפשרי. יש מקומות שאי־אפשר להתפלל בהם, כי מקור הברכה מוסתר ומעומעם על ידי העריצות השלטת. מצרים המתועבת אינה בית תפילה. המחנק הרוחני והטוטליטריות של פרעה אינם מותירים בדל מקום להתייחדות עם הנצחי.

נס בתוך נס

את ירידת הברד לוותה תופעה פלאית: אש מתלקחת בתוך הברד, ובלשון חז"ל: "נס בתוך נס". המושג 'נס בתוך נס' מצוי גם במקומות אחרים וביחס לאירועים נוספים לאורך ההיסטוריה והוא ביטוי של הדגשה מיוחדת המבקשת להסב את תשומת ליבנו למאורע הניסי. אינטואיטיבית מדובר בניסיון להעצים את הנס כחלק מן ההתפעלות שלנו הקוראים מהופעת ה' בעולם בצורה ישירה מובהקת וברורה. עיון מגלה כי אופייה של הדגשה זו משתנה מפרשן לפרשן.

על אופיו של אותו נס בתוך נס שבברד (המובא בשמות רבה) נחלקו הפרשנים. לדעת המהר"ל בברד כונסו יחדיו שתי רמות של נס. האחת היא עצם ירידתו של הברד שאינו מצוי בכמות ובעוצמות כאלו, והשנייה היא השילוב של אש ומים שחורג מן הטבע (גור אריה שמות פרק ט). לדעת הרא"ם הנס שנוסף על שילוב המים והאש הוא בכך שהאש ירדה למטה "הפך תנועתה כדכתיב (פסוק כג) ותהלך אש ארצה" (מזרחי שמות ט).

על פי המהר"ל, שני הניסים אינם שווים בעוצמתם. בניגוד לאש המתלקחת בתוך הקרח, ירידת הברד עצמה היא מעשה שבדרך הטבע רק העיתוי שלו מבטא את ההיבט הניסי. הרא"ם ביקש למצוא בברד שני ניסים באותה רמה, כאלה שמשקפים שניהם הליכה נגד הטבע ממש.

בעניין הניסיות הכפולה פוסע הרא"ם בעקבות דברי מדרש רבה על בליעת המטות על ידי מטה אהרן. הגמרא אומרת: "'ויבלע מטה אהרן את מטתם' אמר ר' אלעזר נס בתוך נס" (שבת צז ע"א), ובמדרש מבואר מהם שני הניסים: "אמר ר' אלעזר, נס בתוך נס – מלמד שחזר המטה מטה כברייתו ובלע אותן" (שמות רבה, ט). כלומר, על פי הגמרא והמדרש הנחש הפך חזרה למטה והמטה הוא שפתח את פיו ובלע את המטות האחרים, קרי שני ניסים המנוגדים לטבע.

הרצון לחפש אחר ריבוי ניסים ויתר על כן, להציב את הנס הגלוי במרכז, נובע מן הצורך האנושי הקמאי לפגוש את הקב"ה פנים אל פנים, לחוש בקיומו ובנוכחותו בעוצמות גדולות. כמו שמעיר השם משמואל: "אבל כששר של אש יורד שמה נסתלק ההסתר... וזהו כבוד השם יתברך שאין עוד מלבדו ואין מציאות לשום נברא זולתו" (שם משמואל, וירא). התגלות ה' דרך הנס מגלה שהוא מכונן הטבע.

ניואנס אחר מצוי בסוגיה בסוטה. שם נדונה התקרית שבסופה באו הילדים שפגעו באלישע על עונשם הניסי ויצאו דובים מן היער וטרפו אותם. בפירוש מעשה הניסים הזה נחלקו רב ושמואל האם מה שקרה היה בבחינת נס או שמא בבחינת נס בתוך נס: "'ותצאנה שתים דובים מן היער ותבקענה מהם ארבעים ושני ילדים', רב ושמואל, חד אמר: נס, וחד אמר: נס בתוך נס. מאן דאמר נס – יער הוה, דובים לא הוו; מ"ד נס בתוך נס – לא יער הוה ולא דובים הוו" (סוטה מז ע"א). לא רק יציאת הדובים מן היער הייתה נסית אלא גם הופעתו של היער שממנו יצאו הדובים. ולא דובים ולא יער היו שם מלכתחילה. כלומר, לדעת אמורא זה כל התפאורה של האירוע, יחד עם האירוע עצמו, צצו יש מאין. מכל אלה עולה שהניסיון להציג נס

כ'נס בתוך נס' הוא פרי רצון להעמיק את הנס, להכפיל אותו ולהתפעל מעוצמתו. קיומה של המחלוקת מעיד על התחרות הסמויה להסביר בצורה מרגשת את הסיפור.

'נס בתוך נס' עשוי להיות גם נס שנעשה בעצמו בדרך הפוכה מן הציפייה הסבירה. כך, אלישע ממתיק מים באמצעות מלח ועל כך מעיר רש"י: "והלא מלח דבר המקלקל את המים הוא, אלא נס בתוך נס" (רש"י, מלכים ב' ב). המתקת המים היא הנס, אך הדרך שבה נעשתה המתקת המים הופכת את הנס לנס שנעשה באמצעות נס. גם הצלת חנניה ומישאל ועזריה מכבשן האש לא באמצעות כיבויה אלא באמצעות שמירה על גופם בתוך האש מוגדרת בידי רבינו בחיי כנס בתוך נס וכדבריו: "כי כן דרך ה' יתברך בעשותו אותות ומופתים עם הצדיקים שהוא עושה להם נס בתוך נס, להגדיל האות והמופת, כי כן מצינו בחנניה, מישאל, ועזריה, כשהושלכו לכבשן האש והיה אפשר באות קל בכבוי האש, ולהגדיל האות והמופת היה האש בתוקף כחה ולא הזיקה אותם" (שמות י"ג). רבינו בחיי בלשונו רומז שיש כאן סוג של 'התרברבות' של הקב"ה ביכולותיו המשתקפת בניסים שהם באופן מיותר לחלוטין דווקא נגד הטבע.

הרד"ק הלך בדרך שונה. בפירושו לסיפור פקידת שרה מעקרותה הוא מציג את הדבר כנס בתוך נס משום ששרי נפקדת למרות הזקנה ולמרות העקרות שהן שתי סיבות שונות למניעת הריון (רד"ק, בראשית י"א). מדבריו נלמד כי ניתן לפרוט אירוע אחד ולתארו מזויות שונות ובכך להופכו ל'נס בתוך נס'. הדגש באופן זה הוא על ה'מאמץ' של הקב"ה ולא על ריבוי של מקרי הנס. בפירוש הזה העביר הרד"ק את כובד המשקל אל האדם. כיצד הוא בוחר לראות מקרה שהתרחש. וכמה רוממות רוח הוא יכול להפיק ממקרה שהוא לעיתים גם פעוט.

משמעות אחרת למושג 'נס בתוך נס' ניתנת על ידי שניים מחכמי ספרד מהמאה השתיים-עשרה והשלוש-עשרה. האבן עזרא כתב: "וכן כתוב הנה אנכי הורג את בנך בכורך והשני בעבור שנמלטו בכורי ישראל והנה היה נס בתוך נס" (אבן עזרא, תהילים קל"ה, ח). על פי האבן עזרא, מכת בכורות הייתה 'נס בתוך נס' משום שלא רק שבכורי מצרים מתו בה, אלא שבכורי ישראל נשארו בחיים. לפי פירוש זה, המושג של נס בתוך נס מתקיים כאשר הנס הנוסף מגביל את הנס הראשון. בדומה גם הרמב"ן זיהה כנס בתוך נס את המובן הזה של 'נס' ו'נוגד נס': "כי בא סוס פרעה ברכבו ובפרשיו בים וישב עליהם את מי הים בעוד בני ישראל הולכים ביבשה בתוך הים, והוא

נס בתוך נס" (רמב"ן, שמות ט"ו, יט). לדבריו, העובדה שבה בעת שהמצרים טבעו בים בני ישראל עברו ביבשה היא הנס שבתוך הנס.

משלל הפירושים משתקף היחס של הפרשנים השונים אל הנס ומהותו. שלוש האפשרויות הפרשניות הראשונות נטו להתמקד לא רק בנס אלא גם בנס הגלוי. לא רק בנס אלא גם בעוצמתו, לא רק בנס אלא אף בבוטותו. בכך, הלכו בדרך המציגה את ה'נס בתוך נס' כשיאן הניסים. לעומת זאת, שני הפירושים האחרונים הציגו תפיסה אחרת בעזרת המושג 'נס בתוך נס'. הרעיון שמאורע פשוט יכול להפוך באחת לאלפי פרטים ניסיים תלוי בסך הכול בנו. גם הצגת הנס כדבר שמצריך בלם, שנס כשהוא מתרחש הוא גם צרה ולא רק עושר. הצרה הזו מוכרת לנו מימי חוני המעגל, המנסה לעצור את שטף הגשמים. מכאן צומחת צורת חשיבה שאומרת שנס בתוך נס הוא לא שיאן הניסים, אלא דווקא נס בגבולות. נס שהצליח להתגבר על פרץ השפע שלו עצמו. הניסיון לאתר נס כזה ולכנותו 'נס בתוך נס' מלמד שאחרי כל ההתפעלות והרצון לגילוי ה' ברור לגמרי שהעולם אינו יכול להתקיים אל מול שפע א-לוהי. שפע ניסים עשוי להביא לשבירת הכלים.

הפרשות שאנו מצויים בהן בימים אלה, ועומס הניסים שבתוכן יכולות להצביע גם על הקושי שמביא אתו הנס. עוצמות הגילוי הנלוות לנס מטלטלות את כל הקיום. יש בגילוי משום התערטלות שעשויה להביך את המביט בה. היחשפותו של הקב"ה לעיני בריותיו עשויה להיות קשה למתבונן שחש צורך בכיסוי, בשימת גבולות ובביקורת. כשם ששחרור בלמים ואיזונים עשוי להיות חביב בהקשרים מסוימים, באפשרו פתיחות, כנות והיישרת מבט, כך אותו שחרור כשאינו במקומו יכול להתפרש כשילוח רסן, כבעיה בתקשורת או במידות ודרך ארץ. כאשר מתרפקים על תקופת המקרא והנבואה, ומבקשים לשוב אליה, זוהי נקודה חשובה שיש לזוכרה: לא בכל הקשר נוח וראוי להתנהל בדרך של 'נס', ולפעמים יש צורך ב'נס בתוך נס' שיקל עלינו את עוצמתו של הנס.

קל וחומר

פרעה פונה לבני ישראל, והושטת היד שלו נענית בסירוב. בעקבות הסירוב נשלח משה לפרעה. בתגובה לשליחות החדשה מגחך משה ואומר: "הֵן בְּנֵי יִשְׂרָאֵל לֹא שָׁמְעוּ אֵלַי וְאֵיךְ יִשְׁמָעֵנִי פַרְעֹה?". רש"י על הפסוק מעיר שהמשפט

הזה של משה הוא אחד מעשר פעמים בתורה שבו מופיע הרעיון של 'קל וחומר'. שהרי משה עושה חשבון שאם בני ישראל לא שמעו לו, קל וחומר שפרעה לא ישמע לו.

המפרשים כולם נזעקו כנגד ההיגיון שבקל וחומר של משה, שאינו מובהק כלל: מי אמר שאם בני ישראל לא האזינו פרעה לא יאזין? ואולי להפך?

האבן עזרא מנמק את הקל וחומר של משה – אם עמך לא שמעו אליי קל וחומר לפרעה שאיננו מנתיני הקב"ה אלא מלך החשוב בעיני עצמו. האלשיך הולך בכיוון זה ומסביר שאם בני ישראל, מאמינים בני מאמינים, לא האמינו למשה איך יאמין לו הכופר הזה? הריב"א מסביר שמשמעות הקל וחומר היא שאם בני ישראל שלטובתם התכוון משה, לא שמעו לו, איך ישמע לו פרעה שלרעתו הוא בא? פירוש דעת זקנים מבעלי התוספות מסביר שאם המשועבדים שאותם בא משה לגאול לא שמעו, איך ישמע המשעבד שאינו מקווה לישועה אלא להפך?

כאמור, הסיבה המרכזית לעובדה שכל המפרשים נחלצו להסביר את ההיגיון שמאחורי הקל וחומר של משה היא שניתן לומר גם את ההפך המוחלט, שבני ישראל לא שמעו למשה מקוצר רוח ומעבודה קשה. הם לא היו פנויים להאזין, אבל פרעה? כל החיים לפניו וחייו משעממים גם כך. פרעה דווקא ממתין לאנשים מעניינים שישמיעו לו רעיונות חדשים. ויש סיכוי לא רע שהוא ישמע למשה.

האמת ניתנת להיאמר, שקל וחומר ככלל מבוסס על לוגיקה בעייתית.

ראשית, מפני שלעולם אין לדעת אם הפרמטר שבו אנו משתמשים כדי לבחון את מידת החומרה של פרט אחד ביחס למשנהו הוא המשתנה החשוב והמשמעותי. תמיד אפשר לומר שאם אדם שאינו חייב במזוזה על גופו, חייב בלבישת ציצית, הרי מ"קל וחומר" בית שחייב במזוזה ודאי שיהיה חייב בציצית. כלומר, אפשר להגיע בעזרת הקל וחומר גם לתוצאות שאינן סבירות. הכשל הלוגי בתיאור הזה מובן. דומה הדבר להצעה לומר שאם כף אוכלים בה מרק אך אין אוכלים בה שניצל, הרי שמזלג שאוכלים בו שניצל קל וחומר שנוכל לאכול בו מרק. ועוד ועוד דוגמאות כאלה.

כשל נוסף באפשרות לדרוש עניינים בקל וחומר קשור לכך שגם אם ידוע לנו באיזה משתנה נבחן מה קל ומה חמור, עדיין לא ברור איך יכריע הדבר את הדין. כך למשל, על נזיר וכהן חלים איסורים דומים: שניהם אסורים להיטמא. אלא שהכהן אסור להיטמא כל חייו וקדושתו לעולם, ואילו

הנזיר אסור להיטמא רק בתקופת נזירותו וקדושתו היא "לשעה". האם נאמר שכיוון שקדושת הכהן לעולם, כל מה שנאסר על הנזיר נאסר מקל וחומר על הכהן? לא בהכרח. ייתכן שדווקא קדושת שעה חמורה יותר מקדושת עולם. שכן קדושה לשעה צריך להקפיד עליה ביתר שאת בתקופה המסוימת שבה היא חלה. במידה דומה נשאל – האם תלמוד תורה חמור מכל המצוות כיוון שאנו מחויבים במצוות תלמוד תורה תמיד? האם תלמוד תורה ידחה משום כך כל מצווה הבאה לידינו וכך ניפטר ממקרא מגילה ומחובת צדקה?

עינינו הרואות שמידת קל וחומר איננה פשוטה תמיד, לא רק במקרה של משה רבנו העומד אל מול פרעה מיואש וחסר תקווה.

השפתי חכמים רואה בקביעתו של רש"י שמדובר בקל וחומר שבתורה פירוש לא הכרחי. לדבריו, אפשר לקרוא את הפסוק בנחת. כביכול משה מציין שתי עובדות נפרדות: הם לא שמעו לי וגם פרעה לא ישמע לי. אולי מפני שאני ערל שפתיים ואינני בעל כושר שכנוע.

מדוע אם כן הסביר רש"י שיש כאן קל וחומר? בפרט שמתברר שכמעט לא ניתן להסביר את הקל וחומר שנוצר כאן בהיגיון. אומר השפתי חכמים כך:

> ויש לומר דמשה לא היה יודע שלא שמעו לו בשביל קוצר רוח,
> אלא הוא סבר שבשביל שהוא ערל שפתים לא שמעו לו,
> ומה שכתוב בקרא (בפסוק) כן, מפני שהתורה כתבה לפי האמת,
> אבל לפי דעתו שהיה סובר משום שהיה ערל שפתים לא שמעו אליו.

לפי דבריו של השפתי חכמים, אם קוראים את אמירתו של משה בדרך של קל וחומר, מתגלה לפנינו עוצמת דמותו של משה רבינו. שכן, משה רבינו חשב שאם לא שמעו אותו אנשים שהיו זקוקים לדבריו ושמצפים למעט תקווה, בשל ערלות שפתיו, הרי שפרעה לבטח לא ישמע לו. אבל, האמת הייתה שבני ישראל לא שמעו למשה מפני קוצר הרוח והעבודה הקשה שתחתיה היו נתונים. ולכן לא הייתה כל סיבה להניח שגם פרעה לא ישמע למשה, ואין כאן שום קל וחומר. מדובר בקל וחומר סובייקטיבי. כמו כל מקרי הקל וחומר שהצבענו על הכשל הלוגי בהם, גם הקל וחומר הזה נגוע בכך שמשה שבוי בנקודת מבט מסוימת אשר אינה בהכרח קנה המידה הנכון להשוואה. הסיבה שהוא בחר בפרמטר הזה היא ענוותנותו וצדקתו. הוא בטוח שאם

משהו השתבש, הרי אצלו הוא השתבש והוא מקבל אחריות ומוכן להסיר את מועמדותו מיד.

אבל מן המקרה של משה ניתן ללמוד דבר נוסף: את דו משמעותו של הפסוק, ואת האפשרות לקרוא אותו בדרכים שונות. זוהי למעשה דרכה המתוחכמת של התורה להצביע על כך שאפשר להסתכל על המציאות תמיד בשני אופנים. מכל כישלון אפשר להסיק את הכישלון הבא בדרך של קל וחומר. אבל אם לא מתפלפלים בכישלון אלא ממשיכים הלאה, אפשר להפוך אותו גם למבוא להצלחה הבאה.

פרשת בא

מהפכות

דרישת משה מפרעה לשלח את עם ישראל היא דרישה מתבקשת ופשוטה. הניצול והפגיעה בערכים האנושיים הבסיסיים שמלווים את השעבוד – חייבים להיפסק. הסירוב השאנן והשחצנות הבוטה של פרעה מקדירים את פני השמיים. כמו שכתב שיקספיר "שמיים כה קודרים, לא יתבהרו ללא סערה".

מצרים סופגת מכה אחר מכה. ננסה לדמיין לרגע את מצבה, לחוש את דופק הלב ואת תחושות אזרחי האימפריה השרויה בעיצומה של דעיכה. קשה לשחזר רגשות והלכי נפש, אך דיבובם של התיאורים היבשים עשוי ליצור תמונה. הקשבה למאורעות תגלה את ההתרופפות המוסרית ואת ההיחלשות הפיזית הפוקדת אותם, צעד אחר צעד, בתהליך איטי ומתמשך.

הפגיעה במקורות המים תחילה מעוררת דאגה, עננה מאפילה על הביטחון הקיומי הבסיסי. חרדה קיומית מרחפת באוויר. מתקפת הצפרדעים מוסיפה טרדה והצקה המעודדת לעצבנות בתוספת לאובדן השגרה השלווה. הצחנה ברחובות שבעקבות המכה מעודדת גסות וניוול, גורמת לשקיעה של כבוד האדם. הכינים המכרסמות בגוף האדם ובכל אשר לו מביאים איתם עליבות גופנית, פצעים וחטטים. תורים ארוכים בבתי המרקחת. מחסור במשחות ותרופות, עליית מחירי התרופות, מרמור בקרב מעמד הבינים. מזיקים בשדות נשיכת נחשים ועקרבים מגבירים את הטירוף הפושה בכל. הפגיעה ברכוש והשמדתו: הסוסים, החמורים, הגמלים, הבקר והצאן, וגם

התפשטות מגפת השחין – כל אלה מותירים את האנשים רעבים ללחם וחסרי פרנסה ומשען. גם השמיים אינם מאירים פנים והברד מכה ומכלה כל חלקה ירוקה. השממה פושה בכול, גם הקור והקיפאון. השלמת מלאכת השמדת השדות ויבולם נעשית כבר על ידי הארבה הממלא את החלל.

המדרש מיטיב לתאר את המתרחש בלב המצרים באותה עת, וחושף את ממדי האסון:

> אמר ר' יוחנן: כיון שבא ארבה שמחו המצריים אמרו נקבץ ונשלק ונאכל ונמלא בהם את החביות, אמר להם הקדוש ברוך הוא רשעים! במכה שהבאתי עליכם אתם שמחים?! (שמות רבה, יג; מדרש אגדה, שמות).

מהתמונה עולה שאזרחי מצרים מסתובבים מזי רעב ברחובות, לבושי סחבות תרים אחר מזון ומזור לכאבם. מתגעגעים לטעמו של סיר הבשר ולריח תבשילים, ועדיין, את ה"סטרטאפיסטים" הללו שרואים בארבה הזדמנות – מכנה המדרש "רשעים". מפני שברור שבמצב הזה הרשעים הם אלו שמספסרים בדברים שבימים כתיקונם הם בעלי ערך שולי והופכים כל ביצה למטיל זהב. הכסף מאבד מערכו עד מהרה, האינפלציה גוברת ויחד אתו אובד ערכו של המוסר והערכים. אנשים רומסים בתמורה למעט הרווחה. אנשים הגונים וישרים יורדים מנכסיהם והרשעים מזהים הזדמנויות לטרף קל ומתגדלים. כשהשאלטר יורד, החושך והעלטה מכסים את הכול, האיבה לשלטון שאמור היה לתת מענה גוברת מרגע לרגע. העם מאבד אמון במנהיגיו. זה השלב שבו מתרחשת האנרכיה. על אובדן האמון הזה נוספות השמועות על השחיתות השלטונית, על המקורבים שהיה להם מידע פנימי על העומד להתרחש, שגם הצליחו לגונן על בהמתם. על כך שהחרטומים ייעצו לפרעה להיכנע אך הוא כשל באדישותו למצוקה ברחובות, ועוד הוא מנהל משא ומתן קטנוני עם משה במחיר ראשי בני עמו.

על פי המתואר בתהילים ("לְמַכֵּה מִצְרַיִם בִּבְכוֹרֵיהֶם"), ובשונה מפשט פסוקי פרשתנו, המהפכה מתרחשת מוקדם ולפני מכת בכורות, העם המצרי לא המתין למות בכורותיו. המידע על המתת הבכורות הצפויה דולף, והבכורות הם אלו שנאבקים על חייהם. מאבקם מעורר לניסיון דיכוי ולמלחמת אזרחים של ממש.

וכך מובא במדרש:

כששמעו כל הבכורות כך, נתכנסו אצל אביהם, אמרו להם כל מה שאמר משה בא עלינו, עתה אין אתם מבקשים שנחיה, בואו ונוציא את העבריים מבינותינו וילכו להם, והם משיבים אותם ואומרים אפילו כולנו מתים אין אנו משלחים אותם.

מה עשו הבכורים? נכנסו בפלטורין של פרעה והיו צווחין ומקלסין לפרעה, ואומרים לו בבקשה ממך יצאו העם הזה שלא יבא עלינו רעה ועליך ואנו מתים, אמר למשרתיו צאו והכום וקפחו שוקים שלהם, אני אומר או נפשי תצא או נפשותיהם של עבריים, ואתם אומרים הוציאו אותם, מה עשו הבכורות נטל כל אחד ואחד חרבו והרגו את אבותיהם, מיד נגלה עליהם הקדוש ברוך הוא, וזהו שנאמר למכה מצרים בבכוריהם (תהילים קל"ו, י), ולא נאמר למכה בכורי מצרים (מדרש אגדה, בא, י"א, ה).

כשהמוות מגיע לבתי המצרים הם יוצאים לרחובות בהפגנות המוניות ובתביעה להכיר בכך שיש ה' אחד. הם מבינים כי המשטר כשל והשקפותיו שגויות מיסודן.

אי־אפשר לעורר לשינוי מדיני, לרענן אמונות ישנות ולגבש תפיסה חברתית חדשה באמצעות שלטון מבוסס. הדרך היחידה לעשות זאת היא באמצעות התעוררות איטית גוברת של עם מתמרד. באמצעות קולות אופוזיציונים המוכנים להלום ולהשמיע את התנגדותם. בסופו של דבר, על מנת להביא את פרעה לשלוח את בני ישראל, חייבים לשכנע את העם המצרי לצאת לרחובות ולהפגין למען שילוחם.

מתוך הזעזועים המדיניים, מתוך התערערות השלטון במצרים, מתוך שפלות המשעבדים ומתוך התוהו ובוהו המוסרי הערכי והאנושי, נבעט עולם הערכים הישן ותחתיו נברא עולם ערכים חדש. הטוב מתברר מהרע. מבהיק אורו של עם.

ויהי בחצי הלילה.

"ולכל בני ישראל היה אור": מכת החושך כתיאטרון של סמלים

המכות כולן כוונו להעברת מסרים באמצעים מוחשיים תוך שימוש בכל החושים. המסרים עשויים להיות מגוונים, וכל לומד יראה במכות מסר שונה. בפרק פרעה והחבית של דיוגנס (ראו לעיל) כתבתי על המכות כפרודיה על דרך ההנהגה של פרעה עצמו. הפעם אני מציעה כיוון מחשבה נוסף: המכות כסמל ליחסים שבין ישראל לעמים כשמטרתן לייצג באמצעות סמלים את מה שלא ניתן לתארו במילים, ולחולל חוויה משותפת באמצעות כמוסת מציאות. אפשר לדבר על השחין כמסמל את העקצוץ והמטרד או על הערוב כעל התנפלות חיות הטרף למשל, כשיקוף של מערכות יחסים שאנו מכירים לאורך ההיסטוריה. אך אתמקד במכת חושך בלבד, כדוגמה למשל שבמכות כולן.

המדרשים תיארו את מכת חושך כנס שבו כל איש מישראל מתהלך בתוך אלומת אור, גם כאשר הוא נכנס לבתי המצרים השרויים באפילה כבדה ומוחשית, הישראלי מהלך בבתיהם כשהוא מוצף אור. לפי התמונה המוצגת במדרש, הישראלי רואה הכול, והמצרי הוא עיוור. הישראלי רואה לא רק את עצמו אלא גם את המצרי, ואילו המצרי אינו מבחין בו כלל.

> הדא הוא דכתיב: "ולכל בני ישראל היה אור בכל מושבותם" וגו',
> 'בארץ גושן' לא נאמר אלא 'במושבותם'
> שכל מקום שהיה יהודי נכנס היה אור נכנס ומאיר לו מה שבחביות ובתיבות ובמטמוניות,
> ועליהם נאמר (תהילים קי"ט) נר לרגלי דבריך, ואור לנתיבתי
> (שמות רבה, יד).

בהתחשב בפסוק מתהילים המובא בחתימת הדרשה, ניתן להבין שהמשמעות שאותה מייצגת מכת חושך בעיני המדרש היא העיוורון שהלא ישראלי שרוי בו. מתוך כך שאין לו אמונה בא־לוהים, הוא למעשה חסום בפני היכולת לראות ולהבין כל מה שסביבו. אי־ההכרה בקב"ה – סיבת כל הסיבות – יוצרת תמונת היעדר גדולה. לעומת זאת, האדם המאמין מוצף באור גדול, תמונת המציאות שלו בהירה ומדויקת והוא מחזיק תמיד פנס בידו המכוון את דרכו ומאיר את צעדיו. שימוש כזה במושגי "אור" ו"חושך"

כדימוי לטוב ורע מוכר ומצוי בשפע הן במקורותינו ("רשעים בחושך יידמו") והן במקורות מבחוץ ("בני אור ובני חושך").

המדרש מתייחס גם למשך החשיכה ולהתפתחות החושך. התיאור של המדרש הוא שבתחילה, בשלושת ימי האפילה הראשונים, החשיכה מאפשרת תנועה, מאוחר יותר, בשלושת הימים הנוספים, החשיכה מוטלת גם באיברים ובסופו של דבר ביום השביעי: "יום חושך של ים" (שם). השימוש בהתפתחות החושך באופן הזה, מצייר תמונה שבה המצרים הולכים ומעמיקים לתוך החושך ואילו אורו של עם ישראל מתגדל ומתבהר. החשיכה היא הרקע שבתוכו עם ישראל שרוי, כשנר לרגליו. הציור הזה דומה לציור העובר ברחם אמו, כשנר לרגליו. ששת ימי החשיכה הראשונים מקבילים לששת ימי הבריאה והיום השביעי לפי המדרש הוא יום חושך של ים. הייחוד של הים הוא שהגבול בינו לבין היבשה מתבררים "וְלֹא קָרַב זֶה אֶל זֶה כָּל הַלָּיְלָה". זוהי ההכנה האחרונה ללידת עם ישראל מתוך הרחם המצרית, היבדלות האור מתוך החושך.

לשם ההשוואה, האבן עזרא מתאר את בריאת העולם כתהליך של התעצמות האור והתגלות הבריאה כולה, כתהליך של הארה:

> לפי דעתי שהיום הראשון היה אור ולא היה גדול.
> וביום השני גדל עד היותו סבת הרקיע ונראתה היבשה.
> וביום השלישי גדל עד שקבלה הארץ כח עליון להצמיח.
> וביום הרביעי גדל עד שנראו המאורות והכוכבים.
> וביום החמשי גדל עד שקבלו המים כח לשרוץ נפש חיה.
> וביום הששי גדל עד שקבלה הארץ כח להוציא בהמה וחיה.
> וביום השביעי היה שלם (אבן עזרא, בראשית א', יא).

מתוך המדרש מתברר שמכת חושך היא שלב אחרון של הבשלה לפני לידתו הסופית של עם ישראל. אחריו תבוא מכת בכורות, סמל להבכרה ולחבלי הלידה.

אבל אל מכת חושך אפשר להתייחס בדיוק מן הכיוון ההפוך, ולשוות למול עינינו תיאטרון, במה וקהל. בעת שההצגה מציגה על הבמה הקהל יושב אפוף באפילה, אינו רואה איש את אחיו, והשחקנים על הבמה מוארים. לעיתים אפילו הבמה מוחשכת ורק אלומות אור מלוות כל תנועה של השחקנים. במצב הזה, השחקן המואר אינו רואה את היושבים מולו בחושך,

הצופים בו הם אנונימיים לחלוטין מבחינתו, אלומות האור שמלוות אותו הופכות אותו לחשוף ובולט וממקדות את הצופים בו. הם הופכים להיות קולקטיב, החווה את המשמעויות המוצגות לו באמצעות הטקסטים הנאמרים על הבמה. ליבו של הצופה מכוון אל המתרחש על הבמה. הוא עובר תהליך של דמיון מודרך שגורם לו להרהר במשמעות התכנים שהוא צופה בהם. הקהל עובר תהליך של הזדהות עם השחקנים, עם הדמויות שהם מגלמים ועם הנרטיב שהם מציעים. לפי ההבנה הזו, מכת חושך אמורה להעביר את תושבי מצרים הצופים תהליך של הכרה בזהות היהודית, תהליך של הארה והכרה בטעות, לקראת האפשרות לאשר את קריאתם לחירות, לחופש מחשבה ולזהות לאומית. בה בעת, נוצרת מערכת יחסים של פנים וחוץ, של שחקן וקהל. וכך נבנה תפקידו של עם ישראל, השחקן הראשי, כמחולל שינוי ומחשבה חדשה בעולם, כמבשר טוב וכמגדלור. כשיידלקו האורות בתום ההצגה, יוכל גם עם ישראל לראות גם את מי שעומד אל מולו.

פתיחות ומסירת מפתחות

המצווה הראשונה בתורה היא מצוות קידוש החודש ועיבור השנה הנאמרת בפתח פרשתנו "הַחֹדֶשׁ הַזֶּה לָכֶם". אומנם יש עוד שלוש מצוות שנלמדו מספר בראשית (פרייה ורבייה, מילה וגיד הנשה), אבל זו הפעם הראשונה שבה עם ישראל מצטווה כעם. בפירושו על הפסוק הראשון בתורה תמה רש"י על פתיחת התורה בסיפורי האבות שאין בהם לכאורה שום עניין מעשי־מצוותי, ומציע כחלופה את המילים: "הַחֹדֶשׁ הַזֶּה לָכֶם" – ש"זו מצווה ראשונה שנצטוו ישראל". שאלתו המפורסמת של רש"י מבוססת על ההנחה שהתורה היא ספר חוקים, וככזו עליה לפתוח בחוק הראשון ולא להלך סחור סחור בסיפורי מעשיות. השקפת העולם של רש"י נוגעת למתודה של כתיבת ספר. לדבריו יש הכרח שספר יציג בפתחו ובמבוא לו דוגמית מדויקת לתוכן הספר כולו.

ניתן לקבל את ההנחה של רש"י, להסיק מן הפתיחה על התוכן ולא להקשות מן התוכן על הפתיחה. אם התורה פתחה בבריאת העולם כלומר הניחה בראשיתה את התפיסה האמונית התיאולוגית, כנראה שזה עניינה. הסגנון המיתי הנלווה לפתיחה זו אולי מעיד על כוונתה של התורה לסחוף, לרגש ולעורר מחשבות תיקון.

בהשוואה לכך, המשנה פותחת בשאלה "מאימתי קורין את שמע בערבית". זוהי פתיחה מאוד עניינית, מלאת הנחות יסוד לגבי עמדת המוצא של הקורא (הוא יודע מהי קריאת שמע, ויודע על החיוב לאומרה בערב. נותר רק להשלים איזה "פרט צדדי" על אודות המקור המחייב אותנו באמירה זו). אפשר שהמשנה רצתה לומר שכל עניינה הוא השלמת התכנים שבתורה שבכתב, ועליה היא מבוססת. התורה התחילה מבראשית אבל המשנה פתחה מאמצע הדיון. ייתכן שעיקר עניינה של המשנה הוא בשאילת שאלות, ובעוד שהתורה **קבעה**, המשנה **שואלת**.

התלמוד לעומתם פותח בשאלה: "תנא היכא קאי דקתני מאימתי?" היכן עומד התנא כשהוא שואל ושונה "מאימתי". התלמוד מעיר על כך שהמשנה התחילה מהאמצע. בזה מכריז התלמוד על כך שהוא בא לבחון את הנחות היסוד של התנאים, הוא מתחייב שלא להניח אבן שלא הורמה בהבנת היחס שבין המשנה והתורה או המשנה והמסורת או המשנה וההלכה.

רש"י פתח את פירושו לתורה בהנחת יסוד וקושיה: "אמר רבי יצחק לא היה צריך להתחיל את התורה אלא (שמות יב, ב) מהחודש הזה לכם, שהיא מצוה ראשונה שנצטוו בה ישראל, ומה טעם פתח בבראשית?". אגב אורחא מאפשר לנו רש"י להציץ לתוך פרשנותו בשאלת מהי תורה, ולדרך שבה הוא קורא את התורה – כספר שבא לכונן חוקה משותפת לעם ישראל.

אפשר כמובן לדרוש ולבאר את הפתיחות הללו ביתר עומק ולהציע הבנות שונות בפתיחות הללו וגם באחרות. אבל בעיני, יש לדון גם בנקודת המוצא השנייה של רש"י שלפיה החלופה המתבקשת לפתיחה ב"בראשית ברא" היא לפתוח בפרשת בא. מנקודת מבטו של רש"י אנו עומדים כעת בפתחה של תורה. ואם כן יש לברר מדוע פתיחה זו היא הפתיחה הנכונה של התורה. המקובל לבאר, שהיות שהמצווה הראשונה שנצטווינו מופיעה כאן, והתורה היא ספר מצוות, הרי שזו הפתיחה הראויה לה. אבל אפשר להציע גם כיוון שונה המבוסס על המדרש והמבאר את מהותה של מצווה ראשונה בכלליות.

המדרש אומר:

ויאמר ה' אל משה החודש הזה –

זה הוא שאמר הכתוב רבות עשית אתה ה' א-לוקי נפלאותיך ומחשבותיך אלינו.

אמר ר' סימון, מחשבותיך אלינו חשבונותיך אלינו.

כל אותן שני אלפים וארבע מאות וארבעים ושמונה שנה עד שלא יצאו ישראל ממצרים היה הקב"ה מחשב חשבונות ומעבר עיבורין ומחדש חדשים ומקדש שנים, וכיוון שיצאו ישראל ממצרים מסרן להן,
דכתיב ויאמר ה' אל משה ואל אהרן בארץ מצרים לאמר.
מהו לאמר? אמר להן: מכאן ואילך הרי הן מסורין לכם.
החודש הזה לכם ראש חודשים (ילקוט שמעוני).

על פי המדרש, הציווי הראשון אינו רק חוק אקראי מבין תרי"ג שניתן בתחילה. המצווה הזו שונה באופן מהותי מן האחרות. במהותה מצביעה המצווה על כך שהקב"ה מוסר את מפתחות לוח השנה והזמנים לידיו של עם ישראל. על פי המקובל, עד שעם ישראל קיבל תורה לא היה צורך בחישוב עיבור השנים, ממילא לא היה מי שישמור פסח, לא היה מי שיעבר או יקדש חודשים, ממילא לא היו מועדים. כאן במדרש מתברר שעיבור השנה וקידוש החודש הן מלאכות שנעשו כל העת על ידי הקב"ה. אף שלא היה ניכר במציאות, המלאכה הזו הופקדה בידיו של הקב"ה עד שעם ישראל בגר ובשל לקחת מידיו את המלאכה.

בהמשך מובאים משלים שונים הנראים כמביעים רעיון דומה:

אמר ר' יהושע בן לוי: למלך שהיה לו אילורוגין וכיון שעמד בנו מסר לו אילורוגין שלו.
אמר ר' יוסי בר חנינא: למלך שהיה לו שימורה וכיון שעד בנו מסר לו טבעתו.
אמר ר' יצחק: למלך שהיו לו אוצרות הרבה והיה לכל אחד ואחד מפתח וכיון שעמד בנו מסר לו מפתחותיו.
אמר ר' חיא בר ווא: לנגר שהיה לו כלי אומנות וכיון שעמד בנו מסר לו כלי אומנותו.
ורבנן אמרי: לרופא שהיה לו נרתיק שלרפואה וכיון שעמד בנו מסר לו את נרתיקו.

על פי כל אחד מהמשלים, מתרחש כאן לפנינו טקס התבגרות. עם ישראל מקבל את השרביט. השאלה היא רק מהו הדבר שנמסר, ולְמה הוא דומה. האם הוא דומה לשעון (אילורוגין/אורלוגין) – ומדובר על בשלות של גילאי שש או שבע בערך. עד הגיל הזה הזמן ותקתוק השעון היו קיימים, אלא

שהילד היה חסר מודעות לאפשרות הדיוק בזמנים, לאפשרות לקרוא לכל שעה ודקה בשם.

לפי ר' יוסי, מדובר כאן בחותמת המלך (שימורה) ובהפקדתה בידי הבן הממשיך, וממילא על פי דימוי זה עם ישראל בוגר יותר והוא מקבל אחריות כוללת. ה"טבעת" המסמלת את האחריות הזו היא מצוות קידוש החודש. ומן המדרש מתבאר שבמצווה זו ניכר חותמו המיוחד של מלך מלכי המלכים הקב"ה, השלטון בזמן והאפשרות להיות מעל הזמן.

לפי ר' יצחק, מדובר במפתח לשאר האוצרות. וברור מדבריו שמדובר במצווה יסודית שעליה מבוססות מצוות רבות אחרות. ללא קידוש החודש אין יום טוב ואין קורבנות.

ולבסוף, לדעת ר' חייא, מדובר במסירת כלי האומנות של הנגר, דבריו רומזים גם לכך שאין כאן מסירה פשוטה של חפץ לשימור. במסירה הזו יש הענקת מקום ליצירתיות ועצמאות. הקב"ה מוסר רק כלי עבודה, אך מוותר על הדפוס הקבוע ומותיר על כנן רק את מגבלות הכלי עצמו. הקב"ה משדר לעם ישראל שהוא מסמיך אותו מכאן ואילך למלא את מקומו בעולם.

פרשת בראשית עסקה בהנכחת ה' בעולם, פרשת בא מבססת את מעמדו של עם ישראל. פתיחה זו הינה לא פחות מיתית ומרגשת מזו שבבריאת העולם. פתיחה שמשמעותה לא רק גדולת עם ישראל אלא גם נסיגת בורא עולם ונתינת מקום לבניו.

וכידוע מן המדרש הקב"ה אינו משחק משחקים ואינו מעמיד פנים שהוא סומך עלינו. הוא מקבל על עצמו את הכרעתנו, אפילו שוגגים אפילו מזידים.

פרשת בשלח

"שם שם לו חוק ומשפט"

נס קריעת ים סוף הושאר הרחק מאחור. המים במימיות אוזלים לאיטם והצימאון גובר. זעקת עם ישראל למים נענית על ידי נס המתקת מי מרה. והנה, בתוך עניינה של המתקת המים ופתרון מצוקת הצימאון מופיע נושא שאינו קשור אליהם כלל: נתינת חוק ומשפט. התורה מספרת: "וַיּוֹרֵהוּ ה' עֵץ וַיַּשְׁלֵךְ אֶל הַמַּיִם וַיִּמְתְּקוּ הַמָּיִם שָׁם שָׂם לוֹ חֹק וּמִשְׁפָּט וְשָׁם נִסָּהוּ" (ט"ו, כה).

לפשרם של אותם 'חוק' ו'משפט' נדרשו כבר חז"ל, שהתמקדו בניסיון לברר אילו מצוות הונחו כבר בשלב הזה של מרה לפני עם ישראל. ר' יהושע סבר ש**החוק** הוא מצוות השבת וה**משפט** הוא מצוות כיבוד אב ואם. ר' אלעזר המודעי סבר ש**חוק** הוא איסורי עריות ו**משפט** הם הדינים: דיני אונסים, קנסות וחבלות (מכילתא דרבי ישמעאל, מסכתא ויסע, פרשה א).

אפשר להסביר את ההבדל בין השניים בכך שר' אלעזר המודעי חולק על תפיסתו של ר' יהושע מן היסוד, והוא מתכוון שבחוק ובמשפט הללו ישנה חזרה על שתיים מתוך שבע מצוות בני נח האוניברסליות, החלות עליהם ממילא (עריות ודינים, כלומר הקמת בתי משפט). לפי דבריו אלה, אין כאן תחילת הטלת עול תורה ומצוות ואין כאן תחילת בידול מן העמים בבחינת "וקדשתנו במצוותיך".

אולם ניתן להציע הסבר אחר למחלוקת ביניהם, שלפיו שני התנאים מבחינים בין 'חוק' שהוא בין אדם למקום לבין 'משפט' שהוא בין אדם לחברו, והמחלוקת ביניהם היא מהם האתוסים הבסיסיים של עם ישראל. האם

מדובר במצוות המשפחתיות היוצרות את הווי הבית היהודי, שבת וכיבוד הורים, או בגדרים ובמצוות הקשורים להתנהלות במרחב הציבורי: הקפדה על הלכות עריות ועשיית משפט צדק בשאלות אזרחיות של תביעות ממון, נזק וחבלה. האם מדובר במצוות חיוביות ומעשיות המעצבות באופן אקטיבי זהות, או שמדובר במגבלות וגדרים המאפיינים בדרך כלל את המעבר מתחום הפרט אל ההתחשבות בכלל.

עמדה שלישית היא של הבבלי (סנהדרין נו ע"ב), המסביר שהחוק והמשפט במרה הם שבת, פרה אדומה ודינים. שיטה זו מייחסת למרה ייסוד של שלוש מצוות טיפולוגיות. מצווה אחת, מצוות פרה אדומה שאין לה הסבר מתקבל על הדעת, יש בה אפילו כשל לוגי. מצוות השבת שהיא מצווה שבין אדם למקום אך ערכה מובן לכל, ומצווה שלישית – הדינים, שהם סדרי חברה ומשפט המתקיימים בכל חברה מתוקנת.

המשותף לשלוש התפיסות הנזכרות כאן של ר' יהושע, אלעזר המודעי והבבלי הוא ההבנה שמדובר ב"הדלפה" ראשונה מתוך מערכת הציוויים הצפויה להיות חלק מקדושת ישראל, אם בדרך של יציקת בסיס והענקת הקוד האתי ואם בדרך של הצגת מגוון אפיקי הציווי העתידיים.

לעומת הגישות הללו, הרמב"ן סבור שלא ניתנו ציוויים ספציפיים ולא נלמדו מצוות מסוימות. אלא שהקב"ה נתן לעם ישראל הנהגות יסודיות־כלליות של התנהלות במחנה, ממש כשם שכניסה לארץ מחייבת קביעת נהלים מסודרים כפי שעשה יהושע, כך גם הליכה במדבר מחייבת התייחסות. במטרה לוודא התרחקות מגיבוש אתוס של שבט נוודים בוזזים, ה' מלמד לעם ישראל ערכים של כבוד הדדי ושל כבוד לזקנים. של אהבת אדם, של צניעות ושל דרכי שלום. קביעה של מסורות ראשוניות של השפעת טוב א־לוהי ושל ייחוד מוסרי.

ר' מנחם רקנטי (איטליה, 1310-1250) רואה במעמד הזה של מי מרה מעין מעמד של בדיקת סוטה, כאשר העץ נמחה על המים עם ישראל מצטווה לשמור אמונים למי שהוציאו ממצרים. לפי דעתו של הריקנאטי במי מרה מתקיים מעמד ברית שאינו כולל פרטים ספציפיים אלא שבועה כללית והתחייבות להאמין בה'.

בדרך אחרת לחלוטין הלך רש"י ובעקבותיו גם המלבי"ם, לדברי רש"י ה' נתן להם מקצת פרשיות של תורה **שיתעסקו בהם**: שבת ופרה אדומה ודינין. המלבי"ם אף הוא סבור שהמים הם סמל לתורה ולימוד. לדברי שניהם מה שניתן לעם ישראל במרה הוא שאר הרוח, היכולת לעסוק באידיאות,

הפרשיות הספציפיות הן דוגמאות למצוות שמציפות שאלות תיאולוגיות לא פשוטות החל משאלת שכר ועונש, תכליתן של המצוות וטעמיהן ומידת השוני בין ערכי הנצח הא־לוהיים לערכי מוסר כלליים ואוניברסליים.

ראינו עד כאן מגוון רחב של אפשרויות לזהותם של החוק והמשפט שניתנו במרה: החל מן הביאור שלפיו במרה הצטווינו על עניינים מוסריים כלליים, דרך הסבורים שהדגש הוא על ערכי הבית והמשפחה, או אלו הסבורים שניתנו לנו מצוות שעניינם בסדר הציבורי. אלו שסבורים שנטבעו בנו אפיקי ציווי מגוונים, או אחרת, שניתנו לנו הנהגות ודרך ארץ. יחד עם אלו הסבורים שאמונה בא־ל אחד וייחודו הייתה התוכן המרכזי של האירוע וכן אלו הסבורים שהגישה לארון הספרים היהודי הוא שקדם למעמד הר סיני.

המשותף לכל הדעות הללו, שהן מציגות יהדות רב רבדית ורב שכבתית. לאדם דתי השומר תרי״ג מצוות יש קוד בסיסי שיוצר את תודעתו כיהודי, ואולי אף קודם לכן כבן אדם ובן נח. רק מאוחר יותר וכקומה נוספת ישנם תורה ומצוות שניתנו במעמד הר סיני. התפיסה הזו אינה רק עובדה היסטורית היא מבנה את התודעה היהודית שלנו.

דו״ח גוטמן (אביחי) שפורסם בשנת 2012 תיעד כיצד הרבדים הללו מוצאים את ביטוים באופן ברור וניכר לעין בחברה הישראלית. על פי הדו״ח, רוב מכריע של הישראלים מעיד על עצמו שהוא מאמין בא־לוהים, בכל שכבות החברה מקיימים ושומרים על המסורת היהודית בדרגות ובמעשים שונים: יש מי שמקפיד על הדלקת נרות שבת וקידוש, יש מי שמקפיד על טקסי חיים ומנהגי אבלות. מתוך פרשתנו מתבאר שגישת האנשים המתועדים בסקר אינה המצאה אקראית, מעין ׳שופינג׳ הלכתי. גם אלה ששומרים רק חלק מן המצוות ממחישים וחושפים במעשיהם את השכבות הגאולוגיות של היהדות, מיהודי מרה ועד יהודי סיני. מאלו המקיימים ושומרים הלכה לפרטיה ודקדוקיה ועד אלו הנאמנים לברית הבסיסית. אלו ואלו מקיימים במעשיהם ובתודעתם את זיכרון ההליכה המשותפת במדבר בארץ לא זרועה.

״אז ישיר״

״אָז יָשִׁיר מֹשֶׁה וּבְנֵי יִשְׂרָאֵל אֶת הַשִּׁירָה הַזֹּאת״. שמחת הניצחון והגאולה מתפרצת בשירה משותפת של משה ובני ישראל. שירה שיש בה גם אנחת רווחה גדולה. אולם פער מסוים נפער בין פס הקול והתסריט, ונשמעת צרימה

מסוימת, הנובעת מאי־הלימה בין צורת הרבים של הנושא (משה ובני ישראל), לצורת היחיד של הפועל ("ישיר"): בסגנונו הייחודי המאפשר את הפער הזה, מבליט הכתוב את שירתו של משה: "אָז יָשִׁיר מֹשֶׁה", ומטשטש את הצטרפותם של בני ישראל. אפשר שהדבר נעשה כדי ליצור הדגשה ולסמן דומיננטיות.

אי־ההלימה הזו בפסוק, אפשרה ויצרה ככל הנראה את המדרש הבא המציע מחלוקת תנאים בשאלה מה בדיוק התרחש שם, בשעת השירה.

הדעה הראשונה היא דעת ר׳ עקיבא ולפיה משה שר פסוק פסוק, ובני ישראל חזרו אחריו:

> כיצד אמרו שירה? כקטן שקורא את ההלל בבית הסופר ועונין אחריו...
> משה אמר "אשירה לה׳" וישראל אמרו "אשירה לה׳".
> משה אמר "עזי וזמרת יה" וישראל אמרו "עזי וזמרת יה" (תוספתא, סוטה פ״ו ה״ב-ה״ג).

ר׳ עקיבא מדמה את בני ישראל לקטן שקורא את ההלל בבית הסופר, למתלמד הלומד את דרכי השירה והתפילה. שירתו של אותו ילד היא חלק מן ההבנה שצריך להשתלב בעולם המבוגרים. שילוב זה נרכש דרך השתתפות בטקסים המקובלים בו ובהכרות עם הטקסטים הנאמרים עם הציבור. בליבו של אותו קטן לא קיימת הזדהות מלאה עם המילים, אלא רק עם הכוונה הכללית של פעולת ריצוי משותפת. זאת ועוד, מדובר בשלב החזרות והחניכה. לא בשלב התפילה החיה. ניתן לדמיין את בני ישראל חובשים כיפת קרטון ומביטים זה על זה במבוכה של זר שנקלע לסיטואציה חדשה, המחזירה אותו לימי הילדות. כיום, קטע ההלל הפותח בפסוק "אָנָּא ה׳ הוֹשִׁיעָה נָּא" משמר בקביעות דפוס זה של שירה.

עמדת ר׳ אלעזר בנו של ר׳ יוסי הגלילי שונה. הן ביחס לאופן שבו התבצעה השירה והן מבחינת תיאורי התפקידים ומערכת הדימויים:

> ר׳ לעזר בנו של ר׳ יוסי הגלילי אומר:
> כגדול שמקרא את ההלל בבית הכנסת ועונין אחריו עניין ראשון,
> משה אמר "אשירה לה׳" וישראל אמרו "אשירה לה׳",
> משה אמר "עזי וזמרת יה" וישראל אמרו "אשירה לה׳",
> משה אמר "ה׳ איש מלחמה" וגו׳ וישראל אמרו "אשירה לה׳" (שם).

על פי ר׳ אלעזר, הפסוק הראשון של השיר: ״אָשִׁירָה לַה׳ כִּי גָאֹה גָּאָה סוּס וְרֹכְבוֹ רָמָה בַיָּם״ הוא למעשה פזמון חוזר. משה מתקדם פסוק פסוק, ולאחר כל פסוק עם ישראל מהדהד את הפזמון. יחד הם יוצרים מקהלה שיש בה מוטיב ווריאציות. הפזמון הוא קליט ומתנגן, הוא פופולרי וסוחף, ואילו הווריציות אמורות לפתח את הרעיון, להעמיק בו, לעיתים לעורר לסקרנות לאן יובלו הדברים והיאך יושבו אל חיק הפזמון. בדימוי הזה, גם משה וגם ישראל שייכים לעולם ה״מבוגרים״, הם מהווים ציבור שיש לו תפקיד כקהל, להוביל את הרעיון ולחלחל אותו פנימה לכל שכבות העם. בתפילתנו אנו מכירים את הדפוס הזה מקטע ההלל שהפזמון שלו הוא: ״הוֹדוּ לַה׳ כִּי טוֹב כִּי לְעוֹלָם חַסְדּוֹ״.

דעה שלישית היא דעתו של ר׳ נחמיה:

> ר׳ נחמיה אומר כבני אדם שקורין שמע בבית הכנסת שנאמר: ׳ויאמרו לאמר׳.
> מלמד שהיה משה פותח בדבר תחילה וישראל עונין אחריו וגומרין עמו.
> משה אמר ״אז ישיר״ וישראל אמרו ״אשירה לה׳״ וגו׳.
> משה אמר ״עזי וזמרת יה״ וישראל אמרו ״זה אלי ואנוהו״,
> משה אמר ״ה׳ איש מלחמה״ וישראל אמרו ״ה׳ שמו״ (שם).

בני ישראל לפי ר׳ נחמיה אינם חוזרים על דברי משה. לדבריו, יש לשים לב לא רק לפער שבין משה ובני ישראל שבפתח הפסוק, אלא גם להמשך הפסוק המלכד את הקולות: ״וַיֹּאמְרוּ לֵאמֹר אָשִׁירָה לַה׳״ (שמות ט״ו, א). מכאן, מסיק ר׳ נחמיה שהתבנית שבה השתמשו היא תבנית דיאלוגית (וראו רעיונות דומים ביחס לחלקי הלל שונים: פסחים קיח ע״א; קיט ע״א-ע״ב). משה פותח בפסוק ראשון ובני ישראל אומרים יחד איתו את הפסוק הבא. (ישיר – ויאמרו). משה אומר את הפסוק השלישי ובני ישראל ממשיכים אותו ומשה עמם אומרים יחד את הפסוק הרביעי. התבנית הזו מצויה אצלנו, באופן מסוים, בהושענות ובסליחות. וכדברי ר׳ נחמיה עצמו ככל הנראה שנהגה גם בקריאת שמע. ההתנתקות מדפוסי ההלל והמעבר לדפוס של קריאת שמע מבהיר שמדובר בהצהרת ושבועת אמונים. התבנית הזו מניחה או היכרות קודמת עם הטקסט וזונחת את האפשרות של ספונטניות, או להפך, היא מניחה נס גדול של תיאום תחושות וביטוי מדויק של החוויה המתרחש, סימולטנית,

אצל משה ואצל העם ההופכים יחד למקהלה אחידה. משה אומנם מסמן את הנתיב, אבל העם כבוגר ואחראי מצוי לצידו, קשוב בעצמו למתרחש ולנעשה ומוביל יחד עם משה את התפילה ואת מנחת התודה.

דעה אחרונה היא דעתו של ר׳ יוסי הגלילי המערער על כל התובנות שהניחו קודמיו בדרשה:

ר׳ יוסי הגלילי אומר,
כיון שעלו ישראל מן הים וראו את אויביהם פגרים מתים ומוטלין על שפת הים,
אמרו כולם שירה.
עולל מוטל בין ברכי אמו ותינוק יונק משדי אמו,
כיון שראו את השכינה הגביה עולל צוארו ותינוק שמט פיו משדי אמו וענו כולם שירה ואמרו "זה אלי ואנוהו" (שם, ה"ד).

ר׳ יוסי הגלילי מתנער מדפוסי תפילה. הוא סבור שהמתרחש לעינינו איננו נגזר מדפי סידור קיים ואינו ביטוי לתובנה ותודעה, לרעיון מושחז ומחודד. להפך, השירה נוצרת במפלס אחר, והיא ביטוי של האינטואיציה הבסיסית של נשמת כל חי. שירה והכרת הטוב אינם מצריכים עיבוד קוגניטיבי שעולל היונק משדי אמו אינו מסוגל לו. החוויה הגאולית החודרת אל חדרי בטן מולידה שירת רוח עשירה בעוצמתה שתרגומה הוא במילים שמשה מבטא בצורה מוגשמת בשפתיו.

הדעות המובאות בתוספתא אינן מובאות על פי סדר כרונולוגי של דובריהן, אלא על פי הדרגה רעיונית – מדומיננטיות של משה ועד להעצמת העם.

העיסוק בפרטיטורה של שירת משה ובני ישראל הוא דיון עדין בשאלת מהותה של השירה ושל צורות התפילה השונות שלנו. אך מעבר לכך הוא גם חושף בפנינו עמדות שונות באשר למערכת היחסים במשולש של ׳ה׳־משה־בני ישראל׳. החל ממשה כמתווך שפה וניגון לעם, דרך שיתוף פעולה וחלוקת עבודה בעמידה לפני ה׳, קיימת גם אפשרות של שילוב כוחות ותפקידים של מנהיג עם הציבור ולבסוף, משה כמאסף וכפה לעם ישראל על ריבוי גווניו.

הדיון הזה לא נס ליחו, גם היום מעניין להתחקות אחר מערכות היחסים

שבין ההנהגה והציבור, הבירור מי משרתו של מי. מי הוא הקובע את סדר היום, עד כמה ההנהגה מובילה מהלכים ומסמנת יעדים ועד כמה היא מדובבת את רחשי הציבור ומהווה ונדרשת להוות הד לתהליכים שהוא עובר.

שני ארונות

בראש הפרשה מתואר כיצד משה אוסף את עצמות יוסף לקראת היציאה ממצרים, כדי לקיים את השבועה שהשביע יוסף את בני ישראל כאשר חלם על היציאה הזו ועל גאולת ארונו, שנים לפני שזו התרחשה בפועל.

המדרש מרבה לעסוק בתמונת העלאת עצמות יוסף ארצה. אנו נעמיק במסגרת זו רק באחד מן ההיבטים הללו. באגדה שבתוספתא מסופר כי שני ארונות ילוו את הליכתו של עם ישראל במדבר מעתה:

> מיד הקיץ ארונו של יוסף ובא משה ונטלו.
> והיו שני ארונות מהלכין, אחד ארון קדש ואחד ארון של מת.
> והיו כל עוברין ושבין אומרים: מה טיבן של שני ארונות הללו?
> אמרו להם: אחד ארון קדש ואחד ארון של מת.
> אמרו להם: וכי איפשר לארון קדש להלך עם ארונו של מת?
> אמרו להם: מת מוטל בארון זה קיים מה שכתוב ומונח בארון זה (תוספתא, סוטה פ"ד ה"ז).

המחזה של שני הארונות הנישאים זה בצד זה לאורך מסע ממושך נשמע ונראה מוזר ואף גרוטסקי. תמונת עם שלם הנתון בשלב ביניים של מעבר מגלות לגאולה, ועמו שני הארונות, כאשר כל אלה מצויים במעין מסע לוויה אחת כפולה וממושכת מעוררת את תמיהתם של ה"עוברים ושבים". יש להניח שאין מדובר בעוברים ושבים של ממש שאינם מצויים במסלול ההליכה של עם ישראל במדבר. הצבת השאלה בפי עוברי אורח מזירה את המעשה ומאפשרת את נקודת המבט החיצונית.

תשובת המדרש לשאלת תכולת הארונות היא קודם כול ברמה העובדתית: האחד ארון קודש והאחד ארון מתים. תשובה זו מעוררת תמיהה גדולה יותר. ברור שישנם מתים רבים תוך כדי תנועה במדבר, אולם רק

ארון אחד מהם נשמר. מה עניינו המיוחד של מת זה המוטל בארון, ובמה זכה שארונו לא יונח על אם הדרך או ייטמן בעפר? ומה לו לעם שעוסק בשימור מתים, ויתר על כן, גם מניח אותם לצד קודשי קודשיו?

תשובת עם ישראל היא: "קיים זה מה שכתוב בזה". יש קשר בין שני הארונות ובין תכולתם. ואף שבמבט ראשון נראה שטומאת המת החמורה אינה יכולה להתקיים בכפיפה אחת עם ראשון לקדושה, מדובר למעשה בארון בתוך ארון, קדושה הטמונה במת. ארון זה אין לו תקומה ללא הארון הזה. תגובה זו הופכת את הארונות משני ארונות דוממים, לשני חדרי הלב של עם ישראל, ללב ליבו של המסע אל הגאולה.

המכילתא (דרשב"י, פרק יג) מוכיחה שיוסף 'קיים מה שכתוב בזה' ומקבילה בין עשרת הדיברות לבין מעשיו של יוסף, ולפיה הערכים המרכזיים שבעשרת הדיברות באים לידי מימוש בדילמות היום־יומיות הקיומיות של יוסף. את נוכחות א־לוהים הוא מציג אל מול אחיו החרדים מנקמתו. הא־ל הוא המונע ממנו לדון אותם. הוא נמנע משימוש מיותר בשם ה' ואינו מחלל אותו, את הבטחותיו הוא תולה בפרעה. שמירת השבת נרמזת בהכנת הסעודה לאחיו. כיבוד ההורים שלו בא לביטוי בכך שסעד את אביו בשנותיו האחרונות ואפשר לו חיים מכובדים ומבוססים. הוא אינו נכשל בגנבה ממעבידו, הוא דייק בעדותו כנגד אחיו ולא חטא עם אשת פוטיפר.

הסקירה שנותנת המכילתא על חייו של יוסף והזיהוי המרתק של הרטוריקה של יוסף, של ההכרעות היום־יומיות שלו, שמגיעות עד שולחן האוכל, מבטאים את העובדה שאת ערכי הנצח פוגש יוסף בשוק, בעבודה ובמפגש עם משפחתו.

מדוע נושאים איתם בני ישראל שני ארונות? משום שכשם שארון מתים יכול להיות ארון של קודש, גם ארון הקודש יכול להפוך להיות ארון מתים. מפני שארון הקודש חייב לקבל את משמעותו מתוך החיים, ומתוך החיוניות והפעילות בשדות השונים ובמגוון תחומי החיים.

המפגשים השונים הללו שבין ערכי היסוד ובין החיים מתקיימים בלי בחירה מוקדמת. הם מתקיימים בשדה הפוליטי ובבחירה מתי לממש סמכות ומתי להימנע מכך (הענשת האחים). הם מתקיימים בבחירות האינטימיות של 'חדרי חדרים', בבחירה בניקיון כפיים מוחלט ובהימנעות מכניעה ליצרים. מפגשים אלה מנכיחים את הקב"ה, ומניעה אותם דווקא חשיבה דינמית, כזו המאפשרת לדפוסים שונים של אמת להתקיים אלו בצד אלו (לכן יוסף אינו נציגו של א־לוהים עלי אדמות). יוסף מעניק לאחים את האפשרות

לחיות בשלום עם הבחירות שלהם. הוא מתמודד עם בחירות דתיות, עם השאלות מיהו הא־ל אליו הוא כפוף והיכן להביאו לביטוי. מה ממלא את ישותו וכיצד ייפח בדמותו את תחושת השליחות המתחייבת מכך. והוא מבין לעומק את המשמעות של המחויבות המשפחתית הגרעינית ואת המחויבות לצאת ממעגל היחידאיות שלו ולבנות אתוס משפחתי רחב השעון על ערכי כבוד ומסורת. יישום בשורת התורה (עשרת הדיברות) בדרכו של יוסף סותר במובן מסוים את התפיסה המבדלת בין הערכים השונים. בין התפיסה ההומנית לבין ערכים דתיים, בין האינדיבידואל לבין החשיבות של החברתי והפוליטי. יוסף באישיותו היה מסוגל להכיל את כל הסתירות גם יחד. בזה הוא הפך למודל של "קיים זה מה שכתוב בזה". אכן, העולם הרעיוני של מדעי הרוח, והעולם הרעיוני של בית המדרש מסוגלים להכיל סתירות. אך מי מסוגל לקיים אותם במציאות ממש?

שני ארונות: ארון קודש וארון מתים, אך חיותו של ארון קודש נקנית לו דווקא בזכות ארון המת.

ידיו של משה

תפקידו של משה במלחמה עם עמלק נראה סמלי בלבד: יהושע הוא זה שנשלח לנהל את המערכה בפועל ואילו משה עולה עם מטה ה' בידו אל ראש הגבעה. אולם התורה מתארת כי בהרימו את ידיו גובר ישראל ובהניחו אותם – גובר עמלק. תנועת המטוטלת בין ניצחון לתבוסה, בין הצלחות קטנות לכישלונות רגעיים אינה תלויה במתרחש בשדה הקרב אלא במצב הרפיון והחוסן של משה רבנו, בעוצמת התמדתו בהנפת הידיים למרום.

על כך נאמר במשנה במסכת ראש השנה "וכי ידיו של משה עושות מלחמה או שוברות מלחמה? אלא לומר לך שכל זמן שישראל מסתכלים כלפי מעלה ומשעבדין את ליבם לאביהם שבשמיים היו מתגברים ואם לאו, היו נופלים".

אומנם, בפסוקים עצמם לא נאמר שעם ישראל היה שותף בדרך כלשהי למאמציו הפיזיים של משה. אך מן הפירוש במשנה נראה שעיני עם ישראל היו נשואות אל ראש הגבעה, וכשמשה הרים את ידיו עם ישראל כיוונו את ליבם לשמיים ואילו כשידיו של משה רפו, רפה גם לב העם. אם כן, הנפת ידיו של המנהיג מסייעת לרומם את לב העם.

אולם התורה מספרת כיצד ידי משה כבדות. המשימה של החזקת הידיים במשך זמן ממושך של שעות מרובות כלפי מעלה ללא הפוגה היא משימה בלתי נסבלת גם עבור אדם צעיר. אבל עבור אדם מבוגר כמשה נדמה שהמשימה כמעט בלתי אפשרית.

כובדם של ידי משה על פי רוב המפרשים אינו כובד פיזי. בפסיקתא רבתי מובאות כמה דעות ביחס לכבדות זו:

וידי משה כבידים,
ר׳ יהושע אמר: יקרו ידיו של משה מרוב עונותיהם של ישראל שאמרו היש ה׳ [וגו׳].
ורבי אבהו אמר: שהיו ידיו של משה כבידות כשתי כדים של מים ותלויות בהם.
א״ר ברכיה הכהן בי רבי אמר הקדוש ברוך הוא: כבדות הם עלי ידיו של משה.
הם קבלו את התורה הם קבלו את לוחות הברית הם קבלו עשרת הדברות הם הביאו על פרעה עשר מכות הם קרעו את הים והוליכו את ישראל.

ר׳ יהושע מבאר שידי משה כבדות משום שהרמתן כוללת את ׳הרמת׳ העם עמן, והמשא הרובץ על עם ישראל הוא משא כבד של עוונות מרובים. הספק המנקר בליבותיהם של ישראל באשר לקיומו של הא־ל המושיע והמגן (״הֲיֵשׁ ה׳ בְּקִרְבֵּנוּ אִם אָיִן״) אינו מניח לידיו של משה להתרומם כלפי מעלה. מי שאינו מאמין בנוכחות ה׳ ובתשועתו, לא ירים את עיניו כלפי מעלה אלא יביט ישר וקדימה לנוכח האויב. את כל המשא הזה צריך משה לשאת. הנפת הידיים אינה המאמץ הפיזי אלא השכנוע הפנימי והידיעה העמוקה שאותה הוא חייב להנחיל במבט, בהחזקת הידיים, בהתמדה, בוודאות.

לדברי ר׳ אבהו – שתי ידיו של משה תלויות עליו כמו כדים של מים. אין מדובר רק בכובד פיזי, ובמשא. הדימוי של כדי המים הוא חשוב כאן. מטבעם של המים שהם עומדים לנזול אם הכלי אינו מאוזן כפלס. תפקידו של משה אינו מתמצה בהובלה האמונית ובתיווך של ההסבר הא־לוהי למציאות. האתגר הגדול הוא במידה המדויקת של השילוב בין הרמת העיניים ובין ההסתכלות לנוכח המציאות. במציאת נקודת שיווי המשקל

שבין נשיאת העיניים לשמיים ובין התבוססות בתוהו והשקיעה בהבל של מציאות היום־יום.

ואילו לדעת ר' ברכיה, הכבדות אינה תחושתו של משה, אלא של הקב"ה. כשמשה מרים את ידיו, הקב"ה אינו רואה בהן ידי אנוש רגילות, אלא רואה את הידיים שקיבלו את התורה, את הידיים שקיבלו את הלוחות ואת עשרת הדיברות, את הידיים שהובילו את ישראל בבטחה ביציאה ממצרים ועל שפת ים סוף. הידיים הללו של משה הן סוג של נשק בלתי קונבנציונלי שמשה מפעיל כלפי שמיא. ידי משה הם האולטימטום שעם ישראל יכול להפעיל אל מול השכינה ולחייב את ה' לפעול לטובתו.

לפי שלושת הפירושים הללו, תיאור ידי משה: "יָדָיו אֱמוּנָה" הוא תיאור מגוון שיש בו כדי לתאר דיאלוג סמוי המתרחש ברמז, בתנועות עיניים ובתנועות יד. מי שראה אנשים גדולים באמת, יודע שבהנע יד או זיע עין הם מצליחים לשקף עולמות שלמים של משמעות, מבין שהדבר ניתן גם בלא מאמץ פיזי גדול. לדברי ר' יהושע ידי משה מחוללות סערת אמונה והתרגשות לנוכח היכולת להבחין בעולמות הנסתרים המסובבים את העולם. לדברי ר' ברכיה הידיים יוצרות את האיזונים המדויקים של כיוונון הלב. לא ממצב של כפירה לאמונה אלא רק כיול ודיוק, תנועה מתונה שאינה מייצרת גלים וסערות אלא יוצרת תנועה עדינה וקלה בנפש. ואילו לדעת ר' ברכיה, ידי משה הן ידי הנציג והשליח המביעות תפילה חרישית, תחינה על החיים עצמם. כשעם ישראל שותף ב"החזקת אצבעות" בתמיכה חרישית בהעברת המשאלה מן הפרטי אל הכללי והציבורי.

המלחמות הללו לא נחו ולא חדלו מעולם. המאבק המשולש הזה על שמירת האמונה, שמירת האיזונים והאפשרות לאחדות הוא הוא המלחמה בעמלק, מדור דור.

פרשת יתרו

המה יעלו בהר

מעמד הר סיני תיאורו ופרטיו – קשים להבנה מסיבות שונות. הרמב״ם **במורה הנבוכים**, למשל, מתקשה בכל הנוגע לדיבור ה׳ עם העם, שאינו מתיישב בקלות עם שלילת ההגשמה. קדם לו אונקלוס בתרגומו שהרחיק כדרכו את לשונות ההגשמה מן הקב״ה כשתרגם ״וַיֵּרֶד ה׳ עַל הַר סִינַי״ כ״ויתגלי ה׳״. הרב חרל״פ מתרץ את התרחקותו של אונקלוס מן התרגום ההדוק בכך שתרגום מילולי במקרה הזה מחטיא את המשמעות המקורית ואת הפשט. העברית היא ביסודה שפה רוחנית והתרגום לארמית נעשה כך שיבטא בצורה מהימנה כיצד הדברים משתמעים במקורם העברי. אם כן, גם לדבריו, לא ניתן להסביר את הדברים כמות שהם (מי מרום ה, יתרו, עמ׳ קנט).

פתרונו של הרמב״ם לבעיית ציור ה׳ כמדבר הוא בטענה שעם ישראל לא שמע את דבר ה׳ הישיר, אלא קול בלבד:

> יתבאר לי שבמעמד הר סיני לא היה המגיע למשה מגיע לכל ישראל, אבל הדבור למשה לבדו (עליו השלום), ולזה בא ספור עשרת הדברות כולו ספור היחיד הנפרד, והוא עליו השלום ירד לתחתית ההר ויגד לבני אדם מה ששמע, אמרה התורה אנכי עומד בין ה׳ וביניכם (מורה הנבוכים ב, לג).

משה הוא המתווך, והוא מעביר את דברי ה׳ לעם ישראל. ״ואמר קול דברים

אתם שומעים, ולא אמר דברים אתם שומעים... ומשה הוא אשר ישמע הדברים ויספרם להם, זהו הנראה מן התורה ומרוב דברי החז"ל" (מורה הנבוכים שם). לדברי הרמב"ם, שמיעתם של בני ישראל מוגבלת והם אינם מקבלים דיבור ישיר מן הקב"ה. ניתן אומנם לשאול אם בכלל היה דיבור של ה' במובן הוורבאלי הפשוט. אפילו מקריאת הפרשה לא ברור שבזה המדובר. חז"ל שיקפו זאת בתיאורם ש"שמור וזכור בדיבור אחד נאמרו". התיאור הוא של דיבור לא גשמי.

כך או כך, יש הבדל משמעותי בין איכות הקליטה של עם ישראל לזו של משה. משה מצליח לשמוע בתוך הקול את הרעיונות והדברים והוא הכלי להובלת הרעיונות אל עם ישראל. אולי זהו פשט הפסוק: "בַּעֲבוּר יִשְׁמַע הָעָם בְּדַבְּרִי עִמָּךְ" (שמות י"ט, ט) ו"וַיְהִי קוֹל הַשֹּׁופָר הוֹלֵךְ וְחָזֵק מְאֹד מֹשֶׁה יְדַבֵּר וְהָאֱלֹהִים יַעֲנֶנּוּ בְקוֹל" (י"ט, יט).

קבלת התורה של עם ישראל אם כן לוקה בכמה מובנים: ראשית, נוצר ספק באשר לזהות הדובר, אין ודאות גמורה מי נתן לנו בדיוק את התורה. שנית, נוצר כשל בבהירות הדברים, הדברים במקורם נשמעים מעורפלים. בדיבור ושיח ישיר חלק ניכר מן המסרים מועבר באמצעים לא מילוליים, במחוות במימיקות ובתנועות הגוף אלו מבארות את ההקשר ומדייקות את המסר. שלישית בני ישראל חסרים קשר ממשי וישיר עם הנותן עצמו.

בפועל, הלקויות הללו משליכות על יחסי ישראל עם התורה. במישור אחד, בקשת ה' היא חלק בלתי נפרד מן השגרה היהודית. במישור אחר, דרגתם הנמוכה של בני ישראל אינה מאפשרת לשמוע את קול ה' ואת דברו לעולם בצורה אותנטית. הרב חרל"פ הופך את הלקויות למעלות: "וכשם שאין לייחס ירידה גשמית כלפי הקב"ה, כן אין לייחס ירידה גשמית כלפי התורה. שכן התורה לא נתגשמה בירידתה למטה" (שם, עמ' קס). לשיטתו, הישארות הדברים ערטילאיים מותירה אותם בקדושתם ומשמרת את המודל לריחוק שהוא נכון לכל השואף לקדושה.

אך, נדמה שיש גם מחיר לאופן המסורבל שבו בסופו של דבר נקלטה התורה בעם ישראל. אותה נתינה ראשונה שמכוחה אנחנו שואבים ולאורה הולכים הכילה אי־בהירות מראשיתה. הדבר בא לידי ביטוי ומשתקף גם בעצם המפגש שלנו עם התורה באמצעות מתווכים: ההורים, המורים, הספרים, החברותא. כל אלו יטביעו את חותמם בתהליך המסירה של דבר ה'. התוצאה היא, שאיננו מסוגלים לשמוע את קולו של ה' בצורתו הנקייה והראשונית.

בדור האחרון אנו שומעים קולות הקוראים לפירוק הגורם המתווך, מוסדות מסירת התורה שהוקמו והתקיימו מאז ימי קבלת תורה ועד ימינו. הדרישה בעולמנו הפוסטמודרני היא לפתוח את הספרים לכולם ללא תיווכם של בעלי סמכות כגורם פרשני חיוני ומכריע. באוויר נשמעת קריאה צלולה להפוך את התורה לנחלת הכלל, לדלג על כל המתווכים. התעצמות הרצון לשמוע בעצמנו את קולו של ה׳ נקשרת גם עם תופעה נוספת הכרוכה באותו תהליך חברתי רחב: החתירה אל האמת, והרצון להשמיע ולשמוע בתו התורה את הקול האישי.

נדמה שביסוד תופעה זו מונחת תביעה חיובית, של התקדשות, של ניסיון קירבה להר. אבל, סכנותיה בצידה. כדי למנוע אפשרות של סילוף והחמצה יש להכין את השומעים, ולאפשר להם לבוא אל הקודש בנקיות, לא רק ללא מתווכים חיצוניים, שמהם חפצו להתנער, אלא גם ללא מתווכים פנימיים ואג׳נדות קודמות. מי שכואב את הריחוק, צריך להיזהר מהחמצה שעלולה להתרחש דווקא בשל הסתערות חסרת הכנה על המקורות ואילוצם ״להשתחל״ לתוך מגירות מוכנות. היכולת לקרוא קריאה בלתי אמצעית בתורה ובהלכה היא פועל יוצא של מידת הנקיות של האדם.

איסור נגיעה

לקראת מעמד הר סיני, מצווה עם ישראל על תיחומו של הר סיני ועל הגבלת הקירבה אליו:

> וְהִגְבַּלְתָּ אֶת הָעָם סָבִיב לֵאמֹר הִשָּׁמְרוּ לָכֶם עֲלוֹת בָּהָר וּנְגֹעַ בְּקָצֵהוּ, כָּל הַנֹּגֵעַ בָּהָר מוֹת יוּמָת. לֹא תִגַּע בּוֹ יָד כִּי סָקוֹל יִסָּקֵל אוֹ יָרֹה יִיָּרֶה אִם בְּהֵמָה אִם אִישׁ לֹא יִחְיֶה בִּמְשֹׁךְ הַיֹּבֵל הֵמָּה יַעֲלוּ בָהָר (שמות י״ט, יב–יג).

הפסוק הזה מנסח בצורה מחמירה וכביכול טרחנית, את כלל האיסורים הנוגעים להגבלת הקירבה, בתוכם לא רק איסור עליה בהר אלא אף איסור נגיעה בו. בפשטות, תפקיד איסורי הקירבה הוא יצירת אווירה של קדושה. וכי יצירת חיץ ובידול אינה מיועדת לסילוק מן הדבר בלבד, אלא יש בה פן חיובי. ההרחקה מפנה מקום לאפשרות של מעלה רוחנית עליונה.

המדרש במכילתא מטעים את חשיבות כל פרטי האיסור, ואת תפקידם העצמאי:

"והגבלת את העם". שומע אני למזרחו, ת"ל "סביב".
"לאמר" מלמד, שהותרו בזה (=הייתה התראה ואזהרה על הדבר).
"השמרו לכם", בלא תעשה.
"עלות בהר", יכול לא יעלה אבל יגע, ת"ל "ונגוע בקצהו".
יכול לא יעלה ולא יגע אבל יכנס בלקטקא [=אלונקה], ת"ל "עלות בהר ונגוע בקצהו" (מכילתא דרבי ישמעאל, יתרו, מסכתא דבחדש ג).

לפי המדרש, המילה "סביב" באה למנוע את האפשרות לעקוף את ההר ולעלות אליו בדרך אחרת. איסור הנגיעה נוסף על איסור העלייה ועומד לעצמו. איסור העלייה אף הוא עומד לעצמו ונאסרה עלייה להר, גם כזו שאין בה מגע עם הקרקע, אלא באמצעות אלונקה (או רכב) למשל. ריבוי הפרטים, לפי המכילתא, מיתרגם לאיסורים מרובים. על פי המכילתא, איסור הנגיעה אינו סייג לאיסור העלייה. שהרי ניתן לעלות ללא מגע או לגעת ולא לעלות.

המהר"ל המשיך את הכיוון של המכילתא ופיתח את טענתו המרכזית של המדרש באופן אחר. הוא סבור שהפסוק מנוסח כך שימנע כל לאקונה אפשרית בחוק האוסר לגשת להר, וימנע ניצול של פרצות, כולל נגיעה בהר ולא רק בקצהו:

ונגוע בקצהו – אפילו בקצהו. ואין פירושו דווקא "בקצהו" הוא אסור, אבל אם דלג ולא נגע בקצהו מותר, דאין זה שום סברא (גור אריה, שמות י"ט).

המהר"ל מבאר שהחיזוקים והביצורים שמצויים בפסוק נועדו לא רק להעצמת האיסור וליצירת קדושה, ולא רק למניעת פרצות, אלא אף כדי למנוע פלפול מיותר. המילים "וּנְגֹעַ בְּקָצֵהוּ", הוא מדגיש, אין כוונתם שיש איסור נגיעה רק בקצה ההר ובשארית שטחו – הנגיעה מותרת ואם אדם ירצה לדלג על הקצה ולהגיע למקום גבוה יותר בהר, הדבר יהיה מותר. ההווה אמינא התמוהה הטמונה בפירושו של המהר"ל מגלה שהוא סבור כי האיסור מתייחס אל אנשים שמחפשים כל דרך על מנת לעקוף אותו.

נדמה שהמהר"ל מנסה להעיר הערה גם לגופו של חוטא. הוא שולח אותנו לבחון כנגד אילו בנים דיברה תורה בעזרת העונש המושת על החוטאים: "אִם בְּהֵמָה אִם אִישׁ לֹא יִחְיֶה". בעל פנים יפות (ר' פנחס הלוי הורוויץ, בעל ההפלאה) קושר בין תיאור עונש המיתה (לא להחיות) לבין דמותו של החוטא:

> מכשפה לא תחיה. יש לפרש שינוי הלשון לא תחיה ולא אמר מות יומת... מפני שדרך המכשפים מעלימים עצמם לכישוף לבלתי המית אותם וצריך לבקש תחבולות לבל יחיו...
>
> וכן יש לפרש בפסוק "אם בהמה אם איש לא יחיה", לפי דכתיב בתחילה השמרו לכם עלות בהר ונגוע בקצהו, דהיינו לא זו אף זו והדר כתיב כל הנוגע בהר מות יומת... דהיינו שאם עלה על ההר אי אפשר לילך אחריו לתפסו לסקלו, וצריך לבקש תחבולות להמיתו (פנים יפות שמות כב, יז).

הפנים יפות משווה בין המכשפה והקוסמים החייבים מיתה לבין החומקים אל הר סיני החייבים מיתה. המכשפים מעלימים את עצמם ועל כן אינם ניתנים לתפיסה בדומה לעולים בהר שאי־אפשר לתופסם מחמת האיסור לעלות בהר שמונע את המרדף. ההשוואה הראשונית היא במישור המעשי: אי־אפשר לתפוס אותם. רובד נוסף של דבריו מחייב עיון בהשוואה בין שתי דמויות המנסות להידבק בקדושה עליונה, שאומנם מעניקה להם כוח, אך זהו כוח שהושג בחטא.

מן המכילתא למדנו כי האיסורים הללו עומדים כל אחד לעצמו, שאין להתייחס אל מערכת האיסורים כאל מערכת המתרחבת בצורה מעגלית, שבה איסור אחד מגבה ועוטף את משנהו. ההפך הוא הנכון, יש כאן צירוף וחיבור של שני עניינים. מן המהר"ל הבנו כי הניסוח והסגנון של הפסוקים מדברים אל אדם 'מסוים' שאותו זיהתה התורה כבעייתי. מבעל פנים יפות הפקנו את ההבנה שהכישלון שכנגדו דיברה התורה קשור בהשגת קדושה בדרכים פסולות. מצירוף התובנות הללו אנו מבקשים ללמוד ולדייק מיהי הדמות שאליה כיוונה התורה, תוך שאנו מבינים שלפנינו שני איסורים הפועלים בשני מישורים שונים והמתייחסים לשני אישים, וכי ישנה הבחנה יסודית בין עליה בהר לבין נגיעה בו.

עלייה בהר עשויה לנבוע מבקשת קדושה 'אינסטנט', זמינה ומהירה,

מתוך רצון להתבשם מאויר פסגות. הבעייתיות בשאיפה הזו היא בדילוג על התהליך. לעולֶה ברור שאין צורך במגע עם קרקעית ההר על מנת לתפוס את הקדושה.

לעומת זאת, **נגיעה בקצה ההר** יסודה בתרגום מוחשי ומוטעה של מושג הקדושה, בדומה לאנשים המבקשים לנשק את ידי רבם וסבורים שניתן למלא בכך את הצורך הרוחני, ללא עמל עצמי. הרוצים לעלות אינם רוצים לגעת והרוצים לגעת אינם אלה הרוצים לעלות. מדובר בשתי בקשות קדושה מוטעות שונות: האחת של השלת מחיצות, של רצון להיחשף אל הדבר עצמו תוך דילוג על המחויבות הנובעת מהחשיפה המבוקרת. והאחרת של קבלה לא רציונלית של מושג הקדושה. של נגיעה בה מבלי לשאת במלוא אחריותה ותביעותיה.

לא תעלה במעלות על מזבחי

הפסוקים החותמים את הפרשה עוסקים במבנה המזבח. המזבח היה גבוה והכוהנים נדרשו לטפס אליו על מנת שיוכלו להקריב על גביו את הקורבנות. התורה מצווה שעליה זו לא תהיה במדרגות אלא בכבש שיאפשר עלייה רציפה: "וְלֹא תַעֲלֶה בְמַעֲלֹת עַל מִזְבְּחִי אֲשֶׁר לֹא תִגָּלֶה עֶרְוָתְךָ עָלָיו" (שמות כ', כג).

התורה אף מוסיפה טעם לציווי זה: "אֲשֶׁר לֹא תִגָּלֶה עֶרְוָתְךָ עָלָיו". אולם כבר המדרש במכילתא העיר שחששה של התורה מגילוי הערווה על המזבח אין לו בסיס לאור ציוויה המפורש על הכהנים ללבוש מכנסי בד (שמות כ"ח, מב). לכן מסיק המדרש שאין כאן אלא ציווי שלא לפסוע פסיעות גסות ורחבות בעת העלייה למזבח והוראה להלך לקראת הזביחה בפסיעות מדודות, עקב בצד אגודל, במתינות ובזהירות (מכילתא דרשב"י, יתרו כ, כג). נראה שבאופן זה פירש את הציווי גם אחד האמוראים שדעתו מובאת בירושלמי. לדעתו, הדין שיש להצמיד רגלים בתפילת העמידה נלמד מן הכהנים "שהיו מהלכים עקב בצד גודל וגודל אצל עקב" (ירושלמי, ברכות פ"א ה"א). כשלמעשה, העמידה בתפילה היא מקבילתה של העלייה אל המזבח. מכאן ניתן ללמוד על מראה הפסיעות ברגלים צמודות במעלה המזבח...

בניגוד לתיאור הליכתם האיטית של הכוהנים על גבי המזבח, קיים התיאור במשנה במסכת יומא:

> בראשונה, כל מי שרוצה לתרום את המזבח – תורם. ובזמן שהן מרובין – רצין ועולין בכבש, כל הקודם את חבירו בארבע אמות – זכה...
>
> מעשה שהיו שניהם שוין ורצין ועולין בכבש, ודחף אחד מהן את חבירו ונפל ונשברה רגלו. וכיון שראו בית דין שבאין לידי סכנה – התקינו שלא יהו תורמין את המזבח אלא בפייס (יומא ב ע"א).

לפי המשנה, המאמץ לזכות במצוות תרומת המזבח היה כרוך בתחרות ריצה על כבש המזבח. הכהן שקדם להגיע במעלה ארבע אמות ראשונות של הכבש, זכה במשימה. תחרות זו פסקה לא בשל הפרת הלכות "פסיעה קטנה" אלא בשל הסכנה שנוצרה לכוהנים הלהוטים לבצע את התפקיד הנכסף. לפי דעה זו ניתן להבין את הפסוק באחת משתי דרכים: האחת – התורה אינה מצווה על פסיעות מדודות אלא אוסרת פסיעה גסה. לפי פתרון זה, אין איסור לרוץ על המזבח אלא רק להרחיב את הפסיעות (ראו: סמ"ג, לאוין רצא). אומנם, פתרון זה משונה מעט ואפשרויות הביצוע של ההוראה אינן נהירות כל צורכן. הדרך השנייה זונחת את הקריאה ההלכתית ופונה לקריאה מטאפורית. לאחר שמתברר שגילוי ערווה אינו שייך כאן מצד הלבוש והכיסוי שבהם הצטוו הכוהנים, ושהליכה עקב בצד אגודל לא עולה על הדעת עבור הכהנים הידועים בזריזותם, לא נותרת אלא האפשרות לומר שמעבר להנחיה על מבנה המזבח שלא יהיו בו מדרגות, כל שאר הפסוק אינו מכוון להוראה מעשית טכנית. ואומנם, לפי ספר החינוך, מדובר על כיוונון הלב למתינות ויראה (מצווה מא). רש"י על הפסוק הרחיק לכת יותר, ופירש את הפסוק בצורה רעיונית:

> ואף על פי שאינו גלוי ערוה ממש... מכל מקום הרחבת הפסיעות קרוב לגלוי ערוה הוא, ואתה נוהג בהם מנהג בזיון. והרי דברים קל וחומר ומה אבנים הללו שאין בהם דעת להקפיד על בזיונן... חבירך שהוא בדמות יוצרך, ומקפיד על בזיונו, על אחת כמה וכמה.

רש"י סבור שיש לקח חשוב בפסוק: חובת ההקפדה שלא לבזות חלה גם כאשר נשוא הביזוי אינו בן אנוש, אלא מזבח. וקל וחומר מן המזבח לסתם אדם שעשוי להתבזות. דברי רש"י מובנים יותר אם נקרא את כל הפסוק כולו באופן הזה. מי שעולה במעלות המזבח דווקא הוא מצווה שלא לבזות לא רק את מה אלא גם את מי שהוא נאלץ להסתייע בו לשם כך.

משנפרצו שערי דרשה, הציעו הפרשנים השונים אף הם ממרכולתם הרעיונית. בעל פנים יפות מבאר ששעת העלייה במעלות הכבוד או היראה, היא שעת מבחן עבור האדם. הוא נדרש להיות נקי כפים ובר לבב, הסביבה או הקב"ה בודקים בציציותיו, והניקיון הנדרש לסתם אדם מן השורה אינו מספק ביחס לאנשי מעלה כמותו. זו עת גילוי ערווה, האדם עומד אל מול עצמו ונדרש לתת דין וחשבון מדוקדק ביותר. מי שאינו מסוגל לעמוד במבדק החושפני הזה, אל יעלה במעלות על מזבחי (פנים יפות, שמות כ', וראו גם: תולדות יעקב יוסף, משפטים).

לדעת בעל שפתי צדיקים כוונת הפסוק ללמדנו להתקדם ולהתפתח בצורה תהליכית. לא לצפות לגדולה ולא להיתפס על סימוני מטרות שמעבר לגובה הנוכחי. אלא ללכת מדרגה לדרגה ולא "לדלג על ההרים" או "לקפץ על הגבעות" (שפתי צדיקים, במדבר שלח).

לקח נוסף מן הפסוק הוא שאין לנצל את המזבח להתגדל באמצעותו ואין להופכו לפלטפורמה לגריפת רווחים אישיים. במקום לנצל את המערכת לטובתך, היה שליח ציבור חדור אחריות לסביבה (נועם אלימלך פרשת יתרו).

נדמה שכל הפרשנים כולם זיהו את העלייה על המזבח כדרך הנהגה, וכל אחד מהם זיהה בהוראה שבפסוק את ההוראות המיוחדות המתייחסות אל מי שהוא מורם מעם (תרתי משמע). חובת הזהירות מפני רמיסת העם הפשוט והזלזול בצרכיו, הדרישה לטוהר מידות ברמה גבוהה יותר מזו הנדרשת לכל אדם, התאמה לתפקיד והימנעות מנשיאת עיניים לתפקידים רמים שאין להם ולא כלום עם הכישורים של מי ששואף אליהם, וכן סיגול הידיעה הפנימית הישרה הזוכרת את עובדת היותו של האדם שליח ציבור, העושה למען הציבור ללא לאות.

על אלו יש להוסיף את הדרישה החשובה והקשה העולה מכאן, והיא, שאומנם החיפזון וההתלהבות נחוצים, אך המעטפת החיצונית שלהם אמורה לעמוד בסתירה גמורה למה שרוחש בנפש פנימה: יראת שררה, דיוק, מתינות וחרדת קודש.

המצב הקרוב ביותר למעמד הזביחה וההתעלות אצל האדם הפרטי מתרחש ביום השבת. גם שם מתקיימת הסתירה הזו מצד אחד "נרוץ לקראתך" ומצד שני "פוסעים בו פסיעה קטנה". תחושת הרוממות והקדושה האופפים את השבת מחייבים את ההליכה המתונה בד בבד עם ההתלהבות.

פרשת משפטים

רציעה כמשל

על פי התורה, כאשר עבד עברי מבקש להישאר אצל אדוניו ולעובדו גם בתום תקופת העבדות, מצווה האדון לרצוע את אוזנו והוא נשאר לעבוד את אדונו לעולם.

> וְאִם אָמֹר יֹאמַר הָעֶבֶד אָהַבְתִּי אֶת אֲדֹנִי אֶת אִשְׁתִּי וְאֶת בָּנָי לֹא אֵצֵא חָפְשִׁי, וְהִגִּישׁוֹ אֲדֹנָיו אֶל הָאֱלֹהִים וְהִגִּישׁוֹ אֶל הַדֶּלֶת אוֹ אֶל הַמְּזוּזָה וְרָצַע אֲדֹנָיו אֶת אָזְנוֹ בַּמַּרְצֵעַ וַעֲבָדוֹ לְעֹלָם (שמות כ"א, ו).

רציעת האוזן, המסמלת את המעבר מעבדות שכירה לעבדות מעמדית, היא פעולה חריגה ואף מוזרה ונחשבה בתקופה הקדומה לסמל לכפיית האדון ולאדנותו (חוקי חמורבי, 282). דא עקא, בתורה הרציעה עשויה להתרחש רק ביוזמת העבד ובכך נתבדלה התורה מחוקי העמים. על בסיס הבדל משמעותי זה, הוטען מעשה הרציעה במקורותינו במטען שלילי, ויוחס לבחירה המעוותת של העבד. בסוגיה במסכת קידושין מצויות שתי דרשות תנאים, שהחוט המקשר ביניהן הוא העובדה שהעבדות היא דבר פסול וכי האמירה המכוננת של התורה היא שהאדם הוא עבדו של הקב"ה, על כן אין לו לשעבד את עצמו לאיש – ובזה חטאו. המחלוקת בין התנאים היא בשאלה על מה מבססים את הדרשה. לפי דעתו של רבן יוחנן בן זכאי העובדה שרוצעים דווקא את האוזן רומזת ל"אוזן ששמעה בהר סיני בשעה שאמרתי כי לי בני

ישראל עבדים ולא עבדים לעבדים והלך זה וקנה אדון לעצמו". ואילו לפי דעתו של ר' שמעון בנו של רבי יש ללמוד זאת ממיקומה של הרציעה ליד הדלת והמזוזה:

> אמר הקדוש ברוך הוא: דלת ומזוזה שהיו עדים במצרים, בשעה שפסחתי על המשקוף ועל שתי המזוזות ואמרתי כי לי בני ישראל עבדים – ולא עבדים לעבדים, והוצאתים מעבדות לחירות, והלך זה וקנה אדון לעצמו (קידושין כב ע"ב).

מה בין שתי הדרשות?

ייתכן שההבדל ביניהן נעוץ במשמעות הטקס עצמו. אם יש בו אמירה על העיוות האישי – "אוזן ששמעה" – אדם שלא הפנים את ערכי התורה. או שיש בעבדות עיוות במידת ההשתייכות של העבד אל האתוס הכללי של עם ישראל. העבדות היא בגידה בברית הגאולה.

על מנת להבין את עניין הרציעה ראוי להדגיש עניין נוסף והוא ההסדר הנובע מן הרציעה. בפני העבד עומדות שתי אפשרויות: הוא יכול להשתחרר ולמכור עצמו בשנית לאותו אדון. והוא יכול להירצע ולהישאר אצלו. ההבדל בין שני ההסדרים הוא שברגע שישתחרר, גם אם ימכור את עצמו לאחר מכן, הוא יהיה אסור בשפחה כנענית.

עולה מכך שבמוקד הרציעה עומד הרצון לשמר את האפשרות לשאת שפחה כנענית, ולאו דווקא עצם המשך העבדות. התופעה המיוחדת לנישואין לשפחה כנענית היא שהילדים המשותפים שיוולדו להם יהיו שייכים לאדון, כעבדיו, ולא ייחשבו כבניו הישראלים של העבד (שו"ת רדב"ז ח"ב, סי' תשח).

נמצא שהעבדות שבה בוחר העבד הנרצע אינה בחירה בשעבוד על פני חירות בלבד אלא בחירה בהוויה שלימה של ויתור על עצמאותו וריבונותו. החל ממכירת כוח העבודה שלו, ועד מסירת הזכויות בילדים ושמא אפילו הפקרתם. על רקע זה מובן הזיהוי של חז"ל את האוזן הנרצעת: חז"ל לומדים בגזרה שווה ממצורע שמדובר באוזן ימנית (קידושין טו ע"א). הגזרה השווה רומזת לקשר שבין המצורע ובין העבד. שניהם מצויים בשולי החברה, מבודדים ממרחבי הפעילות והיצירה.

תפקידה של הרציעה הוא להצביע על אופייה של העבדות כדרך חיים התואמת את שאיפותיו השגויות של העבד. מבחינתו הוא חי בעולם אידילי: אישות עם אישה אהובה, ללא אחריות על המשפחה. מקום עבודה מסודר.

פרנסה טובה וחסרת דאגות. באמצעות הרציעה קוראת התורה לאותו עבד לפרוץ את המעגל של עצמו. לנסות לפרק את התבנית החברתית שלתוכה צמח ואליה התרגל. להרשות לעצמו לחלום על מרחב שלם של אפשרויות. הוא נדרש לשם כך לוותר על החממה, לזנוח מקום עבודה, ובעיקר להוציא עצמו לחירות מחשבתית. האפשרויות שבחוץ מחייבות אותו לחשוב על עצמו במושגים שלא הורגל לחשוב בהם. דווקא האדון, שעשוי להיות מעוניין בטיפוח מצב השליטה הזה, מטיל בו את המום על משמעותו הסמלית. הוא ולא שליחו ולא בית דין. בניגוד למצבים אחרים שבהם האדון מנצל את כוחו על מנת להכתיב לסרים למשמעתו תחושת הזדהות עם מעמדם הנחות, כאן התורה דרשה מעשה חריג של הטלת מום. מהעבד היא דרשה להבין שהוא אדם שבחר לוותר על הפריבילגיה האנושית של חירות וחופש. הטלת המום היא מעשה של בחירה ואינו מעשה מוכרח. העבדות אינה תכונת אישיות אלא דבר נרכש וניתן להיחלץ ממנו.

חובת האדם לברר עם עצמו היכן מונחים הכבלים שנטבעו בו בשל מעמדו, בשל רצונו להישאר בתוך הדוגמה שלתוכה נשאב ומה שהפך עבורו נוח מסיבות שונות.

השאלה הקשה ביותר ביחס להסבר הזה היא בכך שבסופו של דבר התורה אומנם תבעה רציעה אבל בפועל אפשרה את ההסדר הקלוקל המשמר את העבד בנחיתותו הכללית ואת האדון בעמדת השליטה. מדוע לא ביטלה את האפשרות הזו לגמרי באמצעות איסורה המוחלט?

במעשה ידוע, "תבואת שיגעון" שמו, מספר ר' נחמן מברסלב על שני אנשים היודעים שכל העולם עומד בפני אכילת חיטה מורעלת שתהפוך את כולם למשוגעים. הם צריכים לבחור אם לאכול מן החיטה ולחבור לכלל, או להימנע מאכילה זו ולהישאר שפויים. דא עקא, שפויים בעולם של משוגעים הם משוגעים. לכן שניהם בוחרים לאכול אך לציין לעצמם על המצח כי הם משוגעים. לפחות יהיו מודעים למצבם ובזה יהיה יתרונם על פני האחרים.

הרציעה המשותפת שנעשית דווקא על ידי האדון באוזנו של העבד מציבה את העבד ואת אדונו אל פתח הדלת. הפתח מסמל את האפשרות לבחור אחרת, לצאת החוצה לבטל את מעגל הקסמים. שניהם ניגשים במודעות ברורה לתוך סיפור, הם מכתירים את מעשיהם כ'משחק' שכותרתו אדון ועבד ושהזכר לכך שהם נתונים במשחק תפקידים שכלליו ברורים וידועים, האוזן הנרצעת, ילווה אותם לאורך כל הזמן הזה ויסמל את מצבם המשותף. זו הרציעה במובנה המצומצם, בהלכות עבדים.

דין עבד נרצע שבתורה הוא גם סמל למצב האנושי. זהו המשחק של כולנו בעולם הזה, כולנו עבדים נרצעים למציאות ולכלליה, לתכתיבים החברתיים והתרבותיים שאנו נשאבים לתוכם. התבוננות על מעשה הרציעה של עבד העולם מזכירה לנו את המציאות ואת האופציה האחרת. גם אם אין אנו יכולים להשתחרר מן המשחק, לפחות אנחנו מודעים לקיומו.

והא־לוהים אינה לידו

מצבו של מי שרצח אדם אחר בשגגה הוא קשה ונורא. אף שהוא לא חרג מגבולות ההתנהגות הסבירה גרמו מעשיו לאובדן נפש ועולם מלא. במקרה כזה על אף היעדר הזדון, מוטלת אחריות, גם אם מופחתת, על שכמו של הרוצח והוא נענש. הוא אינו מומת אך הוא גולה. התהייה על עצם הטלת רבב באותו אדם נענית בפסוק המתאר את דינו: "וַאֲשֶׁר לֹא צָדָה וְהָאֱלֹהִים אִנָּה לְיָדוֹ". במילים פשוטות וקצרות התורה מערבת את הקב"ה כמי שסובב את מהלך העניינים, וגרם למקרה הנורא שיתרחש באופן שבו התרחש. הא־לוהים אינה לידו. וכאן הבן שואל איך הקב"ה קשור לכאן? מדוע טופלים עליו את האשמה לחוסר האחריות של הרוצח בשגגה?

מדרש האגדה ובעקבותיו הפרשנים הבינו כי המשמעות של הפסוק היא שיש כאן מהלך א־לוהי מתוכנן בקפידה. דרשתו של ריש לקיש הפכה לפירוש פשטו של הפסוק כמופיע אצל כל פרשני המקרא:

> ר"ש בן לקיש פתח לה פתחא להאי פרשתא מהכא:
> ...במה הכתוב מדבר?
> בשני בני אדם שהרגו את הנפש, אחד הרג בשוגג ואחד הרג במזיד, לזה אין עדים ולזה אין עדים, הקדוש ברוך הוא מזמינן לפונדק אחד, זה שהרג במזיד יושב תחת הסולם, וזה שהרג בשוגג יורד בסולם ונפל עליו והרגו, זה שהרג במזיד נהרג, וזה שהרג בשוגג גולה (מכות י ע"ב).

הסיפור שריש לקיש מספר מתאר כיצד הקב"ה מסבב את עולמו. רוצח במזיד שחמק מעונש מוות כי לא היו עדים, הוא זה שייהרג בשגגה. בזה ייחתם דינו על הרצח. גם מי שהרגו אינו חף מפשע. לפי דברי ריש לקיש מדובר במי שכבר הרג בשוגג פעם אחת אך לא היו עדים למקרה. כעת הקב"ה מסבב

שירצח שוב בשגגה, ככל הנראה הפעם בעדים גמורים. בפעם הזו ישלם את חובו הישן לחברה. דרשתו של ריש לקיש מתייחסת לשני פסוקים, זה שבפנינו: "וַאֲשֶׁר לֹא צָדָה וְהָאֱלֹהִים אִנָּה לְיָדוֹ" ופסוק נוסף מספר שמואל "כַּאֲשֶׁר יֹאמַר מְשַׁל הַקַּדְמֹנִי מֵרְשָׁעִים יֵצֵא רֶשַׁע וְיָדִי לֹא תִהְיֶה בָּךְ" (שמואל א׳ כ"ה, יג). פסוק זה הוא ציטוט מתוך דברי דוד לשאול, לאחר שגזר את כנף מעילו בשנתו במקום להשכים ולהורגו. וטענתו של דוד בפיו:

> דע וראה כי אין בידי רעה ופשע ולא חטאתי לך ואתה צדה את נפשי לקחתה, ישפט ה׳ ביני ובינך ונקמני ה׳ ממך וידי לא תהיה בך כאשר יאמר משל הקדמני מרשעים יצא רשע וידי לא תהיה בך... והיה ה׳ לדין ושפט ביני ובינך וירא וירב את ריבי וישפטני מידך (שם, יא-טו).

דוד טוען כנגד שאול שהוא רוצה להורגו במזיד, אולם דוד עצמו אינו מוכן ללכלך את ידיו בהגנה עצמית והוא קורא לקב"ה למשפט. דוד אינו מוכן לפעול און באשר הוא למד ממשל הקדמוני כי "מֵרְשָׁעִים יֵצֵא רֶשַׁע". מהו משל הקדמוני? ריש לקיש סבור שמשל הקדמוני הוא מה שגילה לנו הקב"ה, הקדמון, בתורתו בפסוק הזה "וְהָאֱלֹהִים אִנָּה לְיָדוֹ". הקב"ה גילה לנו שגם נקמה מוצדקת היא פעולה בעייתית והיא ׳רשע׳, היא אולי נכונה אבל נגועה באכזריות. רק רשעים מתאימים למלא את התפקיד הזה. הקב"ה כביכול מוזמן לגלות לנו מיהם הרשעים שמהם יצא הרשע (ראו רש"י לפרשתנו). הרד"ק בפירושו לספר יחזקאל מוסיף שבאמת עיקר פעולתו של הקב"ה ביחס לרוצח בשגגה הוא עצם חשיפתו. הטלת הכתם על מצחו. ושעובדת היותו רוצח בשגגה נסתר מעידה עליו שהוא חי חיים אפלים, חיים של חוסר כנות ושל צביעות. עונשו אינו הגלות, עונשו הוא שכל מה שהסתיר, נחשף לאור השמש (יחזקאל י"ד). לפי הביאור הזה, פעולת ה׳ בעולם בדרך של מידה כנגד מידה שומרת על שיווי המשקל בעולם. ישנה מערכת מאוד עדינה של איזונים, אין פגיעה קלה שאין בצידה תגובה הולמת מדויקת. באופן הזה מתברר שדווקא במצבים לא מוסברים אנו נתקלים בגילוי א־לוהים.

דא עקא, ישנו כשל לוגי בסיפור. שכן הרוצח שרצח בשגגה בפעם הראשונה לא היה אשם במעשהו. אם כן, מדוע גלגלו משמיים שירצח בפעם הראשונה בשגגה? בשביל להצדיק את הסיפור יש לומר שרק מי שרצח בשגגה פעמיים מגיע לו לגלות. טענה כזו ודאי אינה נכונה ואינה

סבירה. ואיזה מין עונש זה לרוצח בשגגה שהוא רוצח שנית בשגגה? (ראו פענח רזא לפרשה).

אולי בגלל הקשיים הללו, מובאת בגמרא דעה 'רכה' יותר, דעת רב הונא:

> מן התורה ומן הנביאים ומן הכתובים – בדרך שאדם רוצה לילך בה מוליכין אותו.
> מן התורה, דכתיב: לא תלך עמהם (במדבר כ"ב, יב), וכתיב: קום לך אתם (במדבר כ"ב, כ).
> מן הנביאים, דכתיב: אני ה' א-להיך מלמדך להועיל מדריכך בדרך (זו) תלך (ישעיהו מ"ח, יז).
> מן הכתובים, דכתיב: אם ללצים הוא יליץ ולענוים יתן חן (משלי ג', לד).

רב הונא מוכיח שישנו עיקרון יסודי החוזר בתורה בנביאים ובכתובים שלפיו תת-המודע של האדם מזין את פעולותיו. אדם מוצא את עצמו תמיד במקום שאליו הוא שואף, במקום שמתאים להלך רוחו ואישיותו. אין מקרים, יש בחירה. לפי רב הונא, שקדם לפרויד, כאשר תחת ידו של אדם נשמטים דברים באופן בלתי מוסבר, פליטת פה, פליטת קולמוס, הוא מעווה את פניו בדרך מסוימת בעלת משמעות, הוא חש כי ידו הולכת מעצמה, בכל המקרים הללו האדם מגלה את עצמו. דווקא כשהוא מניח למקרה, כשהוא אינו מודע וכשהוא איננו בוחר, שם מתגלית עוצמת אישיותו ושם מתבררות כוונותיו.

האר"י הקדוש לא קרא את הפסוק על פי הטעמים ובהתעלם מן האתנחתא, הוא מציע שישנו בפסוק אחד מרמזי חודש אלול: (וַאֲשֶׁר לֹא צָדָה וְהָאֱלֹהִים) "אִנָּה לְיָדוֹ וְשַׂמְתִּי לְךָ" (מָקוֹם אֲשֶׁר יָנוּס שָׁמָּה). המעבר בפסוק מן הא-לוהים הנסתר שאנה לידו, אל הא-לוהים הנוכח שפונה לאדם ואומר לו "וְשַׂמְתִּי לְךָ", יוצר את התחושה שהגילוי האישי וגילוי א-לוהים מחייבים את האדם להנכיח את הקב"ה, להוציאו ממקום הסתר ולהשליטו בחייו על מנת שיוכל לתקן דרכיו.

"לא תאחר": חיילי בדיל וכפתורים

בתורה ישנם שני איסורים שנאמרו בלשון איחור. האחד מתייחס לנדרים

ולקורבנות, לתרומות ומעשרות ומתנות עניים שאסור לאחר לשלמם: "לֹא תְאַחֵר לְשַׁלְּמוֹ".

האיסור השני נאמר בפרשתנו – "מְלֵאָתְךָ וְדִמְעֲךָ לֹא תְאַחֵר". אולם הפעם משמעותו של ה'איחור' היא הבאת הדברים ברצף: דבר **אחר** דבר.

וכך קובעת המשנה במסכת תרומות בהסתמך על הפסוק הזה:

> המקדים תרומה לבכורים מעשר ראשון לתרומה ומעשר שני לראשון, אף על פי שהוא עובר בלא תעשה מה שעשה עשוי.
> שנאמר (שמות כ"ב) "מלאתך ודמעך לא תאחר" (משנה, תרומות פ"ג מ"ו).

לפי המשנה וכך גם נפסק בסופו של דבר בשולחן ערוך (יורה דעה, שלא, כז), הפסוק בא להזהיר על סדר הפעולות הראוי להפרשת תרומות ומעשרות. מלאתך הם הביכורים והם הראשונים להפרשה ומכאן ואילך יש להפריש תרומה (הקרויה דמעך) ואחריה מעשר ראשון ולאחריה מעשר שני.

התנאים דנו במקרים שבהם בעל הבית שינה את הסדר ואפשר לכהן להקדים ולקחת את תרומת המעשר מן התבואה לפני הפרשת מעשר ראשון וכדומה.

נחלקו המנחת חינוך (ר' יוסף באב"ד) והדברי חיים (ר' חיים מצאנז, גיסו) בשאלה אם מי שהפריש הכול בבת אחת עבר על האיסור והאם העיקר הוא שלא לאחר את המוקדם אך אין סיבה למנוע את ההפרשה הבו זמנית או שיש להקפיד על הסדר ועל איחור המאוחר (ראו סיכום בדובב מישרים א, יח).

הדרישה לסדר עשויה להתפרש בכמה אופנים.

האחד הוא שיש כאן רעיון נסתר שאינו ידוע לנו, אך האיסור חושף את קיומו.

הוגו ברגמן פותח את ספרו מבוא לתורת ההיגיון בתיאור ילד שמציץ אל מסדר של טירונים, ורואה את הסדר שבו מציב אותם מפקדם, הוא שב אל חדרו ומציב את חיילי הבדיל שלו במסדר. אחותו שאין לה חיילי בדיל נוטלת כפתורים ומסדרת אותם אף היא.

ומסקנתו של הוגו מן הסיפור:

> מה אנו רואים כאן? הסדר הוא צורה שאינה תלויה בתכנים המסודרים.

> אפשר להעבירו מן הטירונים אל חיילי הבדיל ומהם אל הכפתורים. אולם אף שהסדר אינו קשור בתכנים מסוימים, הוא חוקי בפני עצמו... הסדר קיים בפני עצמו הוא לא תלוי בדברים שאותם הוא מסדר (עמ' 13).

בהמשך לתיאורו של הוגו, ניתן להתייחס לסדר כאל צורה אידיאלית של קיום מצווה, אשר אין לה קשר לתוכן המצווה עצמה, שהוא רק המקרה שלתוכו נצוקה הדרישה לסדר: החיילים, חיילי הבדיל או הכפתורים. הסדר והצורה יש בהם כוונות נסתרות אוטופיות של תיקון רוחני. אולי משום שהקשר למצווה עצמה ולתוכנה רופף נפסק גם להלכה: "אף על פי שהוא עובר (על הסדר הרצוי) מה שעשה עשוי". בהלכה זו יש ביטוי לנתק בין מעשה ההפרשה של התרומה והביכורים לבין הסדר עצמו, שמכוון לכוונות נסתרות ונשגבות.

הסבר שני לדרישה לסדר הוא שאפשר להסתכל עליה גם באופן מהותי, כעין שאנו פוגשים בהוראת סדר פעולות החשבון. הקדמת תרגילי הכפל והחילוק לחיבור ולחיסור משנה את התוצאה של התרגיל! גם כאן, הסדר מחולל שינוי בתוצאה. השינוי והתוצאה עשויים להיות ניכרים לעין, כלומר, כיוון שההפרשות נעשות באחוזים מן התבואה, יש השלכה כמותית לשינוי סדר ההפרשה.

בנוסף, גם מן ההיבט של חשיבות המתנות הניתנות מן התבואה יש משמעות להקדמת אחת לרעותה: ביכורים אינם רק העלאת פירות בשווי כולל כזה וכזה לירושלים, אלא הם נושאים את המטען של פירות ראשונים שהבכירו וצמחו מן העמל הרב שהושקע בגידולם. ועל כן ראשוניותם צריכה להיות ניכרת גם בסדר לקיחתם.

הסבר שלישי להקפדה על הסדר במצווה זו מצוי בדברי ספר החינוך, ואלו דבריו:

> משרשי המצוה, כי בהעשות הדברים על סדרן לא יבוא בהם הערבוב והטעות, וכשאינן נעשים כן יהיה הטעות נמצא בהן תמיד, ובהיות התרומות והמעשרות דבר גדול בקיום הדת, ציונו השם יתברך להזהר בהם הרבה שלא לבוא בחשבונן לידי טעות לעולם. ובשמענו טוב מזה מן המקובלים נקבל (מצווה עב).

לדברי בעל ספר החינוך, סדר הוא חשוב לצורך הוודאות והדיוק. מי שאינו מארגן את ענייניו לפי סדר קבוע או הגיוני עשוי להתבלבל, לערבב, לשנות,

לחזור על עצמו ולהחמיץ את קיומה של המצווה. סדר הוא הכרחי ונחוץ דווקא בענייני תרומות ומעשרות בגלל חומרתן ומרכזיותן בהלכה לדבריו. למעשה, ספר החינוך סבור בניגוד לשתי האפשרויות הפרשניות הקודמות שהסדר הוא אמצעי ולא תכלית כשלעצמה.

האם המצווה חותרת לתיקון בעולמות אוטופיים של סדר, כשבעולם הזה הסדר הוא משני לתוכן? האם המצווה נועדה לטבוע בנו הכרה בערך הסדר ובערכו של סדר עדיפויות? או שמא, הסדר במצווה הזו הוא רק כלי ביצוע יעיל וערובה לקיום המצווה, ותו לא?

ללא ספק ערך הסדר והארגון טמון במצווה הזו, הסדר והארגון עצמם נוגעים פעמים רבות בשאלות מוסריות. כך בעת המתנה בתור או בפקק וכך בעניינים המחייבים שקיפות, כמו בעניין חלוקת תקציבים מכספי הציבור, כמו במצווה הזו. עם זאת, אין הסדר חזות הכול, יש מקום לחריגות לשני הצדדים, לאלו הפועלים סדר רוחני מצד אחד, ומן הצד השני, גם לאלו שהסדר הוא משני בחשיבותו עבורם והם מסוגלים להתעלות מעל למובנה ולבטוח ולהעז ולשנות.

מיטב שדהו ומיטב כרמו ישלם

פרשת משפטים עוסקת בפיצויי נזיקין שצריך אדם לשלם לחברו. עיון בפסוקים מצביע על שיטות גבייה שונות ביחס לסוגי נזקים שונים. מי ששילח את בהמתו וביער בשדה אחר צריך לשלם במיטב שדהו. לגבי נזקיה של אש לא צוינה שיטת גבייה מסוימת, אלא נאמר באופן כללי: "שַׁלֵּם יְשַׁלֵּם הַמַּבְעִר". בעליו של שור שנגח משלם "שׁוֹר תַּחַת הַשּׁוֹר", והתורה גם מרחיבה במתן הוראות כיצד חוצים את השור המת ומחלקים את שוויו בין שני הצדדים. בנזק שנגרם על ידי בור, כתוב "כֶּסֶף יָשִׁיב לִבְעָלָיו" כלומה, צריך לפצות על הנזק. פסוקי התורה מתייחסים כאן לחברה חקלאית שבה עדיין אין מנגנון משפטי פורמליסטי, ומהלך של הפשטה מן המקרים אל הכללים, עדיין לא נוסח, התורה משתמשת בקאזואיסטיקה – ומתארת מקרים ספציפיים, אופייניים.

השאלה היא איך מבצעים את המעבר מעולמו הקזואיסטי של החוק בפרשת משפטים, לעולם המודרני שבו מבוסס המשפט על עקרונות וכללים. במעבר מעולם משפטי העוסק במקרים לעולם משפטי המבוסס על כללים, ניתן לתרגם חלוקתו של שור לתורת פיצוי ולחלוקת נטל, אבל הדרישה

לשלם ב"מֵיטַב שָׂדֵהוּ" קשה לתרגום. האם המשמעות היא שכששור אכל עגבניות ירוקות צריך לתת אדומות במקומן, האם אדם שהרס את חורבת חברו יעניק לו במקומה ארמון?

בשאלה למה התכוונה התורה נחלקו ר' ישמעאל ור' עקיבא אם הפיצוי משולם מתוך הטוב ביותר שבנכסי המזיק (ר' עקיבא) או שמא הפיצוי ניתן באדמה שוות ערך לאדמתו הטובה ביותר של הניזק (ר' ישמעאל, לפי הסברו של רב אחא בר יעקב). לפי שתי השיטות המזיק אינו משלם יותר ממה שהזיק אבל משלם בשדה איכותית יותר, בהתאמה גודל השדה שניתן כפיצוי קטן. כלכלית אין הבדל בין אמצעי הפיצוי השונים, ערך האדמה המשולמת זהה. אבל שיקולי נוחיות יש כאן: יותר נוח לקבל שטרות גדולים מאשר 'כסף קטן'.

במשנה במסכת גיטין מוצג בפנינו קטלוג המראה שיש הבדלים מסוימים באופני הגביה של חובות שונים. חלקם נגבים מאדמת זיבורית (הפשוטה ביותר) חלקם מעידית (המשובחת ביותר) וחלקם מבינונית. המזיקים לפי המשנה הזו שמים להם בעידית שזו הקרקע הפורייה והדשנה ביותר ושגם ממוקמת היטב, בסמיכות לנהר וכדומה. וזה לשון המשנה:

הניזקין שמין להן בעידית,
ובעל חוב – בבינונית,
וכתובת אשה – בזיבורית...

על פניו, נראה שהדין של תשלום נזקים מן העידית הוא מדין תורה ממש. וכמו שאכן נאמר בתוספתא:

שמין להם מן העידית שנאמר: "מיטב שדהו ומיטב כרמו ישלם" (בבא קמא פ"א ה"א).

אולם המשנה הזו בגיטין מציינת שדרך הגביה הזו היא "מפני תיקון העולם". בתוספתא במסכת כתובות מובאים גם נימוקי התקנה:

מפני מה אמרו הנזקין שמין להן בעידית?
מפני הגזלנין ומפני החמסנין.
שיהא כל אחד ואחד אומר מפני מה אני גוזל ומפני מה אני חומס,

> שלמחר הרי בית דין שמין שדה יפה שלי.
> סמכו על המקרא מיטב שדהו ומיטב כרמו ישלם (תוספתא, כתובות פי"ב ה"ב).

התוספתא ממשיכה ומבארת גם את התקנות האחרות שבמשנה, מדוע לבעל חוב גובים מקרקע בינונית ואת כתובת האישה מקרקע זיבורית, אך לעניין שלנו מבואר ששומת נזקים מן העידית נעשית מפני שיש לבית הדין אינטרס לקנוס את המזיקים. המטרה היא להפוך את הנזק ללא משתלם עבור הגנבים. לו נדרשו לפצות על הנזק שגרמו מאדמה זולה, ההרתעה הייתה פוחתת.

ההסבר הוא משכנע, והטענה שחלק מן המזיקים מתנדנדים בין המישור האזרחי הממוני לבין המישור הפלילי והפוגעני נכונה. לכן בניסיון להשיב את מצב הניזק לקדמותו לא די בפיצוי המתמקד בנזק שנגרם לניזק, ונדרשת גם ענישה. התוצר של תשלום בגובה הנזק, אך 'ממיטב השדות' הוא שילוב של הרצון לפצות על הנזק וגם לייצר הרתעה ולקנוס את המזיקים, כשיטת עונשין.

אולם הגמרא מזדעקת ושואלת, כיצד ייתכן שאנו מתייחסים לתשלום נזקים מעידית כתקנה שהיא בבחינת תיקון עולם:

> מפני תיקון העולם?!
> דאורייתא היא!!
> דכתיב: "מיטב שדהו ומיטב כרמו ישלם"! (גיטין מח ע"ב).

הגמרא מזכירה לנו שהדברים כתובים במפורש בתורה, במילים "מֵיטַב שָׂדֵהוּ". ואם כן, כיצד הפכו דברים מפורשים מן התורה לתקנה ולתיקון עולם – שהם קביעת חכמים?

תשובת רבינא לשאלה זו היא תשובה מרתקת. לדעתו של רבינא הדין שלפיו שמים למזיק בעידית הוא אומנם מדאורייתא, דין תורה מפורש. אבל הצעת הנימוקים, והטענה שמדובר בתקנה שיש בה משום תיקון העולם, לא באה אלא לומר שהתורה בדבריה אלו חתרה לתיקון העולם. בפרפרזה על הגמרא קובע רבינא שמשנה זו והדין המובא בה הם מדאורייתא, אך המשנה היא גם כדעת ר' שמעון שדורש את טעם המקראות. ומהו טעם המקראות?? מה הטעם ששמים למזיק בעידית? מפני תיקון העולם!

המקובל במחשבה ההלכתית הוא שיש דיכוטומיה ברורה בין דבר

תורה ובין דבר חכמים, בין דין תורה ובין דרבנן. הטיעון העמוק הנטען כאן בדברי רבינא הוא שיש השקה בין שני הדברים, ואותו דבר שמכונה במקום אחד "תקנת חכמים", מהיבטים מסוימים שלו הוא כבר כתוב בתורה. דברי חכמים הם רק הפענוח של הצופן שכבר נאמר קודם. זהו רצון ה' שמובע בתורה והתגבש כבר בתורה שבכתב שמופיע בניסוח מחודש ורענן בלבוש תקנת חכמים. חכמים רק ציוו להצביע על תיקון העולם שבתורה.

מבחינה זו, המגמה העכשווית "לזקק" את דבר ה', ולמחות מן ההלכה והתורה את תקנות חכמים שהתעבו על זגוגיתה, סותרת את ההיבט החשוב הזה בעמדת חז"ל, הלוא הוא של גילוי דבר ה' באמצעות דברי חכמים.

פרשת תרומה

אין עניות במקום עשירות

פרשתנו עוסקת בהרחבה בתיאור מבנה הכלים והמשכן והמפרט המלא של כל אלו. הרושם העולה מן הפרשה הוא שהמשכן נבנה ברוב פאר והדר. חללים גדולים, חומרים יקרים, דרישה לדיוק ולאסתטיקה. אפילו לרגע אחד לא ניכרת מחשבה על חיסכון או הקלה בהוצאות, ברוח "חסה תורה על ממונם של ישראל". גם אין ביטוי לקיומו של דין וחשבון על המאמץ הנדרש מן הציבור על מנת לממן את המבנה הזה. ככלל, ניכר שהערך של השלמות ויצירת תחושת ההדר והמלכות במשכן – גובר על כל ערך אחר. חז"ל ניסחו את העיקרון הזה בלשונם: "אין עניות במקום עשירות". כלומר, לא מתאים לקמץ בהוצאות במקום שכל עניינו הוא עשירות. יש דברים שבהגדרה נעשים מתוך הרווחה וכסמל לכך. לא נוסעים לחו"ל אם אין כסף למימון הבילויים הכרוכים בכך. לא משקיעים בתמונה יקרה וממסגרים במסגרת זולה שאינה הולמת אותה, ואין תולים אותה בפינה קטנה וחשוכה. השילוב של עניות עם עשירות אינו עובד. אלו הם מצבים בינאריים, שהפשרות אינן יפות להן.

מעיקרון זה ש'אין עניות במקום עשירות' נגזרות כמה וכמה הלכות. אין מכבסים את בגדי הכהנים משום שאין עניות במקום עשירות (זבחים פח ע"ב). חז"ל סברו שבגדי הכהנים צריכים להיות תמיד חדשים ולא 'משופשפים' מכביסה. את הכבש של קורבן התמיד השקו מים בכוס של זהב "כדי להראות עושר ויכולת כי אין עניות במקום עשירות" (משנה, תמיד פ"ג מ"ד, ופירוש

הרמב"ם שם, וראו: תמיד כט ע"א – מחלוקת אם מדובר בגוזמא או בתיאור מציאות). בהלכות שבת מצאנו שהבונה בשיעור כלשהו בשבת חייב. בגמרא מתנהל דיון בשאלה אם וכיצד נמצאה במשכן מלאכת בונה שהיה בה שיעור פעוט של בניין. ההצעה הראשונה לומר שהצבעים העמידו כירה קטנה על גבי צבר אבנים נדחית מפני שאין עניות במקום עשירות ולא ייתכן שמכיני הסממנים השתמשו באמצעים כה דלים על מנת להכין את הסממנים, לא סביר לומר שעבדו בכמויות קטנות ומדויקות (שבת קב ע"ב). העיקרון הזה מסביר גם מדוע קורבנות רבים מובאים דווקא מכבשים ואילים ולא מעופות (במדבר רבה, יד). ככלל, דינים רבים נוספים הקשורים למקדש, מבנהו וכליו מוסברים על ידי העיקרון הזה או נגזרים ממנו (ראו למשל: כתובות קו ע"ב; תמיד לא ע"ב). ורש"י מבאר: לא עשו בבית המקדש דבר בצמצום (שבת קב ע"ב).

הסיבה לכך שהלכה זו צמודה להלכות המקדש היא שיש זיקה בין שפע רוחני ובין שפע גשמי. אליטה רוחנית אינה יכולה להתקיים במקום חסר חן. ההתעלות והרחבת הדעת צומחים בטרקלינים. כל קלקול קטן הוא חסרון בהבנת משמעותה של השראת השכינה.

עניות במקום עשירות עשויה לבוא לידי ביטוי לא רק בחיסכון כספי אלא בכל האופנים של קיצורי דרך. אחת הסיבות שאין מלאך אחד עושה שתי שליחויות היא גם שאין עניות במקום עשירות (פענח רזא פרשת וירא). כי ניסיון לתפוס כמה ציפורים במכה אחת הולם חשיבה קטנונית. ייתכן שזהו גם ההסבר לעיקרון שאין עושים מצוות חבילות חבילות. המציאות המצוותית היא מציאות רוחנית שיש בה פתח להשגות עליונות. "העמסת" מצווה נוספת היא החמצה של המעמד והפיכתה של המצווה ליעד עצמאי תוך ביטול ההשגות הרוחניות הנלוות לה. צמצום הדעת והחשיבה הטכנית פוגעים ביכולת של המצווה לקבל את המשמעות הרחבה יותר שלה. וכך אומר ר' צדוק הכהן מלובלין: "דלא שייך עניות במקום עשירות, אין הכוונה על עניות בפועל גופני" (תקנת השבין עמוד מט). העשירות אינה רק עובדה אלא, קודם לכך, תכונת נפש ותרבות.

אומנם, העירו רבים מן המפרשים שיש מקומות שבהם מתגבר העיקרון הסותר של "התורה חסה על ממונם של ישראל" ואף במקדש אנו מוצאים מפעם לפעם את השיקול הזה (שאלה ארוכה שעניינה הצגת הסתירה נכתבה על ידי הרב פלקלס, ומוענה לנודע ביהודה רבו. השאלה נדפסה בחלקה בעולת חודש, ובשלמותה בשו"ת תשובה מאהבה, ח"א סי' ב–ד), כשמשתמשים בשמן זית שאינו זך וכתית למנחות. בדומה, קיים דיון בגמרא

כיצד הגיעו חכמים לידיעה כמה שמן יש למלא בכל אחד מן הנרות שבמנורה על מנת שיידלק כל הלילה. אפשרות אחת היא לומר שהמדידה נעשתה בכמות קטנה ובכל פעם הגדילו מעט את הכמות עד שהתברר בדיוק מהי המידה הראויה על מנת שהנר יידלק כל הזמן הזה. וישנה אפשרות שהפריזו במידת השמן בתחילה עד שלמדו בכמה ניתן להסתפק על מנת להדליקו למשך הזמן הזה. המחלוקת אם עשו כך או כך תלויה בשאלה אם אומרים "אין עניות במקום עשירות" או דווקא "התורה חסה על ממונם של ישראל" (מנחות פט ע"א).

מתוך המקורות הללו, שמתוכם עולה באופן ברור שהדאגה לממון הינה שיקול שמובא בחשבון גם בהקשר המקדשי, עולה סתירה לעיקרון ש"אין עניות במקום עשירות". הרב אפשטיין, בעל התורה תמימה, הציע להבחין בין מקרים שבהם מדובר בכספי ציבור לבין מקרים שבהם המימון הוא מכספו של היחיד (תורה תמימה הערות שמות, פרק כ"ז, הערה כו). התשובה הזו חלקית, שכן היא מתאימה כפתרון לדיון בשמן המנחות אך אינה מתאימה לדיון בשמן הנרות. בעל תפארת ישראל מציע להבחין בין הפסד מרובה למועט (שקלים פ"ח מ"ה, בועז, ג). אולם גם זה לא עומד במבחן המציאות. נדמה שהתשובה לסתירה, לכאורה, שבין השיקולים, נמצאת בהגדרת עשירות וקשורה במושג ה'נובו רישיות'. הגלישה לראוותנות מיותרת ולבזבוז מאוסה לא פחות מאשר בצבוצי העניות מבין לחרכי הזהב. דווקא מי שחי עד הסוף את מובנה הרוחני של העשירות יודע להבחין בדקויות, ויודע לראות שבמקומות מסוימים בזבוז מיותר הוא חוסר הבנה של מהות העושר. ואולי לזה כיוון המהר"ם חביב בספרו זיכרון תרועה בהתייחסו לסתירה בין השיקולים הללו: "וזה תלוי בשיקול דעת חכמים לתת הפרש בין דבר לדבר". זהו עיקרון חשוב של עדינות ודיוק שיש לסגל לעצמנו גם כיום.

סימני הובלה

מבנה המשכן וכליו דומה למבנה בסיסי של בית מאוכלס ושוקק חיים: מנורה, שולחן וארון. חז"ל עשו אף הם שימוש נרחב בסמלים הללו "נר יהא דלוק, שולחן יהא ערוך" כהמחשה של ביתיות בשפה ציורית ואגדית, וכמתבקש בתמונה של בית מרוהט ומואר. כך מקובל גם בספרות ובאומנות ודוגמה

לכך יש בתמונה המפורסמת של ואן גוך הקרויה "החדר". הציור מבסס חיים ונוכחות באמצעות האביזרים הקבועים הממלאים את החלל של אזורי המחיה. בתוך התמונה האידילית הזו, הנבנית והולכת של המשכן, ישנה חריגה גסה: "וְהֵבֵאתָ אֶת הַבַּדִּים בַּטַּבָּעֹת עַל צַלְעֹת הָאָרֹן לָשֵׂאת אֶת הָאָרֹן בָּהֶם. בְּטַבְּעֹת הָאָרֹן יִהְיוּ הַבַּדִּים לֹא יָסֻרוּ מִמֶּנּוּ" (כ"ז, יד-טו). ישנו איסור מן התורה להסיר את בדי הארון מעליו (מכות כב ע"א; ספר המצוות לרמב"ם, לא תעשה פו), הארון יועמד במשכן אבל חבלי הסבלים וידיות הנשיאה המותאמים למשאו ייוותרו סביבו. הבדים הללו הם חריקה על רקע התמונה כולה. בבית יציב וקבוע לא משאירים את סימני הגרירה וההובלה, ואין מכינים את השטח ליציאה חפוזה.

בבואו לתת טעם למצווה הזו מציע ספר החינוך שתי אפשרויות פרשניות. האפשרות האחת פרגמטית: אם עם ישראל ייאלץ להוציא את הארון בחופזה מתוך המשכן, אולי בשעת מלחמה, יש חשש שהארון יוזז ממקומו מבלי לנקוט אמצעי זהירות מספיקים, הבדים לא יחוזקו מספיק והארון יישמט וייפול לארץ. האפשרות השנייה היא רעיונית:

> ועוד טעם אחר, שכל כלי המקדש צורתן מחויבת לרמוז ענינים גדולים עליונים, כדי שיהא האדם נפעל לטובה מתוך מחשבתו בהן, ורצה הא-ל לטובתנו שלא תפסד אותה הצורה אפילו לפי שעה (ספר החינוך מצווה צו).

לפי האפשרות הזו, צורת הארון היא זו המקורית הנכונה והמדויקת: ארון עם בדים. דא עקא, את ה'ענינים הגדולים והעליונים' הרמוזים בצורתו זו של הארון לא גילה לנו בעל ספר החינוך.

ניתן לומר שהסיבה הפרגמטית היא גם הטעם לאופן האידילי של צורת הארון. לפי ספר החינוך הצורך הפרגמטי בארון שיש לו אפשרות תנועה מתמדת הוא גם המבנה האידילי של הארון. בתוך בניין הקבע והשכנת ה' צריכה להתקיים אווירת הנדודים, ארעיות, גמישות וחופש מחשבה, אלה שהיקבעות בבית עשויה לשככם.

בדיו של הארון הבולטים אל מחוץ לפרוכת תופסים את חושיו הרדומים של מי שמביט בבית שכל חפציו מונחים במקומם. הפרת הסדר שנוצרת בגלל הבליטה בפרוכת מעוררת מיידית את התחושה העמוקה ביותר של הרצון לפעול, לסדר, לארגן, לברר כיצד הדברים צריכים להיראות. ובזה

פועל הארון את פעולתו כל העת. בערעור על סדרי הבית ועל הניקיון האסתטי המאיימים לכסות ולכפות על כיעורי השקיעה בנתון ובאינרציה.

הרש"ר מציין כי מאחר שמה שמונח בארון הוא ספר התורה (בבא בתרא יד ע"א) הרי שהניידות הבולטת של הארון אל מול שאר כלי המשכן מסמלת את האפשרות של התורה להתקיים גם בגלות ולא רק בארץ:

> המצווה שלעולם לא יסורו הבדים מן הארון קבעה מראש לכל הדורות את דבר האמת, שהתורה הזאת ותעודתה אינן תקועות באדמה, שעליה עמדו בשעתם הקודש והמקדש. נוכחותם התמידית של הבדים מעידה על כך, שתורת ה' אינה קשורה וזקוקה לשום מקום מיוחד... מאליו עולה כאן הרעיון: שולחן ישראל ומנורת ישראל – מלוא חייו הגשמיים ופריחת חייו הרוחניים – קשורים באדמת ארץ הקודש; תורת ישראל – שאני (=שונה) (פירוש הרש"ר הירש לתורה).

בהמשך לדבריו וברוח דברינו, נוכל לומר שהתורה המונחת בארון מתחיה בזכות יכולת השינוי שלה בהתאם לרוח הזמן ולמציאות המשתנה. הבליטות בפרוכת רומזות לנו וקוראות להתחדשות. אף שהפרוכת לעולם לא תתיישר.

המקורות החסידיים הדגישו את הפן ההפוך: "הארון נושא את נושאיו". חיבורם של הבדים לארון מכוח איסור "לֹא יָסֻרוּ" מצביע על היותם של הבדים קשורים לארון וצמודים אליו, וכי הארון הוא זה שמספק להם חשיבות ומשמעות. ודוק, לא הארון נזקק לבדים על מנת שלא יישמט מידי הנושאים אותו בעת חיפזון, אלא הבדים דבקים בארון ומקבלים משמעות בזכותו. מקורות חסידיים אלו המשילו את הארון והבדים לצדיק כצינור לקבלת השפע ביחס לאנשים הפשוטים. ובדומה, כמשל לתלמידי החכמים שנסמכים על שולחנות התורמים הנדיבים, אך בפועל מרוממים את התומכים בהם למדרגה גבוהה יותר (צפנת פענח, תרומה; תולדות יעקב יוסף, נשא).

רעיון היפוך המטרות, לא הבדים משרתים את הארון אלא הארון את הבדים, נכון גם ביחס לניתוח שלנו. אפשרות הניוד, הנכונות לטלטלות אינו רק הבשורה החשובה אל מול החשש מקיפאון. הנכונות לשינוי בדרך כלל נובעת דווקא מתחושת היציבות. כשיש אמון בתשתית ישנו גם חופש ונכונות לשינויים במידתם המדויקת. כשהתשתית אינה יציבה, הפחד מערעור הקיים ומאובדן הבסיס – חוסם את אפשרות השינוי והגמישות לחלופין, יוצר טלטלות משולחות רסן. כך בכל הנוגע לפרשנות התורה אבל גם לחיים

האישיים שלנו, יציבות וביטחון הם בסיס למעוף ויצירה, קיפאון וקבעון הם סכנה של אובדן רלוונטיות.

האבא שבא לביקור

פרשות תרומה ותצוה מכילות בתוכן אמירה חזקה ומשמחת על היכולת של עם ישראל להוות משכן לשכינה: "וְעָשׂוּ לִי מִקְדָּשׁ וְשָׁכַנְתִּי בְּתוֹכָם".

כך, בקריאה פשוטה.

אלא שמדרש שמות רבה לפרשתנו קורא את הפרשה בדרך שונה. המדרש על המילים "וְיִקְחוּ לִי תְּרוּמָה". מתאר את הקב"ה כנזקק העומד בפתח ומבקש תרומות. נזקקותו של הקדוש ברוך הוא באה לידי ביטוי גם כשהמדרש מצייר אותו כאביה של הכלה בתמונת החתונה:

> מה חתן זה כל זמן שלא נשא ארוסתו הוא הוה פראדורין (=מהלך תמיד) לבית חמיו, משנשאה הרי אביה בא אצלה,
> כך עד שלא נתנה תורה לישראל (שמות י"ט) ומשה עלה אל הא-להים, משניתנה תורה אמר הקדוש ברוך הוא למשה ועשו לי מקדש ושכנתי בתוכם (שמות רבה, לג).

המדרש מציע תיאור יפהפה של הקב"ה כאבי הכלה. בתקופת האירוסין, קודם מתן תורה, הגיע החתן (משה) לבית הורי אשתו כדי לבקרה (ובנמשל – משה עלה למקומו של ה' להר סיני כדי לקבל את התורה). תיאור היפוך הגלגל לאחר הנישואין והבאת האישה לביתו, חזק מאוד, ברגע אחד הופך האב לנזקק, למתגעגע המורחק מבתו וכדי לראותה הוא נאלץ ללכת לביתה החדש – הלוא הוא המשכן.

הצורך במשכן הוא תוצר ישיר של מתן תורה. עם ישראל אינו זקוק יותר לקב"ה. את תרגום נוכחות ה' בעולם הוא כבר קיבל לידיו ולאחריותו, והקב"ה, המודר מן הסיטואציה, מתגעגע לבתו, התורה, אשר היא בשר מבשרו.

המהפך הזה שהתחולל במערכת היחסים בין עם ישראל והקב"ה הוא מהפך מרתק בדמותו של הקב"ה ואופי הנהגתו בעולם. המהפך הבא יגיע עם תום הנבואה וחורבן הבית. מה שמלווה את חורבן הבית והגלות הוא

השתקעות בד' אמות של הלכה, שמחה בתורה כירושה, והעמל בתורה כפיצוי על התרחקותו של הקב"ה.

בפרשתנו, כאמור, מדובר על שלב אחר, קודם.

לאחר מתן תורה הקב"ה הופך להיות מעין 'אב זקן', יועץ לשעת צרה, פסיבי יותר. מורחק מן המקום שבו מתרחש ה'אקשן' המרכזי: הלא הוא בית החתן והכלה. הוא אינו עוד מוביל דרך, אלא משפיע על האירועים מעמדה פסיבית וחלשה יותר. הוא מונח במוזיאון יפהפה ומושקע עם ריהוט כבד ויוקרתי. חדר אורחים שמסדרים להורי הכלה כשהם באים להתארח.

העמדה הזו מוכרת להורים שחיתנו ילדים. לפתע הבית מתרוקן, וההורים מוטרדים מן השאלה כיצד ישפיעו על חיי ילדיהם הנשואים, כיצד הם יוכלו למשוך אותם חזרה לבית ההורים ובמה יפתו אותם. לפעמים, הפתרון הוא ביוזמה אישית, בניסיון לחבור לחייהם החדשים ולהיות שם איתם.

אין צריך לומר שדמות הא־ל אינה רק תוצר של התהליכים, מה ששומע המדרש בפסוקים הוא גם שינוי באופי עבודת ה' של עם ישראל המתרחש עם מתן תורה. עם ישראל שוקע בבניית האתוס המשותף שלו ושל התורה, והקב"ה המושיע הופך מבחינתו למועמד לביקורים חד פעמיים, ולמושא לכבוד.

עם ישראל מקבל את התורה והיא הופכת להיות מרכז חייו, כשעם ישראל משתעשע בתורה ומחדש בה, מקיים מחלוקות על מה שכתוב בה, הקב"ה נדחק למשכנו. כך מתוארים הדברים בתלמוד במספר מקומות. אחת הידועות שבהן היא המחלוקת ר' אליעזר וחכמים ביבנה על דין תנורו של עכנאי. ר' אליעזר מבקש להוכיח שאילו היו שואלים את הקב"ה הוא היה משיב שר' אליעזר צודק. אך החכמים משיבים לו "לא בשמים היא".

> לא בשמים היא?
>
> אמר רבי ירמיה: שכבר נתנה תורה מהר סיני, אין אנו משגיחין בבת קול, שכבר כתבת בהר סיני בתורה אחרי רבים להטת.
>
> אשכחיה רבי נתן לאליהו, אמר ליה: מאי עביד קודשא בריך הוא בההיא שעתא?
>
> אמר ליה: קא חייך ואמר נצחוני בני, נצחוני בני (בבא מציעא נט ע"ב).

כבר ניתנה תורה מהר סיני, ומאז אין משגיחים בדברי א־לוהים. עם ישראל

משתמש בכלים האנושיים להכרעת הלכה. ומה ואיך מגיב לכך הקב"ה? הוא מחייך ואומר: "נצחוני בני".

לא המעשה עיקר

עם ישראל מצטווה בפרשתנו להכין ארבעה כלים למשכן: ארון, שולחן, מנורה ומזבח. הציווי על הארון מכיל לא רק את הפרטים הטכניים, מידות וחומרי ההכנה הנדרשים, אלא גם את תכלית בנייתו: "וְנָתַתָּ אֶת הַכַּפֹּרֶת עַל הָאָרֹן מִלְמָעְלָה וְאֶל הָאָרֹן תִּתֵּן אֶת הָעֵדֻת אֲשֶׁר אֶתֵּן אֵלֶיךָ" (כ"ה, יז). הציווי על השולחן דומה. לאחר הוראות ההכנה מציינת התורה מה יעשה בו ולמה הוא מיועד: "וְנָתַתָּ עַל הַשֻּׁלְחָן לֶחֶם פָּנִים לְפָנַי תָּמִיד". לציווי על המנורה מבנה דומה: "וְעָשִׂיתָ אֶת נֵרֹתֶיהָ שִׁבְעָה וְהֶעֱלָה אֶת נֵרֹתֶיהָ וְהֵאִיר עַל עֵבֶר פָּנֶיהָ".

אולם במזבח מתרחשת חריגה מהתבנית הנזכרת והתורה אינה מזכירה כלל את ייעודו. ניתן להניח שהסיבה לכך היא שייעודו של מזבח ידוע ומוכר. הקרבה היא מעשה פולחני בסיסי, לב הפעילות במקדש. הכול מבינים שעל המזבח מקריבים קורבנות.

הצורך להקריב קורבן, לרצות להודות ולכפר, הוא עניין אוניברסלי. כבר בסיפורי בראשית אנו מוצאים שהאדם מקריב קורבנות. קין והבל הקריבו קורבנות (לפי המדרש, כבר אדם הראשון הקריב קורבן), ועל נח נאמר: "וַיִּבֶן נֹחַ מִזְבֵּחַ לַה'" (בראשית ח', כ). גם יתרו מקריב: "וַיִּקַּח יִתְרוֹ חֹתֵן מֹשֶׁה עֹלָה וּזְבָחִים לֵאלֹהִים וַיָּבֹא אַהֲרֹן וְכֹל זִקְנֵי יִשְׂרָאֵל לֶאֱכָל לֶחֶם עִם חֹתֵן מֹשֶׁה לִפְנֵי הָאֱלֹהִים" (שמות י"ח, יב) עם ישראל הקריב קורבנות במדבר לפני שהיה משכן: "וַיִּכְתֹּב מֹשֶׁה אֵת כָּל דִּבְרֵי ה' וַיַּשְׁכֵּם בַּבֹּקֶר וַיִּבֶן מִזְבֵּחַ תַּחַת הָהָר... וַיִּשְׁלַח אֶת נַעֲרֵי בְּנֵי יִשְׂרָאֵל וַיַּעֲלוּ עֹלֹת וַיִּזְבְּחוּ זְבָחִים שְׁלָמִים לַה' פָּרִים" (שמות כ"ד, ד-ה). וציווי על קורבן קיים כבר ביחס לאברהם: "קְחָה לִי עֶגְלָה מְשֻׁלֶּשֶׁת וְעֵז מְשֻׁלֶּשֶׁת" (וראו תנחומא תרומה, י). מזבח וזביחה הם עיקרו של המשכן. כל השאר הוא כמעט תפאורה לעבודה המרכזית הזו.

את ההתעלמות מהצגת ייעודו של המזבח ניתן להסביר גם בדרך אחרת. הנביאים קוננו ומחו על הנטייה להפוך את הקורבנות לעיקר תוך התעלמות מחטאים חמורים והדבקות בהם: "לָמָּה לִּי רֹב זִבְחֵיכֶם יֹאמַר ה' שָׂבַעְתִּי עֹלוֹת אֵילִים וְחֵלֶב מְרִיאִים וְדַם פָּרִים וּכְבָשִׂים וְעַתּוּדִים לֹא חָפָצְתִּי כִּי תָבֹאוּ לֵרָאוֹת פָּנָי מִי בִקֵּשׁ זֹאת מִיֶּדְכֶם רְמֹס חֲצֵרָי. לֹא תוֹסִיפוּ הָבִיא מִנְחַת

שָׁוְא קְטֹרֶת תּוֹעֵבָה הִיא לִי" (ישעיהו א', י־יז). דרישתו הברורה של הנביא היא: "לִמְדוּ הֵיטֵב דִּרְשׁוּ מִשְׁפָּט אַשְּׁרוּ חָמוֹץ שִׁפְטוּ יָתוֹם רִיבוּ אַלְמָנָה".

גם בבית שני מצאנו ביקורת כזו. בתוספתא מסופר על מריבה סביב הרצון להקריב שגרמה לרצח:

> מעשה בשנים כהנים שהיו שוים רצים ועולין בכבש,
> דחף אחד מהן את חבירו לתוך ארבע אמות נטל סכין ותקע לו בלבו...
> (תוספתא, יומא פ"א הי"ב).

סוף הסיפור מובא באופן בהיר יותר בגרסת הבבלי לתוספתא זו:

> בא אביו של תינוק ומצאו כשהוא מפרפר.
> אמר: הרי הוא כפרתכם, ועדיין בני מפרפר, ולא נטמאה סכין.
> ללמדך שקשה עליהם טהרת כלים יותר משפיכות דמים
> (יומא כג ע"א ובתוספתא שם).

גם בעת גסיסת הבן, אביו של הנרצח עסוק בטהרת הסכין. זהו סיפור נורא, המדבר על שיבוש מערכת הערכים הבסיסית ועל טשטוש חמור בין עיקר לטפל. ענייני טומאה וטהרה הקרבה וקודשים יכולים להפוך לחזות הכול גם במחיר חיי אדם.

ר' יצחק עראמה, בעל פירוש עקדת יצחק, קורא את פרשת הציווי על הקמת המזבח תוך שהוא מצביע על המורכבות המרומזת שבה. הוא טוען שפרשיית בניית המזבח מכילה את הקונפליקט סביבו, בדבריו מתמקד בעל עקדת יצחק בביטוי "סירות לדשנו" ובעשיית הכיור לרחצה במשכן – כלים שייעודם הוא איסוף הפסולת המתלווה למעשה ההקרבה, וההתנקות ממנה:

> ועשית את המזבח עצי שטים חמש אמות אורך וגו' ועשית סירותיו לדשנו וגו'. להורות על ההתכה וההפסד התמידי, כאשר היו הבעלי חיים המובאים שם כלים ואובדים ונעשים אפר. ולפי שהטובים שבעולם ההרכבה הם מוטבעים בטינוף החומר ובקלקול המעשים, היה שם הכיור וכנו אשר מהם ירחצו ידיהם ורגליהם בבואם שם (עקדת יצחק, תרומה שער מח).

הכתוב רומז כאן הן על המציאות הממשית והן על האפשרות הסימבולית

לקלקול: המזבח עתיד לכלות בעלי חיים רבים ולעשותם לאפר. בנוסף לכך, עבודת הקורבנות הממוסדת והקבועה, עלולה להחמיץ את העיקר. את מעשה הכפרה צריכות ללוות פעולות הכרחיות של זיכוך וניקיון. הן ניקיון השטח הפיזי, והן זיכוך הלב. עיקרה של עבודת המזבח אם כן, דווקא נרמזה בו – ניקוז הדם והאפר, הלב השבור והמרוסק, הרחיצה, הנקיות.

פרשת תצווה

למי צלצלו הפעמונים

בשולי מעילו של הכהן הגדול תלויים פעמונים ורימונים המשמיעים קול בבואו אל הקודש:

> פַּעֲמֹן זָהָב וְרִמּוֹן פַּעֲמֹן זָהָב וְרִמּוֹן עַל שׁוּלֵי הַמְּעִיל סָבִיב. וְהָיָה עַל אַהֲרֹן לְשָׁרֵת וְנִשְׁמַע קוֹלוֹ בְּבֹאוֹ אֶל הַקֹּדֶשׁ לִפְנֵי ה׳ וּבְצֵאתוֹ וְלֹא יָמוּת (שמות כ״ח, לד-לה).

מן הפסוק לא ברור קולו של מי או מה ישמע, כיצד ולשם מה. ונחלקו הפרשנים בעניין זה.

לדעת הרשב״ם, הקול הנשמע הוא קשקוש הפעמונים שבשולי המעיל. וקול זה נועד להודיע לכהנים שהכהן הגדול ממשמש ובא.

> שפעמוני זהב נוקשין ומכין זה לזה... ולפי שציווה הקדוש ברוך הוא וכל אדם לא יהיה באהל מועד בבואו לכפר בקודש עד צאתו, לכך ציוה ה׳ ונשמע קולו בבואו ויתרחקו השומעים משם.

לשיטתו מדובר בעניין פונקציונלי גרידא: שריקת אזהרה, צפצוף של חיישן, להרחקת הכהנים ולפינוי המקום לקראת כניסת הכהן הגדול. הרמב״ן פירש

באופן דומה: "והנה הטעם שלא יפגעו בו מלאכי א־להים". הרמב"ן סבור שצלצול הפעמונים הוא אות אזהרה למלאכים, שלא ימנעו את כניסת הכהן הגדול. הפעמון הוא קוד הכניסה לפתיחת השער.

שני הפירושים הללו משתמשים באפיונים הפיזיקליים של הקול כדי לבאר את הפסוק. על פי שניהם, קול הפעמונים יוצר דריכות לקראת הבאות.

על פי המדרש לפרשת אחרי מות, קול זה הוא בבחינת נקישה של כבוד ונימוס על דלת ביתו של הקב"ה. הכהן הגדול הנכנס אל הקודש מתדפק על הדלת בפעמוניו:

> רב אמר אל תיכנס לעיר פתאום ואל תיכנס לבית פתאום... ר' יוחנן כד הוה סליק למישאל שלמיה דר' חנינה הוה מבעבע. והלא דברים קל וחומר הנכנס לבית חבירו בשר ודם צריך לבעבע כהן גדול שנכנס לבית קדשי הקדשים על אחת כמה וכמה. על שום ונשמע קולו (שמות כ"ח, לה) (ויקרא רבה, כא).

קול הפעמונים לפי המדרש הזה הוא שאלת רשות להיכנס, סימן מוסכם שיש בו מן הנימוס ודרך הארץ המתבקשים בכל פריצה למרחב של הזולת, גם זה של הקב"ה.

במדרש אחר מוסבר כי שקשוק הפעמונים מדמה את דיבורו של האדם. הענבל שבפעמון הוא כלשון שבפה. לכל אחד מן הפרטים בלבושו של הכהן ובמעשיו יש חלק בכפרה, ותפקידם של הפעמונים לכפר על עברות שבדיבור.

> רבי סימון בשם ר' נתן אמר... לשון הרע אין לו כפרה ונתנה לו תורה כפרה במה יתכפר לו בזגי המעיל... אמר יבוא הקול ויכפר על הקול (ויקרא רבה, י').

השמעת הקול, על פי המדרש, היא ייצוג ווקאלי של מלמול, וחלק מריטואל שעניינו כפרה וריצוי.

בדרך אחרת הלך האבן עזרא המנתק בין הפעמונים לבין ה'קול הנשמע':

> ויש אומרים כי כאשר ישרת באלה הבגדים ישמע השם קולו למלאות תפלתו בבואו אל הקדש (אבן עזרא הקצר, שם).

"וְנִשְׁמַע קוֹלוֹ" הוא ביטוי שעניינו הבטחה להיענות ה' לתפילת הכהן הגדול כשהוא בא אל הקודש. מילים אלו נקראות בדגש על הקשבת ה' לקולו החרישי של הכהן, קול פעימות לבו, קול שאינו נשמע לאוזן אדם אך בא לביטוי בכל הליכתו וכוונותיו. קול הפעמונים אולי משרת את הקול הפנימי הזה, משקף ומלווה אותו.

אפשרות אחרת מובאת בפירוש של בעל הכתב והקבלה. הוא טוען שהפעמונים למעילו של הכהן הם כציצית המוטלת בבגדו של כל אדם. אם ראיית הציצית מזכירה לאדם את תפקידו בעולמו, צלצול הפעמונים מעורר את ליבו של הכהן לעבודתו ולעבודת ה'.

> ולדעתי מצות הפעמונים הוא דומה למצות ציצית, שם המצוה היא למזכרת על המצות על ידי חוש הראייה כדכתיב וראיתם אותו וזכרתם, וכאן המצוה היא להזכיר את המצות על ידי חוש השמיעה, כי לגודל מעלת הכהן הגדול ולהתחייבו במצות רבות יתירות על שאר הכהנים ועל כל ישראל, לכן נתוסף לו מזכרת על ידי חוש השמיעה על המזכרת שעל ידי חוש הראייה (הכתב והקבלה שמות, שם).

יתרון התזכורת באמצעות חוש השמיעה היא ה'נדנוד' הבלתי פוסק, כתזכורת השעון המעורר שהוא מחייב קשב ברמה קבועה ושמירה על רמת מתח גבוהה ביותר של קדושה וריכוז. צלצול המכתיב את קצב החיים. קורא בתדירות להתעוררות הלב ולכיוון ההרהורים.

אם כן – זמזום חיישן, לחיצת קוד, דפיקה בדלת, ייצוג מוזיקלי של פטפוט ומעשה מכפר, או ציצית משודרגת, תזכורת נמשכת להתרכזות בקצב ובהליכה – כל אלה קיימים כאפשרות בקולם של פעמוני המעיל. לחלופין הקול הוא קולו של אהרן והפעמונים מדגישים את ההתעצמות הפנימית הזו.

לקולות השונים גם שומעים שונים, בהתאמה. לפי חלק מהפירושים השומעים הם הכהנים, לפי אחרים – הכהן הגדול עצמו, הקב"ה או המלאכים.

הפירושים השונים מייצגים בצורה אינטואיטיבית את המקובל במוזיקה באשר לתפקיד כלי ההקשה, הפעמון התוף והמצלתיים, בתזמורות לסוגיהן.

בתזמורת סימפונית, לעיתים תכופות תפקידם העיקרי הוא הדגשת קטע, הדגשת הצלילים העמומים והפיכתם לעוצמתיים (אבן עזרא). זאת בנוסף למקרים שבהם הם מהווים את גוף הקטע המוזיקלי שיתר הכלים

מלווים אותו ברקע (כבמדרש א׳), לפעמים, השימוש בכלים אלו גם מדמה את פעימות הלב, ומבטא מתח ולחץ, רגעים של דריכות נפשית (הרשב״ם והרמב״ן). בתזמורות המודרניות, בהיעדר מנצח, הפכו כלי ההקשה גם למכתיבי הקצב, שלפיו ינגנו יתר הנגנים את הקטע המוזיקלי (הכתב והקבלה).

המקהלה הפרשנית מתייחסת יחד לשלל אפשרויות השימוש בקול הפעמון. בתמונה הנוצרת מכינוס וצירוף כל הפירושים אנו מקבלים תזמורת כלי הקשה רב משמעית. בקהל יושבים מאזינים מגוונים מפשוטי הכהונה ועד לקב״ה בכבודו ובעצמו.

ההרמוניה הזו כולה מתמצה בפסיעת הכהן בהיכל ה׳. והיא זו שמעניקה משמעות לפסוק: ״בְּבֵית אֱלֹהִים נְהַלֵּךְ בְּרָגֶשׁ״.

לשבת זכור: זכור את אשר עשה לך עמלק

מצוות זכירת עמלק מיתרגמת באופן מעשי לחיוב השמיעה של הפרשייה פעם בשנה (ספרא בחוקותי, א, א). אך מה מהותה של מצווה זו? מה מצופה מאיתנו באשר לזכירת עמלק? מה בדיוק אמור להתעורר בנפשנו בזכות הזכרת אותו מעשה משפיל של התגנבות העמלקים למחנה עם ישראל והזינוב בנחשלים?

מקובל לחשוב שהציווי נוגע לזכר האויב לצורך לדעת לזהותו ולשמר את הריחוק והטינה בין העמים. המשימה החשובה הזו של ידיעת האויב היא הפן השלילי של הדיון. הפרשייה עוסקת לא רק בשפלותו של עמלק, אלא בהיותו של עם ישראל ״עָיֵף וְיָגֵעַ״ ושמא גם ״לֹא יָרֵא אֱלֹהִים״. המפרשים נחלקו אומנם אם עניין אי־היראה נאמר על עמלק או על עם ישראל. עצם ההיסוס משרת את המחשבה שיש קשר בין היגיעה, העייפות והתשישות לאובדן דרך, לאיטיות הליכה, להליכה על הקצה ומשם קצרה הדרך לסירוך רגלים ולאבדון. הפרשייה עוסקת בחולשותיו של עם ישראל הכרוכות בשחיקה מזדחלת. ובחוסר רצון לעשייה ולמעורבות.

ויזנב בך כל הנחשלים אחריך, מלמד שלא היה הורג בהם אלא בני אדם שנמשכו מדרכי מקום ונחשלו מתחת כנפי הענן (ספרי דברים, כי תצא פיסקא רצו).

לפי הספרי, הכרסום שעמלק כרסם בעם ישראל לא היה פיזי בשורשו. עמלק זינב במי שהיה נחשל בקצה המחנה, במי שמצא את עצמו מהסס באשר לשייכותו לעם ישראל. באלו שלא היה בהם הכוח להמשיך במסע המייגע של הליכה בדרכי ה׳. אלו שמאסו בקישור למערכת המגבילה של המצוות ושל פרשנות התורה. שנואשו מן הדיאלוג המתמיד עם הקב״ה ומן המתח הקיומי היום־יומי. פירוש הפרשייה באופן הזה איננו מותיר את סיפור העמלקים כעניין היסטורי ואפילו לא כשמירת טינה לעם אחד. הוא מעמיד במרכז העניין את הזכירה, משום שבזכירה ישנה עוררות הלב לעשיה חיובית של אהבת ה׳ ולמסע המפרך של קיום מצוות. וכך מבאר ר׳ צדוק הכהן מלובלין שהעניין הזה של זכירת עמלק אינה בעיה רק של כלל ישראל. היא בעיה של כל אדם ואדם ובכל דור:

> וגם בכל נפש פרטי בכל דור ודור הוא כן. ההתחלה הוא הרישול בעבודת ה׳ יתברך וצריך להתחזק בהתחלה, על דרך שאמרו (סוטה מד ע״ב) ״תחילת נפילה – ניסה״ שכשאובד זריזות לבו לעמוד בקשרי המלחמה ורוצה למלט נפשו להיות בשב ואל תעשה וחושב שימלט ואינו כן כי זהו ההתחלה לנפילה (ר׳ צדוק הכהן מלובלין, מחשבות חרוץ טז).

הדרישה להיות יהודי היא דרישה כללית שיש בה יותר מאשר הימנעות מטעויות ומעברות. הדרישה להיות יהודי היא דרישה לאקטיביות, לדריכות, ליצירת חלל מוסרי בעולם, לעמידה איתנה אל מול זרמים פוגעניים המטילים רפש בערכינו ולא רק בעצם קיומנו. המסע הזה מחייב איתנות ויציבות. המחיר של רפיון רגעי הוא בהופעת עמלק, בהופעת השתמטות יחידים, היפרדות מן הכלל ומהמחויבות להיות.

מה לבש משה?

ימי המילואים המתוארים בפרשתנו התייחדו בכמה עניינים: בקורבנות המובאים בהם – עגל לחטאת במקום פר, איל המילואים שהוא קורבן שמוקרב רק בימי חניכה, אופן הלבישה המיוחד של הבגדים, וגם מעורבותו הגבוהה של משה בהקרבה, עד כדי כך שהמדרש קובע שלמעשה בימים האלה משה שימש ככהן הגדול. בעזרת האירוע החריג שבו שירת משה עצמו בבית

המקדש ניתן להבין את ההבדלים בין הנהגת משה לבין ההנהגה הכוהנית, ובין "פֶּה אֶל פֶּה אֲדַבֶּר" לבין עבודת הקורבנות במשכן.

במסכת תענית (יא ע"ב) מסופר על שאלות שונות ששאלו את מר עוקבא, וביניהן: מה לבש משה בימי המילואים. השאלה הזו היא מעניינת, משום שכל פרשת תצווה עוסקת בבגדי הכהונה עד לדקדוקיהם הקטנים ביותר, אופי התפירות מיקום החיבורים, סוג הקישוטים, זהות האבנים, מטרת הלבוש ועוד. ומשום מה נשמטה כליל ההתייחסות לבגדיו של משה באותם הימים. ההקשר שבתוכו נתונה שאלת הגמרא הוא של שלוש שאלות ששאלו את מר עוקבא. כל אחת מתחום הלכתי אחר. המשותף לכולם, שמר עוקבא לא ידע להשיב על אף אחת מהן ובסופו של דבר הלך ובירר את התשובה.

> מר עוקבא איקלע לגינזק [הזדמן למקום ששמו "גינזק"].
> בעו מיניה [שאלוהו] בני המקום: האם מתענין לשעות, או אין מתענין לשעות?
> לא הוה בידיה [לא הייתה בידו תשובה לשאלתם].
> הוסיפו ושאלוהו עוד, קנקנין של נכרים, [שמכניסין בהם יין נסך כדי שישתמר בהם, האם אותם קנקנים] אסורין [להשתמש בהם לאחר שרוקנו מהם את היין], או מותרין?
> לא הוה בידיה [לא הייתה בידו תשובה]. [עוד שאלוהו]: במה שימש משה כל שבעת ימי המלואים (תענית יא ע"ב).

ועלינו לברר אילו בגדים לבש כשעבד עבודת המשכן. כי לא מסתבר שלבש בגדי כהן גדול, שהרי באותו זמן ששימש משה, לבש אהרן את בגדי הכהונה. ואף לא מצינו כתוב שלבש משה בגדי כהונה. ומצד שני, לא מסתבר לומר שלבש את בגדי החול שרגיל ללבוש כשיוצא לשוק – כשעבד במקדש, שהרי אין ראוי לעשות כן.

אם כן, במה [באיזה סוג בגדים] שימש משה כל שבעת ימי המלואים?

> לא הוה בידיה [=לא הייתה בידו תשובה] (שם).

נתבונן בשלש השאלות. השאלה הראשונה נשאלה על דין תענית של שעות. כלומר, אדם שלא התענה במכוון, אך פשוט לא אכל. האם יוכל לקבל על עצמו לסיים את היום בצום והדבר ייחשב לו לתענית.

השאלה השנייה הייתה לגבי כשרותם של קנקני יין. הקנקנים סופגים את טעם היין האסור והשאלה אם מותר להשתמש בהם לאחר שרוקנו מהם את היין.

השאלה השלישית – שהיא מעניננו – היא לגבי בגדי משה בשבעת ימי המילואים.

אי־ידיעתו של מר עוקבא מדגישה את היעדר ההתייחסות של התורה לשאלה זו. מניין יכול מר עוקבא לדעת את התשובה לשאלה הזו אם התורה עצמה לא טרחה לספרה? אולם מר עוקבא הולך ושואל בבית המדרש והחכמים עונים לו. באותה הזדמנות הם עונים לו גם על שתי השאלות הנוספות. אפשר להתענות לשעות וגם לומר מיד תפילה של תענית, וחביות היין תהיינה מותרות לאחר שנים עשר חודש כשיפוג ריח היין וטעמו שנותר בחביות:

> אזל ושאיל בי מדרשא [הלך מר עוקבא, ושאל את שאלותיהם לחכמים שישבו בבית המדרש]. אמרו ליה כך:
> הלכתא [הלכה למעשה]: מתענין לשעות, ואף מתפללין באותה תענית תפלת תענית. והלכתא: קנקנין של נכרים, לאחר שנים עשר חדש שעמדו ריקים, ובלי כל שימוש – מותרין בלא כל הכשרה. (כי טעם היין פג מהכלים לאחר שנים עשר חודש. אבל קודם שעברו על הקנקנים שנים עשר חודש, צריכין עירוי מים שלשה ימים מעת לעת).

על השאלה האחרונה: במה שימש משה כל שבעת ימי המלואים, ענו לו: בחלוק לבן.

את התשובה "חלוק לבן" ניתן להסביר בכמה אופנים. האופן האחד הוא לומר שמשה לא שימש בבגדי כהונה, ואף לא בבגדי חול רגילים, אלא בחלוק לבן, אולי של פשתן, שנעשה במיוחד לשם כך. האפשרות האחרת היא להסביר שאומנם משה בוודאי לבש חלוק לבן. אם התורה לא ציינה מה הוא לבש, משמעות הדבר היא שהוא לבש את הבגד הפשוט ביותר.

השל"ה מעיר לפרשתנו הערה מעניינת, ובעקבותיה הסבר שלישי אפשרי למשמעותו של החלוק הלבן. לדבריו, בפרשתנו מוגבל אהרן מלבוא אל קודש הקודשים במשך השנה, משה אינו נדרש למגבלה כזו:

> ואין רשות ליכנס שם לפני ולפנים אפילו אהרן כהן גדול אלא ביום הכפורים, כמו שנאמר (ויקרא ט"ז, ב) 'ואל יבא בכל עת אל הקדש'.

ורבותינו ז"ל (ספרא אחרי א, ו) אמרו, אהרן בבל יבא בכל עת אבל משה נכנס.
והעניין, כי משה רבינו לא היה זה, כי החומר שלו זך קדוש וטהור (של"ה תצווה, תורה אור).

מדרגת משה גבוהה ממדרגת אהרן. אהרן מסוגל להתקדש ולהיכנס אל קודש הקודשים פעם אחת בשנה. אולם משה קרוב אצל הקב"ה והוא יוצא ונכנס בקודש הקודשים ללא הפסקה. לפי זה ממשיך השל"ה ואומר:

ובזה יובן מה שרבותינו ז"ל (תענית יא ע"ב) הקשו במה שמש משה בשבעת ימי המלואים, ותרצו בחלוק לבן.

השל"ה מסביר שלמעשה נראה שדברי המקשה ודברי המתרץ בגמרא אינם מתיישבים אלו עם אלו. שהרי טענתו הנסתרת של השואל היא שברור שמשה היה זקוק לבגדים מיוחדים והשאלה היא לאילו בגדים בדיוק. אולם המתרץ אומר שמדובר היה בחלוק לבן ומניח הנחה הפוכה, שאין צורך בכלל בבגדים כאלו.

כלומר, לא היה צריך לבגדי כהונה, כי משה לא היה זה,
והחלוק שלו היה לבן.
וזהו החלוק לבן רומז לכתנות אור באל"ף,
כלומר, חומרו היה זך ודק וקדוש וטהור,
על כן לא היה צריך למלבושי כבוד, כי לו הכבוד והכבוד דבוק בו.

החלוק הלבן אינו בגד עבודה מיוחד, הוא כלל אינו בגד אלא "אנטי בגד". הבגדים הם סמל להפרדה ומחיצה. מי שמשמש במדים מעיד על עצמו שהוא במעמד מיוחד, שהוא נרגש מן המעמד, וכי מדובר ב"אירוע". באופן מסוים זהו ההבדל בין חבר ומשרת. חברים באים לבקר, אבל המשרת חי לצד אדונו והופך עם הזמן לצילו ולדמות שקופה. חלוקו של משה הוא חלוק משרתים, ואילו בגדי הכהונה הם לבוש ייחודי המכבד את המעמד החד פעמי של המפגש.

ההבדלים בין הפירושים אינם נובעים רק מהבדלים ב"שמיעה". אלא נובעים גם מההבנות השונות בגדי הצבע הלבן. מצד אחד, לבן יש בו בחינת

כל הצבעים כולם. פיזיקלית הוא מכיל את כל קשת הצבעים. ובזה הוא בעצם הצבע הססגוני ביותר. "לית ליה מגרמיה כלום" הוא מלוא כל הצבעים כולם. מבטא את האיזון של כל הגורמים במציאות וממקד אותם. ויש בו הצד של הפשטות. הלבן הוא הרקע להופעת כל צבע אחר, הוא מאפשר את הצבעוניות. ובמובנים עממיים יותר: יש לבישת לבנים, ויש לבן של תכריכים, ויש שמלת כלה וחולצת שבת שהן שיא החגיגיות. יש לבן שהוא הניקיון הראשוני, התמימות, ויש לבן שהוא ניקיון שלאחר הלכלוך, נקיות.

מדוע נארז חלוקו הלבן של משה עם חביות יין וחצי תענית? מה הקשר בין שלוש השאלות? ניתן אולי להציע שבשלושת המקרים מדובר בקדושה שהגיעה אל האדם בהיסח הדעת, מדובר במקרים שהמכנה המשותף שלהם הוא הנונשלנטיות. יש תענית שהיא צום ועצרה ויש תענית שהיא סתם אי־אכילה. יש בישול ותיבול וטעימות אינסוף להשבחת הטעם ויש, לעומתם, ספיגה של ריח וטעם. יש גם בגדים מושקעים ויש מי שכל מה שהוא לובש הופך לבגד מפואר. לכן התורה לא טרחה לציין מה משה לבש. אצל משה, השאלה איננה מה לבש. משה הוא אדם נטול מאמץ, הוא הדבר עצמו.

זיכרון ומחיקה

מחיית עמלק מציפה את היתרון ואת הקושי בשאלות של זיכרון, שכחה ומחיקה. שמו של משה רבינו לא נזכר בפרשת תצווה. בזוהר מבואר כי הסיבה לכך היא בקשתו שלו כאשר אחרי חטא העגל הוא מוחה נגד הצעת ה' לכלות את עם ישראל ולהקים זרע ועם חדש ממשה. "וְעַתָּה אִם תִּשָּׂא חַטָּאתָם וְאִם אַיִן מְחֵנִי נָא מִסִּפְרְךָ אֲשֶׁר כָּתָבְתָּ" אמר משה לקב"ה. "הצמדת האקדח לרקה" הועילה, ובזכות האולטימטום של משה ה' לא כילה את ישראל ואף סלח להם. מחיקתו של משה מפרשת תצווה מממשת את הסנקציה שהציע. וכאן יש לשאול – והלוא הקב"ה נעתר לבקשת משה וקיבל את עמדתו. מדוע, אם כך, התממש גם החלק שהיה מותנה במצב שבו חטאו של עם ישראל לא יסולח?

בגמרא במסכת מכות מובאת משנה המתארת את המצב המסובך שאליו נקלע הכהן הגדול אשר גורלו נקשר בגורלם של הרוצחים בשגגה. דינו של הרוצח בשגגה הוא לשבת בעיר המקלט עד מותו של הכהן הגדול. משום כך כל יושבי עיר המקלט מייחלים למותו. אם הוא ימות, הם יזכו בחירותם. הקישור בין גורל הרוצחים בשגגה לגורל הכוהנים הגדולים אינו

מוצלח עבור האחרונים. וזה הרקע למסורת שלפיה נשות הכהנים הגדולים ואימותיהם היו מפרנסות את תושבי עיר המקלט, כדי למנוע מהם להתפלל על מות בניהן (מכות יא ע"א).

אלא שכל המעשה אינו נהיר. אם הכהן הגדול אשם בדרך כלשהי הרי שגם ללא תפילתם עליו לתת את הדין. ואם אינו אשם מה תועיל תפילתם להקדמת מותו? "קִלְלַת חִנָּם לֹא תָבֹא" (משלי כ"ו, ב).

הגמרא מציעה שני תירוצים לשאלה זו. האחד הוא שהיה להם לבקש רחמים על דורם. כלומר, על הכוהנים הגדולים מוטל לדאוג שמידת הרחמים תשרה בעולם. על כן, אין זו "קִלְלַת חִנָּם".

התירוץ השני מניח שאף שמדובר ב"קִלְלַת חִנָּם", בכל זאת יש לחשוש שתתממש. היא מביאה שתי מימרות שונות שהעיקרון שלהן דומה: האחת קובעת ש"קללת חכם, אפילו בחינם היא באה" והשנייה ש"קללת חכם אפילו על תנאי היא באה". ההוכחה למימרא הראשונה היא מאחיתופל. הגמרא מספרת שבימי דוד איימו מי התהום להציף ולשטוף את העולם. רצה דוד לכתוב את שם ה' ובכך להשקיט את המים אך לא ידע אם הדבר מותר. או אז השביע דוד את אנשיו ואמר שמי שיודע אם הדבר מותר ואינו משתף את המידע – ייחנק. אחיתופל כמענה סבר שיש ללמוד קל וחומר מאישה סוטה: אם שם ה' נמחה בשביל שלום בית, קל וחומר שיימחה בשביל שלום העולם. ומיד אמר "מותר". עם זאת, בסופו של דבר מת אחיתופל בחנק. הנה, אף שאחיתופל לא מנע את המידע ושיתף בו, קללת דוד נתקיימה בו.

המימרא בגרסה השנייה נתמכת בסיפורו של שמואל הנביא. עלי השביע את שמואל לומר לו מה הקב"ה הודיע לו ברוח הנבואה במילים: "כֹּה יַעֲשֶׂה לְּךָ אֱלֹהִים וְכֹה יוֹסִיף אִם תְּכַחֵד מִמֶּנִּי דָּבָר". ואף ששמואל סיפר בסופו של דבר לעלי את הנבואה על מותם העתידי של בניו הסוררים, גם בניו של שמואל לא הלכו בדרכיו וקללת עלי בשבועה נתקיימה גם בו.

שני הסיפורים מוכיחים שדיבור של צדיק עושה רושם ומתקיים גם כשהסיבה לו אינה קיימת, מפני שהיא נאמרה בדרך של תנאי או זירוז. הפרשנים קושרים בין הסוגייה הזו ובין מצבו של משה. הם סבורים שגם משה התנה עם הקב"ה ותנאו התקיים והקב"ה מחה אותו מספרו אף שלא הייתה לכך סיבה.

אני מבקשת להציע הצעה נוספת.

הקב"ה ביקש לכלות את עם ישראל ומשה בתגובה ביקש שלא להיות שותף לתורתו – תורה המכלה את מאמיניה, ועל כן אמר: "מְחֵנִי נָא". יש

קשר בין האיום של משה לבין האיום של הקב"ה. מחייה כנגד כילוי. אם אתה הקב"ה מעודד השכחה והכחשה אולי גם אני איני רוצה שיוזכר חלקי בתורה.

בתגובה הקב"ה מלמד את משה שיש מקום גם למחיקה ולשכחה. הכפרה שמשה מבקש עבור ישראל כרוכה אף היא בשכחה. הלימוד הזה נעשה במחיקה עדינה של שמו של משה מפרשה אחת. פרשת תצווה דווקא, הנקראת (השנה) בשבת זכור של מחיית עמלק, סמוך לז' באדר, יום הסתלקותו של משה רבנו מן העולם.

פרשת כי תשא

כי קרן עור פניו

פניו הקורנים של משה עוררו את לב העם ליראה גדולה. התורה מספרת כי משה לא היה מודע כלל לפניו המאירים ולסיבת ההירתעות ממנו: "וּמֹשֶׁה לֹא יָדַע כִּי קָרַן עוֹר פָּנָיו". תיאור הערך המוסף – רוחני בטיבו, אך ניכר לעין, עורר את תשומת ליבם של פרשני המקרא לדורותיהם ואף אתגר את עולם האומנות. הרצון להבין או לצייר את פני משה הקורנות היווה מקור לעיסוק בשאלת מהותה, משמעותה ומקורה של אותה הארת פנים.

אחד המדרשים מונה את ה'קרניים' – עשרה במספר – שניתנו לעם ישראל במהלך ההיסטוריה. בתוכם קרנו של האיל מן העקדה ו'קרנו' של עם ישראל ("וַיָּרֶם קֶרֶן לְעַמּוֹ") ועוד. המשותף לקרניים הללו הוא הבולטות שלהן, היותן סמל להשראת שכינה ומקור כוח ועוצמה. על פי המדרש, אותן קרניים נלקחו מעם ישראל וניתנו לאומות העולם, ולעתיד לבוא מובטח לנו "כָל קַרְנֵי רְשָׁעִים אֲגַדֵּעַ תְּרוֹמַמְנָה קַרְנוֹת צַדִּיק". קרני הרשעים יושבו לידינו. באמצעות איסוף ה"קרניים" המדרש מתאר נקודות שיא בהיסטוריה היהודית, שיאים של קירבת ה' ושל גאווה לאומית ולצידן – נקודות שפל, תחושת הגלות שבה שרוי עם ישראל, אובדן ימי הזוהר, מתוך תקווה להשבתם (מדרש תהילים ע"ה, ה).

המחשבה שאותן קרניים הן מתת הא־ל, ברצותו נתנן לנו וברצונו לקחן מאיתנו ונתנן להם, יש לה ביטוי גם במאמר חז"ל הבא:

> אמר רבי חמא ברבי חנינא: הנותן מתנה לחברו אין צריך להודיעו, שנאמר (שמות לד) ומשה לא ידע כי קרן עור פניו (ביצה טז ע"א).

מסיפור הארת פניו של משה מביאים חז"ל ראיה לכך שהנותן מתנה אינו צריך להודיע עליה למקבל. אגב אורחא נמצאנו למדים שקרינת הפנים היא מתנה שזכה בה משה: מדבריהם של חז"ל עולה שהארת הפנים היא אות משמיים, סימון ייחודי שנטבע במצחו של משה שנועד לייחד אותו משאר בני האדם. גם במדרש רבה אותה הארה מתפרשת כשכר על שמשה לא זן את עיניו ממראה הסנה ונמנע מליהנות מן השכינה (ויקרא רבה, כ).

לפי המדרשים, השינוי במראהו של משה מסמל את היותו נבחר. הוא מתהלך כמי שניתן כתר מלכות בראשו. אולי, צריך אף למצוא צידוק לבחירה זו כדי להסביר אותה כשכר על הנהגותיו.

גדולי החסידות, לעומתם הלכו בדרך שונה:

ר' אלימלך מליז'נסק מסביר שהארת הפנים היא התלהבות האש שבקרבו של משה:

> דהצדיק המדבר עם אדם דברי קדושות ויראת ה' אזי בא לו ההתלהבות גדול בלבו ויאיר פניו באור גדול מהתלהבות אש אשר בקרבו וכל זאת לא ידע משה בעצמו אם יש לו התלהבות כלל וזהו בדברו אתו, רצה לומר כשהיה איזה אדם מדבר עם משה דברי קדושות (נועם אלימלך, כי תשא).

לדברי הנועם אלימלך, ובניגוד לעמדת המדרשים שהזכרנו, רוממותו של משה איננה נובעת ממקור עליון – מדובר בתכונה פנימית ובתסיסה אנושית. כוחו של משה נרכש דווקא מתוך דיאלוג עם העם ועם המציאות, ומתוך הכורח המתמיד להורות את תורת ה'. הבדל הנוסף הוא בכך שאין מדובר בהתנשאות קבועה, אלא בכישרון רדום התלוי בהצתה.

בחסידות הדמות הזו מזוהה עם הצדיק. הצדיק הוא הצינור לדבר ה' המתווך לפשוטי העם, ולמי שאינו מסוגל להגיע לרמות הגבוהות של השראת שכינה, את דבר ה'. היכולות הבסיסיות של הצדיק גבוהות משל שאר בני האדם, אבל אור הפנים אש הקודש וחציבת האמת אינם מתלבים אם לא מתייעצים איתו, או אם הוא ספון בעולמו הפנימי ואינו מעורה בלבטים, בקשיים ובריחוק שחווים מבקשי תורתו.

מתוך כך ניתן ללמוד גם על החוויה ההפוכה. החוויה של רב ומורה שאין לו תלמידים, או של מי שתלמידיו אינם מודעים לכוחם החשוב ולתפקידם. שאינם מכירים ביכולתם לעשות "שימוש" ברבם על מנת ללמוד ממנו ולהפיק ממנו את המיטב האפשרי. במקרים כאלו נוצר שיתוק ונסתמים צינורות השפע. במקום הארת פנים נעכר המראה ובמקום חילוץ רעיונות, הם צוללים למעמקים. במקום להוות מקור השראה ויראת רוממות נדמה הצדיק לתלמידיו כמשא וכנטע זר.

ההסבר החסידי הזה מבאר היטב מדוע משה לא ידע שקרן עור פניו. קרינה זו מקורה במעמקי הנפש, במקום שאין לאדם עצמו גישה אליו לולא המאמץ שמתרחש רק בעקבות דיאלוג עם החוץ. לא זו אף זו, בכל פעם כשהכוחות הללו נשאבים ומוצאים מן הכוח אל הפועל, הם מדויקים בהתאמתם לצורכי התלמידים ומוגבלים על פי כוחם של אלו. לכן הצדיק חש את מוגבלות יכולותיו, ואילו התלמידים ורואי פניו נפעמים מן הדיוק והיופי שבדבריו המעידים על חכמת ה׳ שבקרבו. התביעה מן הציבור להוציא לפועל את הכוחות הטמונים בידי המנהיגים עד שהארת פניהם תורה על צחצוח הכלים של הדור כולו – היא עיקר דברי ר׳ אלימלך והלקח המתבקש מהם.

אולטימטום

משה רבנו מנהל משא ומתן קשוח עם הקב"ה על תוצאות חטא העגל. למשא ומתן זה קדם דיון שבו הציע הקב"ה לוותר על עם ישראל ותמורתו להעמיד עם מזרעו של משה: "וְאֶעֱשֶׂה אוֹתְךָ לְגוֹי גָּדוֹל". וכך מתנהל הדיון הנוסף:

> וַיָּשָׁב מֹשֶׁה אֶל ה׳ וַיֹּאמַר אָנָּא חָטָא הָעָם הַזֶּה חֲטָאָה גְדֹלָה וַיַּעֲשׂוּ לָהֶם אֱלֹהֵי זָהָב. וְעַתָּה אִם תִּשָּׂא חַטָּאתָם וְאִם אַיִן מְחֵנִי נָא מִסִּפְרְךָ אֲשֶׁר כָּתָבְתָּ. וַיֹּאמֶר ה׳ אֶל מֹשֶׁה מִי אֲשֶׁר חָטָא לִי אֶמְחֶנּוּ מִסִּפְרִי. וְעַתָּה לֵךְ נְחֵה אֶת הָעָם אֶל אֲשֶׁר דִּבַּרְתִּי לָךְ הִנֵּה מַלְאָכִי יֵלֵךְ לְפָנֶיךָ וּבְיוֹם פָּקְדִי וּפָקַדְתִּי עֲלֵיהֶם חַטָּאתָם (שמות ל"ב, לא-לד).

בפסוקים הללו משה פונה לקב"ה ומציב בפניו אולטימטום. או שתסלח על חטא העגל ויכופר לעם ישראל, או "מְחֵנִי נָא מִסִּפְרְךָ". הקב"ה אינו נענה

לאף אחת מן האפשרויות הללו ותשובתו: "מִי אֲשֶׁר חָטָא לִי אֶמְחֶנּוּ... וּבְיוֹם פָּקְדִי וּפָקַדְתִּי".

מה מתרחש בדיאלוג הזה, מהו התהליך שמתואר כאן? ניתוח פרוטוקול של משאים ומתנים שייך לתחום הדעת של יישוב הסכסוכים, גישור ופישור. בתחום זה ישנן שלוש אסכולות, לכל אחת נקודת מבט שונה על המתרחש.

אסכולה אחת מייחסת למשא ומתן סוג של מאבק. שני הצדדים עומדים משני צידי המתרס. כל אחד מן הצדדים שואף לשלם כמה שפחות ולנגוס בחלקו וברצונותיו של האחר כמה שיותר. בסופו של דבר, שני הצדדים מפסידים. כי שניהם שילמו מחיר מסוים.

בדרך זו הלכו לא מעט פרשנים. כך למשל הרשב"ם פירש שמשה רבנו ראה שהקב"ה רוצה למחות את עם ישראל. לפיכך, הציע לקב"ה שתי אפשרויות: האחת – אל תמחה, והשנייה – אם אתה מוחה את עם ישראל, אני מבקש להיכלל באותה מחייה. משה מעמיד את הקב"ה במצב שבו אינו יכול לממש את מלוא רצונו, מצב של לית ברירה. לפירוש זה, תגובת הקב"ה היא תגובה מתבצרת: "מִי אֲשֶׁר חָטָא לִי אֶמְחֶנּוּ". הקב"ה אינו שועה למשה, ומתעקש על עמדותיו בשלמותן.

אסכולה אחרת מתייחסת למשא ומתן כאל סוג של שיתוף פעולה. לשני הצדדים בדרך כלל אינטרס משותף. אחד מעוניין למכור, השני לקנות. שניהם צריכים לאתר את עקרונות הבסיס שאף צד לא יוותר עליהם. לאחר שמאתרים את העקרונות ניתן גם להגיע למתווה משותף שממנו שני הצדדים יצאו מרוצים. דרך פרשנית ההולכת בקו זה נקט הרמב"ן. הרמב"ן סבר שמשה הבין שהקב"ה חפץ להעניש על חטא חמור זה. משה מזדהה מאד עם עמדתו של הקב"ה כי המחיר על החטא חייב להיגבות. כפי שמצהיר משה בפתח הדיאלוג: "אָנָּא חָטָא הָעָם הַזֶּה חֲטָאָה גְדֹלָה". לכן מסביר הרמב"ן שמשה מציע לקב"ה מתוך קבלת הנחת היסוד הזו חלופה. הוא מציע לו למחות אותו עצמו – במקום את כל העם. קורבן כלשהו צריך להיות מוקרב, ולו יהא זה אני, אומר משה: "ואם אין מחני נא תחתם מספר החיים ואסבול אני ענשם" (רמב"ן, שם). לפי הצעה זו ניתן לומר שאכן תשובת הקב"ה אינה ביטוי להתבצרות. דווקא מתוך זיהוי המגמה המשותפת של הצורך בענישה ראויה על חטא חמור כזה, הקב"ה מציע בסופו של דבר הצעה שלישית: הקב"ה לא יכלה את עם ישראל כולו, אלא יפגע בחוטאים בלבד. בכך תושג שאיפת שני הצדדים. הקב"ה יעניש, העם לא ייגדע, אך גם משה יחיה. וכך אכן מנסח אבן עזרא בפירושו: "שאמית אשר חטא לבדו, ולא כל

העם" (אבן עזרא, פסוק לג). הנחת המבוקש על השולחן סייעה למקד את הצרכים המשותפים והובילה להסכמה.

פירוש אחר שמתיישב עם אותה אסכולה הוא פירוש הדר זקנים: משה אומר לקב"ה שאם לא ימחל לבני ישראל, כיצד ימחל למשה על שבירת הלוחות? לפי הפירוש הזה, משה ממנף את העיקרון המשותף לשני הצדדים – שהצדק צריך להיעשות וכי אין משוא פנים בדין. לכן משה מסביר לקב"ה שאם לא ימחל לעם, הוא ייאלץ להעניש גם אותו עצמו בחומרה ולמחות אותו מספרו. כיוון שהאינטרס המשותף לקב"ה ולמשה הוא גם הגינות וגם הגנה על משה, חייב להמצא פתרון שיספק את שני אלו.

אסכולה שלישית מניחה שבכל משא ומתן ישנם זרמים תת קרקעיים – הטיות ורצונות שלכאורה אינן קשורות כלל לנושא הנדון. המחשה לדרך מחשבה זו ישנה בסיפורו של או' הנרי על אותו זוג אביונים שכל רכושם היה שעון זהב של הבעל ושיערה הגולש והיפהפה של האישה. לכבוד יום הנישואין מכר האיש את שעון הזהב וקנה לאשתו מסרק מזהב, ואילו אשתו מכרה את שערה היפה וקנתה לבעלה שרשרת לשעונו. בדיעבד התברר שכל אחד קנה לבן זוגו מתנה שלא נזקק לה. ישנן שתי תגובות אפשריות לסיפור הזה. האחת, להצטער בצערם המשותף של בני הזוג, להביע תסכול מר על העובדה שכעת כל אחד מהם נותר חסר את הדבר היקר לליבו ובתמורה רכש דבר שאין לו שימוש. אולם ניתן להבחין שיש גם אושר גדול בסיפור הזה. רק בדרך זו יכולים היו שני בני הזוג להביע את גודל עוצם אהבתם המשותפת. את זה הרוויחו שניהם. הנה מתברר שלעיתים מעבר למקח עצמו ישנם רווחים המשניים לעצם הדבר עצמו. לעיתים זיהוי נטיות הלב הללו הוא הפתרון.

גם בסיפור שלנו, ישנו עניין נוסף המונח על הכף. בעורף הדיון על כיליונו או אי־כיליונו של עם ישראל ועל היכולת או היעדר היכולת להמיר את הגזרה או לבטלה, מתקיים פחד עצום של משה, כפי שמתואר בדברי הרשב"ם:

> ואם לא מחני נא מספרך אשר כתבת, מספר זה שלא ייזכר שמי בו, כי כבר אמרתי להם בשמך במצרים שתביאם לארץ... (רשב"ם, שמות ל"ד, שם).

הצעת משה למחות את שמו חושפת את העובדה הפשוטה שסיום עגום כזה יבייש אותו באופן נורא. שהוא לא יוכל לשאת את ראשו ולהביט במראה

אם יתברר שכל הניסים והנפלאות במצרים יסתיימו במוות טרגי ובעונש קולקטיבי כעבור חודשים ספורים. "כי כבר אמרתי להם בשמך". בעיה זו אינה רק שמו הטוב של משה. "אמרתי להם בשמך", גם אמינותו של הקב"ה תלויה בכך. הצדק נדרש, אך המטרה הגדולה של גילוי שם ה' בעולם תיפגע.

בתשובה לטיעון זה משיב הקב"ה שאכן, החטא לא יכופר. אולם העונש יידחה "וּבְיוֹם פָּקְדִי וּפָקַדְתִּי". עם ישראל גם לא ייענש בבת אחת, ובצורה מיידית. כך ינצל משה מגזרת הבושה והקב"ה מחילול שמו:

> מה שדברתי לך אעשה לכבודך, אבל לא אשא חטאתם, כי ביום פקדי ופקדתי עליהם חטאתם, אפקוד אותו עליהם אחרי בואם אל הארץ, וזה רמז לעת שיגלו ממנה, או למה שאמרו רבותינו (סנהדרין קב ע"א) שאין לך פורענות שאין בה אוקיא מעון העגל (רמב"ן, שם; וראו גם: כלי יקר).

הפירוש מתיישב עם הדומיננטיות של המילה "ועתה", החוזרת וחוזרת את הדיאלוג והמניחה את מושג המיידיות על שולחן המשא ומתן. דחיית התוצאות וההישגים היא לעיתים הרפואה למכאובי הצדדים.

גם פירושו של הבעל שם טוב מאיר זווית השייכת לרחשי הלב ולא לעצם הפעולות שעל הפרק. לדבריו, משה מבין שצדיק אינו בעמדה של אדם פרטי, הוא נושא בעול הדור. הוא גם במובנים מסוימים האחראי על הדור ותהפוכותיו. משה מניח את צווארו לשחיטה כי הוא חש רגשי אשם, כי הוא מאמין שיש בחטא שיקוף של כשל אישי שלו. הקב"ה משיב לו "לֵךְ נְחֵה אֶת הָעָם". אתה המנהיג והם אלה שחטאו. הקב"ה אף הוא אינו מוכן לשלם את המחיר של כישלון הנהגה. מן האופן השלישי הזה בוקעת ועולה תובנה חזקה המאירה לא רק את שיתוף הפעולה החשוב בין עם ישראל והקב"ה, בבחינת 'אני לדודי ודודי לי', אלא גם את שותפות הגורל שישנה ביניהם, הם תלויים בו, והוא, כביכול, תלוי בהם להאדרת שמו בעולם.

משאים ומתנים מתקיימים לא רק במישור הפוליטי, הם גם שייכים לעולם הדתי, לעולם של תפילה ובקשה. בעולם זה יש לבחון ולברר האם אנו נוקטים באקט כוחני ובהתרסה כלפי שמיא, האם אנו מצויים בתודעת מעשה של ריצוי, או שאנו מצויים בתהליך של הצגת צדדי החיוב שבנו, אלו שהקב"ה חפץ בהם.

איצטלות של טבע,
של נס ושל תחפושת

הציווי על עלייה לרגל במועדים אינו מופיע רק בפרשת כי תשא, אולם בפרשת כי תשא הוא נושא אופי ייחודי. שם מובאת תוספת הבטחה מאת ה׳:

> שָׁלֹשׁ פְּעָמִים בַּשָּׁנָה יֵרָאֶה כָּל זְכוּרְךָ אֶת פְּנֵי הָאָדֹן ה׳ אֱלֹהֵי יִשְׂרָאֵל
> כִּי אוֹרִישׁ גּוֹיִם מִפָּנֶיךָ וְהִרְחַבְתִּי אֶת גְּבוּלֶךָ וְלֹא יַחְמֹד אִישׁ אֶת אַרְצְךָ
> בַּעֲלֹתְךָ לֵרָאוֹת אֶת פְּנֵי ה׳ אֱלֹהֶיךָ שָׁלֹשׁ פְּעָמִים בַּשָּׁנָה (ל״ד, כג-כד).

הקב״ה מבטיח שבזכות מצוות העלייה לרגל – ועל אף עזיבת הגברים את ביתם למען עלות בית ה׳, ״לֹא יַחְמֹד אִישׁ אֶת אַרְצְךָ״. השאלה כיצד זה לא יחמוד איש בתים ושדות עזובים וחסרי הגנה זכתה במקורות השונים לתשובות שונות.

הספורנו מבאר שהישג האפשרות להשאיר את הבתים ״לא נעולים״ נקנה באמצעות ההבטחה הקודמת בפסוק ״כִּי אוֹרִישׁ גּוֹיִם מִפָּנֶיךָ״. המצב הביטחוני יהיה כזה שישמר את מאזן האימה: ״וְלֹא יַחְמֹד אִישׁ אֶת אַרְצְךָ״ (ספורנו, וזאת הברכה). כשהעם היושב בציון אוחז באדמתו בתקיפות ובכוח לא קיים שום חשש לחדירות ולפריצות. ובלשון הספורנו ״כאילו תהיה הארץ נעולה במנעולי ברזל ונחושת״. ממש כשם שמורה שיודע להחזיק כיתה אין לו בעיות משמעת. תלמידיו אינם בוחנים את הגבולות של המורה ואינם מהינים להפריע. מורה כזה לא נזקק לעונשים והרתעות אבל אין זה אומר שהם לא קיימים. הם קיימים בתודעתם ובדמיונם של התלמידים וחזקים מכל הסנקציות האפשריות.

אפשרות אחרת מתוארת באבות דרבי נתן:

> למקום שלבי אוהב לשם רגלי מוליכות אותי. כיצד?
> אלו בני אדם שמניחים כספם וזהבם ועולין לרגל להקביל פני שכינה במקדש.
> והקדוש ברוך הוא משמרם בתוך מחניהם שנאמר ולא יחמוד... (אבות דרבי נתן, נוסחא א פי״ב).

לפי אבות דרבי נתן, חושפת הפרשייה סוד עמוק הקשור לכל מעשה העלייה לרגל, ואת העובדה שהיא אינה מצווה ככל המצוות, אלא מעשה שנובע מרגש דתי עמוק. וכך, הפרשייה למעשה מתארת את הלך הרוח של העולים לרגל. אלו נתונים ראשם ורובם בהתרגשות העלייה בהר ה׳. מתוך התלהבות היציאה ושמחת המפגש הם שוכחים לטפל בעניינים הטכניים. הללו נותרים מאחור לחסדי שמיים כפשוטו. פיזור הדעת והריחוף עלולים ליצור ואקום ביטחוני. שמיטת האחיזה והשמירה מכריחה את הקב״ה להיקרא לדגל. אין מישהו אחר שימלא את מקומו. כשם שמי שמוצא ילד אבוד ברחוב לא יזנח אותו רק מפני שאין זה מתפקידו וחובתו להגן עליו. כך הקב״ה נותר אל מול הבתים העזובים והוא נשאב לריק שנוצר, מזדעק ומגן. התיאור הוא פיזיקלי כמעט: אלה עולים לרגל ובה בעת מופעל כוח שיוצר שמירה.

החלק המשעשע והפרדוקסלי בתיאור הזה הוא שבעוד אלה עולים לרגל לקבל את פני השכינה, זו מתכנסת אל ביתם דווקא. מי שפוגש את השכינה הן (גם) הנשים שבעורף.

אומנם, למרות התמונה החביבה קשה ליישב את ההסבר עם הפסוקים והאמירה המפורשת שאיש לא יחמוד את הארץ. נדמה להפך, שהחשש הזה דווקא קיים במלוא עוזו, ואין לנו אלא לסמוך על אבינו שבשמיים. בירושלמי הוצע כיוון דומה אך שם העצימו מאוד את הפן הניסי ואת התגלות ה׳ בבתים.

ארבעה סיפורי עלייה לרגל מובאים בתלמוד הירושלמי (ירושלמי, פאה פ״ג). הראשון על אדם שהניח את שדותיו וחזר ומצא חומת אריות מגנה עליהן. השני על אדם שהותיר מאחוריו לול תרנגולים וכשחזר מצא חתולים מתים מסביב. ואחד שהשאיר את ביתו פתוח מצא נחש קשור על מנעול הבית. הסיפור הרביעי מורכב יותר, הוא מתאר שני גויים שחשבו לנצל את הסתלקותם של שני אחים לירושלים ולגזול את רכושם. דא עקא, מלאכים בדמות האחים הסתובבו בבית והותירו את הרושם שרק בטעות סברו הגויים שהיהודים עזבו והלכו. הסיפורים הללו כולם מתארים שמירה ניסית ממש: אריות בארץ ישראל? חתולים קרועים ותרנגולות מהדסות? נחש בריח ומלאכי עליון? כל אלו קושרים את הבטחתו של הקב״ה עם פנטזיה ואוטופיה. הם מרחיקים את עולם העלייה לרגל ואת ההבטחות הכרוכות בו אל עולם אידילי שספק אם התקיים אי־פעם. יותר משהם חושפים פתרון, הם חושפים את החרדה שבשורשו. נדרשים ניסים גלויים, כאלה שקשורים בזמנים נדירים, כאלה שבהם הקב״ה נוכח במציאות ממש. הבבלי מביא

לעומת זאת סיפורים טבעיים ומרוככים יותר: פרתך תרעה באפר ולא תוזק על ידי חיות, תרנגולת תנקר באשפה וחולדה לא תזיק אותה. התיאור הוא נגטיבי, מה **לא** יתרחש. סיפורים כאלה יש לנו בשפע ובהם ניסי הצלה נסתרים הסופרים את כל המחלות שלא חלינו בהן וכל התאונות שלא אירעו לנו. חסדי ה׳ כי לא תמנו (פסחים ח ע״ב).

מעשה עלייה לרגל כמונע מצב של ״לֹא יַחְמֹד״ נמצא גם במאמרי החסידות. אולם במקום להציג את התגלות ה׳ כתוצאה ממעשה העלייה, מוצג האדם עצמו כמחולל השמירה. בכוח נטישת החומר ושמיטת האחיזה מסתלק יצר החמדה משכניו (ראו: ערבי נחל, בראשית, לך לך דרוש ד). התפיסה החסידית סוברת שבחברה פחות מטריאליסטית, שאינה מחשיבה את העושר והנכסים ממילא התופעה של חמדת ממון וגזל הופכת להיות שולית. הדרך להתמודד עם גזל ועושק איננה בהגנה וביטחון אלא בסילוק תאוות הממון. באופן דומה מפרש בעל השפת אמת (האדמו״ר מגור) שהסיבה לגזל הארץ וכיבושה הוא ביטול העלייה לרגל. רק אם עולים לרגל לא חומד איש את ארצנו (שפת אמת ויקרא, פסח).

אך בעל השפת אמת מוסיף נדבך:

> כי בכל מקום אין לעלות יותר מהכנת האדם רק להכיר מקומו. ואם לאו צריך שמירה ויש בו סכנה. רק בעליות הרגל הבטיח ולא יחמוד כו׳ (שם).

לדבריו, באופן כללי אדם נדרש לייצר קירבה עם הקב״ה במידה הראויה לו. אדם נדרש להכיר את יכולותיו ומדרגתו ולא ליצור מצג שווא כאילו הוא גדול הדור, פוסק גדול, או למדן עצום וכמו כן, מידת ההתכווננות שלו בתפילה לא צריכה להיראות כלפי חוץ כאילו הוא כבר הגיע להשגות עליונות גם אם הדבר איננו כך. אולם יש לכך חריג. יש מקום וזמן שבהם הותר הדבר, זהו זמן העלייה לרגל. כולם מוזמנים לעלות להר ה׳ גם אם לפי מדרגתם אין הם ראויים להסתופף בצילא דמהימנותא. בזמן הזה, מובטח להם שלא יינזקו בשל מצג השווא הזה.

גם פורים הוא אחד הזמנים הללו שבהם עוטה האדם תחפושת המשנה את פניו האמיתיות ומקומו האמיתי. הרב הוטנר מרחיב את הלכת הפורים שלפיה ״כל הפושט יד נותנים לו״ ומכאן שגם הפושט את ידו ואין הוא עני ונזקק, מקבל את מנתו (פחד יצחק, ענין טז). מהלכת פורים זו, למד

הרב הוטנר שמותר לתלמיד להתחזות בפני רבו כאילו הוא גדול ממעלתו האמיתית כדי לזכות לקבל מתורתו. זוהי מידת 'צביעות דקדושה'. המידה הזו מחייבת לימוד והבנה מעבר למידת הדרשה. משמעה שישנם רגעים שבהם מוטב שהאדם יעטוף עצמו באצטלא שאינה שלו ואולי גם יזכה משום כך לאותה אצטלא באמת.

ביום פוקדי ופקדתי

המחילה שמחל ה' לישראל על חטא העגל אינה שלמה, הקב"ה מבטיח: "וּבְיוֹם פָּקְדִי וּפָקַדְתִּי" – יבוא יום ואפקוד אתכם על החטא הזה. וכך מובא בתנחומא בשם רבי חנינא "כל מי שאומר רחמנא ותרן, יתותרון בני מעיו. אלא מאריך אפו וגובה הוי וביום פקדי ופקדתי" (תנחומא, כי תישא). לפי זה, מדובר בערך ובעיקרון: הקב"ה אינו מוותר, הצדק צריך להיעשות. העונש בוא יבוא, אלא שהוא נדחה לעת עתה לשעת הכושר. נוכחותו של ענן העונש המרחף מעל בני ישראל מלווה את עם ישראל לאחר בניית המשכן. משה מתהלך במשכן רכון ושפוף, כמנודה:

> אף על פי כן היה בלבו עליהם שנאמר "וביום פקדי ופקדתי עליהם חטאתם".
> כיון שנעשה המשכן אמר ר' יהודה ברבי סימון, הלך משה והרכין אזנו במשכן.
> אמר משה תאמר שיש בלבו של הקדוש ברוך הוא על ישראל (במדבר רבה, לב).

העונש על חטא העגל אינו נדחה לגמרי, הוא נוכח כל יום ויום. מי שאינו משלם על מה שעשה אינו פוסק מלחוש את אימת הדין מרחפת מעל לראשו. הוא חש אותה בעוצמות יתרות כשהוא מתקרב אל מי שהוא בן חובו. כשמשה מהלך במשכן מלווה אותו אי־נחת קבועה, תחושה שהוא בלב סכסוך בלתי פתור. העניין ש'אין מדברים עליו' נוכח בכל צעד וצעד שלו במשכן. תיאור ההתהלכות הזו של משה במשכן מצביעה על עכירות שפשתה במערכת היחסים מאז חטא העגל. מאז חטאו, נאמנותם של ישראל נמצאת תחת חשד מתמיד, תג הבגידה בוער במצחם. המתינות של ה' בדין הופכת קשה מנשוא.

מכאן, שעצם האמירה של הקב"ה "וּבְיוֹם פָּקְדִי וּפָקַדְתִּי" הוא עונש. אמירה זו יצרה מצע של חוסר בטחון בקשר שבין הקב"ה אלינו, ורצון לרצות ולהוכיח כל העת, את מה שכבר לא ניתן להוכיח.

רש"י סבור ש"כל פקידות הבאות על ישראל יהיה מקצת עוון העגל בהם" (ירמיהו ב'). בכל פעם שעם ישראל נענש, הוא נענש גם על חטא העגל. ביום פוקדי – ביום שבו הקב"ה פוקד, "וּפָקַדְתִּי" שם הוא פוקד גם על חטא העגל. מבחינה רעיונית יש לומר שכל חטא יש בו מן הבגידה של חטא העגל, אובדן הביטחון, פזיזות, היסחפות וטיפשות. חטא העגל הוא החטא הקדמון היהודי. וכל חטא מהווה תזכורת לכך שבכולנו יש חטא העגל קטן, הוא לא נמחה לגמרי, כשם שלא נמחה מספרי החשבונות. ולא ניתן למחקו כל עוד הוא אורב בליבנו (וראו גם ר' בחיי לפרשתנו).

ר' יוסי מציע ש"יוֹם פָּקְדִי" משמעותו שהתאריך של תשעה באב הפך להיות יום פקודה. אותו יום של חטא העגל הוא יום המזומן לזעם ולגילויי אימתו של הקב"ה לתגמול ועונש. במסכת תענית מנויים כל המאורעות שאירעו לישראל בתשעה באב. ובקבלה פיתחו את הרעיון של "יום המסוגל". לכל יום הטבע שלו, וישראל קבעו את טיב יום תשעה באב בחטאם זה. מעתה הזהירות, השפלת העיניים והשפיפות הולמים את היום הזה (סנהדרין קב).

התפיסה שלפיה חטא העגל מרחף מעלינו כעננה עד סוף כל הדורות אינה היחידה. קיימת גם דעה שלפיה הייתה נקודה בהיסטוריה שבה התרחש "איפוס" של מערכת היחסים. דעה זו מסירה מליבנו את המועקה הכרוכה בזיכרונו המתמיד של החטא. יש ביטוי לדעה זו בדבריו ר' שמואל בן נחמן בשם ר' יונתן שדרש: "עד חורבן בית המקדש קרבו פקודת העיר, דכתיב וביום פקדי ופקדתי עליהם חטאתם" (איכה רבה, ב). חורבן הבית שארע בתשעה באב סגר את החשבון. נענשנו, קיבלנו את המגיע לנו, ומכאן מתחיל דף חדש וחלק. דרשתו קושרת בין הבטחת ה' להיפרע מעם ישראל לבין חורבן הבית באמצעות דיוק במילותיו של יחזקאל "קרבו פקודות" הרומזים ל"יום פוקדי".

על פי דבריו, חטא העגל וחורבן הבית אינם רק מאורעות של ריחוק וגלות, טמונה בהם גם האפשרות לגילוי שכינה ולהתחלה חדשה.

הפרשנים שהבאתי עד כה נחלקים בין האפשרות של היעדר ענישה ביחסי עם ישראל והקב"ה, לבין תפיסה היסטורית מדויקת הקושרת בין החורבן לחטא העגל. בין האפשרות של יום חטא העגל כיום זעם ובין

האפשרות של ציון חטא העגל כאם כל חטאת ועונש וכמשפיע על כל תופעה של דין וגמול. בדרך מסוימת, נוגעות כל הצעותיהם בניסיון האנושי־יהודי להתחקות אחר החוקיות של הענישה הקולקטיבית. לתת הסבר לתחושה שלעיתים יש פער גדול מדי בין החטא ובין עונשו, ולנסות להכניס גם את רגעי הזעם לתבניות צפויות וברורות.

פרשת ויקהל

אורות וכלים

הגמרא במסכת ברכות (נה ע"א) דנה בשאלת סדר בניית המשכן והכנת הכלים. המדרש שבגמרא משווה את סדר הוראותיו של משה לבצלאל (בפרשת כי תשא) לסדר הביצוע של בצלאל (בפרשתנו: ויקהל). לפי המדרש ציוויו של משה הוא "עשה לי ארון וכלים ומשכן": ארון קודם לכלים, וכלים קודמים למשכן עצמו. אולם בעוד שזהו ציוויו של משה, בצלאל אינו מקבל את ההוראה ומקשה עליה: "מנהגו של עולם, אדם בונה בית ואחר כך מכניס לתוכו כלים, ואתה אומר: עשה לי ארון וכלים ומשכן? כלים שאני עושה להיכן אכניסם?". מן הדו שיח שבין משה ובצלאל, כפי שמוצג בגמרא, מתברר שבצלאל כיוון לדעת השכינה. אכן הקב"ה ציווה את משה לבנות את המשכן ואחר כך את הכלים, אולם משה בחר להציג לבצלאל את מפעל ההקמה בסדר הפוך: מן הכלים אל המשכן. משה מתפעל מחכמתו של בצלאל שחש בשינוי הסדר ומגיב לדבריו בהודאה על האמת: "שמא בצל אל היית וידעת?!".

נמצא שההיגיון של בצלאל מנוגד להיגיון של משה, אך מתיישב עם ההיגיון הא־לוהי. החלק החיצוני חייב להיות קודם לפנימיות ולמילוי.

בניגוד לדברי המדרש המובא בתלמוד, מדרש תנחומא משבח את בצלאל על שלא פתח בבניית המשכן אלא בבניית הארון. וכך נאמר בתנחומא:

זהו שנאמר: "תן לחכם ויחכם עוד הודע לצדיק ויוסף לקח" (משלי ט', ט)... זה בצלאל, בשעה שאמר לו משה לבצלאל עשה משכן, אמר

בצלאל למה הוא המשכן, אמרו לו להשרות שכינה בתוכו וללמד לישראל תורה, אמר בצלאל והיכן התורה נתונה, אמר לו כשאנו עושים משכן נעשה ארון, והוא התחיל בארון, שנאמר ויעש בצלאל את הארון וגו׳ (תנחומא, ויקהל סימן ח).

לפי התנחומא משה הורה לבצלאל לבנות את המשכן בסדר שהוא מן החוץ לפנים, מן המשכן אל הארון והכלים. בצלאל הוא שפתח מיוזמתו בבניית הארון.

כל אחד מן המדרשים מבוסס על דגשים שונים בפשט. ציוויו של משה בפרשת כי תשא הוא בסדר של מן הפנים חוצה, סדר ההוראות של משה בפרשתנו (ל״ה, ד-כ) הוא מן החוץ פנימה. ובעוד שסדר ההקמה בפועל אף הוא מן הכיסוי והמבנה אל הכלים והבגדים, הרי ששמו של בצלאל כפועל מופיע רק בסמוך לארון: ״וַיַּעַשׂ בְּצַלְאֵל אֶת הָאָרֹן עֲצֵי שִׁטִּים״ (ל״ז, א). לפיכך, יש לדון בשאלת הרעיונות המנוגדים העולים משני המדרשים.

על פי התנחומא ה״הברקה״ של בצלאל הייתה שהוא בחר לפצוח בבניית העיקר לפני הטפל. בצלאל עמד וחקר את משה על מהותם של הדברים ועל מטרתם, ומשהבין את הקונספט של המשכן כמקום השראת שכינה, ומקור אור ותורה ידע שכדי שיוכל להקים את הדפנות, עליו להתחיל מן המהות, מן התוכן. אי־אפשר לממש חזון מבלי להבין אותו לעומקו. בשביל לעטר ספר לא מספיק להבין את מילותיו, יש צורך להעמיק בשאלת הסוגה הספרותית, הסגנון ורובדי השפה השונים. בשביל לקדם פרויקט יש למפות את קהל היעד, את צרכיו ואת מטרותיו של הפרויקט. ובשביל לתכנן מבנה צריך להבין מי ישתמש בו, לשם מה ואיזו אווירה על המבנה להשרות. הארון הוא סמל למהות ולתוכן. רק כשהוא מונח לפניך תוכל להקים סביבו את המשכן.

כאמור, לדעת המדרש בבבלי, הסדר הפוך. קודם יש לעסוק בתשתיות, בהנחת היסודות, ורק אחר כך אפשר לפעול ביצירתיות ולעצב בקווים אדריכליים עדינים את ישותו של המקום. לא קונים ספה לפני שיש סלון, שמא יתברר שהספה גדולה מהסלון. וכך גם האדם רוכש השכלה, חינוך ומקצוע מתבסס בעולם, לפני שהוא מקים לו בית ומשפחה.

ר׳ צדוק הכהן מלובלין (ליקוטי מאמרים, עמ׳ מג) מציין שאדם הראשון נברא ביום שישי, כך שייכנס קודם כול לשבת. רק לאחר השבת ניתן להבין את משמעותם של ימי השבוע. רק לאחר שיש תוכן ומתווה, אפשר להבין

לשם מה נועדו ימי השבוע, ולחיות אותם נכון. פרשתנו מקדימה את הציווי על השבת לתיאור בניין המשכן. ובכך, מקדימה את השביתה למלאכה. ואת העונג הרוחני לעמל הקליפות והעטיפות. כדי לתאם ציפיות, כדי ליישר דרך, חייבים להיות מודעים למגמות. מי שיודע שבסוף הדרך יוכל להגשים את שאיפותיו וחלומותיו, יהיה נכון לעשות את כל הדרך לשם. המטרות יהיו הפנסים המאירים את הדרך ויהוו כלי לבחור בנתיב הנכון.

עם זאת, הביטחון בהצלחה תלוי פעמים רבות לא רק בחזרה אל החזון ואל הרעיון ופירושו בהתאמה למצבים המתחדשים. ישנו יתרון גדול וחשוב בהיצמדות לקונסטרוקציות שמרניות, לכללים נוקשים ולהנחיות ברורות, וכך אומר ר׳ צדוק: ״אלא שצריך הגדרה שלא יהיה חכמתו מרובה ממעשיו שזה יגרום שבירת הכלי כי ירצה אחר כך לפעול פעולות שלא בהגדרה רק כפי ריבוי ההשגה״ (שם). אדם שנצמד יותר מדי לתפיסות הרוחניות, מגיע הרבה פעמים לידי שבירת הכלים והמסגרות. כך למשל, הוא יכול לסבור בטעות שעל מנת ליהנות בשבת ולהתענג עליה, כדאי ורצוי גם להבעיר אש בשבת. לפיכך, צריך לדעת שישנם גם כללים נוקשים, גם מסגרות קבועות במידות נתונות. לתוך אלו ועל פי מידתם יש לצקת את התכנים בצורה מדודה ואחראית.

על פי התנחומא קודם הדמיון והמעוף למימוש, ועל פי הבבלי דווקא המסגרת המוחשית מסייעת לדייק בתכנים. המתח בין שני הקצוות הוא מתח שקיים בפסיקת ההלכה כמו בהכרעות יום־יומיות. איזה משקל לייחס לכבלים ואיזה משקל לייחס לרוח ולרעיון, כמה לפרוץ ומתי לגדור ולתחום. מן האיזון שנוצר על פי שני המדרשים ניתן ללמוד שהתשובה לקונפליקט הזה היא לא הכרעה לקוטב האחד, אלא דווקא קיומו של דיאלוג מתמיד בין הקטבים. בכל מצב, חכמתו של האדם מחייבת אותו לחוש איזה מן הכלים ישמש אותו ואיזה מהם יושם בראש. ולוואי ונתמלא בכל צעדינו: ״רוּחַ אֱלֹהִים בְּחָכְמָה בִּתְבוּנָה וּבְדַעַת וּבְכָל מְלָאכָה״.

ויכלא העם מהביא

אחד המעשים מעוררי ההשתאות בפרשתנו הוא הציות של בני ישראל לשני ציוויים א־לוהיים ההפוכים זה מזה. הציווי הראשון לפתוח את היד ולתרום חומרי גלם למשכן, והציווי השני להפסיק להביא תרומות, משום שהתרומות

עלו על המצופה. מן הציווי השני ניתן להבין עד כמה ההיענות לקריאה לתרום הייתה מיידית וברוחב לב, ומן המתרחש לאחר הציווי הזה – הפסקה מיידית של זרם התרומות – ניתן ללמוד שרוחב הלב נבע מציות להוראה ולא יצא משליטה. שורש הנתינה היה הציווי והייתה דרך לחסום את פרץ ההתלהבות הזה באותה דרך שמכוחה הוא התרחש.

נקודת המבט הזו מחייבת אותנו לחשוב על המשכן והקמתו כמודל לקיום מצוות בכלל. מכאן עולה השאלה האם ועד כמה נובע קיום המצוות שלנו ישירות מן הציווי הא־לוהי, תואם אותו במדויק ומוזן מקיומו. והאם ועד כמה אנחנו נוטים להרחיב אותו או להמעיט בו בשמם של נימוקים אחרים הקשורים באישיותנו ובנפשנו.

וכך כותב בעל השפת אמת (האדמו"ר מגור) על העניין:

> ונראה כי ראו הצדיקים והחכמים כי נתפשט ההתנדבות יותר מהראוי. וחששו שלא יהיה עוד ברצון אמת לשם שמים. כי הכל הולך אחר הרצון לשם שמים... על פי מה שכתב בשם הבעש"ט לראות שמכל עבודה יקבל יראה ובושה כי כשגומר כל מעשיו בא לידי גבהות. אבל כשחוזר באמצע לאחוריו בחשבו לפני מי הוא עומד. זה עצמו תיקון המעשה כראוי.

ראשית, מסביר בעל השפת אמת, עיקר העניין הוא כוונון הלב במעשה לשם שמיים. כל סטייה בכוונה ובהתלהבות פנימית עשויה להיות פגם במעשה. ובשם הבעל שם טוב הוא מוסיף, שעשיה והתנדבות מובילים לסיפוק. את הסיפוק האישי הזה צריך למתן באמצעות בלימת פרץ ההתלהבות. בהמשך לכך הוא מביא מדברי אביו:

> ...ושמעתי מאדוני אבי זקני, מורי ורבי ז"ל פירוש הפסוק 'מה יפו פעמיך בנעלים בת נדיב' ופירושו כי נדיבות הרצון צריך מנעל ושמירה שלא יתפשט הרצון והחשק לדברים אחרים כו'.

צעדים גסים וריצה קדימה הם פחות אסתטיים, והנמשל הרוחני פשוט, התלהבות אש קודש עשויה לגרום לשריפה מן היסוד.

אבל ישנה נקודת מבט שונה לחלוטין על כפל הפעולות הזה – ההבאה והפסקתה. לפי נקודת מבט זו, המשכן ומלאכתו הם מודל ודוגמה ליחס

שבין מעשה ושביתה ממעשה. כשהקב"ה מבקש להורות לעם ישראל לחדול מהביא תרומות ומעשות מלאכה הוא מורה "אִישׁ וְאִשָּׁה אַל יַעֲשׂוּ עוֹד מְלָאכָה לִתְרוּמַת הַקֹּדֶשׁ" (ל"ו, ו). האיסור לעשות מלאכה דומה מאוד לאיסורי המלאכה של שבת. גם בשבת אנו מצווים "שֵׁשֶׁת יָמִים תַּעֲבֹד וְעָשִׂיתָ כָּל מְלַאכְתֶּךָ", ואז בבת אחת ביום השביעי אנו מצווים לחדול מכל עשייה. להניח את כלי העבודה ולהיכנס לתודעה חדשה של מנוחה. למעשה, חתימת מלאכת המשכן באבחת רגע מתכתבת עם ההפתעה שבה כביכול נכנסת השבת בעיצומה של סערת ההכנות לה. במובן העמוק יותר, היחס שבין ששת ימי המעשה לשבת דומה ליחס שבין עבודות הכנת למשכן והכניסה למשכן: בשני המעברים הללו מתרחשת השראת שכינה. המלאכה היא מכשיר לקדושה והפסקתה יוצרת חלל ומקום לקדושה.

בירושלמי נלמד איסור מלאכת הוצאה מרשות לרשות מן הפרשה שלנו:

> ויצו משה ויעבירו קול במחנה לאמר איש ואשה אל יעשו עוד מלאכה לתרומת הקודש ויכלא העם מהביא. נמנעו העם מלהוציא מבתיהן וליתן לגיזברים (ירושלמי, שבת פ"א ה"א).

באופן פשוט הירושלמי לומד שכיוון שהמלאכה שהופסקה הייתה הבאת חומרים למשכן ומכיוון שמשניתנה ההוראה לחדול ממלאכה חדלו מהבאה זו, מכאן שהוצאה מרשות לרשות נחשבת למלאכה. אולם, לדברינו, מוצג כאן קשר עמוק יותר בין המשכן והשבת. לא רק שהתורה סחה לפי תומה שהוצאה מרשות לרשות היא מלאכה, אלא שמלאכת המשכן וההימנעות המיידית ממנה היא כעין הכנסת שבת.

על פי ההסבר הראשון הקדושה טמונה במעשה עצמו, וההידלון מן המעשה הוא עדות לנקיות הנפש והלב, ואילו לפי ההסבר השני הקדושה היא תוצאה של המעשה, החידלון מאפשר אותה. אך כשם שהחלוקה בין ספק האינטרנט ובין התשתית ניכרת רק למביני עניין, כך גם כאן. החיבור לקדושה אינו תחום בזמן, והתלות ההדדית בין כל הגורמים מערבת בין המעשה והתוצאה. היכולת לפרק את המעשה או ההימנעות ואת הקדושה המוזרמת בהם תוך שימוש בפירוק מלאכותי לרכיבים רוחניים אינה משנה את המשמעות הכללית, המנגנון כולו והמערכת המשותפת מפיקים השראת שכינה בעם ישראל. השוני המרכזי בין אלו הוא בחוויה הדתית לסוגיה.

אבני שוהם

תרומת הנשיאים למשכן נזכרת בפרשת ויקהל: "וְהַנְּשִׂאִם הֵבִיאוּ אֵת אַבְנֵי הַשֹּׁהַם וְאֵת אַבְנֵי הַמִּלֻּאִים לָאֵפוֹד וְלַחֹשֶׁן" (ל"ה, כז).

רש"י בפירושו לפסוק זה מביא את המדרש (במדבר רבה) המספר את סיפור הרקע לתרומה זו. מן המדרש מתברר כי בעת איסוף התרומות הודיעו הנשיאים שהם לא ישתתפו בשלב הראשון של האיסוף:

> אלא כך אמרו נשיאים, יתנדבו ציבור מה שמתנדבין. ומה שמחסירין אנו משלימין אותו.

הנשיאים החליטו להמתין ולראות מה יחסר לאחר שכולם ישלימו את תרומתם. אלא שאז התברר שהציבור הביא את כל הנצרך ולא חסר דבר:

> כיוון שהשלימו ציבור את הכל, שנאמר: "והמלאכה היתה דים" אמרו נשיאים מה עלינו לעשות? הביאו את אבני השוהם.

מן המדרש עולה כי תרומת אבני שוהם היא תרומה זניחה, יחסית. שכן, מן הנשיאים היה ניתן לצפות לתרומה גדולה יותר. לימים, בחנוכת המזבח, ילמדו הנשיאים את הלקח ואת מתנותיהם יביאו כבר בשלב הראשון. המדרש מוסיף שהייתה ביקורת על עמדה זו של הנשיאים שישבו על הגדר והמתינו לראות מה יחסר:

> ולפי שנתעצלו מתחילה, נחסרה אות משמם: והנשאים כתיב.

מילת 'הנשיאים' בפסוק שלנו נכתבה כשהיא חסרה יו"ד אחת, ובהחסרה זו יש לראות ביקורת או עונש. המדרש קושר את התנהגותם עם סוג של עצלות. הרעיון להמתין ולראות מה יחסר בהמשך נחשב לניסיון שלא לבחון באופן עמוק מהי התרומה שאותה מתאים שדווקא הם יביאו. מהי התרומה שהם מבקשים להביא שמבטאת בדרך הטובה את רחשי ליבם. הנשיאים העדיפו לדלג על שלב הדיוק והבירור הפנימיים האלה ולהמתין להכרעת הגורל.

באבות דרבי נתן נקשר מעשה הבאתם המאוחרת של אבני השוהם בסיבה אחרת. שם נטען שמשה לא שיתף את הנשיאים בהכנת המשכן ולא

פנה אליהם לקבל את עצתם. משה לא טרח להיכנס לבניין המשכן מתוך עבודה משותפת של הצוות הניהולי ופנה מעל לראשו ישירות אל עם ישראל כולו בבקשת תרומה.

הנשיאים שראו זאת, ישבו בצד ושתקו. הם היו בטוחים שבשלב מסוים המהלך של משה ייכשל. משה יתייאש כשיגלה שעם ישראל לא נענה לקריאה. במקרה כזה יזדקק משה לסיוע של הנשיאים שיפעילו את העם, ימשכו בחוטים, יפעילו קשרים, יפנו לפעילים וכו׳ וכו׳, ואולי כך יבין משה את טעותו הראשונה. לכן שתקו הנשיאים ותפסו את עמדת ה״צופים מהצד״, מתוך המתנה לכישלונו של משה ולרגע שבו יפנה אליהם ויבין שהדילוג על רמת הבכירים היא בעוכריו.

לדאבונם של הנשיאים הם התבדו. דווקא הפנייה הישירה אל העם הניבה זריזות והתלהבות לתרום, והנשיאים נותרו נכלמים. הם נכשלו במובן נוסף, הם לא היטיבו להבין שהטקטיקה שנקט משה הייתה מדויקת ונכונה. בפועל, גם החמיצו את המעורבות בהקמת המשכן. משום כך, באו ותרמו את האבנים שלפי גישת מדרש זה, הם דווקא בעלי ערך גבוה. ובכך, חזרו בהם מטעותם, והביעו תמיכה מחודשת במשה (אבות דרבי נתן, נוסחא א פי״א).

לפי שני הפירושים, הנשיאים לא העריכו נכונה את המצב. לפי הפירוש הראשון הם לא העריכו את יכולת התרומה של עם ישראל. הם לא קלטו ולא הכירו את צאן מרעיתם לעומק. הם לא הבינו שלעם ישראל רצון עז לתרום ולהשתתף במעשה המשכן.

לפי הפירוש השני, הם כשלו בכך שלא העריכו את ההבנה המנהיגותית של משה, ובנוסף התברר שהם לא הפנימו את מהות תפקידם. הם לא הכירו בכך ש׳צוות הניהול׳ לא אמור להוות למשה מחסום מפני פנייה ישירה אל העם. הייתה ציפייה שיבינו שתפקידם הוא לסייע בביצוע משימות על הצד היותר טוב ובהתאם לכך יקבעו ויאזנו את מעורבותם, אבל הם ראו בתפקידם מכשיר למידור ושליטה. משום כך מנשיאים הפכו לנשאים, בלי יו״ד, מאלה שתפקידם לשאת את משא העם הפכו לנישאים על גביו.

ישנה גישה שלישית, שאינה מאשימה את הנשיאים בדבר. גישה זו אינה מודדת את אבני השוהם על פי ערכם הכספי אלא על פי סגולתם הרוחנית. על פי גישה זו, מאחורי הבאת אבני השוהם על ידי הנשיאים יש דיוק ומשמעות. את סגולת אבני השוהם מבאר השם משמואל על פי דברי הרב מלאדי:

שאבן השוהם הוא אשר נהפך מחומריות וחשכת האבן על ידי נצוצי השמש להיות מאיר ובא. וזה עשו הנשיאים, שבכח קדושתם שהם ראשי אלפי ישראל פעלו על עבודת הציבור בניצוצי אור שלהם עד שנהפך כל צד חומריות שהיה עוד בעבודתם להיות זך ומצוחצח כעין השוהם (שם משמואל, ויקהל).

אבני השוהם מתוארות כאבנים שמצויה בהם היכולת לאגור את האור המגיע מן השמש ועל ידי אור זה לנצנץ. בדומה לתכונה של תאורה סולארית. כשכוח השמש נאגר באבנים אלו הם נראים כאילו החומר הדהוי שממנו הם עשויים הופך לכלי שקוף כזכוכית. והאבנים מאירות כבדולח זך ומבהיק.

משמעות הערתו של הרב מלאדי היא שהבאת אבני השוהם לא הייתה מעשה של בדיעבד, וגם לא הייתה נטולת הקשר. להפך, מתנה זו הייתה טעונה במשמעות ובניסיון של הנשיאים להעיד על מעורבותם בתרומת בני ישראל. הנשיאים ראו בתרומות המרובות ובשמחת המתת את התפרצות מאגרי ההארה שנאצרו בבני שבטיהם מכוח הנהגתם אותם לאורך השנים. התלהבות אש הקודש שהביאה את עם ישראל לכסוף לתרומה ולקדושה איננה כי אם פרי השקעה תהליכית של הארת הנשיאים בניצוצי אור.

פרשת פקודי

חיים בצל מסע

חומש שמות מסתיים בתיאור החיים בצד המשכן:

> וּבְהֵעָלוֹת הֶעָנָן מֵעַל הַמִּשְׁכָּן יִסְעוּ בְּנֵי יִשְׂרָאֵל בְּכֹל מַסְעֵיהֶם. וְאִם לֹא יֵעָלֶה הֶעָנָן וְלֹא יִסְעוּ עַד יוֹם הֵעָלֹתוֹ. כִּי עֲנַן ה' עַל הַמִּשְׁכָּן יוֹמָם וְאֵשׁ תִּהְיֶה לַיְלָה בּוֹ לְעֵינֵי כָל בֵּית יִשְׂרָאֵל בְּכָל מַסְעֵיהֶם (שמות מ', לו-לח).

חיי ישראל במדבר הם חיים בצל מסע. כל עוד הענן מעל המשכן עם ישראל נשאר במחנהו. ברגע שהענן עולה, על עם ישראל לארוז וללכת בעקבות הענן אל מקום שבתו החדש והלא נודע.

צורת החיים הזו מתוארת בספרות האחרונים בדרך למדנית מעניינת. מקור אחד משקף את החוויה הזו באמצעות דיון בשאלה האם וכיצד יכולים היו בני ישראל להקריב קורבנות במהלך שהותם במדבר. עיקר הדיון נסב סביב שאלת הקרבת קורבן הפסח. ייחודו של קורבן פסח בכך שהוא מוקרב לשם אכילה ואין להקריב את הפסח כשאין מי שראוי לאוכלו. לאור הלכה זו נשאלת השאלה כיצד יכולים היו בני ישראל בעת שהותם במדבר להקריב קורבן פסח בשעה שקיים החשש שהאכילה תתבטל אם בסמוך להקרבה יעלה הענן ועם ישראל יצטרך להיחפז ולצאת לדרך.

על הקושיה הזו אף משיבים בדרכים פתלתלות: ראשית שיכולים היו להקריב קורבן פסח בשנה שבה ליל הסדר חל בשבת. שכן, חזקה על הענן

שלא הורה לעם ישראל לחלל את השבת ולצאת ולטלטל בשבת מרשות לרשות. שנית, מפני שאיסור תחומין חל גם ביום טוב ועל כן לעולם עליית הענן בערב הפסח תהיה כרוכה בחילול החג או השבת הבאים בעקבותיה. אך המפרשים הציעו שבעיית ההקרבה בכל זאת ללא פתרון. שכן הסמיכות לחג או שבת אינה מונעת את המעבר והמסע שהרי ניתן לטלטל ולהוציא בשבת על ידי פתרונות מתוחכמים, כמו למשל בעשיית המלאכה על ידי שניים באופן הפוטר את העושים מאיסור ומעונש. ואם כן, ייתכן שהענן יצווה על מעבר אף בשבת או ביום טוב מפני שניתן לשנות מקום גם בלי לעבור על איסורי תורה. ממילא לא ניתן לעולם להקריב קורבן פסח במדבר (ראו: המקנה, קידושין לז ע״ב; שו״ת מהרש״ם ח״ו, סי׳ עה).

דיון נוסף המתאר את השפעת הענן על שטף החיים אנו מוצאים סביב עניין קבורתה של מרים. הפסוקים מתארים שעם ישראל הזדרז לקוברה. ומסבירים המפרשים שהמהירות נבעה מן החשש שמא עם ישראל ייאלץ לפתע לנסוע לדרכו. במצב ״ענן״: מה שאפשר לעשות מיד אין דוחים לאחר כך (פנים יפות, חוקת ד״ה והנה איתא).

שאלת הקרבת הפסח כשלעצמה והאופנים שבהם הציעו המפרשים לפתור אותה אינה מעניינו כרגע. גם בעיות הקבורה של מרים נפתרו מזמן. השאלה המהותית שמציפים המפרשים היא שאלת אופי החיים מתוך תלות מתמדת בענן וכוננות תנועה. המצב המתואר הוא של אי־יכולת לתכנן לטווח הארוך ובקושי לטווח הקצר. הרעיון שעם ישראל יארוז אפילו באמצע השבת את מיטלטליו ויתארגן לנסיעת ״בדיעבד״ תוך הקפדה על עשיית מלאכות בשינוי, באופן שתיווצר אחריות מופחתת, נשמע הזוי. וספק הוא בעיני אם הפתרון ההלכתי אכן אפשרי. אבל עצם העלאתו מעידה על כך שכל שמירת המועדות והשבתות הייתה תלויה על בלימה. שבת שמנוחתה מופרת מעצם זמניותה של המנוחה.

שאלת קבורת מרים מתעדת לא רק את העובדה ההיסטורית אלא את חווית אי־השקט, את אובדן היכולת להשתהות, לחשב מהלכים ואת היעדרו של ׳זמן איכות׳. חוסר הנחת הזו עומד בסתירה למשמעות הענן: נוכחותו הקבועה של הקב״ה בקרב עם ישראל. מאותו הפסוק עצמו המתאר את התלות המוחלטת בענן, לומד הספורנו:

> וכל כך היתה שריית השכינה קבע במשכן שלא היה מסתלק כלל משם עד שהיו ישראל צריכים לנסוע (ספורנו, פקודי).

גם המדרש בתארו את שבעת העננים המלווים את עם ישראל בדרכו מתאר מציאות אוטופית מופלאה וקסומה:

> ארבעה מארבע רוחות ואחד מלמעלה ואחד מלמטה ואחד שמקדים לפניהם מתקן להם את הדרכים מגביה להם את השפל ומשפיל להם את הגבוה ועושה להם דרך סרט ומישור (מכילתא דרשב"י, בא יג, כא).

לפי המדרש, עם ישראל במדבר זכה ל"שירות" שכלל: הגנה היקפית, סלילת דרכים מתוקנות ויישור ופילוס דרכים ושבילים נוחים למעבר באדיבות מע"צ עננים. נוכחות העננים הפכה את בני ישראל לפי זה לעם מפונק ומחוסר דאגות.

הפער שבין המדרש ופירוש הספורנו מצד אחד לבין העמדה המשתקפת מתיאורי הלמדנים המאוחרים יותר מן הצד השני מלמד על נקודת מבטו של הפרשן. מי שבחר להצביע על הקושי שבנדודים המאיימים קורא בספר שמות את סיפורו הממושך של עם ישראל כעם נווד בן אלפי שנים התלוי בעננות החולפות על פניהם של מלכים ורוזנים. מי שבחר להצביע על הממד מחמם הלב של הקשר האישי והקרוב עם הקב"ה או על הממד הניסי המספק ביטחון קורא את פרשיית המדבר בגעגוע, כפי שעשה ירמיהו: "זָכַרְתִּי לָךְ חֶסֶד נְעוּרַיִךְ אַהֲבַת כְּלוּלֹתָיִךְ לֶכְתֵּךְ אַחֲרַי בַּמִּדְבָּר בְּאֶרֶץ לֹא זְרוּעָה" (ירמיהו ב', ב).

הקריאה המשלבת בין השניים אף היא אפשרית. לקירבה לה' יש יתרון עצום ומחיר גבוה. חוסנו של האדם ותחושת הקביעות שלו, כמו גם השאיפה להתקדמות ולעשייה תלויים כולם בגאווה ובעמידה העצמאית, תוך הדחקה וטשטוש חוסר האונים מול הבורא. קירבת ה' מסיבה אושר ועונג אך גם ביטול מוחלט.

את התיאורים הפרשניים הקוטביים של החיים בצל המסעות ניתן לקרוא כמתייחסים לשני "מצבי ענן" שונים. ענן ה־on וענן ה־off: ירידת הענן ועלייתו. מצבי ענן אלו של עליות וירידות מתארים יחדיו את עצם חוויית התהפוכות הקיצוניות. הפער שבין שני הפירושים מספר סיפור שלא תם במדבר. כמו באודיסאה, גם סיפור המסע של עם ישראל הוא סיפור של המתנה ארוכה לשיבה מאוחרת. סיפור המסע הזה הוא סיפור של שכינת עננו של הקב"ה והתרחקותו המטלטלת. פחד נטישתו בצד תקווה לשובו המרגיע. זהו גם סיפורו המבלבל של מי שאינו יודע להבחין בין מנוחה וטלטלה וחש ספק קיומי מתמיד.

אנו מסיימים את חומש שמות ביציאה משעבוד לגאולה. אך הגאולה אינה חתימתו של תהליך, היא רק תחילתו.

כאשר צווה ה' את משה

הפזמון החוזר בפרשתנו, פרשת פקודי, הוא ללא ספק המילים "כַּאֲשֶׁר צִוָּה ה' אֶת מֹשֶׁה". הביטוי מופיע בפרשה חמש עשרה פעמים, ורק כארבעים פעם בכל התורה כולה מלבדו. החזרתיות חודרת לתודעת הקורא בפרשה ומבהירה באופן חד וברור שבנושא המובא בפרשתנו אין מקום ליצירתיות אנושית או לפרשנות מחודשת. כיוון שהנושא של הפרשה הוא בניית המשכן והקמתו, אולי העיקרון הזה מתבקש.

הדיוק האדריכלי בבניית כל בית הוא הכרחי והוא כולל בתוכו את הניסיון לקבע בצורה את התכנים שבעל הבית מבקש שישרו בביתו. על כן, פשוט שהמאמצים של משה מרוכזים בהשבעת רצונו של ה' ובמימוש מאווייו. כדי שהמשכן יהיה הבית ש"אִוָּהּ לְמוֹשָׁב לוֹ" (תהילים קל"ב, יג). משה וכל שאר המגויסים לעניין עובדים במקרה הזה תחת הוראות מדויקות של בעל הבית, וממש כמו מעצבת פנים, אמורים להלביש בגשמיות את הרצונות והחלומות של המזמין. אך, רובד נוסף טמון במשפט החוזר הזה והוא קשור למקומו הספיציפי של המשכן כדרך מסוימת בתוך מיגוון הדרכים לעבודת ה'. את דרכי עבודת ה' ניתן לחלק לשתי נקודות מבט ראשוניות ובסיסיות בתודעת האדם. הכוונה להסתכלות על המעשה הדתי כעל עבודת הא־ל מצד אחד, וכתורם לאדם ולגאולתו שלו, מצד שני.

ההסתכלות השנייה מבטאת את התועלת שמפיק האדם עצמו מן העשייה הדתית, המביאה לחייו בשורה, מרפאת את נפשו ונותנת לו תקווה לצדק ומוסר. ההסתכלות הראשונה משקפת את הרעיון שעבודת ה' היא המקום שבו כל מה שהאדם עושה הוא לשם שמיים, מתוך ויתור מלא על בקשת שכר ותגובה או תביעה: "ה' לא עובד אצלנו". ישעיהו ליבוביץ נטה לראות את הצד הזה ביהדות. הוא סבר שיהודי מתפלל כי כך צווה, שאין ציפייה לשכר על מעשים כאלה או אחרים. ההיבט הזה הוא הבנה שהקב"ה תובע מאיתנו הקרבה, ולעיתים אף ניתוק מן המציאות.

בדרך כלל שני ההיבטים האלה מאזנים זה את זה. וכך כותב יצחק קליין בספרו הדת כבעיה פילוסופית (ירושלים 2004):

> לדת בכוליותה שני היבטים: עבודת הא־ל וגאולת האדם.
> שני ההיבטים האלה מותנים זה בזה וסותרים זה את זה.
> **הפולחן** עומד על עבודת האדם את האל, על ריצוי האדם את האל.
> כל מה שהאדם הדתי עושה, למען א־לוהים הוא עושה.
> הוא מתמסר לא־לוהים ללא כל פניות ומשתעבד אליו.
> בעצם, האדם הדתי חי כדי לקיים את רצון הא־לוהים.
> **המאגיה** לעומת זאת, עומדת על שעבוד הא־ל לאדם.
> האדם הדתי רוצה לבוא על סיפוקו על ידי הדת,
> לקבל טובת הנאה מעצם היותו דתי.
> בגישה המאגית לא־לוהים האדם פועל למען עצמו
> (הדת כבעיה פילוסופית עמ׳ 37).

קליין מתאר את הפן של עבודת הא־ל כצד הפולחני, הריטואלי של הדת. ואילו את הצד האנושי הגאולי הוא מכניס תחת הכותרת ״מאגיה״, שתפקידה לפעול ולשנות את המציאות לתועלתו של האדם.

והוא מסכם:

> עובדתית אין פולחן ללא מאגיה ולא מאגיה ללא פולחן.
> כשהדת נעשית מאגיה טהורה היא אינה דת עוד, כשם שכאשר היא רק פולחן, רק עבודת א־לוהים, היא חדלה להיות דת חיה (שם).

הדיאלקטיקה הזאת בעייתית מפני שהזווית שלה צרה מדי. בדבריו חסרה נקודה חשובה: אותה ׳תועלת האדם׳ אינה רק מילוי משאלותיו הטכניות, בדרך ׳מאגית׳, אלא גם מילוי צרכיו הרוחניים, מילוי שלשמו אין כלל צורך במגיה, ועבודת ה׳ מסורה עשויה לספק אותה ברוחב לב.

בנוסף, תיתכן תנועה של רצוא ושוב. וייתכנו גם ערוצים מקבילים או מעורבים. כשאדם מקיים מצווה שמחייבת אותו למסירות נפש, לוויתור על העצמיות או לנסיגה הוא חש ׳עובד ה׳׳. מצוות או חובות כמו חבישת כיסוי ראש, צום או המתנה בין בשר וחלב מעוררות את הכיוון הזה בנפש. בהקשרים כאלו האדם כובש את רצונותיו ומגויס למאמץ לקיום מצוות. לעומת זאת, התודעה הנלווית לחלק אחר של חובות ומצוות היא של התעצמות מוסרית ובשורת מרפא לאנושות. כך הוא למשל, כשאדם מקיים מצוות צדקה וגמילות חסדים. יש גם מצוות שמערבות בין שתי החוויות.

שמירת שבת, שמענגת את האדם ומעניקה לו את המנוחה השבועית שהוא זקוק לה ובצד זאת גם המגבלות האיסוריות שמגבות ומחזקות את השאיפה למנוחה אך גם מונעות מן האדם לבחור כיצד למלא את היום ומגבילות את צעדיו. איסור ריבית או שמיטת כספים יש בהם התחושה של גאולת האדם אך גם מגבלה שלא בהכרח מתיישבת עם ההיגיון ועל כן מחייבת הקרבה. אלו יכולים להיות הבדלי אישיות ולא רק הבדלי השקפות. מי שחש שהוא בא לעולם הזה כדי לעבוד, והוא דרוך למשימה כל העת. ומי שחש שמציאות ה' מעצימה את האדם ימצא את העשייה הדתית במקום הרך שלה. אולי שווה להזכיר בשולי הדברים את דמותה של הרבנית קאפח ז"ל, שחייה היו מלאי נתינה וחסד אבל היה ברור לה שכשם שהיא עובדת אצל הקב"ה, הוא, כביכול, "עובד אצלה" ואמור לסייע לה בעבודתה אותו. החיים בצל ה' ומילוי מצוותיו התפרשו אצלה כמערכת יחסים הדדית המבוססת על עסקה הוגנת של איחוד כוחות. הקשר שהיא דימתה בעיני רוחה היה של ציות בלא תנאי. ציות שללא ספק יפעיל פעולת גומלין והשפעת שפע עלינו.

שאו ידיכם קודש

חומש שמות מסתיים בהעמדת המשכן על תילו. כלי אחר כלי, יריעה אחר יריעה. הכלי האחרון שמונח במקומו הוא הכיור. עליו נאמר: "וַיָּשֶׂם אֶת הַכִּיֹּר בֵּין אֹהֶל מוֹעֵד וּבֵין הַמִּזְבֵּחַ וַיִּתֵּן שָׁמָּה מַיִם לְרָחְצָה: וְרָחֲצוּ מִמֶּנּוּ מֹשֶׁה וְאַהֲרֹן וּבָנָיו אֶת יְדֵיהֶם וְאֶת רַגְלֵיהֶם" (שמות מ', לא-לב).

מצוות הרחיצה בכניסה אל הקודש אינה עבודת קודש בעצמה אלא מעשה של הכנה וכניסה למשכן ה'. הכנה זו התחדשה רק במשכן. לפני שהוקם המשכן היו מעמדות שונים של מפגש עם הא-ל, הקרבה והקמת מזבחות אולם פעולות אלה לא חייבו הכנה של רחיצת ידיים ורגליים. ייתכן שדווקא כניסתו של ה' לבית המיוחד לו יוצרת חיץ בין החול והקודש, ומחייבת פעולת מעבר והכנה.

פעולת הרחיצה חשובה ומשמעותית. להלכה, כהן גדול שלא רחץ בטרם נכנס לעבודת יום הכיפורים – עבודתו פסולה. אם יחמיץ טבילה במהלך היום – עבודתו כשרה (זבחים יט ע"ב).

פעולת הרחיצה גם מחייבת ריכוז, כפי שעולה ממחלוקת התנאים בדבר התנוחה הנכונה לרחיצה. לדברי תנא קמא, הכהן צריך להניח יד ימין על

רגל ימין יד שמאל על רגל שמאל, ואילו לדברי ר׳ יוסי בר׳ יהודה, מניח שתי ידיו זו על גב זו ושתי רגליו זו על גב זו. על הצעתו של ר׳ יוסי בר׳ יהודה אמרו לו חבריו ׳הפלגתה׳, מפני שהיא אינה אפשרית לביצוע על ידי האדם עצמו. על כן, רב יוסף מציע כפתרון: ״וחברו מסייעו״. כל זה נעשה גם בכלי כיוון שכתוב ״ורחצו ממנו״ ולא בתוכו (זבחים כא ע״א; שו״ע הרב, או״ח קנ״ט, א).

במדרש מובא שרחיצת הידיים הזו לא נשארה כהוראה ייחודית לכהנים:

> ״ורחצו ממנו... בבואם אל אהל מועד״ וגו׳.
> אבל בישראל מהו אומר? ״והתקדשתם והייתם קדושים ״(ויקרא י״א, מד),
> מיכן היה רבן גמליאל אוכל חולין בטהרה, אמרו, לא לכהנים בלבד ניתנה קדושה... מיכן אמרו, כל המזלזל ברחיצת ידים סימן רע לו... (תנא דבי אליהו, אליהו רבה פרשה טז, וראו גם: ברכות טו ע״א).

התורה ציינה שיש ציווי גם על ישראל להיות קדושים ומכאן שכולם חייבים בקידוש ידיים. להלכה נפסק שנטילת הידיים הזו, השאולה מן הכהנים הרוחצים בבואם אל הקודש, מתבצעת עם הקימה בבוקר. נטילה זו אף היא מלאכה הדורשת ריכוז בכמות המים באופן הנטילה והחמצתה פוסלת את עבודת היום בבחינת: ״סימן רע לו״.

על משמעותה וחשיבותה של נטילת ידיים כותב הפסיכולוג יונתן שתיל בספרו פסיכולוג בישיבת ברסלב. שתיל, שחקר את התופעה הברסלבית, ערך ׳תצפית משתתפת׳. כלומר, מצד אחד התבונן על המתרחש מבחוץ, ומצד אחר היה חלק מההתרחשות, שכן במהלך מחקרו שהה בישיבה והתנהג כאחד מן האברכים שם, תוך שהוא מקבל הדרכה וסיוע. עיקר עניינו היה להבין את החוויה עצמה. כחילוני הוא מתאר כיצד במשך תקופה נטל ידיו בכל בוקר על פי ההדרכה המדויקת שנתנו לו הבחורים. וכך הוא כותב:

> התנהגות זאת מחזקת את החיץ התודעתי בין השינה לערות. ההכרעה הרצונית חסרת התועלת לכאורה, מעוררת את התחושה. כעת חזרה תודעתי לשלוט במצב... כעת שוב אחראי אתה לכל הנעשה איתך. מעתה על מעשיך ומחשבותיך להיות מנווטי תודעה כך מתנערים מן השינה, מן החלום, מממלכת הבלתי מודע.

> ההתנהגות תובעת מיקוד וריכוז התודעה, אינה יכולה להיעשות בנמנום עליך לבצעה בשימת לב...
> ניקיון הידיים – משונה עד כמה ההתנסות היומיומית בנטילת הידיים אינה מתקשרת לתחושת ניקיון הידיים כפשוטה. אתה חש כאילו יצקת על ידיך מעין "מי משמעות" חומר "מקנה ערכיות". הרי אין שימוש בכל חומר חיטוי, אף נמנע שפשופן זו בזו... למעשה אתה נפגש כאן לראשונה עם תחושת ה"ניקיון המטפיזי" שהיא מעין שילוב של ניקיון פיזי עם היטהרות מרוע... תחושת טיהור הידיים המתעוררת כאמור באקט נטילת הידיים בטרם ביצעו הידיים כל פעילות שהיא, מהווה מעין "צו גיוס" לכל פעולותיהן במשך היום כאילו הולבשו הן מדים בלתי נראים... (פסיכולוג בישיבת ברסלב, עמ' 96-97).

תיאור ראשוני וייחודי זה של חוויית הנטילה מאיר את פעולת הנטילה היום־יומית של האדם הרגיל, ויש בו גם כדי להסביר גם את מצוות רחיצת הידיים של הכהנים, בבואם אל הקודש. עם בניין המשכן נבנה חיץ ברור בין הפנים והחוץ, בין החול והקודש, בין הפרוזדור והטרקלין. האפשרות לטיהור היא האפשרות לשינוי תודעתי עצום המתחייב מן המעמד. בנוטלנו ידינו בבוקר אנו הופכים להיות כהנים הנכנסים לעבודתם ומתחייבים ליום עבודה נקי כפיים ומוקדש לעבודת הטוב, לעבודת ה'.

חומש ויקרא

פרשת ויקרא

ברית מלח

התורה מקפידה על כך שאדם המביא מנחה, מביא אותה בתוספת מלח. וכך נאמר בפרשתנו:

> וְכָל קָרְבַּן מִנְחָתְךָ בַּמֶּלַח תִּמְלָח וְלֹא תַשְׁבִּית מֶלַח בְּרִית אֱלֹהֶיךָ מֵעַל מִנְחָתֶךָ עַל כָּל קָרְבָּנְךָ תַּקְרִיב מֶלַח (ב׳, יג).

הלכה זו מורחבת על כלל הקורבנות (מנחות יט). הרעיון שיש להמליח את הקורבנות הוא כמעט טבעי ומתבקש. כשם שלא יעלה על הדעת להכין תבשיל ומטעמים במטבח ללא נתינת טעמו של תבלין כך האדם המביא קורבן מתבקש לתבל את מאכלי גבוה כביכול. כל מי שמצוי ברזי המטבח יודע לומר שהתיבול הוא מרכיב משמעותי מאד בבישול, שם באים לידי ביטוי המגע האישי המחשבה וההשקעה. מכאן שקורבן ללא מלח הוא למעשה קורבן חסר טעם ותפל לא רק במובן הקולינרי, אלא בהחלט גם במידת הקשר האישי והחותם הייחודי שלו.

אולי זהו מקור המונח "ברית א־לוהיך" הנקשר עם המלח. גם בלי להעמיס על המושג רעיונות מורכבים הדבר הפשוט הזה עצמו הוא ביטוי לאותה ברית שביטויה בניסיון לריצוי, דיוק וקליעה לטעם. אלא שהתורה חוזרת כמעט על אותו הביטוי גם בחומש במדבר ביחס לתרומה ולכהונה:

כֹּל תְּרוּמֹת הַקֳּדָשִׁים אֲשֶׁר יָרִימוּ בְנֵי יִשְׂרָאֵל לַה׳ נָתַתִּי לְךָ וּלְבָנֶיךָ וְלִבְנֹתֶיךָ אִתְּךָ לְחָק עוֹלָם. **בְּרִית מֶלַח עוֹלָם** הִוא לִפְנֵי ה׳ לְךָ וּלְזַרְעֲךָ אִתָּךְ (במדבר י״ח, יט).

״בְּרִית מֶלַח עוֹלָם״. כאן נראה שאין לומר שמדובר על מלח במובנו הפשוט, המלח בפסוק זה אינו ׳חומר׳ שבאמצעותו נכרתת הברית אלא כינוי לברית עצמה. המלח ״מושאל״ מן הקורבנות והופך מתבלין לסמל לברית שבין ה׳ ועם ישראל וככזה הוא משליך גם על הבנת תפקידו בקורבנות (רמב״ן).

על פי ההקשר המלח מבטא נאמנות או נצחיות, אך לא מובן מדוע נבחר וכיצד הוא ותכונותיו מבטאים את הרעיונות הללו. אפשר לדבר על תבלין וטעם כמטאפורה לחוויה האמונית שהיא יסוד הנאמנות, או על המלח כחומר משמר, וכתוצאה מכך על הברית כיסוד קיומו הנצחי של עם ישראל. אותה נצחיות מבוטאת באמצעות תכונה נוספת של המלח שלעולם אינו מבאיש ואינו נמאס. כך גם עם ישראל אינו מעלה ריח רע לפני ה׳ לעולם, ומשמר את רעננות אהבת הנעורים.

האבן עזרא בפירושו אינו מתייחס למלח עצמו אלא לאזור שבו הוא מצוי, שהוא ״כרות״ כברית. המקום שבו מוצאים מלח בטבע אינו מקום פורה והוא שטח שלא ניתן לנטיעה ולצמיחה. מקומו של המלח במחצבים ולא בשדות הירוקים (אבן עזרא במדבר שם). על פי זה תכונת המלח הבולטת היא השממה וההיעדר, הדומיננטיות של המלח מבטלת כל אפשרות לגילויי טבע נוספים. אולי משמעות הדבר היא שהברית, ברית המלח, היא איתנה ומוצקה ויסודית וכשם שהמלח אינו מותיר מקום לנטע זר כך גם הקשר בין עם ישראל לקב״ה משול למלח. אהבת ישראל לה׳ ולהפך, אהבת ה׳ לישראל, אינן משאירות פתח לפזילה החוצה, להצמחת קשרים נוספים מקבילים. המלח הוא ביטוי לטוטליות של הקשר הזה.

הרמב״ן הלך בדרך אחרת והוא מסביר כך:

> אני סובר בו ענין, שהמלח מים, ובכח השמש הבא בהם יעשה מלח, והמים בתולדותם ירוו הארץ ויולידו ויצמיחו, ואחרי היותם מלח יכריתו כל מקום וישרפו, לא תזרע ולא תצמיח.

מנקודת המבט של איש מדעי הטבע, מתאר הרמב״ן שהמלח הוא המינרל המצוי במים. לכן המלח הוא תולדת המים. כאשר השמש מחממת את המים

והם מתאדים, מה שנותר בידינו הוא אותו חומר טבעי הקרוי מלח. הרמב״ן מוסיף שהמים והאש הם כוחות שהעולם הפגאני – אלילי ייחסו להם עליונות ושליטה. המלח הוא הופעת ה׳ בעולם. המונותיאיזם, מרגע הופעתו הוא למעשה תולדת הכוחות הרבים. כשה׳ מופיע, מיד מתברר שהוא מקור כל הכוחות כולם ואין מקום להנחת היסוד של הריבוי. לכך יש להוסיף את הטעם והרושם המיוחד המצוי במלח הרומזים לכך שהופעת ה׳ מלווה בתחושה כמעט פיזית של יישוב הסתירות והניגודים ושל נתינת הסבר לכל התופעות כולן.

על גבי הסברו של הרמב״ן אפשר להוסיף שמתוך תיאור התופעה הפלאית הזו מתברר שהמלח הוא בנם של המים והאש. החיבור של מים ואש הוא חיבור בלתי אפשרי, של שני כוחות מנוגדים וסותרים. לא רק האש מאדה את המים גם המים מכבים את האש. אולם ניתן להצביע לא רק על חיכוך ומתח ביניהם, אלא גם על תוצר ממשי ומוחשי למפגש ביניהם. המתבונן היטב רואה שמן הביטול ההדדי צומחת יצירה משותפת, המלח. המלח, אם כך, אינו רק ניצחון האמונה של עם ישראל בה׳ אלא גם אות וברית לחיבור הזה עצמו שבין ה׳ לכנסת ישראל. המלח הוא עדות למערכת היחסים הסבוכה שבין עם ישראל והקב״ה ובין האדם והא־ל ולחיבורם הנשגב וחסר הסיכוי כפי שמתואר בשיר השירים. מכאן גם החשיבות המיוחדת שבהבאת מלח דווקא בצמוד לקורבנות. החטא או הכיסופים, שתי סיבות אפשריות להבאת הקורבן מעוררות לעיון באופי הקשר הזה, הבלתי פתור, של הרצון להידבק בה׳ מחד ולברוח ממנו מאידך. הקירבה היתרה אינה מותירה לאדם מקום בעולם אך גם הריחוק מה׳ מותיר אותו חלול וחסר מטרה.

החובה לדעת את החוק

קיימת חזקה משפטית שלפיה אדם יודע את החוק ולכן ניתן להענישו גם אם לטענתו לא ידע שהוא עבריין. חזקה זו עומדת בסתירה למציאות. במציאות, להוציא סקטור לא גדול של משפטנים ועורכי דין, רוב אזרחי המדינה אינם יודעים את החוק. הם פועלים במציאות על פי מיטב הבנתם ורק במקרים בולטים ונדירים יחסית הם שוכרים את שירותי עורך הדין שיסדיר את עניינם בהתאם לנורמות שעבורם הן עלומות. החוק עצמו אינו מחייב את האדם הפרטי להכיר ולדעת את יסודותיו ואת פרטי הדינים החלים עליו.

בניגוד למתואר כאן, במשפט העברי יש החובה לעסוק בלימוד התורה וללמדה לבנינו. לחובה זו יש היבט אישי, ויש היבט ציבורי: להנחיל את מורשת ישראל ולהורות חוק, משפט והלכה (רמב"ם, הלכות תלמוד תורה, פ"א, ה"ח). ברקע מצוי הרצון להעניק לכלל ישראל את הזכות להיכלל בשיח הלמדני ובקביעת סדר היום ההלכתי. במונחים של ימינו אנו יכולים להשליך מכאן על מוקדי הכוח וההשפעה שאינם "תפוסים" ואינם נחלת קומץ אינטלקטואלים. את התורה אין נועלים במגדל השן ואין מניחים את המפתח בידי אליטות. להפך, מחייבים כל אחד ומאפשרים לו לדלות ממאגר הידע הזה כאוות נפשו. לו רק הגענו למצב האוטופי שההלכה מבקשת להגיע אליה, הייתה לנו חברה ללא שוליים.

דיני השגגות המופיעים בפרשתנו נועדו להשלים את החיוב להכיר ולדעת את ההלכה. השלמה זו נעשית בצורה מרובדת כפי שניתן ללמוד מדיני השגגות המפורטים בספרות חז"ל. חז"ל דנו בדרגות השונות של הטעות והשכחה שעליהן מביאים חטאת. דרגה אחת היא של מי ששכח את כל התורה כולה ומתוך שכחה זו עבר עברות רבות. השאלה העיקרית במקרה זה היא, אם הוא נושא באחריות כלשהי לאוסף העברות שעשה בלא ידיעה. למעשה, ניתן לחייב אדם כזה רק על עצם השגגה הכללית שבאי־ידיעת התורה כולה, בלי לייחס לו אחריות לכל עברה ועברה שעבר, מפני שכל הפרותיו תלויות באותה אי־ידיעה כללית (משנה, שבת פ"ז מ"א). על גבי המשנה הזו קיימת מחלוקת אמוראים בשאלה אם יביא חטאת על כל שבת ושבת, או רק אחת על כלל השבתות שלא שמר (שבת סח ע"א). להלכה אין שיטה שפוטרת לחלוטין אדם שלא שמע מעולם על מצוות השבת. דין זה מתייחס הן למי שלא ידע כלל על השבת מפני שנשבה לבין הגויים בקטנותו, והן למי שידע ושכח את דבר קיומה של מצוות השבת (שם). ייתכן שיהיה הבדל בין אלו בספירת השגגות ומספר החטאות שיביאו.

התוספתא מוסיפה מקרה נוסף של אדם שהכיר וידע את איסורי התורה ואף זכר אותם, אך לא זכר במדויק את הפרטים וכתוצאה מכך לא ידע להבחין במציאות בין מקרי הפטור וההיתר לבין המקרים האסורים. אדם כזה יתחייב חטאת על כל אחת מן העברות שעבר ושחייבים עליה חטאת.

מן ההשוואה בין המקרים השונים ניתן ללמוד שהחטא העיקרי שעליו מובאת החטאת הוא השכחה וההתרשלות באי־הכרת הפרטים. מי שיש לו זיכרון עמום של המצוות נענש יותר ממי ששכח את עצם קיומן, ושני

אלו חמורים יותר ממי שלא ידע על קיומם של פרטי מצוות ומצוות כלל (תוספתא, שבת פ"ח ה"ו).

שלושה טיפוסים של שוגגים נכללים בחיובי חטאת: הדמות הכמעט פיקטיבית של תינוק שנשבה, שלא הייתה לו הזדמנות לגלות את עולם הערכים השלם של אמונה ומצוות. מי ששכח את תוכן המצוות ותודעתית אינו מודע לקיומן. ומי ששכח את פרטי המצוות. שלושת המישורים של השכחה שמייצגים אלה הם: ריחוק, שטחיות ובורות. כל אלו, אסור להם להתקיים בחברה יהודית. והתורה מחייבת בגינם הבאת קורבן.

החובה למיגור תופעות השוליים הללו היא בסיס חשוב בדרך לחברה שוויונית. ידע וערנות הם כוח. במשפט העברי חובה זו מתבססת על הצו היום־יומי, הקבוע והמובנה של לימוד תורה. צו זה מוביל בסופו של דבר להכרח קיומה של מערכת חינוך ציבורית שתחנך למצוות ולערכי התורה. והוא זה שמטיל אחריות עונשית על השוגגים. החברה האוטופית הזאת שהתורה מסרטטת באמצעות הלכות לימוד תורה ושגגות היא חברה יהודית מודעת, מעמיקה, שלא יידח ממנה נידח.

ה' קורא לאדם

משה מורגל בשיחות עם א־לוהים. התורה מלאה בפסוקים המתארים את שיחותיהם הפותחים במילים המוכרות: "וַיְדַבֵּר ה' אֶל מֹשֶׁה לֵּאמֹר". הקב"ה מעיד עליו שהגיע למדרגת דיבור "פה אל פה". בכמה מקומות ניכר שמשה אף יכול ליזום שיחה עם הקב"ה ואינו תלוי בפנייתו אליו. יש ביניהם "ציר פתוח". אולי דווקא משום כך בולטת הפנייה המיוחדת של ה' אל משה בלשון של קריאה, כביכול, משה אינו זמין ומצוי לשיחה מיידית.

המדרשים עסקו לא מעט בייחודה של פניית "קריאה" זו, ורבו הפירושים.

על פי אחד הפירושים, הקריאה מסמלת את השליחות של משה:

"ויקרא אל משה".

זה שאמר הכתוב: 'אז דברת בחזון לחסידיך ותאמר שויתי עזר על גבור הרימותי בחור מעם' (תהילים פ"ט, כ),

אף על פי שדיבר הקדוש ברוך הוא עם אדם הראשון, וצוהו על עץ הדעת, הוא לעצמו היה בעולם,
וכן נח אעפ"י שדיבר עמו הוא היה תמים בדורותיו,
וכן אברהם וכן יצחק וכן יעקב יחידים היו בעולם,
אבל משה כמה צדיקים [היו בעולם], שבעים זקנים, בצלאל ואורי ואהרן ובניו והנשיאים, ולא קרא מכולם אלא משה (תנחומא, ויקרא ה).

למשה קדמו אדם הראשון, נח ואחריהם אברהם, יצחק ויעקב, שעם כולם דיבר ה'. משה מתייחד בשני מובנים: האחד – הוא אינו בן יחיד. יחד עמו כמה צדיקים בדורו, שאף הם נבחרי ה'. ייחודו של משה הוא בכך שהוא נושא על עצמו נטל של שליחות. הקריאה היא קריאה לדגל, היא הצבה בתפקיד.
פירוש אחר במדרש מתייחס אל הקריאה כאל קריאת שם:

וכן הוא אומר ויקרא אל משה,
גדול היה משה,
ראה מה כתיב: 'ויקרא א-להים לאור יום' (בראשית א', ה),
זו קריאה וזו קריאה (תנחומא, ויקרא ו).

ה' קורא למשה בשם כשם שהוא קורא לאור – יום. "זו קריאה וזו קריאה". ניתן לבאר השוואה זו בכמה אופנים. בפשטות, כשיש שיחה שוטפת אין צורך לקרוא, ואין צריך לכנות זה את זה בשם. השיחה קולחת ומתמשכת. הקריאה הולמת מצבי ריחוק שבהם נדרשת הגברת הקול.

ההשוואה לקריאת ה' לאור יום בששת ימי בראשית, מוסיפה לקריאה למשה משמעות של בריאה חדשה. בנוסף, האור הוא רב אנפין. יש אור שמאיר באפלה ויש אור מטאפורי, ועוד תופעות אור מגוונות. אך יש אור שהוא יום, כלומר, שהאור שבו הוא רק סימן למהות הרחבה יותר שהיא יום. משה הוא תופעה שלמה, הגדולה מסך חלקיה. כמובן, אין זו הפעם הראשונה שבה נוצרת השוואה בין משה לאור. כשנולד, כתוב על אמו – "וַתֵּרֶא אֹתוֹ כִּי טוֹב הוּא". וחז"ל מפרשים שנמלא הבית אורה, בין השאר בשל הלשון המקבילה לבריאת האור של ששת ימי בראשית: "וַיַּרְא אֱלֹהִים אֶת הָאוֹר כִּי טוֹב".

ניתן לחשוב על הקריאה גם בדרך אחרת וחדשה. בדרך כלל מקובל שהאדם הוא הקורא אל ה'. "מִן הַמֵּצַר קָרָאתִי יָ-ה עָנָנִי בַמֶּרְחָב יָ-ה" (תהילים

קי"ח, ה). "אֵלֶיךָ ה' אֶקְרָא וְאֶל ה' אֶתְחַנָּן" (תהילים ל', ט). בחיים השוטפים הקב"ה מלווה אותנו בשקט ובלי בולטות מיוחדת. רק ברגעי משבר מיוחדים בשעות קשות, האדם נזקק לפנות אל ה' ולקרוא לו, כדי לוודא שהלפיתה לא רפתה.

אולם פשוט שבאותם רגעים עצמם, ה' הוא שקורא לאדם, מצפה לשמוע את קולו. כך גם בפרשתנו, ה' קורא למשה בפתחו של ספר ויקרא, העוסק בחטא ובכפרה. בשגרת עבודת ה' יש מפעם לפעם הבלחות של הקרבה על חטא, שיש בהן קריאה ובקשה. אותן קריאות תחנונים אל ה' הן ביטוי לקיומה של הזמנה גם מצדו, קיומה של קריאה מגבוה. ה' הוא הקורא אלינו בקראנו אליו.

פרשת צו

מנחת חינוך

מנחת חינוך היא המנחה המיוחדת המובאת על ידי כהן הדיוט ביום הראשון של עבודתו במקדש. לאחר הקרבה זו הוא הופך לכהן הכשר להקרבה. "זֶה קָרְבַּן אַהֲרֹן וּבָנָיו אֲשֶׁר יַקְרִיבוּ לה' בְּיוֹם הִמָּשַׁח אֹתוֹ" (ויקרא ו', יג), יוצא דופן הוא הכהן הגדול, שמביא את המנחה הזו בכל יום מימי עבודתו.

ייחודה של מנחה זו היא באופן הבאתה: על הכהן לקחת כמות של עשירית איפה סולת, ולהקריב מחצית מן הכמות בבוקר ואת המחצית הנותרת בערב (ויקרא ו', יג). על פי הרמב"ם, כל מחצית עישרון נעשית לשש חלות (הלכות מעשה הקורבנות פי"ג ה"ב). המשנה ומדרשי ההלכה מדייקים שכיוון שאופן ההבאה הוא בדרך של חציית העישרון השלם, הרי שהמצווה השלמה מתקבלת רק על ידי ביצוע שני חלקיה. לכן כהן שהביא את שש החלות ממחצית העישרון בבוקר ואבדה המחצית הנותרת על חלותיה, אינו יכול להשלים את המלאכה אלא באמצעות לקיחת עישרון שלם חדש (מנחות נ ע"ב). ישנן מצוות נוספות שנחלקות לשניים. חובת קריאת שמע מוטלת עלינו פעמיים ביום, ערב ובוקר. את קורבן התמיד יש להקריב פעמיים ביום. אולם, בעוד שלגבי קריאת שמע וקורבן התמיד למדו שאין תלות בין שני החלקים, כל אחד מהם הוא מצווה העומדת בפני עצמה, הרי שכהן שהביא רק את מנחת החינוך של בוקר לא קיים את המצווה כלל (פרשת דרכים, דרך מצוותיך א, מצווה כג).

כיוון שהקורבן הזה מובא פעם בחיים, ביום הראשון לכניסת הכהן

לעבודת המקדש, יש לקשור את ההליך המיוחד שלו, עם מטרת החניכה. ניתן לשער שכהן שלא עבד מעודו במקדש מתכונן ליום הכניסה כאל יום שיחול בו שינוי קיצוני באורחות חייו. בהתאמה, ההכנה אינה כרוכה רק בלימוד הלכות הקורבנות, אלא גם בלימוד מעמיק של הפעולות השונות, של אזורי המקדש השונים, הכרת פרטי הלבוש ושימושם, סדרי הטהרה, הלכות קדושת המקום ואף הכרת הזכויות והחובות הנגזרות מן התפקיד. ההכרעה מה מכל אלו ילווה את הכהן ביומו הראשון ויובלט כטקס מעבר וכהכנסה בסוד העבודה אינה אקראית. תוכן מעשה החינוך מצביע על מרכז הכובד של עבודת המקדש. מעשה זה אמור להכניס את הכהן ברזי החוויה שאותה יצטרך לסגל לעצמו בעומדו לשרת בבית ה׳.

בהקשר זה בולטת ותמוהה מאד התפצלותה של החניכה לשני חלקים, כיצד ניתן לחנוך אדם פעמיים? הרי לא ניתן לחזור פעמיים על ההזדמנות הראשונה. מן הפעם השנייה כבר מתחילים השגרה והניסיון. מסתבר לומר, שאת הדבר הזה סימנה התורה כיעד עבור הכוהנים. על הכוהנים העומדים לפני ה׳ לבוא מידי יום ביומו ולחזור שוב ושוב על אותה הפעולה, לא מתוך שכרון חושים ולא מתוך התלהבות של רגע. עליהם להיות נתונים באיזון כוחות, לסגל לעצמם את מידת ההשתוות, להבין את מגבלות תפקידם ולא להניח את עצמם ואת החוויה האישית שלהם במרכז עולמם.

אולם את המנחה הזו ניתן להסביר גם באופן כמעט הפוך. הכהנים מצווים לבוא בהתלהבות של הפעם הראשונה בכל הקרבה והקרבה, שהרי ההקרבה הראשונה שלהם אינה מסתיימת אלא בהקרבה השנייה. לכן גם שאר עבודתם בכל יום צריכה להיות כחדשה.

הנחת מוצא אחרת תקרב את שני ההסברים המנוגדים. ההנחה שהאדם משתנה או אמור להשתנות כל העת גורמת לכך שהשגרה שלו בנויה מרצף אירועים חדשים. בכל פעם האדם נכנס אל החוויה כשהוא עצמו מביא עמו מטען נוסף של עוצמות, ידע ואף יכולות אחרות. החובה לשוב לנקודת המוצא שממנה נפתח התהליך האישי ולפצוח באותה פעולה שוב ושוב, מקנה לעבודה את הנדרש להתקדשות ולהתעלות. הפעם הראשונה נראית מנקודת המבט הזו בוסרית וראשונית בעוד שהפעמים הבאות עולות על זו הראשונה, מפני שההתרגשות הנובעת מן הצמיחה וההבשלה עולה עליה פי כמה מונים. פעמים רבות אנו מוצאים את עצמנו מתגעגעים לחזור על חוויה שחווינו פעם, ולו כדי לחוות אותה על מלוא משמעותה וכדי להפיק ממנה את המירב. העיקרון הזה טמון בתהליך חינוכו של הכהן.

המדרש מבאר את הכפילות שבקורבן באופן אחר:

זה קרבן אהרן ובניו,
רבי לוי פתח (תהילים ע"ה) 'כי א־להים שופט'.
מטרוניתא שאלה את ר' יוסי בר חלפתא אמרה לו בכמה ימים ברא הקדוש ברוך הוא את עולמו.
אמר לה לששת ימים דכתיב (שמות ל"א) 'כי ששת ימים עשה ה' את השמים' וגו',
אמרה לו ומאותה שעה עד עכשיו מהו יושב ועושה?
אמר לה מזווג זווגים (ויקרא רבה, ח).

המשכו של המדרש ידוע. אותה אישה סברה שהקב"ה 'מתבטל' בזווגו זיווגים, שהרי אין שום קושי בדבר. היא ניסתה את כוחה עד שגילתה שהעניין קשה משחשבה: קישור איש ואישה מצריך מעורבות כל כך עמוקה בנבכי נפשם של המשודכים, שאין אדם שיכול לעמוד בה. המדרש הזה, המוצמד לקורבן אהרן ובניו בחינוכם, רומז שרק מי שהפריד בין שני החלקים יכול לקרב ביניהם. רק מי שעמד בבוקר וניסר בין הדבקים, יודע שלעת ערב יחזרו להשלים זה את זה, וזה עם זה.

הכהן העומד להקריב את קורבן חינוכו, צריך לראות במלאכתו מלאכת מחשבת, רקמת שתי וערב שפעולתה היא יסוד העולם.

שאריות, החמצות וקדושת הזמן

אחת מהלכות הקורבנות היא הלכת "נותר": קורבן שלא נאכל בזמן הקצוב לאכילתו נאסר באכילה וחייב בשריפה. טווח היתר האכילה משתנה מקורבן לקורבן. שלמים נאכלים יום ולילה ויום (ויקרא ז, י"ז) אבל זבחי תודה נאכלים ליום ולילה בלבד (שם ט"ז). הלכת נותר אינה מתמקדת רק במתן תאריך תפוגה לקורבן, אלא עוסקת בעצם החובה לאכול ולא להותיר, וכן, בחובת ביעור הנותר לאחר תום התקופה הראויה לאכילה.

שלושת הרכיבים – חובת האכילה שמתקיימת עד לתפוגה, החובה לשרוף את הנותר ואיסור האכילה שלאחר התפוגה – הם רכיבים המשלימים

זה את זה. התוצאה הסופית שלהם היא שהחגיגה חייבת להתקיים, והיא חייבת להתקיים סמוך להקרבה ואינה יכולה להידחות, החסכנות וההתחשבנות לא יועילו כיוון שמנות הבשר הקיימות חייבות להתחסל והשעון מתקתק.

בחמץ ישנו אלמנט דומה. אכילת הלחם על מוצריו השונים מותרת כל עוד לא הגיע סוף זמן אכילת חמץ. עד אז חל עליו איסור השחתה כמו על כל דבר מאכל, ומאותו רגע קמה המצווה להשביתו. ר׳ יהודה הסיק מן ההשוואה הזו את החיוב להשבית את החמץ דווקא בשריפה. כשם שמשביתים את הנותר מן הקורבן בשריפה, כך משביתים את החמץ דווקא בשריפה (פסחים כח ע״א).

את האנאלוגיה שנובעת מדברי ר׳ יהודה ניתן להרחיב ביחס לשלושת הרכיבים הללו שבקורבן. ראשית – הערך החשוב שבכולם: קדושת האכילה. כשם שאכילת הקורבן היא בגדר חובה ומצווה והאדם מתקדש בה, כך גם אכילת החמץ. קדושת הלחם היא מן המפורסמות, בוצעים על לחם משנה בשבת, ברכת המזון על אכילת לחם חשובה משאר ברכות האכילה. הלחם מבטא את היכולת של האדם להשלים את מעשה הבריאה. יחד עם זאת, ברגע שחולפת שעת הביעור משתנה מעמדו של הלחם ובאחת הוא עובר ממצב של קדושה לפיגול ולאיסור.

העיקרון המשותף לדין נותר ולדין חמץ, מאיר כמה חוויות קיומיות אנושיות בסיסיות:

ראשית, היחס לשאריות ולחפצים מיותרים שחלף זמנם. רובנו מתקשים להיפטר מחפצים ישנים שסיימו את תפקידם. חוסר היכולת להשליך מקלקל את חוויית השימוש הטובה משכיח את איכותה ומותיר אותה מאחורי שכבות אבק, תזכורת למידות גוף אחרות, לצבעים או גזרות שיצאו מן האופנה, למאכלים שהיו ויצאו מן התפריט, להשתנות הטעם. הקושי להשליך מונע גם את האפשרות להכרת הטוב, מפריע ליכולת לסגור תקופה ולפתוח חדשה, לסגור מעגל ולהתחיל מחדש כי בא מועד.

שונה ואחרת היא חוויית ההחמצה. העובדה שהקורבן והחמץ הופכים בן ליל לבלתי רלוונטיים, לזיכרון רחוק ומודחק, מותירה את האדם משתאה לנוכח חלוף העיתים, השתנות הטבעים והעובדה המוכחת שמה שהיה – עבר חלף מן העולם. פעמים רבות התחושה הנלווית היא של החמצה. במקרים של חמץ ושל קורבן ההחמצה היא באי־האכילה במועד. תחושה זו מתגלה גם בפרטים קטנים ויום־יומיים, למשל, כשמגלים במקרר דבר מאכל שהיה

טוב בשעתו וכעת הוא מלא בעובש רק מפני ששמרו אותו עוד ועוד. תחושה זו קיימת גם ביחס לחוויות קיומיות נוספות. מצוות ביעור החמץ היא מודל המצווה עלינו לנכוח בהן, למצות אותן בשעתן.

ולבסוף, המושג החשוב מכולם העולה מכל אלו הוא של קדושת הזמן. מנקודת המבט של הסיום, מתקדשים הזמן וההוויה. הידיעה שיש מעשים ואיכויות שניתן למלא בהם את ההווה אבל בשעה עתידית כלשהי הם עתידים להתפוגג, מגדירה את מה שאנו מכנים "הקדושה שבזמן". הזמן מקודש מפני שיש לו התכנים המיוחדים לו שיתפוגגו עם תומו. והזמנים המקודשים הם דימוי לחיים עצמם המתקדשים מעצם העובדה שהם יבואו לידי סיום בבוא הזמן. מי שיודע שלא להותיר מזמנו, שלא להחמיץ את השעה, למלא את ימיו בתוכן הראוי להם בונה לו מקדש בתוך הזמן.

אבי מורי, שלום כהנא ז"ל, שהשיב נשמתו לבוראה בשבת הגדול, חינך אותנו לנצל כל רגע, ולדייק בכל מעשינו. בצוואתו הרוחנית כתב בין השאר: "ערכים ואורחות חיים שהם יקרים לי מאוד", והערך ראשון שמנה בה הוא: "דייקנות ללא פשרות: מתוך הבנה מהו ערך הזמן ביהדות" והוסיף גם "ניצול הזמן: בזבוז זמן שנוא עלי, הזמן מתת א־לוהים הגדולה ביותר – הוא בעצם החיים".

ויהיו דבריי אלה לעילוי נשמתו.

כדי שלא לבייש

מפרשיות ההקרבה ועבודת המקדש שבפרשתנו ניתן ללמוד לא מעט מוסר. אחד מעקרונות המוסר הנלמדים מן הפרשה עוסק בשאיפה שלא לבייש. "בִּמְקוֹם אֲשֶׁר תִּשָּׁחֵט הָעֹלָה תִּשָּׁחֵט הַחַטָּאת לִפְנֵי ה' קֹדֶשׁ קָדָשִׁים הִוא" (ו', יח). וכך למדו במסכת סוטה:

> אמר ר' יוחנן משום רבי שמעון בן יוחי:
> מפני מה תיקנו תפלה בלחש?
> שלא לבייש את עוברי עבירה,
> שהרי לא חלק הכתוב מקום בין חטאת לעולה
> (סוטה לב ע"ב).

כמובן, הייחוד בפרשייה זו הוא בכך שמדובר בחוטאים. גם לחוטאים יש זכות לפרטיות ולכבוד. על כן, קורבנות החטאת והעולה שניהם מוקרבים על אותו המזבח ואיש מן העומדים בתור אינו יכול לנחש את טיבו של הקורבן שמקריב זולתו.

בגמרא מציינים שפרטי הלכות החטאת שונים מפרטי הלכות העולה, ועל כן, אפשר להבחין בהבדלים ועל פיהם לזהות את סוג הקורבן. למשל, דם החטאת נזרק למעלה, ודם העולה נזרק למטה. חטאת מובאת מן הנקבה ועולה מן הזכר. אך הגמרא מבארת שמין הכבשה המובאת מכוסה ואינו גלוי לעין כול. וזריקת הדם אינה נראית אלא לכהנים, כך שבכל זאת נשמרת הצנעה בין מקריב לרעהו.

ניתן ללמוד מכאן שעל הכהנים חלה חובת החיסיון באשר לקורבנות המוקרבים על ידם ויש איסור לפרסם את סיבת הבאתם. אומנם, לחטאת ניתן להביא שעירה במקום כבשה, אך כיוון שהבחירה היא בידי החוטא, אזי אם בחר בשעירה, הרי שהוא עצמו בחר לפרסם את חטאו. החובה להביא שעירה לחטאת היא רק של עובד עבודה זרה בשוגג, ושם הבושה היא חלק מן הכפרה.

יצירת אחידות כדי להימנע מלבייש הוא עיקרון המופיע גם במסכת תענית, המשנה מתארת כיצד היו בנות ירושלים יוצאות לחולל בכרמים כדי למצוא לעצמן שידוך כשהן לבושות בכלי (בגדי) לבן שאולים, כדי שלא לבייש את מי שאין לה (תענית פ"ד מ"ז).

באותו אופן, במסכת פסחים מתקיים דיון על מי שנותר בידו מבשר הפסח ועליו לשורפו, במצבים מסוימים חכמים העדיפו שישתמשו לצורך שריפה זו בעצי המערכה ולא בעצים פרטיים, כדי שלא לבייש את מי שאין לו (פסחים פב ע"א).

ההימנעות מלבייש אינה עיקרון מנחה בכל מקרה ומקרה. אם הביוש הוא תוצאה עקיפה לא נמנעו ממנו. חכמים קצבו את כתובתה של בתולה למאתיים זוז ואת זו של האלמנה למאה. אולם המשנה קובעת שהרוצה להוסיף לאישה, יכול להוסיף. הגמרא מדגישה שבעל יכול לתת לאשתו מתנות וכסף כרצונו, ותוספת זו הותרה במפורש על אף האפשרות שבכך יתבייש מי שאין לו. חז"ל חשבו שאין זה נכון לקבוע מודל קבוע אחד עבור מערכות היחסים בין איש לאשתו ועבור המתנות שהוא יכול לתת לה כחלק מן הנישואין ותנאיהם, גם אם יהיה מי שיחוש נחות בשל כך (כתובות נד ע"ב).

יש מקומות שבהם הניחו שיש צורך אקטיבי לבייש. דוגמה אחת לכך היא של אדם שרוצה לחזור בו מחוזה מכר שבו נקשר. אומנם, כל עוד מעשה הקניין לא נעשה במלואו, המוכר או הקונה יכולים לחזור בהם, אך המשנה קובעת שמי שאינו עומד בדיבורו ייפרע ממנו "מי שפרע מאנשי דור המבול ואנשי דור הפלגה". הגמרא מספרת על ר' חייא בר יוסף ששלמו לו סכום כסף בתמורה למלח. אולם עד שמסר את המלח, עלה ערכו ור' חייא בר יוסף ביקש לבטל את העסקה. ר' יוחנן הורה לו להשלים את המקח, או לחלופין, לקבל עליו את קללת "מי שפרע" שנאמרת על מי שאינו עומד בדיבורו. מן הגמרא מתברר שהנוסח של "מי שפרע" אינו רק הבעת מורת רוח של חכמים אלא מעשה פומבי שנעשה בבית הדין. וכמו שמסכם הרמב"ם:

וכיצד מקבל מי שפרע,
אורריז אותו בבית דין ואומרין,
"מי שפרע מאנשי דור המבול ומאנשי דור הפלגה
ומאנשי סדום ועמורה וממצרים שטבעו בים,
הוא יפרע ממי שאינו עומד בדבורו",
ואחר כך יחזור הדמים (הלכות מכירה פ"ז ה"ב).

נראה שבעבר הייתה יכולת שליטה על מידת הביוש האפשרית והמותרת. לא כל אחד היה רשאי לצאת בחוצות ולבייש את מי שנראה לו שראוי לכך, והמקום הראשון שממנו לומדים על כך הוא בפרשתנו, כאמור. הפסוק מסתיים במילים חשובות ומשמעותיות לעניין הזה:

"בִּמְקוֹם אֲשֶׁר תִּשָּׁחֵט הָעֹלָה תִּשָּׁחֵט הַחַטָּאת לִפְנֵי ה' קֹדֶשׁ קָדָשִׁים הִוא". החטאת מוקרבת במקום שבו נשחטת העולה מפני שקודש קדשים היא. מפני שמעמדה אינו נחות ממעמדה של העולה, ושמא להפך, קורבנו של החוטא מקודש אף יותר, וקודש קודשים הוא.

הד לכך אולי נמצא בפסוקים הללו בתהילים:

כִּי לֹא תַחְפֹּץ זֶבַח וְאֶתֵּנָה
עוֹלָה לֹא תִרְצֶה,
זִבְחֵי אֱלֹהִים רוּחַ נִשְׁבָּרָה
לֵב נִשְׁבָּר וְנִדְכֶּה אֱלֹהִים לֹא תִבְזֶה (תהילים נ"א, יח-יט).

מי שמביא קורבן, מי שליבו שבור והוא מחפש מזור לתחושת הריחוק ולהתמודדות עם הטעות, לא רק שאינו ראוי לביוש אצל הקב"ה – אלה להפך – קורבנו הוא קודש הקודשים.

פרשת שמיני

בית המדרש של משה ואהרן

"בתחילה לא הייתה מחלוקת בישראל" (ר' יוסי בתוספתא, חגיגה פ"ב ה"ט). בהתאם לקביעה זו, רבים ובראשם הרמב"ם (בהקדמתו למשנה) הניחו כמובן מאליו שמחלוקת אינה כורח המציאות, אלא היא תוצאה של כשל חינוכי. רק משרבו התלמידים שלא שימשו את רבותיהם כל צורכם, התפתחה המחלוקת בישראל. וזו לשון הרמב"ם: "וכל מה שקבל ממנו הוא או אחד הזקנים אין בו משא ומתן ולא נפלה בו מחלוקת". ההנחה הפשוטה המובלעת בדברים הללו היא שתורת ה' אחת היא, ובוודאי בימי משה רבינו לא נזקקו למחלוקת. הקו הפתוח והישיר לריבונו של עולם לא הותיר מקום לספקות. דא עקא, בפרשת שמיני אנו נחשפים למחלוקת ראשונה בפירוש ההלכה: מחלוקת משה ואהרן בהלכת קורבן החטאת.

וְאֵת שְׂעִיר הַחַטָּאת דָּרֹשׁ דָּרַשׁ מֹשֶׁה וְהִנֵּה שֹׂרָף.
וַיִּקְצֹף עַל אֶלְעָזָר וְעַל אִיתָמָר בְּנֵי אַהֲרֹן הַנּוֹתָרִם לֵאמֹר: מַדּוּעַ לֹא אֲכַלְתֶּם
אֶת הַחַטָּאת בִּמְקוֹם הַקֹּדֶשׁ כִּי קֹדֶשׁ קָדָשִׁים הִוא וְאֹתָהּ נָתַן לָכֶם לָשֵׂאת
אֶת עֲוֹן הָעֵדָה לְכַפֵּר עֲלֵיהֶם לִפְנֵי ה'. הֵן לֹא הוּבָא אֶת דָּמָהּ אֶל הַקֹּדֶשׁ
פְּנִימָה אָכוֹל תֹּאכְלוּ אֹתָהּ בַּקֹּדֶשׁ כַּאֲשֶׁר צִוֵּיתִי.
וַיְדַבֵּר אַהֲרֹן אֶל מֹשֶׁה הֵן הַיּוֹם הִקְרִיבוּ אֶת חַטָּאתָם וְאֶת עֹלָתָם לִפְנֵי ה'
וַתִּקְרֶאנָה אֹתִי כָּאֵלֶּה וְאָכַלְתִּי חַטָּאת הַיּוֹם הֲיִיטַב בְּעֵינֵי ה'?
וַיִּשְׁמַע מֹשֶׁה וַיִּיטַב בְּעֵינָיו (ויקרא י', טז-כ).

ביום שבו מתו שני בני אהרן נדב ואביהוא הוקרבו שלוש חטאות: שעיר עיזים – חטאת היום השמיני למילואים, שעיר נחשון – קורבנו של הנשיא הראשון משנים עשר הנשיאים, ושעיר ראש חודש. שעיר ראש חודש נועד לכפר על עוון טומאת מקדש וקודשיו. ועל כן בתפילת מוסף לראש חודש אנו מזכירים: "ראשי חודשים לעמך נתת, זמן כפרה לכל תולדותם, בהיותם מקריבים לפניך זבחי רצון ושעירי חטאת לכפר בעדם". כחלק מתהליך הכפרה, חלה חובה על הכוהנים לאכול מן השעיר: "כהנים אוכלים ובעלים מתכפרים". והנה, משה מגלה להפתעתו כי שעיר ראש חודש לא נאכל בפעם הזו, כי אם נשרף וזאת אף ששעיר זה, ככל חטאת חיצונית (שדמה אינו נזרק בקודש) נועד להיאכל (שלא כחטאת הפנימית האסורה באכילה). משה מתרעם על אלעזר ואיתמר ובכעסו תוהה מדוע, אף שלא הובא מדמה אל הקודש, לא אכלו את החטאת כראוי.

אומנם, על פי פשט הכתוב המחלוקת ביניהם נוגעת למעמדם של האבלים ולתחושותיהם הפנימיות באשר ליכולתם לכפר על ישראל במצבם, אבל הגמרא הופכת את הדיון ביניהם לשקלא וטריא תלמודית אופיינית, הכוללת הנחות, קושיות, תירוצים ומסקנה.

משה חושד, שמא הקורבן נפסל בהוצאתו החוצה ולכן נאלצו לשרפו ולא אכלוהו כדין. לשאלת משה זו, אהרן משיב: "כִּי קֹדֶשׁ קָדָשִׁים הִוא", כלומר לא אירע בו פסול. בין משה ואהרן מתנהל דיון ובירור לסיבת ההימנעות של אהרן ובניו מאכילת החטאת. על פי חז"ל (וכאמור, בניגוד לפשט הכתובים) יש כאן רצף של שאלות ותשובות, על כל טענה והצעה של משה, משיב אהרן בדחייה ומבאר שלא זו סיבת ההימנעות.

תשובת אהרן למשה מבררת שלא הייתה עילה של פסול בקורבן, לא פסול טומאה ולא פסול אחר. הייתה זו הכרעה הלכתית שקשורה למעמדם של אהרון ובניו כמקריבים לעת הזו בעודם אוננים ואבלים על מות שני הבנים והאחים. האומנם, תוהה אהרן, נכון היה במצב כזה לאכול מן החטאת אכילה שנועדה לכפר? "ותקראנה אותי כאלה, ואכלתי חטאת היום? הייטב בעיני ה'?" (ראו גם: זבחים ק ע"ב). איך נכפר על אחרים בעודנו עומדים נענשים ונזופים בעצמנו?

בסופו של הדיון הזה, משה מקבל את עמדתו של אהרן, שהיה אסור לאכול מן החטאת במצב אנינות (=דין אבילות שלאחר הפטירה ולפני הקבורה). על פי הסוגיה בבבלי והמפרשים על אתר, משה טעה לחשוב שאהרן ובניו היו צריכים לאכול מן החטאת אף שהיו אוננים, בהמשך לציוויו

של ה׳ שלא יתאבלו אלא ימשיכו בעבודת המשכן באותו יום (ויקרא י׳, ו-ז). לעומתו, אהרן סבור היה ששעיר ראש חודש אינו שייך לסדרי ׳צו השעה׳ והוא כבר חלק מסדרי הקורבנות לדורות. על כן, הוא לומד קל וחומר ממעשר שני שאינו נאכל באנינות. וסובר שגם במקרה הזה אין לאכול את החטאת מתוך אבל. בסופו של הדיון משה מודה שאהרן צודק בפלפולו הלמדני ובמסקנות הדרשניות שלו. על פי הגמרא: ״הודה ולא בוש לומר שמעתי ושכחתי״. הרמב״ן טוען שהדיון היה תיאורטי לחלוטין, שכן לדבריו כל אירועי החטאת הזו התרחשו לפני פטירת נדב ואביהוא. לכן לדעתו כל הדיון היה ״משא ומתן של הלכה״.

הדיון ההלכתי הזה חושף בפנינו את המתח שבו נתונים אהרן ובניו באותו היום. מתח בלתי אפשרי בין היותם נתונים באבל כבד ובמצב שבדרך כלל אכילה בו נחשבת לזלזול בכבוד המת, עת שבה החיים עוצרים את מהלכם, מועד של בלבול יוצרות ושל ביטול של שטף החיים והמחויבויות הנובעות ממנו. מידת הדין מתוחה. אל מול זה ניצבת לה משימת חייהם כמשרתי העם, מביאי החן החסד והרחמים לעם. שאכילתם אינה אכילה וסעודתם אינה אלא חלק מטקס כפרה. שמתפקדים ככלי שרת ולא כבני אנוש. בתוך המתח הזה עליהם להכריע בין צד הדין לצד החסד, בין המבט האישי למבט הכללי, ובין לעשות לבין לחדול.

בנקודות קרע כעין אלו, אין תשובה נכונה. או אחרת, התשובה הנכונה היא שיש צדדים לכאן וצדדים לכאן. אפשר לפלפל ולהוכיח מדוע חטאת שעניינה כפרה מביאה איתה סתירה מובנית למצב של אבל שאינו מצב של חסד, ואפשר לומר הפוך: שאין לערב בתהליך המקדשי כל היבט אנושי ויש להתהלך בחצר בית ה׳ נקי מפניות ומסולק צרכים אישיים. לכרוך את העבודה המתמדת בניתוק ממעגל החיים ולקיים את מצוות ה׳ בשלמות ובדיוק.

ושמא המחלוקת הראשונה שבין משה ואהרן מגלה שלא ייתכן עולם בלא מחלוקת. גם לא בדורו של משה. הקונפליקט הוא נתון, השניות היא עובדה, האמת אינה אחת. לפיכך דווקא המחלוקת בהתאמה, היא שיקוף נכון של המציאות. וכל שניתן לעשות הוא להכריע בין שני צדדים נכונים.

שאין באפשרות לעשות המצוה בשלימות כמו שהיה הציווי מאתו יתברך,

אף על פי כן צריכין רצוננו וחפצנו כל מה שיש באפשרי לעשות רצון יתברך בשלימות (ליקוטי מהרי"ל, שמיני).

בעולם הזה, אין אפשרות להגיע לשלמות, ישנה אפשרות לנסות ולכוון לטוב בעיני ה'. הכיוונון הזה אינו מלאכה פשוטה, אבל הוא המעשה הנכון על פי השגתו של משה רבנו "וַיִּשְׁמַע מֹשֶׁה וַיִּיטַב בְּעֵינָיו".

התורה המדברת

ביקשתי ממנה, ספרי לי מאותם הדברים הטובים.
שהתה שעה קלה ואמרה: במה אפתח? אתחיל בימי ילדותי.
כשהייתי תינוקת פטפטנית הייתי. ממש מקימה ועד לשכיבה לא פסק פטפוט מפי.
היה זקן אחד בשכנותי. אמר לאותם שהיו שמחים על פטפוטי חבל על תינוקת זו, אם היא מבזבזת על דבריה בילדותה, מה ישתייר לה לזקנתה. נפל עלי פחד ויראתי שמא למחר אני אילמת.
לימים ירדתי לסוף דעתו של הזקן שלא יוציא אדם בזמן מועט מה שנקצב לו לכל ימי חייו. הרגלתי עצמי לבדוק כל מילה אם צריכה שתיאמר ונהגתי קימוץ בדיבור. ומתוך שנהגתי קימוץ בדיבור נשתייר לי אוצר של דיבורים, האריכו לי שנותיי עד שאגמור אותם הדברים שקצובין לי (תהילה, ש"י עגנון, עמ' 17).

לא רק שנותיו של אדם קצובות לו אלא אף מספר המילים, טוענת תהילה של עגנון. את משטר החיסכון הזה במילים קשה למצוא בדור שלנו. זוהי תקופה של הצפה במילים ושל דגש מיוחד על הזכות לחופש ביטוי. והנה, רעיון הקצרנות והדיוק, ואולי אף השתקנות, מעוגן בתורה, בפרשתנו.

הפרשה מלמדת אותנו מה הם בעלי החיים המותרים באכילה ומה הם האסורים. בחלק מן המקרים ההוראה ניתנת בלשון כוללת של נתינת סימנים המבחינים בין המותר והאסור או בין הטהור והטמא. ובחלק אחר ניתן פירוט, ובו רשימה שמית מדויקת.

רשימת החיות והשרצים או העופות מתייחסת בחלק מן המקרים רק

אל רשימת הטהורים (כל השאר טמאים) ובחלק מהמקרים היא מונה את הטמאים (והשאר טהורים). בפשטות, הבחירה של הרשימה (את מי למנות) קשורה למידת אורכה. מבין האופציות נבחרה הרשימה הקצרה מן השתיים. מכאן ניתן ללמוד את העיקרון של חתירה לתמציתיות ודיוק. לקצר במקום שאין צורך להרחיב.

מתוך פרשתנו לומדים חז"ל לא רק את עיקרון הקיצור אלא גם את עקרון הניסוח ההגון והראוי:

> אמר רבי יודן בן מנשה אף כשבא לפתוח להם בסימני בהמה טמאה לא פתח אלא בטהרה (ויקרא י"א).
> את הגמל כי לא מפריס פרסה הוא אין כתיב כאן,
> אלא כי מעלה גרה.
> את השפן כי לא מפריס פרסה הוא אינו אומר,
> אלא כי מעלה גרה.
> וכן הארנבת וכן החזיר (ויקרא רבה, כו).

לפי המדרש, כשהתורה באה לשלול אכילת גמל, שפן או ארנבת די היה לו הזכירה את הסימן החסר להם הפוסל אותם מאכילה. אולם התורה הקדימה וציינה את צד החיוב, את הסיבה שבגללה היינו יכולים לחשוב שהם טהורים ומותרים באכילה: העובדה שהם מעלים גרה. מכאן לומדים חז"ל שניסוח נכון טורח להבליט לא רק את צדדי השונות והשלילה אלא גם את הצדדים החיוביים. זאת, גם במחיר אריכות מילים והוספת מלל.

עיקרון הפוך לגמרי אנו מוצאים בפרשת נח. נח מצטווה לקחת אל התיבה את הזנים השונים של בעלי החיים:

> מִכֹּל הַבְּהֵמָה הַטְּהוֹרָה תִּקַּח לְךָ שִׁבְעָה שִׁבְעָה אִישׁ וְאִשְׁתּוֹ וּמִן הַבְּהֵמָה אֲשֶׁר לֹא טְהֹרָה הִוא שְׁנַיִם אִישׁ וְאִשְׁתּוֹ (בראשית ז', ב).

גם במקרה הזה התורה בחרה להשתמש בניסוח ארוך ואף מפותל: "לא טהורה" במקום לומר "טמאה". וכפי שמעיר המדרש:

> במקום אחר עיקם שתים ושלש תיבות בתורה כדי שלא להוציא דבר של טומאה מתוך פיו (ויקרא רבה, שם).

ענייני הסגנון והניסוח טופלו באריכות, בהמשך לדרשה זו, במסכת פסחים. שם מסיקים מפסוקים רבים שישנה עדיפות לצורת הביטוי הנקייה יותר על פני ניסוח קצר אך בוטה. מכולם נגזר העיקרון המנחה של נקיטת "לשון נקייה".

הארה אחרת בענייני שפה וסגנון היא של שימוש ברמיזה. המפרשים זיהו שהתורה בוחרת להשתמש במשלים או בלשון עקיפה על מנת להימנע מדיבור בוטה ומדיבור על עניינים שהצנעה יפה להם. לדוגמה:

> כי אם הלחם אשר הוא אוכל – זו אשתו. ותפס הכתוב לשון נקיה (מדרש אגדה, וישב ל"ט, ו).

במקומות מסוימים זיהו הפרשנים שהתורה נקטה בדרך של הטלת איפול על פרטים מביכים. ההסתרה והצנזורה האלה מתגלים לעינינו כשיש מי שחושף את המידע החסר:

> תנו רבנן: מקושש זה צלפחד... דברי רבי עקיבא.
> אמר לו רבי יהודה בן בתירא: עקיבא, בין כך ובין כך אתה עתיד ליתן את הדין.
> אם כדבריך, התורה כיסתו ואתה מגלה אותו!
> ואם לאו – אתה מוציא לעז על אותו צדיק (שבת צו ע"ב).

ר' עקיבא מגיע למסקנתו בדבר זהותו של החוטא-המקושש אף שהתורה סתמה ולא גילתה את זהותו. המקור לזיהוי הוא רמזים המצויים בתורה. מילים דומות, גזרה שווה, "במדבר" "במדבר". דא עקא שרק "בלש" מנוסה כר' עקיבא, המכיר את התורה לעומקה, יכול לגלות את הסוד. בתגובה לחשיפתו של ר' עקיבא, סבור ר' יהודה בן בתירא שגם אם ר' עקיבא צודק הרי שהתורה כיסתה את הפרט הזה בכוונה תחילה. וממנה יש ללמוד וכך לנהוג.

ההתעכבות של חז"ל על נושא השפה ועל העקביות בהצגת אופני הביטוי של התורה מגלה שלדעתם אף שהוראות הדין המפורשות הנוגעות למותר ולאסור בתחום התרבות הלשונית מצומצמות, והן שוללות רק שקר, לשון הרע, הלבנת פנים ושבועות שווא, התורה ולשונה מכוונות לתרבות רחבה יותר של הקפדה על הדיבור. ואומנם, על ההוראות המפורשות והשוללות ההן נוספו מעט הוראות חיוביות כמו "מוצא שפתיך תשמור"

המחייב את האדם לקיים את נדריו, או מצוות הקשורות בדיבור כמו חובת "והגדת לבנך" ולימוד תורה בכלל. אך כל ההוראות הללו נוגעות לשאלת המסגרת המותרת והאסורה ואינן יורדות לדיון בשאלת הניואנסים ומשלבי השפה הנוספים.

את ההוראות המשניות הללו גזרו חז"ל מצורת הביטוי, מניואנסים סגנוניים ולשוניים שהתורה בחרה להשתמש בהם. והדברים פשוטים ומתבקשים. ממש כשם שכשלומדים שפה בבית לומדים עימה תרבות דיבור שלמה, כגון גבולות ברורים על שימוש במילים כאלה ואחרות, דברים שאין מדברים עליהם, וכדומה. השפה הנרכשת בבית אינה נוגעת רק לאוצר המילים אלא גם לדרכי הביטוי וההתייחסות, לאפשרויות התקשורת השונות: רמיזות עקיפות, קריצות ושתיקות. היא כוללת הנחיות סמויות היכן להרחיב והיכן לקצר ומה הוא נושא לעסוק בו ומה אינו כזה.

התורה, אם כן, היא כלי חינוכי – מקור לשפה העברית, לרהיטות לשונית ולבהירות בניסוח. בה בעת היא גם המקור המחייב להוראת השימוש בשפה וברבדיה השונים. צורתה ולא רק תוכנה קובעות עמדה המהווה עבורנו דרך חיים.

לשמחה מה זו עושה?

עם סיומם של ימי המילואים המתח בשיאו והפתיחה – "וַיְהִי בַּיּוֹם הַשְּׁמִינִי" – היא פתיחה דרמטית, רגע של שגב ושל התרגשות. ההתרגשות מיתרגמת למעשה הקרבה שבו שותפים כולם, כהנים וישראלים. בשיאו של היום ימותו שני בני אהרן באוהל מועד. לפי חז"ל בישרה כבר הכותרת "וַיְהִי בַּיּוֹם הַשְּׁמִינִי" על התפנית הנוראה (שכן השימוש במילה "וַיְהִי" מבשר רעות).

רבות נכתב על התפנית הנוראה הזו ועל סיבותיה. רוב המפרשים חפשו ומצאו סיבות שונות לעונש שנגזר על בני אהרן. שונה מאלה מדרש תנחומא שבחר לעסוק בתעתועי השמחה בעולם:

> ויהי ביום השמיני, זש"ה (=זהו שאמר הכתוב):
> "אמרתי להוללים אל תהולו ולרשעים אל תרימו קרן" (תהילים ע"ה),
> מהו אמרתי להוללים אל תהולו?

למה לפי שהוא מזכיר כמחולת המחנים (שיר השירים ז'),
וכן הוא אומר לחול במחולות (שופטים כ"א).
לפי שאין השמחה ממתנת לאדם,
לא כל מי ששמח היום שמח למחר ולא כל מי שמיצר היום מיצר למחר,
לפי שאין השמחה ממתנת לאדם שנאמר: לשחוק אמרתי מהולל
(תנחומא, שמיני ג).

המדרש יוצר משחק מילים בין הוללות ומחולות, הקישור בין שניהם מתבקש לא רק מבחינת המצלול הקרוב (בשל דרך ההגייה של הח' הגרונית) אלא גם מצד התוכן: הלל או הוללות ומחול הם צמד, זה ביטויו של זה. בהיבט החיצוני, המחול מתאר ויזואלית את מלכודת השמחה שלתוכה אדם נכנס. ובהיבט הנפשי, הריקוד המעגלי הוא ריקוד שאין לו התחלה וסוף והוא מזין את עצמו, כל מחול מזמין מחול נוסף, הרושם של המחול בנפש הוא של היסחפות פנימה, כמו השמחה. באופן פרדוקסלי דווקא המחול מזכיר את הגלגל הסובב בעולם ואת מעגליותם של החיים.

אבל השמחה לעולם אינה נמשכת לעד, ויש בה יסוד מתעתע. הכוח הצנטריפוגלי מניס את המחוללים, השמחים, היישר החוצה – הרחק ממעגל השמחה, אל תוך הצער והעצב. השימוש בדימוי של המחול מדגיש לא רק את הטלטלות בין רגעי שמחה ואושר גדולים לרגעי עצב וכאב שאדם עובר בחייו, הוא מעמיק בטענה הזו ומחדד שהשמחה עצמה מולידה לא מעט פעמים את הכאב והצער. דווקא המחול משגר את האדם ודוחה אותו החוצה, דווקא השחוק מהולל. המדרש מביא מספר דוגמאות למקרים הממחישים את הבשורה המרה שבשמחה הגדולה.

הדוגמה הראשונה היא מבריאת העולם:

רצונך לידע שהרי שמחתו של הקדוש ברוך הוא לא המתינה,
אימתי?
כשברא הקדוש ברוך הוא את עולמו היתה שמחה גדולה לפניו
שנאמר: (תהילים ק"ד) "יהי כבוד ה' לעולם ישמח ה' במעשיו",
וכן הוא אומר (בראשית א') "וירא א-להים את כל אשר עשה והנה טוב מאד",
ללמדך שהיה הקדוש ברוך הוא מתגאה ומשתבח במעשיו מאד
וצוה לאדם הראשון מצוה קלה ולא קיימה.

מיד נתן לו אפופסין שנאמר (בראשית ג׳) ״כי עפר אתה ואל עפר תשוב״,
וכביכול לא המתין בשמחתו ואמר
לא בראתי את הכל אלא בשביל אדם
ועכשיו הוא מת – מה הנאה יש לי?
(תנחומא, שמיני, ב).

שמחתו הגדולה של הקב״ה בבריאת העולם, שמחתו במעשיו וגאוותו על נזר הבריאה – האדם, מופרת מיד בחטא אדם הראשון שבו נגזרת עליו מיתה. הפתיחה במות האדם כאכזבה הגדולה של הקב״ה מחזקת שתי הבנות: האחת, שהרעיון שסוף השמחה להיות מופרת טבוע בעולם, ואפילו הקב״ה לא יכול לגבור על התופעה השורשית הזו. ההבנה השנייה קשורה באדם. כל שמחה שיש לאדם סופה להגיע לסיומה עם מותו. סופיותו של האדם מגחיכה כל רגע של אושר וטוב ומציגה אותו כמקסם שווא. האדם לא ייחלץ מגורלו המר. הבריאה היפה מכילה בתוכה את הכיעור והניוול של הקמילה והמוות.

את התנועה מִיָגון לשמחה, מציג התנחומא כאן כתנועה השייכת לדרכו של עולם: ״מה הקב״ה כך, אדם על אחת כמה וכמה״ (שם).

ואומנם, לאחר הצגת הטרגדיה הא־לוהית, המדרש הולך ומונה את הטרגדיות האנושיות. אברהם הצליח במלחמותיו ובפעולותיו ואף זכה לבן בזקנתו אבל דווקא אז צווה על העקידה, כשחזר משם מתה אשתו, והוא מצא את עצמו עני בפתחו של עפרון. בסופו של דבר הזקין גם הוא ונפטר מן העולם.

כמה שמח יעקב כשראה בחלומו מלאכי א־לוהים וה׳ ניצב עליו. נישא, ניצל מעשיו, העשיר והוליד בנים. אך לבסוף נפגע מסיפור דינה ושכם וממכירת יוסף והוא עצמו ירד למצרים. המדרש ממשיך ומספר על חיי יהושע, שמת בלי בנים ועל צערו של עלי הכהן שבניו מתו ביום אחד.

המדרש לא ״שכח״ את האפשרות לנצחיות הטמונה בהולדת צאצאים, הוא מפרק גם אותה שכן דווקא היא זו שמופרת בכל אחת מן הדוגמאות: אברהם ויצחק, יעקב – דינה ויוסף, יהושע שנותר ערירי ועלי שמתו בניו, חפני ופנחס. ספרותית, המתח מועצם מדוגמה לדוגמה בהפסקה מתודית: ״מה לצדיקים כך, לרשעים על אחת כמה וכמה״.

דרמת מות בני אהרן, לפי התנחומא, הייתה מוכתבת מראש, נתונה בתוך עוצמות ההיסחפות אל השמחה פנימה וכלל אינה תלויה במעשיהם.

המדרש אינו מסיים בסיפור בני אהרן אלא בסיפור הבא:

מעשה באחד מגדולי בבל שהיה משיא בנו... ועשה סעודה ומשתה לחכמים.
אמר לבנו: עלה והבא לנו חבית יין פלוני מן העליה.
עלה לעליה והכישו נחש בין החביות ומת,
המתין אביו עם המסובין, ושהה ולא בא.
אמר אביו: אעלה ואראה מה בני עושה.
עלה אביו ומצאו מושלך בין החביות מת.
מה עשה אותו חסיד, המתין בעצמו עד שאכלו האורחין ושתו כל צרכיהם.
כיון שגמרו, אמר להם: לא לברך ברכת חתנים באתם על בני – באו וברכו עליו ברכת אבלים
לא להכניס בני לחופה באתם – בואו והכניסו אותו לקבורה.
אמרו על רבי זכאי דכבול ופתחו עליו: "לשחוק אמרתי מהולל ולשמחה מה זו עושה" (שם).

התעתוע מועצם באמצעות הדמיון בין הטקסים: ברכת החתנים התבררה כברכת אבלים. הסעודה ושבע ברכות, הפכו לסעודת אבלים ולשבעה ימי אבל. התקווה להמשכיות נגדעה. הסופיות הוצבה כמראה לנצחיות. ולשמחה מה זו עושה?

בחיי כל בן אנוש, צועדים החיים והמוות, הסופיות והנצח, שלובי זרוע. כל כך רגילים אנחנו לחפש אשמה וחטא בייסורינו, שהמבט הזה שמציע התנחומא על מות בני אהרון – יש בו משהו מנחם ומרגיע. כמעט סטואי. זו דרכו של עולם. זה – ותו לא.

פרשת תזריע

"בדד ישב מחוץ למחנה"

בדרך כלל התורה מצווה עלינו לקרב את החלכאים והנדכאים, החולים והעזובים ודחויי החברה. והנה בפרשה שלנו אנו מוצאים הוראות הפוכות. מונחי הטומאה שהפרשה מייחסת לחולים הם מבזים ומרחיקים. המושגים אינם רק נדמים כמשפילים, ההלכות הנלוות הן מפורשות וחד משמעיות. והן מחייבות ניתוק וריחוק ברמות משתנות. אדם שמטמא במשא ובמגע מוגבל מאוד בפעולותיו, גם הפשוטות והשגרתיות ביותר. לאור הגבלות אלו הוא ייאלץ לפעול כמה שפחות, לנכוח כמה שפחות כדי שלא לגרום נזק לשום חפץ או מאכל. אדם כזה למעשה מורחק ממעגל החיים והעשייה.

המצב הקיצוני הוא של המצורע. התורה מצווה על הוצאתו מחוץ למחנה, ומרבה בתיאורי המגבלות החלים עליו:

> וְרָאָה אֹתוֹ הַכֹּהֵן וְהִנֵּה שְׂאֵת הַנֶּגַע לְבָנָה אֲדַמְדֶּמֶת בְּקָרַחְתּוֹ אוֹ בְגַבַּחְתּוֹ כְּמַרְאֵה צָרַעַת עוֹר בָּשָׂר. אִישׁ צָרוּעַ הוּא טָמֵא הוּא טַמֵּא יְטַמְּאֶנּוּ הַכֹּהֵן בְּרֹאשׁוֹ נִגְעוֹ.
>
> וְהַצָּרוּעַ אֲשֶׁר בּוֹ הַנֶּגַע בְּגָדָיו יִהְיוּ פְרֻמִים וְרֹאשׁוֹ יִהְיֶה פָרוּעַ וְעַל שָׂפָם יַעְטֶה וְטָמֵא טָמֵא יִקְרָא. כָּל יְמֵי אֲשֶׁר הַנֶּגַע בּוֹ יִטְמָא טָמֵא הוּא בָּדָד יֵשֵׁב מִחוּץ לַמַּחֲנֶה מוֹשָׁבוֹ (ויקרא י"ג, מג-מו).

התורה חוזרת כמה פעמים על כך שהמצורע הוא טמא שיש לטמאו ולקרוא

לו טמא. על המצורע לנהוג כאבל: לפרום את בגדיו, לפרוע את ראשו, לעטוף את ראשו, ולשבת בודד מחוץ לשלוש המחנות.

התיאורים אינם מתיישבים עם ההנחה שמדובר בעוד מקרה מצער של אדם שתקפה עליו מחלה קשה על לא עוול בכפו. לכן המפרשים מסבירים שהמצורע חטא ונענש בצרעת. כשלמעשה הטומאה וההרחקה הם עונשיו. מקובל לומר שהציווי "בדד ישב" הוא צוהר וחלון הצצה לנימוק האמיתי להלכות צרעת. חז"ל אומרים שאדם זה חטא בלשון הרע, הפריד בלשונו בין אנשים וגרם לשנאה וריחוק. (רש"י י"ג, מו) בהתאמה, מידה כנגד מידה, הוא נענש ומוקע אל מחוץ למחנה ישראל.

הדברים אינם מתיישבים עם טומאת לידה. הלידה היא חלק מתהליכי החיים. אומנם מקרה זה אינו כרוך בהרחקה קיצונית, אבל התהליך שאישה כזו עוברת יושב על ציר אחד עם מקרי ההרחקה האחרים בפרשה. ויוצר תמונת רצף של אירועים חמורים וקלים יותר, אך דומים. ההשוואה הזו מעלה תמיהות מרובות על מושג הטומאה ועל מקורה וסיבתה.

בעקבות חז"ל, אף אנו נציע שהלכות המצורע הן פתח להבנת מהות הטומאה ולטעמי הלכותיה. אנו נתבונן במכלול ההלכות ובמשמעותן מזווית מעט שונה. בחינת מצבו של המצורע המבודד יכולה להאיר את הרחקתו ואת הוקעתו. אדם המצוי בתקופת נידוי, שיצא מחוץ לכל המחנות, אינו פוגש אף אדם, למעט אדם אחד: הוא עצמו. הוא פוגש את עצמו לא במצב הטבעי הסואן, העמוס ב'רעשי רקע'. אלא, ללא תפאורה והסחה. הוא פוגש את עצמו, ללא פארם והדרם של מלבושים ותפקידים. אלה השעות בהם הוא נאלץ לבחון את משמעות חייו, את מטרתו בעולם כיצד ואיך הוא פועל למימוש אתגריו האישיים. היכן מצויים מעגלי ההשתייכות שלו, מיהם החברים הקרובים שלו שאליהם הוא מתגעגע, מה תרומתם לחייו, היכן הוא עובד, איזה נפח תופסת התעסוקה בחיים שלו, האם הוא מרוצה ממנה, מדוע הוא בחר בה. בשעות הקשות האלה המחייבות אותו להתכנס פנימה, הוא מוצא עצמו מתמודד עם מותו שלו עצמו. המוות הזה הוא רק מוות מדומה, שכן עתיד הוא לשוב בתוך זמן מסוים ובאופן הדרגתי לחיים רגילים ונורמטיביים. אולם זהו מוות בכל המובנים האחרים. היציאה החוצה, הבדידות, הניתוק ממרכז החיים, נקודת המבט החיצונית על עצמו המתחייבת מן המצב, הדין, חשבון הנפש והסיכומים.

לעיתים ישנם גם באמצע החיים גורמים המזמנים מצבים כאלה. החוויה הזו יכולה להתרחש גם כחוויה אישית ולא חברתית. אנשים מרגישים שהם

מובלים 'אל מחוץ לחיים' בנקודות ובמצבים של מעבר. אישה יולדת, על פי רוב מרגישה מצד אחד את החוויה המרוממת של הבאת חיים לעולם, אך מן הצד השני, בעוצמה שאינה פחותה, היא חשה את אבל הפרידה הקשה מן החיים שצמחו בקירבה. נשים רבות במצב הזה שוקעות לדכדוך, ומתכנסות בתוך עצמן.

ההבדל בין היולדת למצורע הוא בכך שאצל היולדת המצב הזה נגרם באופן טבעי וכתוצאה מחריפותו של השינוי שהיא עוברת. אם אין מדובר במחלה הן גם אמורות להבריא ולשוב לחיים תוססים ושלמים תוך ימים. אצל המצורע לא מתרחש כל אירוע קיצוני בעל השפעה. אצלו מגיע אות וסימן. אצלו הגוף ופצעיו מאותתים שהוא זקוק לחופשה ולאתנחתא. היענותה של ההלכה למצבי החולי האלה מסמנת לאדם שהוא יושב על המשבר. בכך משתלבות הוראותיה להוציאו אל מחוץ למחנה ולומר לו כי הוא טמא, להודיע לו כי זהו המצב שבו הוא נתון. כל אלה מעצבים עבור אותו אדם את התנאים המדויקים והנכונים הנדרשים לו. הנסיבות מכניעות אותו כך שמבלי משים הוא שוקע לנקודה הפנימית שנפשו חפצה לפגוש אותו בה.

יש להניח שזהו מצב לא רצוי. אדם פעיל שהולך בדרך ישרה אינו אמור להזדקק לפסק זמן. החיים נועדו כדי לחיות אותם. אבל, אדם שהחטיא והלך בדרך עקלקלה עד שכל גופו מעיד עליו שהוא צריך יד מכוונת שתושט לו ותמשה אותו החוצה – עבורו הצרעת היא התרופה. היא יד ה' האוחזת בו ואומרת לו: דברים שרואים משם לא רואים מכאן. יוצא שהתורה לא רק מרחיקה ודוחה אותו, היא גם מקרבת, שולחת אותו, אל עצמו.

הקלות הבלתי נסבלת של היצירה

אִשָּׁה כִּי תַזְרִיעַ וְיָלְדָה זָכָר.

אורכו הממוצע של הפסוק הזה על חמש מילותיו, הוא תשעה חודשים (רשב"ם ויקרא י"ב, ב). הקלות הבלתי נסבלת של המעבר מפעולת ההזרעה אל הלידה ומהן אל דיני טומאה וטהרה הנובעים ממנה, אינה מניחה לנו להמשיך לפסוק הבא בפשטות. הדילוג העצום הזה איננו מקרי. הפסוק בשתיקתו אומר כמעט כל מה שניתן לומר על העניין כולל ההתפעמות מעצם המעורבות האנושית המצומצמת ביצירת הוולד המתבטאת בשתי פעולות בלבד – הזרעה ולידה.

תהליך ההיריון והלידה ייוותרו לעולם בבחינת סוד ודבר הסמוי מן העין. גם ההתפתחות המדעית והיכולת לעקוב אחר מראהו ומצבו של העובר לא ישנו את תודעת הא-לוהי. תינוק היוצא לאוויר העולם מעורר אותנו להתפעלות חוזרת ונשנית. כיצד התפתח אדם שלם בתוך רחמה של האישה וכיצד זה נוצרה יצירה חדשה בעולם. בשום שפה אין די מילים כדי להביע את ההתרגשות וההתגלות שיש בחוויה של פעייה ראשונה של מי שהיה עד לפני דקות עובר ברחם אימו. של תינוק הפוגש לראשונה את העולם והעתיד.

מדרשי האגדה לפרשתנו ניצלו את העובדה שהפרשה נפתחת בלידה ואולי גם את שתיקתה ביחס להתרחשות הזו, על מנת להביע בדרכים אגדיות את התחושות הללו. האגדה מטבעה מאפשרת מה שהפסוקים נמנעים ממנו. האגדה מביעה באמצעות תמונות מה שאי אפשר להביע במילים ומשפטים.

נעקוב אחר המדרש על מנת לדייק את נקודת מבטם.

את ההתרגשות לנוכח המתנה המופלאה שבקבלת תינוק חדש למשפחה מבטא מדרשו של רבי לוי:

> רבי לוי אמר תלת, בנוהג שבעולם מפקיד אדם אצל חבירו ארנקי של כסף בחשאי ומחזיר לו ליטרא של זהב בפרהסיא אינו מחזיק לו טובה. כך הקדוש ברוך הוא, מפקידין לו הבריות טיפה של לכלוכית בחשאי והקב"ה מחזיר להם נפשות משובחות שלמות בפרהסיא (ויקרא רבה, יד).

רבי לוי משווה את לידתו של תינוק להשבת פיקדון. אולם בנוהג שבעולם מי שמפקיד אצל חברו פיקדון פעוט ערך, מקבל בתמורה במקרה הטוב את פיקדונו חזרה. אבל הקב"ה מפקידים אצלו "טיפה של לכלוכית בחשאי" והוא משיב "נפשות משובחות שלמות בפרהסיה".

גם מנקודת המבט של התינוק יש כאן ישועה גדולה:

> בנוהג שבעולם אדם חבוש בבית האסורין ואין כל בריה משגחת עליו, בא אחד והתירו והוציאו משם אינו מחזיק לו טובה. כך הולד שרוי במעי אמו, ובא הקדוש ברוך הוא והתירו והוציאו משם.

העובר הוא יצור שאין לו קיום וממשות. איש אינו משגיח עליו והוא נידח ומודח מסדרי עולם. נתון בשבי ברחם אימו וחי בתקופת המתנה ממושכת

לבוא זמנו. תקופת ההשהיה הזו מושווית מבחינתו לבית סוהר, למצר. לידתו היא פעולת חילוץ, השבת נידח ופדיון שבוי לגאולתו, לחיים.

רבי חגי מתאר את חידלונו של האדם אל מול אינסופיות פעולתו של הקב"ה בעולם:

> שהבריות ישנין על מטותיהן והקב"ה משיב רוחות ומעלה עננים ומוריד גשמים ומגדל צמחים ומנגבן ומעריך שלחן לפני כל אחד ואחד (שם).

לפי המדרש הזה, הקב"ה הוא כאותם הגמדים באגדה, הבאים באמצע הלילה ומסדירים כל מה שנצרך. קרי, אין שום סיכוי שייעשו באופן פשוט בתהליך סביר ואנושי. הלידה כאן, מושווית לנביטת הזרע. המאמץ היחיד שהאדם עושה הוא זריעת הזרע. הקב"ה מטפל באיתני הטבע ומסייע בכך לזרעים לנבוט, לצמוח, ולהבשיל לקטיף ולקציר. מכאן ואילך הדבר נמסר בידי שמיים. אילו היה מוטל על בני האדם להמשיך ולטפח את הזרע עד להבשלתו, ספק רב אם משהו מכל זה היה קורה. התיאור הזה מבטא את הפלא הגדול של בריאת יש של ממש כמעט מאין. וכל זה בשעה שאנו "ישנים". נתונים במצב של חוסר מודעות מוחלט לכך שמישהו עובד עשרים וארבע שעות ביממה, כנגד אותו רגע קטן של זריעה. אבל לא רק התפעלות יש כאן, אלא גם תלות מוחלטת: מרחק אלפי מילין מפרידים בין מה שהאדם עושה לבין מה שהוא רוצה להשיג ולקבל. וההמלצה היחידה שניתן לתת לו היא לנוח ולהמתין בסבלנות, לצפות במתרחש וללחוש תפילה.

פרשתנו פותחת אם כן, בשבחו של הבורא, ובנחיתותו של האדם ובתלותו בו. שיר ושבח זה הוא נקודת המבט שבעזרתה יש לקרוא גם את המשך הפרשה. הקב"ה הוא המביט אל הנדכאים, הוא חונן ומתיר אסורים, מטפח אותם בסתר גם אם אינם חשים ואינם מודעים למסירות אין קץ. כשניתקל במצורעים ובטמאים, המוקעים והמוצאים אל מחוץ למחנה, נזכור שידו הרכה והמלטפת של הקב"ה, זו שאינה ניכרת מלווה אותם.

פרשת מצורע

ויצא הכהן מן הבית

טומאת צרעת הבתים תלויה בכהן. תהליך הבדיקה וההכרזה על הטומאה נעשה בשלבים ובית אשר נמצא בו נגע נכנס להסגר בן שבעה ימים ודינו שייבדק שוב עם תומם. גדילת הנגע תכריע את גורל האבנים הנגועות לקעקוע ולהחלפה. בשלב הבא, אם ישוב הנגע, יעמוד כל הבית להריסה. כיוון שהכהן צריך לבוא ולבדוק את הבית מקרוב, התורה מצווה עליו לצאת מן הבית לפני שהוא מכריז על הסגרת הבית לשבוע ימים. וזו לשון הפסוק:

> וְיָצָא הַכֹּהֵן מִן הַבַּיִת אֶל פֶּתַח הַבָּיִת וְהִסְגִּיר אֶת הַבַּיִת שִׁבְעַת יָמִים (ויקרא י״ד, לח).

יציאת הכהן מן הבית נחוצה, שכן לאחר שיאמר את דברו, כל הנמצא בבית יטמא.

במבט ראשון היציאה הזו היא הצלה של עצמו מן הטומאה.

המשנה במסכת נגעים מדייקת מן הפסוק את המיקום המדויק שבו הכהן צריך לעמוד:

> אינו הולך לתוך ביתו ומסגיר,
> ולא בתוך הבית שהנגע בתוכו ומסגיר,
> אלא עומד על פתח הבית שהנגע בתוכו ומסגיר.

שנאמר: ויצא הכהן מן הבית אל פתח הבית והסגיר את הבית שבעת ימים (פי"ב מ"ו).

הדיוק של המשנה הוא כפול. הכהן אומנם צריך לצאת מהבית, אבל גם אסור לו להתרחק משם. הוא אינו יכול לחזור אל ביתו שלו. עליו לשמור על קשר עין עם הבית הנגוע.

את הדרישה המדויקת הזו, לא להיות בפנים אבל גם לא להתרחק, אפשר להסביר בדרך רעיונית. הכהן צריך להסתכל לבית שאותו הוא מטמא "בעיניים". אם יחזור הכהן לביתו וישלח משם "מרשם" הדבר יתפרש כריחוק וכהתנשאות. התורה מבקשת מן הכהן לשמור על מעורבות, להגיד את דברו בשטח, להיות 'שם' עם בני הבית.

בפירוש האלשיך מוצעת פרספקטיבה דומה, בעזרת קריאה סימבולית של הפרשה:

והוא מה שאמרו בתחילת פרשה זו בספר הזוהר:
כי השכינה ומלאכי השרת אשר באדם בהחילו בלשון הרע – מסתלקים ממנו.
וזה יאמר "ויצא הכהן" – הוא יתברך,
מן הבית – הוא האדם.
ולא ירחק, רק כמי שהוא עדיין קרוב אל פתח הבית לשוב ליכנס,
וזהו "אל פתח הבית", והוא אולי יתקן.

הכהן מייצג לפי פירוש זה את רוחו של האדם, את השכינה שמסתלקת ממנו בשל חטאיו שהביאו עליו את עונש הצרעת. הכהן הנעמד בפתח הבית, ואינו מתרחק, מסמל שיש תקווה, שהתשובה היא בהישג יד. החטא רק מרחיק ומדחיק את ההישגים הרוחניים אך לעולם אינו מפיל את החוטא לבור תחתיות, ואינו שולל את הפוטנציאל הגלום באדם לטוב. בעל הבית רואה את הכהן ומבין שבמאמץ לא גדול יוכל להחזירו אל תוך ביתו.

העמד דבר על חזקתו – על שינויים ודרכי התרחשותם

בגמרא במסכת חולין נלמדה הפרשייה לעניין אחר לגמרי. לכאורה נדונה

בסוגיה שאלה למדנית. כיצד ידע הכהן שעד שהוא יוצא מן הבית לא קטן הנגע, ושמא עד שיצא הכהן מן הבית הנגע כבר אינו בגודל הראוי להסגר וניתן לשחרר את בעלי הבית לחיים לשמחה ולשלום?

הגמרא משיבה שהכהן יכול להניח שדבר לא השתנה, ושהתורה באה ללמדנו בפרשה הזו את עקרון "העמד דבר על חזקתו" (חולין י ע"ב). כלומר, הכהן יכול להניח שמה שראה לפני כמה דקות משקף את המציאות גם כעבור איזה זמן. שינוי הוא דבר שמחייב הוכחה. כל עוד לא הוכח שינוי, יש להניח שדבר לא השתנה. העיקרון הזה הוא עיקרון הלכתי רחב מאוד. בזכות העיקרון הזה, שמקורו בפרשת צרעת הבתים, ניתן להניח, למשל, שמקווה שהכיל פעם ארבעים סאה עדיין מכיל את כמות המים הזו והוא כשר לטבילה, אלא אם כן יש לנו חשש מבוסס שנגרע מתכולתו. על בסיס אותו עיקרון ניתן למסור גט לאישה מבעלה באמצעות שליח ולהניח שהבעל עדיין בחיים, ועוד.

למעשה, החזקה הזו יש בה הדרכה מסוימת גם מחוץ לגדרי ההלכה, לחיים הפשוטים. מכוחה של חזקה זו אנו לומדים שניתן להניח שמה שהיה הוא שיהיה. הקביעה הזו עשויה להפחית חרדות ולהשכיח דאגות.

אבל בפרשה שלנו מניחה החזקה הזו את הכהן בנקודה ההפוכה. הכהן עומד מחוץ לבית ובהסגירו את הבית הוא למעשה קובע שהוא יודע שהנגע לא קטן, הוא בטוח שהבית עדיין טמא, וכי האפשרות שהוא טהר בינתיים מחייבת הוכחה בדוקה. האמירה הנחרצת הזו, המהדהדת מכוח עמידתו מחוץ לבית והכרזתו על הבית כמצורע מבלי שיראה את הנגע באותו הרגע, מכוונת כלפי בעלי הבית ומזכירה להם (בדרך שונה וכמעט הפוכה מזו שמציג האלשיך) שאם לא יטולטלו מן התובנה הזו, הם ימצאו את עצמם בעוד שבוע באותו המצב. שאם לא יעשו מאמץ לשפר את מצבם הרוחני המדורדר, שאם לא יפנימו שדרך העולם היא ששום דבר לא ישתנה אם לא יטרחו בעצמם לחולל את השינוי הזה, הרי שביתם ייחרב.

תורת המצורע – פרטי הסיפור

ביום טהרתו מצווה המצורע לקחת שתי ציפורים חיות וטהורות, עץ ארז ושני תולעת ואזוב. עליו לשחוט אחת מן הציפורים לכלי חרס על מים חיים. ואת שאר החפצים והציפור גם יחד עליו לטבול בדם הציפור השחוטה על

המים החיים. מזים מן המים על המצורע המיטהר שבע פעמים ואת הציפור החיה משלחים לחופשי.

תורת המצורע היא טקס המורכב מפרטים רבים. שתי הציפורים השחוטה והמשולחת מזכירות מעט את סיפור שני השעירים של יום הכיפורים. הפרטים, כאיסוף החפצים, הטבילה במים ובדם, וכל השאר, מעוררים סקרנות רבה.

האלשיך רואה בפרשה הזו הזדמנות:

> הנה אין ספק כי אין דבר בכל משפטי תורתנו בפרטות אשר אין בו צפוני סודות.
> כי התורה והמשפט לא־להים אשר אין רעיון יכיל מחשבתו וכונתו בכל דין ומשפט,
> אחד מני אלף מפרטי פרטיו הקטנים, כי מי עמד בסוד ה׳.
> אך אמנם רשות נתונה מאבינו שבשמים לשום שכל,
> והבין שמץ רמז הרומז על פשטי המקרא מן הבא בידינו החלושה והקלושה.
> אולי יחנן ה׳. ויהי דבר אחד מדברינו הרבים מאשר רצה יתברך ברמז הרומז בו,
> זולת סוד ה׳ אשר עליו מלמעלה,
> ויהיה מעט מחזיק את המרובה להעלותו על רצון קדשו יתברך.

האלשיך שוטח את הטענה העקרונית שלפיה את הכתוב בתורה אין להבין רק על פי הפשט. בכל התורה יש רמזים וסודות מעבר להבנה הפשוטה של רצף המילים. כעין זה כתב הרמב״ן בהקדמה שלו לפירושו על התורה. הרמב״ן ציין שיש משמעות גם לאותיות במנותק מהקשרן בתוך המילים.

האלשיך מתאר רמזים מסוג אחר. לדבריו, פרטי המצוות מסמלים עניינים בעלי משמעות וערך. אלא שבעוד שלרוב אנו מסוגלים להסביר את הנימוק והטעם למצוות באופן כללי, אנו מתקשים לבאר בדרך הגיונית את פרטיהן. קל להסביר מדוע הקב״ה ציווה עלינו לשבות ביום השבת, אך קשה להסביר מדוע דווקא ל״ט המלאכות הן המלאכות ששביתה מהן נחשבת לשביתה, קל וחומר שקשה להסביר מדוע המלאכה צריכה להיות דווקא כדרכה ולא בשינוי, דווקא בכוונה וכדומה. במצוות ציצית נוכל

לשאול על הקשרים, על הגדילים, על מספר החוטים ועל צבע התכלת, וכן על זה הדרך למצוות רבות נוספות.

אך דווקא במקרה של מצורע שוחרר הרסן ופרשנים רבים חשו שיש כאן הזדמנות לנסות ולהביט על הציפורים, המים, הדם, האיזוב, הארז ושני התולעת ולהתרונן על כנפי הדמיון.

וכך כותב האלשיך:

> ואני בה' אעלוזה המפליא חסדו לי כרוב חסדיו.
> על כן תרתי בלבי למצא שמץ רמז באשר צוה יתברך למטהר מצרעתו לקחת שתי צפרים חיות טהורות ועץ ארץ ושני תולעת ואזוב,
> ולשחוט האחד על כלי חרס על מים חיים ולטבול אותם ואת שתי קצות כנפי הצפור החיה ואת סוף זנבה בדם הצפור השחוטה, ושלח אותה על פני השדה.
> ולהזות למטהר שבע פעמים, ואחרי כן לתת מדם האשם על תנוך אזנו ועל בהן ידו ורגלו ואחרי כן מן השמן כסדר הזה.

האלשיך לא היה הראשון וגם לא האחרון שחש כך ורבים הציעו פשר לפרשייה הזו על דרך הסמליות והסוד. נקודת המוצא של הפרשנים היא שהצרעת היא גמול על לשון הרע, על פי דרשת ר' שמעון בן אלעזר שעל לשון הרע נגעים באים ובעקבות הראייה ממעשה מרים שנצטרעה. הרמב"ם התייחס לצרעת כחטא שבדיבור והציע שיש חמישה סוגי דיבור. אחד שמצווה לדבר בו וזה דיבור בתורה ובמצוות. השני הוא מה שצריך להיזהר ממנו – עדות שקר ורכילות. השלישי הוא סיפור ושיחה שהם מאוסים משום שאין להם כל תכלית והם בבחינת ביטול זמן. הרביעי הוא הדיבור והעיון הפילוסופי "בשבח המעלות השכליות ומדותיות ובגנות הפחותות" והחמישי הוא הדיבור בענייני פרנסה והוא מותר (פירוש המשנה אבות א, יז). לפי זה, מציע האלשיך שקורבנו של המצורע מורכב מחמישה חומרים שכל אחד מהם רומז לדיבור מסוג שונה:

שתי הציפורים החיות רומזות לדברי תורה חיים ולדיבור שהוא נצרך לחיים, לפרנסה. ההקפדה על ציפורים טהורות באה לרמוז שכל עוד דיבורים אלה טהורים הרי הם מותרים. **הארז** שאינו עושה פרי רומז לשיחות בטלות (הסוג השלישי) וגבהותו רומזת לדיבור שיש בו גסות רוח, וכך הוא

והתולעת המכרסמת בבשר החי רומזים יחד לדיבור הנלוז והאסור (הסוג השני), **האזוב** הוא כבר ביטוי לשפלותו של האדם המביא את צרור הפרטים הללו ומבקש כפרה על מעשיו.

ר' יוסף בכור שור מבאר מעט אחרת. לפי דבריו, הפרטים השונים מרמזים הן על החטא והן על דרך התיקון. כולם יחד מתארים סיפור מעשה שלם:

ארז גבוה שבאילנות ואזוב נמוך, סימן שמגבהות בא לנמיכות,
ומי גרם לו?
החטא, שהוא כשני תולעת, כדכתיב: "אם יהיו חטאיכם כשנים";
ועתה מחל לו הקדוש ברוך הוא וחוזר למקומו ולגבהותו.
ושוחט הצפור ומערב דמה במים חיים, לומר, שהמת הוא המצורע שהוא חשוב כמת...
מתערב עתה עם החיים לבא במחנה ולהיות כשאר בני אדם.
ושולח הצפור האחת על פני השדה, לומר, המצורע שהוא יושב בדד "כצפור בודד על גג"
ואסור ונקשר מלבא עם שאר בני אדם, עתה הותר לבא עם חבריו,
כמו הציפור שהיתה קשורה בידי אדם,
ועתה משולחת על פני השדה לילך ולעוף עם חברותיה.

הארז והאזוב מתארים את התהליך הנפשי שהאדם עבר – מזחיחות ויהירות לשפלות וענווה. שני התולעת הוא רמז למחילה מאת ה'. והציפורים הם רמז לתהליך החברתי שהאדם עובר מבדידות לפתיחות ולחירות של מי שאינו קשור לחטאו ולקלונו. שלושה תהליכים שונים ומשלימים: בין אדם לעצמו, בין אדם למקום ובין אדם לחברו.

בהמשך לפירושים אלו ניתן להציע שפרטי קורבן המצורע הם חומרים פשוטים ומצויים. ציפורים יש בשפע, אזוב, מקל ארז וחתיכת צמר הצבוע בצבע שני תולעת – ניתנים להשגה בקלות. כולם באים לרמוז על החומרים הדלים שאדם יכול לאסוף בכליו ולבנות מהם סיפור שלם שעלול להיות חץ שלוח בליבם של בני האדם שעליהם סיפר אותו, בלשונו הרעה. בדרך כלל הסיפור מכיל עץ ארז – קטע גרעיני יציב ועובדתי, עם קצת אזוב, להשלמת חסרים וחורים, כמו האזוב שמצוי בתוך הכותל במקומות שבהם האבנים אינן הדוקות זו לזו. קשירת כל אלו בחוט צמר וצביעתם באדום בוהק, שליחתם

כציפור על פני השדה טבולים בקצת דם הציפור השחוטה, יוצרת ססגוניות ועניין. כל אלו הם מעשה לשון הרע עצמו. החזרה אל מקום הפשע, התיאור המדויק של הרוע וקלותו חורטים על ליבו של המצורע, הנטהר מעוונו, את מלוא זוועת הקלות הבלתי נסבלת והנלוזות של מעשהו הנבזי.

פרשת אחרי מות

כיסוי וגילוי

פרשת אחרי מות נעה בין גילוי לכיסוי. באיסורי העריות המצויים בה רווח הביטוי '**לגלות** ערווה' ובמצוות כיסוי הדם ישנה החובה **לכסות** את דם החיה והעוף לאחר שחיטתם. בעקבות המוטיב החוזר הזה בפרשה נעמיק במושגי הגילוי הכיסוי שהם אחד מיסודות הקיום וסודותיו.

התנועה בין גילוי לכיסוי מאפיינת את המציאות האנושית. אפילו יצירת אומנות שאמורה לחשוף ולגלות, מוגבלת ביכולת החשיפה שלה. מה שנגלה לעיני המתבונן ביצירה הוא הרובד החיצוני שבמקורו מונח עולם שלם של מחשבות, אמונות, רעיונות גועשים והלך רוח ונפש. הבטה באותה יצירת אומנות בכוחה להציג חלק מזערי בלבד מכל אותן תחושות שמבקש האומן לבטא. גם מאמר, ספר, מילים ומשפטים שאדם אומר לחברו טעמם המקורי אובד בעת שהם נכתבים או נאמרים. מצד אחד, יש בעצם השיח והמפגש גילוי של העולם הפנימי הסגור בפני כול, מצד שני יש בכך גם בכדי לאפשר לעמוד על עומק הפער שבין מה שבן השיח קולט לבין מה שעדיין טמון בתוך תוכו של האדם הדובר. זהו צד הכיסוי המתגלה מעצם ההיחשפות והגילוי.

הדבר נכון לא רק ביחס לעוצמות רוח האדם אלא ביחס לעולם שאנו חיים בו. אם מביטים על תופעות טבע שונות מנקודות המבט המדעיות: הפיזיקלית, הביולוגית, או הכימית מגלים שניתן לתאר את היקום באופנים שונים ובכך לגלות את הנסתר מעינינו. וביתר חדות לגלות עד מה רב הנסתר על הגלוי. ככל שאנו מאירים יותר פינות ככה מתעצמות הפינות

האפלות. ככל שאנו חודרים את המחיצות כך מתגלה עוביין ועומקן. לפיכך, החכמה היא להביט אל מעבר לגלוי ולהבין שהחלקים הגלויים מעסיקים את המחשבה ומסיחים אותה מן הדבר עצמו. זה שנותר נסתר מעין.

מי שמבין את התופעה הרוחנית הזו, יודע לזהות גם את פניה הגשמיים והבעייתיים. למשל, בשוק ובכלכלה אפשר לזהות מילים ריקות והבטחות חסרות כיסוי. אנשים מחפים במילים ובהבטחות על אי־יכולתם לעמוד בהבטחותיהם. מי שלא מתפתה לשמוע מה שרוצים להשמיע קולט לא רק את מה שנאמר במפורש ("אני מבטיח להחזיר את החוב") אלא בעיקר את מה שלא נאמר והוא העיקר ("אני לא יכול כרגע לשלם"). מתחום אחר לחלוטין ובגוון שונה, זכורני בצעירותי מדריך טיולים שהראה לנו כיצד הוא תופס חגב. הוא הניח אצבע בצד ימין של החגב, ותופף בה. האצבע הסבה את תשומת ליבו של החגב והוא פנה לשמאל, שם המתינה לו יד שמאלו של המדריך שתפסה אותו. אפשר להמשיך בדוגמאות מכל תחום שהוא, אך די באלו על מנת להבין את המלכודת שבנגיש, המואר.

בכיוון זה ניתן להסביר את מצוות כיסוי הדם. הדם הזורם מן החיה השחוטה הוא עדות וגילוי לחיים שלמים, "הדם הוא הנפש". החיה המוטלת לפנינו נטולת רוח חיים מגלה את העובדה המצמררת שמאחורי החיים מסתתר מוות וחידלון. הסופיות של החיים וחסרונם הגדול מתייצבים מול עינינו ומגלים לנו את שאנו מבכרים לעיתים לשכוח. רקנטי בפירושו מתאר זאת במילים ספורות: "סוד כיסוי הדם הוא לחלק לה כבוד למידת הדין". מידת הדין נגלית לעינינו, ואנו מצווים לכסותה ולא להביט בעיניה, להותיר אותה עלומה ולחפש אחר הפשר אותו היא מכסה. ברוח דברי ר' צדוק הכהן מלובלין על מותו של דוד המלך:

> ועל כן אמרו דוד מלך ישראל חי וקיים. דהמיתה היה אצלו רק על דרך כיסוי אור הלבנה בסוף חודש שאינו סילוק האור ממנה בעצם רק כיסוי לעיני הרואים במקום זה ונגלה במקום אחר... (פרי צדיק, קדושת שבת מאמר ז).

גילוי הדם חושף את נוכחות המוות בצל החיים. כיסויו מורה לנו להסיט את עינינו מן החידלון. במקום להביט במוות הנגלה עלינו לעיין בפשר החיים הנסתר. הסברה שהחיים מסתיימים עם כילוי הגוף היא אחיזת עיניים. פשר החיים איננו בגוף המוטל לפנינו אלא בנצחיות הנשמה.

אכילת בשר

נחלקו הפרשנים בפירושה של הפרשייה העוסקת בשחיטה באוהל מועד. הקריאה הפשוטה מלמדת שאסור לשחוט בשר שאינו מיועד להקרבה:

אִישׁ אִישׁ מִבֵּית יִשְׂרָאֵל אֲשֶׁר יִשְׁחַט שׁוֹר אוֹ כֶשֶׂב אוֹ עֵז בַּמַּחֲנֶה
אוֹ אֲשֶׁר יִשְׁחַט מִחוּץ לַמַּחֲנֶה.
וְאֶל פֶּתַח אֹהֶל מוֹעֵד לֹא הֱבִיאוֹ לְהַקְרִיב קָרְבָּן לַה׳ לִפְנֵי מִשְׁכַּן ה׳
דָּם יֵחָשֵׁב לָאִישׁ הַהוּא דָּם שָׁפָךְ,
וְנִכְרַת הָאִישׁ הַהוּא מִקֶּרֶב עַמּוֹ. לְמַעַן אֲשֶׁר יָבִיאוּ בְּנֵי יִשְׂרָאֵל אֶת זִבְחֵיהֶם
אֲשֶׁר הֵם זֹבְחִים עַל פְּנֵי הַשָּׂדֶה וֶהֱבִיאֻם לַה׳ אֶל פֶּתַח אֹהֶל מוֹעֵד אֶל הַכֹּהֵן,
וְזָבְחוּ זִבְחֵי שְׁלָמִים לַה׳ אוֹתָם (י״ז, ג-ה).

נחלקו ראשונים באיזה בשר מדובר. לפי הרמב״ן מדובר בכל בשר: חולין והקדש, ואילו לפי רש״י ״במוקדשין הכתוב מדבר״. לדבריו הפרשה כולה נאמרה באשר לבעלי חיים שכבר הוקדשו על ידי בעליהם והם מיועדים להקרבה. רק עליהם אומר הכתוב שנאסר להקריבם בחוץ. ומכאן למדנו על איסור ״קדשים בחוץ״.

בספר דברים, בפרשת ראה, נאמר במפורש שיש להבחין בין בשר הקודשים שאסור להקריב בחוץ, אלא רק במקום שאותו יבחר ה׳, והותר במפורש לאכול בשר תאווה ״בכל שעריך״. כלומר, בשר שאינו מוקדש, הותר באכילה בכל מקום:

הִשָּׁמֶר לְךָ פֶּן תַּעֲלֶה עֹלֹתֶיךָ בְּכָל מָקוֹם אֲשֶׁר תִּרְאֶה
כִּי אִם בַּמָּקוֹם אֲשֶׁר יִבְחַר ה׳ בְּאַחַד שְׁבָטֶיךָ שָׁם תַּעֲלֶה עֹלֹתֶיךָ
וְשָׁם תַּעֲשֶׂה כֹּל אֲשֶׁר אָנֹכִי מְצַוֶּךָּ.
רַק בְּכָל אַוַּת נַפְשְׁךָ תִּזְבַּח וְאָכַלְתָּ בָשָׂר כְּבִרְכַּת ה׳ אֱלֹהֶיךָ אֲשֶׁר נָתַן לְךָ
בְּכָל שְׁעָרֶיךָ הַטָּמֵא וְהַטָּהוֹר יֹאכְלֶנּוּ כַּצְּבִי וְכָאַיָּל (דברים י״ב, יג-טו).

רש״י, בעקבות הספרא, סובר שאין סתירה בין שתי הפרשיות, הפרשה בויקרא כלל לא התייחסה לבשר תאווה אלא לבשר שכבר הוקדש ואמור להיות מוקרב. הרמב״ן לעומתו סובר שיש סתירה ביניהן, והוא מיישב אותה בקביעה כי בכניסה ארצה התחולל שינוי הלכתי, ואף שבמדבר הותר בשר

בדרך של הקרבה בלבד, הרי שעם הכניסה לארץ הותר לאכול גם בשר "תאוה" בכל מקום:

> כי אף על פי שיתיר בשר תאווה כשירחיב השם גבולם מפני שאינם במקום המקדש לא יתיר כן במדבר אפילו חוץ למחנה, לפי שאינם רחוקים מן המזבח כאשר יהיו בארץ שירחיב השם גבולם כי אז יתיר להם בשר תאוה (רמב"ן לפרשתנו).

הרמב"ן סובר שהביאור שלו נמצא בפשט הפסוקים בפרשת ראה, שם נאמר במפורש שהסיבה להיתר בשר תאווה הוא ההתפשטות של מרחבי המחיה.

> כִּי יַרְחִיב ה' אֱלֹהֶיךָ אֶת גְּבוּלְךָ כַּאֲשֶׁר דִּבֶּר לָךְ
> וְאָמַרְתָּ אֹכְלָה בָשָׂר כִּי תְאַוֶּה נַפְשְׁךָ לֶאֱכֹל בָּשָׂר
> בְּכָל אַוַּת נַפְשְׁךָ תֹּאכַל בָּשָׂר (דברים י"ב, כ).

במחנה ישראל במדבר אפשר לדרוש הבאת כל בשר להקרבה בטרם אכילתו. בארץ מדובר בנטל שימנע כליל את האפשרות לאכול בשר. שיטת רמב"ן מבוססת על המדרש שאף הוא מציע לקרוא את הדברים שבפרשת אחרי מות כהוראה המתאימה לזמנה – מחנה ישראל במדבר. שם אכן נאסר כל בשר שאינו מוקרב. וכי מדובר בהוראה ששונתה עם הכניסה לארץ רק שם הותר לאכול בשר חולין. ולהיתר זה מתאימה ההוראה שבחומש דברים. וזהו מדרש האגדה שעליו מתבסס הרמב"ן:

> רבנין אמרין:
> הרבה דברים אסר אותן הקדוש ברוך הוא וחזר והתירן במקום אחר, תדע לך אסר הקדוש ברוך הוא לישראל לשחוט ולאכול עד שיביאנו פתח אהל מועד... וכאן חזר והתירו להם שנאמר רק בכל אות נפשך תזבח ואכלת... (דברים רבה, ד).

מה הרקע להבדלים בין גישות הראשונים ובין המדרשים שעליהם הם מתבססים? מדוע האחד בוחר להצביע על סתירה ולהשאירה על כנה והאחר בוחר לטשטש אותה וליישב את הפער בין הפסוקים?

אפשר לומר שההבדלים קשורים לפרשנות המקרא בכלל, אך ניתן לראותם כביטוי של מחלוקת לגבי אכילת בשר. שתי הגישות מציגות שתי עמדות שונות באשר ליחס שבין הקרבה ואכילת "בשר תאווה" (אכילה לצורך אכילה, ולא כתוצאה של הקרבה). לדעת רש"י, מאז ומעולם היה מותר לאכול בשר תאווה במקביל לאפשרות של ההקרבה. לעומת זאת, לדעת הרמב"ן היתר בשר תאווה הוא מאוחר, ונולד בדיעבד מפני חוסר האפשרות להגיע לבית המקדש לצורך אכילת בשר בכל סעודה וסעודה בארץ שאינה כגודלו של המחנה במדבר.

למחלוקת הזו יש משמעות ביחס לעצם אכילת הבשר, לחזון הצמחונות והשלום. אבל מעבר לכך היא נוגעת גם לתפיסת ההקרבה במקדש.

לדעת רש"י מדובר באפשרות של חול לעומת קודש. האדם רשאי לבחור במעשיו לעשות אותם בדרך הפשוטה ויש לו תמיד הדרך גם לקדש את החול, ואפילו את אכילת הבשר.

הרמב"ן מבין אחרת. ההקרבה, לדבריו, היא האפשרות המומלצת היחידה לאכול בשר, לכתחילה. יש נימוס מסוים בכל אכילה שדורש לנהל אותה דרך המקדש כשם שכל אכילת פירות מחייבת הפרשת תרומות ומעשרות. זה לא עניין של קדושה, זה עניין של דרך ארץ. הידיעה הברורה שכל מה שאני אוכל או עושה יש לו כללים מתוקנים לעשייתו. זה לא רק המצווה והאיסור, ולא רק ההבדל בין קודש לחול, זו הנהגה. ההגעה לארץ ישראל, הרחבת הגבולות, ההתרחקות מן הקודש, יש בהן ממד חיובי של נוחות ועצמאות אבל ככל פיזור יש בהן גם שחרור מכבלים של מוסכמות – גם מוסכמות דתיות. קל יותר לחטוא כשרחוקים מהבית, ואין פוקחים עליך עין. לאכול בחוסר נימוס ובניגוד לכללים, לעשן סמים בהודו וכדומה. הכניסה לארץ במקרה הזה יוצרת ריחוק מהמרכז, בעוד שבמדבר הכול היה ריכוזי ומושגח ונתון בקירבה קבועה למקום הקודש.

אלא שכנראה אין מנוס מהריחוק-שחרור הזה הוא צורך של הנפש, ומתאים להוויה החדשה של החיים בארץ.

אך ניתן להסביר את שיטת הרמב"ן גם בדרך הפוכה, לאור הסוגיה בזבחים (קז ע"ב). הסוגיה דנה בשאלה אם מי שמקריב בימינו קורבן מחוץ למקדש חייב כמקריב קודשים בחוץ, ומביאה מחלוקת בין ר' יוחנן וריש לקיש. הגמרא תולה את מחלוקתם בשאלה אם מקום המקדש התקדש לנצח או שקדושתו בטלה, אך על הכול מוסכם שאם קדושת המקדש בטלה, בטל

איסור קודשים בחוץ. אין פנים וחוץ יותר. מחלוקת האמוראים חושפת אפשרות שלפיה כל אכילת 'חוץ' יכולה להיות למעשה קודשים. משבטל המקדש, הפך כל העולם במה לקדושה. ואולי לכך רומז הרמב"ן. אכילת חולין בארץ מתוך הרחבת גבולות, היא ישיבה בחצר בית ה', ואף מחוץ לגבולות הארץ הקדושה מתפשטת. אכילה נכונה בשחיטה יכולה להעלות את אכילת החולין למעלת הקורבנות בשעתם.

עונש שמענו, אזהרה מניין?

כשמאחדים את פרשות קדושים ואחרי מות, שתי פרשות העריות נקראות באותה שבת. זו שבפרק י"ח וזו שבפרק כ'. ההבדל העקרוני בין שתי הפרשות הוא, שהפרשה הראשונה נאמרת בלשון של אזהרה והפרשה ואילו השנייה מתארת את הענישה ההולמת כל אחת מעברות העריות. אומנם, אין התאמה מושלמת בין הפרשיות מבחינת רשימת האיסורים והעונשים, אבל החפיפה גדולה מאוד. המבנה הזה של רשימת איסורים ואחר כך רשימה נוספת ובה התאמת עונש לכל איסור הוא די נדיר אבל חז"ל סבורים שאזהרה שבצידה, בנפרד, ישנה ענישה היא הדרך המחייבת לקביעת איסורים. חז"ל ניסחו זאת בשני אופנים. פעם כעיקרון רחב: "אין עונשין אלא אם כן מזהירין" ופעם בלשון קושי: "עונש שמענו אזהרה לא שמענו" או "עונש שמענו, אזהרה מנין?". ההנחה הפשוטה של חז"ל היא שלא ניתן להודיע לנו שניענש אם נעשה מעשה מסוים, כל עוד לא הודיעונו שהמעשה עצמו אסור. זאת אף שניתן היה להניח כמובן מאליו שאם התורה קובעת עונש על מעשה מסוים הרי שהיא אסרה אותו.

במשפט הכללי קיים עיקרון שנקרא "עקרון החוקיות" משמעו שהשלטון אינו יכול להעניש בשל התנהגות, אלא אם זו נאסרה קודם לכן. לשאלה מדוע זהו אחד מעקרונות היסוד בדין הפלילי יש כמה תשובות. האחת נוגעת להגבלת הכוח השלטוני. החשש הוא מפני האפשרות של השלטון להעניש בלי לטרוח לציין מבעוד מועד שהמעשה אסור ומפני הפעלת כוח וסמכות בצורה שרירותית. אחת הנגזרות של עיקרון זה היא שלא ניתן לחוקק חוקים למפרע, כאלה שיגרמו לאנשים שעשו מעשה שהיה מותר, למצוא עצמם לפתע עבריינים וחסרי הגנה מפני החוק. העיקרון הזה הוביל לדרישות פרשניות קפדניות ויצר תתי כללים כמו: 'כלל הוודאות

המרבית' ו'כלל הפרשנות הדווקנית'. שני הכללים הללו קובעים שבית הדין לא יוכל לפלפל בלשון החוק ובדרך פלפולו ליצור מסגרת איסורית עליה גם יעניש. יש לוודא שהאדם העומד לפנינו היה יכול לדעת שהמעשה אסור והיה עליו להימנע ממנו. לכן החוק צריך להיות מנוסח בדרך בהירה והפרשנות לו חייבת להיות מדויקת ובלי מניפולציות פרשניות (בהשוואה בחז"ל: "אין עונשין מן הדין").

ריבוי המקרים שבהם חז"ל מתאמצים להוכיח שהתורה אכן הזהירה מפני עשיית המעשה בצירוף עם המקרים עליהם לא שואלים בכלל, מלמדים שהתורה לא הייתה שיטתית בעניין הזה ולא עמדה בסטנדרטים הנדרשים ליישום העיקרון הזה. כך למשל, נאמר: "וּמַכֵּה אָבִיו וְאִמּוֹ מוֹת יוּמָת", וחז"ל תוהים היכן נאסר להכות אב או אם? הפתרון לתהייה ספציפית זו הוא שבאמת לא נאמר בשום מקום שהכאת הורים אסורה, אבל כתוב לגבי רשע שנענש בבית דין במלקות: "אַרְבָּעִים יַכֶּנּוּ לֹא יֹסִיף". הוראת התורה להקפיד ולהיזהר אף מהכאה אחת מיותרת (לא יוסיף) גם לגבי אדם שמותר להכותו, מגלה שהתורה הקפידה על הכאת אדם הכאה שאין הוא ראוי לה. מכאן קל וחומר להורים שאין להכותם כלל (מכילתא דרבי ישמעאל, מסכתא דנזיקין, פרשה ה). הקל וחומר הזה אינו פשוט, כי ממנו ניתן ללמוד שאסור להכות כל אדם ואין ממנו אזהרה מיוחדת ביחס להכאת הורים דווקא. יחד עם זאת, אין בתורה עונש למכה אדם שאינו אחד מהוריו. אם כן, צריך יהיה לומר שיש איסור רחב של הכאה בתורה, אך רק מי שמכה את הוריו גם נענש על ההכאה. או להסביר את הקל וחומר בדרך אחרת ולומר, שכיוון שיש עונש על הכאת הורים, אנו שומעים מהדין במלקות לא רק אזהרה שלא להוסיף על מכותיו של הלוקה אלא גם את האזהרה שלא להכות הורים דווקא, שלגביהם אנו יודעים שיש גם עונש. ואז מתברר שחלק מן האזהרה נתון בניסוח העונש דווקא אולם גם אין בנמצא אזהרה העומדת לעצמה. מכל מקום, דרך הלימוד הזו היא עקיפה, עמומה ומפולפלת מדי, ואינה שומרת את זכותו של האדם לדעת את החוק ולהיות מסוגל להבינו בפשטות. ואם אין עונשין מן הדין (על פי קל וחומר) האם מזהירים מן הדין?

נראה שזיהוי הכלל שאין עונשין אלא אם כן מזהירים עם עקרון החוקיות אינו מתיישב היטב. על כן, יש לבחון אפשרויות אחרות להבנת העיקרון שאין עונשין אלא אם כן מזהירין. בעל ספר החינוך הסביר כך:

> היה במשמע שיהיה רשות ביד כל הרוצה לקבל העונש ולא יחוש לצערו לעבור על המצוה ולא יבוא בזה כנגד חפץ השם יתברך ומצותו, ויחזור דבר המצוה כעין מקח וממכר, כלומר הרוצה לעשות דבר פלוני יתן כך וכך ויעשהו או יתן שכמו לסבול כך ויעשהו,
>
> ואין הכוונה על המצוות בכך, אלא שהא־ל לטובתנו מנענו בדברים והודיענו במקצתן העונש המגיע לנו מיד מלבד העברת רצונו שהיא קשה מן הכל.
>
> וזהו אמרם ז״ל בכל מקום לא ענש אלא אם כן הזהיר, כלומר לא יודיע הא־ל העונש הבא עלינו על העברת המצוה אלא אם כן הודיענו תחילה שרצונו הוא שלא נעשה אותו הדבר שהעונש בא עליו (מצוה סט).

לדבריו, אילו התורה הייתה מסתפקת בתיאור הענישה שתינקט כנגד מי שעשה מעשים מסוימים, אזי משמעות אפשרית הייתה שהתורה אינה אוסרת לעשות את המעשים הללו כשלעצמם, ומותירה לשיקול דעתו של כל אדם אם לעשות את המעשה ולשלם את ה״קנס״ הנקוב כנגד המעשה, כשם שיש אנשים שמעדיפים שלא לבזבז זמן על מציאת חניה במקום מותר ורואים בקנס על חניה במקום שבו זו נאסרה סוג של תעריף גבוה יותר עבור חניה נוחה וזריזה. הטענה של ספר החינוך היא שבאמצעות האזהרות משתקפת דמותה של התורה כמחנכת וכמכתיבה ערכים. מטרת התורה אינה לתפוס חוטאים אלא להנחיל דרך חיים. תפיסה זו של בעל ספר החינוך עשויה להתיישב גם עם קריאות עמומות ואף ניתן לטעון שדווקא ניסוחים עמומים משיגים בדרך טובה יותר העברת מסרים רחבים. הטענה שמטרת התורה היא לא להגדיר את הגבול בין לגיטימי לפלילי בלבד אלא ללמד אותנו דרכי התנהגות ולהקנות לנו ערכים – מחייבת מלכתחילה קריאה אחרת בה. קריאה זו היא קריאה מכלילה ורכה יותר, המסרים בה נאמרים לעיתים בעקיפין, משום שלפעמים לא צריך לומר שאסור להכות, אפשר לדבר על מקרי קצה ומהם נסיק בעצמנו שאסור להכות בכלל. האזהרה לא באה לחפות על המעשה השלטוני או להגן על האזרח מפני שרירות ליבו, אלא כדי ללמד את האדם מהי הדרך שבה ילך. רק על חלק מן ההדרכות הללו יש עונש. והכלל שאין עונשין אלא אם כן מזהירין נועד בעיקר כדי להצביע על ההלימה בין הערכים ובין מימושם. זוהי דרכם של חז״ל לחזור ולבחון מהו עקרון היסוד שבגינו לעיתים יש גם עונש.

פרשת קדושים

לא תקלל חרש

שתי הוראות שבתורה מכוונות למנוע ביזויו של אדם. מן הצד האחד קיימת האזהרה של "אֱלֹהִים לֹא תְקַלֵּל וְנָשִׂיא בְעַמְּךָ לֹא תָאֹר" (שמות כ"ב, כז) ומן הצד השני קיימת ההוראה "לֹא תְקַלֵּל חֵרֵשׁ" (ויקרא ט"ו, יד). נוספת עליהם גם הוראה מקבילה ביחס להורים: "וּמְקַלֵּל אָבִיו וְאִמּוֹ מוֹת יוּמָת".

מדרש ההלכה עירב את שלל ההוראות יחדיו ומבאר שהמכנה המשותף הרחב מעיד על כך שהאיסור לקלל מתייחס לכל שכבות החברה: "הצד השווה שבהן: שהן בעמך ואתה מוזהר על קללתן" (מכילתא דרבי ישמעאל, משפטים, פרשה ה; סנהדרין סו ע"ב). המסקנה ההלכתית אומנם מסייגת את אופי האיסורים ומדייקת כי קללה היא דווקא קללה הנאמרת במטבע הייחודית של קללה (משנה, שבועות פ"ד מי"ג). אולם קשה להחמיץ את המסר שלפיו ההקפדה והזהירות בכבוד נשיא ובית דין זהות לחלוטין להקפדה על כבודם של האומללים שבשולי החברה, כחרש. ההשוואה הזו מסיטה את הדיון מן הטכניקה האיסורית ומעמידה במרכז את הדיון על המושג הערטילאי רוחני של ביוש וזילות. וכמו שמפרש הרש"ר הירש: "לא תקלל – אפילו במילה שאין לה כוח להזיק: אל תאחל לאדם שיאבד ברשעו".

ההשוואה בין קטני העם לבין ראשיו לעניין זה של כבוד האדם זכתה בשנים האחרונות לעיגון משפטי במדינת ישראל. ההכרה בזכות היסוד של כל אדם לכבוד, זכות שיש לה נגזרות רבות, הולכת ותופסת מקום נרחב בתודעה של האדם המודרני. ובעוד שבעולם העתיק כבוד מגיע לשווים

אליך בלבד (honor), הרי שהתפיסה המתקדמת דומה יותר לתפיסה העולה כאן מן התורה, שכבוד אינו נחלת אליטות כאלה ואחרות אלא הוא טמון בסגוליותו של האדם באשר הוא אדם ובצד השווה שביניהם (dignity). גם אדם שאינו מודע לפגיעה בכבודו (כחירש שמקללים אותו), כבוד האדם שבו נפגע (וראו: אורית קמיר, 'שאלה של כבוד').

הרמב"ן מעיר כי ה'חרש' וה'נשיא' אינם שני קטבים חברתיים שנועדו לטשטש את פערי המעמדות ולהציב את עקרון האנושיות והשוויון הרחב במרכז. לדעתו יש בין שני מעגלים חברתיים מובחנים אלו קווי דמיון המייחדים אותם משאר חלקי החברה. מדבריו ניתן ללמוד כי מדובר בשני קהלים שרגילים לשאת עלבונות. באשר לאותם האומללים המיוצגים באמצעות ה'חרש' – הדבר ברור. אולם הרמב"ן מזכיר כי בה במידה אנו נוהגים לקלל בחדרי חדרים גם את נשיאי העם ואת מנהיגיו, שאת הכשלים שבהנהגתם אנו נוהגים לראות ולבקר. גם את הדיינים אנו נוטים בקלות רבה מדי לקלל ולמעט בערכם, וזאת מפני שאנו חשים לא אחת חוסר נחת מהכרעותיהם השונות המכבידות על חיינו. וכדבריו: "והוסיף לאו אחד במושלים, הנשיא והדיין, בעבור שדרך האנשים לקללם בחדרי משכב". הקללה והטלת הקלון הם מעשים שאינם שפיטים, הם שולחים ארס מועט ואינם יוצרים פגיעה מוחשית אלא 'רק' פיחות מעמד. בעיקר הם הדרך להביע תרעומת על מי שלא ניתן לפגוע בו בדרך אחרת, זוהי דרך מופלאה "לשחרר קיטור" מבלי לתת על כך את הדין. הרש"ר מחדד ש"שחרור קיטור" באופן הזה הוא זרע האלימות: "הן הקללה מבטאת את כל רוע ליבו של המקלל. רק מתוך שאין לו כוח הוא נמנע מלהרע לחברו" (רש"ר הירש).

אולם יש גם צד נוסף לעניין הזה. מתוך עיון בבעיה הצומחת מקללת החירש ניתן להבין את העוול שנגרם מקללות בכללן, גם אלו המכוונות אל רמי המעלה ומנהיגים. רבים עמדו על כך שייחודו של החירש מצוי בכך שאיננו שומע ואיננו יכול להיפגע ישירות מן המקלל וקללתו. אולם הערה אחת של ר' מנחם רקנטי הופכת את הדיון על פיו ומשווה לו משמעות חדשה:

> יש ליתן טעם לפי הפשט, כי החרש חסר ממנו כח הדבור והשמיעה, והחסר מן הדבר מוכן לקבל היזק מן החוש החסר בו יותר ממקום אחר.

ההדגשה של הרקנטי אינה רק על בעיית השמיעה של החרש אלא אף על היעדר כוח הדיבור שלו, כמו שמפורש במשנה: "חרש שדיברו בו חכמים

בכל מקום שאינו לא שומע ולא מדבר" (משנה, תרומות פ"א מ"ב). בהמשך לדבריו נראה להסביר שהפגיעות של החירש איננה רק בכך שאינו שומע את הקללה. אלא בכך שאינו יכול להתקומם נגדה. הוא חסר את היכולת להגיב ולהשיב לדברי הבלע הנאמרים כנגדו. בזה הוא שותף לצרה לצידם של נשיאים ואנשים רמי דרג. גם אלו כמותו חשופים לדברי בלע. כיוון שלא ניתן להדיחם ממעמדם בדרך קלה ופשוטה, סלולה ופתוחה הדרך לסנן קללה, ללחשש, לזרוע שמועות, לזלזל בדרכם למעט בערכם, להכפיש את שמם ולהגביר את השנאה כלפיהם. מכאן עולה שאיסור הקללה מכוון כנגד מי שמשתמש באמינותו ובזמינותו, במעמדו, בכוחו ובמוניטין שלו (כפי שמציין אבן עזרא: "בעבור שיש לך כח") כדי להטיל רבב באחרים. קללות, בדרך כלל, לא נועדו לדיון או לוויכוח, הן אינן מבוססות על עובדות אלא על תחושות. במובן זה, הנפגע מהן הוא "חירש־אילם" – חסר אונים בהגדרה, ידיו קשורות ואין ביכולתו להגיב וללחום את מלחמתו.

וחי בהם

בהקדמתה לפרשת העריות (ויקרא י"ח) מציינת התורה כי איסורי העריות מתארים הפך מן המקובל במצרים וכנען, וכי בהם מתייחד עם ישראל אשר עושה את משפטי ה' ואת חוקיו הוא שומר. במסגרת שיחת עידוד זו, המטרימה את פרטי האיסורים מצויה גם ספק הבטחה, ספק קביעה או דרישה: "וחי בהם":

> וּשְׁמַרְתֶּם אֶת חֻקֹּתַי וְאֶת מִשְׁפָּטַי אֲשֶׁר יַעֲשֶׂה אֹתָם הָאָדָם **וָחַי בָּהֶם** אֲנִי ה' (פסוק ה).

בחינה רעיונית, הלכתית ומעשית של הביטוי "וָחַי בָּהֶם" מצביעה על כיוונים אפשריים שונים. המשנה במסכת מכות דנה בשאלת השכר והעונש ובה מובאת דעת ר' שמעון שדי בכך שאדם אינו עובר עברות כדי לזכותו בשכר בדומה למי שקיים מצווה. ההוכחה של ר' שמעון היא מן הפסוק שלנו – "וחי בהם". ה' שואל מאיתנו שנחיה ותו לא. פשטות החיים והליכה בתמימות במסגרת המגבלות שהוטלו עלינו היא עצמה קיום רצון ה' של "וָחַי בָּהֶם" גם בלי לבצע פעולות אקטיביות (מכות פ"ג מ"ט). לדבריו לא צריך להיבהל מרשימת העריות ולראות בה מגבלה, אלא להפנות את נקודת המבט אל

מרחב התמרון הגדול, המגרש של החיים עצמם. אין דרישה משמחת יותר מהדרישה לחיות.

כיוון שונה נמצא במדרש התנאים (ספרא) לפרשתנו:

ושמרתם את חוקותי ואת משפטי, אשר יעשה אותם האדם,
ליתן שמירה ועשייה לחוקים ושמירה ועשייה למשפטים,
וחי בהם – לעולם הבא (ספרא, פרשה ח פרק יב, י).

הספרא, בניגוד לדברי ר' שמעון, סבור שבמילים "וָחַי בָּהֶם" אין הוראה מעשית. מילים אלו הן בגדר הבטחה. והן מהוות תמריץ למי שהמגבלות, האיסורים והמצוות שיש לקיים נחוות אצלו כאתגר וקושי. הקב"ה אף הוא רואה בזה "עבודה" הראויה לתגמול, ומבטיח שכר ראוי לעולם הבא.

בחסידות נתפרש "וָחַי בָּהֶם" כדרך לייצר משמעות ולהפיח חיים בשיממון הכללי. המצוות, החוקים והמשפטים נוטלים חוטים פשוטים ומעלים אותם לדרגת ציצית, בכך הם מאפשרים לאדם להכניס לחייו תוכן בעל ערך. המצוות עצמן הן המתכון לחִיות ממשית. בניגוד לדעת ר' שמעון החיים אינם נרכשים במסגרת המותר ואינם מתבטאים בחלל הפנוי, החיות האמיתית יונקת דווקא מן המצוות (תורת המגיד, אחרי מות, ד"ה ושמרתם).

התוספתא במסכת שבת מעניקה למילים "וָחַי בָּהֶם" משמעות שונה. "חיים" בתוספתא אינם הוראה כללית גרידא, אלא הלכה של ממש נגזרת מהם. קיום המצוות נדחה מפני פיקוח נפש:

ר' אחא אמר משם ר' עקיבא,
הרי הוא אומר: אם במחתרת ימצא הגנב וגו',
בעל הבית מהו ודיי (ודאי) או ספק?
הוי או'(מר): ספק.
אם הורגין נפש להחיות נפש בספק,
דין הוא שידחו את השבת להחיות נפש בספק.
הא לא נתנו מצות לישראל אלא לחיות בהן, שנאמר: אשר יעשה אותם האדם וחי בהם,
וחי בהן – ולא שימות בהן.
אין כל דבר עומד בפני פקוח נפש חוץ מעבודה זרה וגלוי עריות ושפיכות דמים (תוספתא, שבת פט"ו הי"ז).

המקור להלכה שיש לחלל שבת להצלת נפש הוא בפסוק שלנו "וָחַי בָּהֶם". גנב המגיע לביתו של אדם בלילה נחשב ל"רודפו" של בעל הבית, ועל כן מותר לבעל הבית להורגו למרות הספק אם אומנם מתכוון הגנב להורגו, אם ייתפס. מכאן מסיק ר' עקיבא שגם לשבת יש "דין רודף", ואם השבת "רודפת אחרי האדם להורגו," ואם ישמור את הלכותיה יש ספק אם יחיה, עליו ל"הרוג את השבת" ולקיים את נפשו. אומנם נצטווינו על מצוות רבות אך החיוב לקיימן אינו במחיר חיינו. אומנם ישנם חוקים ומשפטים, אך ישנו חוק יסוד החיים – "וָחַי בָּהֶם" – הגובר על כלל החוקים והמשפטים ומבטל אותם (למעט ביחס לשלוש מצוות, שמפתיע לגלות ביניהן את איסורי עריות הנזכרות יחד עם הכלל "וָחַי בָּהֶם").

עד כה הצגנו את המילים **וחי בהם** כהבטחה לשכר (ספרא), כתודעה קיומית (ר' שמעון), כתיאור החיים הדתיים (המגיד) או כהוראה הלכתית עצמאית (ר' עקיבא). ניתן לפרש את "וָחַי בָּהֶם" גם כנימוק וטעם להוראות הפרטניות הניתנות בפרשת העריות בדווקא. מי שבוחר בחיים כפולים, בבגידה במשפחה הקרובה לו ביותר, בין בדרך של נישואין בתוך המשפחה, ובין בדרך של ניאוף, הריהו חומק מן החיים עצמם. בניאוף בולט הדבר יותר: אדם אינו מוכן לחיות את חייו שלו, ובוחר במקומם בחיי אשליה נטולי ממשות. אבל הדבר נכון גם לשאר העריות שבהן מתגלה הנטייה לטשטש את מקומה המדויק של המשפחה בחיים. הבגידה הזו בערך המשפחה היא חוסר הבנה היכן מוקד החיים של האדם, היעדר הבנה שהטוב עצמו נמצא בחיים כמות שהם.

לא תיקום ולא תיטור

התורה כופלת את איסור הנקמה וקובעת כי אין לנקום וגם אין לנטור. נקימה ונטירה הן לכאורה מילים נרדפות, אלא שהנחת המוצא הפרשנית של חז"ל היא שהתורה אינה נוקטת בלשון פיוטית וריבוי מקבילות רק לצורך היופי הספרותי ולכפילויות הללו יש משמעות. על כן יש לדרוש וללמוד מהו ההבדל בין שני הביטויים בהנחה שמדובר בשני איסורים שונים.

במדרש מובא שנקימה היא הימנעות ממעשה חברי וידידותי כגמול על הימנעות דומה שנהג בו הנזקק כעת:

אמר לו השאילני קרדומך ולא השאילו.
למחר אמר לו השאילני מגלך.
אמר לו איני משאילך כשם שלא השאלתני
זו היא נקימה (יומא כג ע"א; מדרש אגדה, קדושים סי' יח).

מדובר באיסור לנקום 'נקמות מתוקות'. ההתבוננות בחבר שהתנשא עליך בעבר, הכושל בעצמו כעת וזקוק לעזרה לא פחותה מזו שנזקקת לה אתה.

נטירה, על פי אותו מדרש, היא המקרה שבו אתה דווקא נענה לבקשה, אך טורח להזכיר למבקש שבמקרה ההפוך, דווקא לא נענית בחיוב. ונדיבותך הגדולה היא שגורמת לך כעת להתגבר על הרגשות השפלים של הרצון לנקום, אך כל זאת בחסד. לא בדין:

אמר לו השאילני קרדומך ולא השאילו,
למחר בא אליו אמר לו השאילני מגלך,
אמר לו הא לך קחנו איני כמותך שלא השאלתני,
זו היא נטירה (שם).

לפי זה, נכון יהיה לומר שנקימה היא **במעשה** ונטירה היא **בדיבור, במילים**. המדרש בחר לתאר את ההלכות הללו בדרך אגדית וסיפורית מפני שנראה שהוא רוצה לפתוח פתח גם להבנת הסיטואציה האנושית. החטא טמון כאן במפגש השגוי בין שני האנשים. הוא טמון בעומק המעשה ולא במעשה עצמו. הוא טמון במשמעות המילים ולא במילים עצמם.

הסיפורים הללו מחדדים את העובדה שאף שמבחינת המבקש תוצאת הנקימה גרועה מתוצאת הנטירה, הרי שמהבחינה האנושית המצב הוא הפוך. מצד הפגיעה המעשית, הנקמה חמורה מן הנטירה. אולם מבחינת הפגיעה הנפשית הנטירה חמורה מן הנקמה.

ההדדיות שבנקמה מאזנת את התמונה. הנפגע יודע בליבו מעתה שהפוגע אינו טוב ממנו. אף הוא נכשל באותו הדבר. הוא גם אינו נאלץ לעשות שימוש במכשיר שהוא נזקק לו אך טעם מר מלווה את השימוש בו. אולם הנוטר נוקם בעצם המעשה הטוב שהוא עושה. בעצם המעשה הצדקני שנעשה תוך הודעה והכרזה על חוסר ההדדיות, על חוסר השוויון ועל עליונותו האנושית והמוסרית מכפילה את הפגיעה.

ה'חזקוני' שואל מה דינו של אדם שאינו משאיל את חפציו לא כנקמה, אלא סתם מתוך צרות עין? מדוע אין התייחסות של התורה למצב הזה. והלוא רוב המקרים בעולם של אי־סיוע או הענקה והשאלה אינם נובעים ממערכת יחסים מקולקלת, מקטטה או זיכרון מר.

על כך משיב החזקוני:

> ויש לומר שהראשון לא הניח להשאיל לו אלא מחמת צרות עין שהיה מגלו (=המגל שלו) חביב עליו ואין הקדוש ברוך הוא מכריחו להשאיל כליו שלא מרצונו. אבל זה שהיה משאיל לו לולי השנאה שהוא רוצה להינקם, אם כן מחמת שנאה הוא עושה כך,
> לפיכך אמר הקדוש ברוך הוא תנצח האהבה שיש לך עמו את השנאה שיש לך עמו ומתוך כך יבא שלום בעולם.

החזקוני סבור שאין חובה להשאיל. זכות הקניין יכולה להישמר גם אם היא נגועה באנוכיות. קל וחומר אם צרות העין נובעת מחשש לקלקול או השחתה של הכלי המבוקש. התעלמות כזו מצורכי האחר נתפסת בעיניו כלגיטימית.

נקמה ונטירה, לעומת זאת, אינן לגיטימיות. אין חובה לעשות טובות, אבל יש חובה להימנע מיצירת מעגל שנאה, ויש חובה להימנע מיצירת תחושת נחיתות ועליונות מוסריות הגורמות לאדם לשנוא את עצמו.

אם כן, אף לדברי החזקוני הדגש באיסורים הללו אינו בהכרח על התוצאה המעשית, אלא על המהות הפנימית. על ההתרחשות שבמפגש ועל יצירת הריחוק התודעתי. על אלו מוטל האיסור במלוא כובדו.

השל"ה הרחיק עוד וכתב: "'נטירה' – בלב שנוטר בלבו, אף על פי שנותן לו זוכר מה שעשה לו; 'נקימה' – אינו משאילו כמו שלא משאילו האחר" (תוכחת מוסר).

לפי השל"ה, הנטירה אסורה גם כשהאדם משאיל ואינו אומר דבר רע לחברו אך זוכר בליבו ומציין לעצמו כי הוא טוב מחבירו. זוכר ולא שוכח. זוכר ואינו סולח.

הפסוק חותם בקביעה כי כל זה לא נאסר אלא ביחס ל"בני עמך", וממשיך בצו: "ואהבת לרעך כמוך". אין איסור נקימה ונטירה באומות העולם מפני שזה אינו איסור טבעי, אדרבה, באופן טבעי מידת הצדק דורשת גמול הולם וענישה.

אין חובה לנקום בגויים, אבל בהחלט מותר שלא לשכוח ושלא לסלוח.

איסור הנקימה והנטירה בבני עמך חותר ליצור אחוה וסולידריות שמעבר לצדק ולדין. כי אנו רוצים לאהוב ומעדיפים לאהוב. לא מפני שהעולם מלא ברוך, בחמלה ובחסד. אלא כי האהבה עצמה היא בעלת ערך. טוב לאהוב.

פרשת אמור

"אותו ואת בנו לא תשחטו ביום אחד"

מצוות 'אותו ואת בנו לא תשחטו ביום אחד' בוארה וסווגה על ידי פרשנים בדרכים שונות.

רבים מן הפרשנים והמדרשים ראו בה מצווה תאומה של מצוות שילוח הקן: "לֹא תִקַּח הָאֵם עַל הַבָּנִים" – שתי מצוות שמטרתן המשותפת היא לסגל לאדם את מידת הרחמים. היו שסיווגו את האיסור וכללו אותו עם מצוות כיבוד הורים, המחייבת שימת לב לערך המשפחתיות (מלמד התלמידים), ואחרים סברו שהאיסור קשור לאיסור עבודה זרה: באמצעות התייחסותו של הקב"ה גם לבעלי החיים לסוגיהם השונים, מן הים ומן היבשה מתבררת שליטת ה' בתבל כולו (משך חכמה).

אפשרות אחרת תילמד מתוך פרטי האיסור. האיסור לשחוט שור או שה, אם ובנה, הוא איסור המוגבל בזמן – תוקפו של האיסור פג כעבור "יוֹם אֶחָד". האיסור הזה נזכר בתוך דיון רחב על נושא הקורבנות וההקרבה. לכן נראה שיש בו קריאה ופנייה לעובדי ה' המקריבים באש קודש ובהתלהבות את קורבנותיהם, שלא להגיע למצב של אכזריות חסרת גבולות. יש לעצור ולוודא שגם האידיאה הגדולה של ההקרבה מתוך אהבת ה' לא תבוא על חשבון הערכים והחיובים שבין אדם לעולם.

אכן, לא רק חגיגת הקורבנות והשחיטות ההמוניות בבית המקדש מועדות לאקסטזה חסרת גבולות. רבי לומד מן המילה "יוֹם אֶחָד" שיש ימים אחדים שהם מועדים לאיסור זה. הכוונה היא לערבי חג. בימים הללו יש

חובה מיוחדת להודיע לרוכשי הבהמות כאשר מוכרים גם את האם וגם את בנה לשחיטה, כיוון שהסיכויים שהללו יישחטו באותו יום גבוהים במיוחד (חולין פג ע"ב). גם במקרה של ימים טובים, הסעודות הגדולות הנובעות מן הרצון להדר במצוות האכילה בחג, מרצון להתעלות ולשמחה, גם הן עלולות להידרדר להוללות ולסביאה המכלה כל אשר סביבה. ההקפדה על מי שוחטים ומתי, מעדנת וממתנת. הסבר זה ימקם את איסור "אֹתוֹ וְאֶת בְּנוֹ" בין איסורי מאכלות שונים שמטרתם להנחות את האדם לאכילה מבוקרת.

רעיון אחר מצוי בפסיקתא על בסיס הפסוק "יוֹדֵעַ צַדִּיק נֶפֶשׁ בְּהֶמְתּוֹ" (משלי י"ב, י). המדרש וגם הפיוט קושרים בין האם ובנה שבפסוק לבין עם ישראל. האיסור הופך למטאפורה: הצדיק הוא הקב"ה ובהמתו היא עם ישראל, ועליה נצטוו האומות שלא לשחוט "אֹתוֹ וְאֶת בְּנוֹ". זהירותו של עם ישראל באיסור "אֹתוֹ וְאֶת בְּנוֹ" מגוננת על שרידותו שלו. בהקפדתו זו מעורר עם ישראל את הגנתו של הקב"ה שהעם היהודי לא ייכחד. ככל שהאויב אכזרי יותר כך הירתמותו של הקב"ה גדלה.

המדרש מונה רשעים שעמדו להשמיד את ישראל: עשו הרשע, מסביר המדרש, סבר שקין טעה כאשר קם ורצח את אחיו בעוד אביו חי. אדם הראשון יכול היה להוליד בן תחת בנו המת, ובכך ליצור המשכיות ודור חדש. לכן עשיו העדיף להמתין לפטירת אביו ורק אז להרוג את יעקב ("יִקְרְבוּ יְמֵי אֵבֶל אָבִי וְאַהַרְגָה אֶת יַעֲקֹב אָחִי"). אלא שעשיו לא הביא בחשבון שליעקב כבר יש בנים. רצח יעקב לא יועיל.

פרעה היה חכם מעשיו, הוא הבין שצריך להכחיד את הדור הבא. לכן פרעה גזר על מות הבנים. אולם פרעה שכח שהוא משאיר את הבנות, ואלו תינשאנה ותולדנה דור חדש. המן הבין את טעותו של פרעה ואמר "לְהַשְׁמִיד לַהֲרֹג וּלְאַבֵּד אֶת כָּל הַיְּהוּדִים מִנַּעַר וְעַד זָקֵן טַף וְנָשִׁים בְּיוֹם אֶחָד". המן שכח שלעם ישראל יש פטרון בשמיים. כשאכזריות הגויים מגיעה להשמדה ולפתרון סופי, הקב"ה נכנס לתמונה. הוא לא ייתן ש"אותו ואת בנו ישחטו ביום אחד". הקב"ה לא יאפשר הכחדה ועקירה מן השורש. לעתיד לבוא, אומר המדרש, יבואו אויבינו האחרונים ויבינו שקודמיהם הטיפשים שכחו שיש לנו מציל בשמיים וירצו להכחיד את הצדיק ואת בהמתו. את ה' ואת בנו עם ישראל. גויים אלו יילחמו בנו ובה'.

אמר ר' לוי: אף גוג לעתיד לבא עתיד לומר כן, שוטים היו הראשונים שהיו מתעסקין בעצות רעות על ישראל, לא היו יודעין שיש להם

פטרון בשמים, אני איני עושה כן אלא בתחילה אני מזדווג לפטרונן ואחר כך אני מזדווג להם... אומר לו הקדוש ברוך הוא רשע, לי באתה להזדווג, חייך שאני עושה עמך מלחמה, זהו שנאמר: "ה' כגבור יצא כאיש מלחמות" (ישעיה מ"ב, יג), "ויצא ה' ונלחם בגוים ההם" (זכריה י"ד, ג) (ויקרא רבה, כז).

המדרש הזה חושף שכל גלגולי האנטישמיות לאורך ההיסטוריה מקורם אחד. מה שמתחיל בדחיית קדושת האכילה אצל קין, ממשיך לזלזול בערך המשפחה ובכבוד האב אצל עשיו, מתגלגל לאכזריות ולהרג תינוקות אצל פרעה, הופך לניסיון הכחדה והשמדה של גזע, טיהור האנושיות, אצל המן. כל אלו, על לבושם המשתנה, נובעים מעניין אחד: מן המרידה בה'. קילוף הציפויים האידיאולוגיים מגלה שניסיון לפגוע בשושלת היהודים הוא ניסיון לפגוע בקב"ה, בו וב'בנו' גם יחד, ניסיון לסלק את השפעתו, מתוך כפירה בשלטונו של ה' בעולם. ה' אבי העולם, הוא מקור הקדושה, מקור החמלה, הוא יוצר ומקיים המינים, והוא אחד.

ביום שקריאת התיגר תהיה כה גדולה, עד שיבקש העולם להמית את בוראו, באותו היום יתגלה ה' בעולם. והיה ביום ההוא, יהיה ה' אחד ושמו אחד.

בן איש מצרי, בתוך בני ישראל

לקראת סוף הפרשה מספרת לנו התורה על מקרה כואב ומצער, מקרה המקלל.

> וַיֵּצֵא בֶּן אִשָּׁה יִשְׂרְאֵלִית וְהוּא בֶּן אִישׁ מִצְרִי בְּתוֹךְ בְּנֵי יִשְׂרָאֵל
> וַיִּנָּצוּ בַּמַּחֲנֶה בֶּן הַיִּשְׂרְאֵלִית וְאִישׁ הַיִּשְׂרְאֵלִי.
> וַיִּקֹּב בֶּן הָאִשָּׁה הַיִּשְׂרְאֵלִית אֶת הַשֵּׁם וַיְקַלֵּל וַיָּבִיאוּ אֹתוֹ אֶל מֹשֶׁה וְשֵׁם אִמּוֹ שְׁלֹמִית בַּת דִּבְרִי לְמַטֵּה דָן (ויקרא כ"ה, י-יא).

תיאורו של "כוכב" הפרשה מעט משונה. אומנם בהמשך חושף הכתוב את שם אמו וסבו, ושם שבטו מצד אמו, אבל בפתח הפרשה בוחר הכתוב לתארו ללא פרטים אלה: "וַיֵּצֵא בֶּן אִשָּׁה יִשְׂרְאֵלִית וְהוּא בֶּן אִישׁ מִצְרִי".

סיפור הרקע לקללה אף הוא מובא בדרך סתומה במקצת: "וַיִּנָּצוּ

בַּמַּחֲנֶה" – אבל אין אנו יודעים על מה הייתה המריבה, למעט ההבנה שהמקלל שהיה שותף בה, הוא בעל רקע מפוקפק: בן איש מצרי, ויריבו הוא איש ישראלי. נראה שכתוצאה מן המריבה הזו יוצא בן האיש המצרי ומקלל, ועל כך הוא מושם במעצר עד לבירור מעמדו ודינו, ואחריתו מרה.

מתוך הסיפור בתורה מתברר שהתורה לא ביקשה לחפות עליו או להסתיר את זהותו שכן לא נמנעה מלפרט את שם משפחתו ופרטים מסגירים נוספים, על כן, יש לתמוה מדוע משמיטה התורה פרטים מזהים אלה. במדרשי חז"ל מובאים כמה ניסיונות למלא בנפח את הסיפור ובניסיון להבין מהו הדבר שכה הרתיח את האיש, וגרם לו לכל ההידרדרות הזו.

אחת ההצעות במדרש היא שהמריבה במחנה הייתה סביב ענייני הייחוס של אותו אדם. הסבר זה מתיישב עם סגנון הפרשה הבלטת הייחוס המפוקפק והדגשת זרותו של האיש:

> תני ר' חייא, מפרשת יוחסין יצא,
> שבא ליטע אהלו בתוך מחנה דן,
> אמרו לו מה לך ליטע אהלך בתוך מחנה דן,
> אמ' להן מבנות דן אני,
> אמרו לו הכתוב אומר איש על דגלו באותות לבית אבתם (במדבר ב, ב), ולא לבית אמותם (ויקרא רבה, לב).

הסיפור אכן נוגע ללב. בן האיש המצרי נדחה ממחנה בני דן מפני שאינו מיוחס אחריהם מצד אביהם אלא רק מצד האם. ומשום כך אין לו חלק ונחלה במחנה. אלא שמצד אביו (המצרי) אין לו נחלה בשום מחנה ושבט. הדחייה הזו מדרדרת אותו לקללה ולאבדון.

נושא הייחוס הוא נושא מורכב וטעון מאוד. במקורותינו ניתנת חשיבות מרובה לנושא הזה עד שאף ההכרעה בספקות הנוגעים ליוחסין מחמירה ביחס להכרעה בספקות אחרים בנימוק ש"מעלה עשו ביוחסין". פרשיות שלמות בתורה, בנביאים ובכתובים הוקדשו לפירוט שושלות משפחתיות שונות. עצם ההקפדה על היחס נזכרת גם בעזרא, שם מתברר שהיו מגילות יחס שנשמרו היטב כדי להשתמש בהן: בחז"ל לא מעט הלכות תלויות בעניין הזה. החל מקביעת מעמדו של הוולד כישראל, ככהן או לוי, כממזר וקביעת מעמד מיוחד של שתוקי למי שיחוסו אינו ידוע ואין מידע לגבי הוריו. הלכות מרובות מחייבות את בירור הייחוס, כך הוא לגבי נישואין

(הנושא אישה כהנת צריך לבדוק אחריה ארבע אמהות...) וכך גם דין הבחנה שמחייב תקופת צינון של אישה בין נישואין לנישואין על מנת שתהיה ודאות לגבי האבהות של הוולד, ואפילו לגבי גרים, כשאין חשש לספק בזהות האב, משום הצורך להבחין בין זרע שנזרע בקדושה לבין זרע שנזרע שלא בקדושה, לפני הגיור.

לא רק בתחום ההלכתי יש לנושא זה ביטוי בחז"ל, מקורותינו עשירים גם באגדות וסיפורים רוויי מתחים סביב נושא הייחוס. המפתיע שבאלו הוא סיפורו של ר' יוחנן המגיע מארץ ישראל לבבל. זעירי תלמידו הנכון לגמוע את תורתו מסרב לשאת את בתו לאישה, משום החשש ליוחסין מפוקפקים כארץ ישראלית וכצאצאית לעולי בבל בתקופת עזרא ונחמיה ייחוסה של בת ר' יוחנן בעייתי, שכן עם עולים אלה עלו כל מיני דמויות מפוקפקות: "עשרה יוחסין עלו מבבל". ר' יוחנן כואב ומטיח בפניו: "אורייתן כשרה, בנתין לא כשרן?!" תורתם כשרה, ובנותיהן אינן כשרות?! (קידושין עא ע"ב).

מנגד עומדת הבדיחה המוכרת באשר למכנה המשותף בין ייחוס לגזר: החלק הטוב שבשניהם מצוי באדמה... אמרה זו מבקשת להניח במרכז את האישיות של האדם את מידותיו ואת תכונותיו ולא את ייחוסו. עמדה זו מבקשת להדגיש את האפשרות להתחיל בלי נקודת ייחוס, לא להיות כבול בכבלי העבר. כל אדם יכול לייחס את עצמו. גם ההלכה אינה אחידה לגמרי.

העמדה המעמעמת את התביעה לייחוס קיימת גם בהלכה הקובעת כי משפחה שנטמעה נטמעה. הצעה כזו קיימת גם בדיון בדבר ממזרים: האם כשאליהו יבוא הוא יטהר ממזרים או דווקא יזהה אותם. בגמרא מסופר על אדם שקראו לו בר ארמאה (בן הארמית), ורב יוסף קבע ש"יכילנא לאכשוריה" כלומר שהוא יכול להכשירו, ועוד.

ברוח זו מביא מדרש ויקרא רבה לפרשתנו דרשה המעמידה במרכז את אומללותו של בן האיש המצרי ואת "דמעת העשוקים" הזולגת מעיניו. בנים אשר לא חטאו והם מושמים ללעג ומוקעים בשל חטאי אבותיהם.

ויצא בן אשה ישראלית, הדא הוא דכתיב: (קהלת ד') "ושבתי אני ואראה את כל העשוקים". דניאל חייטא פתר קרייה בממזרים:

והנה דמעת העשוקים – אבותם של אלו עוברי עבירות ואילין עלוביא מה איכפת להון?

כך, אביו של זה בא על הערוה – זה מה חטא?

ומה איכפת לו – ואין להם מנחם.

אלא מיד עושקיהם כח – מיד סנהדרי גדולה של ישראל, שבאה עליהם מכחה של תורה ומרחקתן על שום "לא יבא ממזר בקהל ה'" (ויקרא רבה, לב).

המדרש הזה מבקר את הסנהדרין ש"באה על הממזר" בשם התורה, ומרחיקה אותו אף שלא הוא זה שחטא: "אבותם של אלו עוברי עבירות ואלו עלובים". התלישות יוצרת סבל וייסוריה קשים מנשוא. זכות הקיום הבסיסית ביותר נשללת מן האדם על ידי כוחות שאין לו שליטה עליהם.

קיימת אם כן תנועה פנימית בין השאיפה לטהרנות ובין ההכלה וההטמעה, ויש לכך שיקוף במדרשים השונים לפרשתנו. אחדים מהם רואים את ייחוסו של האיש המצרי כגורם לפשע האיום וקוראים את הפרשה כמבקשת להרחיק מאיתנו אנשים כאלה תוך העדפת האינטרס החברתי על פני מצוקת הפרט. אחרים קוראים את הפרשה קריאה ביקורתית יותר, שבאה ללמד אותנו את מחירה של הרחקת החלכאים והנדכאים. סוד נצחיותו של עם ישראל הוא בשמירה על גדרות כלפי חוץ, בכללים הנוקשים המוטלים על מבנה המשפחה ועל יסודותיה. אבל חוסנו הפנימי של עם ישראל מגיע מן הצדק והחמלה ומן האחווה. אכן, בסופה של פרשה לא רק המקלל משלם מחיר, התורה מפרטת גם את הלכות חובל – פרשייה שנראית כהתייחסות לניצים במחנה ורומזת לעונשם. על המקלל נסתם הגולל רק לאחר מכן, שמא אפשר היה לכל הפחות לכבד את צלם האנוש שבו, שמא את המוות הזה אפשר היה למנוע.

המגדף – השתלשלותה של הלכה

"וַיִּקֹּב בֶּן הָאִשָּׁה הַיִּשְׂרְאֵלִית אֶת הַשֵּׁם וַיְקַלֵּל וַיָּבִיאוּ אֹתוֹ אֶל מֹשֶׁה... וַיַּנִּיחֻהוּ בַּמִּשְׁמָר לִפְרֹשׁ לָהֶם עַל פִּי ה'" (ויקרא כ"ד, יא).

סיפורו של המגדף הוא פרק מרתק בסיפורה של השתלשלות הלכתית. מדובר במעשה שאירע לפני קיומו של איסור מפורש על 'ברכת' ה'. מעשהו של המגדף עורר ככל הנראה שאט נפש ובהלה בסביבתו, ולכל השומעים היה ברור שמדובר במעשה שלא ייעשה ובאיסור חמור. אך לא היה מקור לתלות בו את הדבר. כך אכן מבאר החזקוני את מילות הפסוק "לִפְרֹשׁ לָהֶם עַל פִּי

ה'": "נראה בעיניהם שהיה חייב סקילה מדכתיב אביו ואמו קלל – דמיו בו, קל וחומר לשכינה. אלא שאין עונשין מן הדין (=מקל וחומר)" (חזקוני).

לא ייתכן, כך עולה מדברי החזקוני, שמה שנאסר ביחס להורים יישאר פרוץ ביחס לקב"ה. בדבריו הוא מתאר את המסלול שעברו בני ישראל עד להבאתו של המקלל לדין. הדיון והפלפול הכעין בית מדרשיים סביב הענשתו של המקלל המתוארים בדבריו, מהווים מעין "פרוטוקול" מדומיין של הדיון הלמדני שהתקיים שם. באמצעות הפרוטוקול ה'אגדי' מחדד החזקוני שהבאתו של המגדף לפני משה מקורה בהבנה האינטואיטיבית שיש דברים שהם אסורים גם אם לא נאסרו מפורשות. וכי יש לחפש עוגן הלכתי לאינטואיציות הללו. אומנם, ההיסקים הלוגיים המוצעים, אינם תקפים הלכה למעשה. שכן לפי ההלכה אין עונשים באמצעות לימוד בקל וחומר. אבל ה"קל וחומר" כרעיון – בעינו עומד.

תגובת הקב"ה למעשה המקלל מגיעה בשני שלבים: בשלב הראשון בהוראה פרטנית ביחס למקרה המסוים ההוא: "הוֹצֵא אֶת הַמְקַלֵּל אֶל מִחוּץ לַמַּחֲנֶה... וְרָגְמוּ אֹתוֹ כָּל הָעֵדָה" (כ"ד, יג). ובשלב השני נקבע איסור כולל ומפורש המבוסס על תקדים זה:

> וְאֶל בְּנֵי יִשְׂרָאֵל תְּדַבֵּר לֵאמֹר אִישׁ אִישׁ כִּי יְקַלֵּל אֱלֹהָיו וְנָשָׂא חֶטְאוֹ וְנֹקֵב שֵׁם ה' מוֹת יוּמָת" (שם, טז).

הכרוניקה אינה נעצרת בתורה שבכתב. חז"ל בתורה שבעל פה קיבעו את האיסור באמצעות הגדרה פורמלית של נוסח קללה. המשנה בסנהדרין קובעת כי המגדף אינו חייב עד שיפרש את השם. ובברייתא מבואר שלא כל נוסח של קללה הוא קביל לעניין זה אלא "עד שיברך שם בשם" (סנהדרין נו ע"א). הקללה צריכה להיות בנויה כך שהמגדף הוא גם המגודף. כך מושג הקללה הופך להיות למטבע שקבעו חכמים. כתמונת מראה של הלכות ברכות. דיונים נוספים קיימים לגבי אופי חקירת העדים כיצד יוכלו לחזור על הגידוף כחלק מעדותם מבלי שייענשו בעצמם על הוצאת הגידוף מפיהם. וכיצד להתאים את הדיון בעברה זו לנהלים הרגילים של דיני הנפשות. האיסור מקבל "טיפול" רגיל ומקובל המקבע אותו לתוך המערכת המסודרת של איסורים: הוא כולל מעתה תוכן מוגדר ומוגבל, ובצד זה גם דרכי הבאת הראיות וסדרי הדין הנהוגים יחולו עליו. לכאורה, מוחמץ טעמו המקורי של האיסור, אי־שם בדרך מאבדת את חשיבותה האינטואיציה הראשונית והברורה שמדובר

במעשה לא ראוי, היא איננה נצרכת עוד, שכן במקומה ישנם הכללים, ועל פיהם מתקיים הדיון וייחרצו גורלות.

לשם הקוריוז נזכיר כי כרוניקות דומות מוכרות לנו מדרכי התקבלותם של חוקים במדינת ישראל, ואולי של חוקים בכלל. בתהליך ארוך הופך אירוע מזעזע לסעיף חוק יבש. מקרה אחד כזה הוא של אדם בשם מר בש שהוציא מקרר אל מחוץ לביתו. למרבה הצער שני ילדי השכן שנכנסו לתוך המקרר במהלך משחק מצאו שם את מותם (על פי 196/64, פס״ד היועץ המשפטי נ׳ מ׳ בש). המחלוקת בעניינו הייתה אם מר בש אמור היה לצפות את ההתרחשות הזו ולעשות הכול כדי למונעה. עד אז לא היה מקור מוגדר בחוק האוסר על אנשים להפקיר מקררים כאלה. לאחר פסק הדין ובעקבות הרשעתו נוסף לחוק העונשין סעיף חדש האוסר על הוצאת מקררים אל מחוץ לבית כשדלתם מחוברת. קיבועו של המעשה כאיסור מפורש הפכה את הזעזוע הטבעי למעשה אסור שיש לפרשו על פי אמות המידה המקובלות בחוק. במובנים מסוימים קביעת סעיף כזה בחוק מניחה שאין סיבה להותיר פתח לדמיון ולאינטואיציה וגם מקטינה באופן מסוים את הדרישה הכללית מכל אדם ובכל אשר יפנה, לקבל אחריות ולהשקיע מחשבה ולבחון את השלכותיהן האפשריות של מעשיו. ככל שמחוקקים יותר חוקים מצמצמים את מרחב הפעולה של ה׳אתיקה׳ האנושית, ומביעים בכך חוסר אימון בחברה. עם זאת, יש גם ערך רב בסעיף. כי בעצם החקיקה, אישר המחוקק את קביעת בית המשפט שהנאשם אכן נושא באחריות למעשהו. שזהירות מצדו הייתה מונעת אסון.

התהיות בדורו של המקלל הסתיימו בשאלת פי ה׳ ובקבלת תשובה מסודרת. גם המקרה של מר בש קיבל חיזוק מן המחוקק. אף אנו חווים מפעם לפעם ובהקשרים שונים מבוכה כדוגמת זו שהם חוו. תרגום האינטואיציות להלכות ברורות כרוך בתהליך מורכב ומסובך. האם שינויים וחידושים במציאות מחייבים התאמת ההלכה אל המציאות החדשה? האם שינויים בהשקפת העולם ובמציאות החברתית מחייבים תרגום התורה לשפת הזמן? האם אנו מתבקשים להתאים הלכה לאינטואיציות ולתחושות הברורות שלנו או שמא עלינו לתת אימון בציבור הרחב שיפעל במסגרת המוסר והאתיקה?

משפט אחד יהיה לכם

"מִשְׁפַּט אֶחָד יִהְיֶה לָכֶם" – קוראת התורה בפסוק האחרון בפרשתנו. קריאה זו מתפרשת במספר אופנים.

המשמעות הראשונה של הפסוק 'מִשְׁפַּט אֶחָד יִהְיֶה לָכֶם', צמודה לפשט הפסוק וטמונה בהמשכו: "כַּגֵּר כָּאֶזְרָח" ומצביעה על שוויון בין החלקים השונים של העם. משמעות זו מצויה ברקע פירושו של הרש"ר הירש:

> אך קדושת החיים ברוח ובמעשה דורשת יותר מכן: היא דורשת שוויון גמור של הגר והאזרח – בהשקפתכם, ברגשותיכם וברצונכם הטוב; ולא עוד, אלא בעצם האהבה שתרחשו לגר ייוודע: אני ה' א-להיכם; שהרי למענו תקבלו באהבת אחים את כל הקרויים בנים למקום. בכבוד הגר ובאהבת הגר תיבחן יראתכם ואהבתכם את ה' (הרש"ר הירש לתורה, פרשת קדושים).

ההוראה שיש לקיים משפט אחד (=אחיד), מבטלת את ההבדלים בין המעמדות, ומחייבת אותנו לזהות את כולם כשווי ערך בלא הבחנה בין תושב קבע ובין זר עובר אורח, בלי הבחנה בין יהודי לשאינו יהודי, וגם בין יהודים בדרגות שונות. "כַּגֵּר כָּאֶזְרָח" – התורה מקדימה למשפט את הציווי לראות באדם באשר הוא אדם כפוף לכללי המוסר ולערכי התורה, למן רמי המעלה ועד עמי הארץ.

פירוש אחר מבאר שהתורה מצווה על פרוצדורה משפטית אחידה. ניהול סדרי בית הדין צריך להיות קבוע וידוע. וכך נאמר במשנה במסכת סנהדרין:

> אחד דיני ממונות ואחד דיני נפשות **בדרישה ובחקירה** שנאמר: "משפט אחד יהיה לכם" (משנה, סנהדרין פ"ד מ"א).

הקריאה לסדרי דין אחידים, אינה מחייבת אימוץ מדויק וזהה של כללים לכל תחומי המשפט ולכן לא מפתיע שכבר במשפט הבא במשנה נוצרות הבחנות בין דיני נפשות ודיני ממונות: אלה בעשרים ושלושה דיינים ואלה בשלושה. גם סדר הבעת העמדות המכריעות שונה: בדיני נפשות שומעים את המזכים לפני המחייבים ובדיני ממונות אין סדר קבוע.

מן הגמרא מתברר שאפילו הציפייה לדרישה וחקירה זהות בשני התחומים, ציפייה שאותה לומדת המשנה מן הפסוק שלנו, נותרת כרעיון ועיקרון. בפועל, חכמים תיקנו שלא להצריך דרישה וחקירה בדיני ממונות כדי שלא לנעול דלת בפני הלווים. אם יראו המלווים שהם צריכים לעמוד בחקירה מדוקדקת על מנת לזכות בכספם המגיע להם בדין חזרה, יימנעו מלהלוות. על כן, הקלו חכמים בעניין זה בדיני ממונות (סנהדרין ג ע"א).

אפשרות פרשנית אחרת נגזרת מתוך עיון בפסוק בהקשרו הרחב, כפי שהוא מופיע בפרשה שלנו. הפסוק חותם את הפרשייה העוסקת בדין חבלות הגורמות נזק בלתי הפיך לאדם, כעקירת איבר. עליו אומרת התורה: "עַיִן תַּחַת עַיִן שֵׁן תַּחַת שֵׁן" וכו'. ההוראה הכללית: "מִשְׁפַּט אֶחָד יִהְיֶה לָכֶם" מבססת שתי דרכים לפרש את הוראת "עַיִן תַּחַת עַיִן":

דרשה אחת היא של ר' דוסתאי. ר' דוסתאי סבור שאין לפרש את הפסוק כפשוטו אלא להשית על הפוגע לשלם פיצוי לנפגע בערך העין שאבדה לו וזאת מפני שביצוע מדוייק של דין עין תחת עין מחייב זהות בין עין הפוגע לעין הנפגע:

> הרי שהיתה עינו של זה גדולה ועינו של זה קטנה,
> היאך אני קורא ביה עין תחת עין?...
> התורה אמרה: משפט אחד יהיה לכם, משפט השוה לכולכם! (בבא קמא פג ע"ב).

הגמרא דוחה את דרשתו של ר' דוסתאי. לדבריה גודל העין אינו מעלה ואינו מוריד, הן הפוגע והן הנפגע מאבדים את מאור עיניהם ובכך מתקיים השוויון בין השניים.

הדרשה השנייה היא דרשת ר' שמעון בר יוחאי:

> הרי שהיה סומא וסימא, קיטע – וקיטע, חיגר – וחיגר,
> היאך אני מקיים בזה עין תחת עין?
> והתורה אמרה: משפט אחד יהיה לכם, משפט השוה לכולכם!

חוסר השוויון שעליו מצביע רשב"י הוא במקרים שבהם הפוגע כבר בעצמו עיוור או חיגר. אינה דומה נטילת עינו היחידה לנטילת עין ממי שיש לו שתיים.

בשתי הדרשות הללו, משמעות דין "מִשְׁפַּט אֶחָד יִהְיֶה לָכֶם" אינה החתירה לאחידות בפרוצדורה המשפטית אלא חשיבותה של היכולת להעניש בעונש ראוי, מדויק ומידתי. כזה שאינו מחמיר או מקל עם הנאשם ביחס למעשהו. היא מתייחסת גם לחשיבות של השוויון בין מי שנאשמים במעשה דומה. "מִשְׁפַּט אֶחָד יִהְיֶה לָכֶם" עוסק לפיכך לא בצורה החיצונית של המשפט ומבנה ניהולו אלא בחתירה לצדק בענישה ולשוויון בפני החוק.

השמיעה הרב ממדית של הדרישה ל'מִשְׁפַּט אֶחָד' מלמדת כי ההוראה לשוויון נוגעת לעניינים רבים בחתכים משפטיים שונים: הן לעצם סדרי המשפט, הן להנהגת עונשים שיש בהם שוויון, הן לקריאה להשוות בין אנשים שפשעו פשעים דומים, והן לכינון מערכת משפטית שאין בה אפליות ואין בה ריבוד חברתי. המשמעות היא שהעיקרון הזה של שוויון הוא עיקרון יסודי וחשוב. הוא קריאה עקרונית החורזת את התורה.

עם זאת, קריאה של דברי התורה בצד דברי חז"ל מבארת ששוויון הוא אוטופי. ההשוואה בין דיני ממונות לנפשות אפשרית רק על הנייר. ואף שממון לעיתים הוא חיי נפש, אי אפשר לקבוע גדרים אחידים לשני התחומים הללו. ההשוואה בין עינו של המזיק ועינו של הניזק אפשרית רק באגדות, בדומה למשפחות האומללות של טולסטוי, סבלו של כל אדם שונה מזה של חברו. גר אינו אזרח ונשיא אינו עם הארץ. הרקע למעשה אינו זהה וקשה גם להשוות את העונש. הראייה השטחית של שוויון כאילו אפשר לשקול עיניים בגרמים או למדוד אותן בסנטימטרים, כאילו אנו מבינים את גודלו של כל חטא, כאילו אפשר לטעון שכל הרוצחים דומים אלו לאלו ואפשר להענישם בעונש זהה. גם השוויון בפרוצדורה של דרישה וחקירה מתנפץ מפני החשש לנעילת דלת בפני לווים. אלו ועוד מצביעים על כך שאי אפשר לממש שוויון, גם לא שוויון הזדמנויות. כשם שעל פי הנוסחאות המתמטיות הדרך שנעשה היא פונקציה של זמן ומהירות אך במציאות החיים מתברר שהמשוואה משתבשת בגלל ערכים וגורמים שלא הובאו בחשבון התיאורטי, כמו חיכוך, כך גם ערך השוויון המשפטי. העולם הריאלי אינו מתנהג כמו זה האוטופי.

עם זאת, לפונקציית השוויון ולמדע התיאורטי יש ערך רב. היא מסרטטת את האוטופיה, את העולם הנקי. וכשמדובר בערך משפטי, פונקציית השוויון מבטאת השקפת עולם חדה וברורה שאין בה סטיות ופניות. והיא מהדהדת ומשפיעה ונוכחת גם כשקשה או לא אפשרי ליישמה.

פרשת בהר

מה נאכל

התורה מצווה על שביתת הארץ אחת לשבע שנים. ספירת שבע שנים זו היא חלק ממחזור גדול יותר של שבע שבתות שנים – שבע שמיטות, שלאחריהן שביתה נוספת בשנת החמישים, היא שנת היובל.

התורה מציגה את ההקרבה העצומה הנדרשת מן החקלאי, כדי לקיים את מצוות השמיטה. חששותיו הצפויים מתוארים בתורה בצורה אותנטית: "וְכִי תֹאמְרוּ מַה נֹּאכַל בַּשָּׁנָה הַשְּׁבִיעִת הֵן לֹא נִזְרָע וְלֹא נֶאֱסֹף אֶת תְּבוּאָתֵנוּ" (כ"ה, כ). כפתרון ישנה הבטחה א-לוהית: "וְצִוִּיתִי אֶת בִּרְכָתִי לָכֶם בַּשָּׁנָה הַשִּׁשִּׁית וְעָשָׂת אֶת הַתְּבוּאָה לִשְׁלֹשׁ הַשָּׁנִים, וּזְרַעְתֶּם אֵת הַשָּׁנָה הַשְּׁמִינִת וַאֲכַלְתֶּם מִן הַתְּבוּאָה יָשָׁן עַד הַשָּׁנָה הַתְּשִׁיעִת עַד בּוֹא תְּבוּאָתָהּ תֹּאכְלוּ יָשָׁן" (שם, כא-כב).

תיאור קשייו של החקלאי יוצא דופן וחריג בתורה. התורה לעולם אינה חוששת. היא אינה חוששת שאדם יאמר שבגלל איסורי שבת לא יהיה לו מה לאכול בשבת, או שאיסור חדש עלול לגרום למחסור בלחם. אבל כאן יצאה התורה מגדרה. תמיהה זו מתוארת על ידי ר' אלימלך מליז'נסק (בעל נועם אלימלך):

> ויש לדקדק היות שהתורה יצאתה בכאן מדרכה, שדרך הקרא לכתוב איזה יתור לשון בפסוק אפילו אות אחת ועל ידי זה מתורץ כמה קושיות, אבל הקושיה לא נכתבת בעצמה בתורה, **וכאן נכתב הקושיה.**

מדוע חרגה התורה ממנהגה? מדוע היא מתעכבת על הקושי בקיום המצווה?

הסיבה הנראית לעין להבדל זה הוא שמדובר באיסור קשה המנוגד לטבע האנושי. השבתת המשק לשנה גורמת נזקים בטווח הארוך. בשנה השביעית עצמה עדיין מצויה במחסנים תבואת השנה השישית, בהנחה שהייתה זו שנת שפע. אבל בתום השנה השביעית, בזמן שאמורה להיווצר סחורה חדשה אין כמעט תבואה במחסנים, ועד לתום השנה השמינית ותחילת התשיעית המחירים של התבואה שנשתמרה יאמירו ואנשים יגוועו ברעב.

כל זה מחריף כאשר מדובר בשנתיים סמוכות שבהן האדמה אינה נעבדת – שנת השמיטה השביעית, שלאחריה היובל. דרישת התורה בשנים אלה קשה ולא סבירה. התורה לא מתעלמת מן המחיר ומציינת מפורשות שהדברים אינם מתיישבים עם ההיגיון. החריגה במקרה זה מבטאת לא רק את הרצון לקדם את פני הקונפליקט, אלא את ציון חריגותו המהותית בנוף המצוות.

הדברים נכונים לא רק ביחס לחומרת התביעה אלא גם לגבי אופייה. מקובל לחשוב שהמצוות אמורות לעצב את המציאות הטבעית של האדם ולקדש אותה, לגדור את החיים אך לאפשר את זרימתם, לעדן את היצר וליצור מקום להתפתחות רוחנית. והנה, קורא אובייקטיבי של התורה יראה שהמצווה הזו אינה הולמת את הרוח הכללית של התורה. שנה שלמה של התנזרות מחיי המעשה אינה דומה למנוחת יום אחד בשבוע. זו חופשה מהחיים ממש. בעוד שהקושי הראשון של ההתמודדות המעשית עם המצווה נפתרת מיד בהבטחת ה׳ להצלחה וברכה, הרי שהשאלה על מהותה של המצווה והגיונה נותרת סתומה.

תהייתנו תבוא על פתרונה באמצעות הצגת ההישג האישי הרוחני מציווי השמיטות:

השלכת החיים מנגד, ההסתלקות מן הדאגה ליום המחר היא הביטוי הקיצוני ביותר למציאות ה׳ בעולם. מספרים על אחד האדמורי״ם שלא השאיר אצלו במגירה מעולם אפילו אגורה. הוא השליך על ה׳ יהבו בכל יום ויום. לא הותיר עד הבוקר. מעשה האדמו״ר הוא מעשה חריג, על פי רוב, התחושה הרווחת בין בני האדם היא, שבזכות עבודתם הקשה הם מצליחים לרכוש מעמד. בזכות המאמץ וההשקעה היום־יומית הם רואים פירות. בזכות העמל והתחכום הם גם מתעשרים. ישנם אנשים המסוגלים להתעלות למדרגה שבה הם מרגישים שכל מה שיש להם מגיע מידיו של הקב״ה, ועדיין הם חשים שההשתדלות היא חלק חשוב: האדם במעשיו מעורר את ברכת ה׳.

בשנת השמיטה האדם נבחן עד כמה הוא באמת מאמין בביטחון מוחלט שכל אשר לו הוא מן ומתנת שמיים. אחת לכמה שנים צריך לרענן ולחזק את ההבנה ששני הכוחות המאפשרים תנובה וצמיחה, האדם והשמיים, אינם זהים במשקלם: לא כוחנו ועוצם ידינו, אלא הקב"ה הוא הזן והמכלכל אותנו. בכוחה של הבנה זו להאיר באור חדש גם את שנות העמל.

שתי מידות באדם מאפשרות את הניתוק מן הטבע ומדאגות העולם הזה. המידה האחת היא מידת הביטחון שתוארה כאן, והשנייה היא האהבה. והן נבדלות זו מזו בצורת פעולתן בנפש.

אדם מאוהב דומה יותר לאדם הנמצא בחלל, במקום שכוח הכבידה אינו פועל עליו. הוא נהיה קל יותר ומשקל גופו מתמעט. החיבור שלו לאדמה הוא קלוש והריחוף שלו הוא לא רק רוחני. החולמנות משתקת את מערכות הגוף. אדם כזה רעב פחות ובאופן כללי הוא מחובר פחות לצרכיו הגשמיים.

ייתכן שההבדל בין שתי המידות המאפשרות את קיום השמיטה הביטחון והאהבה, הוא באופי השפע הא-לוהי המובטח ובטיבו. מי שמקיים שמיטה מאהבה זוכה לשובע רוחני. השפע בא לידי ביטוי בהתמעטות התיאבון ובהסתפקות והתמלאות מאוכל מועט. ומי שרוכש את מידת הביטחון, זוכה לשפע של ריבוי תבואה.

הקושי עם שני אלה, עם מידת הביטחון המופרזת ועם האהבה, הוא ששניהם עזים כמוות. שניהם משתקים את מערכות החיים השגרתיות. בדיוק בנקודה זו חרגה התורה ממנהגה: במקום לעודד את החיים ולרוממם, היא מצווה בשמיטה וביובל עצירה וקיפאון שלהם. אולם, מי שזוכה – יתעלה בזכות המצוות הללו למדרגות דבקות חדשות ויקרות, שרק באופן זה ניתן להשיגן, ולא מתוך החיים עצמם.

דייקנות

פרשתנו מתייחסת למקרים שבהם אנשים נאלצו להיפרד מאחוזתם ומנחלתם מפני שנקלעו למצוקה כלכלית. התורה נותנת לאדם הזדמנות לגאול את נכסיו ומחייבת את הקונה להשיב את הנכס לבעליו הקודמים בתמורה לתשלום. התורה קוצבת מועדים שונים לגאולת נכסים שונים על פי טיבם ואופיים. בתי ערי חומה נגאלים רק תקופה קצרה של שנה. לאחר מכן הם נחלטים לקונה אותם (מוקנים לו לעולם) ואינם חוזרים לבעליהם הראשונים אם לא נגאלו.

וְאִישׁ כִּי יִמְכֹּר בֵּית מוֹשַׁב עִיר חוֹמָה וְהָיְתָה גְּאֻלָּתוֹ עַד תֹּם שְׁנַת מִמְכָּרוֹ
יָמִים תִּהְיֶה גְאֻלָּתוֹ. וְאִם לֹא יִגָּאֵל עַד מְלֹאת לוֹ שָׁנָה תְמִימָה וְקָם הַבַּיִת
אֲשֶׁר בָּעִיר אֲשֶׁר לא [לוֹ] חֹמָה לַצְּמִיתֻת לַקֹּנֶה אֹתוֹ לְדֹרֹתָיו לֹא יֵצֵא בַּיֹּבֵל
(ויקרא כ"ה, כט-ל).

התורה מצווה להמתין לגאולת הבית שנה 'תמימה', כלומר, שלמה ועגולה. בדומה לנאמר ביחס לספירת העומר "שֶׁבַע שַׁבָּתוֹת תְּמִימֹת". סגנון זה של הקפדה עורר את חז"ל לדון בשאלת גמישות המדידה של יחידות זמן בהקשרים שונים (עיקר הדיון המשווה נמצא במסכת נידה (מח ע"א-ע"ב). לכאורה מן הפסוקים שלפנינו ניתן ללמוד כי באופן כללי התורה אינה מצפה לעמידה דקדקנית ודווקאית בלוחות הזמנים שהיא קובעת. משום כך, התורה טורחת ומציינת במפורש "תְּמִימֹת" או "תום", כדי להדגיש שהזמן הנקוב במקרה המסוים אינו רק רעיון כללי. נראה כי אם לא צוין אחרת, מועדים וזמנים הם דבר נזיל.

וכך לומדים: "'שנת ממכרו' שלו, ולא שנת של מנין עולם, ו'ימים' מיבעי להו למעת לעת" (ערכין לא ע"א). חז"ל מדייקים ששנת גאולה לבתי ערי חומה היא של שנים עשר חודש מלאים. זאת ועוד, שעון החול ייעצר בדיוק של שעות! דומה לספירה זו היא ספירת שש שנות עבודתו של עבד עברי. אלו אינן נספרות בצמוד לספירה הלאומית הכללית של שש שנים עד לשמיטה, אלא מיום מכירתו של העבד לעבדות (נדה מח ע"א). לעומת זאת, יחידות זמן אחרות נספרות אחרת. ישנם מקרים שבהם ספירת שנה מתייחסת לשנה קלנדרית כללית דווקא. כך למשל, סופרים שנות מלוכה של מלכים, די בכך שמלכו יום אחד מתוך שנה שלימה כדי ששנה זו תיספר להם כשנת מלכות שלימה. ספירת שנות ערלה נעשות תוך שילוב של שתי האפשרויות ועשויה להצטמצם לשנתיים וקצת (מט"ו באב ועד ראש השנה ועוד שנתיים). מחד, אין סופרים מזמן הנטיעה שלוש שנים תמימות, כי היקלטות הנטיעה עד תום השנה הקלנדרית הראשונה מאפשרת לעבור לשנה השנייה של הספירה. אך מאידך, סיום הספירה אינו תלוי בסיום תהליך הבשלת עץ הפרי בעצמו אלא בחלוף השנים. במקרים רבים גם ספירת ימים אינה נעשית במדויק אלא על פי הכלל של 'מקצת היום ככולו'. כך ימי האבלות על קרוב משפחה עשויים להתחיל לפני השקיעה, להסתיים בבוקר היום השביעי לאחר שחלף מקצת היום. נזירות של שלושים יום מסתיימת אף היא בתחילת היום השלושים (וראו: נזיר ה ע"ב). בר מצווה ובת מצווה

נחגגים ביום ההולדת שהוא בתום שלוש עשרה או שתים עשרה שנה ויום אחד, גם אם הלידה עצמה אירעה לקראת שקיעה ואף שמדידת הגיל בשעות הייתה יוצרת דחייה בחגיגות.

מדידת זמן בהלכה, אם כן, אינה שיטתית כלל והיא נעה בין הדרישה לדיוק בלתי מתפשר לבין הדרישה לספירה של ׳בערך׳ בלבד. בגלל חוסר העקביות, נדונו בפוסקים מקרים רבים שבהם לא נקבעה אמת מידה ברורה לקציבת הזמן. האם התקנה שירושת האישה אם נפטרה בתוך שנתיים לאחר הנישואין, תחזור למשפחתה ולא בעלה יירש אותה, חלה כשהאישה נפטרה ביום הנישואין השני או לא. האם קיום התקנה תלוי בשעת הנישואין או לא? אדם שנודר שיימנע ממעשה מסוים יום אחד או שנדר להימנע ממנו למשך שבוע או שנה. האם דינו לקיים את הנדר לפי שעות, או שאומרים ׳מקצת היום ככולו׳? בעניין זה, למשל, יש פוסקים שסברו שיש להבחין בין הנודר יום לבין הנודר שבוע או שנה. יום נמדד בשעות, אולם יחידות זמן גדולות יותר נמדדות באופן גס יותר ויש שסברו שכל אלו נמדדים במדויק (רא״ש נדרים, פ״ח, א; ש״ך יו״ד, סי׳ רכ, ס״ק יג). הפוסקים תהו מתי מסתיים חוזה שננקב בו משך זמן קצוב להימשכות העסקה, וישנה עוד קשת רחבה של מקרים כאלה ואחרים שהמשותף לכולם הוא השאלה האם מועדים ותקופות נועדו (בתורה ובשפת בני האדם) למימוש גמיש או דווקא מדוקדק (וראו: שו״ת צמח צדק, יו״ד, סי׳ קפב).

מסתבר שפירושו של מושג הדייקנות כעקבי, חתוך וחד הוא טעות. מושג הדיוק עצמו הוא בעל פנים שונות. אין דומה הדיוק הנדרש במדידת תרופה לבליעה למידת הדיוק במספר כפיות הסוכר בתה ואין דומה מידת הדיוק לשעת התור אצל הרופא או המועד לפגישה עם המורה באספת הורים, לזמן התחלת השיעור או התפילה. לעיתים הגיוני ומתבקש למדוד את הזמן באופן מדויק ככל שניתן, ולעיתים הגמישות נובעת מכוחה של עדינות והבנה של מושגי הכמות והזמן.

הדבר הנכון, כשמבקשים לתת לאדם הזדמנות אחרונה לגאול את הקרקע שלו, הוא לאפשר לו את הגאולה עד הדקה התשעים. בנדר ובהסכם ניתן לגזור את אופי המדידה משפת בני האדם וכוונתם כשהם מדברים על פרקי זמן כאלה ואחרים, וניתן להבחין בין תקופות קצרות לארוכות בין מידות הדיוק שבני אדם נוהגים בהם. ושש שעות בין בשר לחלב יכולות גם להתפרש כמושג גמיש הקשור עם מערכות העיכול, סוג האוכל, מרווח בין ארוחות וכדומה.

ישנם טיפוסים שונים בעולם. יש אנשים שיש להם נטייה לדייק בכל מחיר. גם כשאין בכך כל צורך וכשמראש הזמן שנקבע נועד רק לתת אומדן כללי. ישנם טיפוסים שלהם הנטייה להתעלם מלוחות זמנים תמיד. גם אם יטריחו אנשים אחרים בהמתנה, אבל גם אם משמעות הדבר היא שהם יישארו לאחר העבודה לסיים כמה דברים נחוצים ללא תמורה. השילוב בין שתי האפשרויות הוא סבוך יותר, הוא תובע מן האדם להיות ער לסביבה, לדייק בלוח הזמנים כשנדרש אך בה בעת לגלות נינוחות ושלוות נפש בהקשרים אחרים. אף הקב"ה, המסוגל לדייק כחוט השערה בהכנסת השבת, ספר את שנות גלות ישראל במצרים בצורה רופפת. מעקב אחרי מושגי הזמן של התורה מכוונים את האדם לבנות לעצמו תודעה משתנה של מושגי הזמן ולסגל לעצמו הקשבה רגישה לדופק החיים.

פרשת בחוקותי

הטוב הרע והמקודש

התורה מצווה שבהמה שהוקדשה לקורבן לא תוחלף בבהמה אחרת: "וְלֹא יָמִיר אֹתוֹ טוֹב בְּרָע אוֹ רַע בְּטוֹב וְאִם הָמֵר יָמִיר בְּהֵמָה בִּבְהֵמָה וְהָיָה הוּא וּתְמוּרָתוֹ יִהְיֶה קֹּדֶשׁ" (כ"ג, י; וראו הוראה דומה בהמשך הפרק: כ"ג, לב-לג). האיסור איננו רק על החלפה של בהמה משובחת בפחותה ממנה, אלא גם על החלפה של בהמה רעה בטובה ממנה, בעלת מום בשלמה וכיו"ב (וראו: תמורה ט ע"א; מלבי"ם על אתר).

האיסור הזה נשמע שרירותי לחלוטין. האדם מתבקש שלא לשנות כלל את בחירתו הראשונה, גם אם הבחירה החדשה משדרגת את הקורבן ומשביחה אותו. החזקוני מנסה לתת טעם הגיוני לגדרי האיסור שאינם מבחינים בין השבחה והרעה, ומבאר: "שהרי אינך יודע איזה הטוב ואיזה הרע ואיזה חולי יש לה ואם טריפה היא". לדבריו, הסיבה לאיסור ההחלפה היא חוסר הנגישות שלנו אל האמת הפשוטה של טוב או רע. ביסוד דבריו ישנה הנחה שאילו הבהמה הייתה ניתנת לבדיקה רפואית מדוקדקת ולאבחנה ברורה, התורה הייתה מאפשרת החלפה שיש בה הטבה. רבנו בחיי אף הוא נותן טעם, אך טענתו שונה: "שאם יתיר לו להחליף רע בטוב יבא להחליף הטוב ברע ויאמר: טוב הוא". התורה לא רצתה לתת לאדם פתח להסוות את חטאו ורצתה למנוע צביעות וגלגול עיניים. ייתכן שההנחה היא שאדם בעת צרה מקדיש בהמה לקורבן. וכשהרעה חולפת, הוא מצטער על הנזק הכספי שיגרם לו בעקבות ההקדשה החפוזה והפזרנית וירצה להחליף את

הקורבן בקורבן פחות ערך. אומנם, התורה הניחה שהוא לא יעשה מעשה בוטה ויחליף טוב מובהק ברע מובהק, היא חוששת רק מרמאויות נסתרות ("מורה היתרא"). ממקרים שבהם אפילו האדם החוטא מסוגל לשכנע אפילו את עצמו בהן. לכן התורה לא נתנה פתח לכל החלפה שהיא.

לפי הדעה הראשונה, הטוב והרע אינם מוחלפים מפני עננת ספק שתמיד מרחפת בעולם, ומרחב הטעות בין רע וטוב הוא גדול. לפי הדעה השנייה, יש רע שעשוי להיראות טוב, ויש אנשים שיש להם אינטרס להפוך רע לטוב.

בעל התולדות יצחק הלך בדרך אחרת, מיסטית יותר. הוא קשר את פרשת ההמרה שבפנינו לראשית פרשת בחוקותי. בתחילת הפרשה הוצגה לעם ישראל ברירת המחדל: אם ילך בדרך ה' יזכה לשכר גדול ורוב טובה. אולם אם, חלילה, יחטא אזי יגלה מן הארץ ויבואו עליו צרות רבות. בסוף הפרשייה הזו הקב"ה מבטיח: "וְאַף גַּם זֹאת בִּהְיוֹתָם בְּאֶרֶץ אֹיְבֵיהֶם לֹא מְאַסְתִּים וְלֹא גְעַלְתִּים לְכַלֹּתָם לְהָפֵר בְּרִיתִי אִתָּם כִּי אֲנִי ה' אֱלֹהֵיהֶם. וְזָכַרְתִּי לָהֶם בְּרִית רִאשֹׁנִים אֲשֶׁר הוֹצֵאתִי אֹתָם מֵאֶרֶץ מִצְרַיִם" (ויקרא כ"ב, מד-מה). הקב"ה מבטיח שלא ימיר רע בטוב. הבחירה בעם ישראל היא בלתי תלויה. הקדושה נדבקת בהם ואין שום אפשרות להמירה. מן הקישור בין שתי הפרשיות עולה הבחנה קטגורית חשובה ביותר: המושגים של טוב ורע אינם מושגים חופפים למושגי הקודש והחול. הקדוש אינו מותנה, הוא ערך מוחלט והוא מפוגג את הפער בין הטוב והרע, בהיותו מעל לחשבונות הרגע. הקדושה היא כוח פנימי ועמוק יותר שאינו מותנה במראה החיצוני וברושם שטחי. הטוב והרע הם מושגים יחסיים וזמניים ואילו הקדושה היא נצחית.

התורה אינה מסתפקת בעצם האיסור, היא גם קובעת מה הדין כשאדם עבר והמיר את בהמת הקורבן בבהמה אחרת. ומכאן גם השלמה לדיון שלנו. תוצאתה של המרה אסורה היא שהקדושה תיתפס גם בחלופה, אבל לא תתפוגג מן הבהמה הראשונה: "וְהָיָה **הוּא וּתְמוּרָתוֹ** יִהְיֶה קֹּדֶשׁ". ההמרה המלאה אינה מתבצעת ואינה מקבלת גושפנקא. בגמרא מכונים מקרים כאלה כ"מילתא דאמר רחמנא לא תעביד, אי עביד לא מהני". קרי, דברים שנאסרו לעשות, אם נעשו, אינם מועילים. אדם לא רשאי להנות מתוצאת מעשה אסור. דוקטרינה דומה מצויה בשיטות משפט שונות ובניסוחים משתנים כמו: "פירות העץ המורעל" – דוקטרינה המוחלת בדרך כלל כשראיה משפטית מושגת בדרך אסורה ואינה קבילה בבית המשפט. או: "עילה בת עוולה לא תצמיח עילת תביעה", מניעה מאדם חסר תום לב לתבוע את המגיע לו

בגין העוולה שהיה שותף לה. כך למשל נפסק שאישה שגבר נשוי הבטיח להינשא לה לא תוכל לתבוע אותו לפצותה כשהפר את הבטחתו. העיקרון היסודי של העקרונות הללו הוא למנוע מן החוטא לצאת נשכר ממעשיו.

אולם במקרה שלנו, למעשה ההמרה ישנה השלכה אחרת. הקדושה מתרבה ונתפסת גם בחלופה, אף שהקורבן הראשון נותר בקדושתו. ניתן לתפוס זאת כקנס המושת על החוטא אשר מפסיד גם את הבהמה המחליפה. אך אפשר גם להציע שמחשבתו של האדם להקדיש את הבהמה השנייה, אף כי יש בה צד בעייתי של חטא ומעשה אסור, יש בה גם היבט חיובי, ההקדשה: הניסיון להעלות את החפץ החדש למעלת הקדושה. החלק החיובי של מעשהו, אם כן, אינו מתבטל. רישומה החיובי של מחשבה טובה, של הקדשה וקדושה – נשאר לעולם.

איש כערכו

אדם המבקש להקדיש את עצמו למקדש, ואומר – "ערכי עליי", צריך לתרום בממון סכום השווה לערכו. התורה גם קובעת מהו ערך זה ומציינת ערך קבוע ואחיד המשתנה רק לפי אמות מידה אובייקטיביות כמו מגדר וגיל. ערכה של נקבה בגיל מסוים יהיה זהה לזה של חברתה בת גילה, ערכו של גבר כנ"ל. המשנה במסכת ערכין עמדה על התופעה ואף הניחה אותה בתוך הקשר רחב יותר. וכך נאמר במשנה:

> יש בערכין להקל ולהחמיר,
> בשדה אחוזה להקל ולהחמיר,
> בשור המועד שהמית את העבד להקל ולהחמיר,
> באונס ומפתה ומוציא שם רע להקל ולהחמיר (משנה, ערכין פ"ג מ"א).

המשנה מצביעה על כך, שהקריטריונים המכלילים הללו מהווים הקלה עבור חלק מן הנמענים וחומרה עבור חלק אחר.

> יש בערכין להקל ולהחמיר. כיצד?
> אחד שהעריך את הנאה שבישראל ואת הכעור שבישראל,
> נותן חמשים סלע.

ערכו של כל אדם במגדר וגיל מסוים הוא ערך זהה וקבוע. הוא שווה חמישים סלע תוך התעלמות מן הגורמים המבחינים ככישרונות, מראה וכדומה. במקרים מסוימים זה תעריף זול עבור האדם הנדון (אם הוא בעל כישורים וטוב מראה) ובמקרים אחרים זהו ערך גבוה (אם הוא מכוער וחסר כישורים). כך הוא גם לגבי כל מה שנמנה בהמשך הרשימה. מחירו של פדיון שדה אחוזה שהוקדש הוא קבוע. גם אם מדובר בפרדסים מניבי פרי וגם אם מדובר בחולות צחיחים – בשניהם הערך אחיד: חמישים שקל כסף. שור מועד שממית עבד, אין זה משנה מה היה ערכו של העבד, אם מדובר בעבד חרוץ, עצלן בריא או חולה, ערכו אחיד. ערך זה נקבע בתורה להיות שלושים סלע. דין זה של קנס על מוׂת עבד אינו נדון בפרשתנו והוא אינו חלק מדיני הערכים וההקדשות. זהו דין בדיני נזיקין השייך לתחום הלכתי שונה לחלוטין והובא אל משנת ערכין בזכות הדמיון התיאורטי. כך מי שאנס בתולה או שפיתה אותה צריך לשלם סכום קבוע, בין אם הבחורה מפשוטי העם ובין אם היא בת למשפחה אריסטוקרטית. קביעת ערכים אחידים כאלה נותנת ביטוי מוחשי לערך השוויון ולהבנה שהפגיעה יש לה ערך מוחלט קבוע והיא מגמדת את ההבדלים בין בני האדם.

אולם המשנה יודעת לספר לנו שהעמדה הזו אינה אחידה לכל תחומי ההלכה. כששור ממית עבד אין אומנם הבדל בין עבדים שונים, הנזק קבוע לשלושים כסף, אולם אם השור פוגע בבן חורין הוא משלם נזק מלא ומדויק ההולם את הנזק שנגרם. החובל בעבד או בבן חורין אומנם משלם לשניהם לפי קריטריון אחיד – רמת הנזק. אך כידוע רמת הנזק נקבעת על פי הנזק הממשי וזה משתנה מעבד לבן חורין. גם המבייש אדם מפצה אותו על פי קריטריון שיש בו אפליה: "הכל לפי המבייש והמתבייש". לא כל מי שמבייש בושתו פוגעת, ולא כל המתביישים זהים, מעמדם החברתי – וממילא הפגיעה בו – עשויים לשנות את גובה הפיצוי שייפסק להם.

דרכה של משנת ערכין לאגד את משטרי הפיצוי והשומה השונים נועדה להבליט את החריגים: שומת ההקדשות בדרך אחידה אינה תואמת את ערכו האמיתי של הנערך. הניסוח "להקל ולהחמיר" מתייחס לקביעת התורה שערכם של כל בני האדם זהה. נקודת המוצא של המשנה היא שבני האדם אינם זהים. וכי התורה גם היא חשבה כך במקרים לא מועטים, ולפיכך ההסדר של ערכין מצריך עיון.

אך בדרכה, מנקודת המבט ההפוכה, מצביעה המשנה על חוסר אחידות בתפיסת השוויון בין בני האדם, על כך ששוויון זה מוגבל ומתקיים

רק במקרים מסוימים כאשר במקרים אחרים צפה ועולה השונות בין בני האדם.

כך או כך, מתברר ששום דבר מהותי לא השתנה, וערכם של אנשים שונים נמדד בדרכים שונות לעניינים שונים, מתקופות קדומות ועד העידן המודרני שבו שולטים ערכי ההומניזם והשוויון. ערך חיי אדם במדינה ניתן לחישוב בצורה אריתמטית ומאוד לא רומנטית כשמשקיעים כסף בשיפור כבישים מסוכנים, או כשמכינים את תקציב סל התרופות. לכל דבר יש מחיר. גם כשתביעת נזיקין על חבלה באדם אחר מתבררת בבית המשפט אפשר לראות כמה שווים חיי אדם, ואף שמדובר בדיון מאוד אישי, הפרגמטיזם מגלה שיש דרך קרה לחישוב הערך. ובשורה התחתונה שומת הנזקים של כל אדם כשלעצמו חושפת שלא כל בני האדם שווים.

כשאדם נזקק לגימלה של ביטוח לאומי על מנת לשמור על מחייתו ופרנסתו, נוצר חרך הצצה למחשבה של החברה על מהי אנושיות וכמה היא עולה, ושם הערך דווקא אחיד ומדוד ברוב המקרים.

הדרכים לגזרת ערך האדם משתנות לפי ההקשר. קנסות וגימלות הן אחידות, מזיק חייב בפיצוי לפי אבות הנזק שגרם וכאן יש מקום לדיון פרטני הנוגע לאדם הניזק עצמו, ובבוא המדינה לחלק את עוגת התקציב עליה להכריע הכרעות כואבות. האם לתקצב תרבות על חשבון בטיחות, האם לתקצב יותר חינוך ופחות תחבורה, ומי נהנה מהתקצוב בכל אחת מן האפשרויות בסופו של דבר, אמת המידה הלאומית מקטינה את ערכו של היחיד. וכך לגבי ערכין, מפרשתנו עולה שכשאדם מבטל עצמו כלפי שמיא, ערכו הממשי מתבטל.

כל הבריות שוות והקב"ה ברא את כלם שווים גם אם חיצונית זה לא נראה כך. אבל בין הבריות לבין עצמם, הרואים תמונה חלקית וחיצונית המסווגת לפי קריטריונים אובייקטיביים נפער השוני.

בסופו של דבר, נעות גם התורה וגם המשנה בין שני הקטבים של האחידות והשוני. מהו האדם? שואלת המשנה, האם הוא אוסף איברים? האם שלמות הגוף ובריאות הנפש? האם הוא התועלת שהוא יכול להצמיח? ושמא הוא סטטיסט בלבד, חלק מקבוצה גדולה של אנשים? התשובה היא גם וגם. תלוי מה עומד על הפרק. כך גם בתודעתנו. לעיתים אנו חשים שווים בזכות המעמד והיכולת, השכר ומקום העבודה, לעיתים, חיסרון קטן גורם לנו לאבד משמעות. לעיתים מרגישים כבורג בעולם הגדול והרחב, בטלים באלף אלפי רבבות, ולעיתים דווקא משום כך, בהיותנו חלק מן המין האנושי אנו גאים להיות מה שאנחנו יחד ולשאת בעול יחד עם רבים כמונו, איש איש ותרומתו.

חומש במדבר

פרשת במדבר

החלפה

"וַאֲנִי הִנֵּה לָקַחְתִּי אֶת הַלְוִיִּם מִתּוֹךְ בְּנֵי יִשְׂרָאֵל תַּחַת כָּל בְּכוֹר פֶּטֶר רֶחֶם מִבְּנֵי יִשְׂרָאֵל וְהָיוּ לִי הַלְוִיִּם" (במדבר ג', יב). קדושת הבכורות מומרת בהקדשת הלוויים בתהליך של פדיון מדוקדק. בסופו של חשבון, מספר הבכורים גדול ממספר הלוויים, לפיכך קדושת המיעוט העודף מומרת בכסף מלא.

הפרשנים עסקו בשאלות הנלוות לתהליך ההמרה. למשל, הם הצביעו על כך שלסיפור יש גם צד שני: הלוויים הפסידו את ירושתם כי אין להם מעתה חלק ונחלה, ואילו הבכורים שהיו אמורים להיות נטולי נכסים זכו אף בחלק הלוויים ועל כן הם יורשים פי שניים (חזקוני, שם). הם תהו מדוע ישלמו הבכורים עבור ההחלפה הזו, המעט ללוויים שלקחו את השררה וכעת הנעשק גם נדרש לשלם לעושקו? (ספורנו).

העיסוק הכביכול טכני בתהיות המשעשעות קמעה, מעורר אותנו למחשבה ולהתבוננות מעמיקה על המתרחש במעשה הזה. תהליך ההמרה מוכר לנו מן הקודשים. ניתן להפריד בין הרובד החומרי לרובד הרוחני של אובייקט באמצעות סילוקו של המטען הרוחני והעברתו למסגרת חדשה. מטענו של המעשר השני מועבר לכסף הפדיון ומתיר את הפירות באכילה ללא מגבלות הלכתיות, כך הוא גם לגבי פירות נטע רבעי. ישנם כמה דברים שקדושתם אינה פוקעת בדרך הזו. פירות שביעית קדושים לעולם. אומנם, אם קנה לעצמו מטלטלין בפירות שביעית, קדושתם של הפירות נכפלת. היא נותרת בתוך הפירות שגדלו בשנה השביעית וחלה גם על התמורה.

אבל מה שעושים בפירות שנה זו או אחרת, או בבהמות המוקדשות לקורבן, אינו נשמע פשוט וטבעי כאשר אנו מדברים על האדם. אנו מורגלים להניח שייחודנו הסגולי הוא חלק מרכזי מן הזהות וההגדרה העצמית של כל אחד מאיתנו. קשה להבין כיצד ניתן לרוקן תוכן ומטען מתודעתו של האדם. שאלה זו מחריפה לאור העובדה שקדושת הבכורות איננה תולדה של הכרעה א־לוהית אלא תנועה נפשית טבעית אנושית ואוניברסלית. כבר יעקב אמר לראובן: "רְאוּבֵן בְּכֹרִי אַתָּה" ובכך ייחדו והבחינו מן האחים האחרים, גם אם לאחר מכן ניטלה בכורתו וניתנה לראוי ממנו (בכורה היא גם התאמה ואחריות). אומנם, מתן יחס עדיף לבכורים, רגשי וכלכלי, היא תופעה אנושית טבעית שאינה כוללת בהכרח את מושג הקדושה. עם זאת, העדפת הבכורים קיבלה גם ביטוי דתי מעוות, כשעובדי אלילים העלו את בניהם למולך.

קדושת הבכור היא הבניה הלכתית שאינה מחויבת, היא רק טבעית יותר אצל בכורים מאשר כאשר היא מוענקת לשבט אחד בלבד באופן קולקטיבי. השלת התודעה של האחריות הציבורית מקדושת הבכורים והעתקתה לקבוצה אחרת מחייבת התקה מעשית. בלי טקס העברה לא יתרחש התהליך הפנימי של העברה זו. גם הלוויים אמורים להפנים את המהלך הרדיקלי הזה, שבין השאר יש בו קבלת עול עבודת ה' כהליך מוכתב וחיצוני.

תהליכי המרה וניסיונות לשינוי תודעה ולתזוזה בתוך מבנים היררכיים נעשים חדשות לבקרים בעולמנו, חלקם נוגעים לתפקידים בתוך המשפחה, או להדגשת המכנה המשותף בין עמים ועדות. מתוך אלו ניתן ללמוד גם על התהליך של הקדשת הלויים וחילון הבכורים. אין ספק שהבכורים נותרים עם תכונת ההובלה וההנהגה האופיינית לבכור, ואין ספק שהלוויים יכולים להיות מוקדשים אך לא בהכרח ניתן להפוך אותם לבכורים בטבעם. השינוי וההחלפה הללו אינם תמורה זהה. יש כאן שינוי מהותי של תפקיד השימוש בקודש מהתלהבות והתרגשות – לעבודה ולשליחות. למול זה 'החזרת' הבכורים אל העם יש בה משום נטיעת שכבת האליטה האידיאולוגית לתוך החברה והציבור. ההחלפה הזו ביטויה בדיאלוג המתקיים בימינו בין מי שמצוי בתפקידי הנהגה רשמיים, קרי רבנים, פוסקי הלכה, אנשי מחקר ודומיהם, לבין הקולות הבוקעים מלמטה, מתוך שדרות העם בבקשם להתוות דרך ולהוביל.

מן השמיים הוא

החלפת הבכורים בלוויים לוותה בהגרלה. מספר הלווים נמוך ממספר הבכורים וחלק מן הבכורים נאלצו לפדות עצמם בממון. רוב הבכורים, עשרים ושניים אלף מהם, יוחלפו בלוי ובחינם. אך בשל הפער המספרי, מאתיים שבעים ושלושה בכורים ישלמו בעבור הפדיון חמישה שקלים מכיסם. ניתן היה לחשוב על סידור שיש בו צדק חלוקתי נכון יותר שלפיו הנטל יחולק בשווה וכל הבכורים ישתתפו בהוצאה הכוללת, אולם ההכרעה הא-לוהית הייתה שמי שיזקק ל"שירות" הזה ישלם את מחירו. חז"ל ובעקבותיהם הראשונים ניסו ליישב את הטלת הגורל עם הצורך בהליך הוגן. הם גם לא נמנעו מלבחון את תקינות הנוהל ולעצב בעקבותיו את אופייה של ההגרלה.

> אמר משה: כיצד אעשה להן לישראל? אם אומר לו תן לי פדיונך וצא – יאמר לי: כבר פדאני בן לוי. מה עשה? הביא עשרים ושנים אלפים פיתקין... (סנהדרין יז ע"א).

החשש של משה היה שיהיו בכורים ש'יסתדרו' בעצמם. אולי חשש גם מכך שהמקורבים והמקושרים ימצאו לוי לעשות אתו את עסקת החליפין. אפשרות אחרת שמשה חשש ממנה היא שכולם יחמקו בתואנה ש'כבר פדו את עצמם'. רק מעקב אחרי התהליך עשוי להוביל ליישום תקין ומלא. לכן הוחלט על ריכוז פעולת הפדיון בידי משה במקום להטיל את המלאכה על הציבור.

דרך הכנתה של ההגרלה אף היא עברה תחת ביקורתם של חז"ל. ההבנה הראשונה כפי שהיא כאן בבבלי ומובא גם במקורות אחרים היא שההגרלה נעשתה באופן שנכתבו עשרים ושניים אלף פתקים שעליהם נכתב "בן לוי" וכי כל מי שעלה בידו פתק כזה נפדה על ידי לוי. ואילו על גבי מאתיים שבעים ושלושה פתקים נכתב "חמישה שקלים", מי שהוציא פתק כזה נדרש לשלם את דמי פדיונו. לפי הפירוש הזה הגורל מועיל לכל הפחות בסילוק האפשרות להעדפות ופרוטקציות: "כל מי שעלה בידו בן לוי היה אומר לו כבר פדאך בן לוי וכל מי שהיה עולה בידו חמשת שקלים היה אומר לו מה אעשה לך **מן השמים הוא**" (ירושלמי, סנהדרין פ"א ה"ד).

ההסדר הזה פותר את בעיית הגבייה, וקובע את זהות המשלמים ללא מעורבות אדם וללא כל מעשה מפלה. עם זאת, ההליך יצר בעיות מוסריות אחרות. אדם שמגיע בין המאתיים האחרונים, יוכל לטעון שפתק חמשת שקלים שלו אינו פרי "גורל עיוור". לא הייתה אפשרות אחרת, כיוון שבואו המאוחר להגרלה גרם לכך שלא נותרו פתקי "בן לוי".

שני פתרונות מוצעים לבעיה זו בירושלמי: האחד הוא שבפועל פתקי חמישה שקלים יצאו לסירוגין עם פתקי בן לוי וכך הוכח בשטח שהפתקים הללו לא נותרו לאחרונים (ראו גם: שו"ת רדב"ז ח"ב, תשעט). אולם זהו פתרון שבדיעבד, ועל כן, אינו מניח את הדעת. פתרון אחר המובא שם גורס תיקון באופייה של ההגרלה ומתארה באופן שונה: "אלא כך עשה, נטל שנים ועשרים אלף פיטקין (=פתקים) וכתב לוי, ורע"ג (=273) וכתב עליהן לוי ורע"ג כתב עליהן חמשת שקלים והטילן לקלפי". לפי הפתרון הזה, לכל אחד הייתה ההזדמנות לקבל פתק שעליו רשום "בן לוי". כי פתקי "בן לוי" היו רבים וכמספר כל הבכורים. ורק הפתקים שעליהם נרשם חמישה שקלים היו במספר המדויק הנדרש. התמעטות הפתקים לא מנעה את האפשרות. ורק נס הוא שהתוצאה הייתה שמספר המשלמים היה מדויק.

אומנם, פתרונו של הירושלמי אינו מלא. על פי תורת ההסתברות קיים פער בסיכויי הפטור של כל אחד מן המגרילים. עם התקדמות ההגרלה משתנה היחס בין פתקי הפטור ופתקי החובה. ככל שיילקחו יותר פתקים שעליהם כתוב בן לוי, כך פוחתים סיכויי המגרילים הבאים לפתק כזה. עבור הראשונים שבמגרילים כמעט שאין סיכוי להוציא פתק שעליו כתוב חמישה שקלים. כי הרוב המוחלט של הפתקים הוא של "בן לוי". לפיכך, הטענות על חוסר שוויון עלולות להתעורר גם בעקבות גורל כזה ומכאן קצרה הדרך גם לערעור על מידת הקשר שלו ל'מעשה שמיים'.

לבעיה זו הוצע פתרון ניסי בפירושו של ר' חיים פלטיאל. לדבריו ההגרלה הייתה במספר פתקים המתאים לצורך המעשי. מספרם של פתקי בן לוי כמספרם של בני לוי ומספר הפתקים של חמישה שקלים כמניין הזקוקים לפדיון כסף. אולם כל אחד שהגריל פתק החזיר את הפתק חזרה להגרלה. כך כל מגריל עמד בפני אותן אפשרויות והסתברות זכייה. ניתן לראות שבהצעה זו יש אומנם פתרון לשאלת שוויון ההזדמנויות, אך יש ויתור גדול על הסדר ועל ההיגיון.

נראה שהתנחומא מציג בעיה נוספת. אם לכל אחד יש שתי אפשרויות, האחת להיפדות על ידי בן לוי והשנייה לשלם בכסף, על ההגרלה לשקף את

היחס השווה בין האפשרויות כך שכל אפשרות תהיה אפשרית כמו חברתה. לכן ר' נחמיה מתאר הגרלה שונה:

> רבי נחמיה אומר... אלא כך עשה משה נטל פתקין כמנין כל הבכורות וכתב בהן לוי, ועוד פתקין אחרים כמנינם וכתב בהן חמשה סלעים, טרפן ונתנן בקלפי והיה אביו של בכור פושט ידו בקלפי אם עלה בידו מחמשה סלעים נותן חמשה סלעים (תנחומא, במדבר כא).

לשיטת ר' יהודה, מספר הפתקים של בן לוי ומספר הפתקים של חמישה שקלים היה זהה. כך ההסתברות להגריל בן לוי או חמישה שקלים היה זהה לחלוטין. אך שוב, לאחר הוצאת אחד הפתקים כל המאזן משתנה. וסיכויי השני שונים משל הראשון. לכן הריב"א מוסיף שפתקים שהוצאו הוחזרו לתוך ההגרלה שוב (ריב"א, במדבר י"א, כו).

ממכלול הדיונים ניכרת הערנות של חז"ל, של המדרשים ושל הפרשנים, לשאלת עיצובו של הגורל בזיקה לצדק, למוסר ולעקרונות של נוהל תקין. כולם ראו חופש לעצב את הגורל בהתאם לדרישות שהציבו. משמע, אף שהגורל מהווה נתיב ודרך לאדם להסתלק ולפנות מקום לשכינה לפעול, הצדק צריך להיראות ולא רק להיעשות. הנחת היסוד של כלל הפירושים היא שהתורה מחויבת לאמות המידה הללו. וכי לא ייתכן שיוצע הסדר מפלה גם אם תוצאתו מדויקת וניסית. רק פעולה מבוררת וזכה מהטיה רק כזו שאין בה פנים לכאן ולכאן, יש בה הכוח להנכיח את רצון השכינה בעולם. הצד השני של המאמצים הבלתי נלאים הללו לתקן את ההסדר כראוי לו, היא שאין סוף לבעיית העוול. העיסוק האובססיבי בכך יכול לשתק מערכות שלמות. ויש בו חוסר הבנה בסיסי לכך שמותר להשתדל ולהתאמץ עד רמה מסוימת. מאמצים מיותרים מסרבלים את המערכת ויש בהם גם החטאה של הרעיון המרכזי והעיקרי: "מן השמיים היא".

תפקידי הלוויים ולימוד תורה

בפרשתנו נידון תפקידם של הלווים וניתן לראות שהוא מחולק לכמה חלקים: נשיאת המשכן וכליו, פירוק והרכבה של המשכן בשעת יציאה למסע ובשעת החזרה ממנו, ושמירה על המשכן: "וְשָׁמְרוּ הַלְוִיִּם אֶת מִשְׁמֶרֶת מִשְׁכַּן

הָעֵדוּת". עיון במשימות הללו חושף שמדובר במשימות שבמובנים מסוימים הן סותרות.

מצד אחד, הלוויים צריכים לפרק ולהרכיב. מצד שני, עליהם לשמור ולשאת.

פירוק והרכבה

עבודת הפירוק וההרכבה מסמלת את הצורך החיוני בהתחדשות, צורך יום־יומי בפירוק ובהרכבה מחדש של רכיבי היסוד. הפעולה הזו של פירוק והרכבה מוכרת לנו כעבודתם של שענים, שרברבים וכיו"ב, אלו לעיתים מפרקים את כל המנגנון מוציאים מחליפים מנתקים מחברים הכול מחדש לבלי הכר. כזו היא גם עבודת המעבדה של כימאים, פיזיקאים ומהנדסים. אנשים שמלאכתם לזהות את חומרי היסוד, לבודד משתנים, לחשוף את היסודות שמהם מורכב תהליך טבעי, לבנות ולהרכיב תוך שימוש בפענוח שנוצר מתוך העבודה הזו.

גם הלומדים בבית המדרש מכירים את פעולת הפירוק והרכבה הכר היטב. סוגיות רבות מחייבות ליבון עד היסוד. מחייבות פירוק של רכיב אחר רכיב עד שמתגלה הגרעין הקשה של הסוגייה. משם מתחילה "הדרך חזרה" להרכבה מחודשת של הסוגיה אריח על גבי לבנה, עד שנבנה הבניין המופלא החדש של הסוגיה, והיא זוהרת, מצוחצחת ובהירה כפי שלא הייתה לפני כן.

המלאכה הזו אינה מוטלת רק על יושבי בית המדרש, היא מוטלת גם על פוסקי ההלכה. מתוך צורכי השעה המתדפקים על דלתם מוטלת עליהם החובה לפרק את הידוע והמוכר ללבן את חומרי היסוד ההלכתיים ולהרכיב אותם מחדש. מדובר במלאכת קודש המחייבת הבנה מעמיקה הן של החלקים השונים המרכיבים את ההלכה, והן את המציאות על גביה נבנית המסקנה ההלכתית הקונקרטית. גם מלאכת הפירוק וההרכבה המיוחסת ללויים מחייבת אותם להיות קשובים כל העת לתנודות שסביבם.

שמירה ונשיאה

המחויבות הנוספת של הלוויים היא לשמור על משכן העדות ולשאת את כלי הקודש. אחר כל הפירוקים וההרכבות מי שאמון על משמרת הקודש, מי שאמון על שימור העדות הם הלויים. נושא השימור גם הוא חובק עולם ועניין שמעסיק ומייחד את הדור שלנו. למן קופסאות השימורים ונוכחותם או היעדרם של חומרי השימור, ועד לחוקים בארץ ובעולם, המגנים על צמחים

נדירים, מגבילים ציד של בעלי חיים בסכנת הכחדה ועוד. המודעות לנחיצותם של זאבים או צבים באזורנו, ועריכת חגיגות עולמיות סביב הולדתו של פנדה צעיר הן עדות לחרדה הכללית מאובדן העבר.

כוח השימור, ככל כוח חזק מעורר גם הוא תגובה שכנגד – יעידו על כך חורבנן של עתיקות מוסול, המקדש בתדמור וכיו"ב. לא בכדי נחרד העולם כשצפה בהכחדה של שרידי העבר וכפעולת מנע מסוימת, יצאו ארכיאולוגיים לצלם בקובצי תלת ממד אתרים חשובים שיש חשש שאף הם ייעלמו. במקביל, כנגד סכנת ההכחדה בעולם החי והצומח יש התגייסות לשמר קודים גנטיים של זנים נכחדים ולהמיר את התכונות הללו באמצעות דיגיטציה לקבצים. מאמצי השימור האלה אולי מעידים שבעולם הולך ומתכלה צו השעה הוא לשמר, להיאחז. בבית המדרש השימור אף הוא כלי חשוב. הזיהוי של הערכים שעליהם מבוססת הסוגיה כעין מרגלית הנתונה בתוכה הם חלק בלתי נפרד ממלאכת הלימוד. בעולם ההלכתי הדבר כמעט מובן מאליו. הערך בשימור המסורת הוא נתון הלכתי. הרמב"ם כינה את החכמים: "מעתיקי השמועה" אף שהיה מודע לחידושיו הרבים. גם השימור והנשיאה הם חלק בלתי נפרד מעבודת הלויים.

הסכנה במלאכת הפירוק וההרכבה ידועה, מחיים אפשר לייצר גולם. מאידך, תהליך של שימור הוא גם תהליך של הקפאת זיכרון. היתלות מופרזת בעולם שהיה והמרה של מציאות תוססת בקבצים דיגיטליים.

מה שנראה כסותר הוא למעשה שני צדדים של אותה המטבע, של אותו צורך חיוני של הפחת משמעות. מי שמפרק ומרכיב כראוי, מקיים גם את האתגר של שימור. כי שימור איננו שיחזור ואיננו הקפאה של מצב קיים. הוא ניסיון לבטא בכלים חדשים רעיונות ישנים. זהו תפקידם של החכמים יודעי העיתים. זהו תפקידם של הלוויים והשילוב שבו הוא מקור ההשראה.

לאנלוגיה הזו יש עוגן כבר בתורה כשהיא מדברת על "משמרת משכן העדות", וכפי שמציין הנצי"ב בפירושו לתורה:

> ויש לפרש עוד דהוא הוספת ביאור לדקמיה, היינו עוד אופן שמירה חיצונית,
> דמשכן העדות היינו כח התורה היה שומר את ישראל...
> ועתה ציוה ה' שגם הלוים ישמרו אותה משמרת של משכן העדות,
> היינו שיתעסקו בתורה, ובזכותם יהיו ישראל נשמרים,
> כמו על ידי כח משמרת העדות (העמק דבר, במדבר א', נג).

בדבריו מוסיף הנצי״ב את עומק המשמעות של לימוד התורה. המלאכה המורכבת הזו, הישיבה על מדוכת לימוד התורה והוראת ההלכה, היא בבחינת ״לוּלֵי תוֹרָתְךָ שַׁעֲשֻׁעָי אָז אָבַדְתִּי בְעָנְיִי״. בסופו של דבר, היא עיסוק בקוד הגנטי שלנו כעם. והיא המעבדה שבה אנו מרכיבים ומפרקים, ומשמרים את העם כולו, ״אומתנו אינה אומה אלא בתורותיה״.

פרשת נשא

נתנה עיניה בשאינו ראוי לה

פרשת אישה סוטה משלימה את סדרת האיסורים התומכים בשמירה על הנאמנות בין בני זוג ועל הדבקות שבין איש ואשתו. האיסור הראשון הוא איסור לא תנאף, השני הוא איסור עריות של אשת איש, איסור נוסף הוא האיסור של לא תחמוד אשת רעך. וכאן, בפרשה, נוספת התייחסות מיוחדת לאישה שבגדה בבעלה. לאישה כזו מייחדת התורה תגובה קשה ביותר וטקס משפיל.

עונשה הנוסף החמור של הסוטה הוא שהיא נאסרת על הבעל ואף על הבועל, שאתו בגדה בבעלה (משנה, סוטה פ"ה מ"א). זהו עונש טראגי שמחייב אותה להתחלה חדשה לגמרי. שום קשר ממשי שהיה לה אינו נותר כשהיה. התוספתא (סוטה) נוגעת בהיבט הרעיוני והרוחני של מעשה האישה הסוטה ושל עונשה, ושולחת אותנו לעיין בתמונת המצב הבראשיתית של המשולש התמוה – אדם, חוה והנחש הקדמוני בגן עדן. תוך שהיא מרחיבה מאוד את האיסור ורואה בו פנים חדשות:

> והנחש היה ערום וגו' בקש להרוג את אדם ולישא את חוה (תוספתא, סוטה פ"ד הי"ז).

נראה כי התוספתא נשענת על התימהון שמעוררים עצם נוכחותו של הנחש בסיפור והמוזרות שבקיומו של דיון בין הנחש לחוה. דיון שאדם אינו שותף

לו. דיון שפותח בתהליך הדרדרות, וכן של ריחוק בין אדם לחוה. בסופו של דבר, אדם מאשים את חוה בחטאו והם מגורשים מביתם ומתחילים את חייהם מחדש. גם הקללה "וְאֵיבָה אָשִׁית בֵּינְךָ וּבֵין הָאִשָּׁה" מעידים על קירבה יתרה שהייתה נהוגה בין הנחש והאישה קודם לכן. כל אלה מעוררים את חשדם של חז"ל ומעודדים אותם לדרוש את דרשתם.

התוספתא קובעת כי עונשו של הנחש היה שאת שהיה שייך לו ולעולמו הפסיד, וגם מה ששאף שיהיה לו אבד ממנו.

> אני אמרתי תהא מלך על כל בהמה וחיה, עכשיו... ארור הוא מכל הבהמה ומכל חית השדה. אני אמרתי תלך בקומה זקופה כאדם, עכשיו שלא רצית על גחונך תלך. אני אמרתי תאכל מאכל אדם ותשתה משתה אדם, עכשיו ועפר תאכל כל ימי חייך (שם).

והדרשה מסיימת: "נמצאת אומר, מה שביקש לא ניתן לו ומה שבידו נוטל ממנו" (שם, יח). בכך מבארת התוספתא את הדין של 'אסורה לבעל ולבועל'. מה שביקשה לא ניתן לה ומה שהיה בידה ניטל ממנה. והרי היא נותרת בחוסר כול. זה עונשו של מי שעיניו משוטטות מעבר לגבול היכולת שלו, מעבר למה שנקבע שיינתן לו משמיים. של מי שחומד לעצמו ומתאווה למה שניתן לאחרים.

בהמשך מבואר בתוספתא שהרצון לקבל מה שאינו ראוי לאדם הוא הוא שורש כל החטאים כולם. זהו שורש חטאם של קין, קורח, בלעם, דואג, אחיתופל, גיחזי, אבשלום, אדוניה, עוזיה והמן. למעשה, התוספתא אינה עוצרת באיסור אשת איש ותולה את סרחונם של כל החוטאים לדורותיהם, דורשי הכבוד שאינו מגיע להם כגחזי, המקנאים בקרבת ה' של אחרים כמו קין או בלעם, גם אלה הלוטשים עיניהם לתפקידי שררה שלא נועדו להם כמו אבשלום והמן. כל אלה נכללים תחת אותה מכשלה של האישה הסוטה. וכולם קשורים בחטא הקדמון בעצמו, ששורשו אחד – חוסר הקבלה וההבנה של גבולות האני ומגבלותיו. חוסר הרצון להתרחק ולתת מרחב מחיה לאלו שבנו את עולמם ומימשו את ייעודם (ראו גם סוטה ט ע"א).

מעניין שבניגוד לנחש, שבא לפורר את התא המשפחתי האינטימי של אדם וחוה, האישה הסוטה מפרקת את הזוגיות שלה ושל אישה בעצמה, במו ידיה. היא איננה הגלגל השלישי, היא באה דווקא מתוך מימוש אל הריק. חטאה הוא בעצם נקודת המבט שממנה עולה שהיא לא רואה בזוגיות

התקינה שלה חלק מגופה וחלק מקיומה האישי העצמי (כמובן שזוגיות של סבל אמורה להיפתר בדרך הלכתית של מתן גט). היא יוצרת חיץ דמיוני בינה ובין בעלה ומבקשת להפריד ולחתוך במקום של דבֵקות גדולה. היא מסתכלת על בן זוגה הנוכחי, ההגון, כמשא ונטל ורוצה להשיג לעצמה איש שלהבנתה ייקר אותה יותר, יכבד אותה יותר, או ירגש אותה יותר. ההצצה לתוך עולמות נבדלים והניסיון לקפוץ מעבר לגבול היכולת הם מנגנון הרס שקיים בתוככי האדם עצמו, של אדם השואף לגעת בעולמות נשגבים ממנו. שאינו מסוגל לבנות את עצמו במרחב שנכון לו.

למרות חומרת הדבר, יש לדברים הללו גם צד שני. המדרש מבאר שמידת הקנאה והניסיון לחקות ולהשיג מה שיש לאחרים אינם רק רעים:

> נחמן בשם ר' שמואל הנה טוב מאד זה יצר טוב, והנה טוב מאד זה יצר הרע, וכי יצר הרע טוב מאד הוא אתמהא, אלא שאלולי יצר הרע לא בנה אדם בית ולא נשא אשה ולא הוליד בנים... (בראשית רבה, ט).

המדרש הולך בעקבות הפסוק מקהלת: "וְרָאִיתִי אֲנִי אֶת כָּל עָמָל וְאֵת כָּל כִּשְׁרוֹן הַמַּעֲשֶׂה כִּי הִיא קִנְאַת אִישׁ מֵרֵעֵהוּ גַּם זֶה הֶבֶל וּרְעוּת רוּחַ" (קהלת ד', ד). ובדרכו מבהיר כי הקנאה היא לא רק שורש החטא, הרע והכישלון המביא לחסר ואובדן אלא גם יסוד בניינו של העולם. לולא הקנאה לא היו נושאים נשים כלל. לא היו מקימים בתים ולא עמלים. הקנאה היא גם שורש ההישגיות.

השאיפה שאדם צריך לסגל לעצמו, אם כן, איננה הקפיאה על השמרים. חלילה לאדם לשקוע בנמנום, בציפייה פסיבית למתת א-ל. ברור לכל שהתקדמותו של העולם תלויה בשאפתנות וברצון לפרוץ את גבולות האפשר. האתגר הוא להתפתח מתוך קריאת המציאות ולבנות מתוך גילוי הטמון בה מבלי להסיג גבולו של אדם אחר.

אשם גזלות

פרשתנו עוסקת בתחילתה בענייני חלוקת התפקידים במשכן, ובמתנות ובקורבנות הנשיאים בחנוכת המשכן בסופה. בתווך מצויה ההוראה על הרחקת הטומאה מן המקדש וכן פרשות נזיר וסוטה, העוסקות אף הן בהתקדשות ובהרחקה מטומאה. הגורם המאחד של כלל ענייני הפרשה נראה

פשוט: הופעת המשכן בחיי עם ישראל משפיעה שפע של קדושה במעגלים מתרחבים הן על המרחב הביתי והן על כל אדם באשר הוא. אולם את רצף העיסוק בעניינים שברומו של עולם קוטעת פרשיית אשם גזילות:

> דַּבֵּר אֶל בְּנֵי יִשְׂרָאֵל אִישׁ אוֹ אִשָּׁה כִּי יַעֲשׂוּ מִכָּל חַטֹּאת הָאָדָם לִמְעֹל מַעַל בַּה׳ וְאָשְׁמָה הַנֶּפֶשׁ הַהִוא, וְהִתְוַדּוּ אֶת חַטָּאתָם אֲשֶׁר עָשׂוּ וְהֵשִׁיב אֶת אֲשָׁמוֹ בְּרֹאשׁוֹ וַחֲמִישִׁתוֹ יֹסֵף עָלָיו וְנָתַן לַאֲשֶׁר אָשַׁם לוֹ (במדבר ה׳, ו-ז).

כדי לפענח את שייכותה של פרשייה זו לעניין שלנו נראה שיש לחזור לאחור אל תפיסת הממון ביהדות. במסכת יבמות ישנה סוגיה ארוכה העוסקת בענייני גיור. הסוגיה מסדירה את הליך הגיור ומרכיביו, את שאלת סיווגו של הליך הגיור כהליך פרטי או ציבורי ושיפוטי ואת מהותו של הגיור. בסוגיה זו מובא גם תיאור של האופן שבו מיידעים את המתגייר על הצפוי לו במסגרת כניסתו לעם היהודי. וכך מתואר שם:

> תנו רבנן: גר שבא להתגייר בזמן הזה, אומרים לו: מה ראית שבאת להתגייר? אי אתה יודע שישראל בזמן הזה דוויים דחופים סחופים ומטורפין ויסורין באים עליהם?
> אם אומר יודע אני ואיני כדאי, מקבלין אותו מייד.
> ומודיעין אותו מקצת מצוות קלות ומקצת מצוות חמורות,
> ומודיעין אותו עוון לקט שכחה ופאה ומעשר עני,
> ומודיעין אותו ענשן של מצוות... (יבמות מז ע״ב).

הברייתא מתארת בתחילתה את הריאיון הקצר שעובר המתגייר, ואשר בו נבחנת כנות רצונו להיכלל בעם ישראל. נבחנת המוטיבציה שלו האם הוא חפץ לחבור לעם היהודי על אף הצרות התוכפות אותו ולא מפני איזו טובת הנאה נסתרת. האם הוא מבין שהכניסה לעם ישראל אינה פרס אלא אתגר.

הליך הקבלה מלווה בהודעת המצוות. בית הדין מצווה להודיע למתגייר את מסגרת החיובים ואת עונשם. אבל בראש ״סידרת החינוך״ בחרו חז״ל ליידע את המתגייר אודות ״עוון לקט שכחה ופאה״. המונח הזה הוא מונח לא ברור. על כן, הגמרא מבהירה כי האפשרות להשיב את הגזלה אינה קיימת כאפשרות הלכתית במרחב של בני נח. בן נוח שגזל אפילו פחות משווה פרוטה הריהו מתחייב מיתה:

> מאי טעמא? א"ר חייא בר אבא אמר ר' יוחנן בן נח נהרג על פחות משווה פרוטה ולא ניתן להשבון.

ההסבר של הגמרא להודעת עוון לקט שכחה ופאה עדיין אינו מלא. מדוע דחוף להודיע לגר על השינוי שמתחולל בין מי שגזל כגוי לבין מי שגזל כיהודי? ומה הקשר בין זה לבין מצוות לקט שכחה ופאה?

רש"י מבאר:

> שלא יאמרו עניים הללו שלוקטים פאת שדה גזלנים הם ועומד עליהם והורגם...
>
> דעובד כוכבים קפיד על דבר מועט ולגבי ישראל הויא מחילה.

מרש"י עולה כי אותו מתגייר עשוי להיות בעל שדה בקרוב, ובקרוב מאוד יגיעו אל שדהו עניים ללקוט משם מתנות עניים. במקרה כזה עשוי הגוי להרוג את הפולשים כי על פי דיני הגויים כל גזלן – אחת דינו. לכן מלמדים את הגוי שעליו להבין שהם לוקטים כדין, על פי חוק מתנות עניים. אולם רש"י מרחיב מעבר לכך ומצביע על כך שיש שוני תפיסתי עמוק בין יהודים לגויים אשר חוקי מתנות העניים רק מהווה שיקוף שלו: בעוד שאצל גויים יש הקפדה על כל פרוטה, אצל יהודים יש מחילה. תפיסת הקניין רכה יותר בעם היהודי: שלי שלך ושלך שלך. אנו מכירים את זה עד היום מן החוק. בארה"ב מי שמוצא בחצרו הפרטית אוצרות טבע גז, נפט, מים וכדומה יזכה בהם. אצל יהודים אוצרות הטבע שייכים קודם כול לעם כולו, גם אם במקרה הם מצויים באדמתו הפרטית של יהודי יחיד. הוא הדין לגבי הזכויות על ממצאים ארכיאולוגיים. בארה"ב יורים ללא היסוס במשיגי גבול, בעוד שבישראל הרמת נשק על פולשים חייבת להיות במסגרת של הגנה עצמית בלבד (חוק שי דרומי עבר, כידוע, טלטלות לא פשוטות. שי דרומי, חקלאי מחוות בודדים בנגב, ירה בפורצים מסיגי גבול שנכנסו לחווה שלו כדי לגזול את רכושו. הוא הואשם בהריגת אחד מהם ולאחר מאבק ציבורי שונה החוק וקבע כחלק מזכות האדם להגנה עצמית את הזכות של אדם להגן על רכושו גם באמצעים לא מידתיים). בסופו של דבר, מערכת החוקים של צדקה וחסד משפיעה על התפיסה הכללית שביסודה הממון שייך לקב"ה והוא זה שמחלק אותו כראות עיניו. היחס לבעלות אדם על ממונו רופף יותר והיהודי מורגל בכך שלעיתים לוקחים ממנו, ולא רק מגנים על רכושו.

לעניין המגבלה על הזכויות הממוניות יש ביטוי גם בדין שיסודו ב"תקנת השבים". מי שגזל קורה מחבירו ובנה בעזרתה בניין שלם, אין דורשים ממנו "לקעקע את הבירה כולה" – לפרק את הבניין כדי להחזיר את הקורה. כדי להפוך את החזרה בתשובה לאפשרית ("תקנת השבים") הוא יכול להשיב את ערכה של הקורה ולהותיר את הבניין על מכונו. העיקרון הוא שהדין לא חייב 'לקוב את ההר'. ואולי, יש גם רמז לכך שבסופו של דבר כל עולם הבעלויות והקניינים מושתת על הסכמות ועל מאבקים וכן על היסטוריה ממושכת ורבת תהפוכות. חקירה יסודית של שאלת הבעלות על ממון כלשהו כמעט בלתי אפשרית שכן התשובה עליה תתברר רק אם "נקעקע את כל הבירה" ונגיע עד אדם הראשון – ובחזרה.

הריכוך שביחסו של היהודי לממון נובע מן העיקרון של הקדושה, ושל השראת שכינה. הוא נובע מן ההבנה שברצונו נתנה לנו וברצונו לקחה ונתנה לאחר.

פרשתנו עמוסה ב"הרמת עיניים לשמיים": בתרומות למשכן, בנתינה ובסגפנות. אולי דווקא משום כך חשוב להזכיר גם את הצד השני של העניין: חשוב להבהיר כי את הגזלה יש להשיב הגם שיהודים אינם הורגים בגין גזל. שערך הקניין הוא חשוב גם אם ההשקפה על עניין זה מרוככת. זאת ועוד, סכנת הגזלה קיימת ביתר שאת סביב ענייני קדושה וציבור מפני ששם יש תחושה שהמטרה היא קדושה. וגם אם פה ושם הדברים נעשים בבזבזנות יתרה אין מכך, כביכול, נפגעים של ממש. רמז לכך יש בהמשך הפרשה כשהנשיאים מביאים את מתנת העגלות נראה שמשה מתמהמה מלקחתן. ורק כשה' מצווה אותו מפורשות: "קַח מֵאִתָּם וְהָיוּ לַעֲבֹד אֶת עֲבֹדַת אֹהֶל מוֹעֵד" (ז', ה). נראה שמשה לא ראה צורך ב"רכב צמוד" עבור הלוויים. הדבר היה נראה לו חריג וחורג מגבולות צורכי המשכן. אבל הקב"ה אמר לו שהדבר עשוי לשרת את העבודה עצמה ועל כן כדאי שייקח את המתנה. מצד שני, הוא נצטווה שלא לתת את העגלות לבני קהת הנושאים את הכלים על הכתפיים, ואינם זקוקים להן. גם אם הממון לא אמור להיות ההישג המרשים ביותר של האדם, הרי שבסופו של דבר נקיות בממון חייבת להיות לנבוע מתוך קדושה והשראת שכינה.

איתמר

בפרשת נשא נזכר מפקד בני לוי ומתוארת בקצרה גם עבודת משפחות בני

לוי לפי חלוקת התפקידים הפנימית. מלאכת בני קהת (שמניינם ועבודתם מופיעה בסוף פרשת במדבר) היא נשיאת כלי הקודש, מלאכת בני גרשון היא לשאת את היריעות, המסך והמכסים. מלאכת בני מררי שהיא נשיאת הקרשים, העמודים, הבריחים והיתדות. החלוקה הזו מעירים חז"ל היא חלוקה לאורך ולא חלוקה לרוחב. נשיאת הכלים נחשבת למלאכה החשובה והמשמעותית, נשיאת היריעות חשובה פחות, אך פחותה הימנה היא מלאכת נשיאת הקרשים והעמודים. בעת פירוק והרכבה נעשתה העבודה בשלבים כשבכל שלב הייתה מעורבת משפחה אחרת. בזמן פירוק בני קהת מתחילים ובני מררי מסיימים ואילו בעת הרכבה, להפך, מן המסד ועד הטפחות. על הליהוק של המלאכות הללו מופקדים הכוהנים. אולם יש הבחנה מסוימת בין הניסוח של התורה את ענייני הפיקוח על עבודת הלוויים.

בעניין מלאכת בני מררי נאמר: "זאת עבודת בני מררי לכל עבודתם באוהל מועד ביד איתמר בן אהרון הכהן".

וכן, **בעניין מלאכת בני גרשון** נאמרה כפילות מסוימת: "עַל פִּי אַהֲרֹן וּבָנָיו תִּהְיֶה כָּל עֲבֹדַת בְּנֵי הַגֵּרְשֻׁנִּי לְכָל מַשָּׂאָם וּלְכֹל עֲבֹדָתָם", אך גם: "זֹאת עֲבֹדַת מִשְׁפְּחֹת בְּנֵי הַגֵּרְשֻׁנִּי בְּאֹהֶל מוֹעֵד וּמִשְׁמַרְתָּם בְּיַד אִיתָמָר בֶּן אַהֲרֹן הַכֹּהֵן".

בעניין בני קהת לעומת זאת ניתנות הוראות יותר מפורטות. אהרן ובניו מצווים לכסות את כל כלי הקודש ורק לאחר מכן נכנסים בני קהת לשאת את הכלים. בנוסף הודגש: "וּפְקֻדַּת אֶלְעָזָר בֶּן אַהֲרֹן הַכֹּהֵן שֶׁמֶן הַמָּאוֹר וּקְטֹרֶת הַסַּמִּים וּמִנְחַת הַתָּמִיד" וכו'. וכן: "וְזֹאת עֲשׂוּ לָהֶם וְחָיוּ וְלֹא יָמֻתוּ בְּגִשְׁתָּם אֶת קֹדֶשׁ הַקֳּדָשִׁים אַהֲרֹן וּבָנָיו יָבֹאוּ וְשָׂמוּ אוֹתָם אִישׁ אִישׁ עַל עֲבֹדָתוֹ וְאֶל מַשָּׂאוֹ".

המהר"ל מעיר על הפערים בין הנחיות הפיקוח המשתנות:

ונראה דג' עבודות היו; עבודת בני קהת, והם היו נושאים הכלים המקודשים (פסוק טו),
ולחשיבותם נתמנה עליהם אלעזר בן אהרן (פסוק טז).
והאחרון הוא בני מררי, נושאי קרשי המשכן (פסוק לא),
ונתמנה עליהן איתמר בן אהרן הכהן (פסוק לג).
וגרשון היה כמו ממוצע בין העבודות. ולפיכך אמר הכתוב כי היה פקודתם על ידי כלל אהרן ובניו, כי האמצעי לעולם דומה אל הכלל, לפי שהאמצעי הוא נוטה לב' הצדדין.
ומפני כי עבודת הגרשוני הוא כמו הממוצע בין העבודת הקהתי והמררי,

היה עבודתו כללית, לפי שהוא נוטה לשניהם. לכך נתמנה עליהם אהרן ובניו (גור אריה, נשא).

לפי הבנת המהר"ל, הפיקוח הלך והתמעט ככל שהעבודה שנעשתה הייתה קשורה לנשיאת משא בעל חשיבות פחותה. ועל כן, אלעזר היה מופקד על בני קהת ואיתמר על בני מררי ואילו על בני גרשון נלקחה חסות משותפת. ניתן לתאר ולבאר את החלוקה בדרך שונה ולומר שאלעזר היה שר הפנים ואיתמר שר החוץ, ומשום שהיריעות הן נקודת המפגש בין הפנים והחוץ נדרש בעניינן שיתוף פעולה בין אלעזר לאיתמר. לפי הצעה זו אין מדובר דווקא במלאכות חשובות לעומת פחותות ערך אלא בתפקידים הדורשים כישורים שונים. מי שמופקד על כלי הקודש עניינו בתשומת לב לנוי ואסתטיקה, ומי שאחראי על ענייני מסד וטפחות צריך לתת דעתו על החוסן והחוזק של הרכיבים השונים. אף שכאן מדובר במשא וכאן במשא זהו רק שיתוף השם. בפועל, כשם שההבדל בין שר הפנים ושר החוץ עצומים מבחינת הכלים שעליהם לגייס לצורכי עבודתם כך הפער בין הפיקוח על שני משאות אלו. כשם שבענייני פנים צריך לנהוג בכפפות של משי ולשקול שיקולים של יציבות ולכידות חברתית לעיתים על חשבון שיקולי בטחון, ולהפך כשמדובר בשר החוץ, כך הוא גם בענייני המשא הללו.

עבודת הפיקוח נועדה להפוך את העבודה למאורגנת ומסודרת, לתיאום מושלם בין כל העושים במלאכה, להשמת עובדים לקביעת לוחות זמנים וכו'. בחסידות תואר תפקיד הפיקוח בצורה אחרת. הכהנים מבני אהרן נחשבים סמל לחסד, כשם שאהרן אוהב שלום ורודף שלום כך איתמר. ואילו הלוויים מייצגים את מידת המשפט, מידת הדין. ובעוד שתפקידו של אלעזר הוא להשרות יראה וחרדת קודש, תפקידו של איתמר הוא לרכך את הדינים, ולדאוג שעבודת המשא לא תהפוך למטלה טכנית שיש בה רצף של משימות לביצוע ולהעביר את העבודה הזו למסלול של עבודת קודש ועמידה לפני ה' (אוהב ישראל).

פרשת בהעלותך

תורה מן הענן

בסוף הפרשה (במדבר י"ב) אנו שומעים על מרים ואהרן הנכשלים בחטא לשון הרע על משה אחיהם:

> וַתְּדַבֵּר מִרְיָם וְאַהֲרֹן בְּמֹשֶׁה עַל אֹדוֹת הָאִשָּׁה הַכֻּשִׁית אֲשֶׁר לָקָח... וַיֹּאמֶר ה' פִּתְאֹם אֶל מֹשֶׁה וְאֶל אַהֲרֹן וְאֶל מִרְיָם צְאוּ שְׁלָשְׁתְּכֶם אֶל אֹהֶל מוֹעֵד וַיֵּצְאוּ שְׁלָשְׁתָּם.
> וַיֵּרֶד ה' בְּעַמּוּד עָנָן וַיַּעֲמֹד פֶּתַח הָאֹהֶל וַיִּקְרָא אַהֲרֹן וּמִרְיָם וַיֵּצְאוּ שְׁנֵיהֶם.
> וַיֹּאמֶר שִׁמְעוּ נָא דְבָרָי... וּמַדּוּעַ לֹא יְרֵאתֶם לְדַבֵּר בְּעַבְדִּי בְמֹשֶׁה.
> וַיִּחַר אַף ה' בָּם וַיֵּלַךְ.
> וְהֶעָנָן סָר מֵעַל הָאֹהֶל וְהִנֵּה מִרְיָם מְצֹרַעַת כַּשָּׁלֶג (במדבר י"ב, א-י).

בעקבות תחינתו של אהרן משה מתפלל על מרים – "אֵל נָא רְפָא נָא לָהּ", וה' משיב: "וְאָבִיהָ יָרֹק יָרַק בְּפָנֶיהָ הֲלֹא תִכָּלֵם שִׁבְעַת יָמִים?". מרים הנזופה נקראת לתת ביטוי לכך שספגה תוכחת מוסר קשה מבורא העולם ולגזור על עצמה גלות ובדידות לפני שתוכל להראות פניה ולבוא בקהל. בזמן הזה, כשמרים איננה יכולה להצטרף למסע העם, מפני שאינה יכולה להיכנס אל תוך המחנה. הכתוב מציין שהעם "לֹא נָסַע עַד הֵאָסֵף מִרְיָם" (שם, טו).

הדגשת התורה שהעם לא נסע עד שמרים שבה לאיתנה מגלה שהמשך החניה במקום חרג מן הסדר הרגיל. חלק ניכר מן המדרשים עוסקים בשאלה

במה זכתה מרים כאן להמתנת העם כולו ומצביעים על מאמצי השגחתה על משה המונח בתיבה "לְדֵעָה מַה יֵּעָשֶׂה לוֹ". מאמצים אלה באים כאן על שכרם, כאשר כל העם ממתין לה, בתמורה, שבעה ימים תמימים. המדרשים הללו בחרו לעסוק בזווית החינוכית של ההמתנה, ובלקח שניתן להפיק ממנה לדורות.

אך הנושא העיקרי איננו מדוע חשוב היה להמתין למרים, הנושא העיקרי החבוי כאן הוא עצם ההחלטה שלא לנסוע.

על פי האמור בפסוקים הקודמים, הקב"ה נתן למשה אות וסימן מתי ייסעו ומתי יחנו. עלות הענן הוא סימן משמיים שיש 'לקפל' את המחנה ולצאת לקראת התחנה הבאה (במדבר ט', יז). והנה בפרשייה הזו מצוין מפורשות שהענן סר מעל האוהל. אם כן, אות וסימן הוא שעם ישראל צריך לצאת למסע. אולם למרות זאת לא נסע העם עד היאסף מרים.

כיצד, אם כן, נפלה ההחלטה שלא לצאת למסע הבא בניגוד להוראת הענן? בשאלה זו נחלקו המפרשים. "שהכירו שלא נעלה אז אלא להרחיק המצורעת" (ספורנו י"ב, טו). לפי הספורנו, עם ישראל אומנם ראה שהענן עלה אך פירש את עלייתו באופן אחר – הפעם לא סר הענן על מנת לסמן להם לצאת למסע הבא, אלא כדי להרחיקם מן הטומאה וכדי לגלות את צרעתה של מרים, שנודעה מייד עם עלות הענן.

לעומת זאת, בפירושו צרור המור, כותב ר' אברהם סבע בקצרה אחרת: "והעם לא נסע. מכלל שהיו ראויים ליסע ונשתהו לכבודה ומיד נסעו. וזהו ואחר נסעו העם מחצרות" (צרור המור, פרשת בהעלותך פ"ג). במילים ספורות ופשוטות אלו מקופל סיפור לא פשוט. לפי פירוש זה העם היה צריך לנסוע. לא הייתה שום סיבה להשתהות שכן הייתה הוראה מפורשת משמיים שעל עם ישראל לקום ולעזוב. אולם העם לא נסע, העם נשתהה לכבודה של מרים. עם ישראל החליט לשבות, למחות ולצאת כנגד ההוראה ולהכריע הכרעה מוסרית ברורה, להמתין למרים עד שתוכל להצטרף, לא לזנוח אותה או להותיר אותה מאחור.

לעומת פירושו של בעל צרור המור המייחס לעם ישראל מהפכנות, פירושו של הספורנו מגלה שניתן היה לפרש את עליית הענן באופן אחר, שיתיישב עם המוסר הטבעי. לומר שהענן לא עלה כדי לסמן לעם לנסוע, אלא רק כדי להתרחק מן הטומאה. הם "הכירו שלא נעלה אז אלא להרחיק המצורעת". ניתן היה לעשות "אוקימתא" למציאות ולהסבירה באופן שאינו

כפי שנראה במבט ראשון. לפי שני הפירושים התוצאה דומה, עם ישראל ממשיך לשהות במחנה ארוז ודרוך ליציאה.

אולם, ייתכן שהפירושים הללו מגלים שתי תודעות שונות, שני מחנות בעם: אלו הסבורים כי יש להתנגד ל'הוראת' הענן, ואלו הסבורים כי אין שום צורך בכך, ניתן לקבל את הנחיית הענן ולהותירה על כנה אך יש לפרשה בכלים המקובלים בפרשנות ההלכה. הראשונים מחפשים מהפכות הלכתיות, השניים מבקשים להיות חוליה בשרשרת ההלכה ובהתהוותה בלי לשבור את הכלים. הקושי עם הראשונים הוא שבשיטתם אין רציפות, הקושי עם השניים הוא שנותרת ההרגשה שהדבר עצמו לא נאמר. שהולכים סחור סחור מבלי לומר בפה מלא שהענן סותר תובנות אנושיות יסודיות.

רבינו בחיי סובר אחרת. לדבריו, הלשון המתארת שהענן סר מפתח האוהל פירושה שהענן סר אך לא עלה, וכי הענן ביקש לסמן בדיוק את הדילמה עצמה. מצד אחד אין להישאר במקום, ומצד שני אי אפשר לעזוב בלי מרים. כוונת הענן הייתה לפרסם בעם ישראל את העיכוב שמטרתו כבודה של מרים. אילולא היה הענן זז היינו סבורים שההישארות באותו מקום אינה קשורה לסיפורה של מרים. אילו עלה הענן לגמרי, אי אפשר היה להישאר, לכן נשאר הענן תקוע בין אוהל ושמיים על מנת ללמד את עם ישראל להטות קצת לדרך המוסרית. ללמדנו להכריע את הקונפליקט לכיוון המתחשב וההומני אנושי (רבינו בחיי, במדבר י"ב, י').

ההבדל בין שלושת הפירושים נוגע גם בשאלה פילוסופית יסודית יותר: מהי דמותו של הקב"ה ומה הוא שואל מאיתנו. מאחורי כל פסיקת הלכה עומדת תפיסת עולם שונה באשר לשאלות הבסיסיות ביותר, כגון: האם הקב"ה הוא א-לוהי ונשגב שציוויו במקרים רבים נוגדים את צו המצפון, בעוד שאת הצד המצפוני מייצג האדם מעמדת המחדש. מה משקלה של ההתגלות בתוך השיח ההלכתי והאם ישנה תכלית מוסרית למצוות או שמא ההלכה נעה במעגל משלה, ואין לאדם יכולת השפעה עליה. מול ההתחבטות בין קטבים אלו, עומדת האפשרות להבחין בכך שהצו עצמו כבר מכיל את הקונפליקט הזה בתוכו. המוסר אינו מחוץ להלכה, הוא שיקול בתוך ההלכה, והוא מטה אותה לא במוצנע אלא במפורש לכיוון המוסר.

טלטלות

הוראות סדרי החניה והמסע במדבר מפורטים בפרשתנו. הקב"ה מצווה את בני ישראל לעקוב אחר הענן, כאשר מנוחת הענן מסמנת חניה ועלותו מסמנת כוננות תזוזה:

> וּלְפִי הֵעָלֹת הֶעָנָן מֵעַל הָאֹהֶל וְאַחֲרֵי כֵן יִסְעוּ בְּנֵי יִשְׂרָאֵל וּבִמְקוֹם אֲשֶׁר יִשְׁכָּן שָׁם הֶעָנָן שָׁם יַחֲנוּ בְּנֵי יִשְׂרָאֵל. עַל פִּי ה' יִסְעוּ בְּנֵי יִשְׂרָאֵל וְעַל פִּי ה' יַחֲנוּ כָּל יְמֵי אֲשֶׁר יִשְׁכֹּן הֶעָנָן עַל הַמִּשְׁכָּן יַחֲנוּ (במדבר ט', יז-יח).

התורה מעצימה את ערך "פקודות" הענן ומכנה אותן 'משמרת ה'': "וְשָׁמְרוּ בְנֵי יִשְׂרָאֵל אֶת מִשְׁמֶרֶת ה' וְלֹא יִסָּעוּ" (שם, יט). המצווה הזו הפכה את החניה, גם אם התמשכה, לקיום מצווה של שמירת משמרת ה'. בזכותה הייתה שהותו של עם ישראל במדבר טעונה במשמעות מצוותית לכל אורכה (מלבי"ם ט', יט-כ).

לאחר ההוראה הכללית הזו, נכנסת התורה לפרטנות יתרה באשר לאפשרויות היישומיות המגוונות של הלכות הענן. התורה מתארת שלעיתים הענן ישכון על מקומו "יָמִים רַבִּים" (שם, יט). אך לעיתים הענן ישכון רק "יָמִים מִסְפָּר" מעל המשכן (שם, כ). אפשרות נוספת היא שהענן יחנה ללילה אחד "מֵעֶרֶב עַד בֹּקֶר וְנַעֲלָה הֶעָנָן בַּבֹּקֶר" (שם, כא) ואפשרות נוספת "אוֹ יֹמַיִם אוֹ חֹדֶשׁ אוֹ יָמִים" (שם, כב). ושוב חוזרת ההוראה הכללית – תלות מוחלטת בשרירות תזוזתו של הענן.

אריכות היתר וריבוי הדוגמאות נראים תמוהים. את המסר של התלות המוחלטת בתנועת הענן ניתן היה להעביר בפסוק אחד שתפקידו לפתור ספקנות והיסוס שעשויים להתעורר בעקבות מצבים קיצוניים של שהות קצרה מדי או ממושכת מדי ולהתריע על כך שייתכנו תקופות ממושכות כמו שייתכנו תקופות קצרות של חניה.

הרמב"ן על אתר מבאר שפירוט היתר בא ללמד על הדבקות שנדרשה מעם ישראל לאורך התקופה. גם אם יחנו במקום שאיננו נוח ונעים, לא יוכלו אלא לשבת בו ימים רבים עד שהענן יורה דרכם. לחלופין כשיגיעו עייפים מן הדרך למקום המנוחה, ויניחו כל חפציהם בצורה מאורגנת, יקימו את המשכן על עומדו ולמחרת בבוקר יעלה הענן, ייאוש עשוי לכרסם בליבם

מפני הטורח הגדול הכרוך בפירוק ונסיעה מחודשת. תסריט גרוע מזה עשוי להתרחש אם הענן אינו נראה בבוקר שלאחר החניה, ובכך יעורר בישראל ציפייה לחניית קבע ממושכת, וכעבור לילה נוסף יצטוו לנוע. ועל כן מתאים תיאורו של הפסוק: "וְשָׁמְרוּ בְנֵי יִשְׂרָאֵל אֶת מִשְׁמֶרֶת ה' וְלֹא יִסָּעוּ" – "כי מיראת ה' ומשמרם משמרת מצוותו לא יסעו" (רמב"ן ט', יט-כב).

אומנם, מציע הרמב"ן שייתכן שכל הפרשייה הזו היא תיאור שנכתב בדיעבד, לאחר ארבעים שנות מסע, וכלשונו: "ויתכן שארע להם במסעות שעשו כמסופר בכאן... ולכך הזכיר הכתוב אלו השיעורין בפרטן". לפי פירוש זה אין הכתוב בא לפרט לעם את האפשרויות השונות, אלא מתאר בדיעבד את חווית הקושי שבציות לענן. את חוסר היציבות ואת חוסר הוודאות שנלוו למצווה המחייבת לחנות ולנסוע על פי הענן. או כפי שקובע רב יהודה בשם רב: "יושבי צריפין והולכי מדבריות, חייהן אינן חיים" (עירובין נה ע"ב). ההיקש בין יושבי צריפים, שהם בתי ארעי לנוודות של הישיבה במדבר, מפנה את תשומת הלב למשמעות של הישיבה הזו הכרוכה בהתמסרות להשפעת כוחות עליונים תחת שיקול דעת ושליטה.

בתלמוד הירושלמי מובאת מחלוקת באשר לאופייה של חוויית מסעם של בני ישראל במדבר. האם מדובר בחוויה של קביעות ויציבות או דווקא להפך, של 'ישיבה על המזוודות'. ההקשר שבו מובאת המחלוקת היא של מלאכת בונה בשבת. ההנחה של הגמרא היא שבנייה אסורה מוגדרת כבנייה רק אם היא בנייה של קבע. באופן אבסורדי, המודל המקורי לאיסור בניית המשכן, המקור למלאכת בונה, היה דווקא מבנה ארעי המיועד לפירוק עם כל מסע חדש.

> מה בנין היה במשכן שהיו נותנים קרשים ע"ג אדנים.
> ולא לשעה היתה?
> אמר ר' יוסה מכיון שהיו נוסעים וחונים ע"פ הדיבור כמי שהוא לעולם.
> אמר ר' יוסי בי ר' בון מכיון שהבטיחן הקדוש ברוך הוא שהוא מכניסן לארץ כמי שהוא לשעה (ירושלמי, שבת פי"ב ה"א).

לדעת ר' יוסי בי ר' בון, באמת עם ישראל חי במדבר בתחושה של ארעיות. הסיבה העיקרית איננה העקירה הצפויה ממחנה למחנה. הידיעה שבסופו של דבר המדבר עצמו איננו התחנה הסופית אלא ארץ ישראל, היא זו שמעמידה

את הנסיעה במדבר כנסיעה בפרוזדור, כמסע הכנה, ואת החניות בו כתחנות מעבר. ודוק, לא זמניות וארעיות החניות הן המטלטלות את האדם, אלא דווקא ידיעת ארעיותן המוחלטת.

לעומתו, ר' יוסה גורס כי 'אין דבר יותר קבוע מן הזמני'. העובדה שהיו נוסעים וחונים על פי הוראה מגבוה והדבר לא היה נתון לשיקול דעתם כלל, הרי זה 'כמי שהוא לעולם'. זוהי גם דעתו של רבא בבבלי על החוויה הסובייקטיבית שנוצרה בעקבות התלות בהוראת גבוה:

> אמר ליה רבא: דגלי מדבר קאמרת? כיון דכתיב בהו על פי ה' יחנו ועל פי ה' יסעו – כמאן דקביע להו דמי [דומה הוא להם כדבר שהוא קבוע] (עירובין נה ע"ב).

בניגוד לנאמר כאן, סובר ר' יוסה שאופייה של חניית המסעות העניק לעם ישראל אשליית קביעות. הרעיון שההתיישבות בכל מקום הייתה "עד להודעה חדשה" גם אם ההודעה החדשה עלולה הייתה להגיע בקרוב מאוד, כיוון שגם הייתה עשויה להגיע רק כעבור שנה הרי שמבחינתם של בני ישראל הוראת החניה חייבה התארגנות לישיבת קבע.

דברי ר' יוסה התמוהים במבט ראשון, נוגעים בנקודה מאוד יסודית בקיומנו. התלות המוחלטת שלנו בנסיבות, חוסר הוודאות שלנו באשר לעתיד, חוסר היכולת שלנו לתכנן דבר, אינו מגמד דבר מן האשליה שהיא יסוד קיומנו, שחיינו הם דבר של קבע. ואף שהדבר הוודאי היחיד בחיינו הוא סופם הקרב, אין זה ממעט בכהוא זה מתחושת הקביעות, מן הצורך בהתבססות וממידת החשיבות שאנו מקנים לכל אירוע פעוט בחיינו.

החידוש בפרשייה הוא הענן. הענן השוכן מעלינו בזמנים נינוחים, עתות שלווה והתבססות הם אותה עננה המורמת ומאיימת עלינו לטלטל אותנו ממקומנו. אותה עננה המאיימת להניח לנו לשקוע במציאות קשה או נעימה ונוחה היא הענן שלעת אחרת יישא אותנו אל מעבר לשם, אל מחוזות חדשים של קיום ארעי וקבוע אחר. ושני אלו שלוחיו של הקב"ה.

> כלל הדברים כי גדלה ורבה האמנתם, כי על פי ה' יחנו ועל פי ה' יסעו ואין זה רק כי את משמרת ה' שמרו. והוא מאמרם ז"ל (ילקוט ירמיה רמז רסד) על פסוק זכרתי לך חסד נעוריך וכו' לכתך אחרי וכו' (ירמיה ב', ב) (אלשיך ט, כג).

זכרנו את הדגה – מדוע הם אינם שמחים?

"זָכַרְנוּ אֶת הַדָּגָה אֲשֶׁר נֹאכַל בְּמִצְרַיִם".

לתלונתם של בני ישראל על המחסור במזון, ואזכור געגועיהם למזון המצרי, ישנם שלושה מישורים לפחות.

המישור האחד הוא עובדתי: במישור הזה מועמדת למבחן מידת האמינות של הטענה. מה באמת אכלו או לא אכלו במצרים. האם הטענה שקרית או אמיתית.

המישור השני הוא פסיכולוגי: מדוע תיארו בני ישראל כך את זיכרון מצרים, על איזה הלך נפשי מעידה התלונה ולמה בעצם התגעגעו.

המישור השלישי הוא מישור התוכן: מהי משמעות ההשוואה בין מן מתת שמיים לבין דגים קישואים ואבטיחים. וכיצד נקבעה ההירכיה ביניהם באופן שהוצג בטענה.

לעניין אמינותה של הטענה נחלקו הפרשנים. הרמב"ן סבור שבאמת מצרים שפעה ירקות ולבני ישראל שעבדו בשדות הייתה הפריבילגיה לאכול מן הבא ליד, תוך כדי עבודתם. הדגים היו זמינים ונכלאו בין האבנים על שפת הנילוס אחרי שנפלטו עם המים השוצפים אל החוף. וכך בני ישראל הסתפקו בליקוט דגים שלא הצריכו אותם למאמץ או תשלום (רמב"ן י"א, ח). הגדיל לעשות החזקוני שהצליח לטוות מן התפריט הנזכר את מבנה הסעודה במצרים: "את הקישואים ואת האבטיחים לאכול בקנוח סעודה. ואת החציר ואת הבצלים לטעום הקדרה עם הבשר. ואת השומים לטבל הבשר והדגים". רבנו בחיי סבור שבני ישראל תיארו עובדות נכונות, אבל בעצם ציירו תמונה שהיא רק 'חצי אמת'. ניתנו ירקות – רקובים ופחותי ערך, ניתנו דגים – מסריחים וישנים.

לעומת אלו ישנה גישת הספרי המופיעה ברש"י שלפיה בני ישראל שיקרו: "תבן לא היו נותנים להם בחינם ודגים היו נותנים להם בחינם?!" (ספרי, בהעלותך פרשה פז).

ומן המישור הזה, בעקבות דרשת הספרי, אנו עולים אל הקומה השנייה, אל המישור הפסיכולוגי.

מדוע תיארו בני ישראל את מתת מצרים כחסד בלתי נשכח? כיצד נותר הזיכרון הקולקטיבי חיובי ומדוע ייפו את המציאות המרה שהייתה שם ושכולנו היינו עדים לה? לספרי יש תשובה. "דגים היו נותנין להם חנם? ומהו אומר חנם, חנם מן המצות".

בני ישראל לא יכולים, או לא יודעים, לומר את אשר על ליבם. ההשוואה בין האכילה במצרים ובין המן איננה הנושא כאן. אכן יש יתרון במצרים שאין במדבר: במצרים היו חופשיים מן המצוות, הכול היה "חינם". המן הוא סמל למעבר הזה. תחושת הכליאה שבמסגרת הדתית שהתחדשה עם היציאה ממצרים תואמת להפליא את המעבר שבין הגשמי הדשן ומשולח הרסן, לבין הא־לוהי המקודש, הדיאטתי והמצומק. הם לא שכחו שאין ארוחות חינם, הם פשוט מתקשים לשלם את המחיר הגבוה של הריסון. בכיינותם של אוכלי המן נשמעת לפעמים באוזנינו גם היום בתלונות שונות על מגבלות הכשרות והצניעות. ובכן גם כאן מקבל הזיהוי האגדי בין חטאים ואוכל – אישור מחודש.

כמובן, שניתן להציע כיוונים אחרים, ולבאר כיצד הזיכרון לטווח הארוך מעדיף ליפות את המציאות. כיצד תהליכי העיבוד מסייעים ליצור עבר שניתן להתגעגע אליו. כיצד חלוף הזמן מאפשר לברור טוב מרע ולעצב זיכרון שמאפשר שפיות וביקורתיות חלף האפשרות של שפיפות וכניעה.

במישור השלישי, בהתעלם מן השאלה מדוע בני ישראל מתארים את ההימצאות במצרים כבעלת היבטים חיוביים עד געגוע, ובהתעלם מן השאלה אם התיאור נכון או שגוי, בסופו של דבר הטענה היא שבהשוואה למאכלים רגילים – המן הוא מנה עלובה. מה ההבדל בין אכילת מן ואכילה מרובת מנות ומגוונת?

בגמרא במסכת יומא שוכלל המן ולא נשאר ברמת המטאפורה של הצדקנות המדומיינת. הגמרא מתארת את המן כמאכל עם סגולות מיוחדות: כמכונת אמת, כשופט וכדיין:

> תניא אידך: גד – שמגיד להם לישראל אי בן תשעה לראשון ואי בן שבעה לאחרון.
>
> לבן – שמלבין עונותיהן של ישראל.
>
> תניא, רבי יוסי אומר: כשם שהנביא היה מגיד להם לישראל מה שבחורין ומה שבסדקין, כך המן מגיד להם לישראל מה שבחורין ומה שבסדקין.
>
> כיצד? שנים שבאו לפני משה לדין זה אומר: עבדי גנבת, וזה אומר: אתה מכרתו לי.
>
> אמר להם משה: לבוקר משפט.
>
> למחר אם נמצא עומרו בבית רבו ראשון – בידוע שזה גנבו, אם נמצא

עומרו בבית רבו שני בידוע שזה מכרו לו. וכן איש ואשה שבאו לפני משה לדין.
זה אומר: היא סרחה עלי, והיא אומרת: הוא סרח עלי.
אמר להם משה: לבקר משפט.
למחר, אם נמצא עומרה בבית בעלה – בידוע שהיא סרחה עליו, נמצא עומרה בבית אביה – בידוע שהוא סרח עליה (יומא עה ע"א).

אצל המן אין "תקינות פוליטית". התוכנה שלו אינה מרמה. הוא מדויק בכמות והוא מכיר כל אוהל. עומר של ילד שאינו בן של אביו אלא הוא מאב אחר ירד בפתח בית האב הנכון. עומר של אישה שזנתה לא ירד יותר בבית בעלה. גנבים לא יקבלו את העומר והוא ירד בבית השכן שממנו גנבו. המן משמש חלופה לבדיקת אבהות ולבדיקת הסוטה וכמכונת אמת.

התחושה היא שבמחנה מתהלך לו סוכן חרש, מלשין שאין לו גבולות. היונה שהביאה עלה זית טרף בפיה אולי סברה שמוטב לה לאכול מן הטבע ולא להיות תלויה בחסדי נח, אבל בין תזונה מן הטבע לבין אכילה מסודרת ומוגנת עומד עולם ומלואו. עם ישראל מקבל אוכל כדרך שצורכים היום אינטרנט עם הגנה של "רימון": אוכל נטול סכנות, חיים של חירות בלי אפשרות לחירות. הקב"ה לא סומך עליהם ו"מחזיק אותם קצר" בעזרת המן, ששולט בהם ביד רמה. ישראל מצויים במתח של ענישה מתמדת, של גמול מדויק ושל בהירות רוחנית. המן שולל מבני ישראל חיים של חופש.

ממבט־על על המישורים השונים ניתן לומר שהם כולם מדברים על בעיה אחת של היעדר אושר. עם ישראל איננו מרוצה. אבל הפירוק לגורמים יכול להצביע על הגורמים למצב הזה.

העיון בפרשייה הזו חושף שהמן הוא חוליית המעבר מחיים גופניים לחיים בעלי משמעות, מרוסנים ומוסריים. ובעוד שאנו מניחים ש"האדם מחפש משמעות" ושהדת מעניקה אושר לאדם. הרי שבפרשה מתברר שבטבע האדם, ענייני רוח עשויים להיות משמימים או "חופרים", ותחושת החטא עשויה להיות תחושה בולמת חיים, שלא לומר "רודפת" את האדם.

בדרך רחוקה

בפרשתנו מסופר על אנשים שבמועד הקרבת קורבן הפסח היו טמאים

לנפש ובשל כך היו מנועים מלהקריבו. לפי המדרשים מדובר באלו שנשאו את ארונו של יוסף וזה היה מקור טומאתם. תסכולם על שאינם יכולים לחגוג עִם עַם ישראל את הפסח הובא לפני משה המפנה את השאלה אל ה׳. כתשובה ניתנת להם הזדמנות שנייה לחגוג את הפסח, חודש מאוחר יותר. אולם הקב״ה מוסיף בתשובתו מקרה שלא נשאל עליו כלל: ״אִישׁ אִישׁ כִּי יִהְיֶה טָמֵא לָנֶפֶשׁ אוֹ בְדֶרֶךְ רְחֹקָה״, ובלשון הספרי: ״או בדרך רחוקה – זה דבר שלא שאל״ (ספרי, במדבר סט). לשני המקרים הללו מוצע הפתרון של ״פסח שני״, כלומר, להקריב קורבן פסח בחודש אייר.

הסיבה להתייחסות ה׳ למקרה נוסף יכולה להיות נעוצה בקשר שבין שני המקרים (טומאה ודרך רחוקה). בשני המקרים מדובר על מצב של אונס ומניעה חיצונית מלעשות את הפסח. אם כן, מתבקש שכחלק מן המענה יובהר שפסח שני נועד לכלל מקרי האונס. כמו שכותב הרש״ר הירש: ״שאר טומאות ושאר מניעות כלולות ב׳דרך רחוקה׳, המובאת כאן רק כדוגמה״. אם כן, על פניו הובא המקרה של ״דֶרֶךְ רְחֹקָה״ כדי לומר שהדין אינו ייחודי למקרה המסוים של טמאים לנפש.

בדיון ההלכתי נשאלת השאלה מהי ״דֶרֶךְ רְחֹקָה״. ר׳ עקיבא סבור שדרך רחוקה היינו ריחוק גאוגרפי שאינו מאפשר להגיע במועד ההקרבה. הוא קובע את הרדיוס שאם האדם נמצא מחוץ לתחומו בערב פסח הרי שהוא מוגדר כנמצא בדרך רחוקה ופטור מלעשות את הפסח במועדו הראשון: ״איזו היא דרך רחוקה? מן המודיעים ולחוץ וכמידתה לכל רוח דברי ר׳ עקיבא״ (משנה, פסחים פ״ט מ״ב). אל מול פירוש מתבקש זה של ר׳ עקיבא עומדת פרשנותו התמוהה של ר׳ אליעזר: ״ר׳ אליעזר אומר מאיסקופת העזרה ולחוץ״ (שם). ר׳ אליעזר סבור שאף מי שעומד במרחק פסיעה מן הכניסה אל בית המקדש מוגדר כמי שהוא ״בדרך רחוקה״. עמדתו אינה סבירה ומחייבת ביאור. שני הסברים שונים לשיטת ר׳ אליעזר מובאים בתוספתא, הסברו של ר׳ יוסה והסברו של ר׳ יוסי הגלילי:

> אמר ר׳ יוסה, לפיכך נקוד על ״היה״, כלומר לא מפני שהיא רחוקה ודיי אלא מאסקופת העזרה ולחוץ.
>
> ר׳ יוסה הגלילי אומר, דרך רחוקה שומע אני מהלך יום אחד או שני ימים או שלשה ימים, כשהוא אומר ״ובדרך לא היה״ הוי מאסקופת העזרה ולחוץ קרוי דרך (תוספתא, פסחים פ״ח ה״ג).

הסברו של ר׳ יוסי הגלילי יוצר הבחנה חשובה. יש מי שמתגורר מחוץ לטווח שהגדיר ר׳ עקיבא, ולכן אם נאמץ את עמדת ר׳ עקיבא תתקבל התוצאה שלפיה קורבן הפסח מיועד למי שקבע את מושבו בסמיכות מסוימת לירושלים. כל השאר פטורים תמיד. לכן בניגוד לכך, בא ר׳ אליעזר ומדגיש היבט אחר. לא את הריחוק כי אם את הדרך. ר׳ אליעזר לפי הסברו של ר׳ יוסי הגלילי סבור שהפטור מיועד למי שהיה בדרך, אך לא הספיק להגיע. ואז ייתכן גם שהחמיץ את ההקרבה ממש ברגע האחרון, כשהוא כבר נמצא מן האסקופה ולחוץ, על סף הדלת, אך המועד חלף.

ר׳ יוסי לעומת זאת, מסביר שהדיוק של ר׳ אליעזר אינו ממילות הפסוק, אלא מן הניקוד המופיע מעל האותיות. ניקוד הרומז לכך שהתורה השתמשה בסגנון אירוני ואולי אף ציני. כפי שמבואר באבות דרבי נתן:

> "או בדרך ר'ח'ו'ק'ה"
> שהיה רחוקה ודאי?
> הנקיד עליו שאינה אלא קרובה (אבות דרבי נתן נוסחא ב, לז).

אם קוראים את הניקוד שמעל האותיות כתווים "מוזיקליים", כלומר כהכוונה לקריאה באינטונציה מסוימת, מבינים מייד שהתורה לא התכוונה לדרך רחוקה אלא לדרך "רחוקה" במרכאות כפולות. רחוקה כאילו, אך למעשה קרובה מאוד. אך מה משמעות המילים דרך רחוקה אם כך? על כך משיב הירושלמי:

> ה"א שברחוקה נקוד,
> איש רחוק,
> ואין דרך רחוקה (ירושלמי, פסחים פ"ט ה"ב).

הרעיון שמובא בירושלמי מסעיר: "איש רחוק!". הירושלמי קורא את הפסוק כמתייחס לתופעה אנושית. יש אנשים שנמצאים בריחוק גאוגרפי אך הם קרובים. ויש אנשים שנמצאים בקרבת מקום אך בליבם הם רחוקים. בהוראתו זו לגבי פסח שני מצהיר הקב"ה שהוא מעדיף לוותר למי שליבו אינו נתון לענייני הפסח, ומבקש לתבוע מאמץ ממי שליבו נכון. שמא לפעמים, צריך לדעת שגם היות רחוק הוא בחירה, ולהניח לכך. יבוא המועד והם ישובו... בפסח שני. כהמשך לכיוון של הירושלמי כותב ר׳ צדוק הכהן מלובלין:

והמה (=האנשים הטמאים לנפש) פעלו תיקון לזה על ידי שבירת לבם המשכת התורה פרשת פסח שני והוא בחינת נעשה ונשמע שעושין תורה חדשה
ומגלגלין זכות על ידי זכאי,
ולכן נתגלגל לאמור על ידיהם ענין פסח שני... דכל ענין קדושת פסח שני הוא דייקא על פרטי נפשות שהמה רחוקים בנפשם מבחינת כלל קדושת ישראל
ועל ידי תשובה כזו נתקנו בשורש להיות נעשים זדונות כזכיות (פרי צדיק, פסח שני).

ר׳ צדוק נשען על התפיסה שהמילים ״בְּדֶרֶךְ רְחֹקָה״ רומזות לאלו שדרכם הפתלתלה תוביל אותם רק בעוד שנות דור אל ההקרבה ואל קירבת ה׳ והוא מרחיב עוד מכאן על היחס והקשר שבין טמאים לנפש ובין מי שהיה בדרך רחוקה. שהרי להסבר זה לא ניתן לומר שהמשותף לשני אלו הוא האונס. שהרי טמאים לנפש אנוסים אך הרחוקים, רחוקים מבחירה. אלא שיש קשר בין שברון ליבם של מי שביקשו להקריב את הפסח ולא זכו, לבין התקווה לשיברון הלב של הרחוקים ולתשובתם. ויש הקבלה בין מידת מסירות הנפש לתורה לבין התפשטות כוחה והשפעתה.

פרשת שלח לך

תורה כטקסט או כאשת ברית?

פרשיית המקושש מכסה יותר משהיא מגלה. בניגוד למקובל, אין היא מגלה את שמו של החוטא, ואין היא מגלה לנו מה היה חטאו המדויק (תולש? מעמר? מוציא מרשות לרשות? ראו: שבת צו ע״ב).

תחושת הסוד האופפת את הסיפור מלווה אותנו גם בעת נתינתו של החוטא במשמר מפני שלא נודע מה ייעשה בו.

בהידרשו לפרשייה הסתומה הזו מקלף ר׳ עקיבא את הטיח מעל פניה, ומגלה לנו כי המקושש הוא צלפחד. האיש שבנותיו יבואו בעתיד לברר את שאלת אפשרויות הירושה שלהן מפני שבמות אביהם אין להן נחלה. בתגובה לדבריו משיב לו ר׳ יהודה בן בתירא: ״עקיבא בין כך ובין כך אתה עתיד ליתן את הדין. אם כדבריך, התורה כיסתו ואתה מגלה אותו! ואם לאו, אתה מוציא לעז על אותו צדיק״ (שבת, שם).

מן הסוגיה עולה שהגילוי של ר׳ עקיבא איננו ניחוש בעלמא. הוא מבוסס על גזרה שווה: ״וַיִּהְיוּ בְנֵי יִשְׂרָאֵל בַּמִּדְבָּר וַיִּמְצְאוּ אִישׁ״, ״אָבִינוּ מֵת בַּמִּדְבָּר״. ההאזנה של ר׳ עקיבא לתורה סייעה בידו לזהות קול צלול וברור המבאר שצלפחד שבנותיו מעידות עליו שמת ״בַּמִּדְבָּר״ הוא המקושש ״בַּמִּדְבָּר״. ר׳ עקיבא ״הדורש כתרי אותיות״ מקיים מערכת של הקשבה ותקשורת מעמיקה עם התורה שבכתב. הוא דורש כל תג וכל אות ואינו מדלג מעל שום מסר. מבחינת ר׳ עקיבא אין דבר חבוי, הכול כתוב מפורש. כל שנדרש הוא לכרות אוזן.

אולם ר׳ יהודה בן בתירא חש שיש במעשהו זה של ר׳ עקיבא משום חשיפה וגילוי של סוד שהתורה הצפינה. מי התיר לו לפרסם את קלונו של האיש? ר׳ יהודה בן בתירא סבור שהשיקול אילו מן המסרים שבתורה יימסרו מפורשות ואילו מהם יימסרו במעורפל וליודעי חן הוא עצמו חלק מן המסר שיש לשמר. העובדה שהתורה לא אמרה מפורשות מיהו החוטא היא הכרעה להטיל איפול על זהותו. עדינות המסרים הזו צריכה להישמר ולא הותר למאן דהוא לפענח את הסוד ולעשות את מה שהתורה נמנעה ממנו.

בין לבין נראה שר׳ יהודה בן בתירא גם אינו בטוח בגזרה השווה של ר׳ עקיבא. שמא לא היה צלופחד המקושש אלא מן המעפילים.

המחלוקת הפרשנית בין ר׳ עקיבא ור׳ יהודה בן בתירא היא כפולה. ראשית בשאלה באיזה כלים אנו ניגשים לפרש את התורה, בכלים מדעיים ומחקריים מדויקים בלבד, או שמא מותר להשתמש בכלים אומנותיים, ספקולטיביים יותר, המביעים האזנה קשובה לטקסט כאל יריעה בעלת היבטים ׳מוזיקליים׳. שנית, בשאלה איזו משימה מוטלת לפתחו של הפרשן. האם הפרשן אמור רק לבאר ולהסביר את שכבר נאמר, או שמא עליו לעשות מעשה אקטיבי יותר, לפרש ולהדגיש יחסים פנימיים בין מילים ולהרחיב את הנאמר ממילא.

למעשה, מסתתרת כאן מחלוקת בסיסית יותר, המתייחסת לאופייה של התורה עצמה ולדרכי ביטויה.

האם התורה מגלה לקורא דבר מה בכוונה תחילה גם אם בצורה עקיפה? במקרה כזה ייתכן שיש לה עניין בסמל עצמו שבאמצעותו מועבר המסר, אך לא בעצם הסוואת המידע. אכן, לדברי רש״י, הלימוד בדרך של גזרה שווה איננו חשיפה של הסמוי אלא קריאה מדויקת של מה שנאמר במפורש ״ואלא הא גמיר [למד] גזרה שווה – ואם כן לא כסתו התורה, דהוה ליה כמפורש״ (רש״י, שבת צז ע״א). לפי רש״י זו כנראה עמדתו של ר׳ עקיבא.

ושמא התורה מגלה דבר מה שלא בכוונה? אם נאמר כך הרי שאנו טוענים שמסרים סמויים התגנבו פנימה אל תוך הטקסט, ובאמצעות ניתוח השפה, ניתן לגלות עניינים שמצויים כביכול ב״תת המודע״ של התורה. לפי אפשרות זו, התורה לא ״התכוונה״ לומר במפורש מיהו החוטא, אולם מתוך עיון מעמיק בלשונה נדמה לפעמים שאולי נחשף הרובד של שימוש במילים טעונות במשמעות. עמדה זו עולה בעקיפין מדבריו של ר׳ יהודה בן בתירא, החולק אם בכלל יש כאן גזרה שווה.

אפשרות אחרת היא שמוסכם על החולקים שהתורה הצפינה כאן את הסוד, בכוונה תחילה. אלא שהם נבדלים בפירושם את מטרת ההסוואה. האם התורה מבקשת מן הקורא להסיר את המסך או אולי דווקא מאיצה בו להמשיך לנקוט בעמדה שלה, של שמירת הסוד.

הסברו של השפת אמת את מושג הגזרה שווה (השונה מזה של רש"י), נותן פשר להסתייגותו של ר' יהודה בן בתירא מפרשנותו של ר' עקיבא: "נראה דגזירה שווה גם כן בכלל כיסתה תורה". לדבריו, גם מה שנלמד בגזרה שווה נחשב לסמוי מן העין (שפת אמת, שבת צז ע"א).

דומה שר' עקיבא, הרומנטיקן, מתייחס אל התורה כאל ישות בעלת 'אישיות' שיש לקלפה אט אט ולחשוף בעדינות את סודותיה, כמו שעושים עם אדם אהוב.

וכמו שמעיר הרב קוק, ביחס לתפיסתו של ר' עקיבא:

> אמנם כנטף מים מני ים, כזיק אחד מלהב אש אוכלה, כאות אחת מספר גדול, ידע איש אשר כה רמה נפשו להעריך גם האהבה הפרטית הטבעית בערכה הטהור ותהיינה לו האהבה הטהורה הטבעית והאהבה הלאומית הנאורה והאהבה הא־לוקית הקדושה ומלאת הוד ערוכים במערכה, כמגדל דוד בנוי לתלפיות (עולת ראיה, ההקדמה לשיר השירים, עי"ש).

אולם ר' יהודה בן בתירא מתייחס לתורה כאל חיבור. הוא סבור שהמוצר שלפנינו הוא מוצר מוגמר המזמין אותנו לקרוא את המעטפת החיצונית שלו כנתינתה, בלבד.

מן השאלות התיאורטיות הללו ניתן להפיק גם השלכה לעצם הדיון בחטא, בעונשו ובשומעי לקחו.

ר' יהודה בן בתירא מבקש להשאיר את החטא אנונימי, ארכיטיפ, המאיים להיות חטאו של כל אחד מאיתנו. להזהיר שבנפשו של כל אדם קיים הניצוץ של המרידה העשוי להביאו לכך שבמדבר, בעיצומו של יום השבת, ילך לבקש לו עצים. ר' עקיבא מבקש את החשיפה על מנת להבין את הסיפור בכללותו, על פרטיו, לחדור לנפשו של החוטא, להכירו מקרוב, ומתוך כך לנטרל את השפעתו המדויקת ואת שורשו בתוך נפש הלומד.

הזהירות שלא להיזהר יותר מדי

דניאל כהנמן, זוכה פרס נובל לכלכלה, מתאר באחד ממאמריו תופעה אנושית שאותה חקר: כיצד העולם נחלק לשני טיפוסים: אנשים שיש להם נטייה לאופטימיות ואנשים ריאליים.

הרבה עסקים קטנים קמים על בסיס יוזמות של אנשים אופטימיים. יוזמות השעונות על תחזיות הצלחה ותקוות גדולות שבסופו של דבר מתבררות כתקוות שווא. הסטטיסטיקה מראה שרוב היזמים לוקים ביתר אופטימיות. ובדרך כלל גם טועים בהפרזה בהערכת סיכויי ההצלחה. ובסופו של דבר, ברוב מכריע של המקרים הם גם נכשלים.

לא זו אף זו, ככל שאדם הוא יותר אופטימי כך הוא ייטול יותר סיכונים. ככל שנטילת הסיכונים תוכיח את עצמה, כך תגבר תחושת ההצלחה ועמה גם תגבר ההערכה להצלחה נוספת. ואיתה גם גוברת רמת הסיכון והחשש למשבר גדול. את התהליך המתעצם הזה מכנה כהנמן כ"חוק האופטימיות הגוברת". אפשר להמיר את המושג האקדמי במושג העממי יותר של הימור כפייתי וממכר. מי שהתנסה בזכייה בפעם אחת יכנס להימור נוסף ללא יכולת שליטה על ההחלטה הזו ועל אלה שתבואנה בעקבותיה.

אל מול הטיפוסים הללו, השועטים אל העולם בפיתוח רעיונות ויוזמות, עומדים האנשים הריאליים השקולים. אלה שמסתכלים על המציאות נכוחה, אינם מתקדמים ללא בחינה של כל הצדדים הרלוונטיים לעניין. אנשים כאלה נשענים על תחזיות מדעיות מדויקות. תחזיות שהן נקיות מכל הטיה ומבוססות על אפשרויות חיזוי סבירות.

אילו היה ניתן לבחור בין שני הטיפוסים על איזה מדפוסי החיים היינו ממליצים?

נראה שאדם הפועל אך ורק על פי נתונים בדוקים לא יתקדם לשום מקום, אך מי שילך אחר הרעיונות המוגזמים של עצמו ימצא את עצמו רודף אחרי בדיותיו כמו ג'וחא מן האגדות הערביות, קבור תחת נטל חובות כלכליים אינסופיים או מחויב לאנשים וקשור בהבטחות שאי־אפשר לקיימן.

השימוש בנתונים מדויקים וסבירים עלול לשתק מערכות שלמות, לדכדך ולהוריד את המורל ולהתבוסס בנבואות שחורות שמגשימות את עצמם. אך גם לקיחת סיכונים עשויה להתברר כמסלול התרסקות.

נראה שלמחלוקת בין האופטימיים והריאליים יש מקום. לכול זמן ועת. צריך להיות עיתים אופטימיים ועיתים ריאליים.

יש בתיאור הזה כדי לשפוך אור על שתי מחלוקות בפרשתנו. האחת בפרשת המעפילים המבקשים לעלות ארצה ומיד, נוטלים סיכון ונכשלים. והשנייה זו שנוצרה בין יהושע בן נון וכלב בן יפונה לבין שאר המרגלים.

שאר המרגלים ראו חומות בצורות, ילידי ענק וחוסן כלכלי עם ארץ דשנה, והבינו את האיום הגדול שבנוכחותם. הם גם חישבו את רמת הסיכון והבינו את מיעוטו של הסיכוי אל מול המצב הריאלי שעמד אל מולם. לעומתם, ראו יהושע וכלב את הפוטנציאל העצום הטמון בכיבוש הארץ. והם יצאו מהנחה שאיש לא יוכל לעמוד בפניהם. שאיפתם לנחול את ארץ חמדה, וההבטחה לרשת את הארץ הנחו את מבטם ואפשרו להם, ויש שיגידו – עיוורו את עיניהם לפרש את המציאות בהתאם לחלומות. הם ראו את הענקים כטרף קל, "כִּי לַחְמֵנוּ הֵם", "סָר צִלָּם מֵעֲלֵיהֶם", וסברו שבכוחם לפלוש גם לערים בצורות.

המתח שבין תחזיות וודאיות קודרות לבין הערכות חיוביות הוא מתח שקיים בהקשרים הלכתיים רבים. אחד המקומות הללו הן דיני חזקות. עיקרן של רוב החזקות הוא בהנחה שמה שהיה הוא שיהיה. חזקת החיים, לדוגמה, משמעה שאם אדם היה בחיים, אין סיבה להניח שמת; אם כלי היה תקין אין סיבה להניח שנשבר וכן על זו הדרך. המשנה בגיטין עוסקת בשאלה אם גט ששלח אדם זקן או חולה לאשתו ממרחקים הוא בעל תוקף של גט כשיגיע לאישה. החשש שאל מולו מתמודדת המשנה הוא שמא בזמן שעבר מעת השליחה ועד שהגיע הגט לידיה של האישה, מת הבעל. העובדה היא שאנשים מתים בסוף ואם הבעל היה זקן או חולה אזי החשש שהסיכוי התממש מרחפת מעל כשרות הגט. אי אפשר לגרש אלמנה...

המשנה קובעת שהשליח נותן לאישה את הגט והאיש בחזקת קיים וחי. בירושלמי מבואר שההנחה שהבעל בחיים ממשיכה להתקיים בכל מחיר. גם אם הגט ניתן מאדם בן מאה והשליח התעכב מאה שנה בדרך. כמובן, שיש כאן הפרזה. אבל מאחורי ההפרזה עומדת אמירה איתנה: החיים מתנהלים רק על בסיס כוחות של אמון וחוסן. ואף שהמוות מאיים ונוכח, החיים מתנהלים בהתעלם מן האיום שלו. החיים מתנהלים כסדרם רק אם לא נתן את דעתנו על האפשרויות הפסימיות האלה.

רבא מסייג את המשנה. הוא קובע שחולה ששולח גט, הגט תקף, אבל אם החולה היה כבר גוסס אז בוודאי חוששים שמת. הוא קובע עוד, שאם הבעל עבר את גיל שמונים גם אז יש לפקפק בכשרות הגט שנשלח על ידו. וכך יוצא שרבא מציג את האפשרות לבחון סטטיסטיקות ולהסתמך עליהן,

לשקול שיקולים ריאליים ולא להתבסס על רעיונות ועקרונות הגזורים מן החוויה האנושית שמבוססת על אשליה ואופטימיות (גיטין כח ע"א).

הסקפטיות של רבא יוצרת עולם של חששות מתמידים ושל אובדן האפשרות לתת גיטין על ידי שליח. הסברה האנושית המנוגדת מאפשרת חיים נורמליים ובריאים המבוססים על הנחה שהדברים מתנהלים כסדרם, שלא התרחשו אירועים דרמטיים ושלא כל דבר מצריך בדיקה וביקורת.

בפרשה שלנו ההנחות האופטימיות הללו לא רק מועילות ומאפשרות יותר. הן נחוצות כי מה שעומד על הפרק איננו המשך החיים כסדרם. עם ישראל במדבר נדרש להתעלות מעל המציאות. הוא נדרש להתקדם מעם של נוודים לעם שולט. המסר של הפרשה הוא שבחיים הרגילים אפשר אולי להתלבט בין הססנות לבין פריצה קדימה. אך מהלכים גדולים לא יתרחשו בלי מעוף ובלי חלומות. ללא הנכונות לשעוט אלי העתיד אין שום אפשרות להתגבר מעל המצב הקיים. דא עקא, החרדות והקשיים שמאפיינים דווקא שלבי מעבר כאלה יוצרים תנאים אופטימליים לקיטוב ולמתח פורה בין שתי נקודות המבט.

פערים גדולים מדי

אז מי בעצם אשם בכל מה שהתרחש בפרשת המרגלים? רש"י מנסה לנקות את הקב"ה מן הסיפור. הוא לא יזם אותו ואף נמנע מלחוות דעה. כשאבא שלי ז"ל היה אומר "תעשי מה שאת רוצה", היה ברור שהוא חושב שלא כדאי, אבל יודע ששום דבר שיאמר לא ישנה את המצב. גם כאן אומר רש"י: "אני איני מצווה לך, אם תרצה – שלח". אם כך, האם משה אשם? מדוע לא ויתר על הרעיון אם ראה שה' לא ממש מתלהב?

הרמב"ן אכן מציע את האפשרות הזו: "ויש כאן לשאול, אם כן משה עצמו חטא בעניין". הכיוון הזה הגיוני ואפשרי, בפרט שהדרכתו של משה לברר לגבי הארץ אם טובה היא או רעה הייתה בניגוד להודעה מפורשת של ה' שהארץ טובה ורחבה. ולכאורה, משה פקפק במהימנות דבריו.

רש"י מנקה את משה מאשמה ומבאר שמי שביקש לשלוח את המרגלים היו העם. משה רק נענה, כי ה' שתק ובחר לאפשר. אבל, מהמשך הפרשה נראה שהמרגלים הם האשמים ולא כל העם. המרגלים היו אלו שהוציאו דיבת הארץ רעה. עם זאת, כאשר לאחר מכן מתברר שה' רוצה

לכלות את העם כולו, הבוכה ומתלונן ואף כופר בטובה. ומתברר שוב שכל העם אשם.

כמובן, מנקודת מבטם של בני ישראל, האשם הוא הקב"ה המביא אותם אל הארץ הזאת ליפול בחרב. בליל הקולות הזה יוצר פרשייה שאין לה תחילה וסוף, אין בה אשם, אין סיבה ואין תוצאה. יש קומדיה של טעויות, ושרשרת שלמה של חצאי אמת, זרעי חוסר הבנה, עודף פרשנות וריבוי אנשים שבוחשים בקדירה.

ניתן להסביר את הפרשייה הזו באמצעות דוגמה מעניינת שמופיעה בספרם של הרט והונורה – סיבתיות במשפט (Causation in the Law): "רעייתו של גבר הסובל מכיב קיבה עשויה לראות באכילת לפת סיבה לקשיי העיכול שלו. הרופא עשוי לראות את הכיב כסיבה ואת הארוחה כנסיבות ההתקף בלבד". הרופא והאישה מתייחסים לאותו אירוע, אבל תולים את סיבותיו בגורמים שונים. האישה שמוטרדת מן האירוע עצמו שואלת את עצמה למה דווקא היום יש לבעלה קשיים בעיכול בשונה מימים אחרים. ואילו הרופא מתייחס לשאלה שאינה מבחינה בין ימים אלא בין חולים שונים: למה הוא סובל מקשיי עיכול ואחרים אינם סובלים מהבעיה הזו. אצל האישה הבעיה היא הלפת ואילו אצל הרופא ההבדל בין המטופלים הוא ברגישות העקרונית שלהם ולא במה שאכלו, שכן כולם אכלו לפת.

ההבדל בין הגישות של האישה ושל הרופא נובע גם מנקודות המבט שלהם. האישה היא חלק מהסיפור והרופא מתבונן מהצד. אבל מה יקרה אם יבקשו מאנשים זרים להקשיב לאישה ולהבין לליבה? סביר להניח שהם, שלא ראו אלפי מטופלים, יתגייסו מיד לגבות את עמדתה אף שהם צופים מן הצד כמו הרופא.

בסיפור שלנו, משה רבנו חשב שצריך לבחון את הארץ ביחס לעצמה, כלב ויהושע שהיו חריגים, חשבו בדרכו של משה, שתפקידם להבין מדוע דווקא הארץ הזאת נבחרה. יתר המרגלים חשבו שיש להשוות בינה לבין ארצות אחרות, לאו דווקא ידועות. הקב"ה סבר שנקודת המוצא היחסית אינה במקומה, עם ישראל אימץ את עמדת המרגלים ומבקש מפלט במצרים, ומשה סבר שיש לבחון את כלל מערכת היחסים מנקודת מבט חיצונית לגמרי, "ואמרו הגויים" – כי יש פה שאלה לאומית.

לכן במקרה שלנו אין חילוקי דעות אמיתיים אלא נקודת מוצא שונה: כל אחד מן הצדדים משיב לשאלה שונה לחלוטין והמחלוקת היא בשאלה "מה השאלה?". כיצד מנתחים את הסיבה והתוצאה של האירוע כולו.

פרשת חטא המרגלים מחדדת את הפערים ומבהירה כי בשלב זה בהתפתחות מערכת היחסים בין עם ישראל והקב"ה, בין משה והעם, אין עדיין שיתוף והסכמה בנקודות המבט, אין הנחות יסוד משותפות ביחס לארץ ישראל, ובכלל. מערכות היחסים עדיין מצויות בפער גדול מדי, ואת הדבר הזה צריך לתקן.

במוט בשניים

הביקור של המרגלים בארץ מסתכם בתיאור שנמתח על פני חמישה פסוקים בלבד. על ההתרשמות של המרגלים מן הארץ נלמד מן הדרך שבה הם יתארו את הסיור הזה במבט לאחור. כדי להבין את המקור שעליו מתבססות ההערכה וההמלצה שאיתן באים המרגלים ארצה, יש לחזור אל פסוקי התיאור הישירים:

> וַיַּעֲלוּ וַיָּתֻרוּ אֶת הָאָרֶץ מִמִּדְבַּר צִן עַד רְחֹב לְבֹא חֲמָת:
> וַיַּעֲלוּ בַנֶּגֶב וַיָּבֹא עַד חֶבְרוֹן וְשָׁם אֲחִימַן שֵׁשַׁי וְתַלְמַי יְלִידֵי הָעֲנָק וְחֶבְרוֹן שֶׁבַע שָׁנִים נִבְנְתָה לִפְנֵי צֹעַן מִצְרָיִם:
> וַיָּבֹאוּ עַד נַחַל אֶשְׁכֹּל וַיִּכְרְתוּ מִשָּׁם זְמוֹרָה וְאֶשְׁכּוֹל עֲנָבִים אֶחָד וַיִּשָּׂאֻהוּ בַמּוֹט בִּשְׁנָיִם וּמִן הָרִמֹּנִים וּמִן הַתְּאֵנִים:
> לַמָּקוֹם הַהוּא קָרָא נַחַל אֶשְׁכּוֹל עַל אֹדוֹת הָאֶשְׁכּוֹל אֲשֶׁר כָּרְתוּ מִשָּׁם בְּנֵי יִשְׂרָאֵל:
> וַיָּשֻׁבוּ מִתּוּר הָאָרֶץ מִקֵּץ אַרְבָּעִים יוֹם (במדבר י"ג, כא-כה).

נראה כי במוקד הסיור בארץ עומד הזיהוי של הענקים כתושביו, וכן גודלם העצום של הפירות שאותו ניתן רק לשער מתיאור נשיאת אשכול ענבים אחד בידי שני אנשים. בנוסף לענבים נזכרים גם הרימונים והתאנים, שככל הנראה היו אף הם בממדים לא סבירים. חז"ל עסקו בחישובים של משקל ונפח הענבים על פי מידת הכוח שנדרשה לסחיבתם והגיעו לכמויות מדומיינות של ענבים שנסחבו על ידי שני האנשים, וכל הכמות הזו – באשכול אחד בלבד.

תיאור הפירות העצומים הגדלים בארץ מתפרש במבט ראשון כחלק משבחה של הארץ. זוהי, מסתבר, ארץ דשנה המהווה מצע לגידולים חקלאיים שופעים, ובסיס יציב לפרנסה ומשענת כלכלית.

סיפורים דומים על פירותיה של ארץ ישראל מצויים גם בדברי חז"ל. במסכת כתובות מתואר שרמי בר יחזקאל ראה בבני ברק עיזים העומדות תחת התאנים והדבש הנוטף מן התאנים מתערבב בחלבן של העיזים וקרא על כך: "אֶרֶץ זָבַת חָלָב וּדְבָשׁ".

בהמשך שם מובא סיפור נוסף:

> אמר רבי יעקב בן דוסתאי... פעם אחת קידמתי בנשף והלכתי עד קרסולי בדבש של תאנים (כתובות קיא ע"ב).

בדומה מתוארת 'פגישתו' של רבי יהושע בן לוי עם אשכולות ענבים שהיו גדולים כל כך, עד שנדמו בעיניו כעגלים. התיאורים הללו אינם מסתכמים בשני הסיפורים הללו, הסוגיה בכתובות מלאה בתיאורים המתחרים ביניהם בהגזמת התיאור של מידת השפע, ביניהם יש תיאור של קלח כרוב ענק שעולים אליו בסולם, ועוד ועוד.

הפסיקתא לפרשתנו קושרת בין הדרשות המובאות בסוגיה בכתובות ובין תיאורי הפירות של המרגלים בפרשה שלנו, ובכך קוראת את תיאוריה של התורה כאגדה:

> ואל תתמה על האשכול הזה...
> תניא אמר רבי יוסי,
> מעשה באחד בשיחין שהניח לו אביו ג' בדי חרדל ונפשח אחת מהן וחבטוהו נמצאו ט' קבין חרדל ומענפיו סיככו בו סוכת יוצרים.
> אמר רבי שמעון בן חלפתא, קלח של כרוב הניח לי אבא והיינו עולים בו בסולם (פסיקתא זוטרתא, שלח, פרשה קו, א).

לפי דברי הפסיקתא, תיאורי הגמרא המופרזים, זה של דבש התאנים המרווה את אדמת הארץ וגם של הגפנים הענקיות הצומחות בכרמים או הקלח הענק שצריך לעלות אליו בסולם, מזכירים את תיאורי המרגלים בתורה, בכך שאלה וגם אלה מתארים את תנובת הארץ תיאור שאינו מציאותי אלא פנטסטי וחורג מגדר הטבע. לפי המדרש גם מגמתם של הסיפורים דומה ועלינו לפענח את הקשר בין הדברים.

רמז לפתרון נוכל למצוא בדברי הגמרא במסכת סוטה, שם מתנהל דיון בסדרי נשיאתם של הפירות על ידי המרגלים:

הא כיצד?
שמונה נשאו אשכל, אחד נשא רימון ואחד נשא תאֵנה,
יהושע וכלב לא נשאו כלום,
אי בעית אימא: משום דחשיבי,
ואי בעית אימא: שלא היו באותה עצה (סוטה לד ע"א).

לכל הדעות, יהושע וכלב לא נשאו פירות. שמונה נשאו אשכול, אחד נשא רימון ואחד תאנה ובסך הכול נדרשו עשרה אנשים לפעולת הנשיאה. מדוע יהושע וכלב לא השתתפו בכך? שתי דעות בדבר. האחת מעידה על חשיבותם ומעמדם של יהושע וכלב שמנעו מהם להשתתף בעבודה פיזית הדורשת מאמץ. לדעה זו, הבאת הפירות הייתה מעשה נכון, של הצגת הארץ כמשובחת ומבטיחה. לדעה השנייה יש לומר שכלב ויהושע נמנעו מנשיאת הפירות ממניעים אידיאולוגיים: "שלא היו באותה עצה". מדעה זו ניתן ללמוד שהבאת פירות גדולים ועצומים עשויה לנבוע ממניעים מפוקפקים.

לפי הדעה השנייה, יש לומר שהמרגלים השתמשו בפירות כדי להצביע על כך שארץ ישראל רחוקה מהשגה אנושית, ממש כשם שתיאור הפירות הגדולים באגדה התלמודית מלמד כי שארץ ישראל איננה ארץ ככל הארצות, ממשית ומוחשית אלא גם רעיון וחלום (הרב ברנדס, אגדה למעשה, ב). גודל הפירות באגדה משמש באותו אופן שבו שימשו הפירות הגדולים במציאות. וכפי שמעיר הזוהר לפרשתנו. הנשיאה במוט נועדה למוטט את הרעיון ואת המחשבה על הארץ:

הדא הוא דכתיב וישאוהו במוט בשנים בפרודא,
מהו במוט? כמה דאת אמר (תהילים קכא) 'אל יתן למוט רגלך...'
אמרי... טב הוא ההוא עלמא... אבל מאן יכיל למזכי ביה [=טוב הוא העולם הזה, אבל מי יכול לזכות בו?] (זוהר במדבר).

לפי זה, המרגלים תיארו את הארץ כטובה אך בלתי מושגת. כדי לעודד עליה לארץ צריך לפוגג את ההילה הגלותית הדמיונית שנרקמה סביבה. ככל שהארץ תהיה מציאותית יותר כך היא תהפוך לאפשרות מעשית ולאופק מוחשי. מסופר על ר' נחמן מברסלב שאמר לתלמידיו: "כשהייתי בארץ ישראל שמעתי מפי אנשי שם שלפני בואם לארץ ישראל ראו כי הארץ באמת נמצאת

בעולם הזה. אדמתה כאדמת כל שאר המדינות, מראיה אינו שונה ממראה כל הארצות ואף על פי כן שונה היא".

ריה"ל, שקדם לו, ידע לומר שהתקווה לעלות ארצה הפכה לצפצוף הזרזיר. איש אינו מתכוון למילים הללו ברצינות, ואף אחד אינו חש צורך לבחון את האופציה ברצינות. וכאן, משהפכה ארץ ישראל לבלתי מושגת, לחלום בן ארבעים שנה, נשכחה ונעזבה.

אולם לכאורה יש פער עצום בין שני העניינים. התיאור בתורה נראה כדיווח מציאותי וכתיאור עובדתי, ואילו בחז"ל ברור שמדובר בתיאור אגדי.

הקישור שעושה הפסיקתא בין תיאורי המרגלים ובין אגדות חז"ל פותר "בקלות" את התמיהה העולה מן התיאורים הבלתי אפשריים שבתורה, גם כאן וגם כאן יש כאן הפרזה מכוונת, ספרותית ורעיונית. אולם בפשט הפסוקים התיאורים מציאותיים: תיאור הפירות העצומים מופיע בחלק הדיווחי־עובדתי של הסיפור ולא בחלק שבו מביעים המרגלים את דעתם במפורש.

למדנו מכאן כי המציאות הארץ ישראלית עצמה יש בה משהו מקסים, גדול ומועצם – ועדיין ריאלי. שילוב זה הוא סוד כוחה. גם אם הוא מאיים על מי שבא לכבוש אותו, יש בו הבטחה מופלאה למי שראוי לו.

פרשת קורח

אשת און בן פלת

קורח יצא לקרב אידיאולוגי נגד משה ונגד הדרך שבה נבחר להנהיג את ישראל. בעובדה שעמדות הכוח המועטות רוכזו בידי משפחתו של משה, הוא ראה אות לשחיתות. על פי חז״ל ביקש קורח צדק חברתי. בעיניו, השחיתות קיימת לא רק בעצם תפיסת עמדות ההכרעה, אלא גם בטובות ההנאה הנובעות ממנה – תרומה, מעשר בהמה וכדומה, טובות הנאה המפרנסות יפה את משפחת ה'מלוכה' ועושקות את הציבור (במדבר רבה, יח).

במחלוקת שנתגלעה בין קורח ומשה על תפקידי ההנהגה היו לקורח תומכים רבים שלהם, על פי האבן עזרא, היה עניין משלהם במאבקו. עצם הטיעון על ריכוז הכוח בידי משפחה אחת, נגע גם בשאר חלקי העם כאשר ניטלה הסמכות מן הבכורים והועברה לידי הלוויים בני שבטו של משה (אבן עזרא ט״ז, א ד״ה ויקח קרח).

בתוך המולת התהיות על המבנה השלטוני והמחלוקת הגדולה באשר לאופייה של ההנהגה, הופיע אדם אחד בשם און בן פלת. און מופיע בתחילת הפרשה כמי שתומך בקורח ובמהפכה (במדבר ט״ז, א). אך בסוף הפרשה שמו אינו נזכר בין הנענשים. חז״ל מאירים את עינינו בסיפור המתרחש בשולי המחלוקת הגדולה, מאחורי הקלעים ונסתר מעין הסערה. מעשה שאין לו כוח השפעה ממשי על המהלכים, שלא עוצר את המהומה או את תוצאתה, אבל מייצג זווית רעיונית שלישית במחלוקת.

אמר רב: און בן פלת אשתו הצילתו,
אמרה ליה: מאי נפקא לך מינה? [=אמרה לו: מה תרויח מן המחלוקת?]
אי מר רבה – אנת תלמידא, ואי מר רבה – אנת תלמידא [=בין אם משה הרב ובין אם קרח הרב, אתה התלמיד] (סנהדרין קט ע"ב).

חז"ל אומרים שאשתו של און הצילתו. און פרש מן המחלוקת ומקרב עדת המפגינים בשלב מוקדם. ברגע האמת הוא לא הצטרף למורדים. המניע האמיתי להיעדרותו לא הייתה תמיכה גורפת במשה. היעדרותו גם לא נבעה מאמונה חזקה בה' או מהפנמה של ערך נשגב. לכאורה, מה שעמד בבסיס ההתנתקות מן המהלכים הפוליטיים היה שיקול אינטרסנטי צר. ממילא המלחמה היא בין שני אנשים, מעמדו האישי לא יתקדם ולא ישתנה. מה לו אם ישלם מיסים למשה ומה לו אם ישלם מיסים לקורח? עמדת ה'פרווה' הזו, התועלתנית, אינה מעוררת הזדהות, ודאי לא בקרב אנשים שחושבים שמעורבות חברתית ופוליטית היא חלק מן המשחק, וכי מי שמצביע, משפיע. כשישנן שאלות הרות גורל על הפרק, רובנו מנסים להתעלם משאלת התועלת האישית, ולראות את עצמנו כיחידה מן הכלל. אנו מאמינים כי כחלק מעדת ה' ומכוח זה על האדם מישראל לשאת באחריות ובנטל לבחון בקפידה את ההסדר שיבטא במדויק את מלכות ה' בעולם. במצב בו העם נלחם על עתידו, הנסיגה לשאלות של טובה אישית נתפסת כחרפה.

אולם חז"ל לא סברו כך. בהמשך, הגמרא אומרת: "היינו דכתיב (משלי י"ד) חכמות נשים בנתה ביתה – זו אשתו של און בן פלת, ואִוֶּלֶת בידה תהרסנה – זו אשתו של קרח" (שם קי ע"א). חז"ל העצימו את חוכמתה של אשת און בן פלת וראו בתפיסתה פתח לגאולה ולהצלה. אפשר היה לטעון שהדגש של חז"ל הוא על התוצאה שהשיגה אשת און. וכי אין לייחס לתוכן דבריה משקל של ממש, שכן, מדובר ב'טריק' שתכליתו – ההצלה ממוות או מחבורת הרשעים – היא העיקר. ואפשר לומר שחז"ל ראו בעמדתה עמדה לגיטימית לכתחילה. עמדה שנדמה שלא בכדי מגיעה מעזרת הנשים.

העובדה שאין לנשים הזכות לבחור ולהיבחר מציבה את הנשים באקס־טריטוריה המאפשרת להן להציג אלטרנטיבה משמעותית. אשת און איננה חלק מן הפוליטיקה – לא באופן מעשי ולא במובן מהותי. זה מאפשר לה לא רק לאמץ עמדה ביקורתית הלועגת למשחקי הכוח והמעמד אלא גם לראות את המחיר של ההיכללות הממסדית, ואת השפעתה בבית פנימה.

התוצאה הכמעט מתבקשת מכך היא בניית תיאוריה המציבה את התא המשפחתי כיסוד כיסא ה' וכמנוף להגיע להכרה ולאמונה.

התופעה 'השולית הזו' של און בן פלת וסיפורו, אולי אינה חלק מן הסיפור ההיסטורי של פרשת קורח ועדתו. היא נדמית כתמונה צדדית שנשתמרה בקצה הלא רלוונטי של הדיון, מפני שהדיון המרכזי נערך סביב מבנה המוסדות, סביב שאלות ההנהגה הגדולות. בתפיסה המקובלת שאלות אלה מעצבות את דמותו של העם. אולם באופן אחר סיפור זה הוא דווקא סיפורו של חלק נכבד של העם שאומר את דברו בעשייה החינוכית ובקבלת עול מלכות שמיים שאינה מחוברת בהכרח למוקדי הכוח. סיפור שפעמים רבות כלל אינו מסופר. "חַכְמוֹת נָשִׁים בָּנְתָה בֵיתָהּ" (משלי י"ד, א).

מה ראה לשטות זו?

המדרש מניח שקורח פיקח היה: "קרח שפיקח היה, מה ראה לשטות זו"? והשאלה היא, מנין למדרש מידע על טיבו של קורח, שהרי התורה הקדישה לתיאור קורח ומעשיו רק פסוקים בודדים.

אומנם, המעיין בטענותיו של קורח מזהה בהם יסוד מהותי מפוכח ונכון. קורח מתאונן על הסתירה שבין סגולת ישראל כולו לבין קיום מעמדות בתוכו: "כִּי כָל הָעֵדָה כֻּלָּם קְדֹשִׁים וּבְתוֹכָם ה' וּמַדּוּעַ תִּתְנַשְּׂאוּ עַל קְהַל ה'". שאלתו של קורח, שתורגמה במדרש לשאלה אם בית מלא ספרים צריך מזוזה, היא שאלה שיש בה ממש. מפרשים אחרים תרגמו את שאלת קיומן של אליטות לדוגמאות פרקטיות כואבות: נתינת התרומות והמעשרות, בכור הבהמה, ועוד כהנה וכהנה מתנות כהונה ולוויה מותירה את העם בחוסר כל. טענה זו מחייבת הקשבה. בין אם הטיעון הוא מתחום הצדק החברתי ובין אם הוא נגזר מתחום זכויות האדם וערכי השוויון – יש בו היגיון.

דא עקא, אם דבריו של קורח כה מדויקים ונוקבים מדוע אנו מניחים שיש בהם יסוד של שטות? בספר פאר ישראל מובא בשם האדמו"ר מגור זצ"ל (בעל הבית ישראל) כך:

> קורח שפיקח היה – מה ראה לשטות זו. לאיזו שטות? לשטות הגדולה שלו "שפיקח היה". שכן רק מכח פיקחותו בא לכל הקלקולים שעשה.

לפי דבריו של האדמו"ר מגור, ההיתפסות לטיעונים השכלתניים המתעלמים מענייני רוח וקדושה היא עיוות וחוסר הבנה. הדבר נכון שבעתיים ביחס לטיעונים מן הסוג שהעלה קורח. שוויוניות כערך עליון ומוחלט – מחטיאה את מטרתה. עודף צדק משמעו חוסר צדק. העקביות והשיטתיות הן שטות. המכשלה העיקרית של אדם פיקח היא רמיסת היבטים לא רציונאלים או לא שיטתיים המשמעותיים לשיח. ככלל, נקודת התורפה של האדם מצויה דווקא במקום שבו מצויים יתרונותיו.

פירוש זה מניח את הפיקחות והשטות כסיבה ותוצאה המצויים על רצף אפשרי. דווקא הפקחים "עושים שטויות", ומתעלם מן המנגינה שבה הושמעו דבריהם של חז"ל המכילים דווקא את הפרדוקס ולא את הרציפות: "קרח שפיקח היה, מה ראה לשטות זו?". שאלה זו מצביעה על סתירה בדמותו של קורח. שאלה דומה מוצגת באופנים שונים אל מול אישי התנ"ך והנהגתם. היא נשאלת ביחס לאדם הראשון וחטאו, ביחס לדוד בחוטאו עם בת שבע, ומוצגת אל מול שלמה המלך וסטייתו מדרך הישר בסוף ימיו. כפתרון לפרדוקסים הללו חז"ל ייבאו את דמותו של אשמדאי, דמות שד, שהשתלטה על שלמה ובלבלה את עולמו (גיטין סח ע"ב), ועל דוד נאמר ש"לא חטא" (שבת נו ע"א). שתי הדוגמאות הללו לפתרון הפרדוקסים מעידים על חריפותם. כדי לפתור את השאלות שהם מעוררים נדרשת הכחשה מוחלטת או גיוסו של שד, ועדיין הפרדוקס בעינו עומד, והוא מתאר מהפך וסטייה אישיותית חדה.

המבוכה הגדולה נוכח נפילתם של אנשים גדולים לתהום היא תופעה שאנו חווים הרבה. בכל פעם שמתגלה שאדם הגון עשה עסקאות נבזיות, כשאנשים נשואים נופלים לתהומות של בגידה ואשליה. שוב ושוב אנו עומדים משתאים לנוכח הטעות האיומה הניכרת לעין והברורה לכל בר דעת.

על המבוכה הקונקרטית, מבוכת קורח, חז"ל משיבים באופן אחר: "עינו הטעתו".

> וקרח שפקח היה מה ראה לשטות הזו,
> אלא עינו הטעתו. ראה שלשלת גדולה עומדת הימנו שמואל ששקול כנגד משה ואהרן שנאמר (תהילים צ"ט): "משה ואהרן בכהניו ושמואל בקוראי שמו" (תנחומא, קורח ה).

קורח ראה ברוח הנבואה שאחד מבניו ינהיג כמשה ואהרן וגזר מן התובנה הזו מסקנות מרחיקות לכת על דמותו שלו. זרעי ההנהגה הטבועים בו ובדמו, שינבטו עוד דורות אחדים, מערערים כבר כעת על בחירת משה ואהרן. קורח הבין שהנהגתם של משה ואהרן היא יחסית והיא מותאמת דור. במובנים מסוימים הוא הפיק תועלת מן התובנה. הוא יכול היה להינתק מן הסגידה לאדם ולומר אמירה כנה על חוסר היציבות האנושית ועל התנודות וההתרחשויות שעתידות להתחולל ושיצריכו בעקבותיהם שינויי הנהגה והחלפות משמרות. ההבנה הזו שלו אינה שגויה, היא אפילו נכונה ונחוצה ומקורה ברוח נבואה, רק שהיא אינה נגזרת מן המציאות העכשווית אלא מן העולם שמעבר. לפי המדרש הזה ההתבוננות אל מעבר למציאות, גם אם היא ברוח נבואה, מזיקה ומפריעה לאדם לראות נכוחה את המציאות עצמה כפשוטה ממש. בזה, ניתן הסבר מעמיק לשלל תופעות שבכולן ניתן לזהות חריגה מן הדרך הסלולה. החריגה הזו מקורה ברצון לפרוץ אל מה שמעבר למובן, לבצע קפיצת דרך ולתפוס בועת הזדמנויות שתלויה במימוש שרשרת אירועים שבמקרים פשוטים יש סיכוי שיתרחשו במציאות רק בחלוף הזמן ובנסיבות מסוימות (וראו: שפת אמת, קורח, תרנ"ח).

לפי הפירוש הראשון מקור הטעות הוא דווקא בהיתפסות למהלך רציונלי ושיטתי בלי לשים לו גבולות ומעצור, ואילו לפי הפירוש השני מקור הטעות הוא בחשיבה המיסטית, בהקדמת המאוחר ובחוסר הנכונות להתבוננות במציאות כפשוטה. שניהם גם יחד מוטעים, כשם שכל חשיבה 'נעולה', שאינה חופשית, לא תצלח.

מחאה הלכתית

על חטאו של קורח נכתבו פירושים ומדרשים רבים, לכל אחד מהם דגשים שונים בהבנתו. אחד המדרשים המפרשים את מעשה קורח מובא בתנחומא. תלונתו של קורח כלפי משה לפי מדרש זה הייתה על נטילת השררה והשכר הנלווה עבור משה ועבור משפחתו:

> מיד התחילו שונאי משה להתגרות בו את ישראל ואמרו משה מלך, ואהרן אחיו כהן גדול, ובני אהרן סגני כהונה, תרומה לכהן, מעשר ראשון לכהן, כ"ד מתנות לכהן.

מיד "ויקהלו על משה ועל אהרן וגו'" (תנחומא, קורח ג).

ניסוח מורחב של הטענה הזו נמצא במדרש תהילים:

זה קרח, שהיה מתלוצץ על משה ואהרן,
מה עשה, כינס עליהם כל הקהל, שנאמר 'ויקהל עליהם קרח את כל העדה' (במדבר ט"ז, יט), התחיל לומר לפניהם דברי ליצנות,
ואמר אלמנה אחת יש בשכונתי, ועמה שני נערות יתומות,
והיה לה שדה אחת, באתה לחרוש,
אמר לה משה 'לא תחרוש בשור ובחמור יחדו' (דברים כ"ב, י),
באת לזרוע, אמר לה 'שדך לא תזרע כלאים' (ויקרא י"ט, יט)... (מדרש תהילים א', טו).

הסיפור שהפתיחה לו מובאת כאן, מספר את סיפורה של אישה אלמנה ושל מפגשה עם מצוות התורה המגבילות אותה וגורמות לה נזקים כלכליים: עם הקציר מתברר שעליה להותיר לקט שכחה ופאה, ובגורן היא מצווה לחלק תרומות ומעשר ראשון ושני. אוסף הכללים הנוקשים האלה מכריח אותה "להחליף מקצוע". היא מוכרת את השדה ומחליפה אותו בכבשים, או אז נפתחת נגדה חזית חדשה – היא מחויבת לתת את ראשית הגז לכהן, עם הולדת הבכורות לכבשים הללו עליה לתת את הבכור לכהן. כשהיא מחליטה לשוחטן לאכילה היא מתחייבת בנתינת חלקי הזרוע הלחיים והקיבה לכהן. וכשבייאושה היא מכריזה שהללו חרם – בא הכהן ונוטל הכול. שהרי כל חרם – לה' הוא. המדרש מתאר את בכיה של העלובה וחותם במשפט רועם:

אריך כדין הא בזתה עלובתא [האם נכון לבזות כך אותה עלובה?]
כלהן [וכולם] עושין ותולין בהקב"ה.

האצבע המאשימה מופנית כלפי הכהנים, שמנצלים את מעמדם תוך גלגול עיניים לשמיים. לשון המדרש אף רומזת לסוגיה החמורה המתייחסת למעמד הנישואין כמאפשר כסות על חטאי עריות: "וכולן מזנות ותולות [את ייחוס הבנים] בבעליהן". מעמד הכהונה לדברי קורח, הוא כסות לדבר האמיתי שהוא הבגידה בעם ועושק ממונו.

טענתו של קורח על השררה שלקחו לעצמם משה ואהרן על מנת להעשיר את אוצרם הפרטי על חשבון דלי העם המסכנים וקשי היום, ראויה לתשומת לב. שהרי לכאורה, קורח צודק. אמת נכון הוא, שזכויות היתר של הכהנים עלולות במקרים מסוימים לבלוע את כל חסכונותיה של אישה אלמנה. מה אם כן בעייתי בטענה זו, ומדוע נענש קורח?

קורח מוצג במדרש הזה כתועמלן מנוסה, כמי שיודע להציג את דבריו מן הזווית המדויקת שתיגע במאזינים. אבל התעמולה של קורח מדויקת מבחינות נוספות.

ישנן מספר תיאוריות הנוגעות לתקשורת המונים. התיאוריות המפותחות יותר מתארות שמסרים המועברים בתקשורת בצורה מוצלחת הם מסרים שמבוססים על דעת קהל חבויה, על דעות שכבר יש להן אחיזה בליבם של האנשים. תפקידה של התקשורת הוא ללבות את התחושות הראשוניות הללו, לתת להן שם, להדק אותן לכלל תובנה מסודרת ולתת להם גם כיוון ואם ניתן, אף לגבשם לכלל תלונה מסודרת.

מה שעשה קורח על פי מדרש זה נובע מהבנת המנגנון התקשורתי הזה בדיוק. קורח מתייחס למוסד החדש של האריסטוקרטיה הכוהנית ולהנהגתו של משה, ולציוויים שנחזים כמשרתים את המנגנון החדש הזה. הוא יודע שההנהגה מצויה בעמדת חולשה, כיוון שלא הביאה להישגים משמעותיים עד כה, ולהפך. תקופת המדבר נחזית כעת כאינסופית מה שיוצר את תחושת אובדן העוגן היציב שהיה במצרים, ותואם מאוד את תמונת האלמנה העשוקה והעזובה. האלמנה שבסיפור היא "הזקנה מהמסדרון" של בית החולים – כוכבת תשדירי תעמולות בחירות. הצגתה בחזית הסיפור היא רעיון מבריק. אך, הנקודה המשמעותית שאותה חורז קורח לתוך ההצגה המתוחכמת שלו, היא גיבוש היחס אל המצוות בכלל. המצוות ניתנו לעם ישראל ממש לאחרונה, והם מצויים בשלב ה"טעימות הראשונות" מן התורה הזו. עיצוב חוויית המצוות והיחס אליהן מצוי עדיין בתהליך של גיבוש, ומהווה חומר ביד היוצר בידיו של קורח. המשמעות שהוא מטעין על המצוות תוך ברירת חוויות ספציפיות והבאתן למרכז הדיון היא היותן, כביכול, כלי לחיזוק החולשה האנושית.

הכשל של קורח הוא ביחס העקרוני שלו להלכה. קורח מתייחס להלכה כאל מס שצריך לשלם. המטאפורה של המס משמשת אותו בטענותיו גם במשל וגם בנמשל. במשל: ההלכה תובעת מס: תרומות ומעשרות. ובנמשל, היא עצמה מוטלת על חיינו כמס. מס צריך לשלם, אבל אם ניתן לחמוק

ממנו מה טוב. לכך נועדו רואי החשבון, הם אמורים לתכנן עבורנו את המס ולדאוג שנשלם כמה שפחות. במקביל, טוען קורח: יש ל'תכנן הלכה' כך שלא תפגע בנו. ההלכה שחלה על האלמנה בסיפור של קורח חונקת אותה. היא חודרת לכל פינה אפילה ומטילה מס לא מידתי, לא מוסרי ולא מוצדק.

ה"קורחיות" היא אימוץ נקודת המבט הזו, שלפיה היחס להלכה הוא כאל מקור חיצוני המחיל כללים מגבילים על החיים. ה'קורחיות' מאפילה על האמת שלפיה ההלכה מעצבת את החיים, נותנת מענה לשאלות של זהות, יוצקת תוכן חדש בחיים עצמם ולמעשה, לעיתים קרובות דווקא היא זו שתפתור את מצוקת אלמנה זו וחברותיה בעזרת מצוות שונות שבין אדם לחברו הקיימות בבסיסה ומגדירות את אופייה ומהותה.

טענת קורח — טבע האדם וטבע הממסד

קשה לזהות את ההיגיון שבטענותיו של קורח בפרשתנו. הלומד המאמין רואה איך משה הצדיק נופל קורבן לתעלול תועמלני אינטרסנטי ומרושע, שאין מאחוריו כלום. פי האדמה שנפער הוא הוכחה ברורה לצדקתו של משה. הוכחה המחזקת את העמדה של מי שהיה משוכנע בכך ממילא, ושציפה לנפילתו של קורח. אולם, כאשר לאחר מות קורח בא כל העם ומלין על משה ואהרן על שהרגו את קורח, נפתח צוהר להבין שאין מדובר באדם אחד מרדן וטיפש ואפילו לא בקהילה סוררת. כל אלה מעוררים את החשד שלטענותיו של קורח יש בסיס. טענותיו אינן מוזרות וחריגות, יש להן הד בלב העם. האדמה אינה פוערת את פיה נוכח ההמולה שנוצרת בעם, תחת זאת פורצת מגפה. חשוב מכך, הקב"ה מבקש ממשה להעמיד את המחלוקת במבחן המטות במשכן. בסוף התהליך מעלה מטהו של שבט לוי פרח, ציץ ושקדים וזוהי תגובה ניצחת לתלונות העם.

בשתי התגובות האלה – פעירת פי האדמה ופריחת המטה – יש לראות מענה לשאלות של קורח ועדתו ושל העם כולו לאחר מות קורח. דרך התגובות ניתן לזהות את ההשקפה של קורח שקנתה שביתה בלב העם.

בפעם הראשונה תגובת משה היא: "בְּזֹאת תֵּדְעוּן כִּי ה' שְׁלָחַנִי לַעֲשׂוֹת אֵת כָּל הַמַּעֲשִׂים הָאֵלֶּה כִּי לֹא מִלִּבִּי. אִם כְּמוֹת כָּל הָאָדָם יְמֻתוּן אֵלֶּה וּפְקֻדַּת כָּל הָאָדָם יִפָּקֵד עֲלֵיהֶם לֹא ה' שְׁלָחָנִי". על מנת להוכיח את צדקת דרכו (ואת בחירתו לתפקיד מנהיג ואת משפחתו לכהונה), קורח ועדתו צריכים

למות מוות לא טבעי. ואז אכן מתרחש המבוקש: "וַתִּפְתַּח הָאָרֶץ אֶת פִּיהָ וַתִּבְלַע אֹתָם וְאֶת בָּתֵּיהֶם" וכו'.

נראה שמשה הבין שקורח מתלונן על הנהגת משה מנקודת מבט של 'בקשת הטבע'. במצב הטבעי אין מנהיגים ואין הנהגה. חושב קורח, המצב הטבעי הוא המצב אליו אנו שואפים. כמובן שהשאיפה אל המצב הטבעי יש בה יסודות של אמת צרופה: חזון הצמחונות והשלום מבוסס על רעיון של שלמות והשלמה בין כל חלקי הבריאה. במצב האוטופי אין מקום לשליטה של אדם באדם ואין מקום לשליטה של האדם בבעלי החיים ושמא גם אין מקום בלב להכנעה בפני המנהיגים, ואולי גם בפני האל.

תגובתו של משה, המבקש לקורח ועדתו מוות שאיננו טבעי, אומרת הכול. משה מבקש להוכיח שהטבע אינו כה שקט ושליו. שהטבע עצמו מתנהל לעיתים שלא לפי המבוקש והמצופה. ושאלמלא מוראה של מלכות איש את רעהו חיים בלעו, ממש כבליעת האדמה. משה מבקש להצביע על כך שאי־אפשר לסמוך על הטבע. כפי שטען הוֹבּס וכפי שטען גולדינג בספרו בעל זבוב: לא בטוח שהמוסדות משחיתים וטבע האדם הוא טוב. ייתכן מאוד שההפך הוא הנכון – הטבע הוא פראי וחסר מוסר, ודווקא המוסדות המסודרים מסייעים ליצור חברה מוסרית ומתוקנת יותר.

אבל מופע הבליעה שיזם משה – נכשל. עם ישראל קם ומלין: "אַתֶּם הֲמִתֶּם אֶת עַם ה'". הוא לא רואה כאן ביסוס לאמת כלשהי, אלא שימוש ציני בטענות של קורח ותו לא. האימון בטבע ובאפשרות להשלמה אתו לא פסו מן העולם עם הליכתו של קורח. וכחלק מאותה אמונה מעידים העם במשה שהוא הרג את קורח. לא נס ולא ראיה משמיים, קורח נהרג בדרך הטבע בידי הממסד השליט.

בשלב הזה ולאחר המגפה, הקב"ה מצווה על הנחת המטות. וכאן, בעזרת פריחת מטהו של שבט לוי ולבלובו מושם הקץ על טענות קורח.

במה הועיל המטה לסתימת הפיות? יש שני כיוונים פרשניים אפשריים. האחד על סמך המובא במסכת אבות, שבין עשרת הדברים שנבראו בערב שבת בין השמשות נברא גם המטה (משנה, אבות פ"ה מ"ו). המטה היבש וצמיחתו הפלאית אינם מצביעים על תעתועיו של הטבע, אלא על כך שיש דברים שהם מעבר לטבע ולא ניתן להסביר אותם באמצעות הסברים מדעיים מקובלים. לפי זה כל עניין ההנהגה של שבט לוי אינו גזרת הטבע, משום שעל הטבע לא ניתן לסמוך. הצורך בהנהגה נגזר מכך שיש עניינים שהם מעבר לו. מעבר לאותנטיות, ליצרים ולגשמיות, הדברים האלה הם המוסר

הנעלה, הם הבחירה והסגולה שאין רואים אותה בחוש והיא הנתונה בשבט לוי. לפי זה, שתי התמודדויות שונות עם טענתו של קורח גלומות אחת בפי האדמה ואחת במטה. האחת מצביעה על בעיות בתוכנו של הטבע והשנייה על כך שיש דברים שהם מעל לטבע.

כיוון פרשני שונה לסיפור המטה מוצע בדברי הרש"ר הירש:

> מטה אהרן פרח כאן כמקל שקד, ויש בכך כדי לבטא את המחשבות הנידונות כאן.
> כלום אין כל ענפי עצי הפרי דומים זה לזה?
> בכולם יש נבטים של עלה, פרח ופרי, אדמה אחת נושאת את כולם,
> מי הגשמים המשקים אותם באים לכולם ממקום אחד,
> רוח אחת מנשבת בכולם, וכולם ניאותים לאור החמה.
> בדרך הטבע כל מטה אמור להניב פירות בהינתן תנאים מסוימים.
> פריחתו של המטה אינה בגדר נס או מקרה שמעבר לטבע. מקרה אחד יקרה לכל המטות בבוא העת.
> ואף על פי כן אחד הוא השקד בין כל חבריו בשדה.
> ובמה ייחודו? בשקידה שעל שמה הוא נקרא;
> בהתמסרות עירנית וזריזה הוא עושה את המוטל עליו
> ובכך הוא מקדים את כל אחיו האילנות.
> בעוד הם נמלכים בדעתם, כבר השלים הוא את מפעלו;
> והוא מקדים מיד את התכלית, שהיא הפרח העושה את הפרי,
> שהרי כל עצמו לא בא אלא לעשות פרי (פירוש הרש"ר הירש לתורה, במדבר י"ז, כג ד"ה ויצא פרח).

ייחודו של השקד הוא בהימנעות מהססנות, בידיעה הברורה ובהבנה העמוקה של התכלית המעשית. מטהו של שבט לוי מעיד על בני לוי שניחנו בשאר רוח בהתכווננות מדויקת בפריחה מוקדמת ובהתפתחות רוחנית. לדברי הרש"ר, תכונת המנהיגות אינה סגולה א-לוהית שמעל לטבע אלא היא סגולה הטמונה באנושיות כולה. יש מי שיודע לממש את התכונה הזו. מי שתודעת השליחות מלווה אותו משחר היוולדו. גם תגובת ה' לפי זה היא באמצעות הטבע ולא בהצבעה על קיומו של עולם שמעבר לנראה ולנצפה. אבל, ה' אינו משתמש באסונות טבע אלא בפלאותיו כדי להוכיח שהטבע אינו שוויוני, אינו זהה. יש היריון ממושך ויש היריון קצרצר, יש פרחים הקודמים לעלים ויש

עלים הקודמים לפרחים, יש מתוק ויש מר, יש גבוה ונמוך וכיו"ב. דווקא מי שמעיין בטבע יזהה בקלות שאין בטבע שוויון, וכדי להביא את הטבע לידי מיצוי מומלץ שלא לשטח אותו אלא להבליט את הנצרך להבלטה, להשתמש בשונות ולא להסתיר אותה.

פרשת חוקת

חשיבות הציות

מצוות פרה אדומה מוגדרת בתורה כחוק, כגזרה שאין בה היגיון: "זֹאת חֻקַּת הַתּוֹרָה".

> לפי שהשטן ואומות העולם מונים את ישראל לומר מה המצווה הזאת ומה טעם יש בה. לפיכך כתב בה חוקה. גזירה היא מלפני ואין לך רשות להרהר אחריה (רש"י בעקבות יומא סז ע"ב).

אומות העולם המקטרגות הן דימוי וסמל לנפשו של כל אדם. אם טענה מסוימת מושמת על ידי חז"ל בפי אומות העולם משמע יש כאן טענה אנושית בסיסית. טבע האדם שהוא נמשך אחר דברים של טעם ומשמעות. כשבעל ספר החינוך שם לנגד עיניו את חשיבות חיבוב המצוות הוא עשה זאת בדרך של הענקת משמעות וטעם להן. כמוהו עשו הפרשנים השונים שעסקו בנתינת טעם למצוות. נפש האדם נמשכת אחרי היופי והאסתטיקה של מצוות שיש להן תכלית ברורה וישירה, שמידות האדם נצרפות בהן, שהמוסר האנושי מאשר אותן.

חוק כדבר שאין לו טעם או סיבה נראים לעין – תכליתו הגלויה היא אחת בלבד: הציות.

מבקרי הדת שללו מן היסוד את ערך הציות הנתבע בחוקים מן הסוג הזה. שפינוזה טען שהציות הוא ניגודה של החירות. החירות לדבריו היא

האוטונומיה של האדם והיא כורח התבוניות שלו. החירות היא יסוד מוסד הטבוע באדם. כשמצפים מן האדם להתנהגות מסוימת, הוא יתבע לדעת מדוע. העמדה משקפת את התחושה שהדרישה לציות אינה אנושית. לעשות משהו רק מפני שנצטווית לעשותו, פירושו להפוך רובוט חסר מנגנוני הגנה, וביטול הצורך בלקיחת אחריות.

רבנו בחיי מבאר שחוק הוא גבול: "חֻקֹּת יָרֵחַ וְכוֹכָבִים לְאוֹר לָיְלָה", כלומר גבולי היום והלילה, זאת חוקת התורה לפיכך עניינה במגבלה שהיא מטילה: "וזה להורות שנעצור המחשבה מלהרהר בהם ולא נעבור גבול מפני עומק השגתם" (רבנו בחיי, פרק י"ט). בדומה לעמדה הביקורתית, חז"ל והפרשנים השונים אף הם הבינו שיש כאן פנייה לאדם המאמין להימנע מן הפעולה הספונטנית של הכרה ורפלקסיה. יש כאן קריאה חד משמעית לאדם להציב גבולות להיגיון האנושי שלו. חז"ל משתמשים לצורך כך בביטוי חריף במיוחד: "ואין לך רשות להרהר!".

האומנם אין רשות להרהר?! כמה מקומם הדבר, וכמה לא סביר. מדוע להילחם בנטייה האנושית הבסיסית, הרי התורה אינה תובעת מהאדם להתעלם מאנושיותו!

הרצון להבין ולהזדהות קיים באדם ככל שהתפתחותו הקוגניטיבית הולכת ומתגברת. תינוק צעיר נהנה לשמח את הוריו ולשעשע אותם גם אם אינו מבין במדויק מדוע וכיצד הוא מצליח לעורר את גאוותם והשתאותם, גם אם המעשים שהוא עושה אין להם שום תכלית ומטרה מעבר לסיפוק של ההורים. רק בשלב מאוחר יותר, הילד תובע לדעת למה ומדוע הוא נדרש לעשות מה שהוא נדרש לעשות. בשלב הזה גם מתחילות התחכמויות שונות ומשונות. 'אני אתעורר מוקדם גם אם אלך לישון מאוחר', 'החברה אינה משפיעה עליי', 'עוד חמש דקות בפייסבוק לא יעלו ולא יורידו' וכן הלאה. הטענות והתירוצים אינם רק התפלמסות מייגעת, עמדת המיקוח מעבירה את כל הדיון למישור אחר, מישור שבו אין משמעות למעמדו של ההורה, להירכיה ולסמכות וגם לא לצורך לרצות את ההורה. שני הצדדים מועמדים כשווים ושוקלים יחד כביכול מה נכון ומתאים בנסיבות העניין.

בהשאלה, ברור שההישג של חוויה דתית פשוטה וכנה מגיע ומושג במקום שבו עושים כדי לעשות, מרצים כדי לרצות משמחים כדי לשמח. טיפוח מקום שמתעלם מן הצורך בהבנה יוצר תנאים לקשר. חשיבות הציות היא ביצירת מערכת יחסים תמימה וכנה של התמסרות ואהבה, התבטלות וכניעה. המסלול הזה המתקיים במקביל למסלול הדיאלוגי, הדורש הבנה,

מפנה את האדם מאנושיותו, מסלק הצידה את פגעי התבונה ששורשם בעץ הדעת, מאפשר לאדם לעמוד מול ה', ולממש את הערגה לראשוניות.

אלא, שיש לשים לב לתהליך שעברנו בדיוננו: בתחילה קיבלנו את הנחתן של אומות העולם כהנחתו של אדם סביר. ואז הסברנו מדוע וכיצד ישנה חשיבות לציות כאיפכא מסתברא. הצענו את ההנחה הפשוטה המתחייבת מהיותנו מאמינים, שהקב"ה הוא כעין הורה אחראי שיש סיבות טובות שיזכה באמוננו. והסברנו מדוע הציות נחוץ. הגענו להכרה שיש חשיבות בציות. דא עקא, מעתה גם הציות הוא תבוני. קבלת הסמכות והמרות היא מעשה המתקבל על הדעת. משמע, קשה להשתחרר מן העמדה הבסיסית של המחסומים השכלתניים.

יש מצוות שנועדו לייצר סדר וארגון חברתי ובינאישי, ויש מצוות שנועדו לצרוף את האדם במידות טובות, במצווה זו אנו נחשפים לכך שיש מצוות שנועדו למתן את הישגיותנו השכלית. למעשה ככל המצוות שעניינן לעדן ולרסן את היצר, אך אין מטרתן לבטלו כליל, כך ה'חוקים' נועדו לעדן את יצר האדם להבין הכול. לפנות מקום להכרה שההכרה מוגבלת. מבלי לבטל את ערכה.

זאת חוקת התורה

השימוש במושג "חוקה" נחשב בעיני הפרשנים לקטגוריה הלכתית שמשמעה חוק שטעמו אינו ידוע או שאין לו טעם כלל. לקטגוריה הזו שייך גם דין הפרה האדומה. ואלו הם דברי רש"י המפורסמים המתייחסים למילים הפותחים את הפרשה "זאת חוקת התורה":

> לפי שהשטן ואומות העולם מונין את ישראל לומר מה המצוה הזאת
> ומה טעם יש בה, לפיכך כתב בה חקה,
> גזירה היא מלפני ואין לך רשות להרהר אחריה.

חוקת הפרה האדומה היא חוק בלי טעם ונימוק. אומנם, מה שרש"י מניח בפי אומות העולם כהונאה (ביקורת וטרוניה), מניח הדרשן בקהלת רבה בפיו של משה רבנו עצמו. המדרש פותח את דבריו בדיון על אודות פרשת טומאת כהנים לקרוביהם המופיעה בתחילת פרשת אמור. שם נדון רק איסורם של

הכוהנים להיטמא למת, וחובתם להיטמא לשבעת הקרובים אולם אין פירוט והסבר כלשהו כיצד ייטהרו מטומאה זו. המקום הראשון שבו מובאת דרך טהרתם היא בפרשת חוקת. לפי המדרש כביכול משה עומד בפנים מכורכמות וממתין לשמוע על דרך הטהרה מפרשת אמור ועד הנה, עד פרשת חוקת:

דבר אחר:
מי כהחכם זה משה, דכתיב ביה עיר גבורים עלה חכם, ומי יודע פשר דבר שפשר תורה לישראל,
ר' מנא דשאב בשם ר' יהושע בן לוי אמר:
על כל דבר ודבר שהיה הקדוש ברוך הוא אומר למשה היה אומר לו טומאתו וטהרתו, וכיון שהגיע לפרשת (ויקרא כא) 'אמור אל הכהנים', אמר לפניו רבונו של עולם, ואם נטמאו אלו במה היא טהרתן?
לא השיבו דבר,
אותה שעה נשתנו פניו של משה,
וכיון שהגיעו לפרשת פרה אדומה, אמר לו הקדוש ברוך הוא למשה משה אותה אמירה שאמרתי לך 'אמר אל הכהנים', ואמרת לי אם נטמאו במה היא טהרתן, ולא אמרתי לך דבר, זו היא טהרתן, ולקחו לטמא מעפר שרפת החטאת,
אמר לפניו ריבונו של עולם! וכי טהרה היא?
אמר הקדוש ברוך הוא: משה, חקה היא וגזירה גזרתי ואין בריה יכולה לעמוד על גזירתי דכתיב (במדבר י"ט) "זאת חקת התורה" (קהלת רבה, ח).

ההמתנה הממושכת מולידה אכזבה עצומה. משה רבנו אינו מסתפק בתשובה שמדובר ב"חוק". הוא מדבר על חריגותה של דרך הטהרה מדרכי הטהרה שהתורה מציעה בדרך כלל. עד כה רחצה וטהרה הלכו יחדיו, כעת מדברים על סדר חדש – אפר פרה? הזאה? משהו חורק באוזניו, לא נשמע קוהרנטי, "וכי טהרה היא זו"? משה מקבל את התשובה שאומות העולם מקבלים: זו גזרה.

במדרש אחר השאלה מוצגת בפיו של גוי עובד כוכבים הפונה באופן אישי לרבן יוחנן בן זכאי. שאלתו גוררת גם את שאלת תלמידי בית המדרש. בשלב הראשון רבן יוחנן בן זכאי מציע תשובה לאותו עובד כוכבים:

שאל עובד כוכבים אחד את רבן יוחנן בן זכאי
אילין עובדייא דאתון עבדין [=הדברים האלה שאתם עושים] נראין כמין כשפים.
אתם מביאים פרה ושורפין אותה וכותשין אותה ונוטלין את אפרה ואחד מכם מטמא למת מזין עליו ב' וג' טיפין ואתם אומרים לו "טהרת"? (במדבר רבה, יט).

הבעיה לפי אותו גוי איננה עניין החוק שאין לו טעם אלא עם פרטיו של החוק הנראים כמעשה כשפים. פרטים שמחייבים גריסה של פרה בעלת תכונות מיוחדות שמירת וצבירת אפרה והכנת שיקוי ממנו יירפאו הטמאים. ובסופו של דבר גם זריקת אפר או מי נידה, על אוהל, על אדם, ועל כל מי שנטמא.

אמר לו (ריב"ז לגוי): לא נכנסה בך רוח תזזית מימיך?
אמר לו: לאו,
ראית אדם שנכנסה בו רוח תזזית?
אמר לו: הן,
אמר לו: ומה אתם עושין לו?
אמר לו מביאין עיקרין ומעשנין תחתיו ומרביצים עליה מים והיא בורחת,
אמר לו: ישמעו אזניך מה שאתה מוצא מפיך,
כך הרוח הזו רוח טומאה דכתיב (זכריה י"ג) "וגם את הנביאים ואת רוח הטומאה אעביר מן הארץ", מזין עליו מי נדה והוא בורח (שם).

תשובתו של רבן יוחנן בן זכאי מבוססת על השוואה לכישוף ורקיחת שיקויים לסילוק שיגעון. ההשוואה כבר הייתה מונחת בבסיס שאלתו של הגוי ("כמין כשפים"). והנה, סימן השאלה הפך לסימן קריאה. יש דמיון רב בין ההליכים. המאגיה המטפלת בגירוש רוחות מיישמת פרקטיקות דומות לאלה של אפר הפרה.

אולם, כשהגוי יוצא מתייחסים התלמידים לתשובתו של ריב"ז בבוז: ("לזה דחית בקנה") ומבקשים תשובה טובה יותר לשאלה המטרידה. התשובה שהם מקבלים זהה לתשובה שקיבלו משה בקהלת רבה, ואומות העולם ברש"י:

לאחר שיצא אמרו לו תלמידיו: רבינו, לזה דחית בקנה, לנו מה אתה אומר?

אמר להם: חייכם, לא המת מטמא ולא המים מטהרין,

אלא אמר הקדוש ברוך הוא: חקה חקקתי, גזירה גזרתי, אי אתה רשאי לעבור על גזרתי.

דכתיב: "זאת חוקת התורה" (במדבר רבה, שם).

שלוש השאלות המוצגות ביחס לפרה אדומה אינן זהות. הראשונה מתייחסת לשאלת הטעם למצווה הזו, השנייה מתייחסת לחריגותם של אופני הטהרה, והשלישית מתייחסת לפרקטיקה המשונה והמגוחכת. אין אנו יודעים מהי במדויק שאלת התלמידים, השאלה הרביעית. והם לכאורה מחזיקים בשאלה אותה כבר שאל הגוי.

למעט הגוי, כולם מקבלים תשובה די דומה: "גזירה גזרתי". הגוי הוא היחיד שזוכה לתשובה שונה שנועדה לסבר את אוזנו ולהמחיש לו את ההיגיון באמצעות מה שהוא מכיר מחייו. באמצעות הדמויות מוצגים מניעים שונים לכפירה: האחת היא הרציונליות (אין טעם למצווה). השנייה: שבירה ומשבר, זיהוי של חוסר עקביות וקפריזיות של הדת (חריגות הטהרה). השלישית היא אי־הנורמליות של הדת, התביעה שלה לבטל את נקודת המבט הביקורתית, המייצרת הגחכה. כמובן שהמניעים הללו אינם נקודתיים ויכולים למצוא את ביטויים לאו דווקא בהיתקלות בפרה אדומה.

לשאלת אי־הרציונליות וחוסר הטעם המוצגת מנקודת המבט האוניברסלית (אומות העולם) התשובה היא גזרה היא אבל נוסף עליה: "ואין לך רשות להרהר אחריה". יש מקומות שבהם יש לגדור את השכלתנות. שאין בהם רשות להרהר והם ניתנו כדי להינתן.

לשאלת ה"שבירה" המוצגת בפי משה רבנו (מייצג התורה עצמה) התשובה היא "גזירה היא" אך נוסף עליה: "ואין ברייה יכולה לעמוד עליה". ברגעי שבר, שבהם מתגלה תמונה שונה של הא־לוהות, כשמשהו משתבש בתמונה, אנו נאלצים להרים ידיים ולדעת שאנו מוגבלים וכנבראים בני חלוף לא נוכל לעולם להבין את המהלך השלם.

לשאלת אי־הנורמליות שתי תשובות. תשובה אחת היא זו שמקבלים התלמידים "גזירה גזרתי". אבל נוסף עליה "חייכם, לא המת מטמא ולא המים מטהרים". "אי אתה רשאי לעבור על גזירתי". את המבוכה שבמנהגים הדתיים כפי שהם מצטיירים מבחוץ פותרת תחושת המחויבות שבתחילת

הדרך. גם טומאה איננה אלא הגדרה. בה במידה גם טהרה היא הגדרה. איננו מתיימרים להצטרף למעגל הנורמליות אלא למעגל המחויבות והכפיפות לגורם עליון, חיצוני ואחר.

התשובה השנייה היא התשובה שמקבל הגוי. בקריאה לינארית של המדרש אנו רגילים להתעלם ממנה. כי התשובה האמיתית נמצאת בתשובה שניתנת לתלמידים כביכול. הם סבורים שזו תשובה של דחייה בקנה. אולם קריאה מתבוננת המגלה שאין תשובה אחת, אלא התמודדויות שונות, מזהה כאן תשובה מזן חדש ואחר. תשובה העומדת כשלעצמה. העולם איננו רק 'נורמלי'. יש דרכי הסתכלות שונות על העולם. אנשים שמנענעים לולב נראים מגוחכים, כמו אנשים שמטפלים באפר פרה אדומה. אבל הם נראים מגוחכים רק אם אתה מודד את העולם דרך המשקפיים של העולם היווני, דרך המשקפיים של הלמדנות והתחכום. אם מבינים שיש כמה רבדי קיום שנסתרים דווקא מעיניהם של מי שרגילים לפתור בעיות באמצעות דרשנות וסברה, מבינים מהי פרה אדומה.

"זאת חקת התורה" וגו' כך פתח ר' תנחומא בר אבא, "מתהלך בתומו צדיק" (משלי כ', ז) (פסיקתא רבתי יד, פרה).

"וכי נחש ממית?!"

ישנן נשים עשירות כל כך שאת היהלומים היקרים שלהן אינן יכולות לענוד, מפני הסכנה שבאבדתם או גנבתם. לקושי נמצא פתרון: היהלום נשלח לצורף שתפקידו לייצר יהלום זהה בתכלית ליהלום האמיתי. מעתה תענוד האישה את עותק היהלום, המזויף, שדומה ליהלום השמור בכספת.

למי שאינו מורגל בצרות של עשירים, הסיפור הזה נשמע מופרך. אם בסופו של דבר האישה אינה נהנית מן היהלום המקורי שבכספת, מדוע לרכוש אותו? מדוע לא להסתפק בזיוף שלו היפה כשלעצמו? התשובה מורכבת, והיא קשורה לכך שיש ביהלום דבר מה שהוא מעבר לאסתטיקה ולהתקשטות. בזכות התכשיט האישה זוכרת בכל עת את מעמדה ואת רוב עושרה השמור לה.

איש אינו חף מן ההיתלות בסמלים והעמדתם במרכז. אדם שמח לראות את חשבון הבנק שלו גדוש במספרים בעלי כמה אפסים גם אם אין לו מטיל זהב למשש בידו. גם לו היה לו מטיל כזה, הוא היה מתקשה לשמוח במטיל

זהב, כשם שהוא שמח ביכולת הכלכלית שהוא מעניק לו. משמעותו של המטיל אינה בהכרח ממשותו אלא במה שהוא מייצג.

הנטייה להתרכז במסמל ולא במסומל, היא נטייה אנושית. לעיתים מתקשים אנשים לגשת אל הדבר עצמו. הממשות מורכבת מידי. מטיל זהב הוא גם אוצר כלכלי הוא גם אוצר טבע, הוא גם תרכובת כימית, הוא גם חומר וכדומה. אילו מנקודות המבט אדם אמור לאמץ כשהוא רואה את המטיל? מהו היחס שעליו לגבש כלפיו. סימון רוחני של היסודות הטמונים בחפץ מסוים, מאפשר לנטרל היבטים שונים שלו ולמקד את האדם במשמעות ה"נכונה" או המתאימה של הדבר הממשי. במטען הרוחני שלו. הקושי לתפוס דבר מה כשהוא לעצמו, מוצא פתרון בהסתייעות בכלים מתווכים, בסימנים וסמלים.

הפרשה מספרת לנו על תקיפת הנחשים את עם ישראל במדבר (במדבר כ"א, ו). תפילתו של משה על הנשוכים במגיפה הגדולה נענית, והקב"ה מצווה את משה: "עֲשֵׂה לְךָ שָׂרָף וְשִׂים אֹתוֹ עַל נֵס וְהָיָה כָּל הַנָּשׁוּךְ וְרָאָה אֹתוֹ וָחָי" (שם, ח). משה נענה לצו, בהכינו נחש עשוי נחושת אשר כל המביט בו נרפא מיד. והמשנה תוהה: "וכי נחש ממית או נחש מחיה" (משנה, ראש השנה פ"ג מ"ח).

מה עניינו של נחש הנחושת ומה כוחו לרפא את המגפה?

הנחשים נשלחו לנגוף בעם על ידי הקב"ה. אבל נחשים הם מכת טבע מדברית ותופעת טבע נפוצה. נחש נחושת מלאכותי, אינו תחליף למציאות, הוא רק סימול והעצמה שלה, ניסיון לחקוק את פשרה. נחש הנחושת הוא תזכורת לכך שיש לראות בנחש הממשי שליח משמיים. להבין שהוא ייצוג לכך שחיינו תלויים לנו מנגד, שהם אינם מובטחים לנו, וכי אנו נתונים על גשר צר כל חיינו, לולא ה' שהיה לנו. "אלא בזמן שישראל מסתכלים כלפי מעלה ומשעבדים את ליבם לאביהם שבשמיים היו מתרפאים". נחש הנחושת אין בו כל ממש, אולם הוא מהווה תזכורת מרשימה ומוצלחת למביטים בו על נוכחות ה' בעולם. הוא מסייע בידינו לקרוא לנחשים הממשיים בשמם.

לשון ה'הבטה' שנקטה התורה ביחס למסתכלים בנחש הנחושת, היא לשון טעונה: "וְהָיָה אִם נָשַׁךְ הַנָּחָשׁ אֶת אִישׁ **וְהִבִּיט** אֶל נְחַשׁ הַנְּחֹשֶׁת וָחָי" (שם, ט). לשון זו אכן רומזת שהמתכוון להצלה איננו עצם הנוכחות של הנחש, אלא היכולת להבין באמצעותו את סודו של העולם (הכתב והקבלה, שם; גור אריה, בראשית ט"ו).

נחש הנחושת מסייע בידינו להבין שהעולם הפיזי הוא סמל בעצמו, ייצוג של אידיאה רוחנית, וכי משמעות העולם היא מעבר למה שניתן לראות או לקלוט בראייה חופשית. המרת הנחשים החיים בנחש נחושת היא המרה של ממשות רבת פנים, בסמל.

אבל המרה זו יש בה גם סיכון, היא עלולה לגרום להחלפת עיקר בטפל. חז"ל מספרים כי חזקיהו המלך כיתת את נחש הנחושת. וכי חכמים הודו לו. הסיבה לכך שהיה צורך לכתות את הנחש הייתה טעותם של בני ישראל שהחלו לסגוד לסגולות הריפוי של הנחש. וכמו שמופיע בירושלמי: "וכי עבודה זרה היא? והלא משה עשאו, אלא מלמד שהיו ישראל תועין אחריו עד שבא חזקיה והעבירו" (ירושלמי, עבודה זרה פ"ג ה"ג).

הבריחה אל הייצוג והסמל, היא בריחה אל הרעיון והאידאה בטהרתה, מקום שבו הכול מושלם. אך זוהי עבודה זרה. החזרה אל המציאות קשה יותר, אבל בה האתגר האמיתי.

ההספד החסר

אחד מהרגעים הגדולים בפרשה שלנו הוא פרשת מות אהרן. התורה מספרת שמותו של אהרן במדבר הוא חלק מן הגמול על מעשה מי מריבה. ומשה מצטווה לעלות עם אהרן להר ההר ושם להעביר את השרביט לאלעזר. תוך ידיעה שזוהי דרכו האחרונה. משה מציית לציווי וכך מסופר:

> וַיַּפְשֵׁט מֹשֶׁה אֶת אַהֲרֹן אֶת בְּגָדָיו וַיַּלְבֵּשׁ אֹתָם אֶת אֶלְעָזָר בְּנוֹ וַיָּמָת אַהֲרֹן שָׁם בְּרֹאשׁ הָהָר... (במדבר כ', כח)

לאחר פטירתו של אהרן יורדים רק משה ואלעזר מן ההר. היעדרו של אהרן מבהיר שהוא לא ישוב. התגובה לבשורה המרה אודות אהרן רשומה על פני פסוק אחד:

> וַיֵּרֶד מֹשֶׁה וְאֶלְעָזָר מִן הָהָר:
> וַיִּרְאוּ כָּל הָעֵדָה כִּי גָוַע אַהֲרֹן
> וַיִּבְכּוּ אֶת אַהֲרֹן שְׁלֹשִׁים יוֹם כֹּל בֵּית יִשְׂרָאֵל (שם, כח-כט).

בתנ"ך יש לא מעט הספדים. לא תמיד אנחנו יודעים את תוכנם. אחרי פטירת שרה כתוב שאברהם בא "לִסְפֹּד לְשָׂרָה וְלִבְכֹּתָהּ" (בראשית כ"ג, ב). על יעקב אבינו נאמר "וַיִּסְפְּדוּ שָׁם מִסְפֵּד גָּדוֹל" (שם נ', י) על שמואל נאמר לאחר מותו "וַיִּסְפְּדוּ לוֹ כָּל יִשְׂרָאֵל" (שמואל א' כ"ח, ג). בכל אלה לא נאמר תוכנו של ההספד.

כנגדם, ישנם הספדים מפורטים יותר, למשל הספדו של דוד על בנו אבשלום, הכולל משפט אחד: "בְּנִי אַבְשָׁלוֹם בְּנִי בְנִי אַבְשָׁלוֹם מִי יִתֵּן מוּתִי אֲנִי תַחְתֶּיךָ אַבְשָׁלוֹם בְּנִי בְנִי" (שמואל ב' י"ט, א) ובדומה גם בכיו של אלישע אחר אליהו: "אָבִי אָבִי רֶכֶב יִשְׂרָאֵל וּפָרָשָׁיו" (מלכים ב' ב', יב). קינת דוד על יונתן מפותחת יותר ומכילה פירוט רב יותר על יונתן, על הקשר שלו עם דוד: "אָחִי יְהוֹנָתָן... נִפְלְאַתָה אַהֲבָתְךָ לִי מֵאַהֲבַת נָשִׁים" (שמואל ב' א', כו), הקינה מכילה גם היבטים לאומיים של מוות אבל עוסקת גם בטיבם של יהונתן ושל שאול: "אֵיךְ נָפְלוּ גִבּוֹרִים" (שם, יט), "קֶשֶׁת יְהוֹנָתָן לֹא נָשׂוֹג אָחוֹר" (שם, כב), "מִנְּשָׁרִים קַלּוּ מֵאֲרָיוֹת גָּבֵרוּ" (שם, כג).

במות אהרן התורה אינה מזכירה הספד כלל אלא רק בכי מתמשך של שלושים יום. המדרשים מנסים למלא את החלל. יש מהם ששמים מילים בפי עם ישראל הבוכה. ולברר על מה בכו? המדרשים מציעים שחסרונו של אהרן היה מורגש מפני שאהרן היה רודף שלום. ובשל כך היה אהוב במיוחד על כל חלקי העם ואף שהפופולריות שלו עלתה בשל כך על זו של משה. חלק מן המדרשים מציינים שתגובת ישראל המיידית הייתה תגובה של חוסר אמון והכחשה. בני ישראל לא האמינו שייתכן שאהרן מת. בעיניהם אהרן הוא הסמל למי שידע לגבור על מלאך המוות, שהרי אהרן הוא זה שעצר את המגפה בעם כשהוא עומד בין החיים ובין המתים.

תרגום יונתן הביא מעין הספד "כתוב" של משה על אחיו אהרן, ההספד שהצליח התרגום "לשמוע" בשתיקת הפסוקים:

> וכיון דנח נפשיה דאהרן אסתלקו עננא יקרא בחד לירחא דאב [=וכיון שמת אהרן נסתלקו ענני הכבוד באחד באב]
>
> וְחָמוֹן כָּל כְּנִשְׁתָּא דְאָתָא מֹשֶׁה נָחִית מִן טַוְורָא מָנוֹי בְּזִיעִין [=וראו כל ישראל שירד משה מן ההר]
>
> וַהֲוָה בָּכֵי וַאֲמַר **וַי לִי עֲלָךְ אַהֲרֹן אָחִי עַמּוּד צְלוֹתְהוֹן דְּיִשְׂרָאֵל** [=ומשה בוכה ואומר "וי לי עליך אהרן אחי, עמוד התפילה של ישראל"]

אוּף הִינוּן בָּכוֹן יַת אַהֲרֹן תְּלָתִין יוֹמִין גוּבְרַיָא וּנְשַׁיָא דְיִשְׂרָאֵל [=גם הם בכו אחר אהרן, הגברים והנשים, ל׳ יום] (תרגום יונתן לבמדבר כ׳, כט).

המדרשים ותרגום יונתן בכללם ביקשו לתאר מה חשו בני ישראל, או להוסיף מה ודאי אמרו בהספדם על אהרן. בזה ביקשו למלא את החיסרון הגדול שבשקט בפסוקים ובעזרתו לנסח מה היה אהרן בשביל עם ישראל ומה איבדו במותו. על ידי הכנסת המסרים הללו, כתבו המדרשים את ההספד החסר מן הספר. חשיבות כתיבת הספד היא בצורך האנושי להסביר בתמצית מה היה עניינו של האדם. תיאור דמותו של אדם יכול להתנסח בדרך כלל רק לאחר מותו. בחייו יש אוסף מפגשים, אוסף של פרטים והיכרות אינטימית שלא מאפשרת לפעמים את המבט מבחוץ שמחייבת כתיבת הספד. מכאן שאוסף הפרטים וההיכרות האינטימית עם אהרון לאורך פרקים ארוכים אינו מספיק. חסרה בתורה השורה התחתונה, איזה ייחוד שניתן לציין במילים פשוטות. אך התורה נמנעה מכך.

הפער בין המדרשים ובין הכתוב כאן משמיע לנו את הקושי האדיר לנסח במילים מהו אדם, או מי הוא אדם מסוים.

יש הארות גבוהות שאי אפשר להעביר דרך תורות, דרך דיבור ישיר ומובנה.
יש שלב בו האדם לא יכול יותר לדבר, ואז הוא עולה מהדיבור לניגון.
אחר כך ישנו שלב בו גם הניגון אינו מספיק, והוא הופך לצליל יחיד,
ואף לקול דממה דקה.
זהו המקום בו האדם עצמו הופך לצליל שאינו נשמע, ללא כלום
אבל זוהי עדין הבעה.
ואף ההבעה העמוקה ביותר.
מה שנקלט בה מהאדם הוא הלא כלום שבו
המקום שאינך יכול לומר עליו דבר (הרב יאיר דרייפוס, נגיעות בשפת הלב, עמ׳ 212).

הרב דרייפוס מתאר את הפער בין תורתו של אדם לבין ספריו ולבין קיבועה של תורתו לתוך מילים. אבל הדברים נכונים גם לגבי עצם עצמו של האדם. ההיכרות עם אדם היא היכרות עם מכלול ובהיכרות הזו יש הכרה ברבדים

רבים של אישיותו. היכרות שמצמיחה הבנת הלב שהיא הרבה מעבר למה שניתן לנסח במילים שקיימות בשפה שלנו. כל ניסיון לניסוח הוא קיבוע לתוך מסגרת של מילים קונקרטיות ואובדן של השתמעויות רוחניות רחבות הבאות לביטוי מעצם החיות של המציאות. ההוראה בדברי ישעיהו: "וְהָיוּ עֵינֶיךָ רֹאוֹת אֶת מוֹרֶיךָ" (ל', כ) מלמדת שלא די לקרוא מכתביו של אדם או לקרוא עליו. המפגש הבלתי אמצעי עם החידוש והיחידאיות שכל אדם באשר הוא מביא אתו לעולם אין לו תחליף. הבכייה הממושכת של עם ישראל מעידה יותר מכול על גודל עוצם אישיותו שלא ניתן להמיר ולתרגם למילים קצרות.

פרשת בלק

קללות וברכות, אפילו בהסתרה

ברכת ה׳ שורה בעולם מאז היבראו. המדרש מתאר את תולדות השתלשלות הברכות בעולם. המברך הראשון בעולם הוא בוראו, שבירך את האדם. עם חטאי דור המבול התבטלה אותה ברכה והקב״ה חידש אותה בברכתו לנח, וכשהגיע אברהם, הקב״ה הוסיף לו ברכה. מכאן ואילך מועברת ברכת ה׳ באמצעות המתברכים.

בדורות הראשונים הברכות הן אישיות ומעוררות מדנים ומחלוקת. אדם מברך את יפת אך מקלל את כנען. יצחק מברך את יעקב אך עשיו חש עשוק. יעקב מברך את ראובן אך מוכיח את שמעון ולוי ויוצר באמצעות הברכות חיץ וקנאה בין הבנים. יעקב היה גם הראשון לחוש שיש צורך לברך את עם ישראל כולו גם יחד. ולכן הוא מוסיף ברכה לכל שבטי בני ישראל. בהמשך, מתווספות על ברכותיו של יעקב עוד שתי ברכות לכלל ישראל: האחת של בלעם והאחת של משה הנזכרת בפרשת וזאת הברכה.

המדרש בדברים רבה (וזאת הברכה) מונה את ברכתו של בלעם בשורה אחת עם ברכותיו של הקב״ה המועברות מדור לדור, ועם ברכות יצחק ויעקב ומשה. זו נקודת המבט היהודית: התברכנו, עובדה.

ר״י אבן שועיב (ספרד, המאה הארבע־עשרה) בדרשותיו מתאר את נקודת מבטו של בלעם בעזרת משל:

משל לאיש שנכנס לבית בעל הבית שהייתה לו פרה שמנה, כדי לגנבה ולשחוט אותה. כיון שנכנס לאבוס והיה רוצה לשוחטה, בא בעל הבית, כיון שראה אותו [הגנב] התחיל לקרצפה וליפותה, כך כוונתי הייתה לקללה, ואני רואה צורם עמם, אני אברכם (דרשות ר"י אבן שועיב, בלק).

לפי המשל, המפגש המפתיע עם בעל הבית מאלץ את הגנב להעמיד פני מי שבא לעשות מלאכתו ברפת. מתוך כך, הוא מתגייס לפעולות טיפוחה של הפרה. בלעם מחפש את הרגע שבו הקב"ה מסתיר את פניו מבני ישראל ו"לכוון את השעה" כדי לעשות מחטף. אולם בכל פעם התברר לו שהקב"ה נמצא שם, עמם, בעל הרפת לא הולך לשום מקום, ולכן פעולות ה"טיפוח" ממשיכות. כשבלעם פותח את פיו הוא נאלץ לברך במקום לקלל.

גם הגמרא בסנהדרין (קה ע"ב) מתחקה אחרי מחשבתו של בלעם. לפיה, לא די בכך שהקללות נתהפכו לברכות מתוך אילוץ, מפאת כורח הופעת בעל הרפת, אלא שתוכנן משקף את המחשבה הראשונה, את מחשבת הקללה. כשבלעם מברך את בתי הכנסיות ובתי המדרשות ניתן ללמוד שבכוונתו היה לעקור את בתי הכנסיות ובתי המדרשות מן השורש בקללתו, שייחל לסילוק השכינה מעם ישראל ושסגולתם תיעלם.

הפער שבין המדרש בדברים רבה לבין דרשות אבן שועיב יכול להתפרש כתיאור אותו העניין משתי פרספקטיבות מובחנות: ההיסטורית־תוצאתית, שלפיה מה שבלעם עשה הוא השפעת טוב וברכה, לעומת מבחן המעשה עצמו: בלעם לא השפיע ברכה, הוא חילץ מעצמו מלמול של מילות ברכה. חילץ את עצמו בעזרת מלמול ברכה.

בפועל, לפנינו שני אופני קריאה של דברי בלעם במקורם. בעוד שהמדרש מציע לקרוא את משלי בלעם כפשוטם, מציע הבבלי ואחריו אבן שועיב, לקרוא את הפרשייה באינטונציה אחרת. כביכול בלעם מסנן מבין שיניו את הברכות במנגינה של קללה, באירוניה ובסרקזם כשכל כוונתו היא לקלל ולא לברך. למעשה, לפנינו פרשיות רוויות קללות אלא שבעינינו הן נחשבות לברכות. כשבלעם אומר: "מַה טֹּבוּ אֹהָלֶיךָ יַעֲקֹב" הוא טוען שבני יעקב משתקעים באהלים ובמשכנות, ספונים בבית המדרש ושוקעים בעולם תיאורטי ועיוני. סגולתם אינה אלא התבדלות, בחירתם היא זמנית ותלויה במעשיהם.

לפירוש זה רומזים דבריו של רבי שמואל בר נחמני בשם רבי יונתן

בגמרא. לדבריו, הדימוי של בלעם את עם ישראל לעץ ארז, הוא דימוי שעניינו קשיות וחוסר גמישות. בשונה מקנה הארז אומנם נראה חזק ועבות, אבל ברוח דרומית איננו עומד (סנהדרין קה ע"ב). עיון מדוקדק בדברי ה"ברכה" של בלעם מגלה שיש בדבריו ביקורת. שנקודת מבטו מאירה זווית שאנו לא מזהים מתוך היותנו שבויים בקונספט. רק בלעם, אדם זר, מן החוץ, מסוגל להציג את תמונת עם ישראל במלואה. רק הוא מזהה את יתרונותיו בד בבד עם חסרונותיו. והוא מזהה שההסתגרות יש בה שגשוג ופריחה רוחנית, אך יש בה גם כשל של חוסר גמישות, של נפילה לדוגמות נוקשות מדי.

זהו צד הקללה והביקורת, אך בו עצמו טמונה גם הברכה. הבשורות הקשות של הימים האחרונים (המאמר נכתב במקורו סמוך להירצחו של מלאכי רוזנפלד הי"ד) צבעו במכחול עדין עד כאב את תמונת מציאות עם ישראל בעולם. תמונה שבה מן הצד האחד עומדים רשעים בני עוולה, אנשים שאינם בוחלים ברצח בדם קר של מי שנקרה בדרכם רק מפני שנולד יהודי, ומן הצד השני עומדים יהודים, מתעקשים ומתפללים ומודים על הטוב ועל הרע, עומדים לפני בורא עולם בהכנעה ומקבלים עליהם את הדין. כי "אפילו בהסתרה... בוודאי שם גם נמצא השם יתברך".

התמונה הזו היא תמונתה של הפרשה שלנו, פרשת בלק. שכירי רשע עומדים לכלותנו בדרכים שונות ומשונות. האקטיביות של הגויים אל מול הפסיביות, כביכול, של אוהלים נטויים, של משפחות יהודיות, של שגרת חיים. בפי בלעם מציגה התורה את התנועה החרישית כפעולה אקטיבית של עם ישראל. התורה נזקקה להעמיד צופה מן החוץ שיצביע על נקודות החוזקה, שקולן ההולך מסוף העולם ועד סופו, איננו נשמע. החוזקה שבעמדה הפשוטה שבחיים היהודיים עצמם. ביכולת להתכנס לבתי כנסיות ובתי מדרשות ובעמידה בצעקה החרישית לפני ה'. ברכנו אבינו.

כלחוך השור

משל הוא דרך ספרותית ייחודית ויכול לתפקד בכמה אופנים. הוא יכול להיות מטאפורה, דימוי, סמל או מיתוס. פרשתנו כולה מלאה בדימויים, משלים ומטאפורות. מואב החושש מבני ישראל שבאו לחנות בערבות מואב יוזם פנייה אל זקני מואב, מסביר להם את החשש מנוכחותם הסמוכה של

בני ישראל – "עַתָּה יְלַחֲכוּ הַקָּהָל אֶת כָּל סְבִיבֹתֵינוּ, כִּלְחֹךְ הַשּׁוֹר, אֵת יֶרֶק הַשָּׂדֶה" (כ"ב, ד) – ומזמין את המדיינים לחבור אליו ולהתמודד עם האיום הרובץ לפתחם.

ההנחה היא שבני ישראל אינם מאיימים על הטריטוריה של מואב, ואינם חפצים לכבשה, אלא האיום נסוב על דברים אחרים. תמונת השור המלחך היא משל, ולמעשה, תמונה מטאפורית שלמה שבה מתואר גורם א' על פי תכונות השייכות לגורם ב'. איך נכון להבינה? מה בדיוק יעשו בני ישראל לסביבותיהם?

דימוי ומטאפורה

על דרך הפשט נדמה שבלק מבקש להזהיר מאיום ישראלי על מקורות המחיה (המצומצמים) של מדיין המדברית. בדרך זו הלך פירוש דעת זקנים מבעלי התוספות, הם ראו בשור דימוי:

> לא היו יראים אלא שלא יהו שוללים ובוזזים את כל סביבותיהם ולהכי נקט לשון לחיכה (דעת זקנים מבעלי התוספות, פסוק ד).

לפי פירוש זה, שמקורו במדרש אגדה בובר, הדימוי של לחיכת השור מדויק ביותר. כיוון שעם ישראל אינו מאיים על המואבים ולא יוצא נגדם למלחמה. אבל הוא מתכוון לנצל את השכנות איתם כך שיהיה ניזון מכל מה שיותירו הם בטעות בקרבתו. בדומה לתחושה שמסתובבים עכברים בבית (דימוי שלימים שימש את התעמולה הנאצית). הם לא מהווים איום על החיים ואפילו לא על הרכוש. אבל התחושה היא שאין לדעת היכן הוא יכרסם בפעם הבאה. ויכולת ההתגוננות מפניו היא בעיקר בבעתה ובקפיצה על הכיסא. זו התחושה שחשים המואבים אל מול בני ישראל שאינם מאיימים עליהם, אבל יוצרים תחושת אי בטחון וחוסר נוחות ואיום מתמיד על הסביבה החקלאית שלהם.

המדרש, בדרכו, מרחיב את הדימוי לכלל מטאפורה ומוסיף על האיום הזה כהנה וכהנה:

> מה שור כחו בפיו אף אלו כחן בפיהן, מה שור כל מה שמלחך אין בו סימן ברכה אף אלו כל אומה שנוגעים אין בהם סימן ברכה, מה שור מנגח בקרניו אף אלו מנגחין בתפלתן (במדבר רבה, כ).

המדרש משתמש בשור במובנו הרחב ומתאר מספר תכונות שלו: כוחו בפיו, ליחוך מכלה, וניגוח קרנים. כל אלו מקבילים לתכונות הקיימות בעם ישראל. היתרון של השימוש בשור הוא שניתן באמצעות המוחש הזה לטפל בהיבטים רוחניים הקיימים בעם ישראל. השור הרוחני הזה פועל בכוח, עליונותו אינה מאפשרת התגוננות, והוא מאיים על כל סביבותיו גם אם אינו תוקף אותם ישירות אלא פשוט ניזון מפרי עמלם. הוא מותיר אחריו אדמה חרוכה.

הסמל והמיתוס: "שור"

בספר הזוהר מסמל השור האוכל, את הגאולה. סמלי גאולה מבוססים פעמים רבות על אכילה. "וְהָיָה בֵית יַעֲקֹב אֵשׁ וּבֵית יוֹסֵף לֶהָבָה וּבֵית עֵשָׂו לְקַשׁ וְדָלְקוּ בָהֶם וַאֲכָלוּם". וכך גם מסביר בעל הטורים: "שמדבר בעניין הגאולה". בנוסף, יוסף נמשל לשור, ויוסף הוא אחד מסמלי הגאולה. ההתייחסות כאן אינה לתכונה מסוימת או לשור כמטאפורה, אלא לסמל המוסכם של אכילה ושל כיליון ובמקביל גם לדימוי של השור כיוסף. וכך שולח אותנו מואב לאזור זמן אחר לגמרי. ולמחשבה על התגברות עם ישראל בעולם והשפעת הגאולה על העמים סביב.

בפירושו של ר' צבי אלימלך שפירא מדינוב, תלמיד החוזה מלובלין (אגרא דכלא, בלק) ניתן למצוא כיוון מעניין. הוא מנתח את התמונה שמתאר מואב ומבאר שהשור אינו מתכוון לפגוע באיש. הוא אינו מודע לנזק הסביבתי שהוא גורם, הוא פשוט אוכל ומלחך עשב. הוא גם אוכל על מנת לשבוע ואינו משחית לחינם (אגרא דכלא, בלק). זהו הסיפור המכונן של עם ישראל. עם ישראל בעצם קיומו בעולם, בעצם חיותו משפיע על העולם ואינו מותיר אפשרות אחרת. הוא מחלחל בעולם רעיונות של אמונה בא־ל אחד, מחדד את משמעות הקדושה, ואת המוסר הא־לוהי. עצם קיומו הוא קיום מכלה, הוא מסלק את הטומאה ואת הרוע. כך עם ישראל מהווה איום קיומי על כל סביבתו גם מבלי שהוא פועל באופן אקטיבי אלא בעצם נוכחותו.

ייחוס ארבעה סוגי סגנונות ספרותיים לאותם פסוקים שופך אור גם על המקורות השונים להתעצמות שנאת ישראל לאורך הדורות, למלחמת השוורים העקובה מדם. מתיאור בדרך משל ועד ליצירת מיתוס מאיים. דרך מטאפורת השור הנוגח בתפילתו שכוחו בפיו, בניגוד לשאר העמים שחיים בכוח הזרוע. כל אלה מתארים היטב את שנאת השונה, את האיום הכלכלי והחברתי שהוא יוצר, והמחשבה שלפיה הוא תמיד ייחשב לעלוקה

ולפרזיט, חי על חשבון אחרים. המיתוס והסמל מציגים את האיום הפחות מוחש. השאיפה לגאולת ישראל שתכרית את הרוע התרבותי של הסביבה הגויית ואת השנאה על הרקע הדתי והתרבותי.

אל מול השנאה הלובשת ופושטת צורה אנו עומדים לפני ריבונו של העולם ומבקשים בכל דור ודור להפוך את הקללה לברכה.

האתון האנושית

במסכת סנהדרין, בסוגיה העוסקת באיסור כישוף, מתוארות טכניקות שונות של כישוף וההלכה מבחינה ביניהן על פי מידת חומרתן.

יש העושה 'מעשה' של כישוף שהוא החמור מכול, יש מי שעושה מעשה של אחיזת עיניים שהוא אומנם מעשה אסור, אך מי שעשה כן פטור מעונש. ויש גם מעשי כישוף מותרים, המתוארים שם בגמרא. וכך מסופר על ר' חנינא ור' אושעיא שהיו מעיינים בספר יצירה כל ערב שבת, ומתוך כך, לפי הסיפור, נברא להם עגל משולש והיו אוכלים אותו. על פי הפירוש הם היו לומדים על האותיות שבהן נברא העולם, והעגל היה נברא מאליו. לפי הפרשנים העיסוק הזה מותר לכתחילה מפני שאינו "מעמיד תחרות" לקב"ה אלא בורא דברים מכוחו שלו. מכאן הגמרא גולשת לסיפורים על כשפים ומכשפות. נעיין בשניים מהם, הקשורים לפרשתנו.

הסיפור האחד הוא על אודות זעירי, אחד האמוראים, שנקלע לאלכסנדריה שבמצרים וקנה לעצמו חמור. משבא להשקות את החמור במים, התמוסס החמור והתפוגג. זעירי הלך ותבע מן המוכרים שיפצו אותו על שמכרו לו חמור שאין בו ממש. המוכרים השיבו לו את כספו למרות שטענו כנגדו כי התרשל בבדיקת המקח, שכן אין במדינה הזו מי שקונה חמור בלי לנסות לבדוק אותו בעזרת מים ולוודא שהוא אכן אמיתי...

הסיפור השני הוא על ינאי שהתארח בביתה של אישה אחת וביקש ממנה מים לשתות. היא הגישה לו מים, אך למזלו זיהה ינאי ששפתיה לוחשות, זרק מעט מן המים ארצה לבדוק את טיבם, ואכן הם הפכו לעקרבים. הבין ינאי שהאישה רצתה להרעילו ועשה עצמו שותה. משסיים, ביקש מן האישה לשתות בתמורה מים שהוא ישקה אותה. האישה שתתה מן המים שהוטל בהם כישוף, הפכה לחמור וינאי רכב עליה בשוק. ינאי השתעשע כך עד שחברתה של המכשפה זיהתה במי המדובר ושפכה על החמור מים.

כמובן שהחמור "נמס" ונגלתה המכשפה. הדבר הביא במבוכה את ינאי שנמצא רוכב על אישה בשוק (סנהדרין סז ע"ב).

אם נתנתק לרגע מן ההקשר של הסיפורים בסוגיה, אנו מוצאים שהחמור הוא דמות הפכפכה. לעיתים מדובר באדם שהוא חמור, ולעיתים בחמור שהוא אדם. דמות חמור שהיא למעשה חיזיון תעתועים. אך לא רק החמור מככב כבעל פוטנציאל לתרמית כזו. מטמורפוזות ושינויי צורה מוכרים לנו מן הספרות לגווניה, במיוחד בסיפורי המיתולוגיה. יופיטר הופך את ליקואן לזאב, וכך התגלגלה לקולנוע, לפולקלור ולספרות דמותו של 'אדם זאב', כך גם "הנסיך הצפרדע" של האחים גרים, "היפה והחיה" ועוד.

פחות מוכרים הם סיפורי המטמורפוזות המופיעים בספרות חסידי אשכנז. אחד מן הסיפורים המופיעים בפירוש ר' יהודה החסיד (מכתב יד, על פי ספרו של רוטמן להלן) הוא סיפור לפרשתנו, פרשת בלק. בסיפור מסופר על בנות ישראל שמכשף אחד חשק בהן, הפך אותן לאתונות והכניס אותן לביתו, שם החזיר אותן לצורתן המקורית ובא עליהן. והקשר המיוחד שבין ההיפוך לחמור שואב כנראה השראה מן הסיפור התלמודי על ינאי (ראו: ד' רוטמן, דרקונים, שדים ומחוזות קוסמיים, עמ' 138-139, הערת שוליים 4 שם).

בפרשה שלנו אנו פוגשים את האתון שהיא אתון אמיתית, אך במהלך הפרשה היא הופכת ל"נביאה" הכלואה בתוך בהמה. האתון מסוגלת לדבר, לראות את המלאך, ולהוכיח את בלעם על דרכו הנלוזה ועל חוסר הכרת הטוב ולפי חז"ל גם על העובדה שאדוניה השתמש בה כאישה למימוש צרכיו אלו:

> מעודך עד היום הזה,
> ולא עוד אלא שאני עושה לך מעשה אישות בלילה,
> כתיב הכא "ההסכן הסכנתי",
> וכתיב התם "ותהי לו סוכנת" (סנהדרין קה ע"ב).

בספרה מטמורפוזה וזהות עסקה החוקרת ביינום בהופעת הדמויות המתהפכות הללו בספרות. בעיקר בתופעת ה'אדם זאב'. לטענתה השימוש בשינויי צורה אלה הוא אחיד. לדבריה, אין כאן מישהו שהוא פעם אדם ופעם זאב או שהוא גם אדם וגם זאב, אלא שמדובר בשינויי צורה בלבד שאינם משנים דבר במהות. האדם נשאר אדם גם אם הוא לכוד בגוף אחר. שינויי הצורה חושפים

את המגבלות של הקטגוריות החברתיות והמעמדיות. באמצעות המטמורפוזות מתגלות הקטגוריות הללו כמבוססות על מראה העיניים, וכמתעתעות. בין השיטין יש כאן טענה שהאדם לא יכול להשתנות. הוא יכול רק לשנות את צורתו החיצונית, הוא יכול לטשטש את מוצאו, הוא יכול לשנות את לבושו ואת הנהגותיו אבל הוא תמיד יישאר מי שהיה (ראו רוטמן, שם). היהפוך כושי עורו ונמר חברבורותיו? בהתאמה הטענה היא שאנשים לא משתנים.

בעיניי, סיפור אתונו של בלעם שונה. בפרשתנו האתון אינה משנה צורה, אלא מהות. לכתחילה, צורתה החיצונית פשוט מטעה, שכן בפנימיותה היא אוצר של כנות, יושר, בינה ומוסר. ומשמתברר שכך הוא, מתברר שהתורה טוענת כאן להפך, שהשינוי אפשרי! שאתון כשלעצמה עשויה להיות יצור 'אנושי' גם בלי שיש לכך ביטוי חיצוני, ושהאנושי, כמו בלעם – תמונת המראה שלה, יכול לנהוג כחמור. השינוי אינו מצוי במעטפת החיצונית של האדם, אלא למרות הגוף, למרות ה'לבושים'.

פרשת פינחס

משפחולוגיה

מניינו של העם העומד בלב הפרשה אינו נותר ברובד הטכני־כמותי. המניין חושף נקודת מבט על ההתרחשויות הבין שבטיות והבין משפחתיות שמתחת לפני השטח. הוא מספר לנו סיפור שיש לו גם מנגינה וצליל מוכרים, בדומה להתבוננות בתמונה משפחתית: בני אליאב מתו (כ״ו, ט) ובני קורח לא מתו (שם, יא). ער ואונן מתו בארץ כנען (שם, יט) כל אלה מלווים בסיפור המעורר את הקורא להשוואה: מי הצליח בחינוך ילדיו ומי פחות, מה קרה למשפחות השונות ומדוע. ישנה גם דודה זקנה בשם סרח בת אשר שהיא עוד בחיים (שם, מו). הדודה מדור הנפילים שיודעת לספר על החיים בארץ ישראל שלפני הירידה למצרים.

המדרש והפרשנים תרמו עוד פרטים עסיסיים לתמונה, חלקם בולטים על רקע מה שלא סופר. המדרש מספר שלשמעון היו שישה בנים (על פי בראשית מ״ו, י) אולם כאן נמנו רק חמישה, ונעדר הבן אוהד (כ״ו, יב–יג). המדרש משלים את הפרטים החסרים: ״יש אומרים שבמצרים חסרו בשלושת ימי אפילה לפי שהיו רשעים״ (מדרש אגדה, פנחס כ״ו). גם לבנימין היו עשרה בנים, אולם בפרשתנו מופיעים רק חמישה מהם. מן המפקד נפקדים: בכר, גרא, נעמן, ראש וארד. מן המדרש עולה אפשרות נוספת להסבר היעלמותם. בנים אלה חזרו לאחור שמונה מסעות, מפני שלא האמינו במשה ונהרגו בידי בני שבט לוי:

וכן חסרו גם משאר השבטים, ויש אומרים בעת שמת אהרן חזרו ישראל לאחוריהם שמונה מסעות, שנטלו עצה לחזור למצרים ורדפו אחריהם שבט לוי והרגו מהם שבעה בתי אבות.

'פוליטיקה' נוספת היא את מי מונים בתוך המשפחה. הפרשה מונה לא רק את בני יהודה פרץ, שלה וזרח אלא גם את בני פרץ: חצרון וחמול. בשבטו של שמעון לעומת זאת, נמנו רק בניו של שמעון ולא נכדיו. המדרש מסביר שהמניין כולל רק משפחות של בנים שנולדות בארץ כנען ומחשיב אותם לבתי אב. אבל אלה שנולדו לאחר מכן לא נחשבו לבתי אב. לכלל הזה יש כמה יוצאי דופן ביניהם מנשה ואפרים שנולדו במצרים, וגם צלפחד שהובא לפרשייה רק מפני הסיפור המיוחד של ירושת בנותיו. אי אפשר שלא לספור אותו, משפחתו הביאה כבוד לשבט. במשפחת בנימין נמנים הנכדים בני בלע (ארד ונעמן) אף על פי שלא נולדו בארץ כנען, בסוד מגלה לנו המדרש שאומנם הם לא נולדו בכנען, אבל האם הייתה בהיריון בזמן הירידה למצרים וילדה בסופו של דבר תאומים ושניהם זכו להיחשב לבתי אב.

על דרך הדרשה ניתן ללמוד גם משמות הצאצאים על האנשים ועל דרכם: משפחת השלוני רומזת בשמה על כך שכולם רוצים להשתייך אליה ולומר 'שלו אני' (צרור המור), משפחת הפרצי רומזת על כי מדובר במשפחת פריצים, בני אצולה (שבת לב ע"ב; סנהדרין כ ע"ב) ועוד כהנה וכהנה. אפשר להמשיך ולדפדף באלבום התמונות שנפרס בפנינו ולנתח כל פרט ומשמעותו. ואפשר להרים לרגע את הראש ולשמוע סיפור של עם. כמה אבדו בדרך, חטאו, סרחו ומתו במגפות ובגזרות קשות וכמה התרבו וגדלו. מי הותיר רושם חיובי בעולם והנציח את משפחתו, ומי השאיר אחריו ערמת שרצים ושמועות לא טובות. אלו שחטאם מוזכר בפרהסיה, ואלו שסיפורם מושתק. התמונות מספרות גם שמי שנולד בארץ קשור בקשר הדוק אל לאומיותו, וקשר זה מתרופף מחוץ למקור החיות. הן אומרות, בעצם, שעל מנת לשמר את הזיקה אל העם צריך לזכור היטב את אבות המשפחה ואת המסורת שלפיה חיו והתחיו. לכן נספרים אבות המשפחה שמייצגים את הקישור לארץ. המִפקד מלמד על אלו שקשרו את גורלם בגורל המשפחה והמשיכו במסע אל הארץ ועל אלו שראו עצמם פטורים וברחו מן השותפות והאחריות. קובץ היוחסין שלפנינו נכתב בעדינות וברמיזה. רשימה ערוכה ופורמלית המקפלת בשוליה נוסטלגיה מענגת. המפקד הזה מאכסן בתוכו את אוסף המיתוסים שעליהם גדל עם ישראל ומגלה שמשפחה איננה רק

העמדת צאצאים. היא הקשר והיא מקור חיות ושורש. הוא מגלה שעם איננו אלא אוסף משפחות בעל עבר משותף, ומשמעותה של כל משפחה היא מעבר לעצם קיומה, שייכותה והיותה חלק מעם. עם הוא יותר מעצם קיומו. הוא תרבות שלמה.

כשאנו מנסים להסביר את הרוממות שבגורל ישראל רואים אנו מה דלים הם תשמישי הביטוי שלנו. אפילו מה שעינינו ראו ולא זר הוא מעבר לכוחות ההבעה. חיינו הם בבחינת עלילה בת הרבה מערכות אשר כביכול א-לוקים בעצמו צופה בה ושומע (אברהם יהושע השל, אלוקים מבקש את האדם, עמ 84).

השניים הנותרים

פרשת פנחס יש לה כבר ריח של כניסה לארץ ישראל. מניין השבטים כבר נעשה באווירת "לָאֵלֶּה תֵּחָלֵק הָאָרֶץ בְּנַחֲלָה" (כ"ו, נג). בסופה של הפרשה נזכרת גם פרשת בנות צלפחד הקובלות על קיפוח נחלת אביהן בהסדר חלוקת הנחלות שנקבע. גם ההודעה למשה על קיצו הקרב והעברת השרביט ליהושע הם חלק מן ההכנה הזו של עם ישראל לכניסה ארצה.

בתוך חגיגת ההכנות הזו, נזכר היחס בין הנפקדים בפרשה ובין יוצאי מצרים כך:

אֵלֶּה פְּקוּדֵי מֹשֶׁה... בְּעַרְבֹת מוֹאָב עַל יַרְדֵּן יְרֵחוֹ. וּבְאֵלֶּה לֹא הָיָה אִישׁ מִפְּקוּדֵי מֹשֶׁה וְאַהֲרֹן הַכֹּהֵן אֲשֶׁר פָּקְדוּ אֶת בְּנֵי יִשְׂרָאֵל בְּמִדְבַּר סִינָי (כ"ו, סג-סד).

הדור הנכנס לארץ הוא דור חדש של אנשים שנולדו במדבר ולא חוו את השעבוד, הם אלו שזוכים לראות את הגאולה. להכללה הזו יש שני חריגים: "וְלֹא נוֹתַר מֵהֶם אִישׁ כִּי אִם כָּלֵב בֶּן יְפֻנֶּה וִיהוֹשֻׁעַ בִּן נוּן (שם, סה). שאלה מעניינת היא, מדוע לא נמנו כאן הנשים שלא מתו במדבר כיוון שלא השתתפו בעצת המרגלים? (תנחומא, פנחס) ומדוע לא נמנו גם בני לוי ששרדו, שהרי אלעזר הכהן בנו של אהרן נמצא כאן ומונה יחד עם משה את העם? (וראו: במדבר רבה, במדבר) וגם אלה שלא היו יוצאי צבא בזמן חטא המרגלים

אף הם כנראה שרדו. ואולי ניתן למצוא הסבר להבלטתם של יהושע וכלב דווקא כמי שנשארו.

הסיפור על חריגותם של יהושע וכלב נזכר גם תכף לאחר מעשה המרגלים, בפרשת שלח לך, וכך נאמר שם:

וַיָּמֻתוּ הָאֲנָשִׁים מוֹצִאֵי דִבַּת הָאָרֶץ רָעָה בַּמַּגֵּפָה לִפְנֵי ה'.
וִיהוֹשֻׁעַ בִּן נוּן וְכָלֵב בֶּן יְפֻנֶּה חָיוּ מִן הָאֲנָשִׁים הָהֵם הַהֹלְכִים לָתוּר אֶת הָאָרֶץ (במדבר י"ד, לז-לח).

החזרה בסגנונות שונים על כך שמכל המרגלים נשארו בחיים רק יהושע וכלב מעוררת לבחינת נחיצותם של שני הפסוקים החוזרים על עצמם. לכן בגמרא מציע עולא כך:

מאי חיו? (=מה פירוש שחיו?)
אילימא (=אם נאמר) חיו ממש,
והא כתיב קרא אחרינא (=והרי זה כתוב במקרא אחר):
"ולא נותר מהם איש כי אם כלב בן יפונה ויהושע בן נון!"
אלא מאי (=מהו) חיו?
שחיו בחלקם (בבא בתרא קיח ע"ב).

"חָיוּ מִן הָאֲנָשִׁים הָהֵם" על פי עולא, אין משמעותו ששני אלה שרדו לבדם מכל המרגלים אלא לכך שמות המרגלים היה מקור חיותם. "חָיוּ **מִן** הָאֲנָשִׁים הָהֵם הַהֹלְכִים לָתוּר אֶת הָאָרֶץ". שהרי על עצם ההישרדות נלמד בהמשך בפסוקים בפרשתנו, פרשת פינחס, שם התורה מספרת במפורש שלא נותר מהם איש כי אם כלב ויהושע. הטענה שמעבר לעצם ההישרדות של כלב ויהושע, הם גם הפכו להיות יורשיהם של שאר המרגלים, היא טענה מובנת על רקע זה שהפרשה שלנו כולה עסוקה בהכנות לכניסה לארץ ובחלוקת הנחלות. על כן, נראה סביר שגם הפרט של ההישרדות הזו רלוונטי לשאלת הנחלות. וגם מובן מדוע הם היחידים שנזכרים כמי ששרדו. הנשים ובני לוי אינם בני נחלה ממילא.

למעשה, כל נושא חלוקת הנחלות היה סבוך ומורכב, ונעשה בדרך של שילוב בין ירושת יוצאי מצרים ובין ירושת הנכנסים לארץ. גם ירושת יהושע וכלב היא נושא אריתמטי סבוך. וכך מובא בירושלמי:

> יהושע וכלב נטלו שלשה חלקים,
> חלקן עם יוצאי מצרים,
> וחלקן עם העומדים בערבות מואב,
> ונטלו חלק מרגלים.
> הדא הוא דכתיב, ויהושע בן נון וכלב בן יפונה חיו מן האנשים וגו׳
> (ירושלמי, בבא בתרא פ״ח ה״ב).

החישוב הכללי היה שיוצאי מצרים יורשים את הארץ, אך כל יוצא מצרים ירש על פי מספר הצאצאים שהעמיד. אם ליוצא מצרים ספציפי היו שני בנים, לאחד מהם עשרה בנים ולשני בן אחד, אותו יוצא מצרים זכה באחד עשר חלקים של ירושה בארץ. ואת כל הנתח הזה הוריש מחדש לבניו. וכך הביאה החלוקה בחשבון הן את מספר יוצאי מצרים והן את מספר החולקים בפועל. יהושע וכלב, אם כן, כמי שגם יצאו ממצרים וגם נכנסו לארץ קיבלו את חלקם גם כיוצאי מצרים וגם כנכנסים לארץ, אבל בנוסף, זכו לירושתם של שאר המרגלים.

והנה, בברייתא המובאת בגמרא (שם) נאמר שיהושע וכלב ירשו לא רק את המרגלים אלא גם את המתלוננים ואת עדת קורח. על הצעה זו שואל רב פפא את אביי: ״איכפול יהושע וכלב וירתו לכולה ארץ ישראל?״ האם יהושע וכלב יירשו בעצמם את ארץ ישראל כולה?

מכוחה של קושיה זו מכריעה הגמרא שכלב ויהושע ירשו רק את המתלוננים שבעדת קורח. כלומר, רק חלקים גדולים משבט ראובן אבל לא את המתלוננים שהיו רוב עם ישראל. עדיין, התובנה הכללית היא שיהושע וכלב זקני יוצאי מצרים ושורדיו למעשה התעשרו בזכות העברות של בני דורם והפכו להיות היורשים החוקיים שלהם. התמונה הזו נראית קצת מעוותת ולא סבירה.

בירושלמי אגב, הוכרע אחרת:

> אבל חלק מתלוננים ועדת קרח נפל לאמצע (כלומר, התחלק בין כל העם) (ירושלמי, שם).

רעיון הרחבת הירושה של כלב ויהושע על חשבון אחיהם שמתו בחטאיהם צורם מעט ועל כן מצריך הסבר. המהרש״א (המאה השש־עשרה, פולין) מסביר שארץ ישראל נקראת ארץ החיים שנאמר: ״אֶתְהַלֵּךְ לִפְנֵי ה׳ בְּאַרְצוֹת

הַחַיִּים". ירושת הארץ איננה רלוונטית, ואינה יכולה להיות שייכת לאלו שמסמלים מוות ואובדן. ירושת האדמה מסמלת את הבחירה בחיים על פני הבחירה באובדן ובאבדון.

אבל אפשר גם לומר להפך. היעלמם של חלקים גדולים מעם ישראל אינו מותיר רִיק מוחלט. הנותרים נושאים בתוכם את זיכרון המתים, את זיכרון חייהם של אלו שחלקו איתם חוויות, שהלכו לצידם גם אם בסופו של דבר חטאו בחטאים חמורים ואבדו. כלב ויהושע אינם רק מה שהם, אלא מציבה לזיכרונות דור המדבר על עליותיהם ומורדותיהם הצרובים בהם והם אלו שמייצגים את המתים ומעלים אותם איתם לארץ.

סרח בת אשר

במניין שבפרשתנו יש חריגה מעניינת בהזכרתה של סרח בת אשר. ברור לחלוטין שהמניין הוא של גברים בלבד, נשים אינן נזכרות בו כלל, אף שהדעת נותנת שאם נולדו ילדים הרי סטטיסטית ביניהם נולדו גם בנות.

מנייתה של סרח, אם כך, מחייבת הצדקה והסבר. אחד ההסברים הוא שסרח נזכרה כבר בין יורדי מצרים בפרשת ויגש, בתוך בני אשר: "וּבְנֵי אָשֵׁר יִמְנָה וְיִשְׁוָה וְיִשְׁוִי וּבְרִיעָה וְשֶׂרַח אֲחֹתָם" (בראשית מ"ו, יז). וכך כותב ר' יוסף בכור שור: "לפי שזכרה עם יוצאי מצרים מנאה עמהם כאן". כמובן, שאזכורה בשני המקומות מלמד על אישה מיוחדת שהאריכה ימים מאוד. אין תיעוד בתורה למהלך חייה ולשינויים בחיים שעמם נאלצה להתמודד, לעצב הגלות והשעבוד, ולשמחת הפדיון והגאולה. ברור שמאחורי הזכרת שמה מסתתר עולם ומלואו, והדבר מעורר סקרנות גדולה.

המדרשים אכן מלאים בפרטים ססגוניים המבקשים לצייר בפנינו את דמותה המיוחדת. בפרקי דרבי אליעזר מתואר שסרח היא זו שנתנה את חותמת הכשרות למשה רבינו בתחילת דרכו, כשהוא מגיע עם הבשורה שלפיה הוא בא לגאול את עם ישראל ממצרים:

> ואשר בן יעקב מסר סוד הגאולה לסרח בת אשר. וכשבא משה ואהרן אצל זקני ישראל ועשו האותות לעיניהם, הלכו זקני ישראל אצל זקנתם סרח בת אשר ואמרו לה: בא איש ועשה אותות לעינינו כך וכך. אמרה להם אין באותות האלו ממש.

אמרו לה והלא אמר לנו "פקד פקדתי אתכם" [שמות ג', טז].
אמרה להם: הוא האיש שעתיד לגאול את ישראל ממצרים (פרק מח).

על פי המדרש הזה זכתה סרח למעמד של פוסקת הדור ויודעת ח"ן, יושבת ב"מועצת גדולי התורה" וממליכה מלכים בהבל פה. גם היגיון בריא משתקף מתגובתה: סרח מלגלגת על הרעיון ש"טיפוס" העושה ניסים ואותות יזוהה כמשיח הגואל. רק השימוש בקוד המסור לה בסוד מבית יעקב אבינו, קוד המעיד על תודעת רציפות של "פָּקֹד פָּקַדְתִּי", של זיכרון וחיבור לעולם הזוהר של ימי האבות, רק הוא מזוהה אצלה כסימן מסימני הגאולה.

במכילתא דרשב"י סרח נזכרת כמי שמשמרת את הזיכרון ההיסטורי של עם ישראל משעת ירידתם למצרים, ככל הנראה בשל גילה המופלג. על כן, כשמשה מבקש להוציא את בני ישראל ממצרים ולקיים את השבועה ליוסף להעלות את עצמותיו ממצרים, הוא פונה לסרח בת אשר ש"נשתיירה מאותו הדור", שואל אותה היכן יוסף קבור, והיא באמת מדריכה אותו אל מקום הקבורה (מכילתא דרשב"י פי"ג וכן תוספתא, סוטה פ"ד ה"ז).

גם יוכבד הייתה מבאי ויוצאי מצרים אבל ככל הנראה הייתה צעירה מדי במות יוסף ועל כן הייתה זו סרח שימשה כספר היסטוריה חי, ולא יוכבד (ראו סדר עולם רבה פ"ט).

אולם לפי חלק מן המדרשים הסיפור של סרח בת אשר לא תם כאן, במסכת כלה היא נמנית בין אלו שנכנסו בחייהם לגן עדן (מסכת כלה רבתי פ"ג) באופן מסוים בדרך זו הם תיארו את סרח כ"רעיון", וכרעיון נצחי. במדרש קהלת רבה היא מזוהה כאותה אישה חכמה שדרשה מיואב שלא להמיט אסון על עיר שלמה בישראל, על אבל בית מעכה, בשל מרדו של שבע בן בכרי וצלחה בכך (שמואל ב', כ'):

דבר אחר:
"טובה חכמה" זו חכמתה של סרח בת אשר,
"מכלי קרב" מכלי קרבו של יואב,
שנאמר "ותקרא אשה חכמה מן העיר" (קהלת רבה, ט).

הופעתה של אישה זקנה וחכמה משלומי אמוני ישראל גורמת לחז"ל לזהות אותה כסרח בת אשר. כמובן, ששנות דור חלפו מאז יציאת מצרים, ושהקישור בין הדמויות אינו סביר. על כן צריך לומר שהקישור הוא רעיוני ומסביר בדרך

נוספת את עומק דמותה של סרח. שוב צצה זקנת השבט, הדואגת לשלמות העם וגם מביאה איתה מחשבות והשקפות 'של פעם', תודעה מאוד חריפה של אחריות לאומית ולכידות חברתית. העובדה שסרח "מכירה את הסיפור", שהיא החליפה חיתולים לנכדיו של יעקב אבינו ושהיא כבר ראתה הכול, הופכת אותה לבעלת מעמד ייחודי של הקול השפוי הפנימי. בזכות סרח ניתן לראות את התהליך הממושך של התפתחות עם ישראל לדורותיו, לא כסיפור לאנשים בעלי שורשים, אלא כסיפור חי, כרצף מוחשי. בקיומה מייצרת סרח פרספקטיבה ארוכה ושלמה ויש לכך השלכות מעשיות מחייבות.

דמותה של סרח נבנית גם בדרך פרשנית נוספת ובמסלול שונה לחלוטין מזו שתארתי עד כאן.

סרח מתוארת כמי שהייתה בת אשתו של אשר ולא בתו ממש. ועל כן, גם קיבלה נחלה בארץ כיוון שלא היה לה אב, הדבר גם מסביר מדוע בחומש בראשית היא נזכרת כאחותם של בני אשר ולא כבתו של אשר. תורה שלמה נלמדת ממנה על נושא הייחוס ועל מעמדה של בת מאומצת ההופכת לבת ממש. לשיטה זו סרח היא ענף שנספח אל בני יעקב, בני ישראל, ואל תולדותיהם. ככזו, היא עוגן לעיון בשאלות הלכתיות מגוונות בנוגע ליוחסין, ולמערכות יחסים משפחתיות שבין אב לבתו המאומצת.

דרך טיפולם של חז"ל בדמותה של סרח מאפיינת את עבודתם בפרשנות התורה. סרח נזכרת פעמיים בתורה בסך הכול. בשני המקומות היא נזכרת כחלק ממניין ארוך של שמות אנשים שברובם הם אנונימיים בדרך כלל ואין לנו מידע רב בקשר אליהם למעט העובדה שהיו חלק מהשושלת של עם ישראל. בדרך כלל רשימות ארוכות כאלה מרצדות מול עינינו ונדמות כאינפורמציה חסרת חשיבות.

במסכת פסחים מובאת מימרת רמי בר רב יודא בשם רב:

> אמר רמי בר רב יודא אמר רב:
> מיום שנגנז ספר יוחסין תשש כחן של חכמים, וכהה מאור עיניהם.
> אמר מר זוטרא: בין אצל לאצל טעינו ארבע מאה גמלי דדרשא (פסחים סב ע"ב).

זו אמירה מאוד משונה. מה הוא הדבר שישנו בספר יוחסין שאובדנו מכהה את מאור עיניהם של חכמים? מה כבר ניתן לדרוש על פרק בדברי הימים (בין אצל לאצל = מפרק ח לפרק ט בדברי הימים) שמצריך משאיות כדי

לשאת את הדרשות שנעלמו ושנדרשו עליהם? מה כבר יכול להיות מסעיר ברשימת שמות כאלה ובדרשות עליהם?

דבר ראשון שלימדונו חכמים בדרשותיהם על סרח הוא שכל שם ושם הוא עולם ומלואו. מקובלנו שהדורות פוחתים. זאת אומרת, שבין עליית עזרא להופעת הזוגות, היו מאות שנים של חכמי סנהדרין, שבהם אבות בתי דין וראשי סנהדרין, שאין לנו אפילו מושג מה שמם. מה היה גודל הספרייה שהייתה לנו אילו נשמרו קורות חייהם, חידושיהם בתורה ובהנהגת עם ישראל, קצת על המחלוקות ועל הפוליטיקה ביניהם ועוד. ברשימה שבין 'אצל' ל'אצל' מתוארים אישים שהיו ראשי משפחות בישראל בפרק זמן שנמשך מאות שנים. אילו כתב תומס מאן רומן על כל אחד מהם היו לנו ארבע מאות גמלים טעונים, כפשוטו, ללא כל מליצה. יש להניח שלא מעטים ביניהם היו שווים מחקר רציני, ועבודות דוקטורט לא פחות מדמויות אחרות שזכו לכך.

מן הדרשות על סרח אפשר ללמוד גם על שיטת העבודה החז"לית לחילוץ תובנות מתוך טקסט מינימליסטי. פעם הייתה ברדיו תוכנית חידון מוזיקלי שנקראה תו השעה. על ידי השמעת צלילים ספורים נדרשו אנשים לזהות את השיר כולו.

זה מה שעשו חז"ל בעבודתם העדינה, בקבצם פרט לפרט, ובלמדם הגלוי על הסמוי. כמובן שאין כוונתם של חז"ל במדרשים השונים לדווח לנו על מה שבאמת אירע. הם ניסו לתת פשר ומשמעות לדמות כפי שמצטיירת כסרח בעיניהם מתוך המידע המועט הנמצא בפניהם. כיוון אחד הוא לטפח את עצם חריגותה (בת מאומצת) והכיוון האחר הוא ללכת בעקבות אריכות ימיה, וההצעה-הבנה שיש לה מידע ממקור ראשון על מעשים ואירועים שעבור אחרים הוא מסורת רחוקה. סרח בת אשר לא מתה. היא נכנסה לחייה בגן עדן. סרח בת אשר יכולה לחיות בתוכנו, היא היכולת לספר את הסיפור שלנו מימות יעקב אבינו ועד היום בדרך שתשנה את הפרספקטיבה שלנו על עם ישראל בכללותו.

פרשת מטות

החוויה הדתית

האיסור "לֹא יַחֵל דְּבָרוֹ" – חובת האדם לשמור מוצא פיו ונדריו – משכלל את הרצון העצמי לקבוע נורמת התנהגות אישית, לכדי ציווי. הנדר עצמו הופך למצווה נוספת עבור הנודר. תוכן הנדר איננו משמעותי, מרגע שהוא נכלל בתבנית התורתית הזו הוא הופך למחייב מן התורה. כך, למעשה, מעמידה התורה את האדם במעמד של מצווה ומְצַווה גם יחד. היא מאפשרת לו להכריז על מערכת של איסורים וערכים שתכבול אותו עצמו, לכונן תורה אישית.

בגמרא נדון היחס בין המצוות שבתורה לבין מה שאדם ציווה את עצמו. האם אדם יכול לנדור לקיים מצווה ולא לעבור על איסור או להפך, אם הוא יכול לנדור לעבור על אחד האיסורים, ומה משמעות הנדר במקרה כזה. שתי השאלות מבררות שני עניינים שונים אך דומים. השוני הוא במגמה. בעוד ש**הראשון** נודר לקיים מצווה ובכך מחזק את דברי התורה והמצוות **השני** מבקש ליצור שתי מערכות מחייבות סותרות: האחת איסור תורה עצמאי והשני איסור תורה לעבור על נדרו. בכך הוא מעמיד בקונפליקט את המפגש בין נדרו שלו לבין מצוות ה'. אולם ישנו דמיון בין שני המקרים. בשניהם האדם מבקש להעביר את כובד המשקל מחיוב הטרונומי לחיוב אוטונומי הנובע מהחלטתו כאדם. ככל שהדבר נוגע לעולמו הדתי, הוא רוצה לשלוט בחייו ולקבוע את סדרי העדיפויות ומערכת החיובים. שתי

השאלות הללו נוגעות לבעיה היסודית שיש בעצם האפשרות הנובעת מן הנדר המחזקת את כושרו של האדם להיות בעצמו כא־ל.

ואומנם ההנחה היסודית של התלמוד היא שקיימת סתירה. וכי העיקרון ש"מושבע ועומד מהר סיני" אינו מניח לאדם להיתלות במקור חיצוני לשבועתו לשמור את דבר ה'. וכי לא ניתן לייצר באופן מלאכותי כפילות שתעתיק את מקור החיוב אל האדם עצמו.

וכך מובא במסכת נדרים:

> מנין שנשבעין לקיים את המצוה? שנאמר: נשבעתי ואקיימה לשמור משפטי צדקך. והלא מושבע ועומד מהר סיני הוא!
> אלא הא קא משמע לן, דשרי ליה לאיניש לזרוזי נפשיה [=למדנו מכאן כי מותר לו לאדם לזרז את עצמו] (נדרים ח ע"א).

הגמרא מחדשת מן הפסוק "נִשְׁבַּעְתִּי וָאֲקַיֵּמָה לִשְׁמֹר מִשְׁפְּטֵי צִדְקֶךָ" (תהילים קי"ט, קו) שניתן לכפול את מצוות ה' על ידי נדר ולחזקן, אבל מדייקת שאין שום אפשרות לייצר מקור חיוב נוסף. כל שניתן הוא לנדור מתוך מטרה לזרז את קיום המצווה מן התורה. הדיון הזה נוגע להסדרת המערכת שבין נדרי האדם והמצווה.

דיון אחר אינו נוגע לעצם האפשרות לנדור אלא למקרה שבו ישנה חפיפה חלקית בין הנדר או השבועה ובין מצוות התורה. הגמרא דנה בשאלה מה דינו של מי שנשבע שלא לאכול כלל ואכל נבילה. האם דינו כדין מי שאכל נבלה או שמא דינו כמי שהפר את שבועתו. גם כאן ההנחה היא שכיוון שמושבע ועומד מהר סיני, יש זילות מסוימת בהעמדת האכילה כבעיה בהלכות שבועות. במקרה הזה, לדברי רב ושמואל ור' יוחנן, כל עוד הנדר רחב מן האיסור שבתורה, הוא חל גם על מה שכתוב בתורה. לדעת ריש לקיש, הנדר יחול גם אם אסר על עצמו רק איסור תורה אלא שהרחיב אותו (למשל, על כמות של חצי שיעור, שלדעת ריש לקיש אין בו איסור מן התורה אך אדם שנשבע שלא לאכול עובר על שבועתו למן הנגיסה הראשונה, יומא עג ע"ב).

(שאלה מעניינת נוספת היא שאלת הפרשנות. כיצד מפרשים את הנדר שלא לאכול. האם כנדר שחל גם על חצי שיעור? האם, כיון שמדובר בנדר, הכלל הפרשני הוא לשון בני האדם, או שהכלל הפרשני שייך לכללים

הפרשניים החלים על כל מצווה ומצווה? גם שאלה זו די בה כדי לשפוך אור על אותה דילמה עצמה.)

נמצאנו למדים כי ניתן להוסיף נדר על מצוות שקיבלנו בסיני. ואילו לגבי איסורים, הנדר לא חל גם אם הוא תומך באיסור אלא אם יש פער מסוים בין האיסור ובין הנדר.

נדר המנוגד לדבר תורה נחשב ל'נשבע על מה שכתוב בתורה'. במקרה הזה העמדה ההלכתית נחרצת, הנודר נחשב כמי שעובר בשבועת שוא, כיוון שהוא מנוע מלקיים שבועתו גם אם המניעה איננה עובדתית אלא הלכתית.

שאלת החפיפה בין נדר או שבועה ובין מצוות התורה היא שאלה שעומדת ביסודם של קונפליקטים רבים בחיי היהודי המאמין. החפיפה הזו מציפה את השאלה העקרונית והמהותית כפי שנוסחה על ידי סוקרטס: "האם הטוב הוא טוב מכיון שהאלים ציוו עליו או שהאלים ציוו על הטוב משום שהוא טוב כשלעצמו" (סוקרטס, אותיפרון, עמ' 267). האם צריך להכיר בטוב שבציווי ולזהותו או שהוא טוב מכיוון שצווינו לקיימו. התשובה לכך אינה חד משמעית. מותר לאדם לחבב על עצמו את המצוות במציאת החיבור האישי למצווה, אך מקור תוקפה איננו בשבועה ובנדר אלא בחובת הציות לדברי ה'.

ישנה כאן הדרכה חשובה וכיוונון לחוויה דתית שיש בה גם התרגשות והתפעמות, עונג ושמחה. ישנה בעיה אם קיימת החמצה של מקור החיוב בעבודת ה' אך אין פסול במציאת חיבור אישי והתלהבות בעבודת ה'. השילוב בין אלו כפי שעולה מן המקורות כאן, מתואר בפי האדמו"ר מגור:

> ופירש דכתיב: מה יפו פעמיך בנעלים (שיר השירים ז', ב)
> פעמיך הוא התעוררות התלהבות ליבות בני ישראל מלשון פעמון זהב. בנעלים – הוא שזה התלהבות צריך שמירה ומנעול שלא יתפשט בו פסולת.
> ושבח הזקנים הוא בזה שיש להם ישוב הדעת שלא להתפשט ההתלהבות יותר מדי... (שפת אמת, בהעלותך, תרמ"ג).

שאלות באתיקה

משה רבנו נמצא על סף פרידה מעם ישראל, והנה, השאלה שהוא עוסק בה

בפרשתנו, בערוב ימיו, איננה שאלה הלכתית, אלא שאלה מוסרית. בקשתם של בני גד וראובן וחצי המנשה אינה שאלה של אסור או מותר, אלא שאלה של הנהגה ראויה ונכונה. המאמץ שאליו נדרש משה בדיון הזה הוא שונה מאשר עיון בשאלת דינו של המקושש או נחלת הארץ על ידי בנות צלפחד. הוא נדרש למנהיגות, לעיצוב מדיניות, ולהכרעה מוסרית. משה רבנו אינו פותח ספרים ואינו שואל בה' במקרה הזה, אלא מגיב בדחייה מיידית, שנימוקה מנוסח בתוכה:

הַאַחֵיכֶם יָבֹאוּ לַמִּלְחָמָה וְאַתֶּם תֵּשְׁבוּ פֹה?

משה חש שיש לו התובנה והנגישות לסוגיה המוסרית המועלית וכי יש לו הסמכות לטפל בה. ברור לו כשמש שלא ייתכן שחלק מן השבטים לא יעברו את הירדן כדי לנחול שם חלקות גדולות ודשנות מחוץ לגבולות הארץ המוכרים.

נימוקו לסירוב יכול להיות מוסבר במספר אופנים.

על פי הפשט נראה שיש למשה תלונה כפולה על בני גד וראובן.

ראשית, לא ייתכן שבני גד וראובן לא ייטלו חלק במאמץ המלחמה. מאמץ זה חייב להיות הנטל המשותף של כלל ישראל.

שנית, משה "מריח" כאן חטא מרגלים מזן חדש. בני גד ובני ראובן מציעים כאן "תוכנית אוגנדה", מציאת חלופה שתספק בטחון ונחלה מתוך חוסר הבנה לסגולתה של הארץ המובטחת. הם מביעים חוסר חיבור או קשר לארץ האבות.

הפתרון של בני גד וראובן להילחם כתף אל כתף עם שאר השבטים על כיבוש הארץ הוא פתרון לבעיה הראשונה בלבד. הם לא מתכוונים לשבת בחיבוק ידיים, הם מתכוונים להיות שותפים מלאים למשימת הכיבוש. אולם מה באשר למאיסה בארץ חמדה? ככל הנראה משה סבור שהנשיאה בנטל היא מספקת, גם אם המשפחה נותרת בעורף, גם אם הילדים נותרים מאחור. עצם ההתגייסות מעידה על אהבת הארץ או חורתת בלבבות את עוצמתה.

האברבנאל הבין את תלונתו של משה באופן מעט שונה. הוא מבאר שמשה חשש שהימנעותם של בני גד וראובן תשבור את רוחו של שאר העם. החשש של משה אם כן, איננו רק מן הניתוק של השבטים הללו ומן הפתרון האישי והעצמאי שמצאו להם אלא מההשלכות של ניתוק זה, והסיכון של המשימה כולה.

'ולמה תניאון' (ל"ב, ז) – רצונו לומר תשברו את לב בני ישראל, שבשמעם דבריכם יאמרו גם הם שאינם חפצים לעבור אל הארץ שנתנה ה' להם (אברבנאל).

האלשיך ביאר שהטיעון של משה היה בגדר של הבהרה רוחנית. לדבריו, משה סבר ששבטי גד וראובן מניחים שכיוון שממילא ה' הוא הנלחם לישראל הרי שאין צורך בעזרתם. ולמעשה, מה לה' איתם או בלעדיהם. על כך השיב להם משה שיש חשיבות גם לנראות. האמונה אינה פוטרת מן ההתגייסות.

ואף שאמרתם 'הארץ אשר הכה ה'' (ל"ב, ד),
שרמזתם כי ה' הוא הלוחם לכם...
זה אינו כלום, כי ההתייצבות בפני האויבים והלוחמים לא דבר רק הוא, אף שהנצוח בודאי לה' הוא כנודע.

על זו הדרך ניתן להציע שחששו של משה לא היה קשור למוסר מלחמה, למדיניות של חלוקה שווה בנטל, לשאלה הלאומית והציונית או לתביעה להשתדלות למרות האמונה בה'. חששו של משה היה קשור לשלמות העם. על כך ניתן ללמוד מן העובדה שמשה קבע שאם השבטים הללו לא יילחמו על הארץ, אזי יצטרכו לנחול נחלה בתוך עם ישראל כמובטח. נראה שדאגתו של משה הייתה נתונה לכך שיתרחש נתק בין חלקי העם. הוא רצה לראות את השבטים הללו בתוך עם ישראל. ריחוק המקום הגיאוגרפי והשוני באופיו עלול לגרום למתחים מיותרים. על כן, הציע משה שתי אפשרויות: או שותפות ונשיאה בנטל, שתיצור לכידות, או נחלה משותפת ושכנות. ודוק, הדרך שמתווה משה רבנו איננה שוללת את ההצעה של השבטים. למרות שאולי היה מצופה שיתנגד ויצא חוצץ כנגד רעיון הפירוד והחלוקה המחודשת או לטישת העיניים למחוזות זרים. משה מאזין לצרכים ומאזן בין הצרכים הלאומיים לצורכי הפרט, ומציע מוצא שמכיל את האינטרסים של כל הצדדים.

וממשה אלינו: כל אחת מן השאלות הללו אמורה לטרוד את מנוחתם של גדולי ישראל בכל הדורות. החובה של המנהיגים איננה רק לסרטט את קווי המתאר ההלכתיים, עליהם לסרטט בקווים עדינים גם את ההוראות המוסריות המגדירות כיצד נכון לפעול. ובהקשר של פרשתנו, כיצד מביאים

את כלל ישראל לידי הכרה במטרות המשותפות, כיצד מביאים את עם ישראל לתחושת אחריות אישית, כיצד גורמים לכל אחד להיות מעורב בנעשה, כיצד מעוררים את הלבבות לאהבת המולדת ולתרומה.

תפקידו של המנהיג הוא להתייחס לכל ההיבטים של הקיום האנושי, לקיים דיון נחרץ בשאלות המדיניות. הקריאה האתית והמוסרית הנובעת מלב יהודי מורתח של מנהיג שנוטל על עצמו אחריות כוללת, היא בבחינת מגדלור לכל הדורות כולם.

בין משה ואלעזר

כאשר אנשי החיל חוזרים מן המלחמה על מדיין התורה מציינת שמשה כועס ("וַיִּקְצֹף מֹשֶׁה עַל פְּקוּדֵי הֶחָיִל", ל"א, יד) כאשר בוחרים הלוחמים להחיות את הנשים, אותן הנשים שהחטיאו את ישראל. מיד לאחר שמשה מורה ללוחמים להרוג גם את הנשים ולתקן את שעיוותו, הוא נותן להם הוראות כיצד להתמודד עם טומאת מת, שחלה גם על מי שהרג את הנפש.

וְאַתֶּם חֲנוּ מִחוּץ לַמַּחֲנֶה שִׁבְעַת יָמִים,
כֹּל הֹרֵג נֶפֶשׁ וְכֹל נֹגֵעַ בֶּחָלָל תִּתְחַטְּאוּ בַּיּוֹם הַשְּׁלִישִׁי וּבַיּוֹם הַשְּׁבִיעִי אַתֶּם וּשְׁבִיכֶם וְכָל בֶּגֶד וְכָל כְּלִי עוֹר וְכָל מַעֲשֵׂה עִזִּים וְכָל כְּלִי עֵץ תִּתְחַטָּאוּ (במדבר ל"א, יט-כ).

הפרשייה העוקבת עוסקת אף היא בטהרה הנדרשת בעקבות המלחמה, אבל היא מוצגת בפיו של אלעזר הכהן:

וַיֹּאמֶר אֶלְעָזָר הַכֹּהֵן אֶל אַנְשֵׁי הַצָּבָא הַבָּאִים לַמִּלְחָמָה,
זֹאת חֻקַּת הַתּוֹרָה אֲשֶׁר צִוָּה ה' אֶת מֹשֶׁהאַךְ אֶת הַזָּהָב וְאֶת הַכָּסֶף אֶת הַנְּחֹשֶׁת אֶת הַבַּרְזֶל אֶת הַבְּדִיל וְאֶת הָעֹפָרֶת.
כָּל דָּבָר אֲשֶׁר יָבֹא בָאֵשׁ תַּעֲבִירוּ בָאֵשׁ וְטָהֵר אַךְ בְּמֵי נִדָּה יִתְחַטָּא.
וְכֹל אֲשֶׁר לֹא יָבֹא בָּאֵשׁ תַּעֲבִירוּ בַמָּיִם.
וְכִבַּסְתֶּם בִּגְדֵיכֶם בַּיּוֹם הַשְּׁבִיעִי וּטְהַרְתֶּם,
וְאַחַר תָּבֹאוּ אֶל הַמַּחֲנֶה (פסוקים כא-כד).

פרשייה זו קרויה גם פרשת גיעולי מדין. הפרשייה מסדירה את דרך טהרתם של הכלים הנלקחים מן הגויים ואת האפשרות להעבירם לשימוש בידי ישראל. הפרשייה היא הבסיס להלכות הכשרת כלים.

היחס בין שתי הפרשיות, זו של טומאת מת שנאמרת בפיו של משה וזו של טהרת הכלים שנאמרת בפיו של אלעזר, אינו חד משמעי. מדוע מובאת הפרשייה כתוספת? מה תפקידו של אלעזר? ומדוע אלעזר הוא המוסר את הדברים הללו ולא משה, בפרט שלדברי אלעזר עצמו הוא רק מוסר את השמועה שנאמרה כבר למשה בידי ה׳: ״זֹאת חֻקַּת הַתּוֹרָה אֲשֶׁר צִוָּה ה׳ אֶת מֹשֶׁה״?

בגמרא במסכת פסחים מוסבר היחס בין הפרשיות באמצעות הטענה שמשה שכח את מה שה׳ אמר לו. על כן אלעזר נדחק להשלים את דבריו:

> ריש לקיש אמר: כל אדם שכועס – אם חכם הוא חכמתו מסתלקת ממנו...
> אם חכם הוא חכמתו מסתלקת ממנו – ממשה.
> דכתיב: ׳ויקצוף משה על פקודי החיל׳ וגו׳,
> וכתיב ׳ויאמר אלעזר הכהן אל אנשי הצבא׳...
> מכלל דמשה איעלם מיניה [=מכאן שנעלם ממשה] (פסחים סו ע״ב).

לדבריו של ריש לקיש, משה שכח את הפרשייה הזו כולה ואת מצוות ההכשרה של הכלים, ולכן אלעזר נאלץ להשלים ולהזכיר. בקריאה חוזרת של הפרשה מבעד לעיניה של הפרשנות הזו, נראה שאלעזר משתדל לעשות זאת בדרך ארץ, כתלמיד העומד לפני רבו, וזו הסיבה לכך שהוא טורח לציין מפורשות שידיעותיו מגיעות ממשה רבינו שקיבל את הדברים ישירות מן הקב״ה. שהוא עצמו אינו המקור אלא דווקא משה. ברור מדברי ריש לקיש שאלעזר נקלע לסיטואציה לא נוחה. הוא מודע לכך שיש חובה להודיע לעם להיזהר משימוש בכלים שלא הוכשרו לכך, ומצד שני, הוא עומד לפני רבו ומתחבט אם להורות הלכה בפניו. הסיבה לשכחתו של משה אף היא נזכרת בדברי ריש לקיש. לטענתו משה שכח את הפרשייה משום שכעס על הלוחמים בשובם מן המלחמה. כעסו גרם לו לאובדן הצלילות והחדות.

בניגוד לדברי הגמרא, המובאים במדרשים שונים ואף בפירושו של רש״י, אבן עזרא מסביר אחרת את כל הפרשייה:

> ׳ויאמר אלעזר הכהן׳ – כי חקת תורת הפרה לאלעזר נתנה,

ומשה אמר להם 'תתחטאו' דרך כלל,
ואלעזר פירש להם.

אבן עזרא קורא את כל הדינמיקה שבין משה ואלעזר בצורה שונה. לפי פירושו כל דברי אלעזר כלולים בדברים שאמר משה בפסוקים שקדמו. אלא שמשה מסר את הדברים בקצרה ובתמצית ובמילה "תִּתְחַטְּאוּ". ואלעזר חש שהם אינם מספיק ברורים ועל כן הוסיף ביאור משלו, מלווה בפרטים מעשיים. דברי האבן עזרא מתיישבים עם העובדה שגם בדברי משה יש כבר התייחסות לעניין טהרת הכלים שהוא העניין העיקרי שאלעזר דן בו. שהרי משה כבר מצווה: "וְכָל כְּלִי עֵץ תִּתְחַטָּאוּ" (ל"א, כ).

שני הפירושים מציעים התבוננות בפרשה מנקודת המבט של מערכת היחסים המורכבת שיש בין רב ותלמיד. מצד אחד, מוראו של הרב תובע מערכת מאוד ברורה של כללים לפיהם התלמיד אינו רשאי ללמד הלכה במקום שבו נמצא רבו. יחד עם זאת, פעמים לא מועטות הוא זוכר ויודע את תורת רבו יותר משרבו זוכר את תורתו הוא. אולי מפני העמדה "התלמידית" הלקטנית, התלמיד מסוגל לזכור גם אמירות אזוטריות של רבו, הוא מסוגל לחבר אמירה סתמית עם שיעור חשוב ולראות את החוט המקשר ביניהם. הוא לומד ומקיש דבר מדבר, ומאמץ לא פעם ראייה ביקורתית ומתוך זה הוא למד לעיתים גם תורה הנסתרת מעיניו של רבו ממנו למד אותה.

ובכן, האם זהו הכעס שמשכיח מהרב את תורתו שלו או שמא העמדה הנפשית הכללית שלו כ"מורה"?

כמורה הוא נתון בשאלה החינוכית ובראיית הרוחב של הדברים, הוא עסוק בתחושת הכישלון על שהלוחמים החזירו אל המחנה את הנשים שבשלן יצאו בכלל למלחמה במדין. שאלת טהרת הכלים אינה נשכחת ממנו, אלא שהמיקוד שלו אינו בפרטים. התלמיד מסוגל להחזיר את המורה אל "החומר", אל דף המקורות. לא תמיד התלמיד צודק בכך. לעיתים, זו טעות אופטית של התלמיד שנדמה לו שנשכח איזה פרט אבל ראיית המכלול מונעת מן הרב לדון בו כעת. בכך עולה המורה על התלמיד – הוא אינו החיקוי של עצמו, הוא אותנטי ודינמי ומשוחרר יותר. ועל כן, יש מהפרשנים שהעירו שאלעזר נענש. ושתורתו לא נזכרת מכאן ואילך, יהושע לא נזקק לו.

הפירוש השני, של האבן עזרא, מדגיש את הנקודה שבה כוחו של התלמיד עולה על זו של המורה. את דברי המורה הוא שתה בצמא, הוא יודע כל פרט מתורתו. אין לו אולי חידושים, ותורתו הגיעה אליו בצנרת

כשעליה עוד שכבת חלודה, אך היתרון שלו הוא ביכולת לתווך את הדברים לדור הבא. לפי האבן עזרא הסיטואציה שמתוארת בפרשה שלנו כמעט בלי מילים, היא נקודה היסטורית מכרעת, שבה דבריו של משה רבנו מצריכים לפתע ביאור. כבר נפער פער בין משה ובין שומעי לקחו. הדור מדבר שפה חדשה, ודברי משה מחייבים תיווך ופרשנות.

אין סתירה בין שני הפירושים. דווקא מתוך צירופם יחד מצטייר לעינינו המנגנון הפנימי העדין והמורכב של מערכת יחסים אנושית המלווה יחסי רב ותלמיד. הריקוד העדין שבין יראה והליכה קדימה, בין חיקוי ובין השלמה, בין שמירה ומסורת ובין ארגון מחדש וזיהוי האתגרים החדשים, כל אלו הם המצע על גביו צומחת ומתגדלת התורה.

פרשת מסעי

הנוסע המתמיד

רשימת מסעי בני ישראל במדבר נראית פעמים רבות כמייגעת ואף מיותרת. מעבר חסר תכלית מתחנה לתחנה, פריקה ואריזה, נסיעה וחניה, מבלי שכל זה מוביל להתקדמות משמעותית או להתפתחות כלשהי בעלילה. חמורה יותר התמונה העולה מעיון במפת המסעות שהולמת טיול שנתי יותר מאשר מימוש מסודר של התקדמות אל יעד נכסף: ארץ ישראל. לא זו אף זו, הקשבה למקצב ולמנגינה מגלה שככל שהפרשה מונה תחנה נוספת ומעבר למקום חדש, כך ה"מקום" הפיזי שבו נמצא עם ישראל בזמן נתון מאבד את משמעותו כ"מקום". הוא אינו יכול להוות נקודת אחיזה והוא מפקיע מן ה'הולכים', את הממד של ההיקשרות למקום.

אך מה שנראה כרשימת מקומות משמימה, אינו כזה כלל. הפסקת החיים המסודרים הקהילתיים והשבטיים שהמסע מציע הוא מצע להתרחשות דינמית במבנים היסודיים ביותר של העם. להליכה עצמה יש גם היבט חיובי, היא ממקדת את ההולכים בחוויות המשותפות, במצבים המשתנים, ברגשות ובמאורעות. המסע מעורר תהליכים פנימיים הכוללים מצוקות, חרדות, שמחות, היזכרות, התפעלות, התבוננות, חיבוטי נפש, ניתוח וליבון, כל אלו מעוררים לחשיבה מחודשת להתעוררות רעיונית, לרענון של ההכרעות האתיות, ושל הנורמות המקובלות. זהו זמן של עשייה פעילה, בנפש האומה. רק תשומת לב וזמן והשתהות יכולים לגרום להבשלה המיוחלת ולהנעה פנימית.

כשעם ישראל יוצא לדרך חדשה, הוא חייב לעבור "התבודדות" קולקטיבית. ליצור שיהוי משותף. לבודד את עצמו מתרבות, מתפיסת עולם, מסגנון חיים ומדת. המשימה שעם ישראל נדרש לה היא השלת ריטואלים, מגבלות חיצוניות שכוננו את נקודת מבטו על העולם: אמיתות היסוד שלתוכן נולד ואותן ינק. שכן אלו, יורדים עד לשורשי נשמתו ואף קובעים את האסוציאציות המשותפות ואת דרכי התגובה למציאות.

מה שנכון ביחס לעם, נכון ביחס לכל אדם. כל אחד רואה את מה שהוא 'יודע' שהוא רואה. ההצפה בשפע של ידע ותובנות גורמת לחוסר התמצאות בעולם כמות שהוא ומונעת צמיחה. מסע גורם לטלטלה וחוסר יציבות. אך, ההשתהות שבו נחוצה לכל מי שנתון בשלב של ניסיון להתגבר על מגבלותיו האנושיות, היא חשובה עבור מי שתוהה כיצד לפצח ולחוש את מה שסביבו את מה שאינו ניתן להשגה עבורו בגלל הסחת הדעת של החיים והסביבה.

בתקופת המקובלים, גורי האר"י (ואולי עוד לפני כן אצל חסידי אשכנז), אנו מוצאים שימוש בחירי ומושכל בכלי הזה של הליכה ושל גלות כמכשיר שנועד לסייע לאדם המאמין להשיל הבניות ותכתיבים, ליצור תשתית להתחדשות, לעבודה ולקרבת ה'. משום כך ככל הנראה, אנו מוצאים בפרשנות מקובלי צפת, גישה הקוראת את הפרשה שלנו ברוח זו:

> דע כי מסעות אלו הם שמות האדם העליון (ספר הליקוטים לר' חיים וידאל, פרשת מסעי).

וגם:

> וכל המסעות הם צירופי שמות (של"ה, תענית, תורה אור, קכג).

וכך כותב השל"ה:

> ועל מסעות הללו רומזים המסעות בפרשה. כי דרך כלל, יש לרמוז בפרשיות הללו מטות ומסעי על ענין הנשמה, 'ברוך אתה בצאתך', ו'ברוך אתה בבואך' (דברים כ"ח, ו) דהיינו מוצא הנשמה ממקורה, והלוך ונסוע עד שובה למקומה הראשון. וזהו 'מוצאיהם למסעיהם על

פי ה'" (במדבר ל"ג, ב), כי היא חלק ה'. 'ואלה מסעיהם למוצאיהם' (שם) דהיינו חוזרת למקומה" (של"ה, תענית, תורה אור, קכב).

לפי פירוש זה, לא רק שהמסע עצמו הוא הזדמנות להתעלות ולהתגלות אלא שמסעות בני ישראל הם מסעותיה של הנשמה, מסעות אל המוצא, אל נקודת הראשית, לפענוח רזי הקיום היהודי.

פרשנות זו עוקרת את המשמעות הראשונית של המסע מן המרחבים הגאוגרפיים אל מרחבי הנפש והופכת אותו למשל, לפוטנציאל של התקרבות וטיפוס במעלות ומידות. שמות המקומות אינם גזורים מן המציאות אלא מעולם המשמעות והרוח.

הרעיון שמסעות, נדודים, זמני ביניים ופסקי זמן לעיתים כפויים ולעיתים בחיריים יש להם בסופו של דבר השפעה חיובית על האדם ועל היכולת שלו לכוון את מעשיו ולהתפתח נמצא גם במקורות מאוחרים, בכתבי ר' נחמן המדבר על ההתבודדות כמעלה העליונה והנעלה מן הכול, ובכתבי הרב קוק המדבר בשבח הטיול וכוח היצירה המתפרץ באמצעותו. ולהבדיל, אצל הפילוסוף בן המאה התשע־עשרה, ברטרנד ראסל בספרו בשבח הבטלה.

שגגה, זדון ומה שביניהם

דינו של הרוצח בשגגה מעורר את הדיון בשאלה מיהו שוגג. בתורה נראה שמדובר באדם שנפל לו הגרזן מן היד, שהשתחרר מידו החבל שלפת את החבית וכדומה. אבל, באופן כללי בתורה שוגג הוא מי שלא ידע על קיומו של האיסור, או לא ידע שהאיסור חל על הנסיבות שבהן הוא פועל. למשל, הוא לא ידע שיש איסור חלב בתורה, או לא ידע שהדבר שהוא אוכל הוא חלב. מהו אם כן הרוצח בשגגה? מהי שגגתו? האם מדובר באדם שלא ידע שאסור לרצוח או לא ידע שמה שהוא עושה הוא רצח? מתברר שהגדרתו של רוצח בשגגה – שונה מעט. ודינו נלמד מן ההבדל שבין שתי פרשיות הרוצח בשגגה שבתורה.

הביטוי שבו נוקטת התורה בפרשתנו הוא "בשגגה" אך הביטוי בפרשת שופטים הוא "בבלי דעת".

כדרכם של חז"ל, שני ביטויים שונים לא יתפרשו כחזרה על אותו הדבר במילים שונות, אלא כניסיון לדייק את המושג הכללי, במקרה הזה

מושג השגגה. ונדמה שברקע הדיון בגמרא מצויה ההנחה שכאן אין מדובר בשגגה רגילה אלא בשגגה שיש בה ממד של חוסר כוונה ולא רק חוסר הבנה או חוסר ידיעה. על הבסיס הזה נחלקו אביי ורבא בדינו של רוצח בשגגה ששגגתו לא לקתה בחוסר דעת. ואולי אף להפך, הוא שגג באי־ידיעת איסור רצח אבל היה דעתן מאוד בהכרעה שזהו מעשה מותר. אם כן, הוא שוגג בדעת. מקרה זה הוא של מי שסבור שמותר לרצוח:

> אמר רבא: אימא (=אמור) פרט לאומר מותר,
> אמר ליה אביי: אי (=אם) 'אומר מותר' אנוס הוא,
> אמר ליה: שאני אומר 'האומר מותר' קרוב למזיד הוא (מכות ז ע"ב).

רבא מציע שמי שסבר שהרצח מותר (=האומר מותר) לא יוגדר כשוגג. נדמה שאביי מסכים איתו. אך בניגוד לרבא הסובר שמי שאמר לעצמו שמותר לרצוח הוא כמעט מזיד, אביי סובר שאדם כזה הוא אנוס. מה יכול היה לעשות, הרי חשב שזה מותר. או אפילו היה בטוח שרצח הוא מותר.

במה חולקים אביי ורבא?

למעשה אביי ורבא התייחסו לשני טיפוסים שונים.

רבא מדבר על אנשים הקרובים למזיד, מדובר באנשים שאינם מכירים לאשורם את כל סעיפי החוק, אבל הם מודעים היטב לריחוק מקבלת כל עול שבו הם נתונים. הם נוקטים כטקטיקה בהתעלמות מקיומן של נורמות חברתיות מוסריות. הם נמצאים במקום שבו הם למעשה אדישים לשאלה מה כתוב בחוק ומה יש לחוק להציע להם כבני אדם. העובדה שהם עוצמים את העיניים ובורחים מידיעת החוק אינה מכסה על השדר הברור שהחוק בעצם לא מטריד אותם. אולי לא ידעו שהם עסוקים במעשה בלתי חוקי, אבל ודאי ידעו שהם פועלים בתחום הדמדומים. קל וחומר כשמדובר בנטילת חיי אדם, מעשה שהמוסר הטבעי שולל. נדמה שהדמות שעולה מול עיניו של רבא היא דמותו של אדם בעל אוריינטציה עבריינית שאינו מתעניין כלל בחוק. זו דמותו של 'האומר מותר' שלו. בצורה כללית אולי ניתן לטעון שמי שאומר שלא ידע על קיומו של סעיף מסוים בחוק אולי באמת לא ידע את סעיף החוק האוסר או את התקנה המסוימת הנוגעת לענייננו, אבל הוא גם לא נקף אצבע ולא הביע עניין בהיבטים אלו של מעשיו.

לעומת זאת, הטיפוס שאביי מדבר עליו הוא טיפוס שונה. אדם שלא הייתה לו ההזדמנות להיחשף אפילו להוראות הפשוטות של החוק. אדם זה

אולי גדל באזורי פריפריה או בשכונות מצוקה. לא רכש השכלה מסודרת וככלל לא הפנים שישנה מערכת חוקים שהוא כפוף לה. ייתכן אפילו שהוא כפוף למערכת החוקים של הג׳ונגל שבתוכו הוא חי. מרוב שהוא עסוק במלחמת ההישרדות של החיים, ערכיו כוננו באופן שונה מאלו המוכתבים מלמעלה על פי אמות מידה חיצוניות. במצבים כאלה, יכול להיות שאדם אכן יהרוג מפני שבנסיבות אליהן נקלע הדבר היה מתבקש ונכון על פי הבנתו.

שני אלו, ׳האומר מותר׳ של רבא ו׳האומר מותר׳ של אביי, שייכים בדרך כלל למעגל השוגגים, אך כאן התורה לימדה אותנו שהשגגה צריכה להיות הרבה יותר מדויקת ומצומצמת.

הרווח מן הדרשה אינו מסתיים בדיון על רוצח בשגגה. ההערה שמעירים אביי ורבא כאן פותחת פתח להבנה שהחלוקה הסכמטית של מזיד, שוגג ואנוס היא חלוקה גסה מדי. והיא מכילה טיפוסים שונים, תודעות שונות ומורכבויות מגוונות הרבה מעבר לשלוש מסגרות של דעת.

אותה בעיה צצה במקום אחר, בדיון בנושא שונה. בשאלה איזה שוגג רשאי להתכפר בקורבן. במסגרת הדיון הזה (המתקיים במסכת הוריות) מתקיים דיון ב״מומר״. אדם האוכל נבלות וטרפות, לא מפני שהוא מבקש לאכול דווקא את אלה, אלא פשוט אוכל כל מה שיש. אדם זה אינו בודק את ההכשר ואדיש לחלוטין לשאלת כשרות המאכלים. מה יקרה אם אותו אדם יאכל בטעות שניצל עם גבינה צהובה לאחר שהניח כי השניצל צמחוני? אומנם, במקרה הספציפי הזה הוא שגג, כי לא ידע את העובדות. אך האם אדם כזה הוא שוגג? האם כדי לזכות בכותרת ה״שוגג״ חיוני להיות מחויב להלכה? האם כדי לקרוא לפעולה שעשית ׳שגגה׳ צריך להוכיח רמת אכפתיות כללית מסוימת?

זו הזדמנות לטפל בסוג נוסף של שוגג גבולי.

מר סבר: כיון דלתאבון אכיל במזיד – מומר הוא,
ומר סבר: כיון דאילו אשכח דהיתרא לא אכל דאיסורא – לאו מומר הוא (הוריות יא ע״א).

אכן, המקרה הזה נתון במחלוקת תנאים אם ועד כמה הנהגותיו הכלליות של האדם משנות את מעמדו גם ברגע מקרי שבו באופן פורמלי הוא שוגג באמת בשל חוסר ידע. האדישות הכללית איננה רק עניין נקודתי שיש לבחון אם הוא מתקיים בכל נקודת זמן. האדישות היא זו שמביאה את האדם לטעות

ולעבור עברות בשוגג. על כן, זו איננה שגגה במלוא מובנה של המילה אלא רשלנות, או אפילו פזיזות.

הדיונים הללו מצטרפים זה לזה ומחייבים דיון מחודש בהגדרות המקובלות של מזיד, שוגג ואנוס. נדמה שלאחר עיון מעמיק יתברר שהחלוקה הקטגורית והדיכוטומית שאנו מכירים מן העולם של גדרי ההלכה מחמיצה את הניואנסים הדקים מן הדקים המצויים בחז"ל הנוגעים להלך נפשו של האדם החוטא. (להרחבה ראו בפרק "החובה לדעת את החוק" לעיל, עמ' 251).

עד מות הכהן הגדול

רוצח בשגגה גולה לעיר מקלט, עיר המקלט הופכת להיות ביתו, ולמעשה, לא יוכל לצאת ממנה לעולם: "כִּי בְעִיר מִקְלָטוֹ יֵשֵׁב עַד מוֹת הַכֹּהֵן הַגָּדֹל" (ל"ה, כח). ישנו מועד לשחרור רוצחים בשגגה ולזכותם לשוב לעיר מולדתם, אבל הוא אינו קצוב ואינו ידוע. הוא תלוי במותו של הכהן הגדול.

התלות הזו בין מיתת הכהן לבין חירותם של הרוצחים בשגגה היא תלות שיש לתת עליה את הדעת. והיא מבוארת בשלושה אופנים שונים במקורות חז"ל:

האפשרות האחת מובאת בתלמוד הירושלמי. המדרש בירושלמי קושר בין כל פריטי הלבוש של הכהן לכפרת עם ישראל על חטאים ייחודיים. לכל פריט לבוש כוונת כפרה שונה. הציץ מכפר על עברות מסוימות, האבנט על אחרות וכן על זה הדרך. זוגי המעיל שקולם נשמע מכפרים על לשון הרע, ובהמשך לכך מותו של הכהן הגדול מכפר על מי שהרג נפש בשגגה (יומא ז ע"א). הנחת כל פריטי הלבוש המיוחדים של הכהן הגדול ברצף אחד עם נשמתו של הכהן הגדול היא מעשה פרשני. הירושלמי טוען שהכהן הגדול כולו, מכף רגל ועד ראש, מיועד לכפרה, הוא משמש כמעין קורבן של עם ישראל עד כדי כך, שעל החטאים המיוחדים כמו הריגת נפש, אין כפרה אלא במותו. הרעיון פה הוא כמעט מיסטי־ערטילאי, והוא מתחולל בעולמות עליונים.

פירוש אחר נמצא בספרי, המעמיד את שתי הדמויות הללו, זו של הכהן וזו של הרוצח בשגגה, זה מול זה כבבואה הפוכה:

ר' מאיר אומר: רוצח מקצר ימיו של אדם וכהן גדול מאריך ימיו של אדם,

אין בדין שיהא מי שמקצר ימיו של אדם לפני מי שמאריך ימיו של אדם.
רבי אומר: רוצח מטמא את הארץ ומסלק את השכינה,
וכהן גדול גורם לשכינה שתשרה על האדם בארץ,
אין בדין שיהא מי שמטמא את הארץ ומסלק את השכינה
לפני מי שגורם להשרות את השכינה על אדם בארץ
(ספרי, מסעי פיסקא קס).

ר׳ מאיר מדגיש את קיצור החיים מול הארכתם, רבי מדגיש טומאה כנגד טהרה. הן ר׳ מאיר והן רבי מבארים שמן הדין על הרוצח למות ראשון. שכן הוא מקצר חיים, הוא טימא את הארץ וסילק את השכינה. בכך מתארים שני התנאים גם את הפסוק כאמירה צינית, היעלה על הדעת שהכהן הגדול ימות לפני מי שהרג את הנפש?! אבל הם מוסיפים גם הסבר שמעבר לכך. הסמליות ההפוכה שבדמויות שעל כף המאזנים. השקילות שמיוחדת רק לשני אלו. זו הסיבה שמעמידים מול הרוצח בשגגה את דמותו של הכהן הגדול, בבחינת כזה ראה והבן.

האפשרות הפרשנית השלישית נמצאת במשנה במסכת מכות, ושם מבצעת המשנה מהלך כפול. ראשית, היא מנתקת מעט את הזיקה שבין הכהן הגדול ודמותו הספציפית לבין הרוצח בשגגה, ומרחיבה את האפשרויות של הרוצח להשתחרר. ״אחד משוח בשמן המשחה ואחד המרובה בבגדים ואחד שעבר ממשיחותו מחזירין את הרוצח״ (משנה, מכות פ״ב מ״ו). לדעת תנא קמא במשנה, יש כמה סוגים של כהנים שמותם יגרום לשחרור הרוצחים. ור׳ יהודה מוסיף עליהם גם את הכהן משוח המלחמה. הפרשנות הזו מבוססת על ריבוי הפעמים שנזכרת בתורה התלות בין מות הכהן הגדול לצאת הרוצחים מערי המקלט. הרחבה זו שכשלעצמה מגדילה את אפשרויות השחרור, ומרככת את הקשר הישיר וההדוק בין הכהן הגדול ובין הרוצחים. אולם המשנה אינה מסתפקת בכך, להרחבה זו ישנה תוספת משמעותית: ״לפיכך, אימותיהן של כהנים מספקות להן [=הרוצחים בשגגה] מחיה וכסות, כדי שלא יתפללו על בניהם שימותו״.

לפי פירוש זה, התלות שהתורה מתארת הופכת ממשית, ואינה נותרת בגדר סמל, מטאפורה או כפרה רוחנית בלבד. יש לה השלכה מעשית על חייהם של הרוצחים בשגגה בעיר המקלט. התורה קשרה את גורל הרוצחים לגורל הכוהנים ויצרה ביניהם ברית. הדבר אולי יוצר תחושת חוסר הגינות, אבל אך טבעי הוא שהרוצחים ישבו ויתפללו וייחלו לרגע השחרור. רוצחים

(גם אם בשגגה) שעיניהם נשואות למותם של אנשים ספציפיים הרי הם סכנת נפשות של ממש, רק שוחד יכול להפר את רוע הגזרה. הטבת מצבם, ריכוך הניכור והנֵכר, וטיפוח הקשרים בין משפחות הכוהנים לרוצחים בשגגה – כל אלה עשויים לעכב את תפילותיהם חסרות הרחמים. בכל אלה יש גם לחבר בין חסד ודין, בין טוהר לטומאה ובין שכינה למסלקיה.

ההבדלים בין שלושת הפירושים גדולים גם מבחינת משמעותם הערכית. הירושלמי סבור שהחטא כה גדול עד כי רק מותו של הכהן הגדול עשוי לכפר עליו. הספרי סבור כי רק הצבת דמותו של הכהן אל מול החטא נותנת לו פרופורציות בלתי נסבלות ובלתי נסלחות לעולם. ואילו המשנה אינה עוסקת בגודל עוצם החטא ובמוות, אלא רואה דווקא את החיים של הכהן הגדול כהזדמנות לכפרה. מתברר שהפסוק משקף שלוש תיאוריות ענישה שונות: כפרה, נקמה והזדמנות לתיקון. במציאות, שלוש אלו מכונסות יחד לעיר המקלט.

חומש דברים

פרשת דברים

עוג מלך הבשן

המלחמה בעוג מלך הבשן נזכרת כבר בחומש במדבר (פרק כ״א) כחלק מכיבוש עבר הירדן המזרחי. בחומש דברים, חוזר משה על תיאור הכיבושים גם כחלק ממכלול ההתמודדויות עם עמי הסביבה. אולם תיאור זה רחב ומקיף יותר ומגלה את שבליבו של משה.

סיפור המלחמה בעוג מלך הבשן הוא סיפור משופע בפרטים. אחד מן הפרטים מבליט ומייחד את הקרב הזה:

> כִּי רַק עוֹג מֶלֶךְ הַבָּשָׁן נִשְׁאַר מִיֶּתֶר הָרְפָאִים הִנֵּה עַרְשׂוֹ עֶרֶשׂ בַּרְזֶל הֲלֹה הִוא בְּרַבַּת בְּנֵי עַמּוֹן תֵּשַׁע אַמּוֹת אָרְכָּהּ וְאַרְבַּע אַמּוֹת רָחְבָּהּ בְּאַמַּת אִישׁ (דברים ג׳, יא).

פסוק זה היווה כר פורה לטיפוח דמותו האגדית של עוג מלך הבשן. שני פרטים מן הפסוק תופסים את תשומת הלב, הראשון הוא תיאור קדמותו של עוג: ״נשאר מיתר הרפאים״. הייחוס לרפאים רומז לא רק לייחוסו אלא גם למראהו, שכן, בפסוקים הקודמים נאמר במפורש ״רְפָאִים יֵחָשְׁבוּ אַף הֵם כָּעֲנָקִים וְהַמֹּאָבִים יִקְרְאוּ לָהֶם אֵמִים״ (דברים ב׳, יא) ורש״י מבאר: ״רפאים, על שם שכל הרואה אותם ידיו מתרפות״ ו״אֵמים, על שום שאימתם מוטלת על הבריות״ (שם). הפרט הנוסף מחזק את הדימוי שמשה מבקש להדביק לעוג והוא נוגע לגודל ערשו. מידות מיטת הברזל של עוג הן, לכל הדעות, מידות גדולות במיוחד.

חז״ל העצימו את הדמות והפכו אותה לדמות מיתית אימתנית בעלת ממדי ענק, וכמעט בת אלמוות. הם קישרו בין התיאור של משה ״נִשְׁאַר מִיֶּתֶר הָרְפָאִים״ (דברים ג, יא) לרפאים המוכרים לנו מימות אברהם אבינו. בתיאור מלחמת המלכים מסופר כי ״וּבְאַרְבַּע עֶשְׂרֵה שָׁנָה בָּא כְדָרְלָעֹמֶר וְהַמְּלָכִים אֲשֶׁר אִתּוֹ וַיַּכּוּ אֶת רְפָאִים בְּעַשְׁתְּרֹת קַרְנַיִם״ (בראשית יד, ה) על פי פסוק זה הרפאים מוכים ומושמדים. בהמשך, כשהמלחמה מסתבכת ולוט נלקח בשבי, מסופר שה׳פליט׳ בא ומבשר לאברהם אבינו על שביו של לוט: ״וַיָּבֹא הַפָּלִיט וַיַּגֵּד לְאַבְרָם הָעִבְרִי״ (בראשית י״ד, יג). הנה, צץ כאן פליט, שייתכן שהוא שריד בודד מן המלחמה ברפאים. והוא זה שאנו פוגשים כחמש מאות שנה מאוחר יותר כמי שאף הוא ״נִשְׁאַר מִיֶּתֶר הָרְפָאִים״ (דברים ג׳, יא). אותו פליט הוא ששרד מימות אברהם ועד ימי משה רבינו. חז״ל שקישרו, כדרכם, בין שתי הדמויות – המזוהה (עוג) ושאינה מזוהה (הפליט) – התבססו על תכונת ההישרדות שלהן. וכך נאמר במדרש:

> ״ויבוא הפליט ויגד לאברם העברי״... זה עוג. וכאן עושה אותו שיריים שנאמר ״מיתר הרפאים״ (במדבר רבה, יט).

אבל גם בזה לא הסתפקו חז״ל ור׳ יוחנן מוסיף ואומר שאותו פליט שבא לאברהם הוא עוג שפלט דור המבול. לפי ר׳ יוחנן קדמותו של עוג אינה מגיעה רק לדור אברהם אלא שורשה אף קודם לכן, ברפאים הקדומים, בני הנפילים הענקים הידועים מן התקופה שקדמה למבול. משה פוגש, לפיכך, דמות נדירה ביותר, הוא מתמודד מול אדם שזוכר את העולם כפי שהיה לפני המבול, שהכיר את שלושת האבות, שהיה במחיצתו של אברהם אבינו, ושגדל להיות מלך בעל עוצמה.

העיסוק החז״לי בגודלו של עוג ובתיאוריו הגרוטסקיים נראה כתחרות שבה מי שיצליח לתאר את מימדיו ומעשיו בדרך שתהיה המבעיתה ביותר יזכה במקום הראשון.

במסכת נידה מובאת ברייתא המתארת את גודלו:

> תניא, אבא שאול אומר, ואיתימא רבי יוחנן: קובר מתים הייתי, פעם אחת רצתי אחר צבי, ונכנסתי בקולית של מת, ורצתי אחריו שלש פרסאות, וצבי לא הגעתי וקולית לא כלתה, כשחזרתי לאחורי אמרו לי של עוג מלך הבשן היתה (נידה כד ע״ב).

אבא שאול מספר שבריצתו אחר צבי, מהלך של שלוש פרסאות (מספר טיפולוגי שעניינו כברת דרך ארוכה), הוא רץ אחר צבי, אך לצידו מונחת קולית (עצם) של מת. בסוף אותה כברת דרך נאלץ לוותר על הציד, את הצבי לא השיג, אבל 'קולית לא כלתה'. העצם הענקית הזו השרועה לאורך דרכו של הצבי ונמשכת עוד לאחר שהצבי נעלם באופק, היא שריד לשריד, כלומר שייכת לעוג מלך הבשן וארוכה יותר מכל הדרך המעייפת שעשה אבא שאול. הרשב"ם מגדיל אף הוא את מידותיו של עוג, והוא סובר שערשו של עוג המתוארת בפרשתנו, מתייחס לעריסתו כשהיה תינוק. אותה עריסה מונחת לתצוגה ברבת בני עמון במוזיאון המקומי לזיכרון גודלו העצום כבר בקטנותו (רשב"ם, דברים ג'). הרשב"ם מוסיף שעריסתו הייתה עשויה מברזל "לפי שכשהיה קטן היה חזק מאד ובהשתטחו היה משבר ערס של עץ". המוטיב הנוסף הזה הנוגע לעוצמתו וכוחו של עוג משתמעים גם מתיאור מלחמתו של עוג במשה כמובא במסכת ברכות. שם מסופר כיצד עוג עקר אבן בגודל של שלוש פרסאות, שבזכות חגבים שזימן ה' נאכלה האבן במרכזה ונהפכה לכעין טבעת שנכרכה סביב צווארו שלו. בניסיונו להיחלץ מן הטבעת נתקעה האבן בשיניו העליונות והתחתונות לחלופין, עד שמשה הרגו.

דמותו של עוג מתגלגלת עוד, וגודלו הפך למשל ולמושג הלכתי המתייחס לקושי בקביעת מידות ושיעורים אחידים. שיעור האכילה ביום הכיפורים, או כמות האוכל שניתן להסתפק בהנחתו לצורך עירובי חצרות או עירוב תחומין וכדומה. כל אלו נאמדים על פי אדם ממוצע ואינם מתאימים לאנשים חריגים בממדיהם, ולפיכך, גם אינם מבטאים עוד את ייעודם (עירובין ל ע"א; יומא פ ע"ב).

בעל התורה תמימה מקשה בתמימות על דרשת ר' יוחנן הקושרת את עוג עם דור המבול: "ולא נתבאר הצורך בדרשה זו" (הערות תורה תמימה, בראשית ו', יד), אכן בפשט הפסוקים אין סיבה לקשור את דמותו של עוג לימי בריאת העולם. הרד"ק מציע: "אפשר שהאריכו ימים כמו שארכו גופותם" (רד"ק, בראשית ו'). כלומר, שהזיהוי של היותו ענק מעיד מן הסתם על חוסנו הפיזי ומשליך אף על שרידותו.

עולם האגדה הוא עולם מופלא שיש לו הכוח לפתח ולהגדיל רעיונות זעירים. למה באמת התכוון משה ובעקבותיו האגדות הללו? האומנם, פשט האגדות הוא מטרתן? להסעיר את הדמיון ותו לא?

סביר לומר שמשה לא התכוון לעסוק במידותיו הפיזיות של עוג. וכמותו סביר שגם ר' יוחנן שקשר את דמותו בביוגרפיה מרשימה לספר

תולדות אדם לא התכוון לכתוב את תעודת הזהות שלו. גם תיאורי מידותיו וההפרזה בהן בחז"ל כמתבאר מן האגדות הנוספות בסוגיות הללו, עניינן להבליט ולהדגיש ממד פשוט בדברי משה. בעזרת מספר תמונות פשוטות מעביר משה את האימה הגדולה ששרתה על עם ישראל ועליו בבואם להילחם במלך מבוסס עם חיל רב, מלחמה ביעד מבוצר ובעם ששורשיו בקרקע עמוקים.

ועדיין לא ברור מה ראה משה בעוג יתר על מלכים אחרים איתם התמודד. מדוע דווקא כאן באו לידי ביטוי החרדות והחששות?

על פי הקבלה, הגדולה והכוח של עוג הם ביטוי לעוצמות הרוחניות השליליות שלו. ערש ברזל רומז לכך שכוחו במדרגות הטומאה הגיע למדרגה העשירית והעליונה. בן דור המבול, סמל לחטאי הזנות והחמס (ראו למשל: מאור ושמש, דברים; ר' צדוק, פרי צדיק לפרשת דברים). אך דבר זה אינו מתיישב עם הפחד מפניו. נהפוך הוא, לכאורה, חולשתו בחטאיו. לכן בעקבותיהם נבאר שגודלו של עוג והחשש ממנו הוא ביטוי לחרדה הפנימית שלנו, המושלכת על גוף זר וחיצוני, כשם שפחדיהם של ילדים מיתרגמים למפלצות המסתתרות מתחת למיטתם. הפחד מעוג המפלצתי הוא החשש מפני היצור הענק שבתוכנו, העתיק מאיתנו, הערמומי מכולנו, שבימים טובים שלו הוא מצל על עולמנו, ומולך עלינו.

> ומלך הוא נגד הלב כדאיתא בספר יצירה: לב בגוף כמלך במדינה. וזה הוא קליפת עוג (פרי צדיק, דברים).

עוג המושל בליבנו הוא החסם העומד מול משה. הוא המרתיע את משה והגורם לו להתמלא חרדה שמא עם ישראל לא יצלח את המשימה. ודוק, החרדה אינה מפני המפלצתיות ה'עוֹגית', אלא דווקא מפני הפיתוי שבעוצמתו. התכונות הללו מאיימות משום שהן מושכות אותנו וגורמות לנו להזדהות עם הרע שבתוכנו. עידודו של ה' וניצחונו של משה הם מקור לאופטימיות. לתקווה שבע"ה "ויהי בישורון מלך".

תרבותי שבטי ולאומי. בצידו מצויה גם השאיפה לקלוט מרוח העמים והאתגר להכיל אל קירבה של המסורת תובנות משמעותיות שבמגבלות ארץ ישראל וגובהה אין מסוגלים להגיע אליהם. ומכאן גם לצורך בגלות הממושכת ובפיזור בין האומות.

לא איש דברים אנוכי

משה הוא אחת הדמויות המקראיות שאנו מלווים מינקות ועד שעת פרידה. עוקבים אחר תהפוכות גורלו, אחרי גדילתו. ולאחר מכן – הפיכתו למנהיג. דמותו בעם ישראל היא דמות מופת שעוררה לאורך ההיסטוריה את סקרנותם של חוקרים, של פילוסופים, של אומנים ועוד.

קשה להקיף את דמותו של משה במאמר קצר אבל ניתן להיתפס לנקודה אחת באישיותו. אחד ממאפייניו המופיע בדברי משה עצמו בתחילת דרכו כמנהיג היא "לֹא אִישׁ דְּבָרִים אָנֹכִי... כִּי כְבַד פֶּה וּכְבַד לָשׁוֹן אָנֹכִי" (שמות ד', י').

הקב"ה אינו חולק על האבחון, וממילא מתברר שבחירתו של הקב"ה במשה היא בחירה באדם שאינו רהוט, שקשה לו לבטא את עצמו, ובוודאי שהוא איננו דמגוג. ייתכן שמשה הוא כריזמטי, אך שפתו אינה חלקלקה והוא אינו כובש אנשים באמצעות ניסוחים מרגשים. מה שכובש במשה היא אישיותו שמתגברת על קשיי הדיבור וההתבטאות שלו ומצליחה לדבר ולהנהיג.

הרטוריקה ובעיותיה

רטוריקה היא וירטואוזיות. ביסוד הכישרון הזה מצויה היכולת לשכנע לבחור בדעות ובערכים, ולבחור בין אלטרנטיבות. הרטוריקה היא כלי שרת בידי התבונה, וביכולתה להציע הסבר ממפורט ומשכנע לטובתו של רעיון. אולם בהיותה כלי שרת בלבד, אין בה תוכן עצמי מהותי. רטוריקן מוכשר מסוגל לתמוך בעמדה אחת ובו זמנית לשכנע בנחיצות היפוכה הגמור. בשלבים מוקדמים של ההיסטוריה התפתחה הרטוריקה כתחום אומנותי ממש. ממנה הסתעפו סוגים שונים של דפוסי טיעון: הפיוטיים, עמוסי הסופרלטיבים והדקדקניים הבנויים על ניסוח מובנה של טיעון. הרטוריקה הייתה מוקד ותשתית תרבותית ביוון העתיקה והיוותה כלי יסודי שכל אזרח נזקק לו. עד שבימי הביניים תחום זה נתקבע לתוך לימודי היסוד הנחוצים לכל פילוסוף, לימודים שכללו את שלושת היסודות של השפה: הדקדוק, הלוגיקה והרטוריקה. סוקרטס, שהתנגד לרטוריקה, יצא בעוז נגד השקר וההטעיה

הגנוזים באומנות זו. המשפט הידוע של סוקרטס גורס כי החנופה לגוף היא הטבחות והקוסמטיקה, והחנופה לנפש היא הרטוריקה. הרטוריקה היא, במידה מסוימת, מלאכה של אחיזת העיניים.

משה אינו נמנה עם המתייחדים בפעלולי לשון שניחנו בטון דיבור בוטח. אין ספק כי כישרון כזה חשוב למי שנועד לתפקיד הנהגה ציבורי ופוליטי. ועל כן משה מתלונן על כי הוא ערל שפתים.

נאום משה – מהפך

על רקע זה, בפרשת דברים מזומנת לידינו הפתעה. כאן אנו פוגשים את משה על סף פרידתו מן העולם נושא אל האומה נאום שלם, בנוי, מנוסח ובעל מסר. לא רק אנו מופתעים, אף במדרש מובעת תהייה על הפער בין האופן שבו אנו מכירים את משה לבין התהוותו לנגד עינינו של הנאום האחרון של משה.

אחד המדרשים מתרץ את הפער כך:

> הרי משה עד שלא זכה לתורה, כתיב בו: "לא איש דברים אנכי" כיוון שזכה לתורה נתרפא לשונו והתחיל לדבר דברים. מנין? ממה שקרינו בעניין: "אלה הדברים אשר דיבר משה" (דברים א', א) (דברים רבה, שם).

המדרש הזה גורס מהפך בדמות משה או לכל הפחות שינוי והתפתחות בדמותו. וישנה גם הצבעה על הגורם לכך: התורה ריפאה את משה ממחלתו. לביאור הקשר בין לימוד תורה וריפויו של גמגום יש לומר שהתורה והידע מחזקים את הביטחון העצמי. ככל שאדם נשען על בסיס ידע רחב יותר כך הוא אינו חושש לדבר, אינו חושש לבטא את עצמו ויתרונו על אחרים הולך ונהיה מובהק יותר וברור יותר. הגורמים האלה מעניקים חוסן פנימי הבא לידי ביטוי בהבנה שיש תרומה בדבריו, שהוא נושא תובנות ייחודיות הבאות מזיקת הגומלין שבין התורה ובין עמקי הנפש. וכך עמידתו בוטחת ודבריו רהוטים.

נאום משה – תכונה מולדת

פתרון אחר לסתירה מובא במדרש מדבי רבי תנחומא:

> "אלה הדברים": אמר ר' תנחומא למה הדבר דומה?
> לאדם שהיה מוכר ארגמן, והיה מכריז: הרי ארגמן,
> הציץ המלך ושמע את קולו,

> קרא אותו ואמר לו: מה אתה מוכר?
> אמר לו: לא כלום.
> אמר לו: אני שמעתי את קולך שהיית אומר הרי ארגמן, ואתה אומר לא כלום?
> אמר לו: אמת, ארגמן הוא, אלא אצלך אינו כלום.
> כך משה לפני הקב"ה שברא את הפה ואת הדיבור אמר "לא איש דברים אנכי" אבל אצל ישראל כתיב "ואלה הדברים" (דברים רבה, א).

לדברי המדרש הזה, משה אומנם טען לפני הקב"ה שהוא כבד פה וכבד לשון, אבל לא מפני שיכולת הטיעון לא הייתה אחת מתכונותיו המולדות, אלא דווקא משום שהבין את יחסיות יכולותיו. לכל נואם יש קהל מאזינים, לכל נואם יש מי שדבריו נעימים לאוזניו. לפני הקב"ה היודע סתרי ורזי רטוריקה ונאומים משה חש התבטלות מוחלטת. אף שהיה ער לכישרונו זה, הוא לא העז להביאו לידי ביטוי מול הקב"ה, ביודעו כמה עלוב מצבו ביחס לאפשרות האינסופית.

ואפשר גם להסביר את המדרש קצת אחרת. ניכר לעין כבר מתחילת הדרך שמשה הוא בעל יכולת לוגית מדויקת. בכל השיחות שהקב"ה מנהל אתו, משה מציב שאלות וקושיות כסדרן. הוא מפרק אחת לאחת את הנחות היסוד שעליהן מושתתת בקשתו של ה'. החיסרון של משה אינו בהבנה ובליבון השאלות, אלא בהכנת נאום, בנשיאת "נאומי ככרות" שמטרתן להציג עמדה בצורה המשכנעת ביותר האפשרית. אבל מתברר כי לא משה הוא הצריך להשתנות, אלא הקונספט. בעולם יש גם מי שזקוק למילים נכונות ולא רק למילים יפות. מי שזקוק לארגמן ימצא בארגמן את המרפא לנפשו גם אם הדובר איננו דובר בחסד, חוכמתו וניסיון חייו של משה נוכחים בדבריו, החצובים ממקור עליון.

שני המדרשים אינם סבורים שמשה הפך לרטוריקן ולדמגוג, אך שניהם נותנים פשר לאפשרות המאוחרת שלו לשאת דברים מסודרים ונכוחים. לפי המדרש האחד, מדובר בהתפתחות רוחנית אישית ואינטלקטואלית שמהווה פלטפורמה לשיח בשל, לפי המדרש האחר, מדובר באפשרות מולדת להציג את הדבר הנכון במקום הנכון.

לפי שני המדרשים משה לא הפך להיות פופוליסט או וירטואוז. הוא רק לימד את קהלו מה גנוז בניסיונו של אדם, מה כמוס בשקט ובענווה ומה כוחה של הקשבה.

הואיל משה באר

ספר דברים נפתח בדברי משה המכונים "ביאור" לתורה – "הוֹאִיל מֹשֶׁה בֵּאֵר" (דברים א', ה). הדעת נותנת שישנו פער ברור בין הטקסט עצמו לבין ביאורו, והוא אינו זהה לו. הביאור הוא שכבה מאוחרת לטקסט שהוא מבאר.

ייתכן שבשל המשמעויות העולות מכך, מיעט הספרי בערך המילה "באר" ולדבריו, מדובר בשינון של דברים שכבר נאמרו ובחזרה עליהם, ולא בביאור של ממש: "מי ששמע פסוק אחד ושכחו יבוא וישננו... לכך נאמר באר את התורה הזאת".

חסרון פירושו של הספרי הוא בכך שהוא חוטא למשמעות של המילה 'ביאור'. יתרונו בכך שהוא מסלק את העננה הרובצת מעל ההצעה שספר דברים הוא חריג בין החומשים, שהוא אינו עשוי מאותה יריעה ושספק מרחף לגבי מקורו: האם אלו דברי משה או דבר הא-לוהים. בדרך זו הלך גם הרמב"ן כשהציע שהכול נאמר כבר על ידי ה' ואף המצוות שלא נזכרו במקום נוסף בתורה, אף הן כבר נאמרו למשה בסיני ולא התחדשו כאן.

אך רוב הפרשנים הבינו שביאור הינו פירוש ממש שנעשה מתוך היענות לצורך של הלומדים בתיווך בינם לבין הטקסט. צורך שנגרם בשל קיומו של פער בין הטקסט ובין לומדיו. הפער הזה יכול להתרחש מכל מיני סיבות. הסיבה הפשוטה ביותר יכולה להיות בעיה של שפה. הבעיה נוצרת כאשר שפת המקור אינה שפתו של הלומד והוא נדרש לתרגום שהוא כידוע גם פירוש. תרגום טוב מכיל לא רק את המשמעות הלקסיקלית הפשוטה של המילה במקורה, אלא משקף את האווירה בטקסט את השנינות שבמקור, ואת ההקשר המדויק.

לדברי רש"י הביאור של משה היה תרגום: "בשבעים לשון פירשה להם" (מבוסס על התנחומא). אומנם, לא ברור אילו שפות היו נצרכות לעם ישראל באותה השעה. דרך זו של רש"י מספקת הסבר קל ופשוט לצורך בביאור, ומטשטשת את הפליאה לנוכח המפגש עם פירוש שהתורה עצמה מייחסת לעצמה, אך אינה מתיישבת עם המציאות: לא נראה שהקהל שמולו עמד משה היה רב תרבותי או רב לשוני, ועל כן מפרשים אחרים לא הלכו בדרכו של פירוש זה. את דעתו של רש"י ניתן להסביר באופן רעיוני ולומר שמשה נדרש לשבעים הפנים של התורה. משה ניסה למעשה להעמיק את דברי התורה באמצעות השפה. מלאכת התרגום חושפת אפשרויות מגוונות להבנת דברי התורה כפשוטם (ראו: הכתב והקבלה).

הרש"ר הירש הלך בדרך אחרת והציע שאין מדובר בביאור ופירוש, אלא בחשיפת התשתית ההשקפתית שביסוד המחויבות לעולם של תורה ומצוות:

> כנגד זה ההקדמה שמשה פתח בה את החזרה על ביאור כל התורה... שכן הנאומים האלה, הכלולים באחד עשר הפרקים הראשונים, מוסרים את השקפות היסוד ואת החובות הכלליות כלפי ה' ותורתו...
> וכל אדם מישראל חייב לקלוט אותן ברוחו ובנפשו, למען יהיה בן נאמן לברית ה'.
> הרי אלו המחשבות של יראת ה' ואהבת ה' ודבקות בה',
> המושתתות על רעיונות היסוד של אחדות ה' בתודעה העיונית והמעשית. הרי זו מצות לימוד התורה, המוטלת על כל אדם מישראל.

לדברי הרש"ר הירש, משה פנה באחרית ימיו לעיסוק בערכי המסורת. הוא אינו עסוק בפירוש התורה במובן הפילולוגי, הטקסטואלי או בדקויות לשון וכדומה אלא בבניין התשתית הנחוצה לכל יהודי מישראל, בניין המחשבה וההשקפה התורנית. בזה משה מבקש לחשוף את הסודות העמוקים ולגרום לכל יהודי להבין טוב יותר את משמעותן של המצוות וטעמיהן ול"התחבר" לעבודת ה'.

רבינו בחיי הביא כהסבר 'על דרך המדרש' פירוש שונה: "הואיל משה באר את התורה הזאת לאמר, התורה נדרשת במ"ט פנים טהור ובמ"ט פנים טמא". לדבריו אלו, משה בספר דברים עובר למדיום אחר ושונה מזה שנהג בו במשך כל שנות המדבר [מדיום המדגיש את האמירה – "לאמור"]. בימיו האחרונים משה מתחיל במפעל התורה שבעל פה ובמלאכת הדרש והדרשה.

רבנו בחיי מבקש לעמעם מעט את הקושי על ידי הגדרת פירושו כפירוש שאיננו על דרך הפשט. כך, הוא פטור מלעסוק בשאלות התיאולוגיות שעולות ממנו אם מדובר בראשית התורה שבעל פה הכנוסה לתוך התורה שבכתב.

אולם הרב סולוביצ'יק התמודד עם הקושי הזה חזיתית והציע פתרון:

> ונראה מכאן שחלות השם של משנה תורה מורה שספר דברים מהוה חפצא של תורה שבעל פה. כי התורה שבעל פה באה לבאר את התורה שבכתב, והוא עצם יסוד של החפצא של משנה תורה דהוי ביאור

התורה, ולכן בנוסף לחלות שם תורה שבכתב שיש לו כשאר חומשי התורה, יש לו אף חלות שם תורה שבעל פה, וחלות שם זו מייחדו כחפצא וספר של תורה מיוחד מכל שאר חומשי התורה...
ולפי המבואר ניתן אף לבאר... ששאר התורה כולה נאמרה מפי הגבורה רק כחפצא של תורה שבכתב, ואילו משנה תורה שאני [=שונה], משום דנאמרה לכתחילה מפי הגבורה למשה כחפצא של תורה שבעל פה (רשימות שיעורים, יבמות ה, א).

הרב סולוביצ׳יק מגדיר מחדש את מהותו של ספר דברים כסוגת לימוד השייכת לעולם התורה שבעל פה! אלא, שמבחינת מקורה ומבחינה ביבליוגרפית היא נמסרת בכתב על ידי הקב״ה למשה וממנו אל העם. היתרון העצום בפירוש הזה הוא בהציבו את המתודולוגיה של תורה שבעל פה כמקושרת בעבותות אל התורה שבכתב. הוא מהדק את הזיקה בין הכתוב ובין הפרשנות, בין הנאמר ובין הנמסר בעל פה, בין הפשט ובין הדרש והופך את כל אלו לתורת ה׳ תמימה. כל זה קיים לא רק בהיבט המחייב והמעשי, אלא גם בהיבט העיוני. נקודת מבט זו משדרגת את הלמדנות והופכת אותה לחלק מן הגנוז בתורה שבכתב ממש.

בבסיס האפשרות העיונית הזו שמציע הרב סולוביצ׳יק עומדת ההנחה שלמעשה בסוף ימיו של משה, משה עצמו פונה לעסוק גם בתורה שבעל פה כחלק מן התורה שבכתב.

הגרי״ז, דודו של הרב סולוביצ׳יק, מנסח זאת מעט אחרת:

והיינו דבחיוב מסירת התורה דהיה למשה למסור לבנ״י נאמר דחוץ ממה שצריך היה למסור להם עצם הדברים והנבואה שנמסרה לו למסור להם, היה צריך גם נוסף לזה לבאר להם טעמי הדברים,
וזה כבר לא היה בגדר נבואה אלא בגדר רב דחייב היה ללמדם את התורה,
ונכלל זה בחיוב שהיה למשה למסור התורה לישראל (חידושי הגרי״ז סי׳ קמב).

לפי דבריו, למשה היו שני ׳כובעים׳. כובע מוסר התורה, היינו, היות ׳הספר הפתוח׳ לפני העם והכובע של רב ומורה. בכובע הזה, משה חייב לא רק לומר את פסוקי התורה אלא גם לבארם.

לסיכום, ובתרגום ללשוננו, בפרשת דברים נחשפת לפנינו דמות משה אחרת וחדשה.

כדי להבין את עוצמת הדמות הנשקפת אלינו מבין רסיסי חייו האחרונים של משה, צריך להבין מהי פרשנות. פרשנות מחייבת מפגש. היא מחייבת הבנה ברורה של הקשיים והצרכים של מי שעומד מולך. היא מחייבת את האדם לצאת מאזור הנוחות שלו ולהפסיק להתגדר במילים ובטקסטים. במובן מסוים, מלוא כל הארץ פרשנות. כל מפגש אנושי מחייב מעשה פרשני. בכל מפגש אדם נדרש להבין ולהסביר לעצמו מהויות ולפרש את אשר הוא רואה או שומע. מתברר, אם כך, שכאן בתחילת ספר דברים מצויה הפעם הראשונה שבה משה פוגש את עם ישראל, פגישה במלוא מובן המילה. דווקא לפני מותו. אם עד עכשיו משה 'אמר', מעתה הוא מבאר. אולי דווקא בערוב ימיו, עם התזכורת על היותו בשר ודם, משה חובר לעם ישראל שאותו הנהיג שנים רבות כל כך ומצליח לראות את הדברים מן הצד שלהם. הוא מצליח לא רק לומר את דברי התורה אלא גם להעביר את המסר. הוא קורא את התורה מצד המקבל ולא רק מצד הנותן. והופך ממוסר למורה.

לא תגורו

בתחילת הפרשה מזכיר משה את מעשה העמדת השופטים שמונו בשעתו על מנת להפחית את העול מעל כתפיו שלו. אגב כך הוא מזכיר כמה מן ההדרכות שמסר לאותם שופטים ודיינים. לשפוט בצדק, הצדק שייך לכל, גם לאחינו אבל גם לזרים, לגדול וגם לקטן. השופט הצטווה לא להכיר פנים במשפט, לשמוע דברי קטן כפי ששומעים את דברי הגדול. וציווי נוסף שנאמר להם מובא בזו הלשון:

"לֹא תָגוּרוּ מִפְּנֵי אִישׁ כִּי הַמִּשְׁפָּט לֵאלֹהִים הוּא" (דברים א', יז).

המילה "תגורו" היא מילה יחידאית בפסוקי התורה, המחייבת הסבר ופירוש. בספרי הנביאים והכתובים היא מופיעה בהטיות של לשון פחד:

"יִירְאוּ מֵה' כָּל הָאָרֶץ, מִמֶּנּוּ **יָגוּרוּ** כָּל יֹשְׁבֵי תֵבֵל" (תהלים ל"ג, ח)

בגמרא מובאת מחלוקת משולשת באשר לפירוש ההוראה:

ר' יהודה בן לקיש אמר: ...משתשמע דבריהן ואתה יודע להיכן הדין

נוטה – אי אתה יכול לומר להן איני נזקק לכם, שנאמר לא תגורו מפני איש.

רבי יהושע בן קרחה אומר: מניין לתלמיד שיושב לפני רבו וראה זכות לעני וחובה לעשיר, מניין שלא ישתוק – שנאמר לא תגורו מפני איש.

רבי חנין אומר: לא תכניס דבריך מפני איש (סנהדרין ו ע"ב; תוספתא, סנהדרין פ"א ה"ז-ה"ח).

לדעת ר' יהודה בן לקיש הציווי ב'לא תגורו' הוא שלא להסתלק מן האחריות המוטלת על הדיין להגיע להכרעה. הדיין רשאי שלא להסכים לדון כל עוד עשה זאת מראש. אולם, מרגע ששמע הדיין את בעלי הדין, הוא נעשה מעורב והופך לחלק מן הדין. אין לו כל מפלט מהכרעת הדין.

ההנחה של בן לקיש היא שלעיתים התוצאה אינה נוחה לדיין. קשה לעמוד מול אחד מן המתדיינים שהפסיד את כספו. בנקודה הזו בדיוק, מופיע הציווי **לא תגורו** מפני איש. ההכרעה חייבת להיאמר במלוא קומתה גם אם זו אינה נוחה לדיין.

בספרי מתואר הפחד הזה בקונרקטיות רבה: "שמא תאמר מתיירא אני מפלוני, שמא יהרוג את בני, או שמא ידליק את גדישי". אבל אפילו חששות כאלו אינם דוחים את האמת.

לדעת ר' יהושע בן קורחה ההנחיה 'לא תגורו' אינה מופנית אל הדיין אלא אל תלמידיו המשקיפים על התנהלות הדיון. אסור להם לחשוש מרבם ואולי אף מגדולתו וידענותו אל להם לירוא ממנו, והם חייבים להעיר כשנראה להם שרבם טועה.

ר' חנין לוקח את ההדרכה הזו עוד צעד אחד לאחור, לפיו אין המדובר בדיין וגם לא בתלמידיו או מתלמדיו, המדובר הוא בכל אדם: "לא תכניס דבריך מפני איש". בדבריו ישנה דרישה ברורה לא רק **לחופש** ביטוי, אלא **לחובת** ביטוי. חובה למחות, חובה להעמיד דברים על דיוקם חובה למחות כנגד כל מה שנראה כשקר. המשפט החותם את הפסוק "כִּי הַמִּשְׁפָּט לֵאלֹהִים הוּא" (א', יז), יכול להשתמע כמשפט במובן של פסק דין, אבל לדעת ר' חנין, המשפט אינו נעצר בפתח בית הדין. הוא סבור שהמשפט הוא כל חריצת דין, כל הבעת עמדה וכל פירוש והסבר לתופעה או למעשה. אל תכניס (תבטל, תצניע) דבריך מפני איש, חובה על כל אדם להביע את עמדתו גם אם דעת הקהל ממנו והלאה, גם אם הוא שם עצמו ללעג וגם אם האמת נעדרת.

במדרש תנאים מובאת וריאציה פרשנית אחרת על הפסוק, המדגישה את חתימתו: "כִּי הַמִּשְׁפָּט לֵאלֹהִים הוּא". נוכחות הא-ל בדין מחייבת.

> "לא תגורו מפני איש",
> שלא תאמר מתיירא אני מפלוני... לכך נאמר לא תגורו מפני איש.
> ומפני מה? טעמו של דבר מגיד "כי המשפט לא-להים הוא".
> וכן יהושפט אומר לדיינין שהשיב בערי יהודה (דברי הימים ב' י"ט, ו):
> "ויאמר אל השופטים ראו מה אתם עושים כי לא לאדם תשפטו כי לה'"
> (מדרש תנאים לדברים, פ"א).

השופטים הם נציגיו של הקב"ה, וכיוון שהקב"ה הוא בעל הדין ואדוניו נוכחותו מחייבת את העמדת הדין על מכונו.

את המדרש הזה ניתן להסביר גם באופן מעט שונה. בספרו מסכת טבע האדם מערער דיויד יום על אמיתות יסוד רבות הקשורות ביכולת האדם לדעת דבר מה על העולם. ובעלטה שעוטפת את האדם בשל היותו מוגבל על ידי השכל האנושי והרצון:

> שכל השכילות שלנו לגבי סיבות ותולדות נגזרות מהרגל בלבד, ושנכון יותר לראות באמונה פועל של החלק החש של טבענו ולא של החלק החושב שלו (שם, עמ' 163).

יום מבאר שקשרים של סיבתיות (כמו: אין עשן בלי אש) מבוססים על היסק ממה שהכרנו עד עתה, אך איננו יכולים לדעת באופן ברור שיש קשר בין שני הדברים. הוא קובע שכשאנחנו מחזיקים עט ביד והוא נופל ואנו מוצאים אותו לאחר מכן על הרצפה, אנו מניחים מיד שזה העט שהחזקנו, שנפל. אולם אין כל הוכחה לכך. הספקנות שלו אינה נוגעת רק לתחום הסיבתיות אלא גם לכל דבר שהאדם תופס בחושיו. הוא תהה אם ועד כמה הדברים שאנו רואים וחווים כקיימים תלויים בראיה שלנו אותם. אין כמעט דבר שאנו חושבים אותו לקיים כי ההכרה האנושית מחייבת זאת שהוא לא העלה לגביו ספק. ספרו פרץ דרך להבנה שהשכל האנושי הוא מְסננת משמעותית שהאדם מפעיל כל העת מבלי משים. ודבר זה ממסך את המציאות כמות שהיא, ואת האמת. ההבנה שהאדם שבוי בקונספט, שהוא מוטה וכי השכל האנושי כובל אותו היא מחשבה שהתפשטה גם למחוזותינו.

הרב אריה ליב הכהן, בעל קצות החושן, כותב בהקדמתו לספרו:

אמנם לזאת יחרד איש,
פן ידבר דברים בתורה אשר לא כן,
ושכל האנושי לוֶאה להשיג האמת.

בעל קצות החושן מתאר את חרדת הקודש שלו כשהוא מבין שהשכל האנושי מונע מן האדם להגיע לחקר האמת. כאשר מדובר בפסיקת הלכה ובפרשנות התורה, הידיעה שאי אפשר להשיג את האמת הא־לוהית מטרידה ומשתקת. אולי לזאת כוונת הפסוק: "לא תגורו מפני איש, כי המשפט לא־לוהים הוא". הפסוק בא ומזהיר את האדם לבל יחרד מהיותו איש מפני שהמשפט לא־לוהים הוא. כי לא כך הוא, אלא האדם הוא שצריך לעשות משפט, הוא זה שנדרש להכריע.

פרשת ואתחנן

קול מתוך החושך

> אָנֹכִי עֹמֵד בֵּין ה׳ וּבֵינֵיכֶם בָּעֵת הַהִוא לְהַגִּיד לָכֶם אֶת דְּבַר ה׳ כִּי יְרֵאתֶם מִפְּנֵי הָאֵשׁ וְלֹא עֲלִיתֶם בָּהָר לֵאמֹר (דברים ה׳, ה).

מתיאורו של משה עולה כי בני ישראל לא עמדו בעוצם גודל המעמד וייראו ממנו: "וְעַתָּה לָמָּה נָמוּת כִּי תֹאכְלֵנוּ הָאֵשׁ הַגְּדֹלָה הַזֹּאת אִם יֹסְפִים אֲנַחְנוּ לִשְׁמֹעַ אֶת קוֹל ה׳ אֱלֹהֵינוּ עוֹד וָמָתְנוּ" (דברים ה׳, כב). בהמשך הפסוקים מתואר המעבר מדיבורו הישיר של ה׳ לדיבור באמצעות משה.

על פי הרמב"ן גם את שמונה הדיברות האחרונות תיוֵך משה לישראל, והן נאמרו באמצעותו:

> והנכון בעיני, כי ירמוז למה שפירשנו שם (כ, ז) כי ישראל לא הבינו מפי הגבורה אלא אנכי ולא יהיה לך ושאר הדברות משה הוא המגיד להם מה שיאמר השם, וזהו להגיד לכם את דבר ה׳, לפרש לכם כל דבור ודבור (רמב"ן, דברים ה׳, ה).

על פי פירוש זה, בני ישראל היו נוכחים במקום וגם שמעו את קול ה׳ אולם היו זקוקים לתיווכו של משה על מנת להבין את דברי ה׳. הסיבה לחוסר ההבנה של עם ישראל יכולה להיות מוסברת באמצעות הפסוקים עצמם:

וַיְהִי כְּשָׁמְעֲכֶם אֶת הַקּוֹל מִתּוֹךְ הַחֹשֶׁךְ וְהָהָר בֹּעֵר בָּאֵשׁ וַתִּקְרְבוּן אֵלַי כָּל רָאשֵׁי שִׁבְטֵיכֶם וְזִקְנֵיכֶם (דברים ה', כ).

משה מתאר שהם שמעו את קול ה' מתוך החושך.

בספרו האיש שחשב שאשתו היא כובע מדווח אוליבר סאקס על חולי אפאזיה (מחלה נוירולוגית). חולי האפאזיה מאבדים את היכולת לקלוט את הרצף המילולי, ואינם מבינים מילים. הם מאבדים את המסוגלות לצרף מילים לכלל משפט. אך בדרך כלל, הם מתגברים על הקושי שלהם ומבינים ומפרשים את מה שהם שומעים באמצעות רמזים לא מילוליים: נעימת קול, הטעמה, הדגשות, הבעה, גינונים, יציבה ושאר רמזים לא מודעים שאדם שולח למי שהוא מדבר אתו. לדבריו: "דיבור טבעי אינו בנוי ממילים בלבד, וגם לא ממשפטים בלבד. הוא מושתת על ביטוי. ביטוי מלוא המשמעות האישית באמצעות מלוא הישות. שכדי להבינו נדרש הרבה יותר מסתם זיהוי של מילים".

למעשה, אנשים אלה מצויים בשלב שקודם להתפתחות הדיבור. הם חוזרים למצב של קליטת המסר באמצעות החושים הלא מילוליים.

ניתן להיעזר בתיאור זה כדי להבין מה קרה בהר סיני, מדוע משה מדווח שעם ישראל שמע קולות מתוך החושך. נדמה שמשה הבחין שהבעיה והכשל בהעברת המסר הא-לוהי הוא בהיעדרותו של הקב"ה הדובר מן המסירה. הקולות יצאו מתוך החושך. לא ניתן להבין את הקולות היוצאים מתוך החושך, כשהם נעדרים כל סימן ורמז נוספים, והינם קולות בלבד, מילים, בזה הם נעקרים ממשמעות. אם משה מציין שבני ישראל שמעו את הקול כאילו הוא דובר אליהם מתוך החושך משמע משה מבין שיש פגם במסירה. שיש לקות הקשורה לכך שהמסר מגיע ללא הקשר. מצוות מורכבות כמו כיבוד הורים או שמירת שבת, המצריכות הבנת הטעם המוליד את ההלכות המסתעפות לא ניתן להבין אם המצלול וההטעמה אינם נהירים. הציוויים האפודיקטים, המוחלטים שאין עליהם עוררין, המנוסחים בעשרת הדיברות יכולים להיות מובנים לעומקם רק עבור מי שרובדי דיבורו של הקב"ה נהירים לו. עם ישראל שומע קול מתוך החושך ואין לו השגה ויכולת לשמוע את דבר ה' כהווייתו.

המקבילה של התיאור הזה ביחס למשה מצויה בחומש שמות: "וּמֹשֶׁה נִגַּשׁ אֶל הָעֲרָפֶל" (שמות כ', יח). משה הוא היחיד שמסוגל לגשת אל אותו ערפל. ערפל אינו חשכה. קרבתו של משה לה' מסייעת לו להבין את רצונו.

חשוב לשים לב שעם ישראל אינו חש בבעייתיות. עם ישראל כשהוא מציע לפני משה את הבעיה אומר: "וַתֹּאמְרוּ הֵן הֶרְאָנוּ ה' אֱלֹהֵינוּ אֶת כְּבֹדוֹ וְאֶת גָּדְלוֹ וְאֶת קֹלוֹ שָׁמַעְנוּ מִתּוֹךְ הָאֵשׁ" (דברים ה', כא). לעם ישראל נדמה שהבעיה אינה החושך, אלא דווקא האש. הקירבה היתרה.

גם בימינו יש הסבורים שאין כל ערפל, שהתורה היא תוכנה ממוחשבת שיש להכניס לתוכה נתונים פשוטים ולצפות לפלט המדויק. אלה סבורים שמדובר בקול מתוך האש. הדברים ברורים ונהירים, רק שאין פנאי ואין מוטיבציה לעסוק במקורות הללו באופן עצמאי. לדברי אלו, תפקיד המורה והרב הוא רק להודיע מה אמר ה' מתוך האש.

משה היה סבור אחרת. הפרשה הזו היא אכן ערש הולדתה של תורה שבעל פה, של הצורך בעיבוד התורה שבכתב שניתנה למשה (ראו בפרק "הואיל משה באר" לעיל, עמ' 432). של הצורך של העם במנהיג הקרוב לדבר ה' שיפרש להם בכל דור מחדש ויברר מתוך ערפל המקורות הסותרים לעיתים מהי הדרך שבה ילכו.

ושבת עד ה' א-לוהיך

האפשרות לחזרה בתשובה נזכרת בפרשתנו בהקשרה הרחב, הלאומי. משה צופה שעם ישראל לא ילך בדרכי ה' ויגלה מן הארץ. אך יום יבוא והוא גם ישוב מרצונו החופשי לאמונה השלמה בה'. תיאור תהליך התשובה של העם כולו שונה מתיאור התשובה הפרטית.

הרמב"ם כותב בהלכות תשובה:

> כיצד מתוודין? אומר "אנא השם חטאתי עויתי פשעתי לפניך ועשיתי כך וכך והרי נחמתי ובושתי במעשי ולעולם איני חוזר לדבר זה", וזהו עיקרו של וידוי (הלכות תשובה פ"א ה"א).

מדבריו של הרמב"ם הללו גזרו ולמדו שלושה רכיבים הכרחיים בתשובה: וידוי, חרטה. וקבלה לעתיד שלא לחטוא. ויש מי שהוסיף את רכיב עזיבת החטא. התיאור הוא של פרקטיקה מסודרת הכוללת דין וחשבון מדוקדק. דין וחשבון המתייחס למעשים שהאדם עשה שאינם עולים בקנה אחד עם הכיוון הכללי המחויב לדבר ה'. יש בתשובה היבטים מעשיים שניתן לפורטם

ולציינם, ובהם מהלכים קטנים ושינוי בנקודות המצריכות תיקון. אין מדובר בזעזוע כללי ובמהלך רחב של שינוי כיוון. התשובה הנזכרת בפרשתנו מתוארת באופן שונה לחלוטין מתשובתו של הרמב"ם.

וּבִקַּשְׁתֶּם מִשָּׁם אֶת ה' אֱלֹהֶיךָ,
וּמָצָאתָ כִּי תִדְרְשֶׁנּוּ בְּכָל לְבָבְךָ וּבְכָל נַפְשֶׁךָ,
בַּצַּר לְךָ וּמְצָאוּךָ כֹּל הַדְּבָרִים הָאֵלֶּה בְּאַחֲרִית הַיָּמִים,
וְשַׁבְתָּ עַד ה' אֱלֹהֶיךָ וְשָׁמַעְתָּ בְּקֹלוֹ...
וְיָדַעְתָּ הַיּוֹם וַהֲשֵׁבֹתָ אֶל לְבָבֶךָ,
כִּי ה' הוּא הָאֱלֹהִים בַּשָּׁמַיִם מִמַּעַל וְעַל הָאָרֶץ מִתָּחַת אֵין עוֹד (ד, כט-לט).

בפסוקים הללו מדובר בתהליכים קוסמיים כמעט, בתמורות חברתיות שעם ישראל יעבור כחלק מחוק טבע. הכרונולוגיה המתוארת היא של חיפוש ומאמץ לבקשת אמת, "וּבִקַּשְׁתֶּם מִשָּׁם אֶת ה'". השלב הבא הוא שלב החזרה לקיום מצוות "ושמעת בקולו" ולבסוף הכרה בה' וקבלת עול מלכותו, "וְיָדַעְתָּ הַיּוֹם וַהֲשֵׁבֹתָ". התשובה המתוארת בפסוקים היא תשובה טבעית. היא איננה תשובה מכנית מוכתבת וגם אינה כוללת ריטואל מעשי. זהו תיאור נבואי של משה של תהליכים שיפקדו את עם ישראל.

אני מבקשת להתעכב מעט על הפסוקים הללו כדי להבין בעזרתם את אחת החידות המסקרנות ביותר של האנושות.

הפסוק "וּבִקַּשְׁתֶּם מִשָּׁם אֶת ה' אֱלֹהֶיךָ" פותח בתופעה רחבה: עם ישראל כולו יבקש את ה'. לתופעה זו יש תוצאה פרטית-אישית: "ומצאת (אתה!) כי תדרשנו בכל לבבך ובכל נפשך". תשובת הכלל היא תשובה המורכבת מהרבה הארות פרטיות ועצמאיות. ייתכן שהיא אף מלווה בתחושה או בסיפור מקורי של כל אחד ואחד, אבל בראייה כוללת מדובר בעם שלם שמתחיל לחשוב אחרת, וללא ספק מושפע מתהליכים אנושיים וקוסמיים נסתרים. התהליכים הגלובליים של חיפוש ובקשה יועילו ויבשילו לכדי חזרה נוסטלגית לקיום מצוות. רק לאחר מכן תבוא גם ההכרה בה' כאבי העולם, כשליט הבלעדי וכמחולל המקרים כולם.

אם צריך לפרוט את התהליך לחלקיו, הרי שמדובר בתהליך שבו שלושה רכיבים: חיפוש, קבלת עול והכרה. התהליך נוגע באזורים שונים של המוח: אינטואיציה או רגש, המובילים לנקיטת החלטות מעשיות ומניבים הבנה.

השוני בין שני התהליכים, זה המתואר ברמב"ם וזה שבפרשתנו הוא עצום. ראשית, הגורם שמניע את התהליך המתואר בפרשתנו אינו התבוססות בתחושות הקשות של צער החטא אלא הארה, חסך גדול וצורך בפשר. בנוסף, תהליך התשובה הפרטית של הרמב"ם מקורו בתהליך רציונלי, מודע מתחילתו ועד סופו, התיאור בפרשה שלנו הוא של חוסר מודעות, של תנועה טבעית שעוצמתה אינה נובעת מרגשי אשם אלא מבקשת אמת. וככזו, היא גורמת לאדם לנוע מנקודה לנקודה בכוח כמעט בלתי נשלט. התהליך הזה גם אינו תגובה לכשל בודד והוא גם לא נעשה במשך חייו של אדם בודד. מדובר בתהליך של תשובה בין דורית הפועלת בתנועה גלית בתוך ההיסטוריה.

כדי להבין את ההבדלים בין שתי סוגי התשובה ניתן להשתמש במושגים מן הפסיכולוגיה המודרנית.

הגישה שלפיה פועל הרמב"ם מזכירה בהנחות היסוד שלה את **הגישה הפסיכואנליטית**. גישה המפרקת את מעשי האדם לרכיבים, מטפלת במניעיו, ומבררת כיצד באמצעות הפירוק והבידוד של המשתנים ניתן להגיע לתיקון.

גישה פסיכולוגית אחרת היא **הגישה ההומניסטית**. הגישה הזו מניחה שהמכלול של האדם הוא טוב. לפי גישה זו, הפירוק לרכיבים, ההתבוססות העצמית בנבכי הנפש, גורעים ממהותו של האדם כאישיות שלמה החותרת לטוב. דווקא שימור המגמה הכללית וראיית האדם כאדם שלם היא זו שתאפשר לו בסופו של דבר לגבור על הקשיים.

הגישה הזו – ההוליסטית, ההומניסטית – היא הגישה המובעת בפרשה שלנו. דווקא ההתעלמות מן העבר ונתינת המרחב לתיקון עצמי (Self cleaning) הן שיבשילו את התהליך המבוקש. כדאי להזכיר בהקשר זה את דבריו המפורסמים של הרב קוק באורות התשובה ב-ג על סוגי התשובה השונים, הפתאומית, ההדרגית, העליונה, הפרטית־המפורשת, והסתמית־הכללית. עיינו שם.

פתיחת הלכות התשובה לדיון ובחינת הדוגמות השונות המצויות במקרא כבסיס לבניית מודלים לתשובה עשויות להעשיר את שיח התשובה. בדרך זו יתברר כנראה שהחלקים ההלכתיים של מצוות התשובה מועטי כמות ביחס לחלקיה הרעיוניים.

כי היא חכמתכם ובינתכם

בפרשתנו קובעת התורה כי שמירת התורה והמצוות אינה רק מחויבות, או ערובה מפני כישלונות שונים, אלא גם מקור גאווה ואות לחכמה: "כִּי הִוא חָכְמַתְכֶם וּבִינַתְכֶם לְעֵינֵי הָעַמִּים", "וְאָמְרוּ רַק עַם חָכָם וְנָבוֹן הַגּוֹי הַגָּדוֹל הַזֶּה" (דברים ד', ו). התורה הופכת את עם ישראל למותג המזוהה עם חכמה ותבונה. הפסוק הזה כמובן זכה לפרשנויות לא מועטות. וכבר בגמרא (שבת עה ע"א) מוצעות לו כמה משמעויות.

אנו נתמקד בפרשנות אחת המייחסת את החכמה והבינה לידיעת הטבע ולהכרת צפונות העולם.

> אמר רבי שמואל בר נחמני אמר רבי יוחנן:
> מנין שמצוה על האדם לחשב תקופות ומזלות?
> שנאמר "ושמרתם ועשיתם כי היא חכמתכם ובינתכם לעיני העמים",
> איזו חכמה ובינה שהיא לעיני העמים? הוי אומר זה חישוב תקופות ומזלות.

לפי דברי הגמרא הללו, נראה שההתפעלות מעם ישראל אינה קשורה ישירות לשמירת המצוות, ופאֵרם אינו בהנהגות המיוחדות שלהם. התורה שנמסרת לישראל בלבד גונזת סוד המועבר להם באופן בלעדי ובו טמונים עקרונות היסוד של קיום העולם. מתוך היכולת של עם ישראל לפענח את צפונות הקיום מתברר ומתגלה ייחודו כעם הנבחר. חכמת הטבע והמדעים היא ההוכחה של עם ישראל לקשר המיוחד הזה.

פירוש צרור המור לעומת זאת, טוען כי החכמה והבינה הללו מתבטאים לא בידע ובהכרת העולם והטבע אלא ביכולת להשפיע עליהם:

> כשרואים האומות לישראל שמקיימין המצות,
> ויוצאים מעוטפים בטלית ואומרים שלש עשרה מדות,
> ומורידים הגשם בעתו ועוצרים המגפה.
> אומרים כי בזה הם חכמים גדולים כולם בכלל (צרור המור, ואתחנן).

הפרקטיקות הדתיות ממשמעות את הטבע ומאפשרות לכייל אותו בהתאם לצורך. התורה היא המנגנון שמפעיל את הטבע.

אומנם פירושו של בעל צרור המור אינו מתיישב עם דברי הגמרא שמציגה את הכרת תכונות העולם כשלעצמן כחכמת ישראל המיוחדת. ניתן לראות בפירושו של המהר"ל הצעה שמקרבת בין הגמרא ופירושו של בעל צרור המור:

"כי היא חכמתכם ובינתכם לעיני העמים".
כי מה שייך חכמה בדבר שאין לו טעם ולא ידע מהות הדבר, רק שידע שכך נמצא.
ודבר זה אין ראוי שיהיה נקרא חכמה, רק החכמה מי שיודע מהות הדבר בעצמו (באר הגולה ו, ז).

לדבריו, העליונות של עם ישראל היא בזכות העובדה שהם אינם ממוקדים רק בניסוחן של נוסחאות ובתיאור תופעות טבע באמצעות חוקים. יש לישראל הבנה מעמיקה יותר של משמעות החוקים הללו. היכולת לראות את הנחיצות שלהם בתוך המכלול, וההבנה שהטבע הוא רק ביטוי של עיקרון רחב יותר המשפיע על כל מהלך החיים. בהערה זו מקרב המהר"ל בין סודות היקום לבין התורה עצמה וחוקיה. יש בין שני אלו קשר הדוק הידוע רק לבאים בסוד ה'.

ישנם חכמים נוספים שהצביעו על הקשר הזה. הרד"ק למשל, מצביע על קשר כזה בין שמירת השבת לבין חקר חידוש העולם ובריאתו, ובין מעשה המנורה לבין יכולת הדיוק והאסתטיקה הטמונה בחכמת העולם (רד"ק תהילים י"ט). כמובן שניתן להרחיב את הדוגמאות ולזהות קשרים סמויים נוספים בין תופעות מדעיות לבין מהויות. כך לדוגמה, מושג האינסוף, יש לו אחיזה במתמטיקה, אך גם בהבהרת תהליכים בעולם ואף בתיאולוגיה. ההבנה שמדובר באותו מושג בעל מופעים שונים מבהירה את ההשקפה המונחת ביסוד דברי חז"ל. לא רק תכנים, אלא גם תבניות ומושגים עשויים לעורר התפעלות מן החכמה הטמונה בתורה.

והנה, בהקדמת רד"ק לפירושו נסדק משהו בבניין הבטוח הזה, המתהדר בתורה כמקור חכמה. לדבריו, יש חשיבות ותפקיד ללימודי הפילוסופיה ושאר לימודי החול. על כל אדם מוטל להרחיב את אופקיו ולהכיר את אוצרות הידע הנמצאים גם בין הגויים.

אמר דוד המלך עליו השלום,
מי שהכין את לבבו להתעסק בחכמה תחלה יתעסק ביראת ה' ויעשה

ממנה שרש ועיקר, וכל דרכיה יתנהג בחכמה שילמד על הדרך שאמרו רבותינו ז"ל כל שיראת חטאו קודמת לחכמתו חכמתו מתקיימת וכל שחכמתו קודמת ליראת חטאו אין חכמתו מתקיימת.
ויראת ה' היא התורה והמצוה ודברי הנביאים וקבלת החכמים בתורה שבעל פה,
והחכמה היא חכמת הפילוסופיא.

התורה והמצוות, לדברי הרד"ק, הם מתווי דרך אבל התבונה נקנית בזכות לימודי חכמות שאינם מצויים דווקא בתורה.

וישים בלבו להאמין כל הכתוב בה ובכל כתבי הקדש וכאשר יתבונן בהם ימצא בהם דרכי החכמה כמו שכתוב "כי היא חכמתכם ובינתכם לעיני העמים אשר ישמעון את כל החקים האלה"... ואחרי התבונן החכם המבין בדרכי התורה וישימה יסוד לחכמה וישתדל בלבו לקרב את הדברים הרחוקים אל הדעת וילמד חכמת הפילוסופיא, אחרי כן לא תשתבש דעתו בלמדו החכמה בתורה אשר למד תחלה.

יוצא מדברי הרד"ק שהתורה מסייעת ביישור דברי החוכמות החיצוניות, ועבור מי שהפנים את ערכי התורה ואת המצוות כל תיאוריה וכל תובנה הופכים להיות פירוש לדברי התורה. מתוך העיון המרחיב מקבלים דברי התורה משנה משמעות ואז גם החכמה החיצונית אינה מבטלת את דברי התורה החקוקים בלב אלא מוזנים מן התורה שהיא הסרגל המיישר את דברי החכמה. ובזה סודו של עם ישראל.
על כך מעיר בעל התולדות יצחק לפרשתנו:

ולפי שרושם יותר חזק ירשם בנפש המושג מן החוש מההיקש... ולזה אמר רק השמר לך ושמור נפשך מאד פן תשכח את הדברים אשר ראו עיניך, וכיון שראית בעיניך מעמד הר סיני אינך צריך לטענות האלה ולא לטענות אחרות.

היציאה לשיטוט במרחבי הדעת הכלליים יש בה סיכון של ריחוק ושכחה ואף של הפניית עורף לתורה שנראית לעיתים פרימיטיבית ודלה. אולם הפרשנים הללו לא סברו שיש בכך סיבה מספקת לאטימת המוח והלב

לשאיפה לדעת או לתאווה לה. התיקון לסכנות הדרך הוא זיכרון מעמד הר סיני. כל השכלתנות שבעולם אין בה הכוח לשרש את הפעולה והרושם שבלב עם ישראל. הידיעה הברורה וההכרה באדון הכול בסופו של דבר היא היתד לחכמה ולבינה. שכלית, תיתכן טלטלה מתוך בלבולים וספקות שעולים לנוכח ההיפתחות למחשבות והשקפות חיצוניות. ההיזון שבין תורה וחכמה עשוי להיות מופר והעיניים עשויות להיות סומות לעליונותה של התורה. חוסן האמונה הוא לבדו המפתח לשערי בינה ישרים.

פרשת עקב

ארץ זית שמן ודבש

כִּי ה' אֱלֹהֶיךָ מְבִיאֲךָ אֶל אֶרֶץ טוֹבָה אֶרֶץ נַחֲלֵי מָיִם עֲיָנֹת וּתְהֹמֹת יֹצְאִים בַּבִּקְעָה וּבָהָר. אֶרֶץ חִטָּה וּשְׂעֹרָה וְגֶפֶן וּתְאֵנָה וְרִמּוֹן אֶרֶץ זֵית שֶׁמֶן וּדְבָשׁ. אֶרֶץ אֲשֶׁר לֹא בְמִסְכֵּנֻת תֹּאכַל בָּהּ לֶחֶם לֹא תֶחְסַר כֹּל בָּהּ אֶרֶץ אֲשֶׁר אֲבָנֶיהָ בַרְזֶל וּמֵהֲרָרֶיהָ תַּחְצֹב נְחֹשֶׁת. וְאָכַלְתָּ וְשָׂבָעְתָּ וּבֵרַכְתָּ אֶת ה' אֱלֹהֶיךָ עַל הָאָרֶץ הַטֹּבָה אֲשֶׁר נָתַן לָךְ (דברים ח', ז-י).

משה מדבר בשבח הארץ ותבואתה, בשבח שפע המעיינות ובשבח נופיה ומחצביה. רשימת הפירות שנתייחדה בהן ארץ ישראל שזורה בפירוט במרכז התיאור הרב חושי והמתפעם הזה. והנה למרות שניתן לפרש פסוק זה כפסוק שנועד לספר בשבחה של ארץ ישראל באזניהם של העם ולהגביר את תאוותם אליה, חז"ל זיהו ברשימה הזו חריגה מן המגמה הכללית הזו ותלו בפסוק הלכה מהלכות ברכות.

העיקרון ההלכתי שנגזר מן הפסוק הוא הקדמת המוקדם בפסוק לברכה:

דאמר רב יוסף ואיתימא רבי יצחק: כל המוקדם בפסוק זה מוקדם לברכה, שנאמר: ארץ חטה ושעורה וגפן ותאנה ורמון ארץ זית שמן ודבש (ברכות מא ע"א).

הנחת המוצא היא שהפסוק בא אכן לשבח את ארץ ישראל ועל כן מנה את

הפירות החשובים ראשונים. אותה הלכה דויקה על ידי רב המנונא שסבר שיש לייחס חשיבות לחזרה על המילה "ארץ" שבפסוק ולהקדים את הקרוב לארץ. וכך במקום להקדים רימון לתמר, הוא הקדים תמר לרימון "זה שני לארץ וזה חמישי לארץ".

את העמדה הזו, הגוזרת מן הפסוק הלכות ברכות, מעמידה הגמרא כמנוגדת לדעתו של רבי חנן הלומד מן הפסוק הזה הלכות שיעורים: מן החיטה והשעורה לומדים שיעורי טומאה: מי שנכנס לבית מנוגע, נטמא, אך בגדיו אינם טעונים כיבוס אלא אם שהה בבית "כדי אכילת פרס", קרי זמן אכילת פת חיטין הנאכלת מהר, בשיעור סעודה. עצם בגודל שעורה מטמא במגע ובמשא. מן הגפן לומדים את שיעור איסורי נזיר: נזיר שאכל חרצנים וזגים בשיעור רביעית יין. התאנה, היא הגרוגרת בלשון חז"ל, והיא השיעור שנאסר להוצאת דבר מאכל אדם בשבת. כלים שנפער בהם נקב שמעבר לגודלו של רימון יצאו מגדר כלי ואינם מקבלים טומאה. שיעור הזית הוא השיעור האולטימטיבי לכל איסורי האכילה למעט איסורי אכילה ביום כיפור שבו השיעור הוא ככותבת קרי כתמר.

לשיטה זו, שבחה של הארץ אינו נעוץ בהנאת החיך אלא בכך שפירותיה מהווים מקור הלכתי לקביעת גדלים ושיעורים למצוות השונות (רש"י, ברכות מא ע"א, ד"ה ופליגא).

אפשר להסביר את המחלוקת כמחלוקת שנובעת מפערי שפה. יש אנשים ששומעים את הרובד המטאפורי לפני שהם שומעים את הרובד הפשוט של הדברים. כל אדם לפי מקומו ומעמדו, עיסוקו וכיווני המחשבה שלו. כמו שהרמב"ן כותב בהקשר אחר: "ואמרו במדרש שיר השירים כי טובים דודיך – אלו האבות, מיין – אלו האמהות. ויש לתמוה איך אמר כי היין רמז לאמהות. והלא אין היין יפה לאישה?" (האמונה והבטחון לרמב"ן ט). מי שקורא באופן פשוט את הפסוק משיר השירים אינו מוצא בו לא אבות ולא אימהות. אבל גם אם יאמרו לו שיש אימהות בפסוק הוא לא יחפש אותן במילה יין. שהרי ישנו ניגוד חריף בין נשים ויין. הקריאה המטאפורית מנותקת בדרך כלל מהפשט. והיא נראית תמוהה לרוב בני האדם. אבל זהו רובד המתקיים בעומק המילים ויש אפשרות להפיק משמעויות דרשניות אלו ובלבד שנפש המאזין מכוונות לכך. גם רבדים אחרים ישנם כאן, שאינם דרשניים בהכרח. הפסיכולוגים יודעים להאזין לא רק לסיפוריו של המטופל, אלא גם לבחירת המילים המסוימת שלו, לקשרים שהוא טווה בין עניינים שונים ולהכרעתו מה להדגיש ומה להסוות. בכיוון הזה הלכה

הפרשנות הקבלית ובעלי תורת הסוד, בהנכיחם מושגים ומלים ובדלייתם את התת מודע של הכתוב. הפרשנות לאורך הדורות הציעה גם רובד סוד לפסוקים אלו. לפיהם המספר שבע יידרש באופן הזה וכן משמעות הפירות (ראו של"ה למשל).

הסבר אחר של המחלוקת יכול להתקבל מחלוקה אחרת בין האמוראים. רב יוסף או רב יצחק הלומדים מכאן הלכות קדימות בברכות, קוראים את הפסוק בקריאה ריאלית, ואילו האמורא רבי חנן המבקש לראות בפסוק את שיעורי איסורי האכילה והטומאה קורא את הפסוק קריאה קונספטואלית. הוא מתעלם מן הרובד הציוני, החברתי, הספרותי והנפשי שקיים בפסוק. הוא הופך גפן ותאנה לנוסחאות מתמטיות, מפשיט את המילים מן המשמעות שיש להם בעולם הממשות, מתנתק מן החפץ המדובר ורואה בו את צדדיו המשפטיים ואת הדיון הלמדני שהוא מצמיח. את הפירות הוא הופך לכלים, ולמדדים קבועים. עוקר את ניחוחם ואת טעמם. סוחט מהם את כל מה שיש להם לספר על תהליך הגידול, על העמל הרב שהושקע בהם, וכדומה, כדי להותיר ממד אחד נצחי רעיוני, עקרוני.

במובנים מסוימים זוהי מחלוקת אידיאולוגית בשאלה אם ההיאחזות במציאות, השמחה בפירות, הנטיעה והקטיף הם חלק מעבודת ה׳, או שמא ההקשר הרעיוני של הדברים, הממדים הנסתרים הרוחניים והווירטואלים המנותקים מן החוויה הגשמית הם התשתית לקרבת ה׳. מבני בניו של רבי חנן למדו תורה בישיבת וולוז'ין, תורתו של רבי חנן הכינה את התשתית לאיתור מציאות ה׳ גם בהיעדר אדמת ארץ ישראל תחת רגלינו. ניתן לתאר תנועה וגופים וחפצים באמצעות ייצוגם החישובי. אפשר לאתר תנועה באמצעות לוויין על פי תרגום טווחים שונים למציאות. החזרה ארצה תובעת מאיתנו לשוב ולתרגם את הפונקציות הללו לחומר קיים, לתחושה ולרגש.

ארבעים יום וארבעים לילה

שהותו החוזרת של משה בהר לשם קבלת הלוחות השניים דומה לשהות הראשונה הן במטרה, הן במשך הזמן והן בתיאור היעדר האכילה והשתייה של משה. יחד עם זאת, ישנם הבדלים בין הלכי הרוח של משה, ואלו באים לביטוי בטעמים המקראיים השונים להימנעותו מאכילה ושתיה במשך כל התקופה. התיאור במקרה הראשון הוא:

בַּעֲלֹתִי הָהָרָה לָקַחַת לוּחֹת הָאֲבָנִים לוּחֹת הַבְּרִית אֲשֶׁר כָּרַת ה׳ עִמָּכֶם וָאֵשֵׁב בָּהָר אַרְבָּעִים יוֹם וְאַרְבָּעִים לַיְלָה לֶחֶם לֹא אָכַלְתִּי וּמַיִם לֹא שָׁתִיתִי (ט׳, ט).

ואילו במקרה השני
וָאֶתְנַפַּל לִפְנֵי ה׳ כָּרִאשֹׁנָה אַרְבָּעִים יוֹם וְאַרְבָּעִים לַיְלָה לֶחֶם לֹא אָכַלְתִּי וּמַיִם לֹא שָׁתִיתִי עַל כָּל חַטַּאתְכֶם אֲשֶׁר חֲטָאתֶם לַעֲשׂוֹת הָרַע בְּעֵינֵי ה׳ לְהַכְעִיסוֹ (שם, יח).

הימנעותו של משה מאכילה או שתייה נובעת בפעם הראשונה מהתפעלות, התעלות או ריכוז גבוה. ואילו בפעם השנייה היא נובעת ממתח וחרדה לגורלו של עם ישראל, מאובדן תיאבון הקשור בדיכוי, בדריכות ובעצב. המדרש בלשונו מיטיב לתאר את תופעת השיתוק התוקפת את מערכת העיכול בעתות משבר או רוממות: "ומכולן לא הוצרך משה לא להכניס ולא להוציא" (מדרש זוטא, קהלת, פר׳ ז).

המדרשים והפירושים השונים שהזכירו את הנהגתו זו של משה בהר הוסיפו גוונים להבנת מצבו של משה בזמן היותו על ההר ואת הסיבה שבגללה נמנע מאכילה ושתייה.

לפי אחד המדרשים משה צם בפעם הראשונה מפני הצורך בהתמדה ובסיגוף על מנת ללמוד תורה: "שנצטערת עליה כענין שנאמר (שמות ל"ד, כח) ויהי שם עם ה׳ ארבעים יום וארבעים לילה" (ספרי, דברים פיסקא יד). לפי מדרש אחר מדובר באיפוק ובשליטה עצמית הנובעים מנימוס: "אבון בשם רבי מאיר מתלא אמר, עלת לקרתא הלך בנימוסה, למעלה שאין אכילה ושתיה עלה משה למרום ולא אכל" (בראשית רבה, מח). בזוהר מתוארת המלאות והשובע הרוחני כתירוץ לאובדן התיאבון: "מפני שהיה ניזון מסעודה אחרת מאותו זיו של מעלה" (מדרש הנעלם א, תולדות קלה, ב) ובמקום אחר בזוהר מתואר משה כמי שרוקן עצמו על מנת שיוכל לשמש צינור לקבלת עם ישראל "שלא היה לו הנאת עצמו בעלייתו" (זוהר, יתרו עט).

מכלל המדרשים עולה כי יש מצבים שבהם הטבע האנושי מוקפא או מושבת, והאדם, שהזיז הצידה את מאפייני אנושיותו, מסוגל להפוך כולו לכלי לשליחות של הובלה והנהגה רוחנית. ההתמודדות בין המדרשים היא על תיאור ההתרחשות האנושית והתהליך הפנימי שעובר המנהיג באותם המצבים.

חלק מהמדרשים סובר שמדובר בתהליך מודע וחלקם סובר שמדובר בתהליך ספונטני, לפי אחדים מהם מדובר בתהליך טבעי ולפי אחרים – על טבעי. חלק מהם מדגישים את מסירות הנפש וחלק את ההתמסרות למשימה. חשיבות ההצבעה על התהליכים הנפשיים השונים שעובר משה בהר היא בכך ש'תקופת העיבור' הזו של משה בשבתו עם השכינה היא התקופה המכוננת את תודעת ההנהגה שלו.

ניתוח חוויית העלייה להר ומהותה מצביע על הכוחות שגורמים לאדם להיות חדור בתודעת משימה, ודוחפים אותו קדימה. ניתוח זה עשוי לשפוך אור על קיומם של סוגי הנהגה שונים. הוא עשוי להאיר זווית שאיננו נותנים עליה את דעתנו מספיק ולהצביע על מניעי הנהגה לגיטימיים, שונים זה מזה גם כשהם נראים כלפי חוץ כתופעה אחת.

אצל חלק ממובילי עולם התורה, העיסוק בתורה, בהוראתה ובהוראת הלכה מבוסס על שובע רוחני. אלו חשים שהקב"ה השפיע עליהם טובה וברכה ושפע ידע והעניק להם מחיינו. כחלק מאותו מאור פנים שהם חשים וחווים הם אינם מסוגלים שלא לחלוק עם הנצרכים לכך את תורתם, לתת הלאה את מה שקיבלו חינם אין כסף במתנה גמורה ובלי כל סיבה נראית לעין. אצל חלקם המניע לפעול הוא הסבל הנדרש כדי להכיל את התורה על הקשיים שבה, האימה שהיא מטילה על הבריות והדין שהיא עושה עמם. ההזדהות עם הקושי מהווה בשביל אלו כלי עבודה והם פועלים במסגרת הזו ומכוחה מעניקים ככל יכולתם לדורשי תורתם. אצל אחרים החוויה מכוננת תודעה של קיום שמעבר לאנושי, ההבנה שאנו חיים בעולם רוחני מופשט שיש בו נורמות אחרות ונימוסים שונים שעלינו לאמץ. אלו חיים בתודעת הסברה, בנתינת משמעות ובהענקת פשר תיאורטי או מיסטי לחיים. ומעבירים מסרים של תורה ככלי לשליטה ולאיפוק. העיקרון הזה עשוי להתרחב לחוויות שונות ומגוונות. חשיבותם של אלו בצירופם. בהבנה שכל ההנהגות כולן היו במשה רבינו, מפיתו אנו אוכלים וממימיו אנו שותים.

ביצה ותרנגולת

השאלה המוכרת "מה קדם למה? הביצה או התרנגולת?" הופיעה לראשונה בכתביו של הפילוסוף היווני פלוטארכוס. הפרדוקסליות שלה מצויה בלולאתיות היחסים שבין ביצה ותרנגולת כסיבה ותוצאה. כל ביצה נוצרת

רק באמצעות הטלה של תרנגולת, ואין ביצה שלא קדמה לה תרנגולת. בה בעת, כל תרנגולת בקעה פעם מביצה על כן מוכרחים לומר שהביצה קדמה לתרנגולת.

מקבילה של הפרדוקס הזה מופיעה בעקיפין במסכת אבות. ברשימת הדברים שנבראו בין השמשות המשנה מונה בריאה נוספת: "ויש אומרים אף צבת בצבת עשויה" (משנה, אבות פ"ה מ"ו). ביסוד הטיעון מצויה ההנחה כי בשל החום הגבוה של תהליך הייצור לא ניתן לייצר צבת ללא שקדמה לה צבת אחרת לאחוז בה בעת הכנתה (קהתי). הפתרון המוצע הוא שהצבת הראשונה נבראה ולא נוצרה בידי אדם. דרך הפתרון הזו היא דרך הפתרון הדתית "הבריאתנית", המקובלת אף כתשובה לשאלת הביצה והתרנגולת. ה' ברא את התרנגולת הראשונה והיא הטילה את הביצה הראשונה.

אבל פרדוקס הביצה והתרנגולת מציף בעקיפין שאלה נוספת, הלוא היא שאלת העיקר והטפל. מהו הכלי ומהו התוכן שלשמו נועד הכלי. האם התרנגולת משתמשת בביצים כדי לייצר עוד תרנגולות או שמא הביצים משתמשות בתרנגולות כדי לייצר את הביצים הבאות בדרך הטובה ביותר.

ברקע לפרשה שלנו מצויה שאלה דומה. מה קדם למה: היהודי או המצוות? פסוקים מסוימים בפרשה מעידים שהמצוות קדמו ליהודי ובהן קיומו תלוי, למשל: "והיה עקב תשמעון את המשפטים האלה... ושמר ה' א-לוהיך לך את הברית ואת החסד" "והיה אם שכוח תשכח את ה' א-לוהיך... העידותי בכם היום כי אבוד תאבדון". ופסוקים אחרים רומזים להפך: "רק באבותיך חשק ה' לאהבה אותם ויבחר בזרעם אחריהם בכם מכל העמים כיום הזה" ורק אז "ואהבת את ה' א-לוהיך ושמרת משמרתו וחוקותיו ומשפטיו ומצותיו כל הימים".

משמעותה של החקירה הכפולה

ראשית היא מציגה את השאלה האם יש ערך למצוות גם אם חלילה לא היו יהודים בעולם. האם התורה יש לה קיום עצמאי או שהיא תלויה במחויבים בה. ולהפך, האם יש מושג של יהודי שאינו שומר תורה ומצוות.

שנית, החקירה מציבה סימן שאלה על עצם קיומו של העולם. האם המצוות נבראו בשביל היהודים או שמא היהודים נבראו בשביל שיהיה מי שיקיים מצוות. האם היהודים הם כלי לשימור עולם הרעיונות הא-לוהי

ומנשא לו או שעולם הרעיונות הא־לוהי יושב בתשתית קיומה של האומה, כניסוחו של רס"ג: "אומתנו אינה אומה אלא בתורותיה". מהו העיקר ומהו הטפל?

הצגת השאלה באופן הזה עשויה לטלטל כל יהודי. המחשבה שייתכן שהיהודי הוא רק כלי שרת ולא נזר הבריאה כולה עשויה להיות קשה לעיכול. כשם שקופרניקוס טלטל את האנושות בתגליתו המהפכנית שכדור הארץ אינו מרכז הגלקסיה שבה אנו חיים. אלא להפך, הוא עוד כוכב לכת במערכת שלמה, מערכת השמש. והשמש היא שעומדת במרכז העולם ולא כדור הארץ והאדם שעליו.

בדומה למצב הבלתי מוכרע שבפרשתנו, חז"ל אף הם לא קבעו מסמרות בשאלה זו. מצד אחד, סברו שהאבות קיימו את התורה מליבם (ויקרא רבה, י). משמעות הדבר הוא שהם חשבו שהמצוות קדמו ליהודי. וכי הרעיון הוא שהוליד את היהודי. ההשקפה של קדמות המצוות והתורה מנוסחת באופן נוסף במקורות חז"ל כ"הסתכל באורייתא וברא עלמא" הקב"ה הסתכל בתורה וברא את העולם (בראשית רבה, א). לפי מאמר זה, כל העולם כולו הוא גלגול של ערכי המוסר של התורה, תרנגולת שבקעה מן הביצה. מאידך ייתכן שההצעה שלעתיד לבוא המצוות בטלות וכן הקביעה כי "לא ניתנו המצוות אלא בשביל לצרף בהם את הבריות" (בראשית רבה, מד) אוצרות בתוכן את ההשקפה ההפוכה: עם ישראל קדם למצוות והמצוות נועדו לחזק את קיומו בהקשרים ובזמנים שבהם הדבר נחוץ. ונדמה שההססנות שבתיאור, או הכפילות בו הן במקרא והן במקורות חז"ל, אינן טעות.

במקביל, אולי שווה לחשוב מחדש על המושג של "צבת בצבת עשויה". המשנה באבות אינה קובעת שהצבת הראשונה נבראה על ידי ה' ולא נוצרה בידי אדם. היא קובעת שהקב"ה טבע בבריאה את הפרדוקס. הוא ברא "צבת בצבת". הקב"ה יכול לברוא גם פרדוקסים, כולל שאלת הביצה והתרנגולת. הקב"ה ברא גם את הפרספקטיבות הסותרות. והטשטוש בפרשתנו הוא טשטוש מכוון. היהודי הוא מרכז העולם אבל הוא גם שרת של רעיון נשגב. היהודי הוא נושא הדגל אבל הדגל חשוב ממנו. וכשעם ישראל מזייף האיום באבדון הוא ממשי ומוחשי גם אם הסוף הטוב מובטח: "וְיָדַעְתָּ הַיּוֹם וַהֲשֵׁבֹתָ אֶל לְבָבֶךָ".

ויענך וירעיבך ויאכילך את המן

המן נזכר בפרשתנו כחלק מסיפור תקופת החיים במדבר. תיאור המן נעשה בדרך לא מחמיאה ואף מתמיהה: "וַיְעַנְּךָ וַיַּרְעִבֶךָ וַיַּאֲכִלְךָ אֶת הַמָּן" (דברים ח', ג). המן מתואר כאן כמאכל שיש בו משום עינוי ובאכילתו חוסר סיפוק ורעב מתמשך. התמיהה מתגברת כשנזכרים בתיאורי המן המרגשים ביחס לטעמו: "וְטַעְמוֹ כְּצַפִּיחִת בִּדְבָשׁ" (שמות ט"ז, לא), וביחס למידתו: "אִישׁ לְפִי אָכְלוֹ" (שם, טז).

המדרש בקהלת רבה מתקשה אף הוא בהבנת כוונתו של משה בדבריו הביקורתיים על המן:

> ר' חנניה ור' יונתן שאלון למנחם טלמיא...
> מהו דין (דברים ח) "ויענך וירעיבך"?
> וכי מאכל רעבון נתן להם הקב"ה המן לישראל?
> מה עשה? הביא לפניו ב' קשואין אחת שלימה ואחת שבורה,
> אמר הדא שלימתא היא בכמה?
> אמר לו: בתרין מנה,
> והדא תבירא בכמה?
> אמר לו: בחד מנה,
> אמר לון: לית טופא דהדא דהיא מתעביד בהדא [=אמר להם לא דומה כשם שהוא מתהנה מן הטעם כך הוא נהנה מן הראיה] (קהלת רבה, ה).

לפי המדרש כמענה לקושיית התלמידים על הפסוק "וַיְעַנְּךָ וַיַּרְעִבֶךָ וַיַּאֲכִלְךָ אֶת הַמָּן" (דברים ח', ג) משיב מנחם טלמיא שאכן, יש חיסרון למן – מראהו. הוא מביא לשם המחשה שני קישואים, האחד שלם והאחד חצוי, ומציב בפני השואלים את שאלת הערך של הקישוא השלם לעומת החצוי. השואלים סבורים שקישוא חצוי שווה מחצית מקישוא שלם. אולם מנחם מתקן אותם והבהיר להם שלא רק הכמות קובעת אלא גם המראה החיצוני. "אדם אוכל עם העיניים", וגם אם טעמו של חצי קישוא אינו שונה מטעמו של קישוא שלם, שהרי קישוא נאכל למקוטעין ולא בשלמותו, יש הבדל במידת ההנאה. מראה לא אסתטי שאינו מושך את העין פוגם בטעמו של המאכל. האכילה בכללותה ואף תחושת השובע, מושפעת מהחושים כולם. על כן, לפי המדרש, יצחק אומר "ועשה לי מטעמים" מפני שמפאת שכבדו עיניו הוא הפסיק

ליהנות מן הראייה והמאכלים הפכו עבורו למטעמים בלבד: רק חוש הטעם היה מעורב באכילתו ולא חושים נוספים. ורב יוסף (שהיה עיוור בעצמו) מלמד "מכאן לסומין שאוכלין ואינן שבעין" (יומא עד ע"ב). ואביי קבע מכאן הדרכה מעשית לאדם שיש לו סעודה לא יאכלנה אלא ביום, כלומר בשעות האור. בשעות אלה מגיע המזון למיצויו המקסימלי, הרב־חושי.

בהמשך המדרש מובאים גם דברי ר' אלעזר בשם ר' יוסי בן זמרא:

> שלשה דברים נאמרו בגואי התאנה, טוב למאכל ויפה לעינים ומוסיף חכמה,
> ושלשתן בפסוק אחד (בראשית ג'):
> "ותרא האשה כי טוב העץ למאכל" מכאן שהוא טוב למאכל,
> "וכי תאוה הוא לעינים" מכאן שהוא יפה לעינים,
> "ונחמד העץ להשכיל" מכאן שהוא מוסיף חכמה...

המדרש חוזר מן המן אל פרי עץ הדעת. סגולותיו של פרי עץ הדעת לא היו רק בטעמו או בגודלו אלא בכך שהיה תאווה לעיניים. בהפניית תשומת הלב לפסוקים המתארים את פרי עץ הדעת נוסף אלמנט נוסף המדגיש את החסר במן. לא רק החוויה החושית שבאכילה פגומה אלא גם היעדר המשיכה והתאווה לו שהרי "על מה שהעין רואה – הלב חומד" (במדבר רבה, י'). ההשוואה מחמירה לנוכח ההבנה שהמן רחוק מלהיות הפרי המושלם, פרי גן העדן.

האסתטיקה והיופי, הגדרתם והבנתם העסיקו מאוד את חכמי הפילוסופיה מקדמת דנא. באשר מדובר בחוויה שאינה ניתנת להגדרה באמצעים רציונליים. הניסיון לברר את משמעות היופי בכלים רציונליים נדון לכישלון. זו הייתה טעותם של אלו שסברו ששני חצאי קישוא זהים בערכם לקישוא אחד שלם. רציונלית אין סיבה להבחין בין שני אלו. המושג של היופי קשור לממד אחר – ממד של חשק ורצון. זהו המקום שבו ליבו של האדם חפץ ומשתוקק. המשיכה אל היפה היא כה יסודית עד שמחקרים מראים שאהבה לילד תלויה הרבה פעמים במראהו, וכי הטבע עושה שימוש אבולוציוני במראה החיצוני: בעלי חיים ופרחים מושכים תשומת לב וכך מתרבים.

בדור האחרון מושגי היופי והאסתטיקה נקשרים לא רק עם הרצון והבחירה אלא גם עם היבטים צרכניים תרבותיים. כדי לייצר מוצר צריכה

צריך לעמול לעצבו ולמתגו עם היפה וה"נכון" (אנשים קונים ג'ינס כי הוא הופך אותם לצעירים). כוחות השוק עושים שימוש בגירוי שיוצר היופי כדי למשוך כמה שיותר לקוחות וכדי לשכנע אנשים לרכוש מוצר שאולי אינו דרוש להם. וסוחרים ממולחים מוכרים כל דבר באריזות מעוצבות כי אנשים קונים את האריזה. תרבות הצריכה חידדה שיש שתי רמות של אסתטיקה זו של התרבות הגבוהה וזו הפופולרית והעממית. יש הבדל בין יופיים של פסלי מיכלאנג'לו או ציוריו של ליאונרדו דה וינצ'י ובין יופיים של מגפיים אופנתיים. האסתטיקה היא ערך חשוב ביהדות והתורה אינה מזלזלת בצורה החיצונית ואף החומרית של דברים. על לא מעט נשים נכתב בתורה שהיו יפות תואר, בעלי חיים בעלי מום נפסלו מהקרבה במקדש, וכך גם כהנים בעלי מום נפסלו לעבודת המקדש, בסנהדרין לא יכולים לשרת אנשים שאינם עונים להגדרת "כולך יפה רעייתי ומום אין בך". כלי המקדש נעשו מחומרים יקרים ועוד דוגמאות רבות לכך. אם כך, מדוע נחסכה מבני ישראל החוויה השלמה של אכילה במדבר? מדוע לא טרח הקב"ה גם לעצב את המן בצורה מושכת את העין ואת הלב?

התורה מבארת שהדבר נעשה "למען הודיעך כי לא על הלחם לבדו יחיה האדם, כי על כל מוצא פי ה' יחיה האדם". בפשט הדברים נראה שהקב"ה רצה לרכז את בני ישראל בעיקר. לא להעניק להם הסחות דעת למיניהן. לתקופת המדבר תכלית מוגדרת של קירבת ה'. שלל גירויים ועיסוק בטפל לכך עשויים להיות לרועץ לעם ישראל. בתקופה הזו הוא צריך רק לשמור על חייו כדי ללמוד תורה.

המשך חכמה לפרשת קדושים כותב: "כאשר נתגבר הנפש על החומר, מטבעו משתוקק אל הרואה ואינו נראה – זה השי"ת השלם האמיתי – למקור החכמה והשלמות". דבריו יפים גם לכאן. לא השתקה או ניטרול של ה'חומר' כדי לעורר את ה'רוח' יש כאן. להפך, תשוקה גדולה אופפת את עם ישראל במדבר. הערגה לקרבת א־לוהים אף היא חוויה כלל חושית השואבת את אותן אנרגיות והמשביעה את הנפש. ויענך וירעיבך היינו לאו דווקא רעב גשמי. כל חוויית המדבר הייתה כרוכה בהשתוקקות לאינסוף, בחיים בצל הקב"ה שאין בהם שובע לעולם.

פרשת ראה

עיר הנידחת

סוגיית עיר הנידחת היא סוגיה מרתקת שגלומות בה מחלוקות עמוקות ביותר ביחס לקהילה חוטאת. הסוגיה גם חושפת את מקומם ומעמדם של שיקולי הפסיקה השונים בנושא הזה.

שתי עמדות קוטביות בחז"ל באשר למידת המאמץ שנעשה כדי להביא את אנשי העיר לדין. דוגמה לכך נביא ממדרשי ההלכה הסותרים הנסמכים על הפסוק "וְאֶת כָּל שְׁלָלָהּ תִּקְבֹּץ אֶל תּוֹךְ רְחֹבָהּ" (דברים י"ג, יז). מה עושים אם אין לעיר רחוב?

> תנו רבנן: אין לה רחוב – אינה נעשית עיר הנדחת, דברי רבי ישמעאל. רבי עקיבא אומר: אין לה רחוב – עושין לה רחוב! (סנהדרין קיב ע"א).

דעת ר' עקיבא המחמירה מובאת כלשונה במשנה בסנהדרין ללא הדעה החולקת של ר' ישמעאל: משנה, סנהדרין פ"י מ"ו).

המשותף לשני הדרשנים, רבי עקיבא ורבי ישמעאל, הוא ששניהם מודים שצריך להיות לעיר הנידחת רחוב, אחרת לא ניתן לקיים את מאמר הפסוק כלשונו ולקבוץ את שלל העיר אל רחובה. לדעת ר' ישמעאל, אם אין לה רחוב אין שום אפשרות לדון אותה בדין החמור של עיר הנידחת, הכולל את שריפת כל תכולתה של העיר והריגת האנשים הנשים והטף החיים בה. לעומת זאת, דעתו של ר' עקיבא היא שאין להקל עם תושבי העיר רק משום

שאין לה רחוב. תובא חברת "סולל בונה", תקים לה רחוב, לתוכו יקובץ השלל ובסופו של דבר ייחרב ויישרף הכביש והרחוב, החנויות והמדרכות ושאר תשתיות יחד עם העיר כולה.

דיון דומה יש לגבי שריפת העיר וכל שללה באש כליל לה'. גם כאן שתי דרשות ההולכות בכיוונים מנוגדים. מצד אחד: "שללה – ולא שלל שמים. מכאן אמרו ההקדשות שבה יפדו ותרומות ירקבו מעשר שני וכתבי הקדש יגנזו כליל לה' א-להיך" (משנה, סנהדרין פ"י מ"ו). הדרשה הזו מניחה שלא ניתן לשרוף שלל שאינו חלק מממונם של בני העיר, ולא עוד אלא שהוא שלל השייך לקב"ה, כמו תרומות או הקדשות. לכן ההוראה היא להמתין שהתרומה תירקב ותחולל, לגנוז ספרי קודש, ולפדות את הקודשים. הדעה ההפוכה לה, דורשת את הפסוק לקולא:

> דתניא, רבי אליעזר אומר: כל עיר שיש בה אפילו מזוזה אחת – אינה נעשית עיר הנדחת. מאי טעמא (=מה הטעם?) – אמר קרא 'ואת כל שללה תקבץ אל תוך רחבה ושרפת באש', וכיון דאי איכא (=שאם יש) מזוזה לא אפשר, דכתיב 'לא תעשון כן לה' א-להיכם' (סנהדרין עא ע"א).

לדברי ר' אליעזר קיומו של 'שלל שמיים' בעיר מונע את הפיכתה לעיר הנידחת, כיוון שיש איסור לשרוף באש חפצי קדושה מדין "לֹא תַעֲשׂוּן כֵּן לַה' אֱלֹהֵיכֶם" (דברים י"ב, ד) (=אנו מצווים לנתץ מזבחות עבודה זרה ואביזריהם, ואסורים לעשות כן לכל מה שקשור בעבודת ה'). היותם של חפצי שמיים חלק משלל העיר מונע את ביצוע גזר הדין כולו.

ניתן לומר כי שתי הגישות וההבדלים ביניהן נובעים ממחלוקת בשאלת מידת הקנאות שמוטל על עם ישראל לגייס על מנת לבער תופעות שוליים. עמדה אחת נוקטת בגישת 'יקוב הדין את ההר' – יש להפעיל את כל הכוח על מנת למגר ולא להותיר שריד. העמדה האחרת סבורה שיש לנהוג איפוק וסבלנות ולדון לכף זכות, למצוא את צדדי החיוב שבמצב כדי שלא לנתץ ולכרות.

למעשה נחשפת כאן מחלוקת פילוסופית בשאלת מהותה של תופעת עיר הנידחת. שתי הדוגמאות לעיל מוכיחות כי לפי שתי הדעות מוסכם שלעיר נידחת נדרש רחוב וכי אסור שיהיו בה כלי קודש. אולם הן מייחסות משמעות שונה להיעדרו של רחוב ולמציאותם של חפצי קדושה. הדעה הקפדנית רואה בהם תנאים משפטיים צדדיים פתירים, פרוצדורות שיש

לקיים ותו לא. לעומתה הדעה הסלחנית סוברת בפשטות כי עיר ללא רחוב איננה עיר אלא מעין פרבר זניח, 'סלאמס', פרבר עוני ושכונת מצוקה. קיומה של מזוזה בעיר או תרומות ומעשרות מעידים שההידרדרות של העיר – עדיין בשליטה, שיש זיק של תקווה לתיקון, שהמצב אינו סופני.

לדברינו אלה ישנה ראיה מרתקת מן הדין שאין עושים עיר הנידחת בערי הגבול, ערי הספר.

אין עושין עיר הנדחת בספר.
מאי טעמא?
'מקרבך' אמר רחמנא, ולא מן הספר (סנהדרין טז ע"ב).

מדרש ההלכה הזה מלמד שאם העיר שהודחה מצויה על גבולה של ארץ ישראל אין עושים אותה נידחת. הסיבה לכך היא המילה המפורשת בפסוק: **מקרבך**. למותר לציין כי מדרש הלכה זה הוא מדרש הלכה רעיוני. אנשים המתגוררים על גבולה של ארץ ישראל בפריפריה, אינם חלק מן השדרה המרכזית של העם. בסטייתם מן הדרך הם מייצגים אומנם תופעה חולנית אך כזו שאינה משקפת או מסכנת את העם כולו. תופעת ה'שוליים הפרועים' של הפריפריות היא תופעה מוכרת.

אולם לדעת ר' שמעון, המצדד בעמדה הדקדקנית, מודגש צד אחר בדין הזה. לדעתו, אין עושים עיר הנידחת על הספר מפני שבענישתה החמורה יש חשש לביטחון המדינה. הריסת עיר המצויה בגבול עשויה לקדם חדירה והשתלטות על הקרקעות מצד האויבים אשר סביב, וכדבריו: "וסמוכה לספר – אפילו אחת אין עושין. מאי טעמא – שמא ישמעו נכרים ויחריבו את ארץ ישראל" (שם). ניתן לראות כי אל מול הנוקטים בגישה הסלחנית המכילה והמכפרת, העמדה הנוקדנית מעמידה את צורכי כלל ישראל במרכז. עיר שסרחה תישרף, תרומות שבה יירקבו, רחובות שאין בה ייבנו וייחרבו. כל זה על מנת לבער תופעות המאיימות על הכלל ושקיים בהן חשש התפשטות, אולם אם ערך קיומה של מדינת ישראל והחזקתה בידינו תלוי מנגד אזי חוזרים שיקולי כלל ישראל ועומדים לאנשי העיר הלזו והופכים אותם לחומת העם ומגינו.

אולי המחלוקת היסודית הזו היא גם הבסיס לנקודת המבט השונה על פרשייה זו בתורה. מן הצד האחד, ר' שמעון רואה בדין ענישת עיר הנידחת

מציאות אפשרית ואף רצויה; מקבילה להקרבת קורבן עולה. עם ישראל נאלץ לעיתים להקריב את בניו כדי ללכד את העם סביב אתוס רוחני ברור. רעיון ההשוואה לקורבן צומח כעין גזרה שווה מן המילה "כליל" המופיעה בפרשייה:

> אמר רבי שמעון, אמר הקדוש ברוך הוא, אם אתם עושין דין בעיר הנדחת מעלה אני עליכם כאילו אתם מעלין עולה כליל לפני (משנה, סנהדרין פ"י מ"ו).

לעומתו, סוברת התוספתא כי עיר שכזו לא הייתה מעולם ולא עתידה להיות:

> עיר הנדחת לא הייתה ולא עתידה להיות ולמה נכתבה לומר דרוש וקבל שכר (תוספתא, סנהדרין פי"ד ה"א).

לאור דברינו כאן הסיבה לכך ברורה. הפרשייה עצמה יוצרת קשר הדוק בין ההתרחשות בעיר לבין התנאים שבה נוצרו. הפרשייה כולה מתארת פרדוקס: היא מתארת עיר מושלמת שבה נמצאים כל השירותים, עיר הנמצאת במרכז הארץ, שוכנת לבטח שקטה ושלווה ובכל זאת אין בה אף לא מזוזה אחת. מציאות כזו קיימת רק בספרי המדע הבדיוני.

ואם לא נאמרה הפרשה אלא כדי לדורשה ולקבל שכרה, נדמה שבימים אלה מצווה לדרוש את סוגיית ערי הספר והיחס בינן לבין מרכז הארץ – והעם. נחיצותן של הערים הללו להגנת העורף ברורה בימים אלה יותר מתמיד ועמידתן האיתנה מלאת אמונה ומעוררת השראה. בה במידה חובת המרכז לתמוך בהן, ולהשקיע בפיתוחן הפיזי והרוחני־חינוכי, למענן ולמעננו.

הפרוזבול וטכנאי ההלכה

ביום האחרון של אלול, בסופה של שנה שלמה של שמיטת קרקעות, חלה שמיטת כספים. שמיטת כספים היא המצווה לשמוט את כלל החובות ולשכוח מהם "וְזֶה דְּבַר הַשְּׁמִטָּה שָׁמוֹט כָּל בַּעַל מַשֵּׁה יָדוֹ אֲשֶׁר יַשֶּׁה בְּרֵעֵהוּ... כִּי קָרָא

שְׁמִטָּה לַה'" (דברים ט"ו, ב). לשחרר את החייבים מעול התשלומים ואולי לאפשר להם פתיחת דף חדש. התורה לא ביארה מפורשות את הטעם למצווה הזו אך מן ההקשר ניתן ללמוד על השאיפה למיגור העוני ולשוויון הזדמנויות.

אלא שאליה וקוץ בה: על מנת שאנשים ישמטו את חובותיהם, אנשים אחרים צריכים להיות חייבים להם. וכדי שאחרים יהיו חייבים להם, הם צריכים לפתוח את ידיהם ולהלוות מממונם. כל שמיטת הכספים מתחילה מאנשים טובים שנתנו הזדמנות ראשונה לאחרים, הסכימו לתת סכום בסיסי לפתיחת עסק ותמכו בניסיון לגדול. בלעדי האנשים האלה אין שמיטת כספים. עכשיו, האנשים הטובים הללו מתבקשים להיות עוד יותר טובים, ולזנוח את הגביה של החוב.

התורה מבינה שרוב האנשים יתקשו במצווה הזו ופשוט לא ילוו לאדם אחר מחשש שכספם לא יושב. אומנם יש מצוות עשה ברורה להלוות כספים (ספר המצוות לרמב"ם, מצווה קצז), וככל מצווה גם לה יש גדרים. אבל מדובר במצווה המסורה להחלטתו הנדיבה של המלווה.

התורה בחרה להתמודד עם הקושי הזה בדרך של אזהרה: "הִשָּׁמֶר לְךָ פֶּן יִהְיֶה דָבָר עִם לְבָבְךָ בְלִיַּעַל לֵאמֹר קָרְבָה שְׁנַת הַשֶּׁבַע שְׁנַת הַשְּׁמִטָּה וְרָעָה עֵינְךָ בְּאָחִיךָ הָאֶבְיוֹן וְלֹא תִתֵּן לוֹ" (שם, ט). התורה מזהירה אותנו שנמשיך להלוות כרגיל על אף השמיטה הצפויה. התורה צפתה שזה מה שיתרחש ונראה שזה מה שהתרחש.

סוף דבר, יום הגיע והלל הזקן "ראה שנמנעו העם מלהלוות". הקושי להלוות הוא אמיתי, לקראת שנת השמיטה החשש ממחסור גובר. ואין זה זמן ראוי לחלק כספים. "הֶחָכָם עֵינָיו בְּרֹאשׁוֹ" (קהלת ב', יד) ו"הֶחָכָם עֵינָיו בְּרֹאשׁוֹ" (קהלת, ב', יד). מן הצד השני, לא ניתן לתת לקיפאון בהלוואות להיוותר כמצב הטבעי. הלוואות הן הדם הזורם בעורקי השוק. ובעיות תזרימיות הן חסם שוק שמשמעותו קריטית. לכן מחליט הלל הזקן לעשות מעשה ולתקן פרוזבול.

שטר הפרוזבול גורם לכך שאת החובות יהיו חייבים להחזיר למרות השמיטה. דבריו של הלל הזקן נשמעים תמוהים ומחודשים, כיצד ניתן להחליט בהינף רעיון למחוק מצווה שלמה מן התורה?

התשובה היא שהלל לא מחק מצווה אלא מצא את האפשרות להשתמש ב"מסלול חריגים" קיים. המשנה במסכת שביעית קובעת שהשביעית אינה משמטת את כלל החובות. הכול תלוי באופי החוב. כך למשל, הקפת החנות אינה משמטת, זה איננו חוב בגין הלוואה, כאן מדובר על תמורה. שכר שכיר

אינו משמט באותה מידה. בקטגוריה אחרת ישנם חובות נוספים שאינם משמטים כדוגמת קנסות בגין עברות: מפתה, מוציא שם רע וכדומה. חוב אחר שאינו נשמט הוא "המוסר שטרותיו לבית דין" (משנה, שביעית פ"י מ"ב). כאשר אדם מפעיל את גלגלי מערכת הגבייה ומעביר לבית הדין את האחריות לגביית חובותיו מן הלווה אנו רואים בחוב כ"גבוי". חזקה על בית הדין שהממון יגיע לבעליו. ברגע העברת הנטל למערכת הגבייה נגדע הקשר המקורי ונפסק הקשר האישי בין הצדדים כלווה ומלווה. מכאן ואילך, החוב הופך להיות 'פסק דין' שיש לבצעו ולא הלוואה שנשמטת.

הלל לא עבד עם טיפקס ולא עשה delete למצווה שלמה מן התורה. הוא פשוט זיהה במקרה החריג של "המוסר שטרותיו לבית דין" אפשרות לפתרון הבעיה העמוקה של ההלוואות. הלל סבר שניתן לדרוש מכל אחד ואחד לקחת שטר ולציין שהוא מעביר באמצעותו את כלל החובות של החייבים לו לגבייה באמצעות בית הדין. מכאן ואילך החובות לא יישמטו. מנקודת מבט זו, הרעיון של הלל הוא אומנם קצת מתחכם אבל איננו אלא ניצול של אפשרות חוקית ולגיטימית מן הבחינה ההלכתית. אדם יכול להעביר את כל הפירות שלו דרך החלון הביתה כדי שלא יתחייבו במעשרות מפני ש"לא ראו את פני הבית". אדם יכול למכור את בהמתו לגוי כדי לא להתחייב לתת את הבכור הנולד לה לכהן. אדם יכול לגבות ריבית האסורה מן התורה על ידי היתר עסקה ולהחזיק חמץ בפסח אם הוא מוכר את החמץ. לא כל האפשרויות הללו דומות ולא כל המסלולים מבוססים על אותה טכניקה הלכתית. אבל המשותף לכולן הוא שאדם יכול להתייחס אל ההלכה כשם שאנשים מתייחסים אל מערכת המיסוי. אומנם אנו מכירים בחשיבותה לכלכלת המדינה אבל איננו שמחים לרוץ ולשלם את המוטל עלינו. על מנת למנוע את נזקי המס אנחנו פונים לרואה חשבון ובדרך לגיטימית וחוקית לגמרי חומקים ככל שניתן מתשלום המס החשוב הזה. יש לזה אפילו שם: "תכנון מס". בהקבלה גם בהלכה יש אפשרות ל"תכנון הלכה". אפשר לתכנן את ההלכה כך שקיומה לא יהיה קשה לנו מדי.

גם הגמרא מקשה כיצד יכול היה הלל לתקן תקנה המבטלת מצווה מפורשת מן התורה, ומבארת שכיוון ששמיטה בזמן הזה נוהגת רק מדרבנן אין מדובר בביטול מצווה ממש. ולכן ניתן לכתוב פרוזבול ובאמצעותו לגבות את כלל החובות "כאילו" שאין שמיטת כספים בתורה (גיטין לו ע"א). השאלה בגמרא מפתיעה מפני שהלל לא עקר מצווה. הוא פיתח רעיון. והתשובה איננה התשובה הפשוטה הזו אלא תירוץ המורה מדוע ניתן לבטל

את המצווה. ונראה שמבחינת חז"ל אכן יש כאן עקירה של דבר מן התורה, אף שעל פי הספר אין שום ביטול מפורש של המצווה.

אפשר לומר שמה שהטריד את האמוראים הוא התוצאה ולא הדרך. האמוראים היו מוטרדים מכך שתקנת הלל תגרום לכך שלא ייוותר כל זכר לעיקרון ולרעיון המיוחד שהתורה דיברה עליו. באמצעים מתוחכמים ובטכנולוגיה מתקדמת אפשר להפוך את השבת ליום חול. ייתכן שיגיעו ימים שבהם ניתן יהיה להפעיל את המכשירים כולם בעזרת כוח המחשבה ללא מגע יד אדם וכך יהיה ניתן לפעול בשבת כביום חול. גם אם הטכניקה תעמוד בכללי ההלכה, התוצאה תהיה בעייתית ותהווה קושיה על מהותה של ההלכה. האם ההלכה היא מערכת של כללים פורמליים או שמא יש בה אמירה ערכית חינוכית ומעצבת.

תמיהתה של הגמרא בעיני היא הנקודה החשובה בדיון. מפני שעיקרה הוא להציב סימן שאלה אל מול ה"טכנאים" שסבורים שההלכה היא נוסחה מתמטית ושאפשר להשיג הלכה בכספומט הקרוב וגם לבחור מראש את התוצאה הרצויה. יש בהלכה גם פן פורמלי אבל יש בה גם פן חיוני ומעצב. סוד המעבר בין שני המוטיבים הללו בעולם התורה וההלכה הוא מלאכת מחשבת והוא הכלי היסודי ביותר בדרך לתיקון עולם במלכות שדי.

הענק תעניק

התורה מתייחסת להלכות שחרור עבד עברי ומורה כי אין לשלחו ריקם וכי יש לציידו בכל טוב. הוראה זו נקראת 'מצוות הענקה' וכך נאמר בתורה:

> כִּי יִמָּכֵר לְךָ אָחִיךָ הָעִבְרִי אוֹ הָעִבְרִיָּה וַעֲבָדְךָ שֵׁשׁ שָׁנִים וּבַשָּׁנָה הַשְּׁבִיעִת תְּשַׁלְּחֶנּוּ חָפְשִׁי מֵעִמָּךְ. וְכִי תְשַׁלְּחֶנּוּ חָפְשִׁי מֵעִמָּךְ לֹא תְשַׁלְּחֶנּוּ רֵיקָם. הַעֲנֵיק תַּעֲנִיק לוֹ מִצֹּאנְךָ וּמִגָּרְנְךָ וּמִיִּקְבֶךָ אֲשֶׁר בֵּרַכְךָ ה' אֱלֹהֶיךָ תִּתֶּן לוֹ (דברים ט"ו, יב-יד).

ישנה מחלוקת תנאים בברייתא במסכת קידושין (יז ע"ב) באשר לאופיו ותנאיו של החיוב הזה. תנא קמא תולה את סכום המענק במידת הצלחתו של העבד: "אשר ברכך – הכל לפי ברכה תן לו". לעומתו, ר' עקיבא סובר כי המענק הוא סכום קבוע – לא פחות מחמישים זוז (מסכת עבדים פ"ב ה"ד).

שתי הדעות הללו מייצגות עמדות שונות ביחס למהותה של ההענקה. לפי תנא קמא ההענקה היא מתנה – הוא מתייחס לברכה ששורה בבית בזכות העבד כקריטריון לנתינה. כידוע, איש לא **חייב** לתת מתנה, מתנה צריך **לרצות** לתת. לכן בהקשר אחר קובעת הגמרא ש"תליוהו ויהיב – אין מתנתו מתנה". אם כופים מישהו לתת מתנה המתנה אינה תקפה. כי במהותה ובנשמתה מתנה מבוססת על רצון טוב וחופשי לתת לזולת. אם הרצון הזה אינו מתקיים, המתנה בטלה מעיקרה.

לפי דעת ר' עקיבא אין מדובר במתנה כלל, אלא בזכויות העבד כעובד ששירת את בעל הבית. חוב זה כלפיו תורגם בימינו לפיצויי פיטורין. אין הבדל האם העובד הועיל למעסיק או לא, המעביד חייב לתת לעובד סכום מסוים שאותו ניתן לתבוע גם בבית הדין לעבודה. גם גובה הסכום אינו נתון לדיון, לצורך זה נקבע תעריף מדויק.

בהעמדת שתי הדעות הללו זו מול זו יש חידוד של קונפליקט המונח בשורש קיומו של ציווי ההענקה בתורה. אם התורה **מצווה** לתת, זו כבר אינה נתינה במובן הרגיל של נתינה מתוך התפרצות של רצון טוב. זוהי מצווה לכל דבר ועניין, יש לקיימה בליווי אמירת "לשם ייחוד קודשא בריך הוא ושכינתיה" ולתת כ'שיעור' נתינה.

אך אם זו מתנה והדגש הוא על ההענקה, כמו שמציע ספר החינוך בבארו את טעם המצווה כמצווה המחנכת את האדם לעין טובה כלפי רעהו, כיצד ניתן לצוות עליה? קושי זה קיים ונכון לגבי מצוות נוספות כמו מצוות 'ואהבת לרעך כמוך'. מהרגע שצווינו לאהוב את הסובבים אותנו פוסקת במידה מסוימת הספונטניות של האהבה לזולת. באופן מסוים התערבותה של התורה בתהליך שאמור להיות טבעי עשויה לעקור את היכולת הטבעית לאהוב כי אוהבים. ואז נשאלת השאלה – האם אנו באמת אוהבים את רענו או שמפני שעניין זה הפך למצווה, הרֵע הפך למכשיר מצווה, והתחלנו לקיים ברע את "גדר מצוות "ואהבת""?

אבל ישנו הבדל נוסף בין דעת ר' עקיבא ודעת תנא קמא שאינו עוסק בתודעה נפשית של ההענקה, אלא בהיבטים כלכליים שלה. המשך חכמה רומז להבדל זה כשהוא נכנס לשאלת השיקול הכלכלי בעסקאות מכר של עבד עברי, אומנם בהקשר אחר. אימוץ נקודת המבט הזו מלמדת שאם פוסקים כר' עקיבא שהמתנה הניתנת בסוף תקופת העבדות היא סכום קצוב, הרי שבחישוב פשוט ניתן להעריך את כדאיות העסקה מצד הקונה כבר בעת הקנייה.

תנא קמא לעומת זאת, משתמש בשיקול הכלכלי בדרך שונה. לדעתו, אין מדובר בסכום ידוע וקבוע אלא בתמריץ לעבד להביא תועלת לאדון, שכן חלק מן התועלת שיביא לאדון, תחזור אליו בסוף תקופת העבדות. מצוות הענקה משנה לפי זה את כל אופייה של תקופת העבדות והופכת אותה לתקופה שאינה רק מחפה על פשעי העבר ואינה מיועדת רק לתשלום חובות, אלא זוהי תקופה של תחילת חיסכון לעתיד עבור העבד, הוא נהיה שותף לאדון ולרווחיו. אם כן, המחלוקת על אופייה של מצוות הענקה היא מחלוקת המעצבת את אופייה של העבדות כולה.

בגמרא מובאת דעה שלישית – דעת ר' אלעזר בן עזריה: "ר' אלעזר בן עזריה אומר: דברים ככתבן, נתברך בית בגללו – מעניקים לו, לא נתברך בית בגללו – אין מעניקים לו". ר' אלעזר בן עזריה אינו תולה את גובה ההענקה בברכת הבית. אלא רק את עצם ההענקה. ולמעשה הוא מציע עמדת ביניים בין זו של ר' עקיבא לזו של תנא קמא. ההענקה לדעתו היא מדודה וקבועה מראש, אך היא תלויה בהצלחת העבד.

ניתן לומר ששלוש הדעות מתרגמות את ההענקה למידות שונות בנפש. ר' עקיבא שלדעתו מדובר בתשלום, בשכר עבודה שהוא קבוע וידוע, מדבר על צדק והגינות. לדעת תנא קמא מדובר בנדיבות שהיא שכרה של מסירות, כמים הפנים לפנים. ואילו ר' אלעזר בן עזריה טוען שההענקה היא בפשטות הכרת תודה. נתינת מתנה צנועה שאינה הולמת במדויק את התרומה של העבד, משאירה את הנותן אותה, את האדון, בעמדת המקבל. ומותירה את העבד עם סכום חשוב ובסיסי אך מוציאה אותו לחופשי בתחושה שחייבים לו, בתחושת הצלחה.

עשר תעשר

מעשר שני הוא מעשר חריג מעט. בניגוד לתרומה הניתנת לכהן, או למעשר ראשון הניתן ללוי, ובניגוד ללקט שכחה ופאה ומעשר עני הניתנים לעניים, מעשר שני נותן האדם לעצמו. הוא מפריש אותו וחייב לאוכלו בירושלים, לפני ה'. על אף המגבלה המסוימת הזו, ברור שזהו מעשר שניתן ממנו אליו.

> עַשֵּׂר תְּעַשֵּׂר אֵת כָּל תְּבוּאַת זַרְעֶךָ הַיֹּצֵא הַשָּׂדֶה שָׁנָה שָׁנָה. וְאָכַלְתָּ לִפְנֵי ה' אֱלֹהֶיךָ בַּמָּקוֹם אֲשֶׁר יִבְחַר לְשַׁכֵּן שְׁמוֹ שָׁם... (דברים י"ד, כב-כג).

הנימוק לתרומות ומעשרות ולמתנות העניים הוא ברור. אדם צריך לחלוק מן התבואה ומפרי עמלו גם לכוהנים וללויים משרתי הציבור, כעין מס המשולם על הכנסה. מס שנועד לממן את הקופה הציבורית וגם לתת לאדם את הזכות להיות שותף בעשיה רוחנית באמצעות תמיכה במי שמקדיש את חייו לכך. מתנות עניים הם חלק ממצוות צדקה של נתינה למי שאין לו מה לקצור ואין לו מה לבצור.

אבל מה היא מטרתו של מעשר שני? על פניו, הוא נראה כטרחה מיותרת וכך מציגה אותו גם התורה:

> וְכִי יִרְבֶּה מִמְּךָ הַדֶּרֶךְ כִּי לֹא תוּכַל שְׂאֵתוֹ כִּי יִרְחַק מִמְּךָ הַמָּקוֹם אֲשֶׁר יִבְחַר ה' אֱלֹהֶיךָ לָשׂוּם שְׁמוֹ שָׁם... וְנָתַתָּה בַּכָּסֶף וְצַרְתָּ הַכֶּסֶף בְּיָדְךָ וְהָלַכְתָּ אֶל הַמָּקוֹם... (דברים י"ד, כד-כה).

התורה מניחה שיהיו אנשים שלא יוכלו לעלות לירושלים עם פירות המעשר: המרחק, כובד הפירות, החשש שהפירות ירקבו בדרך, וריבוי עתות הקטיף לכל אחד מזני הפירות. כפתרון לבעיית הטרחה והמאמץ התורה מציעה להמיר את הפירות בכסף שישמר בקופה מיוחדת. ולימים לעלות לירושלים עם הכסף השמור לכך ואז לקנות שוב בכסף פירות ותבואה ומהם לערוך סעודות גדולות בירושלים:

> וְנָתַתָּה הַכֶּסֶף בְּכֹל אֲשֶׁר תְּאַוֶּה נַפְשְׁךָ בַּבָּקָר וּבַצֹּאן וּבַיַּיִן וּבַשֵּׁכָר וּבְכֹל אֲשֶׁר תִּשְׁאָלְךָ נַפְשֶׁךָ וְאָכַלְתָּ שָּׁם לִפְנֵי ה' אֱלֹהֶיךָ וְשָׂמַחְתָּ אַתָּה וּבֵיתֶךָ (דברים י"ד, כו).

גם כשמגיעים לירושלים עם הכסף, המצווה היא לבזבז את כל הכסף על מיני מאכל ומשתה ולהתענג באכילתם בסעודות משפחתיות גדולות ובחגיגות משותפות. ושוב חוזרת השאלה מהי הסיבה לכל זה. בפסוקים עצמם מופיע נימוק אחד: "לְמַעַן תִּלְמַד לְיִרְאָה אֶת ה' אֱלֹהֶיךָ כָּל הַיָּמִים" (דברים י"ד, כג). לפי הפרשנים הכוונה היא שהעולה לירושלים על מנת לאכול, ממילא הוא מסתופף בחצרות ה' הוא מגיע למרכז התורה ולמעשה הוא יוצא נשכר בלימוד תורה. מכאן גם למדו להלכה שאדם המפריש מעשר כספים צריך מן הכספים הללו לתמוך ב"עמלי תורה".

אולם במדרשים נסמכו על מוטיב השמחה וניחוח השפע שיש בפרשייה

והסבירו את הנימוק למעשר הזה בדרך אחרת. בגמרא במסכת תענית מובא סיפור מעניין בהקשר זה:

אשכחיה [=מצא] רבי יוחנן לינוקא [=לבנו של] דריש לקיש, אמר ליה: אימא לי פסוקיך! [= אמר לו: אמור לי פסוקך!]
אמר ליה: עשר תעשר.
אמר ליה: ומאי עשר תעשר?
אמר ליה: עשר בשביל שתתעשר.
אמר ליה: מנא לך? [מניין לך?]
אמר ליה: זיל נסי. [לך ונסה זאת]
אמר ליה: ומי שרי לנסוייה להקדוש ברוך הוא? [מי התיר לך לנסות את הקב"ה?] והכתיב "לא תנסו את ה'"!
אמר ליה: הכי אמר רבי הושעיא: חוץ מזו (תענית ט ע"א).

הגמרא מספרת על דיאלוג בין ר' יוחנן לבנו הקטן של ריש לקיש, גיסו: "פסוק לי פסוקך" מבקש ר' יוחנן. "עשר תעשר" משיב הילד. אולי רמז הילד (אחיינו של ר' יוחנן) שהוא מבקש לאכול. לשאלת משמעות הפסוק "עשר תעשר" משיב הילד: בשביל שתתעשר. כלומר, שמי שמעשר את כספו ותבואתו מתעשר בזכות המעשרות. שואל אותו ר' יוחנן מנין לו שאדם כזה מתעשר. והילד מציע לו לנסות... לשאלת ר' יוחנן אם מותר לנסות את ה', הילד מצטט מדברי רבי הושעיא שבזה מותר לנסות את ה'. נראה שהדרשה מפתיעה את ר' יוחנן. מפני שבאמת הדבר האחרון המתבקש ממעשר הוא להתעשר. רק בהוצאות כרוכה מצוות מעשר ואין שום סיבה נראית לעין להתעשר ממנה.

הסבר לקישור שעשו חז"ל בין עושר ובין מעשר עשוי להיות בעצם החוויה של כסף שחייבים "לבזבז", למען עצמך והנאתך, תוך ניתוק מאורח החיים הרגיל. בהחלטה להשקיע במשפחתיות וביציאה המשותפת, בכסף שנחסך לשם הדבר הזה ושאין לגעת בו לתכלית אחרת. כל אלה יוצרים חוויית עושר שמשכפלת את עצמה בחיים עצמם. מי שהתרגל לחשוב "עשיר", יצליח לחיות כ"עשיר" במה שיש לו.

בתנחומא מסופר על אדם שקיבל מאביו בירושה שדות תבואה מרובים ואביו ציווה עליו שיקפיד על הפרשת מעשרות. הבן סטה מצוואת אביו והחל

בהפחתת המעשר ומשנה לשנה הפסיד יותר ויותר עד שהעני. הסיפור נחתם בדברי השכנים לאותו האיש:

> לא באנו אלא לשמוח עמך,
> לשעבר היית בעל הבית והקב"ה כהן,
> ועכשיו נעשית כהן והקב"ה בעל הבית (שמות רבה, לא).

נדמה שהתנחומא קושר בין שני ההסברים למצוות מעשר. בין הנימוק הקובע שירושלים היא משכנו של הקב"ה, ועל כן, המפריש מעשר שני ואוכלו בירושלים למעשה מפריש מחייו לטובת הקב"ה, כלומר הוא סופג רוחניות בהיותו בחצר בית ה', אף שהמעשר עצמו נשאר שלו ולהנאתו. ובזה בדיוק טמון גם העושר. כי משחק התפקידים הוא כזה שהאדם שמפריש מעשר לאכילה בחצר ה' כביכול מאכיל את הקב"ה מעשר. והוא "בעל הבית" המאכיל מכף ידו את הקב"ה "הנזקק" ככהן. ההזדמנות הזו לתת למי שנתן לך, היא הזדמנות פז והשקעה בטוחה. הקב"ה לא יישאר חייב, אין מקום לדאגה או לחשש. תמיד עדיף להיות בעל הבית ולא כהן, תמיד עדיף להיות בצד הנותן.

פרשת שופטים

יצר עבודה זרה

בשונה מרוב הציוויים בפרשה שנוסחו בלשון אזהרת 'לא תעשה' פשוטה: "לֹא תַטֶּה מִשְׁפָּט", "לֹא תִטַּע לְךָ אֲשֵׁרָה כָּל עֵץ אֵצֶל מִזְבַּח ה' אֱלֹהֶיךָ", "לֹא תִזְבַּח לַה' אֱלֹהֶיךָ", מאריכה התורה באיסור עבודה זרה ומקדימה לו תיאור מפורט:

כִּי יִמָּצֵא בְקִרְבְּךָ
בְּאַחַד שְׁעָרֶיךָ
אֲשֶׁר ה' אֱלֹהֶיךָ נֹתֵן לָךְ
אִישׁ אוֹ אִשָּׁה אֲשֶׁר יַעֲשֶׂה אֶת הָרַע בְּעֵינֵי ה' אֱלֹהֶיךָ לַעֲבֹר בְּרִיתוֹ.
וַיֵּלֶךְ וַיַּעֲבֹד אֱלֹהִים אֲחֵרִים וַיִּשְׁתַּחוּ לָהֶם וְלַשֶּׁמֶשׁ אוֹ לַיָּרֵחַ אוֹ לְכָל צְבָא הַשָּׁמַיִם אֲשֶׁר לֹא צִוִּיתִי (דברים י"ז, ב–ג).

"כִּי יִמָּצֵא בְקִרְבְּךָ" (דברים י"ז, ב). לשון האיסור מכילה את ההנחה שאנשים עובדי עבודה זרה יהיו בנמצא. התוספת הלא הכרחית – "בְּאַחַד שְׁעָרֶיךָ אֲשֶׁר ה' אֱלֹהֶיךָ נֹתֵן לָךְ" – רומזת לפרדוקס המונח במציאות הזו: וכי איך אפשר לעבוד לשמש או לירח בארץ ישראל, בבית המשותף לנו ולקב"ה?

שני דברים לימדה אותנו התורה כאן. שני דברים שהם אחד. האחד – חוסר ההיגיון שבעבודה זרה מזכיר את תסמיניה של מחלה אוטואימונית, שבה גוף תוקף את עצמו. השני – עבודה זרה היא בלתי נמנעת מאותה סיבה עצמה, מפני ששורשיה נעוצים בטבענו.

דמותו של מנשה המלך מייצגת בתלמוד את הסתירה הפנימית הזו. מנשה מוצג כתלמיד חכם שרב אשי אינו מסוגל להתמודד עימו בדבר הלכה, אבל אינו בן העולם הבא מפני שעבד עבודה זרה. הגמרא מספרת שרב אשי הודיע בבית המדרש כי בסדרת השיעורים הקרובים ידון בשלושה מלכים שסרחו וכי שיעור הפתיחה יעסוק "בחברין" (חברינו). בדברו על "חברינו" כוונתו הייתה למנשה המלך, שהוא בדרגת חבר ותלמיד חכם. באותו לילה מנשה נראה לרב אשי בחלום וזעם: "חברך וחבירי דאבוך קרית ליה?"(=קראת לי חברך וחברו של אביך?). הוא מציג בפני רב אשי שאלה הלכתית: מהיכן יש לבצוע את הפת? רב אשי אינו יודע להשיב ומנשה מלגלג עליו: "מהיכא דבעית למישרא המוציא לא גמירת וחברך קרית לן?" (=אינך יודע מהיכן לבצוע את המוציא, וחברך קראת לי?).

לאחר שרב אשי מבטיח למנשה שיורה את ההלכה בשמו בבית המדרש מלמד אותו מנשה שבוצעים את הלחם "מהיכא דקרים בישולא", כלומר, מן הנקודה שבה הפת מתחילה להיאפות תחילה. וכהסברו של רש"י: "מלמעלה, מסביבות הפת או משוליה אבל לא מאמצעה". רב אשי מתפעל ביותר מחכמתו של מנשה ופליאתו על שעבד עבודה זרה גדלה שבעתיים.

אילו חיית בתקופתי, משיב לו מנשה, היית אוחז בשולי גלימתי ורץ אחרי לעבוד עבודה זרה (סנהדרין קב ע"ב).

הנקודה הראשונה שממנה הלחם נקרם היא הביטוי החריף ביותר לכוחו של האדם לברוא וליצור. האדם מביט בתהליך האפייה של הלחם ומתמלא אושר על שהוא גילה את הכוחות הטמונים בטבע ועל ההמצאה האנושית המופלאה של הלחם. ודווקא שם עליו להביט בשמיים ולהודות לה'? ההלכה שלימד מנשה את רב אשי מחייבת את האדם להכיר את גודל בוראו ולברכו דווקא במקום שבו כוחו ועוצם ידו באים לידי ביטוי בצורה המקסימלית.

חוסר הידיעה של רב אשי את הלכת "ביכורים" מכילה גם את חוסר הבנתו את המתח שבין הסגידה לכוח ולעוצמה המתגלים בעולם לבין עבודת ה'. חוכמתו של מנשה נתגלתה לא רק בידיעת הלכת "המוציא" אלא גם בהבנת הקשר שבינה לבין עבודה זרה, שהיא גם גורם שכחתה של ההלכה. ההלכה נשתכחה לא מפני המסורת הרופפת אלא מפני שינוי טבעם של בני האדם. הלכה זו נשתכחה מפני שביטויה הפנימי באדם נתבטל.

ההבדל שבין רב אשי ומנשה מתואר בסוגיה כהבדלי דור ותרבות. בדורו של מנשה גם רב אשי היה נכשל. התפיסה הזו שיצר עבודה זרה נחלש נמצאת במקומות נוספים בחז"ל. חז"ל מתארים ששינוי זה לא התחולל

מעצמו. בשלב כלשהו עם חורבן הבית, ביקשו חכמים לבטל את יצר עבודה זרה, כי ראו שלא ניתן לעמוד באיסור זה. לאחר שהצליח פרויקט ביטול עבודה זרה שקלו חכמים לבטל גם את יצר עריות, שאף הוא הרסני ואנשים מתקשים לעמוד מולו ("אין אפוטרופוס לעריות"). לאחר שנערך ניסוי בן שלושה ימים בביטול יצר עריות התברר שלא נמצאה ביצת תרנגולת אחת בכל הארץ. יחד עם יצר עריות בטלה גם ההולדה והפריון. גילוי הטעות המרה גרר השבת יצר עריות על כנו והותיר אותנו להתמודד עם היצר הזה (יומא סט ע"ב).

האגדתא הזו, המתארת את עקירת יצר עבודה זרה, יותר משהיא מטפלת בחוסר ההבנה שלנו את היעלמות יצר עבודה זרה, היא מטפלת במהות יצר עבודה זרה ומבארת כמה דברים בענייננו. לפי האגדתא, יצר עבודה זרה הוא חזק ומקביל ליצר עריות. חוסר היכולת שלנו לדמות בין שני היצרים נובע מן העובדה שיצר עבודה זרה שבטל ביטל לא רק את היבטיו השליליים, אלא גם את היבטיו החיוביים. אובדן יצר עבודה זרה הוא אובדן הלהט והתשוקה לעבודת ה'. הוא אובדן החיפוש אחר קשר רוחני ממשי, רענן, שיש בו תקשורת סדירה, מגע יד של השבת אהבה, וביטחון במקור עוצמה וחוזק. תעתועי העריות מוליכים שולל אחר דברים של הבל, מסיטים את האדם מלבנות בית שלם, מסיחים אותו מדרך הישרה של אמון וחיבה וידידות נעורים. לעיתים הם גורמים לו לוותר על הממשי לטובת הקסום והעלום שלא בהכרח יש לו ממשות. כך גם תעתועי עבודה זרה, יש בהם נהייה אחר מקור עוצמה, כוח וחום, אבל הם פזילה מחוץ לקשר האמיתי היציב.

ההבנה שיצר עבודה זרה מצוי בקרבנו מכוח הלהט שלנו לעבודת ה', ההבנה שטבענו הרוחני המשתוקק מעורר את כוח עבודה זרה – כל אלה מעוררים שאלה עלינו: אם איננו מתפעלים וסוגדים למקורות עוצמה וכח, ואיננו מחפשים השראה עליונה, סימן שאיבדנו את הרצון לעבוד עבודה זרה, אך האם עובדים אנו את ה'?

רב אשי לא נרתע, הוא מלמד למחרת בבית המדרש את סוגיית מנשה המלך, מעתה הוא אינו קורא לו חברנו, אלא רבנו. הלימוד ממנשה הוא לימוד, אך הוא מחייבנו לשוב לבית מדרשנו ולהבין שדרכי עבודת ה' לא נסתתמו. לו המצב היה כזה, לו נסתמו דרכי הלימוד, חלילה, בשל היעדרו של יצר העבודה הזרה, אזי חכמים היו משיבים גם אותו ולא רק את יצר עריות. אכן, גם אם נחלשה השתוקקותנו לה', בבחינת הרעיה והדוד, עדיין

נותרו אפיקי החמלה והשפע של אב ובן או ההתבטלות וההכנעה של מלך ונתינים.

ובכל זאת, בימי אלול כשהמלך בשדה, פושט מעליו את בגדי המלכות ויורד מעל הסוס, עומד כמעט בקומתו מולנו, אנו מרגישים איך מתעצם הצד של "דודי לי" וזוכים להשיג בזעיר אנפין את תחושת "ואני לו".

כי האדם עץ השדה

מלחמה בהגדרתה נוגדת את מושגי הצדק והשוויון. במלחמה כל דאלים גבר, כבוד האדם נרמס תחת רגלי האויב, אנשים מאבדים את חירותם ונלקחים בשבי, זכויות הקניין נשללות, רכוש נשחת, וחיי אדם נעשים הפקר. הספק תופס את מקומה של הוודאות והשגרה. הרב קוק כותב: "במלחמה היחידים נספים בלא משפט" (אורות המלחמה א). הכאוס המשתרר בעולם, דוחק את רגלי השכינה ואיתם את מה שהיא מייצגת בעולם.

התורה מזהירה אותנו להימנע מהשחתה מוסרית גם במצב האנושי הירוד הזה. וכך בפרשתנו מתגבשים דיני המלחמה בשתי רמות. האחת של מלחמת מצווה הנוגעת לכיבוש הארץ מידי העממים והשנייה של מלחמת רשות הנוגעת להרחבת הגבולות וכיוצא בזה. במלחמת רשות יש חובה למצות את האפשרות לשלום. גם בתוך המלחמה יש לנהוג במידתיות: מותר לרצוח ולהרוג, אך אין להרוג אלא לוחמים, לא נשים וטף או בהמה. מותר לקחת שלל, אך אין להשחית כל חלקה טובה. ההלכות הללו מקבילות לדיני המלחמה המפותחים בעידן שלנו, ומתחלקים לדינים שמוגדרים כ־Jus ad bellum ולדינים שהם Jus in bello. הלכות הכניסה למלחמה והפתיחה במאבק והלכות המלחמה עצמה. התורה אינה נכנעת למלחמה כמאפשרת התפשטות מכל ערך, והידרדרות לתהומות הברבריות, היא קוראת לריסון. אך מדובר בריסון ולא בכבילת הידיים. אתיקה חדשה התואמת את המצב הכאוטי.

בתוך פרשיית דיני המלחמה של פרשתנו, שלוב משפט החורג מרצף הפסוקים ומחייב את הקורא להתייגע על משמעותו.

> כִּי תָצוּר אֶל עִיר יָמִים רַבִּים לְהִלָּחֵם עָלֶיהָ לְתָפְשָׂהּ,
> לֹא תַשְׁחִית אֶת עֵצָהּ לִנְדֹּחַ עָלָיו גַּרְזֶן כִּי מִמֶּנּוּ תֹאכֵל וְאֹתוֹ לֹא תִכְרֹת
> **כִּי הָאָדָם עֵץ הַשָּׂדֶה** לָבֹא מִפָּנֶיךָ בַּמָּצוֹר (דברים כ׳, יט).

הפתגם "כי האדם עץ השדה" אינו משתלב בצורה פשוטה בתוך הפסוק ולא ברור מה תפקידו התחבירי. פרשני הפשט ניסו להחליק את המילים פנימה ועשו זאת בקושי רב. רש"י מבאר שהעץ איננו כאדם, הוא לא מהווה כל איום על חייך, ועל כן אין לייסרו. הוא קורא את המשפט כתמיהה: וכי אדם הוא עץ השדה לבוא מפניך במצור? הסבר דומה מביא אבן עזרא בשם אחד המדקדקים, ולפיו התורה מזהירה את האדם מלהתעלל בעצים שהרי אינם כאדם ואינם יכולים להגן על עצמם. רשב"ם מפרש שמותר לכרות את עץ השדה המשתתף עם האדם בלוחמה ומסתיר מפניך את האויב, וככזה מהווה סיכון כאדם. דין האדם ודין העצים מושווה. את האיום מותר לסלק, אך אין לנטות לאכזריות שיטתית חסרת מעצורים כי כדין האדם כך דין עץ השדה. אבן עזרא בפירושו שלו מציע לומר שהעץ הוא מקור חיותו של האדם ולכן אין להשחיתו. "הנה לא תשחית עץ פרי, שהוא חיים לבן אדם" (וראו: ספרי דברים, שופטים פיסקא רג).

הפערים בין ההסברים הללו הם קודם כול, ברמה הלשונית. לשיטת רש"י התזכורת הזו באמצע הדיון המשפטי מופנית אל תודעתו של הלוחם ומבקשת לעצב אפשרות של שליטה ומיון בין מטרות הפגיעה. המשפט מתאר את תכליתו של האיסור שהופיע בראשית הפסוק. הרשב"ם סבור שמשפט זה הוא המשכה של ההלכה ויצירת חריג לאיסור הגורף לכרות עצי פרי. ואילו האבן עזרא מציע שחלק זה מתפקד כטעם לאיסור שבראשית הפסוק.

אך המחלוקת היא גם רעיונית. רש"י מתייחס לקונפליקט המוסרי של הלוחם, רשב"ם מתייחס להגדרת האיזונים הנכונים של חוקי המלחמה, ואבן עזרא רואה במשפט זה כהבלחה אל החיים שמעבר למלחמה. לעתיד הרחוק שבו האדם ישוב להיזקק למקורות המחיה. לדבריו, העץ הוא האור בקצה המנהרה, המגדלור של השפיות.

פרשנות הפשט נאלצה לעשות שימוש במהלכים דרשניים, מפני שהפסוק מנוסח בצורה לא ברורה, שהרי עץ אינו אדם, ואדם אינו עץ והוא אומר דורשני. אולם הדרשנים דבקו בתקבולת שיצר הפסוק בין האדם והעץ. וניתקו את הקשר שבין העצים שאותם נאסר לכרות לבין העץ המופיע כמשל לאדם. השימוש הכפול בעצים באותו פסוק הוא קישוט ספרותי אך אין בו הסבר לדין העצים דווקא, אלא אמירה על הציפיות מן האדם ועל טבעו. השוואה זו הועמקה בהקשרים שונים ובדרשות שתכליותיהן משתנות: תלמיד חכם הוא עץ מניב פירות שאין לכרות (תענית ז ע"א), העץ נדון כאדם (בראשית רבה, כו), בעל ספר תהילים כותב "והיה כעץ שתול על פלגי מים

אשר פריו יתן בעיתו ועלהו לא יבול" (תהילים א׳) ואף שירו של ר׳ נחמן "דע לך שכל עשב ועשב" עשה שימוש במוטיב זה (וראה: בראשית רבה, ז). בעלי הקבלה לעומת זאת, ראו בפסוק מקראה לפרק הבריאה. "העץ אשר בתוך הגן", העץ הוא האדם והאישה היא הגן. ומכאן למשמעות היסודית ותפקידו של האדם בעולם.

עיקר ההשוואה ותרומתה בקריאת הפסוק היא הרמת הראש מדיני המלחמה, ומן הכאב שהיא מסבה. הרמת הראש באמירה ברורה וחדה שזהירות בגדיעת עצים מחזקת את יסוד השלום בתוך המלחמה. היא שומרת את שורשי התפיסה שאין לה קיום בתוך המאמץ המלחמתי: קדושת החיים. קדושה זו משתמרת באנדרטת 'עץ עושה פרי'. עץ שגדיעתו משמיעה קול הנשמע מתחילת העולם ועד סופו, ואין איש שומע את הקול (פרקי דרבי אליעזר). בכך גברו הדרשנים על הפשטנים בהכלילם בתמונת דימוי אחת את כל ההיבטים שהציעו פרשני הפשט יחדיו.

מתוך חיבור לתקבולת הזו שבין האדם והעץ, אפשר לפרש את המשפט בשני אופנים הפוכים. האחד המזכיר לאדם שהוא רק עץ בשדה. עלה נידף. אף הוא נטוע בעולם, תלוי במזון ומשקה, כבול לחומר ויצרים. ההזדהות עם עץ השדה מזכירה לאדם את שפלותו. השפלות בה הוא נתון בשדה הקרב, ומעוררת אותו למחשבה על העוצמה המדומה שהוא נוקט בה באוחזו בכלי נשק להרוג אדם כמותו בעבור פיסת אדמה, רכוש או שכרון הצלחה. העץ מזכיר לו שהוא נתון במשחק שבו לא הוא השחקן הראשי, אלא כוחות חזקים ממנו. אלו מגמדים את הרצונות הכמוסים אל מול הרצון החופשי האחד.

מנגד, ההסתכלות בעץ, הנתון בשדה. העומד זקוף בין העשבים, המצל על סביבתו ומשפיע עליה אך טוב, מעוררת אצל האדם את ההשתאות וההזדהות עם הרצון להוות מקור לגאוות הטבע. העץ הוא תזכורת לאדם לפתח ציפיות גבוהות כלפי עצמו, להיות נישא ורם, ולממש את ציפיית היקום שהאדם יהיה נזיר לבריאה. אלה נותנים לו עוז ומהווים מקור לעוצמה המוסרית לרצון להיטיב ולהשפיע.

המהר"ל מחבר את שתי נקודות המבט הללו לאחת באמצעות קריאה ניגודית של התקבולת. העץ הוא שפל, כי שורשו בארץ, אבל האדם שורשו עליון:

"כי האדם עץ השדה", רק שהוא אילן הפוך, כי העץ שורשו למטה תקוע בארץ, ואילו האדם שרשו למעלה, כי הנשמה הוא שורש שלו,

והיא מן השמים. והידיים הם ענפי האילן, הרגלים הם ענפים על ענפים, גופו עיקר האילן. ולמה הוא אילן הפוך, כי העץ שורשו למטה, כי העץ חיותו מן האדמה, והאדם חיות נשמתו מן השמים. וכל ענין של ביתר עם הנטיעה הזאת, להראות הדביקות עם השם יתברך, שזהו חוזק ותוקף האדם (נצח ישראל פרק ז).

בקריאתו של המהר"ל, ההסתכלות בשפלות העץ ונזקקותו החומרית מעוררת את האדם להיזכר ביתרונו המוכח, נצחיותו.

המלחמה בעולם היא לבושה הגשמי של המחלוקת. תפקידו של עם ישראל לגרור את האדם מן החרב, אל צחצוח הלשון. את החרבות להפוך לאיתים. לנתב את בעיית איזון הכוחות, הרכוש והחיים לליבון רעיוני ולהתנצחות מוסרית. לחשוף את המגמה של היקום השואף לתיקונו. כשיוכרז ניצחון הרוח כמושא המלחמה, יתגלה שם ה' בעולם.

עדים זוממים — המנגנון שקם על יוצרו

התורה מלמדת שאם העידו שני עדים על אדם מסוים שעבר עברה ולאחר מכן באו שני עדים אחרים וטענו שעדותם של הראשונים מופרכת מיסודה, שכן בזמן שעליו הם מעידים, העדים היו איתם במקום אחר – העדים הראשונים נקראים "עדים זוממין", ודינם מיתה: "אמרו להם היאך אתם מעידין שהרי אתם הייתם עמנו אותו היום במקום פלוני, הרי אלו [=הראשונים] זוממין ונהרגין על פיהם" (משנה, מכות פ"א מ"ד). עונשם של העדים שנמצאו זוממים הוא שהעונש שביקשו להשית על הנאשם יושת עליהם: "וַעֲשִׂיתֶם לוֹ כַּאֲשֶׁר זָמַם לַעֲשׂוֹת לְאָחִיו" (דברים י"ט, יט). עדותם של האחרונים הבהירה שהעדים הזוממים עשו ביניהם קנוניה שהייתה אמורה להפעיל את גלגלי מערכת המשפט ולהרוג את הנאשם (כמובן, ישנן אפשרויות קשות פחות, כמו ממון, קנס או מלקות).

דין עדים זוממים הוא דין מיוחד וחריג. הוא נוהג רק כאשר העדים השניים מפריכים את העדות מעיקרה ומוכיחים שעצם קיומה בלתי אפשרי. אבל, אין הדבר כך במקרה שבו תוכן העדות מופרך (נניח, שכלי הרצח הוא אקדח ולא סכין). במקרה כזה, העדים השניים נחשבים כמי **שמכחישים** את עדותם של הראשונים ולא כמי **שמזימים** אותם. על אלו יחול דין עדי

שקר, הם אינם נחשבים ׳זוממים׳, ואין מענישים אותם בעונש שאותו ביקשו להנחית על הנאשם.

על פי חז״ל דין עדים זוממים נוהג אך ורק אם עדיין לא בוצע גזר הדין בנאשם עצמו עקב עדותם המרשיעה, אם גזר הדין בוצע והנאשם נהרג – העדים הזוממים אינם נהרגים. הצדוקים חולקים על חז״ל. לדברי הצדוקים דווקא אם הנאשם כבר נהרג על פי בית דין בעקבות העדות, הורגים את העדים שנמצאו זוממים מדין ״נפש תחת נפש״ אך אם לא בוצע עדיין גזר הדין, אין הורגים אותם (משנה, מכות פ״א מ״ו). בין שתי הדעות הללו ניטשת מחלוקת בשאלה הבסיסית: על מה נענשים העדים הזוממים שהעידו שקר. האם הם נענשים על ניסיונם לפגוע באדם חף מפשע (חז״ל), או על הפגיעה הממשית באדם (צדוקים).

בין שתי השיטות ישנה גם הבחנה במישור התוצאה: כמות האנשים שיומתו בסיפור כזה. לדעתם של הצדוקים גם הזוממים וגם האדם החף מפשע ימותו, ואילו לשיטת חכמים העדים הזוממים ימותו רק אם לא הצליחו לבצע את זממם. על פניו, נראה שדעת חכמים נובעת מחמלה ומניסיון לשים קץ למלאכת החיסולים. ואילו הצדוקים מניחים כי היסוד הוא מידה כנגד מידה. אדם שתכנן להרוג את חבירו אך לא הצליח בכך, אין הצדקה להורגו. במבחן התוצאה הוא לא עשה דבר ואינו נושא באחריות פלילית. ואדרבה, התורה חייבה להרוג רוצח הגם שדין זה גורם לריבוי המוות בעולם.

הפער הזה מתעצם כמותית לאור העובדה שלפי שתי הדעות בתי הדין מתפקדים בתוך מסגרת נוקשה של כללים. כללים אלה מחייבים אותם לקבל עדות של שני עדים, ואחר כך לקבל את העדות המזימה את העדים הראשונים ולאחר מכן, אם באו עדים נוספים המזימים את העדים השניים, לקבל גם את עדותם של אלה, וכך עד אינסוף ממש ״שאומרים לעולם עם האחרונים האמת עד שיוזמו״ (רבנו חננאל, מכות ה ע״א).

לאור זאת, ניתן לזהות רובד נוסף של המחלוקת והיא שאלת מידת האחריות המוטלת על כתפי בית הדין. לשיטת הצדוקים תיתכן ענישה אינסופית עד שימוצה הדין עם כל האשמים, שהאחריות כולה עליהם. טעות בהריגת חף מפשע מתגלגלת על מי שגרם אותה, לשיטתם, בית הדין אינו ״גרזן״ בידי הרוצחים, בית הדין אינו אשם. אשמים מי שהשתמשו במערכת ברשעם. לעומתם, חכמים מטילים את כל כובד האחריות על כתפי בית הדין. לאחר הטעות הראשונה, ולאחר שמישהו כבר נתן את הדין בסיפור – עוצרים חכמים את ההליך. את האשמה בטעות הם אינם מגלגלים על איש. זו נותרת

תלויה ומהדהדת מקירות בית הדין. הדיינים והכרעת בית הדין נחשבים כמי שגרמו מוות בשגגת דיון.

אכן, במקורות התנאיים ישנו מקום לטעות של בית דין ויש דיון בעונש המושת על זרועות בית הדין שביצעו ענישה מוטעית: "שליח בית דין שהיכה ברשות בית דין הרי זה גולה" (תוספתא, מכות פ"ב ה"ה). במקום אחר פוטרים שליח בית דין מדמי נזק אף שברור שמעיקר הדין הוא חייב לשלם, "מפני תיקון העולם" (תוספתא, גיטין פ"ג ה"ח): מפני שיש לתת חסינות לעוסקים בצורכי ציבור, אחרת איש לא יהיה מוכן לעשות את המלאכה.

התחושה שנוצרת בעקבות ההלכות הפורמליסטיות המלוות את דיני עדים זוממים, היא תחושה של גולם (מנגנון) הקם על יוצרו. אולי משום כך, במרכזם של שעשועים למדניים רבים מצויירת סוגיית העדים הזוממים כתמונות מפלצת בולענית, וזו מתוארת בשפה למדנית – פלפולית. למשל, בעל המנחת חינוך תיאר מקרה פרדוקסלי של שני אנשים שבאו להעיד שראו את הלבנה בחידושה בראש חודש ניסן, בעקבות זאת, באו שני ילדים שנולדו בראש חודש ניסן שלוש עשרה שנים קודם לכן ונהיו בני מצוות ובני עדות בזכות עדותם של הראשונים, והזימו את עדותם של הראשונים באומרם: "עימנו הייתם". אולם, ברגע שהם שומטים את בסיס העדות של הראשונים הם שומטים את מקור התוקף להיותם בני עדות (מנחת חינוך, מצווה ד, קידוש החודש). השופט משה זילברג מביא בשם בעל חידושי הרי"ם (האדמו"ר מגור) פלפול אחר בנושא, המבוסס אף הוא על דין עדים זוממים ועל ההלכה שעדות שלא ניתנת להזמה אינה תקפה. בעל חידושי הרי"ם טען שאם נחשב את המצב נמצא שכל עדות היא עדות שלא ניתנת להזמה. וזו הייתה הוכחתו: מאמינים לכת הראשונה מפני שיכולה לבוא כת שנייה ולהזים אותה. יאמינו לכת השנייה, כת המזימים, מפני שיכולה לבוא כת שלישית ולהזים אותה. יאמינו לשלישית, וכן הלאה. אבל בסוף, יאזלו כל העדים ואת הכת האחרונה לא תוכל להזים נמצא שהיא פסולה, ואם היא פסולה פסולה גם זו שלפניה מאותה הסיבה וכן הלאה (כך דרכו של תלמוד, עמ' 126). בפלפולים אלו חידדו האחרונים את עוצמת המנגנון והשתלטותו על הנושא. התמונה שצוירה בהם היא של כלי שיש לו דינמיקה פנימית, משל עצמו.

הרמב"ן, שקדם להם, נחלץ להגנת בית הדין וקבע שבית הדין לעולם אינו טועה. ואם הרג אדם שנראה לפי עדויות אחרונות שהיה חף מפשע, אין זאת אלא גזרה משמיים. ש"אילו היה צדיק, לא יעזבנו ה' בידם".

שלא יתן ה' השופטים הצדיקים העומדים לפניו לשפוך דם נקי, "כי המשפט לא-להים הוא", "ובקרב א-להים ישפוט". והנה כל זה מעלה גדולה בשופטי ישראל, וההבטחה שהקב"ה מסכים על ידם ועמהם בדבר המשפט. וזה טעם "ועמדו שני האנשים אשר להם הריב לפני ה'" (פסוק יז), כי לפני ה' הם עומדים בבואם לפני הכהנים והשופטים, והוא ינחם בדרך אמת (רמב"ן, דברים י"ט, יט).

הרמב"ן מניח על השולחן את התודעה הדתית האמונית, שלפיה בית הדין אינו רק גורם אנושי הנדון על פי אמות מידה אנושיות. בית הדין הוא זרוע מזרועו של הקב"ה ונציג שלטונו בעולם הפועל מכוח כללי מערכת שהתווה הוא. ככזה, בית הדין לעולם אינו נע ללא הכרעה ומחשבה א-לוהיות. כשם שזרוע אדם אינה נעה אלא מכוח מחשבה.

עגלה ערופה

פרשת עגלה ערופה היא פרשה מרתקת. אדם נמצא מת בשדה כשכל הנתונים מצביעים על כך שהתרחש רצח. אך אין שום מידע באשר לזהות הרוצח. במקרה כזה התורה מציעה מעשה של כפרה על הרצח. וההוראה היא שזקני העיר הקרובה למקום מציאת החלל יביאו עגלה שלא נעבדה אל נחל איתן שלא נעבד או נזרע ושם יערפו את ראשה, ירחצו את ידיהם על ראשה ויאמרו "יָדֵינוּ לֹא שָׁפְכוּ אֶת הַדָּם הַזֶּה..." (דברים כ"א, א–ט).

הפרשנות לטקס העגלה הערופה מתחלקת לשני סוגים: הרמב"ם חושב שמטרת הטקס היא פרגמטית: להכות גלים בעולם כדי שיגיעו עדויות או חומר ראיות חדש שבעזרתם ניתן יהיה למצוא את הרוצח. ממילא אין בפרטי הטקס משמעות אלא באפקט שלו. לכאורה לפי דבריו היום, לאחר המצאת האינטרנט ובעידן הגלובלי שבו כל עיטוש בצד אחד של הגלובוס מדווח בשניות בצידו השני, לא היה בטקס עגלה ערופה כל צורך.

חז"ל הלכו בדרך אחרת, בעיניהם לא חיפוש הרוצח הוא מטרת הטקס, אלא דבר מה אחר לגמרי. הם דנו בעיקר בסיבה לכך שדווקא הדיינים של העיר הקרובה מביאים את העגלה, ולא דייני העיר המרוחקת יותר, שתושביה מרובים יותר (שכן סטטיסטית יש סיכוי שהרוצח בא משם). בכך, מדגישים חז"ל שבפרשת עגלה ערופה יש חריגה מהלכות ספקות הרגילים.

בדרך כלל, במצבי ספק נוטים חז״ל להכריע על פי אמת מידה של ״רוב״. כך למשל, כאשר מוצאים בשר ברחוב העיר ואין יודעים אם הוא בשר שחוט או בשר נבלה, הולכים אחר הרוב. אם רוב החנויות בעיר מוכרות בשר שחוטה, הבשר שמצאנו – שחוט. אנו מניחים שהוא הגיע מה״רוב״. זו אחת הסוגיות המפורסמות בש״ס תחת הכותרת ״רוב״ ו״קרוב״ (בבא בתרא כג ע״ב). מדוע לא ילכו גם כאן לפי הרוב (עיר גדולה יותר)? איזה ספק בא לפתור מדד הקירבה? בעלי התוספות מסבירים שמן הסוגיה עולה ש״מתוך הקירבה מוכיח שמשם בא ההורג״. כלומר, אנו מניחים שהרוצח הוא תושב העיר הקרובה ודורשים מתושבי העיר באמצעות נציגיהם לקבל אחריות ולכפר על מעשהו של מי שצמח בערוגתם (שם, ד״ה בדליכא).

אלא שהצגת כל הדיון כפתרון לספק מהיכן הגיע הרוצח וכבחירה בין שתי האופציות הללו קצת מוזרה. שכן, אילו היינו הולכים על פי מדד העיר שיש בה האוכלוסייה הגדולה ביותר היינו מגיעים ככל הנראה לטוקיו, תמיד. אלא אם נאמר שמדד הרוב אינו העיר מרובת האוכלוסין אלא העיר **הקרובה** מרובת האוכלוסין. אבל כמות האנשים בעיר הקרובה אינה בהכרח עולה על כמות האנשים המצויה בשאר הערים הקרובות האחרות יחד. מעבר לכך נצטרך לברר בעצם מהו מעגל הקירבה הפיזית הנמדד לצורך העניין.

העמדת שני המדדים זה אל מול זה ככל הנראה נועדה להציג את האלטרנטיבות הרעיוניות. יותר משניתן לדבר על ההכרעה הזו כחלק מהלכות ספקות הכלליים יש לדבר על הפרשייה הזו כפרשה שמדברת במושגים של אחריות, ומכאן שהנחת מושג הקירבה במרכז והעדפתו על אפשרות ה״רוב״ יש בה אמירה לגבי מקורות ההשפעה האנושיים. טענת הגמרא פשוטה: אף שנדמה שהכדור נעשה שטוח יותר ולכולם יש מכשירים לתקשורת דיגיטלית המאפשרים אפילו רכישת שמלה באתר מרוחק ומייתרים כניסה לחנות הסמוכה, כל זה איננו מוחק את הקהילתיות ואת העובדה שעדיין יש לאדם קשר בלתי אמצעי ישיר ועמוק עם השכנים הקרובים לו.

אם כן, הרמב״ם שאף לפענוח של הרצח, וסבר שמן המקום הקרוב צריך להתחיל את הרעש התקשורתי מפני שהדבר מגדיל את סיכויי תפיסת הרוצח. חז״ל דיברו במושגים של אחריות חברתית וסברו שהקירבה יוצרת חבות ואחריות למעשי מי שתחת חסותה. אבל חזרה אל הפרשה מעלה נקודה אפשרית שונה.

מי שנדרשים לעשות את מעשה הכפרה הם זקני העיר. במה פשעו זקני העיר? הדגש הוא על נקודת מבטו של הנרצח. אותו אדם שנתפס לבדו

בשדה (וברקע מהדהד הרצח הראשון בשדה – רציחתו של הבל) מתגלה בבדידותו האיומה. אותו נרצח נושא את עיניו אל העיר הקרובה כנקודת אור, כמקום אליו יוכל לנוס. הפרשה מנסה לתת קול לאותו תסכול אחרון הבודק כמה קרוב המילוט וכמה רחוק מהישג יד. היא מאירה את המחדל של אותם קרובים שהיו אמורים להפיל חיתיתם על האזור, ולדאוג לכך שהדרך תהיה תקינה ובטוחה, שליטה ואכיפה מסודרת היו יכולים למנוע את האסון. הפנייה היא אל מי שעיניו של אותו אלמוני זעקו לעברו בדקות אחרונות. אל מי שלא חישב את כל הסיכונים במדויק, לא סיפק הגנה ולא קיבל את מלוא אחריותו כפי שהיה נדרש מראש. ידיהם של בית הדין אומנם לא שפכו את הדם הזה בפועל, אבל הם אחראים לו בכוח.

הפרשה מתארת טקס מלא ומפורט, אשר כדרכם של טקסים נעשה בו שימוש בכלל החושים. במקרה שלנו: בית דין שיורד לנחל, עגלה צעירה שנערפת, דם נשפך, וגם טקסט שיש לאמרו. הטקס מעניק לנו את היכולת לצפות באופן מעמיק באירוע ולעכל את המשמעות שהתורה נותנת לו דרך ההעמדה הזו, אבל גם החוויה שהתורה מבקשת להצמיח. גדיעת החיים של העגלה הצעירה והבלתי ממומשת אל מול נחל איתן, מסמלת את הרצח ומעמידה אותו על רקע הסמל ליציבות ולזרימה טבעיים. וכל זה הוא המחשה לכך שמי שהיה אמור לאפשר את החיים ביציבותו ייכבד וירד אל הנחל וילמד שם משמעות של נביעה טבעית שמנצלת את תוואי הטבע לטובת החיים. וכל זה יאיר את עיניהם של הדיינים, בהכרח לצאת מן הלשכה, בחובה להפוך מדיינים בעלי סמכות ושררה למשרתי העם וצרכיו. ובמשימה לזהות התפרצות של תסכול ככשלים, לתקנם, ולהיות למים הזורמים בנחל החיים של הקהילה.

שלוש מגמות אפשריות להבנת הטקס ומשמעותו: מציאת הרוצח (הרמב"ם), אחריות בני העיר (חז"ל) ונקודת מבטו של הנרצח מעוררת הכאב והחמלה. שלושתן יחד מצויות בפרשייה הקוראת לפעולה, לאחריות לכפרה ולתיקון.

צדק צדק תרדוף

עם ישראל מצווה על בנייתה של מערכת משפטית שיש בה שופטים ויש בה שוטרים כולם אמונים על שמירת ההלכה והתורה. הציווי על כינונה

של מערכת משפטית מלווה גם במתן הוראות עקרוניות כיצד על השופטים לפעול ומהם הערכים שבשמם הם ממונים. והתורה מונה את הערכים הללו ומפנה כמה הוראות לדיינים. הם אסורים בלקיחת שוחד, הם מצווים שלא להכיר פנים במשפט ולא להטותו.

ועוד, הניסוח "צֶדֶק צֶדֶק תִּרְדֹּף" (דברים ט"ז, כ) הוא ייחודי ונדיר, ראשית מפני שיש בו לשון פיוטית של חזרה והדגשה, לשון שאינה אופיינית בתוך פיסקה שעניינה הדרכה הלכתית מעשית לדיינים. לכאורה ניתן היה להסתפק בקביעה כמו "בְּצֶדֶק תִּשְׁפֹּט" (ויקרא י"ט, טו) כפי שמופיע בפרשת קדושים (בצדק תשפוט עמיתך).

אולי משום כך רבו ההסברים לפסוק זה. רובם מתייחסים לכפל המילה "צדק" בפסוק.

לדעת ריש לקיש יש שתי אפשרויות לעשות צדק. אחת בדרך של חקירה פורמלית של העדים ותהליך מורכב של הוכחות והאחרת מזורזת, שבה השופט מתרשם מדברי הצדדים ומכריע על פי דעתו את הדין. לדברי ריש לקיש, שני המושגים מתייחסים לדיון בדיני ממונות. בדיני ממונות יש אינטרס ציבורי שלא לנהל דיונים מורכבים וממושכים שיהוו חסמי שוק ויגרמו ל"נעילת דלת בפני לווים". לכן אומר ריש לקיש שהתורה מלמדת אותנו שיש להבחין בין "דין מרומה" לבין "דין שאינו מרומה" (סנהדרין לב ע"ב). בפני השופט נשאלת שאלה מקדימה: האם התובע רמאי או אדם ישר, לחלופין אם טענות התובע נשמעות כעלילה ורמאות או כנות. במקרי רמאות, אין ברירה אלא לברר את הדברים לאשורם באמצעות דיני הראיות המקובלים. ורק כשברור שהצדדים ישרים ושהטענות נכוחות, או אז מצווה על השופט להורות מהי הדרך הצודקת להכרעת המחלוקת והדין ביניהם על פי דבריהם ובלי חקירות מיותרות, בהליך מהיר ויעיל.

פירוש אחר לכפל המילה 'צדק' שבפסוק הוא כדברי רב אשי: "אחד לדין ואחד לפשרה". יש מצבים שבהם לא ניתן לעשות דין ואז יש לפנות לדרך הפשרה. הגמרא אף מביאה דוגמה למצב כזה בדוגמה המופיעה בברייתא. שתי ספינות עוברות בנהר במעבר צר. הן מגיעות זו מול זו. אם שתיהן עוברות, שתיהן טובעות. רק אם תעבורנה זו אחר זו הן תוכלנה לצלוח את הדרך. אך למי זכות הראשונים למעבר? מי אמורה לוותר על זכותה לעבור? אומנם, יש מצבים שבהם ברור למי זכות הקדימה. אונייה טעונה תידחה מפני שאינה טעונה. קרובה יותר תידחה מפני זו שאינה קרובה. אבל

כשמעמדן שווה אין ברירה אלא לפשר ביניהן: אחת תעבור ראשונה ותפצה את זו שממתינה (שם).

בעקבות דרשות הר"ן, סובר השל"ה שמדובר על שני סוגי צדק: צדק נצחי וצדק נקודתי. יש מצבים שבהם בית הדין חייב לחרוג מן הצדק המקובל. בית דין מכים ועונשים שלא מן התורה. מותר במצבים שבהם יש צורך שעה גדול לייצר מעקפים להלכה הנוהגת. יש "כסאות למשפט" ויש "כסאות לבית דוד" – משפט ומלוכה (של"ה פרשת שופטים, תורה אור ו).

לפי שלושת הפירושים הללו, ההנחיה "צדק צדק תרדוף" היא הוראה לדיינים לסגל לעצמם גמישות ולהרחיב את ארגז הכלים שאיתו הם עובדים. עליהם להיות מקצועיים מספיק כדי שיוכלו לנווט בכל מקרה גם מבחינת השימוש בכלים הפרוצדורליים (דרישה להליך סבוך של הוכחות בדין מרומה וזניחתו במקרה של דין שאינו מרומה), וגם מבחינת הדין המהותי וכלי השפיטה העומדים לרשותם (פשרה או דין וכן: דין או תקנה). משלושתם מתברר שמושג הצדק הוא מושג דינמי ויחסי. הרעיון הסדומי להכניס לאותה מיטה אנשים קצרים וארוכים הוא רעיון של חוסר צדק אף אם יש בו שוויון. השוויון בפני החוק הוא טעות, ויש להעדיף את הצדק על פניו. מכאן שלא בכל מריבה יש לטפל באותו האופן. שני שכנים שמורטים זה לזה את הנוצות, דין לא יהיה פתרון עבורם. כאן יושג צדק בדרך של השכנת שלום בין השניים ובפשרה. אבל במצבים כדוגמת תביעה של אדם קטן הניצב אל מול גוף גדול ומונופוליסטי, פעמים רבות הצעת פשרה תהווה חוסר צדק משווע שנותנת גושפנקא לניצול של עמדת כוח.

אבל ישנו גם כיוון פרשני אחר לגמרי, ולפיו הפנייה בפסוק אינה לשופטים. האדם הפשוט הוא המצווה לרדוף אחר הצדק.

> רדוף אחר בית דין שדינו יפה,
> אחר בית דינו של רבן יוחנן בן זכיי ואחר בית דינו של רבי אליעזר
> (ספרי דברים, שופטים פיסקא קמד; סנהדרין, שם).

מצווה על בעלי הדין ללכת לבית דין שנחשב למומחה. גם אם מדובר בטורח גדול השכנת הצדק תלויה במומחיות הדיינים ולפעמים מטיל הדבר חובה לא פשוטה גם על שני הצדדים המתדיינים. האבן עזרא סובר שהפסוק קובע כי על הצדדים לחתור לצדק, ובבואם לבית הדין עליהם להשיל מעליהם

את האינטרסים האישיים שלהם, ולשמוח בצדק שייעשה באשר הוא, גם אם יפסידו. הרש"ר הירש מבאר שהשכנת הצדק המוטלת על הצדדים מתממשת בעצם המעשה של העמדת בתי דין ראויים וכי זו מצווה על הציבור לכונן בתי דין כאמירה חברתית ודתית של השלטת הצדק.

האלשיך מסביר שהתנהלות בצדק עשויה למנוע התקוטטות בבית הדין. הצדדים יכירו זה בזכויותיו של זה ויימנעו מלבוא לדין. אם כל אדם ישפוט את עצמו לאור אמות מידה של צדק הוא יבין בחלק מן הפעמים שנכון לסגת מן התביעה ולוותר עליה. הפשפוש העצמי והניסיון לבחון את הדברים מנקודת מבט של צדק ושל הליכי שיפוט מקובלים מועיל פעמים לא מועטות להשכין את הצדק ללא מעורבות של בית דין בפועל. בית הדין הופך להיות סמל של דרך מחשבה ופעולה שבעצם קיומו מביא להתנהלות צודקת של פשוטי העם.

בעיקרון שלפיו החובה להשכנת משטר צדק פונה לבעלי הדין ולא לשופטים עשו שימוש גם פרשנים אחרים על התורה. צדק אפשר לעשות גם בחיים היום־יומיים, גם בלא סכסוכים או תביעות. ומכאן שגם כשמפרשים שההוראה של "צדק צדק תרדוף" אינה מופנית לבית הדין, מתקיים רצף של אפשרויות בין אלו המפנים את ההוראה לאדם הפרטי במסגרת של סכסוך, בין המפנים אותה לאדם הפרטי בחייו ובהנהגתו ובין מי שמפנה אותה אל הציבור, אל העם בכללותו.

ההסתכלות הרחבה הזו הופכת את הצדק להדרכה כללית המתגלה בכל צורת פילוח שהיא. אותו הצדק שהוא כלי עבודה בבית דין, הוא הצדק המתבקש בענייני ניהול מדינה וגם בהתנהלות הפשוטה של האדם, במדינתו הפרטית של כל אחד ואחד.

כי ייפלא — אחידות וגיוון בפסיקת הלכה

פסוקים קצרים בפרשת שופטים עוסקים בנושא התשתיתי והיסודי של התהוות התורה שבעל פה ופסיקת ההלכה:

כִּי יִפָּלֵא מִמְּךָ דָבָר לַמִּשְׁפָּט בֵּין דָּם לְדָם בֵּין דִּין לְדִין וּבֵין נֶגַע לָנֶגַע
דִּבְרֵי רִיבֹת בִּשְׁעָרֶיךָ וְקַמְתָּ וְעָלִיתָ אֶל הַמָּקוֹם אֲשֶׁר יִבְחַר ה' אֱלֹהֶיךָ בּוֹ.

וּבָאתָ אֶל הַכֹּהֲנִים הַלְוִיִּם וְאֶל הַשֹּׁפֵט אֲשֶׁר יִהְיֶה בַּיָּמִים הָהֵם וְדָרַשְׁתָּ וְהִגִּידוּ לְךָ אֵת דְּבַר הַמִּשְׁפָּט (דברים י״ז, ח-ט).

התמונה המצטיירת כאן היא של מקום הכרעה מרכזי בעל סמכות הנמצא בירושלים (במקום אשר יבחר ה׳). בכל מקרה שבו מתרחשת מחלוקת חכמים "בשעריך", בערים ובמקומות ישוב יהודים, מחייבת התורה לעלות אל השופט אשר יהיה בימים ההם ולקבל הדרכה מסודרת וחד משמעית שתפתור את כל הספקות והתהיות. וגם לא תותיר מקום לדיון נוסף (כך לפחות נראה מן הוודאות של ההכרעה ומדין זקן ממרא המופיע תיכף לאחר מכן).

הסנהדרין גלתה עד שבטלה, אך העיקרון נשתמר בצורות שונות. בכל בית דין בקהילות ישראל נפסקה הלכה על פי דעת הרוב, כשההדרכה היא שבמצב של מחלוקת בין יחיד לרבים – הלכה כרבים. במקביל נוצרו כללי פסיקה נוספים, כמו ספק דאורייתא לחומרא וספק דרבנן לקולא. אין בית דין יכול לבטל דברי בית דין חברו אלא אם כן גדול הימנו בחכמה ובמניין. ועוד כללים רבים שנועדו לאפשר כינוס והכרעה. בת קול יצאה והכריזה שהלכה כבית הלל. בסיפור תנורו של עכנאי הוכרע על פי דעת הרוב גם כשהיה נראה שאין מדובר באמת הא־לוהית. ר׳ עקיבא קפץ ובירך כדעת הרבים שחלקו על דעת רבו, רבן גמליאל, בעניין ברכה אחרונה, ורבן גמליאל עצמו אומר לבניו שבאו מבית המשתה שעליהם לקרוא את שמע גם לאחר חצות, לא מפני שדעתו היא שניתן לומר את שמע עד שיעלה עמוד השחר אלא מפני שזו דעת חכמים.

אך מן הצד השני התפתחו כללים אחרים וסותרים. כאלה המתייחסים למעמדו של ה"מרא דאתרא" קרי, של רב המקום. החובה לנהוג כמנהג אבות ועוד. הכללים הללו גרמו לכך שלמרות הדרישה להלכה אחידה ומחייבת התפתחו לאורך הדורות גם זרמים וגישות שונות להלכה, עדות ומנהגיהן. המצב הזה מוכר עוד מימי התנאים, שם מסופר שבמקומו של ר׳ יוסי הגלילי היו אוכלים עוף בחלב משום שר׳ יוסי הגלילי סבר שאיסור בשר בחלב אינו מתייחס לעוף. ובמקומו של ר׳ ישמעאל התירו מכשירי מצווה בשבת. וכן, מפעם לפעם הכריעו הלכה כיחיד ובכך ערערו על הכלל היסודי של "אחרי רבים להטות" והותירו את האפשרות לדעות יחיד להתקיים ואף לקבוע הלכה. כמו כן אנו מוצאים שבית שמאי ובית הלל נחלקו אפילו בנושא של איסורי עריות ונהגו כל אחד כשיטתו מבלי שהגיעו להכרעה

מסודרת. ולא נראה שראו בכך קושי מיוחד או משבר גדול. כל מי שמביט סביבו יודע מיד שהוא אינו נתון בתוך מערכת קשוחה של הוראות וכללים. כמעט אין נושא בהלכה שאינו נתון במחלוקת בין הפוסקים וכמעט שאין דבר שהוא מוסכם וברור.

במבט שטחי נראה שהעובדה שההלכה נתמלאה בענפים, ונהייתה רב גונית היא תהליך המנוגד למגמה המתוארת בפרשת שופטים. אך למען האמת, פסיקת ההלכה נותרה כשהייתה. אם ניקח למשל, את נושא השימוש בחשמל בשבת. כשהומצא החשמל נוצרו מחלוקות באשר לטיבו ומהותו ולשאלת היחס אליו לעניין מלאכות שבת. עם השנים הוכרעה הלכה ונאסר השימוש בחשמל בשבת. אולם בד בבד עם התקבלותה הנחרצת של הלכת האיסור התעוררו באותו עניין מחלוקות חדשות. הרב שלוש מתיר שימוש בחשמל ביום טוב בנסיבות ואופנים מסוימים, והרב רבינוביץ ותלמידיו יוצרים חילוקים בין שימושים שונים בחשמל. הדינמיקה היא עדיין כזו של ריבוי ענפים וגיזום, התרבות ודילול. בפרט בולטת הדינמיקה הזו של כינוס להכרעה אחידה וייצור של מחלוקות חדשות וחוזר חלילה בשאלות ואתגרים המתחדשים בדור.

ייתכן לומר שהפסוקים בפרשת שופטים מתארים בדיוק את המציאות הזו. הניסיון והחתירה המשותפים לעלות בהר ה' כרוכים בשמיעת דבר ה' הנחרץ והברור, אבל גם בדברי השופט 'אשר יהיה בימים ההם'. וכל זה כרוך **בדרישה** ובלימוד. ההכרעה איננה בהכרח מידית אפשר שמדובר בתהליך בין דורי ארוך טווח של הכרעה וכינוס ושל מחלוקת וחוזר חלילה. והכלים ההלכתיים השונים מאפשרים לאזן בין שני הכוחות שקיימים כל העת ברקע.

תשומת לב למילים שבהן משתמשת פרשתנו מגלה שיש בה שני מושגים המתייחסים להלכה: "דבר" ו"משפט". בעל הערבי נחל (ר' דוד שלמה אייבשיץ, פולין, המאה השמונה־עשרה) שם לב להבחנה בין שני המושגים וכותב שהתורה שבעל פה נקראת "מידת לילה" וממנה נברא הלילה (דרוש ב, פרשת שופטים). במדרש תנחומא נכתב שכשהיה משה במרום היה יודע מתי יום ומתי לילה כיוון שהקב"ה לימד אותו תורה שבכתב ביום ותורה שבעל פה בלילה. ההבדל בין יום ובין לילה הוא תמצית ההבדל בין תורה שבכתב ובין תורה בעל פה. זוהי ההבחנה בין היסוד הקבוע והיסוד המשתנה והמתחדש: בין ה"משפט" ובין ה"דבר". "אשר **בדברו** מעריב ערבים" – הדבר הוא היסוד שאינו חקוק ואינו כתוב, הוא נותר בבחינת דיבור, והוא דומה ללילה באשר אין אפשרות לדייק לגביו, ראייתו אינה

חתוכה והוא משולב בספקות. המשפט הוא המוכרע, החתוך והכתוב. בתהליך דבר הופך למשפט ומשפט לדבר. הסוד, אומר הערבי נחל, הוא "והגידו לך את דבר המשפט", לחבר בין התורה שבעל פה לתורה שבכתב ולמצוא בה את העוגן לפירוש הנכון ולפסיקת ההלכה גם בזמנים משתנים.

פרשת כי תצא

ושכחת

כִּי תִקְצֹר קְצִירְךָ בְשָׂדֶךָ וְשָׁכַחְתָּ עֹמֶר בַּשָּׂדֶה לֹא תָשׁוּב לְקַחְתּוֹ
לַגֵּר לַיָּתוֹם וְלָאַלְמָנָה יִהְיֶה
לְמַעַן יְבָרֶכְךָ ה׳ אֱלֹהֶיךָ בְּכֹל מַעֲשֵׂה יָדֶיךָ (דברים כ״ה, יט).

מצוות שכחה, המכוונת את האדם שלא לשוב על עקבותיו ולאסוף את העומר שנשכח מאחור, היא מצווה מרתקת. אי־אפשר ׳להתכוון׳ במצווה זו, או לומר לפניה ״לשם ייחוד״. מדובר באוקסימורון: קיום מצווה מחייב מצב של מודעות ורצון, במצווה זו, כל כוונה או החלטה לקיים את המצווה מטרפדת אותה. החיוב על האדם הוא רק אם וכאשר הוא באמת שוכח עומר בשדה. רש״י מסביר גם את פשט הפסוק על פי הספרי: ״למען יברכך: ואף על פי שבאת לידו שלא במתכוון, קל וחומר לעושה במתכוון. אמור מעתה: נפלה סלע מידו ומצאה עני ונתפרנס בה הרי הוא מתברך עליה״ (רש״י, דברים כ״ה, יט).

ההדגשה היא שבעל הבית זוכה במצווה הזאת ממש כשם שהוא זוכה בפיס, אין לו שום דרך להשפיע על המעשה. להפך, כל מאמץ שיעשה להשפיע על התוצאה יקלקל את המצווה.

תחושת הברכה משמיים כשאדם זוכה לשכוח עומר בשדה, מתוארת באגדה שבתוספתא:

מעשה בחסיד אחד ששכח עומר בתוך שדהו,
ואמר לבנו, צא והקריב עלי פר לעולה ופר לשלמים,
אמר לו, אבא, מה ראית לשמוח במצוה זו מכל מצות האמורות בתורה?
אמר לו, כל מצות שבתורה נתן לנו המקום לדעתנו, זו שלא לדעתנו,
שאילו עשינוה ברצון לפני המקום לא באת מצוה זו לידינו (תוספתא,
פאה פ"ח ה"ג).

כמה דינים והלכות מסתעפים מן העיקרון הזה. כולם מגדירים מהו המוגדר עומר ש"נשכח" ובקביעת אמצעי הזיהוי ההופכים את העומר לשכחה ומפקיעים אותו בכך מן הבעלים: אם הפועלים שכחו את אחד העומרים, אך בעל הבית זוכר את העומר ומתכוון לקחתו, או להפך, אם בעל הבית שכח את העומר אך הפועלים המופקדים על איסוף העומרים לא שכחו אותו, אין זו שכחה עד שישכח לגמרי. שני עומרים הם שכחה, אבל שלושה אינם שכחה, כי ניכר שאין מדובר בשכחה ממשית אלא בהותרה ובהנחה (משנה, פאה פ"ו).

אלא, שניתן לקרוא את המקורות העוסקים בפאה באופן שונה מעט. לכאורה, הניסיון של חז"ל לתאר כיצד "נראית" השכחה אינה רק אוסף של גדרים יבשים וחוקים מדויקים שנועדו לברר את המעמד המשפטי של העומרים. ואין בהלכות אלו רק משום קובץ שעניינו הכרעה בדיני ממונות. אלו הן הלכות שבאות לברר מהו הביטוי החיצוני של התנועה הנפשית הפנימית של השכחה.

באמצעות הסיטואציות השונות חז"ל ניסו לבטא במדויק מהי העמדה הנפשית שממנה נובעת השכחה. הציור הנפשי הזה נעשה בקווים עדינים ביותר.

לשם ההדגשה נביט בהלכה שנחלקו בה בית שמאי ובית הלל. לדעת בית הלל עומר ש"נשכח" ליד הגדר או הגדיש הוא שכחה, בית שמאי לעומתם, סוברים שאין זו שכחה. בתוספתא מוסבר שמדובר כשהעומר נלקח והונח במקום מסוים לשומרו. ורק לאחר שהונח שם, הוא נשכח. במקרה כזה, בית שמאי אומרים שאינו שכחה, כיוון שלא נשכח בשדה ובעל הבית כבר זכה בעומר זה. לעומתם סבורים בית הלל שבכל שלב שבו מתרחשת הרשלנות התודעתית, זוכים העניים בעומר וזוהי שכחה (משנה, פאה פ"ו מ"ב; תוספתא, פאה פ"ג ה"ב; רמב"ם, פירוש המשניות, שם).

לדעת בית הלל השאלה אינה שאלה מדיני הקניין כלל. על פי דיני הקניין, העומר הונח במקום המשתמר והוא של בעל הבית, אבל יש כאן הרפיה מסוימת מן החפץ ומן האחיזה הקניינית הבעלותית בו, וזוהי השכחה.

כמות גדולה של יותר משני עומרים אינה שכחה מפני שניכר בצורתה שהאיסוף נעשה ללא שיטתיות ועקביות. לכן לא ניתן להניח שעומרים אלו נשמטו מעיני הבעלים. לעיתים, צריך להכריע בשאלה על מי "מוטל" לשכוח. במקרה שהבעלים סומך על הפועלים שיאספו לבד, הוא הפקיע מעצמו לגמרי את האחריות לעומרים ואינו יכול להיות בעצמו בגדר שוכח. עדיין ייתכן מצב שהפועלים המופקדים על המלאכה ישכחו עומר כלשהו. אך להבנתנו, שכחת הפועלים יש בה ביטוי להסרת האחריות של בעל הבית. כבר מעצם הותרת הסמכות כולה בידם ומעבר לכך, באי־הקפדנות שלו כבעל בית.

בשורשי המצווה מבאר ספר החינוך שהעניים הרואים את כמויות העומרים שבעל הבית אוסף לו, כמהים לעומר אחד מן התבואה. הם יושבים ומצפים לשכחת בעל הבית, ל'פירורים' שיפלו משולחנו. ספר החינוך מוסיף:

> גם יש בזה תועלת לבעל השדה שיקנה בזה נפש טובה, כי באמת במידת הנדיבות ונפש ברכה לבלתי תת לבו על העומר הנשכח ויניחהו לאביונים, ועל בעלי הנפש טובה ינוח ברכת השם לעולם (ספר החינוך, מצווה תקצב).

עמדת בעל ספר החינוך היא שהתנועה הנפשית הגורמת את השכחה, קשורה גם לאופיו ולמידותיו של בעל הבית. בעל בית קפדן מדי לעולם לא ישכח עומר, וסביר להניח שגם פועליו לא ישכחו. בעל בית רשלן מדי, אף הוא אינו שוכח. האיסוף הוא ממילא בתפזורת, השכחה מרובה ואינה מעידה על בלבול אלא על בטלנות, ולפיכך אינה שכחה כלל.

במקרה של שכחה לאחר שבעל הבית זכה בעומר, הניחו לצורך המשך טיפול ושם הוא נשכח – מדובר בשאלה גדולה וחשובה האם סתם הסחת הדעת היא שכחה. חז"ל עמלו לסרטט את דרישת התורה לשכחה של ממש, כזו שאינה רשלנות, אינה בטלנות, אינה העלמת עין או תקלה וגם אינה פיזור דעת וגסות לב. לפיכך אומר בעל ספר החינוך כי שכחה ממש יכולה

לקרות רק כשישנה המידה האנושית של הנדיבות ורוחב לב. אדם שיש לו הנחת לאסוף מה שיש לו אבל, הוא רחוק מלהיות קטנוני. הוא מתייחס לשדה כאל מקור השפע והברכה, אך אוסף את תבואתו כבן מלך והוא רחוק מן העמדה של הנמלים המלקטות כל גרגר, הנחת והנדיבות הן שמזכות את האדם במצוות שכחה.

על רקע העובדה שפרשתנו מלאה ב"זכורים": זכירת עמלק ומרים וזכירת היותנו עבדים במצרים, בולטת מאוד גם מצוות שכחה אחת זו. כשעיקרה הוא הציווי על האדם לעבוד על מידותיו, להיות לעיתים גם 'שוכח'.

יש לעיין בערך הזכירה לעומת ערכה של השכחה. בעל חובת הלבבות מתאר את יתרונות השכחה וחסרונותיה. לדבריו, אדם שכחן אינו יודע כמה כסף לקח וממי, ואינו יודע להשיב מה שלקח, הוא אינו זוכר את הדרך בה הלך, והוא שוכח את דברי החכמה ששמע. בהקשרים אלו, אנו אומרים שאכן האדם מצווה להיות "זוכר". הוא מצווה להיות בתודעה קשובה. אולם מוסיף בעל חובת הלבבות:

> ומתועלת השכחה, כי לולא השכחה, לא היה נשאר האדם מבלי עצב ולא היה טורדו ממנו שום דבר משמחת עולם, ולא היה נהנה במה שמשמח אותו, כשהוא זוכר פגעי העולם, ולא היה מקווה מנוחה ממקנא ולא התעלם ממלך (חובת הלבבות שער ב, שער הבחינה, ה).

השכחה היא גם מקור השמחה והאושר. אדם שזוכר כל העת את כל הצרות, נמצא מחשב סיכויים וסיכונים עד הסוף, אינו מסוגל להתעלם משום פרט. אדם כזה הוא עצוב ונפשו עגומה.

> הלא תראה, איך הושם באדם הזכרון והשכחה, והמה מתחלפים ושונים זה מזה, והושם לו בכל אחד מהם מינים מן התועלות (שם).

נקווה שתמיד נזכה לזיכרון מצוין עם היכולת לשכוח, בהקשרים הנכונים והרצויים. ומידותינו תהיינה שלמות לעבודת ה' ונזכה גם לברכת ה' עלינו בכל מעשה ידינו.

מעשה באלמנה

"לֹא תַטֶּה מִשְׁפַּט גֵּר יָתוֹם וְלֹא תַחֲבֹל בֶּגֶד אַלְמָנָה" (דברים כ"ה, יז).

מצוות התורה תובעות מאיתנו לחמול על האנשים שבשולי החברה, לראות את מצוקתם ולהיות הגונים כלפיהם. הנחת היסוד של חלקו הראשון של הפסוק היא שגר ויתום הם חסרי הגנה וכך גובר החשש שבית הדין יתעלם מזכויותיהם ויבכר לזכות את העשיר והמכובד על פניהם. הציווי ביחס לאלמנה אינו פונה אל בית הדין, אלא אל האדם הפרטי, אל המלווה. אין לקחת כמשכון בגדי אלמנה.

משפט התורה הזה עשוי להתפרש בכמה אופנים. ניתן לחשוב שהמדובר דווקא בבגד, משום שההיזקקות של האלמנה לבגדיה תחייב את המלווה ואותה ליחסי קירבה מפוקפקים, אולם ניתן להסביר על פי ההקשר שהאלמנה בפרשייה זו היא רק דוגמא לעוד סקטור המצוי בשולי החברה. אישה חסרת הגנה, חסרת משענת כלכלית שחייה מרים וקשים. ביחס אליה ציוותה אותנו התורה להימנע מלנהוג בה על פי שורת הדין. האם באומרנו "אלמנה" כוונתנו לבעיה הנוצרת בעקבות המעמד האישי שלה, או שמא בגלל מעמדה החברתי? לשאלה זו עשויה להיות השלכה הלכתית: מה יהיה דינה של אלמנה עשירה ומכובדת?

בשאלה זו נחלקו התנאים: רבי יהודה סבור שדין זה אחד הוא לענייה ולעשירה. ואילו לפי רבי שמעון הסובר ש"דרשינן טעמא דקרא", כלומר, מותר להסיק מסקנה מהטעם שהכתוב נותן למצווה, מותר לקחת משכון מאלמנה עשירה.

את המחלוקת הזו, אם את פסוקי התורה יש לפרש בצורה תכליתית או דווקנית, אנו מכירים מתחומים רבים: גם פתק למכולת מצריך לעיתים פרשנות. האם כשכתוב "חלב תנובה" זה אומר שאפשר לקנות גם טרה, אלא שדיבר הפתק בלשון בני אדם, או שמא יש איזה עניין דווקא עם המוצר הזה, הכשרו, טעמו, לקחו כזה מן השכנה וצריך להשיב לה וכדומה.

גם הסכמים מצריכים פרשנות מן הסוג הזה. האם העובדה שאדם מכר את ביתו והדברים כתובים שחור על גבי לבן בחוזה שערך וחתם עליו מרצונו החופשי מחייבת אותו לקיים את המכירה למרות שעניינו במכירתה התפוגג, או שמא ברור שכוונתו הייתה להחליף את דירתו ולרכוש אחרת במקומה, וכיוון שהעסקה המיועדת בוטלה כמובן שאין סיבה לתת תוקף גם לחוזה המכירה שעשה. האם יש כאן תנאי סמוי שאיננו כתוב מפורש אך ברור

שהוא מונח על השולחן ואינו מדובר? אפשר לתת דוגמאות רבות מתחומי משפט וחיים שונים. המציאות מורה שאנחנו מתמודדים עם השאלה לא רק בעניינים משפטיים אלא גם בענייני חולין יום־יומיים לגמרי.

הקושיה הזו ביחס לתורה קשה שבעתיים. גם אם נאמר שיש להביא בחשבון את 'כוונת המחוקק' ולפרש את התורה באופן תכליתי, כלומר, בהתאם לתכליתה, עדיין ניאלץ לדון עם עצמנו מה הייתה כוונה זו.

מעשה ששמעתי בילדותי מבאר את הבעיה בפירוש הדווקני.

מעשה בילד שמו אפמינונדס שנשלח לבית סבתו, שנתנה לו כלב במתנה. הילד חזר הביתה ללא הכלב כי איבד אותו בדרך. אמרה לו אמו: "בפעם הבאה שסבתא תתן לך משהו קשור אותו בחבל ולא תאבד אותו בדרך". בפעם הבאה הסבתא נתנה קציצות... לסיפור המשעשע יש כמובן גרסאות עממיות שונות, והוא נמשך ונמשך. הטעות שבאי הפעלת שיקול הדעת הפשוט של התאמת ההוראה למציאות מעוררת גיחוך. לעיתים, עושה רושם שהילד חסר היגיון, ולעיתים נדמה שהאם הייתה צריכה לקלוט את הבעיה.

והנה אנו מתמודדים עם השאלה הזו עצמה: אם לא נעמיק במשמעות הדברים נאבד את טעמם בדרך ואולי גם את האימון בנותן התורה. אם נעמיק במשמעות הדברים, ייתכן שיום אחד נמצא את עצמנו מקיימים את המצוות שיצרנו לנו במו ידינו.

מהסיבה הזו המחלוקת לא הוכרעה. היא נמשכה להיות מחלוקת בשאלת טעמי המצוות באופן רחב יותר. האם ניתן לתת טעם לדברי התורה, ולהסיק ממנו מסקנה למעשה, או לא? שאלת הענקת טעם ויסוד למצוות הייתה שנוי במחלוקת בין הפילוסופים של ימי הבינים. בד בבד המחלוקת הפכה ממחלוקת בשאלה מה בעצם כתוב בתורה, למחלוקת תיאולוגית. נימוקי המתנגדים לדרישת טעמי המצוות מבוססת על הרציונל שמחשבות הבורא אינן בנות השגה, וכי הטעם לקיום המצוות הוא האמונה בה' ולא הערך הנקנה בזכותן. העמקה בטעם המצווה עלול לגרום לטעות לגבי מקורות הסמכות. במקום שהציות יהיה ביטוי לקבלת סמכותו של הקב"ה יושתת הציות על השכל וההיגיון. לעומת אלו עמדו נימוקים אחרים של התומכים במציאת טעם למצוות: הרצון להצביע על מוסריות התורה וישרותה, האמונה שתורתנו מבוססת על עקרונות של צדק ושמטרת המצוות היא לעדן את התנהגותנו, ועל כן אין סיבה שלא לחשוף את היסודות הללו. כמו כן, המודעות לתכלית המצווה מגבירה ומחזקת את ההשפעה החינוכית שלשמה צווינו במצווה זו.

נדמה שביסוד המחלוקת מצויים בסופו של דבר הבדלי תפיסה בהבנת מהות הא-לוהות ומשמעות התורה. האם התורה ניתנה כדי לייצר חלל מקודש מרוחק מן החיים, או שמא היא ספר הדרכה לחיים עצמם. ספר הנתון בדיאלוג מתמיד עם מציאויות משתנות. הבדלים אלו בלטו מאוד במאה הי"ט, כשהוצעו רפורמות בדת מצד אחד, ומן הצד השני גובשה והתפתחה התגובה האורתודוקסית והאולטרה-אורתודוקסית (החרדית).

בדורנו, התהייה חוברת לשאלה הפוסטמודרנית אם יש אמת מוחלטת או שמא ייתכן שהתורה יחסית וניתן לקרוא אותה באופן דינמי יותר, המסתבר על אוזן השומע יהיה מי שיהיה.

חיזוק מעניין לעמדה המבוזרת של ההלכה מציע ר' צדוק הכהן מלובלין:

> דמשה רבינו ע"ה לא רצה להמנות סנהדרין, אף דידע שאי אפשר לו לבד להשגיח על ששים ריבוא מישראל בכל פרטי עניניהם, הוא רצה להנהיגם בענין זה שיאיר עיניהם שיוכלו לראות כל אחד נגעי עצמו בעצמו ויהיה כל אחד עיניו בראשו, ולא יצטרכו לעיני העדה כלל, וזהו אור שיהיה לעתיד דלא ילמדו עוד איש את רעהו (ר' צדוק הכהן מלובלין, תקנת השבין, עמוד נח).

לדבריו, בעתיד ילמד כל אחד לשפוט את עצמו, ולא יהיה עוד צורך במורי הלכה ובריכוז הסמכות. דא עקא "עיניו בראשו" הוא מטלה לא פשוטה. כובד האחריות להסתכל בעיניים ולהכריע בכנות, ביושר ובאמונה מחייב עבודה מתמדת וזיכוך ביראת ה'.

איפה ואיפה

בפרשתנו מצווים הסוחרים ואנשי העסקים לנהל את עסקם בהגינות ולדייק במידות המאזנים:

> לֹא יִהְיֶה לְךָ בְּכִיסְךָ אֶבֶן וָאָבֶן גְּדוֹלָה וּקְטַנָּה. לֹא יִהְיֶה לְךָ בְּבֵיתְךָ אֵיפָה וְאֵיפָה גְּדוֹלָה וּקְטַנָּה. אֶבֶן שְׁלֵמָה וָצֶדֶק יִהְיֶה לָּךְ אֵיפָה שְׁלֵמָה וָצֶדֶק יִהְיֶה לָּךְ לְמַעַן יַאֲרִיכוּ יָמֶיךָ עַל הָאֲדָמָה אֲשֶׁר ה' אֱלֹהֶיךָ נֹתֵן לָךְ (דברים כ"ה, יג).

איפה גדולה וקטנה ואבן גדולה וקטנה הם כלי מדידה של נפח ומשקל שמחזיק אצלו הרוכל הרמאי. הגדולה נועדה לשקילת המצרכים שהוא עצמו כרוכל רוכש מן הסיטונאי, הקטנה נועדה לשמשו כשהוא מוכר את מרכולתו לקונים המרובים. באבן הגדולה מסומנת מידה הקטנה מגודלה האמיתי וכך הרוכל משלם עבור הסחורה המרובה ערכה של כמות מועטה מזו שהוא קונה בפועל. האבן הקטנה מציינת מידה הגדולה מגודלה האמיתי. הסימון שעליה אומר שהיא שוקלת לשם הדוגמה קילוגרם אחד, כשהיא למעשה שוקלת פחות. כאשר מוכרים באמצעותה סחורה במאזניים, הסחורה נמכרת כאילו הייתה בכמות רבה יותר משהיא בפועל. וכך מנוסח האיסור במדרש: "שלא יהא נוטל בגדולה ומחזיר בקטנה" (ספרי דברים כי תצא, פיסקא רצד). אבנים אלו מוחזקים בכיסו של הסוחר על מנת שיוכל בכל עת להרוויח ברמאות ובמצג שווא רווחים בלתי מוצהרים ולא מדווחים. זהו אמצעי פרימיטיבי ופשוט להלבנת הון ולהונאת הצרכנים. ככל הנראה, אמצעים אלו היו נהוגים בין הסוחרים. לכן אנו מוצאים שהנביא מיכה מתרה על השימוש ב"אבני מרמה" שכאלו (מיכה ו', יא).

האמוראים הרחיבו את טווח ההשפעה של הציווי הזה והקישו מן 'האבנים־משקולות' ומידות 'הנפח־כלי הקיבול' אל תחומים אפורים נוספים כמו תיאום מחירים בין סוחרים: "דאמר רמי בר חמא א"ר יצחק: מעמידין אגרדמין (=פקחים) בין למדות **בין לשערים**, מפני הרמאין" (בבא בתרא פט ע"א). באותה סוגיה מובא שתקנת הפיקוח על המחירים אינה כתובה בתורה ומסופר שניטשה עליה מחלוקת בין בית הנשיא ובין חכמים. בית הנשיא הרחיבו את האיסור המקראי, בגלל רצונם לפקח על התחרות, ואילו חכמים דגלו בהסרת חסמים מן השוק חופשי, ודייקו מן התורה שנדרש פיקוח רק על המידות ולא על המחיר והשער. ייתכן שהסיבה לשיטת חכמים היא מפני שהמחיר גלוי לעין כול, והצדדים מסכימים עליו גם אם בכפייה. לעומת זאת, המידות אינן גלויות, וקל לרמות בהן. באותה סוגיה מצוינות נגזרות נוספות לפסוקים שלנו. אחת מהן היא איסור על אפליה במחירים: "אמר רב יהודה מסורא: לא יהיה לך בביתך – מה טעם? משום איפה ואיפה". אפליה במחירים היא הנהגת תעריפים שונים לאנשים שונים, הנהגת מחיר המותאם לקונה ולצרכיו. ככל שהוא יותר נזקק למוצר, או ככל שהוא מסוגל לשלם עליו – כך עולה המחיר. בנוסף, ניתנות בסוגיה הוראות מדויקות כיצד למדוד מידות ביניים שאינן מצויות על המשקולות ואופני המכירה הראויים לכמויות גדולות מאוד או קטנות מאוד. הנחת המוצא הבסיסית של

הדיון היא שהמוכר מחפש כיצד להרוויח וכיצד למכור כמה שפחות בכמה שיותר. ומהסיבה הזו יש להגן על הצרכן מעושק הסוחרים.

במקום אחר, חז"ל הניחו שהמוכר דווקא נותן משלו ומעניק לקונים גם מעבר למגיע להם ("המוכר בעין יפה הוא מוכר", בבא בתרא לז ע"ב). נוהג זה של נדיבות לב המצוי לעיתים אצל סוחרים נקרא בפי חז"ל "ויתור". רש"י מבאר מהו ויתור: "ויתור זהו כגון שלקח מדה של תפוחים בפרוטה ולאחר שמדד לו המידה מוסיף לו שתים או שלושה וזהו דרך של חנוונין להוסיף על המידות משלהן" (רש"י, נדרים לב ע"ב ד"ה רבי אליעזר). לדעות מסוימות נוהג זה כה מצוי עד כי הוא מותר אפילו בין אנשים שמודרים הנאה זה מזה ואסורים משום כך במחוות הדדיות. הגורסים כך הניחו שזו נתינה שאין אדם מייחס לה חשיבות. והיא למעשה, חלק מן העסקה.

לכאורה, ישנה סתירה בהנחה ההתנהגותית של שתי הסוגיות. האם הסוחר הוא רמאי וחשוד בגריפת רווחים סמויים או דילמא הוא דווקא טוב לב, נדיב וותרן. אך למעשה, בחלק מן המקרים מדובר בשני פנים של אותה המטבע. הסיבה שבגללה הסוחר עשוי להיות נדיב ולהוסיף משלו "נדוניה דין ותוספתא דא" היא הרצון שלו לכבוש את לב הקונה. לתת לו תחושה שעשה עסקה טובה משהוצעה לו כאילו מתוך פרץ חביבות. מחלוקת הסוגיות עשויה להיפתר אם נטען שאיסור האבן הקטנה הוא על הקמצנות וההפחתה על מנת להרוויח, אבל איסור האבן גדולה שונה ונועד למנוע רמאות כשהיא נעשית בכיוון ההפוך של 'שניים במחיר אחד', ושאר מבצעים שאמורים לאחוז את עיני הקונים.

אולי משום כך הניגוד של 'איפה ואיפה', או של 'אבן גדולה וקטנה' אינו היפוך תפקידיהן ושימוש בהן לטובת הצד שכנגד אלא 'אבן שלמה וצדק', 'איפה שלמה וצדק'.

כי תידור נדר

מזה שנים אני סבורה שפרשת נדרים הייתה ואיננה עוד, הפכה אות מתה אין חפץ בה. כשהמשנה מתארת שאישה שנישאה לאיש ונמצאו עליה נדרים שהבעל לא ידע עליהם יוצאת בלא כתובה, הנדר הוא כעין מום באישה (משנה, קידושין פ"ב מ"ה). הנשים המתוארות במשנה הן נשים שכל דבר ועניין תורגם אצלן באימפולסיביות מסוימת, לאיסור ולחרם. סברתי כי נשים

כאלה כמעט ואינן מצויות כיום וממילא פרשת נדרים מאבדת את הרלוונטיות שלה בימינו.

אבל יום אחד פנתה אליי אישה במצוקה. חברתה חלתה מאוד, ומתוך החלטה של רגע, נדרה שלא לעשן כתפילה לבריאותה של חברתה, כמעין קורבן. אלא שכבר כעבור זמן קצר, שבה לעשן כבתחילה. כעת היא מבקשת להתיר את הנדר המעיק על מצפונה.

שאלתה גרמה לי להבין שמוסד הנדר עדיין עמנו, ושמא גם כאן כיוונה התורה לדברים שטבועים בטבע האנושי הרבה יותר משֶׁשיערתי. דבר זה מחייב עיון בנושא הנדרים בזיקה לתופעות ימינו.

נדרים הם ככל הנראה תופעה רבת פנים. כבר בפסקה הקצרה הזו נחשפנו לסיטואציה אופיינית שבה נדחק אדם לנדור נדר – מצב של מצוקה או חשש אסון, ורצון להקריב, לתת משהו משלו לאל, כמיקוח (בדומה להלני שנדרה נזירות על מנת שבנה ישוב בשלום מן המלחמה במשנת נזיר ג, ו). זוהי רק דוגמה אחת מאלו שמסכת נדרים מכירה: נדרי זירוזים, נדרי הבאי, נדרי אונסים ועוד. כל אחד מאלו מגיע ממקום שונה בנפש ומשביע צורך אחר. ובכל זאת לכולם מכנה משותף אחד: הצהרה והחצנה של כוונות הלב ורתימתם להתחייבות עתידית. כנגד אלו דיברה תורה.

האם יש לראות את התופעה הזו בעין יפה או להפך? חכמים נחלקו בשאלה האם נדרי אדם רצויים לפני הקב"ה אם לאו (ויקרא רבה, לז). הפרשה עצמה מגלה טפח ומכסה טפח. מצד אחד התורה נותנת גיבוי מלא לנדרים ומזהירה את הנודר "לא תאחר לשלמו", "ועשית כאשר נדרת", ומוסיפה "כי דרוש ידרשנו ה' א-לוהיך מעמך". בכך היא מעלה את הנדר לרמה של איסור תורה: "והיה בך חטא". מן הצד השני התורה מוסיפה: "וכי תחדל לנדור לא יהיה בך חטא" (דברים כ"ג, כב-כד).

מצד אחד, מדריכה התורה את האדם לייחס ערך חשוב למילים ולדברים שהוא מוציא מהפה, אמירה שרומזת לכך שיש יתרון גדול גם לשתיקה, ולא רק ערך למילים. או בניסוחו של ר' יהודה: "טוב משניהם מי שאינו נודר כל עיקר, אלא מביא כבשתו לעזרה ומקדישה ושוחטה" (ויקרא רבה, שם). ר' יהודה מזהה שיש פה פטפטנות יתר, נטייה לפומפוזיות ולהחצנה. אין צורך לעשות פרסומי מילתא גם לדברים חיוביים כמו הקרבה והקדשה, ניתן פשוט לעשות אותם. לא צריך לתת כותרת, לעשות אידיאליזציה ואז לממש, אפשר לגשת ישר לעניין.

למסקנה כי נדרים הם ביטוי לכך שהעולם מורכב מאנשים בעלי אופי

שונה, הנעים על הציר שבין הצורך בהכרזות לבין הצורך בהצנעה, יש משמעות בשאלות שונות הקשורות במעשה הנדר. אחת מן השאלות קשורה לכלי הפרשנות של נדרים. מה קורה אם בתגובה להזמנה המוזמן נודר שלא ייכנס לבית חברו ושלא יאכל אצלו ("קונם ביתך שאני נכנס, טיפת צונן שאני טועם")? הברייתא מצמצמת את היקף הנדר, הדין הוא שמותר להיכנס לביתו ולשתות ואף לאכול מעט כיוון שמניחים שהנודר התכוון שלא יתארח לסעודה גדולה. הגמרא מסבירה את הפרשנות המצמצמת ותולה אותה באופיו של המזמין – שהרי הנדר הוא וודאי תגובה למזמין שיש להניח שהציע לאורח "טיפת צונן" אף כי התכוון להושיב אותו לסעודה גדולה: "צדיקים אומרים מעט ועושים הרבה" (נדרים כא ע"ב). התמונה שהגמרא מציירת באמצעות הביטוי היא של המזמין שממעט בדיבור, אל מול הנודר שהדיבור הוא כלי נשקו. למה להכריז אם אפשר פשוט להמנע מלהיכנס?

ההנחה בגמרא היא שאדם נדרן הוא אדם דברן ואולי גם פשטן. לעומת זאת, אחרים שמצמצמים במילים, שותקים ועושים, על כן כשהם אומרים משהו ניתן להניח שהם אמרו רק חלק מכל אשר על ליבם. ועל כן נדרשים תחכום והרחבה, עיון והעמקה על מנת להבין את דבריהם (נדרים כא ע"א-ע"ב).

עם זיהוי הקטבים של תמלול אל מול פעלתנות ואמירה מול מעשה, ניתן לראות שיש ערך בשני הצדדים. לעיתים האמירה המפורשת מסייעת להגדרת יעדים, להנחת הדברים במסגרת, היא מסייעת ככל הנראה גם במימושם. מספרים על אחד מפוסקי בני ברק שכשרצה להפסיק לעשן אך חשש להיכשל בכך, סיפר לכל מי שנכנס אליו שהפסיק לעשן. בדרך הזו חשב לגרום לעצמו שלא לסגת מהחלטתו. ההכרזה היא הטרמה של נקודת הסיום של התהליך ומכריחה את המימוש. אליה וקוץ בה: "אמר ר' שמואל בר נחמן כל מי שהוא נודר ומשהא את נדרו סוף שהוא בא לידי עבודה זרה ולידי גילוי עריות ושפיכות דמים" (ויקרא רבה, שם). הכרזות גדולות בעניינים קטנים יכולות לגרום לדרדור לתהום. אדם מניח את שמו הטוב על הדבר האחד הזה. כולם יודעים שבזה הוא נבחן. ההימור הוא על כל הקופה כולה.

מדרכי ההתרה של הנדר ניתן ללמוד על ממד עומק נוסף של החקירה. ישנה מחלוקת תנאים כיצד מתירים נדרים. האם שואלים אותו: "לב זה עליך" או שאומרים לו: "אילו היו עשרה בני אדם שיפייסוך באותה שעה מי (האם) נדרת?". ההבדל בין שתי דרכי ההתרה הללו הוא שהראשונה בוחנת

האם האדם עדיין עומד בדעתו הראשונה: 'לב זה' – עדיין 'עליך'? העמדה החולקת מציעה לבחון האם כבר בשעת הנדר הנודר היה נמנע מנדרו אילו הבין את משמעות נדרו עד הסוף. אילו דעתו הייתה מיושבת עליו. המשותף לחולקים הוא זיהוי של עכבה ביכולת של האדם להשתנות ולהתפתח. הנדר כובל את מחשבת האדם לנקודה יחידה בעברו. הנדר מונע ממנו יצירה מחודשת, מחשבה שנייה, בחינת רצונו ודיוק בחזון. בהבלחה של רגע אדם מקפיא את אנושיותו ואת הדינמיות הכרוכה בכך ופוטר את עצמו מלהסס מלפקפק ומלהטיל ספקות. אולי משום כך קובע ר' נתן:

> הנודר – כאילו בנה במה, והמקיימו – כאילו מקריב עליו קרבן... (נדרים כב ע"א).

מי שנודר נדר הוא כמי שמכין עצמו לעבודה פסולה, וכאשר יקיים את הנדר הרי הוא כמי שהקריב קורבן מחוץ למקדש. הנדר מסיט את האדם מעצמיותו ומוביל אותו לעבוד את הרגע שהיה ואיננו.

שתי נשים

בגמרא במסכת יבמות חולקים ר' אמי ורבא בשאלת מבנה המשפחה והתא הזוגי הרצויים. ר' אמי סבור ש"כל הנושא אישה על אשתו יוציא ויתן כתובה". ואילו רבא סבור "נושא אדם כמה נשים על אשתו, והוא דאית ליה למיזיינינהי (ובלבד שיכול לזונה)" (יבמות סה ע"א).

התורה מאפשרת את המחלוקת הזו, מפני שהיא מדברת בשתי שפות: מצד אחד ממכלול פסוקי בריאת האדם בספר בראשית עולה שהמבנה של זכר ונקבה ושל זוגיות הוא המבנה הראוי והטבעי: "ודבק באשתו והיו לבשר אחד". ומצד שני, מלמדים אותנו סיפוריהם של אברהם ושל יעקב שיש אפשרות למבנה מורכב יותר של משפחה, כזו שיש בה ריבוי נשים. גם בפרשתנו התורה אינה שוללת את האפשרות הזו כשהיא מציגה אותה אגב דיון בשאלת הירושה: "כי תהיין לאיש שתי נשים".

לאורך הדורות היו שצידדו בעמדה המאשרת את המבנה המשפחתי הרחב והביגמי וצמצמו את דברי ר' אמי המתנגד לאפשרות זו. למשל, הריטב"א מציין שודאי לא התכוון ר' אמי אלא לומר שריבוי נשים אסור רק

אם אשתו אינה מסכימה שיישא אישה נוספת. בפירושו שולל הריטב"א את האפשרות שיש דעה האוסרת ריבוי נשים. ואכן הרי"ף פוסק כרבא שמותר לשאת נשים רבות. וכך נפסק להלכה גם בטור: "נושא אדם כמה נשים, דאמר רבא... ומכל מקום נתנו חכמים עצה טובה שלא יישא אדם יותר מארבע נשים" (אבן העזר, סי' א). עמדה זו התקבלה להלכה בקרב עדות המזרח.

אל מול העמדה הזו ניצבת לאורך הדורות עמדתו הנחרצת של ר' אמי. עמדה זו מתמודדת גם עם פרשת "כי תהיין לאיש שתי נשים" על דרך הפירוש והאגדה. כידוע המשך הפסוק הוא "האחת אהובה והאחת שנואה", ומעיר התנחומא: "שתי נשים בבית, מריבה בבית", והרש"ר הירש מפרש: "במסכת יבמות (כג ע"א) אמרו שלשון 'אהובה' ו'שנואה' מתאר גם את יחס התורה לנישואים: התורה מסכימה לנישואי האחת ומתנגדת לנישואי שניה". בספרות הפסיקה, הפכה עמדתו של ר' אמי לעמדת עדות אשכנז, שקיבלה על עצמה את חרם דרבנו גרשום מאור הגולה (ראש קהילת מגנצא, שחי בסביבות שנת אלף לספירה) שלא לשאת אישה נוספת. החרם התקבל באופן גורף, וכמו שכותב הרא"ש, החרם הפך להיות כדברי תורה ממש:

> חכם אחד היה בארצנו והיה שמו רבינו גרשום,
> תיקן תקנות טובות בענייני גירושין והיה בימי הגאונים ז"ל,
> ותקנותיו וגזרותיו קבועות ותקועות כאילו ניתנו מסיני
> בשביל שקיבלום עליהם ומסרום מדור לדור (שו"ת הרא"ש כלל מג, סי' ח).

העמדה המונוגמית נקבעה בתקנת הרבנות הראשית, והיא כמעט הכרעה הלכתית של מחלוקת בין־דורית. עמדה זו מאוד ברורה לנו היום ונראית באמת כתורה מסיני. ולמעט מקרים יוצאי דופן שבהם אנו נזקקים לעמדה ההפוכה, אין זכר לאפשרות הזו בתרבות המערבית. וכך יוצא, שכיום, כשהזוגיות התהדקה והיא מבוססת על קשרי נפש ורעות, טיב הקשרים שבין בני הזוג אינו מאפשר מקום לאדם נוסף, אפשר לקרוא את העמדה המחייבת ריבוי נשים כעמדה רעיונית.

בספרו מסע אל תום האלף, שמתרחש בחילופי המילניום הקודמים – סביב שנת 1000 לספירה, מתאר א"ב יהושע את מה שהפסידו האשכנזים, לדעתו, בבטלם את אפשרות האישה האחרת:

האישה השנייה... לעולם היא קיימת. ואם אינה קיימת במציאות, היא קיימת בדמיון. ולפיכך שום תקנת חכמים לא תבטל אותה. אלא שכאשר היא נמצאת רק בדמיונו של הגבר, היא טובה, יפה, כנועה, חכמה ונעימה, לפי רצון הזייתו. וכל מה שתשתדל אשתו יחידתו לעולם לא תוכל להגיע לרום מעלתה של הדמיונית, ולכן תמיד ירחפו מעל האישה היחידה כעס ואכזבה. אולם כאשר האישה השנייה אינה חלום אלא מציאות בשר ודם, תוכל האישה הראשונה למדוד עצמה עמה. ושמא גם לנצחה. לפעמים גם להשלים איתה, ואם תרצה אף לאהוב אותה.

לדבריו, מעל כל זוגיות מרחפת הפנטזיה הבלתי ממומשת, האוטופיה שלא יכולה הייתה להתרחש. הדשא של השכן והאישה של החבר. האישה שהבית שלה תמיד מסודר, גם אחרי שבת ארוכה עם הילדים, האישה שאופה ומבשלת מאכלים מענגים, ולעולם לא נשרף לה או יוצא לה תפל, האישה המטופחת שגם בבוקר השכם נראית כאילו היא יוצאת לחתונה. הפנטזיה הזו היא האישה השנייה הקיימת בכל זוגיות. לפי א"ב יהושע, אין דרך ממשית לחמוק ממנה, ודווקא הפסיקה נגדה מעצימה אותה יותר: כשהדברים דמיוניים הם חזקים יותר ונוכחים יותר.

לאור דבריו ניתן לומר שהאישה השנייה היא סמל לחוסר ההכרעה התמידי. מכאן, שהשאיפה אינה להשכיח את האישה שאיננה אלא לראותה בתוך הזוגיות הקיימת.

אפשר לתרגם את הדברים לשפה פנימית רוחנית ואישית כפי שעושה האלשיך:

וזהו כי תהיין לאיש שתי נשים,
הנשמה ואדמת החומר,
האחת אהובה לו היא תאות החומר,
והאחת שנואה לו היא תאוות הנפש.

כל אדם מקיים בתוך עצמו ביגמיה. יש בו נשמה וחומר. והוא מקיים בתוככי נפשו את הדיאלוג בין שתי ה'נשים' הללו, זו המושכת לתאוות העולם וזו המושכת להתעלות, לרוממות רוח וקירבת ה'. שני כוחות: המציאות והפנטזיה, או: המוחש והנעלם. האישה השנייה כאן היא סמל לקושי להגיע להרמוניה

פנימית. את הביגמיה הזו אי־אפשר למנוע, זה יסוד הקיום האנושי. כאן נדרש האדם להנכיח את האישה הנעלמת, את זו השנייה, בחיי היום־יום, במציאות עמוסת המוקשים והמכשולים, ולהופכה לגבירה.

בימי אלול שאנו עומדים בשיאם, עבודתנו ושאיפתנו נתונות לאיחוד חלקי נפשנו הפזורה ולזיקוק הקשר הזה עם האישה האחת והיחידה.

פרשת כי תבוא

"הסכת ושמע" – על 'טקט' בעבודת ה'

"בבית התלוי אין מדברים על החבל". הפתגם העממי הזה אינו מבטא איסור או חוק אלא המלצה לחוש את הסביבה ולתת את הלב ואת הדעת לחולשות ולרגישויות הקיימות בה. על החושים הידועים והמוכרים שבאמצעותם אנו קולטים את הסביבה: ראייה, שמיעה, מישוש, הרחה וטעימה יש להוסיף חוש נוסף, חוש שיסייע בידינו ליצור קשר נכון ונבון עם העולם. חוש דק ביותר המכונה גם כ'טקט'. ובאמצעותו ניתן להבין ולקלוט רמזים, לעבד התנהגויות ומצבים. טקט פרושו להביע הזדהות, להשתתף ברגשות, להתקשר לזולת ולהגיב בצורה מאוזנת וחכמה ההולמת את המצב שבו הוא נמצא. העם קורא לזה נימוס בסיסי, אנשי החינוך קוראים לכך "אינטיליגנציה חברתית" ובלשון חכמים זהו כנראה אחד המובנים של "דרך ארץ".

ההתנהגות הנדרשת הזו אין לה חוקים קבועים, ואין לה קריטריונים ברורים. לכן גם אי־אפשר ללמוד או ללמד אותה בבית הספר. ההכשרה להבנת ה"אנושי" נקנית בתהליך למידה מתמשך באמצעות הקשבה והאזנה לניואנסים דקים ועדינים, ומצריכה בשלות רגשית פנימית. אדם לומד לשמוע המיית לב, לשמוע גם מילים שאינן נאמרות, ולאמץ דפוסי התנהגות תגובתיים.

קשה להאשים אדם או לכעוס עליו מפני שנהג בחוסר טקט, ובניגוד לאותם כללים "נסתרים" שתיארנו. ברור ופשוט שאדם כזה אינו מודע

לשדרים שהוא מעביר אף אם אלו אינם מתאימים למצופה. אדם חסר טקט אינו מעורר זעם, אלא מבוכה.

המפגש עם ההפרעה ההתפתחותית המכונה אוטיזם מחדד מאוד את הבנת מהות הטקט והיעדרו. מפגש כזה מבליט את הפער שקיים בין היכולת השכלית לתפוס לנתח ולהגיב בחדות ובהיגיון לכלל המהלכים האנושיים, לבין היכולת להגיע לאינטימיות וליצור מגע חם. הסגנון הדקדקני וה"מרובע" שבו מתנהלת שיחה עם אדם שאין לו יכולת להביע בדרך רגשית תובנות רגשיות ונפשיות מדגישה מאד מהו אותו חוש טקט בסיסי המתקיים גם ללא כללים והוראות.

מוטיב השמיעה וההקשבה חוזר בפרשתנו פעמים אחדות. ברוב המקרים השמיעה והדרישה לשמוע בקול ה' מלווה גם בדרישה לשמור את מצוותיו:

"אֶת ה' הֶאֱמַרְתָּ הַיּוֹם לִהְיוֹת לְךָ לֵאלֹהִים... וְלִשְׁמֹר חֻקָּיו וּמִצְוֹתָיו וּמִשְׁפָּטָיו וְלִשְׁמֹעַ בְּקֹלוֹ" (כ"ו, יז).

"וְשָׁמַעְתָּ בְּקוֹל ה' אֱלֹהֶיךָ וְעָשִׂיתָ אֶת מִצְוֹתָו וְאֶת חֻקָּיו" (כ"ז, י).

"וְהָיָה אִם שָׁמוֹעַ תִּשְׁמַע בְּקוֹל ה' אֱלֹהֶיךָ לִשְׁמֹר לַעֲשׂוֹת אֶת כָּל מִצְוֹתָיו" (כ"ח, א).

ואלו מקצת הפסוקים.

ההדגשה החוזרת של השימוש בחוש השמיעה המקביל להקפדה על הכללים והמצוות רומז לעניין חשוב בעבודת ה'. לא די לשמור על המצוות כנתינתן אלא יש להקשיב לקול המדויק והעדין המסתתר במצבים השונים שבהם נדרשים לקיימן. לא תמיד ניתן לפרש ציווי כמשמעו, צריך גם לנהוג בטקט, בסגנון ראוי המבוסס על הבנת עומק של נוכחות ה', על קניית "לב לדעת".

לאורך הדורות חז"ל, ובעקבותיהם גאונים, ראשונים ואחרונים, ניסו למלא את החלל הזה, את הפער שבין מערכת החובות הברורה, המצוות והעברות ובין המערכת המחייבת רגישות בעבודת ה'. הם עשו זאת בעזרת גדרים וסייגים, בתקנות וגם במהלכים פרשניים שתפקידם להדגיש את הקול שלא נשמע.

כוח זה קיים בכל דור, והוא מסור לחכמי הדור. ומצווה עליהם להאזין ולשמוע. כמו שמשה אומר: "הַסְכֵּת וּשְׁמַע יִשְׂרָאֵל הַיּוֹם הַזֶּה נִהְיֵיתָ לְעָם לַה' אֱלֹהֶיךָ" (כ"ז, ט). "וכי אותו היום ניתנה תורה לישראל? והלא אותו יום סוף ארבעים שנה היה. אלא ללמדך שחביבה תורה על לומדיה בכל יום ויום כיום שניתנה מהר סיני" (ברכות סג ע"ב). רק אם מאזינים לתורה בכל פעם

מחדש, כאילו ניתנה היום לדורנו, אפשר לשמוע את מה שמעבר ללוגיקה ולטכניקה הבסיסית. אפשר לשמוע את קול ה׳.

ממש כמו בחיים חברתיים, אין זו עברה לא לנהוג כך, ואין בכך מעשה לא נורמטיבי, אפשר יהיה לראות את הטקסט כאילו אין בו ״מוזיקה״, אבל יש בכך התעלמות בסיסית ממערכת היחסים התמידית המתקיימת בין הקב״ה והעולם, וזלזול, גם אם בתם לב, במשמעות חידושה של תורה.

השקיפה ממעון קדשך — מן השמיים?!

בסוף נוסח וידוי המעשרות ישנה פנייה לקב״ה ובקשה: ״הַשְׁקִיפָה מִמְּעוֹן קָדְשְׁךָ מִן הַשָּׁמַיִם וּבָרֵךְ אֶת עַמְּךָ אֶת יִשְׂרָאֵל״ (כ״ו, טו). פשט הפסוק המציין כי מקום מושבו של הקב״ה הוא בשמיים (״מעון קודשך״) אינו חריג. פסוק זה מתיישב עם פסוקים אחרים בתנ״ך המניחים כי מקום מושבו של הקב״ה הוא בשמיים. הקב״ה אומר ״אֵרְדָה נָּא וְאֶרְאֶה״ (בראשית י״ח, כא) משמע הוא יורד מלמעלה אל הארץ למטה על מנת לבקר בה. הפסוק: ״הַשָּׁמַיִם כִּסְאִי וְהָאָרֶץ הֲדֹם רַגְלָי״ (ישעיהו ס״ו, א) מרחיבים את מרחב הנוכחות של הקב״ה ועדיין מניחים את מקום מושבו בשמי מרום.

התיאורים הללו המעניקים לקב״ה מקום ממשי – אינם זרים לשפה המקראית. הגמרא במסכת חגיגה הולכת בעקבות העיקרון, מרחיבה את היריעה ומתארת את קיומם של שבעה רקיעים. בכל רקיע שוכנת זרוע ביצועית אחרת של הקב״ה. באחד מהם מצויים אוצרות השפע הפיזי, באחד מהם צדק משפט וצדקה, באחר מצויים שלוחיו המלאכים ולמעלה מכולם מצוי כיסא הכבוד (חגיגה יב ע״ב – יג ע״א). האגדה הדגישה שהקב״ה הוא המקור לכוחות המגוונים שפועלים בבריאה: גבורה וחסד ומשפט ודעת. בחלקם הם כוחות סותרים לעיתים אך כולם נחשבים באגדה לכוחות המסדירים את המציאות. האגדה הזו מדברת במושגים של ״מידות״ שלימים יתורגמו ל״ספירות״. הטענה המרכזית של האגדה היא שהנהגת העולם מותווית על ידי כוחותיו המתפרטים של הקב״ה והיא יודעת לנקוב בכתובת המדויקת שממנה הם נשאבים, על ידי תיאור פריסת הכוחות של הקב״ה על פני הרקיעים השונים מצטייר מדרג הצרכים האנושיים והשתקפותם בצורך בהפעלת כוחות עליונים ועילאיים יותר או פחות.

בניגוד למקרא ולחז״ל, שלא בחלו בשימוש בתיאורים מדויקים

השאובים מן השפה האנושית גם כשדיברו על מעשה בראשית, הרמב"ם שלל את ההגשמה מיסודה. תפיסתו שללה ייחוס תכונות גופניות או ציוני מקום לשכינה. הללו נעקרו על ידו ונחשבו לכפירה. ניתן לשער כי בכלל התנגדות זו מצוי גם זיהוי הקב"ה כמי שיושב על כיסא מלכות ועם ההצהרה שהקב"ה משקיף מן השמיים (להשקפת הרמב"ם ראו: מורה הנבוכים א, מו).

נראה שלתפיסתו של הרמב"ם ישנם שורשים קדומים ביותר עוד בימי בית שני. מסופר במשנה שיוחנן כהן גדול תיקן מספר תקנות: "יוחנן כהן גדול העביר הודיות המעשר, אף הוא בטל את המעוררים ואת הנוקפים, ועד ימיו היה פטיש מכה בירושלים, ובימיו אין אדם צריך לשאול על הדמאי" (משנה, מעשר שני פ"ה מט"ו). אחת התקנות היא ביטולו של וידוי מעשרות זה שבו פתחנו, שמסתיים בבקשה: "הַשְׁקִיפָה... מִן הַשָּׁמַיִם". קולמוסים רבים נשתברו על מנת להסביר את סיבת ביטולו של הווידוי. לשיטה אחת הוידוי בוטל בגלל שפרטי הפרשת מעשרות לא יכולים היו להתקיים בדקדוקיהם כיוון שלא היו לווים בארץ לתת להם את המעשרות. על כן, לא ניתן היה לומר "עָשִׂיתִי כְּכֹל אֲשֶׁר צִוִּיתָנִי" (כ"ו, יד) כחלק מנוסח הווידוי. לדעה אחרת, כוונת התקנה הייתה לחפות על אלו שאינם יכולים להתוודות משום שהם באופן אישי לא קיימו את מצוות ההפרשה על פרטיה ודקדוקיה. אבל ניתן לבאר את התקנה הזו כקוראת תיגר על ההגשמה שבוידוי מעשרות. ומאותה הסיבה: "אף הוא בטל את המעוררים ואת הנוקפים".

על פי ברטנורא (משנה, מעשר שני פ"ה מט"ו), ה"מעוררים" וה"נוקפים" הם הלוויים שנהגו להתפלל תפילה שנראתה בעייתית בעיניו של יוחנן כהן גדול, בשל הגשמת הא-ל והאנשתו: "בטל את המעוררים – שהיו הלוים אומרים בכל יום על הדוכן 'עורה למה תישן ה''. אמר להם: וכי יש שינה לפני המקום, עמד ובטלן".

אומנם, לולא ההקשר התרבותי וההיסטורי לא ברור מדוע לא ניתן לדמות את הקב"ה בדימויים כעין אלו. אם הקב"ה נדמה לנו כאיש צעיר וחסון אם לקב"ה תלתלים שחורות הרי שזו תודעה דתית המביטה על כוחו ושלטונו, תסיסתו ופעילותו. בלשון האגדה הדימוי של איש צעיר וגיבור הוא לכל היותר ביטוי לכך שאנו מזהים במציאות ביטויים המתקשרים אצלנו לדמות כזו. באותה מידה, אם אנו אומרים שהקב"ה שוכן בשמי מרום או משקיף מן השמיים אנו מבטאים בכך את התודעה הדתית שלנו שישנו כוח עליון, שאינו בר השגה, המשקיף עלינו מלמעלה וצופה בכל מעשינו. השמיים מוסיפים נופך לדימוי הזה. הקב"ה הוא אורו של העולם, והוא הוא

שמתכסה בעבים מפעם לפעם ומאפיל בחשכתו על העולם. לפי הסבר זה, ההבדל בין הניסוחים המגשימים כאלו המצויים ב"אנעים זמירות": "זקנה ביום דין ובחרות ביום קרב", לבין שלושה עשר העיקרים מדברי הרמב"ם המייחדים את הקב"ה הם סגנוניים. מדובר בפערי שפה.

לשפת הדימויים שבמקרא ובחז"ל יש יתרון על פני השימוש במושגים המופשטים. המושגים המופשטים עושים שימוש בכוח השכלי על מנת לבאר את מעשיו של הקב"ה והם מדויקים וקונקרטיים. דווקא הדימויים הפונים אל הדמיון מאפשרים התרחבות של הא־לוהות מעבר למושגי הערכים המלווים אותו, כצדק, משפט וחסד. התמונות המצוירות מרטיטות את נימי הנפש ומחזקות את תחושת השייכות.

קללות וברכות

פרשת העמידה לברכות ולקללות מציפה כמה וכמה נושאים שלכל אחד מהם ראוי לייחד דיון מעמיק. הבולט והמתבקש שבהם הוא משמעותן של הקללות שכל המעיין בהן תוהה מדוע חלות הקללות דווקא לגבי העברות הנזכרות בפרשה (עושה פסל ומסכה, מקלה אביו ואמו, מסיג גבול, משגה עיוור בדרך, מטה משפט גר, יתום ואלמנה ועוד). וכי אין בנמצא עיקרון יציב החורז את הרשימה. התחושה היא של תערובת משונה, מין "פויקע" – סיר מעורבב של עברות. גם מספר הקללות נראה כאינו רומז דבר. ואף ההבטחה בראשית הפרשה לברכות ולקללות נכזבת בראותנו רשימה אחת חד צדדית שבה קללות בלבד. ואיה הברכות?

> דרש רבי יהודה בן נחמני מתורגמניה דרבי שמעון בן לקיש:
> כל הפרשה כולה לא נאמרה אלא בנואף ונואפת (סוטה, לז ע"ב).

ר' יהודה בר נחמני מציע הצעה פשוטה: אל לנו להיתפס לפרטים, כל הקללות מתייחסות לעובר עברה מסוימת. הרשימה הארוכה מורכבת מהערות שוליים לאותה עברה אחת של ניאוף. ההסבר לגישתו מובא בהמשך הסוגיה והוא הסבר שמשרשר מאותה עברה את כל שאר העברות. ההסבר נשמע במבט ראשון קצת מתפתל: מי שעבר על איסורי עריות ונולד לו בן, ממזר כנראה. אותו בן הלך לגור בין עובדי כוכבים (ועשה פסל ותמונה), הוריו הארורים

הם שגרמו לו לכך (מקלה אביו ואמו). לפי קריאה זו בפרשת הקללות היא סיפור. היא סיפור של קלקול גדול. העלילה איננה נמשכת עד אינסוף, אבל העיקרון ברור: עברת העריות איננה אלא עברה שורשית ויסודית והיא מהווה פגם כל כך גדול בתשתית, כפשוטו, כזה שמוביל לרצף עברות ובעיקר רצף של עיוותים מוסריים. משום כך יש גם היגיון בשימוש בלשון הייחודית של 'ארור'. משום שהבעיה איננה החטא, והיא איננה נקודתית. הבעיה היא הזיהום המתפשט המגיע מחדר הייחוד ועד ללקיחת שוחד להכות נפש דם נקי.

החזקוני מציע לומר שאין מדובר בעלילה מתגלגלת, בשורש פורה ראש ולענה אלא ברשימה שיש לה מכנה משותף אחד. היעדר הפרסום ואי־הפומביות של העברה. הסתרה או השתקה.

> כל הארורים הכתובין כאן כולן על עבירות שרגילות להיות בסתר,
> כיצד? אביו ואמו: מי יודע אם יקלל אותם.
> מסיג גבול: דבר סתר הוא,
> גם משגה עיוור: לא יוכל לפרסם מי השגהו.
> גר יתום ואלמנה: אין להם כח ועזר לפרסם הדבר לערער על הדיין,
> ושוכב עם אשת אביו ואחותו וחותנתו: אינו נחשד להתיחד עמהן,
> גם שוכב עם בהמה: לא תצעק על הרובע,
> ולוקח שוחד: דבר סתר הוא...

המשותף לרשימה הם הרשעות והניצול הציני של הסיטואציה. העוול נעשה תמיד מול חלשים, אם מפני שהם בשולי החברה, אם מפני שניתן להערים עליהם, ואם מפני שאין להם קשרים וכוח. אולי מתוך ההסבר הזה מתבאר גם מדוע יש להעמיד את העם כולו לומר אמן על הקללות הללו.

עוול כזה לא יסולח. כאן כפרה לא תועיל. זו קללה הרובצת לפתחה של החברה שאינה מקיאה ומוקיעה מתוכה את ה'עושי בסתר' האלה. זו קללה הרובצת לפתחה של חברה ש"קונה" את סיפורי הכיסוי ונכנעת לשפה של כוח ומעמד.

הדגשת ההסתרה והעמדתה בכותרת הקללות מלמדת שהדבר שמעורר שאט נפש הוא ההתחזות. לא מדובר פה באנשים שסתם לוקחים שוחד, אלא באנשים שמעמידים פני צדיקים וישרים. לא מדובר במי שידוע כפוגע באנשים השקופים אלא להפך, כמי שמחשיב את עצמו לאביר הצדק. העמדת הפנים היא בלב הבעיה. אולי יש בכך משום הסבר גם לעיתוי שבו מצווים

לקיים את מעמד הקללות והברכות הזה, עם הכניסה לארץ. עם כינונה של טריטוריה מתגברת הסכנה ליצירת פערים בין המדיניות ובין המהות, בין הסדר והפרוצדורה ובין המשמעות. המשותף לשני הפירושים הללו הוא בראיית הקללות כתזה שלמה.

לעומת זאת, היו מי שראו בפרשת הקללות אוסף ותערובת:

שאמרו ז"ל שהיו י"א ארורים כנגד י"א שבטים (תולדות יצחק, כי תבוא).

לא ניכנס כאן לחשבון של מספר הקללות שיש מי שסופר אותו כי"ב קללות ויש מי שסופר אותו כי"א קללות. כך או כך ניתן לטעון שהקללות הן כנגד השבטים (עם שבט שמעון או בלעדיו). משמעות הטענה היא שלכל אחד מן השבטים יוחדה קללה משלו. חולשת ראובן ידועה עוד מן הימים שבלבל יצועי אביו, וכמוה גם חולשתם של שמעון ולוי להכות בסתר – וכן על זו הדרך. כל אחד מן השבטים והאתגרים הניצבים בפניו. הקללות נקראות כאחת, אך 'לכל כדור יש כתובת'. כל דרשה נשמעת על לב מי שצריך לשמוע אותה. גם אם הבעיה היא ציבורית, האתגרים הם פרטיים ואישיים. וכאן, הרשימה גם איננה נצחית ומחייבת, דור דור וקהילה קהילה וקללותיה.

פרשת הקללות מתייחסת, אם כן, לכרוניקה של עברה, לריקבון חברתי או מציינת לאוסף נטיות וחולשות. המשותף לכל הפירושים הוא הניסיון לזהות את הטיפולוגיה של העיוות, את אם כל חטאת, בלב הפרשייה הזו. כל אחד קורא לתיקון וחיזוק מסוג מעט שונה.

ואיה הברכה? מסתבר שבהתאם לעובדה שהקללה איננה איזו טליסמה – קמע בעל כוח משחית, אלא מילה נרדפת לריקבון רוחני, הרי שהברכה בהתאמה איננה איזו הבטחה קסומה למילוי משאלות. הברכה היא כל מה שקורה בהינתן שאין ריקבון. בהינתן התמימות והיושר.

ובמדרש אלו אחד עשר ארורים,
כנגד אחד עשר דברים שאמר דוד המלך ע"ה
במזמור: "ה' מי יגור באהליך" (תהילים ט"ו)
(תולדות יצחק, שם).

הקללות הללו הן למעשה תיאור הקלקול אבל גם מהוות מתווה לתיקון ולברכה. "הוֹלֵךְ תָּמִים וּפֹעֵל צֶדֶק וְדֹבֵר אֱמֶת בִּלְבָבוֹ!... וְחֶרְפָּה לֹא נָשָׂא עַל

קִרְבּוֹ... וְשֹׁחַד עַל נָקִי לֹא לָקָח" (תהילים ט"ו, ב–ה). הנכחת הקללות הן למעשה תכתיב ציבורי חשוב, קריאת תיגר כנגד שורש החטאים. ובכולם יש כדי להדריך את כלל היחידים להלך בדרך הישר שסופה מוביל כל אחד ואחד ואת כולם יחד להסתופפות בצל ה', לשכון במקום קודשו.

תכלה שנה וקללותיה, תחל שנה וברכותיה.

איסטניסיות רוחנית

ברית נכרתת בין עם ישראל והקב"ה על ההרים עיבל וגריזים. הר גריזים הוא הר הברכה ואילו הר עיבל הוא הר הקללה. מתברר שהר גריזים הוא הר מרכזי שיש לו אזכורים בתורה עוד קודם לציווי על המעמד הזה. במבט לאחור מתבררת חשיבותו של המקום. בפרשת לך לך מסופר על אברהם שמגיע לראשונה ארצה לאחר שהוא נענה לאתגר הניסיון הראשון "לך לך". כשאברהם נכנס לארץ מסופר: "וַיַּעֲבֹר אַבְרָם בָּאָרֶץ עַד מְקוֹם שְׁכֶם עַד אֵלוֹן מוֹרֶה" (בראשית י"ב, ו). התחנה הראשונה של אברהם בארץ היא באלון מורה. לפי רש"י אלון מורה "הוא שכם, הראהו הר גריזים והר עיבל, ששם קיבלו ישראל שבועת התורה" (ראו גם: משנה, סוטה פ"ז מ"ה). לפי פירוש ברטנורא "עד מקום שכם, נכנס להתפלל על בני יעקב כשיגיעו לשכם". וכן "עד אלון מורה, לראות הר גריזים ששם קיבלו התורה".

המלבי"ם מסביר שהמילים "אלון מורה" מרמזים כי מדובר על מקום שיוצאת ממנו הוראה לישראל בשבועה ובאלה. ואולי מכאן הסיקו חז"ל וזיהו המפרשים בין אלון מורה ובין מקום הר גריזים (מלבי"ם, ויקרא, צו). לפי זה מתברר שאברהם מזדרז ואינו עוצר בשום מקום בדרכו, ברצונו להגיע קודם כל אל המקום הקדוש אליו לימים יגיע יעקב בכניסתו לארץ, ואליו יגיעו עם ישראל בכניסתם ויעמדו שם למעמד נוסף של קבלת עול מצוות. הקישור הזה הופך את הרי גריזים ועיבל ממקומות אקראיים למקומות מקודשים. אם נוסיף ונזכיר שהר הבית אינו נזכר במפורש בתורה, וגם ירושלים איננה מפורשת בפשט הפסוקים, נבין מדוע הכותים התייחסו להר גריזים כמקום המקודש ביותר. חז"ל נאבקו בהשקפה זו, הוציאו את הכותים מכלל ישראל והתייחסו לדבריהם כאל דברי מינות וכפירה. הם קבעו: "מאימתי מקבלין אותם, משיכפרו בהר גריזים ויודו בירושלים" (מסכת כותים פ"ב ה"ח). ויש לנו עדות מתקופת נחמיה שסנבלט החורני הקים מקדש על הר

גריזים ואף הצליח למשוך לשם משפחות כהנים מיוחסות, וכנראה גם פחות מושחתות, לעבוד במקדש. הוא הצליח ליצור שם מקדש פעיל אלטרנטיבי המבסס קריאה שונה במקורות (ראו אברבנאל, זכריה י״א). במסכת יומא מסופר כיצד נחרב אותו המקדש כשהכותים זממו להחריב את בית המקדש שבירושלים והגזרה נהפכה ומקדשם נחרב בזכות הנאמנות של היהודים לשלטון ותפילתם לשלום המלכות, כ״ה בטבת, יום חורבן מקדשם של הכותים נקבע כיום טוב (יומא סט ע״א). ממקורות אחרים מתברר שכפירתם של הכותים הייתה מקיפה יותר, ומעבר להעברת המקדש להר גריזים הם כפרו גם בתחיית המתים ובפרשנות התורה, וכך גם הלכות יבום שלהם היו שונות (סנהדרין צ ע״ב; מסכת כותים פ״ב ה״ז).

העברת המוקד הפולחני מירושלים להר גריזים היא רק סימפטום, אם כן, לתפיסה אלטרנטיבית של תורת ה׳.

כדי להבין את עיקרי המחלוקת נציץ רגע למשמעות המעמד בהרי עיבל וגריזים.

הרש״ר הירש מתאר שהר עיבל והר גריזים היו בעלי אופי מנוגד. האחד מוריק כגן פורח וכולו אומר ברכה, והשני צחיח ושומם וכולו אומר קללה:

> הר גריזים והר עיבל הם שני הרים בהרי אפרים, ועדיין הניגוד שביניהם ניכר לעין.
>
> הר גריזים הוא בדרום הר שכם והוא עטוף ירק, וגנות מכסות את המדרגות שבמדרונו; ואילו הר עיבל הוא בצד צפון והוא תלול וצחיח ושומם.
>
> הר עיבל גבוה כשמונה מאות רגל והר גריזים גבוה ממנו קמעא.
>
> לפיכך שני ההרים האלה העומדים זה בצד זה ממחישים יפה את הברכה ואת הקללה. שניהם מתרוממים על אותה אדמה ואותה טיפה של גשם ושל טל מרווה את שניהם, על שניהם חולף אותו אויר ואותה אבקת פרחים מרחפת על זה ועל זה; ואף על פי כן נשאר הר עיבל בקיפאון עקר, ואילו הר גריזים עוטה עדי צמח עד פסגתו. וכך הברכה והקללה אינן תלויות בנסיבות החיצוניות, אלא הן תלויות בכושרנו הפנימי לקבל את זו או את זו; הן תלויות ביחסנו למה שמביא את הברכה (דברים י״א).

בדבריו המרשימים של הרש״ר הירש הוא מצליח לקחת את תמונת הנוף של עיבל וגריזים אל הרושם הפנימי שעושים שני ההרים האלה בנפשו

של האדם. דווקא סמיכות המקום של שני הרים כה מנוגדים בטבעם מגלה ששום השפעה או שפע חיצוניים אינם הגורם האמיתי לפריחה ולבלוב. רק התשתית הרוחנית שאנו בונים, הכלי שאנו מכינים לברכה או לקללה חלילה היא העיקר, מתוך ידיעה ודאית שהמפגש עם הקללה הוא חלק מאותה אמונה בברכה ובטוב. הכותים לקחו לעצמם את הר גריזים, הוא הר הברכה, בלבד. הם האמינו בא-לוהות נקייה שאין בה קללה, ב"איסטניסיות רוחנית". לפי המדרש הם סברו שהר גריזים גם מסמל נצחיות ועמידות:

> א"ל רבי יונתן למה הוא קדיש? [למה אתם מאמינים שהר גריזים קדוש?] אמר לו אותו הכותי: שלא לקה במי המבול (דברים רבה, ג).

כלומר, לפי אמונתם, כבר כשירד המבול, הר גריזים ניצב צח וירוק ולא נפגע מסערות העולם, סמל לטהרה ולניקיון כפיים. הכותים ביקשו לבנות לעצמם מקדש של שפע טוב וכפרו ברע בעולם. ולמעשה כפרו בבחירה של האדם.

לרגע אחד במעמד הר גריזים והר עיבל נראה היה שאפשר להפריד בין הברכה והקללה, אבל בחיי היום-יום הטוב והרע משמשים בערבוביה, לזחיחות הדעת אין מקום, אפשר לשאוף לטהרה ונקיות, אבל התגדרות בהצהרות על הטוב הנצחי מובילות בדרך כלל לחורבן. יכולתם של היהודים לעמוד בתפילה גם לשלומה של מלכות היא סמל לעמדתם שניתן לראות את הטוב שברע, שהמציאות היא מורכבת ואיננה מוצר על מדף בבית המרקחת. ירושלים היא הסמל לשילוב ולהכלה של כלל הכוחות כולם, היא המקום שאליו ינהרו בעתיד גם כל הגויים, והיא ירושלים – לא החלק אלא השלם.

פרשת ניצבים

"לא נפלאת היא ממך"

הפסוקים הפיוטיים המנגנים על כל מצפון והמתנגנים על הלשון מתארים, לכאורה, את זמינותה של המצווה:

כִּי הַמִּצְוָה הַזֹּאת אֲשֶׁר אָנֹכִי מְצַוְּךָ הַיּוֹם לֹא נִפְלֵאת הִוא מִמְּךָ וְלֹא רְחֹקָה הִוא. לֹא בַשָּׁמַיִם הִוא לֵאמֹר מִי יַעֲלֶה לָּנוּ הַשָּׁמַיְמָה וְיִקָּחֶהָ לָּנוּ וְיַשְׁמִעֵנוּ אֹתָהּ וְנַעֲשֶׂנָּה. וְלֹא מֵעֵבֶר לַיָּם הִוא לֵאמֹר מִי יַעֲבָר לָנוּ אֶל עֵבֶר הַיָּם וְיִקָּחֶהָ לָּנוּ וְיַשְׁמִעֵנוּ אֹתָהּ וְנַעֲשֶׂנָּה. כִּי קָרוֹב אֵלֶיךָ הַדָּבָר מְאֹד בְּפִיךָ וּבִלְבָבְךָ לַעֲשֹׂתוֹ (דברים ל', יא-יד).

נחלקו הפרשנים בזיהויה של "המצווה": תשובה לדעת רמב"ן, לימוד תורה לדעת רבינו בחיי או כלל המצוות, ראו כלי יקר.

במאמרו "תשובה מתחת לפנס" מבאר הרב יהודה ברנדס, בהמשך לפירוש הרמב"ן, שהעובדה שהתשובה היא זמינה ובת מימוש, עדיין אין משמעותה שהיא קלה להשגה. וכלשונו "לעתים התשובה היא אכן קרובה מאד, ומעשה התשובה פשוט מאד, ועדיין המשימה קשה מנשוא: כמו למשל, בקשת סליחה מאדם שפגעת בו. זה אכן 'לא בשמיים', הוא נמצא ממש קרוב, והדבר הוא 'בפיך ובלבבך' לעשות. ועדיין – לפעמים קשה כקריעת ים סוף".

בעקבות המדרש, ברצוני להאיר אותו העניין מזווית אחרת ולהצביע על לקח חשוב שניתן להפיק מפשט הפסוקים הללו:

רבנין אמרי, הטפש הזה נכנס לבית הכנסת ורואה אותן שעוסקין בתורה,
והוא אומר להם היאך אדם למד תורה תחלה,
אומרים לו תחלה קורא במגלה ואח"כ בספר ואח"כ בנביאים ואחר
כך בכתובים, משהוא גומר את המקרא שונה בתלמוד ואח"כ בהלכות
ואח"כ באגדות,
כיון ששומע כך, אומר בלבו אימתי אני למד כל זאת, וחוזר מן השער,
הוי בשער לא יפתח פיו (דברים רבה, פרשה ח, ג).

המדרש הזה מתאר בדרך משל את הפתגם: "יגעת ומצאת תאמין" (מגילה ו ע"ב). מן המשוואה שבפתגם, עולה שיגיעה תמיד מביאה עמה בשורת הצלחה. מן התבנית הלוגית הזאת ניתן להפיק גם מסקנות נוספות, כגון, לא יגעת ומצאת – אל תאמין.

לפעמים נדמה שאצל אחרים קורים כל הזמן ניסים. שאצל אחרים מתרחש פלא. אלה הגיעו לנקודה שאליה הגיעו מפני שאליהו נתגלה אצלם, מפני שהם נולדו עם כישורים שאין לאחרים, מפני שיש להם תכונה נסתרת שאין לאיש. דפוס המחשבה הזה מוליד בדרך כלל שאלות כמו "מה הסוד שלך" או "איך אתם עושים את זה". הנחת היסוד של השאלות הללו היא שהדרך הפשוטה שבה נעשים דברים אצל כל אחד איננה הדרך הנכונה והיעילה. את ההישגים הגדולים באמת, לא ניתן להשיג בדרך המלך. ודאי יש איזה קסם או לחש מועיל שרק בשביל יחידי סגולה הוא נופל מן השמיים, אבל אנו "מי יעלה **לנו** השמים?".

המדרש מתאר את הטיפש הנכנס לבית המדרש והאנשים יודעי התורה שיושבים בבית המדרש נראים לו כמלאכים המתנבאים מפי הגבורה. והרי כל הנחה אחרת תחייב אותו לעשות מעשה ולהתאמץ. לשבת וללמוד פסוק אחרי פסוק, פרשה אחר פרשה, משנה אחר משנה, דף אחר דף. הרבה יותר קל לומר "נפלאת היא" ולברוח מעוצם גודל המשימה, ולא לעסוק בה כלל. באה התורה ומלמדת אותנו שלאיש לא הייתה קפיצת הדרך, לאף אחד לא מתרחשים ניסים והוא איננו מגיע לשמיים או אל מעבר לים ללא מאמץ. התורה תובעת מאיתנו לעשות את הצעדים הקטנים והזמינים ולא להתייאש מן המרחק הגדול ומכברת הדרך הארוכה שלפנינו.

הפסוקים שקראנו, לא נועדו להצביע על הקלות והזמינות של המצווה, אלא את אי־היותה בת־השגה פלאית. הם מצביעים דווקא על הטורח הקיים בהשגתה. בדומה להסברו של הרב ברנדס, הפסוקים הללו תובעים

מאיתנו במפורש התמודדות ביושר. המשימה היא מעשית, אך מדויקת. הדיוק בפרטים הוא מה שמאפשר אותה, אך הוא גם מה שגורם לנו לעיתים להרחיק אותה מעלינו.

המטרה אינה תוצאה של קפיצת הדרך, היא נוכחת ובת השגה. אך, בסופו של דבר העמידה בהצלחה מול האתגר היום־יומי המתיש והסיזיפי, היא דבר פלא.

כדדרש רבי יהודה: לעתיד לבא מביאו הקדוש ברוך הוא ליצר הרע ושוחטו בפני הצדיקים ובפני הרשעים.
צדיקים נדמה להם כהר גבוה, ורשעים נדמה להם כחוט השערה.
הללו בוכין, והללו בוכין.
צדיקים בוכין ואומרים: היאך יכולנו לכבוש הר גבוה כזה!
ורשעים בוכין ואומרים: היאך לא יכולנו לכבוש את חוט השערה הזה!
(סוכה נב ע"א).

מי שצלח את כל הדרך, מי שעמד במאבק היום־יומי בעקשנות ובהתמדה. לאותו אדם מותר להסתכל לאחור ולהשתאות על הפלא הגדול. "היאך יכולנו לכבוש הר גבוה כזה".

ואף הקדוש ברוך הוא תמה עמהם, שנאמר (זכריה ח׳) כה אמר ה׳ צבאות כי יפלא בעיני שארית העם הזה בימים ההם גם בעיני יפלא (סוכה, שם).

נפלאות וניסים עושה רק הקב"ה: "מֵאֵת ה׳ הָיְתָה זֹּאת הִיא נִפְלָאת בְּעֵינֵינוּ" (תהילים קי"ח, כג). בני האדם מפליאים את ה׳ בשיטתיות ובמאמץ בהתעלמות מן הפיתויים שבדרך ובדבקות במשימה "בַּיָּמִים הָהֵם גַּם בְּעֵינַי יִפָּלֵא" (זכריה ח׳, ו).

מקווה ישראל ה'

מצוות התשובה על פי הרמב"ם היא מצווה מדורגת שיש לה נקודת התחלה ונקודת סיום. האדם מפסיק לחטוא, מתנער מן החטא, מתחרט, ומגיע להחלטה כי לא ישוב על מעשיו. בסוף התהליך הוא גם מתוודה על חטאו (רמב"ם, הלכות תשובה פ"ב ה"ב).

הציפייה למצוא בפרשתנו תשובה רציפה ותהליכית מהסוג שמתאר הרמב"ם עשויה להיתקל באכזבה, כי פרשתנו מציגה מודל אחר. במעשה התשובה, על פי הפרשה, ישנם שני מחותנים, ה' וישראל (ה' והאדם), כמו כן התשובה היא תהליך שחוזר על עצמו וללא נקודת סיום: בראש הפרק מתוארת שיבת העם מדרכו (דברים ל', א-ב: "וְהָיָה כִי יָבֹאוּ עָלֶיךָ... וַהֲשֵׁבֹתָ אֶל לְבָבֶךָ... וְשַׁבְתָּ עַד ה' אֱלֹהֶיךָ"). בהמשך ישנה פעולת גומלין של הקב"ה (דברים ל', ג: "וְשָׁב ה' אֱלֹהֶיךָ אֶת שְׁבוּתְךָ... וְשָׁב וְקִבֶּצְךָ מִכָּל הָעַמִּים"). עם חתימת התהליך של קיבוץ הגלויות, פעולת ניקוי וטהרת הלב שהקב"ה יפעל למענה (דברים ל', ו: "וּמָל ה' אֱלֹהֶיךָ אֶת לְבָבְךָ") ולאחר מכן שוב שיבה של העם (דברים ל', ח: "וְאַתָּה תָשׁוּב וְשָׁמַעְתָּ בְּקוֹל ה'") וחוזר חלילה: הטבת ה' לעמו (ל', ט) ושיבת העם לה' (ל', י). בשלב הראשון נדמה שהצעד הראשון חייב להיעשות על ידי ישראל והקב"ה גומל על הצעד הזה וברחמיו משיבנו אליו. אולם במקום שהפרשה תעיד על חיים משותפים באושר ובעושר, בהמשך הפרשה נדמה שדווקא פעולתו של הקב"ה והצבתנו במקום החדש היא שמעוררת אותנו לתשובה. התהליך המתואר בכלליות הינו של דילוגי אהבה ומחוות קירבה שלא ברור מה מאלו מניע ומה מאלו הוא מענה.

נדלג על ההסברים המקובלים ונציע כדרכנו ביאור אחר למהלך המתואר בפרשה. מסתבר מן הפרשה שחלקים מסוימים של התשובה אינם יכולים להתרחש לולא שינוי המקום והפרספקטיבה. שגם לאחר שעם ישראל שב עד ה' א-לוהיו, יש לו עוד דרך ארוכה לשוב ואותה יוכל לעשות רק מתוך נטיעתו בארץ. משל לילד קטן, המצוי בשלבי התפתחות ראשוניים. חז"ל מכנים אותו כמי שאינו בר דעת. הצגת קטן כחסר דעת סותרת את מה שעינינו רואות: ילדים מבינים דבר מדבר, קולטים במהירות ומתקשרים עם הסביבה בצורה אמינה ומדויקת. על כן, כדי ליישב דברי חז"ל, צריך לומר שהדעת החסרה בקטנים אינה קשורה ליכולות הקליטה אלא לפרספקטיבה. ילד קטן אינו יכול לקלוט את עומק גודלה של מצוות השבת ולכן גם פטור

על חילולה וכדומה. לכשיגדל הדברים יתבהרו, ויחד עמם הבנת חשיבותם של ערכים שונים. רק הצבתו של הקטן במקום בשל ובוגר תאפשר לו להבין מה החמיץ בקטנותו. "אין בור ירא חטא". כך, בפרשתנו ישנה תשובה ראשונית, הבעת רצון, קליטה בחוש את הצורך בשינוי. אבל ישנו גם שלב מאוחר יותר, של הבשלה ושיבה שלאחר נטיעה מחודשת בארץ ומתוך מציאות של עצמאות מדינית ורוחנית.

לתשובה הזו, המגיעה רק בשלב מאוחר, זו שאינה תלויה רק בנו ושאותה אנו מבקשים שה' יקיים עבורנו מתייחס האדמו"ר מסלונים, בעל נתיבות שלום. הוא לומד על קיומה מנוסח ברכת 'השיבנו' שבתפילת העמידה: "השיבנו אבינו לתורתך, וקרבנו מלכנו לעבודתך, והחזירנו בתשובה שלמה לפניך".

אדם השקוע בחטא, אומר הנתיבות שלום, אינו יכול לעשות תשובה בעצמו:

> אדם כזה איך ישיג תשובה אמיתית, אין לזה שום קיום. כי אין לו את הרקע של התשובה, שהיא התבוננות מעמיקה על גודל החטא, ותשובתו אינה שלמה. ומהאי טעמא אנו מבקשים קודם השיבנו אבינו לתורתך, וקרבנו מלכנו לעבודתך ורק לאחר מכן והחזירנו בתשובה שלמה לפניך כי לשם הכרת עומק החטא צריך שיהיה מקודם הרקע של תורה ועבודת ה' המטהרים מוחו ולבו של יהודי, שרק על ידי זה מגיע להתבוננות אמיתית ואז מסוגל להגיע לתשובה שלמה (נתיבות שלום, תשובה, מאמר ג).

טענתו של האדמו"ר מסלונים היא שהחוטא חייב להיחלץ ממצבו על ידי עזרה מן החוץ, אין אדם מוציא עצמו מבית האסורים. אך הוא מוסיף כי השב חייב להימצא בסביבת לימוד תורה, לקבל הזדמנות ל'רילוקיישן', רק ממקומו החדש הזה יוכל לשוב מחטאיו:

> וכדאיתא (=וכמובא) בזוהר הקדוש (ח"ג כג, ב) על הפסוק 'או הודע אליו חטאתו', אורייתא קא מודעא ליה [=התורה מודיעה לו], שעל ידי לימוד התורה הקדושה תופס ומבין ערך הפגם ושב ורפא לו. וכל ענין ימי אלול וימי הסליחות הם רקע לימי התשובה לצאת מהתוהו שנמצא בתוכו ולהתבונן על גודל הפגם ועל כל חובתו בעולמו (שם).

על מנת לבאר את דבריו, אזכיר את קיומן של שתי שיטות להוראת הקריאה.

שיטה אחת היא שיטה פונטית, המתמקדת באות, בהברה ובצליל שאותו היא משמיעה. השיטה מתמקדת בהקניית הכלים לקריאה במובן הטכני בצורה שיטתית וסדורה, היא מבוססת לא מעט על שינון ותירגול. התלמיד לומד אות אות ואת דרך קריאתן בסימני הניקוד השונים ולומד אט אט לצרף הברות למילים.

השיטה השנייה היא השיטה האוריינית. בשיטה זו לומדים כיצד נראות המילים הכתובות בשלמותן. השיטה הזו מבוססת על "קפיצה למים". אין בה הקניה מפורשת של שמות האותיות וצליליהן. התלמיד מסיק את אלו בעצמו על סמך ניסיונו, שמיעתו, היקשים וקישורים שהוא עושה בין מילים שאותן הוא פוגש בשלמותן. מתוך כך הוא למד גם את צורתן הגרפית של האותיות. בדרך זו התלמיד רוכש אוריינטציה שלמה שהיא הרבה מעבר לאותיות. יתרונה של השיטה האוריינית הוא בכך שהילד "נזרק" למקום חדש, שבו הוא חייב לדעת את הכללים לפני שהוא יודע את הפרטים. הוא נכנס לתוך עולם מושגים שלם ורוכש שפה, כל האוריינטציה שלו משתנה. זוהי שיטה דדוקטיבית במהותה. הילד בשיטה האוריינית ניתן ברגע אחד בתוך עולם מושגים רחב ושלם. הוא לומד לאמץ את תפיסת העולם של המילים והשפה מכוח היותו נתון במקום אחר.

בהקשר שלנו, לפי דברי בעל נתיבות שלום, התשובה שלה האדם נזקק היא תשובה בשיטה האוריינית. עצם העתקת מקומו של האדם למקום של תורה והעברתו מעולם ריקני לעולם רוחני שלם מאפשרת לו לרכוש שפה בלי תהליך ממושך ואינסופי. עולם רוחני כזה שלא היה משיג אותו אף בעמל רב. הוא מצליח להעתיק את עולמו הרוחני למקום חדש. במקום לצעוד צעדים קטנים, הוא "נזרק" לעולם שבו הוא זוכה לעבור "גיור" סוציולוגי, רוחני ותודעתי שלם. לאחר שהאדם מבטא את רצונו הראשוני בתשובה, אין בו כוח להשים עצמו במקום הזה. תשובה שהאדם הפרטי או עם שלם אינם יכולים לפעול לקראתה בכוחותיהם העצמאיים והם נזקקים לתנועתו של ריבונו של עולם שייקחם, יביאם ויושיבם במקום שלם וטוב יותר.

וכדברי ר' עקיבא: "אשריכם ישראל לפני מי אתם מיטהרין? מי מטהר אתכם? אביכם שבשמיים. שנאמר: 'וזרקתי עליכם מים טהורים וטהרתם' (יחזקאל ל"ו, כה) ואומר 'מקווה ישראל ה'' (ירמיהו י"ז, יג)" (משנה, יומא פ"ח מ"ט).

ברית רבת קומות

אַתֶּם נִצָּבִים הַיּוֹם כֻּלְּכֶם לִפְנֵי ה׳ אֱלֹהֵיכֶם רָאשֵׁיכֶם שִׁבְטֵיכֶם זִקְנֵיכֶם וְשֹׁטְרֵיכֶם כֹּל אִישׁ יִשְׂרָאֵל... לְעָבְרְךָ בִּבְרִית ה׳ אֱלֹהֶיךָ וּבְאָלָתוֹ (דברים כ״ט, ט-יא).

הברית המתוארת בתחילת פרשתנו אינה הברית הראשונה הנכרתת עם בני ישראל במדבר. המדרש מונה אותה כברית השלישית הנכרתת עם ישראל מאז צאתם ממצרים. הראשונה נכרתה בעת היציאה ממצרים, והשנייה במעמד הר סיני. ריבוי הבריתות וחידושן החוזר נראה כמעשה מיותר לחלוטין. זוג נשוי אינו עורך חופה וקידושין בכל יום מחדש. השגרה שבחיים משותפים היא ברוכה, וכל צורך בכינון מחודש של הקשר מטיל לכאורה ספק בעצם קיומו. ואכן, המדרש מיד תוהה על כך:

ולמה כרת עמהן כאן,
מפני שאותה שכרת עמהם בטלוה ואמרו "אלה אלהיך ישראל" (שמות ל״ב, ד),
...ללמדך שכשם שמשביעין את הסוטה, כך השביע הקדוש ברוך הוא את ישראל (תנחומא, ניצבים).

על פי המדרש, עם ישראל סטה מן הדרך ובגד בה׳ – הוא הפר את הברית, ועל כן יש צורך בברית חדשה. הוא עומד בפני בירור משפיל כאישה סוטה, בירור שנועד לוודא את המחויבות שלו לקשר.

הסבר אחר שהציעו המפרשים לצורך בכריתת ברית נוספת הוא הצורך בהרחבת החלות של הברית הקודמת ובחיוב הדורות הבאים שאינם נוכחים בעת הברית הראשונה (כ״ט, יד: "וְאֵת אֲשֶׁר אֵינֶנּוּ פֹּה עִמָּנוּ הַיּוֹם"), ויש הסברים נוספים. המשותף לכלל ההסברים הוא שסיבת החידוש הוא החיסרון שבברית הקודמת. אם משום שהופרה ואם משום שהייתה חסרה מרכיב. כך או אחרת, הברית צריכה עדכון וגרסה חדשה.

בשונה מן הכיוון הפרשני הכללי הזה, מובאת במדרש תנאים לדברים דעת רשב״י ש"אין לך דבר בתורה שלא כרת עליו המקום ארבעים ושמונה בריתות". הספירה מבוססת על מכפלה של שלוש הבריתות שמובאות בתנחומא בארבע החובות מול התורה: ללמוד, ללמד, לשמור ולעשות. וכל

אלו מוכפלים שוב בארבע: בברכת ברוך כללית ופרטית, ובקללת ארור כללית ופרטית. ההתייחסות הזו מזכירה את הפולמוס על מספר המכות שהיו במצרים כפי שהוא נאמר בהגדה של פסח (כמה לקו במצרים וכמה לקו על הים). ונראה שרשב״י מתאמץ דווקא להרבות במספר הבריתות ככל שניתן. בהמשך לדבריו, בדיקה מדוקדקת מעלה שהתורה מלאה בבריתות של ה׳ עם בני ישראל. בפרשת יתרו ״וּשְׁמַרְתֶּם אֶת בְּרִיתִי״ (שמות י״ט, ה) ובפרשת כי תבוא ״אֵלֶּה דִבְרֵי הַבְּרִית״ (דברים כ״ח, סט) ועוד. ואלו גם לא ייפסקו במהלך ההיסטוריה. עם הכניסה לארץ ועם חזרת ועליית עזרא ונחמיה ועוד.

ריבוי הבריתות והרצון לראות בכל ברית בריתות נוספות שהיא מכילה, מעידים שברית מתחדשת ונוספת מטרתה קישור ועיבוי ולא תיקון והנחת טלאי. תוספת ברית היא העמקה מתבקשת של ברית קיימת. כעין מה שהציע רשב״י. הברית עם התורה אינה ברית אחת, משום שהיא מחלחלת לחיי האדם ברבדים רבים מדי. הוא מחויב ללמוד אותה, הוא מחויב ליצור ממנה ולהנחיל אותה, הוא מחויב לקיים ולשמור. את כל אלו הוא עושה תחת אזהרה אבל גם מתוך הכרה בערך התורה, בברכתה ובתרומתה המכרעת לחייו. כל זה מתרחש מול התורה ככלל ומול כל חלק ממנה בפרט. כל ברית היא ביטוי להיקשרות מסוג שונה, והדגשת ההיבטים השונים, לבישת הצורות השונות של התורה בחיי האדם, היא ברית נוספת שהוא כורת עם א־לוהיו.

ברית, כך מתברר לאור כל זה, איננה ביטוי לשיקום מערכת יחסים כושלת. ברית היא ביטוי להעמקת הקשר. ברית היא חלק מהדינמיות של הקשר, כל קשר. אם לא נעצור כדי לכרות שוב ושוב את הברית משמע שאבדה החיוניות, משמע שהקשר שוקע והופך לזיכרון רחוק – במקום להיות ממשות חיה.

היבט אחר של הבריתות המתחדשות הוא להביט עליהן לא מנקודת מבטנו, אלא מנקודת המבט של הקב״ה. וגם כאן ישנן שתי אפשרויות להבנת ההתחייבות החוזרת להיות לנו לא־לוהים על אף ולמרות שהמרינו את פיו. האחת היא סירובו של הקב״ה להתנתק מאיתנו, להבדיל, כאותו ״סרבן גט״ סדרתי (כפי שהציגו הנביאים לא אחת) והוא כובל אותנו שוב ושוב מחדש לקשר איתו. והשנייה היא, לראות בו את האוהב שבור הלב״ – אותה אישה עגונה המבקשת את אישה שרחק ממנה, ״מֶלֶךְ אָסוּר בָּרְהָטִים״ (שיר השירים ז׳, ו) המבקש את אהבת נעוריו.

אלו הן שתי תמונות שונות. שתיהן מותירות על כנן את עצם המחויבות של קשר בל יינתק, ושתיהן מחזקות את הידיעה שהקשר של הקב"ה אלינו מתעצם עם חלוף השנים.

בסליחות אנו מבקשים: "זכור לנו ברית אבות כאשר אמרת וזכרתי את בריתי יעקב ואף את בריתי יצחק ואף את בריתי אברהם אזכור", וגם – "זכור לנו ברית ראשונים כאשר אמרת וזכרתי לכם ברית ראשונים". הקב"ה עונה לנו: "וְזָכַרְתִּי אֲנִי אֶת בְּרִיתִי אוֹתָךְ בִּימֵי נְעוּרָיִךְ וַהֲקִמוֹתִי לָךְ בְּרִית עוֹלָם" (יחזקאל ט"ז, ס) בריתות הנעורים, ברית הראשונים היא רק הבסיס. משם ואילך, נכרתת ברית קיומית, ברית נצח שאיננה מבוססת על אינטואיציה של חיבור ועיזוז תלהובות, זאת הפעם, מדובר בברית עולם.

ושבת עד ה' א־לוהיך

בספרו שערי תשובה כותב רבנו יונה כי התשובה היא "מן הטובות אשר היטיב השם יתברך עם ברואיו, כי הכין להם הדרך לעלות מתוך פחת מעשיהם ולנוס מפח פשעיהם לחשוך נפשם מיני שחת ולהשיב מעליהם אפו". הוא מונה ומבאר את מקורותיה של התשובה שרובם נמצאים בפרשתנו: "וְשַׁבְתָּ עַד ה' אֱלֹהֶיךָ" (ל', ב), "וּמָל ה' אֱלֹהֶיךָ אֶת לְבָבְךָ וְאֶת לְבַב זַרְעֶךָ" (ל', ו) ולאחר מכן ממשיך וכותב רעיון מעניין, המבוסס על מדרש קהלת רבה:

> ודע, כי החוטא כאשר יתאחר לשוב מחטאתו יכבד עליו מאד ענשו בכל יום,
> כי הוא יודע כי יצא הקצף עליו ויש לו מנוס לנוס שמה,
> והמנוס הוא התשובה,
> והוא עומד במרדו והנו ברעתו,
> ובידו לצאת מתוך ההפיכה,
> ולא יגור מפני האף והחמה, על כן רעתו רבה (שער א, ב).

רבנו יונה אינו פותח בתיאור ההחמצה הגדולה שיש בהתמהמהות של האדם מלשוב בתשובה. אלא בכעס ובקצף שזוכה לו מי שנמנע מלשוב בתשובה.

עצם אי־החזרה בתשובה מוצגת בדבריו כחטא שהוא חמור יותר מן החטא עצמו שכן, "בידו לצאת מתוך ההפיכה". רבנו יונה ממשיך ומבאר את הדברים בדרך משל. וכאן מתברר שהרעיון מורכב משהוא נראה במבט ראשון:

ואמרו רבותינו זכרונם לברכה על הענין הזה (קהלת רבה, ז):
משל לכת של לסטים שחבשם המלך בבית האסורים,
וחתרו מחתרת, פרצו ויעבורו, ונשאר אחד מהם.
בא שר בית הסוהר וראה מחתרת חתורה והאיש ההוא עודנו עצור, ויך אותו במטהו.
אמר לו: קשה יום! הלא המחתרת חתורה לפניך, ואיך לא מהרת המלט על נפשך?

האסיר שמאן לברוח עם חבריו דרך המחתרת שחפרו, נתפס על ידי הסוהר והוא מטיח בו: "הלא המחתרת חתורה לפניך ואיך לא מיהרת להימלט?" המשל יפה אבל גם מעורר קושי: הרי מעשה החתירה של האסירים מנוגד לחוק ואף שברור לגמרי שאסירים מעוניינים להימלט ממקום מאסרם, ורצונם זה הוא טבעי, תפקידו של שר בית הסוהר אינו לגבות את מעשיהם, שהרי הוסיפו חטא על פשע. לפיכך, מתבקש ששר בית הסוהר לא ינזוף כלל באסיר שוויתר על חירותו למען שלטון החוק, זה שוויתר על האפשרות להימלט כדי להמשיך ולרצות את עונשו, שקיבל עליו את הדין במלוא מובנו – אלא יעניק לו אות אבירות, פרס ומדליה.

אבל במשל הזה הסוהר פושט מעליו את תפקיד איש החוק והסדר ומשמיע קול טבעי יותר, קולו של האינסטינקט האנושי הפשוט וההישרדותי. ככזה, הוא פונה בתמיהה אל האסיר שנותר מאחור.

את הפרדוקס הזה בדיוק מנסה רבנו יונה להסביר במשל. הוא מנסה להאיר בדיוק את אי־הרציונליות שבתשובה. דווקא הסוהר הוא זה שקורא לחופש. דווקא הקב"ה שהטיל את האדם לתא האפל, שהטיל עליו לשאת ולסבול את נזקי עוונותיו מציע פה דרך מילוט. התשובה לפי זה היא ה"טוויסט" בעלילה, היא מוצגת כמחייבת ניגודים שאינם עולים על הדעת, החלפת תפקידים מפתיעה: סוהר עם מוח של אדם מן השורה שאינו חושב כ"איש החוק" ומאחורי המדים. רבנו יונה מציג כאן את כל מערכת חוקי התורה כמערכת משונה של כבלים וגדרים, עם קירות שניתן לפרוץ במאמץ קטן, ועם סוהרים שממתינים שהאסירים יבינו את העיקרון. ייכנסו ויצאו

בשערי הכלא על פי בחירתם. זו ספינה שיש חור בתחתיתה. זו מערכת שבה הערכים אינם מוגנים על ידי החוק והסדר החברתי, והיא מתגלה כאנרכיסטית מנקודת מבטה של התשובה.

ספר החינוך (מצווה סט) מסביר מדוע התורה לא הסתפקה בהצגת העונשים הקבועים כנגד כל עברה שעשוי האדם לעבור, אלא אף טרחה וגם הזהירה את האדם לבל יעבור עליהן. היא לא הסתפקה בכך שכתוב במפורש שרוצח דינו מוות אלא בנפרד נכתב "לא תרצח". על מנת להסביר מדוע נזקקה התורה לכפילות הזו כותב ספר החינוך כך:

> לא יספיק לנו הזכרת העונש במצווה מבלי אזהרה.
> וזהו שיאמרו רבותינו ז"ל תמיד: עונש שמענו אזהרה מנין?
> והעניין הוא מפני שאם לא תבוא לנו בדבר מניעת האל,
> אלא יאמר "עושה דבר פלוני יענש בכך",
> היה במשמע שיהיה רשות ביד כל הרוצה, לקבל העונש ולא יחוש לצערו לעבור על המצווה ולא יבוא בזה כנגד חפץ השם יתברך ומצוותו ויחזור דבר המצווה כעין מקח וממכר, כלומר הרוצה לעשות דבר פלוני יתן כך וכך ויעשהו או יתן שכמו לסבול כך ויעשהו.

העונשים בתורה אינם "מחירון" של עברות. הקב"ה אינו חפץ בפירעון חובת העונש, הוא חפץ במימוש הערכים הנכונים שטבע. מכאן לכפילות ומכאן גם הסבר למצוות התשובה. מנקודת מבט זו מתברר שאין סתירה בין העובדה שהקב"ה הוא הפנקסן שמנהל את חשבון המצוות והעברות, לבין העובדה שהוא שוקד למלט אותנו לחירות מבור תחתיות.

איין ראנד בספרה מרד הנפילים מתארת כיצד העולם של החוק עשוי לשחוק את הפרט תחת גלגליו ולרמוס כל פרץ יצירתיות וחדוות עשייה. כיצד במציאות שאותה היא מתארת הערכים נרמסים, הפרט הופך להיות עבד של כללים בוטים, כשהציות הופך לערך העליון היחיד. "להם לא אכפת היה אם יגיע לאסיפה בזמן או שלא יגיע, או ששואה ללא תקדים תפגע במסילה שלהם, אבל הם דאגו להבטיח שהם לא יואשמו בכל מקרה שהוא". היא מתארת כיצד הבירוקרטיה יכולה להפוך לעיקר, והמהות שאותה הייתה אמורה לשרת – לטפֵל. עולם של ביורוקרטיה קיצונית הוא עולם שבו הטלת האשמה הופכת לנשוא העשייה המשפטית. בעולם המבוסס על ערכים הדברים שונים.

התשובה אינה יסוד אנרכיסטי הפוגע בסדרי שלטונו של ה׳ בעולם. ה׳ אינו מחפש אשמים. הוא "יוֹרֶה חַטָּאִים בַּדָּרֶךְ" (תהילים כ"ה, ח), והוא "חפץ בהיצדקו". מנקודת מבט זו, אשם הוא מי שנכלא ובוחר להישאר תקוע, בלי לנצל את האפשרות לצאת, זה שמשלים עם תווית ה"גנב" שהודבקה לו, ולא שואף לחזור לחיים רגילים וטובים.

ה׳ מבקש שנשאף לראות עצמנו כצדיקים, כזכאים, וממילא נשאף לתשובה. הסוהר האמיתי פה הוא האדם עצמו, הרואה בטעות את השתקפות חטאיו במצבו העגום, ואינו מסוגל להאמין בתשובה. על האדם, גם החוטא, להבין שהפתח פתוח וחתור לפניו, תמיד.

פרשת וילך

השירה הזאת

בימיו האחרונים מצווה משה רבנו את בני ישראל לכתוב את השירה, ללמדה ולשימה בפיהם של בני ישראל:

> וְעַתָּה כִּתְבוּ לָכֶם אֶת הַשִּׁירָה הַזֹּאת
> וְלַמְּדָהּ אֶת בְּנֵי יִשְׂרָאֵל
> שִׂימָהּ בְּפִיהֶם,
> לְמַעַן תִּהְיֶה לִּי הַשִּׁירָה הַזֹּאת לְעֵד בִּבְנֵי יִשְׂרָאֵל (דברים ל"א, יט).

כשמשה מדבר על שירה, הקורא מהרהר בשאלה באיזו שירה מדובר, ומה טיבה של אותה שירה שביקש משה להניח למשמרת מיוחדת בליבותיהם של ישראל. רש"י על הפסוק שולח אותנו להמשך המופיע בפרשת האזינו. שם מצויה שירה ואליה מתייחס משה כעת, כמבוא לחשיבותה. וכך הוא אומר: "את השירה הזאת: 'האזינו השמים' עד 'וכפר אדמתו עמו'" (דברים ל"ב, א-מג).

העולה מרש"י הוא שהכינוי "שירה" מתייחס לפרשת האזינו הבולטת באופייה השירי. יש בה תקבולות, השפה בה היא מליצית ומלאה במשלים ומטאפורות. המקצב אחיד והמבנה הוא כשל שירה. וכפי שמבאר גם הרמב"ן:

> וטעם "השירה הזאת" השירה אשר אגיד לך עתה, והיא האזינו.

> ויקראה שירה, כי ישראל יאמרוה תמיד בשיר ובזמרה,
> וכן נכתבה כשירה, כי השירים יכתבו בהם הפסק במקומות הנעימה
> (רמב"ן, דברים ל"א, יט).

צמצום ותחימת המושג של שירה הנזכר כאן כמתייחס אך ורק לפרשת האזינו הוא מובן.

בניגוד לתפיסה זו עומדת סוגיה במסכת נדרים, שממנה עולה כי הביטוי 'שירה' מתייחס לתורה כולה. בסוגיית נדרים מתקיים דיון בשאלה אם התורה שייכת למשה ולזרעו בלבד (והוא רק חלק אותה באופן אלטרואיסטי עם בני ישראל) או שהיא שייכת לעם כולו. אחת ההוכחות לכך שהתורה הייתה שייכת מלכתחילה לכל העם ולא רק למשה היא שהשירה ניתנת לעם ישראל לעדות. ואם כן, כמובן שניתנה לעם ישראל כולו. הגמרא מבינה ששירה היא כינוי לתורה כולה. וכך גם הרמב"ם המביא כמקור להלכה שמצווה לכתוב ספר תורה את הכתוב בפרשתנו "ועתה כתבו לכם את השירה" (רמב"ם, הלכות ספר תורה פ"ז ה"א).

כיצד מיישבים את הדעה שלפיה התורה היא שירה עם הצורה החיצונית של התורה שרוב רובם של חלקיה ופרקיה אינם שקולים ומובנים כשיר?

הנצי"ב מוולוז'ין מתייחס לשאלה זו בהקדמתו להעמק דבר (קדמת העמק) וכך הוא כותב:

> יש להבין היאך נקרא כל התורה שירה. והרי לא נכתבה בלשון של שירה.
> אלא על כורחך יש בה טבע וסגולת השירה. שהוא דבור בלשון מליצה.
> דידוע לכל מבין עם תלמוד דמשונה לשון המליצה מספור פרזי בשני ענינים בטבע ובסגולה (קדמת העמק ג).

הנצי"ב מניח כהנחת יסוד ששיר ודיבור הם שונים בתכלית. הוא טוען שיש שני הבדלים מהותיים בין שתי הסוגות:

> האחד: דבשיר אין הענין מבואר יפה כמו בספור פרזי [=פרוזה]
> וצריך לעשות הערות מן הצד.
> דזה החרוז כוון לזה הספור. וזה החרוז כוון לזה.
> ולא מיקרי דרוש. אלא כך הוא טבע השיה, אפילו של הדיוט.

ומושכל עוד, דמי שיודע בטוב הענין שהביא לידי מליצה זו שנתחבר עליו, מתוק לו אור לשון של השיר ודקדוקה הרבה יותר מלאיש שאין לו ידיעה מתכונת הענין, ורק בא להתבונן מן המליצה תורף הענין. כי אז עלול הוא להשערות בדויות. מה שלא היה מעולם ולא לזה כוון המשורר.

לפי הנצי״ב, ההבדל העיקרי בין שיר לסיפור פרוזה הוא בכך ששיר הוא מליצי וספרותי, הוא מחייב פרשנות, ותליית רעיונות באופייה המיוחד של לשונו. סיפור פרוזה, לעומתו, הוא מובן ואינו נזקק לקישוטים ולהסברים שיבררו טעמם של קישוטים אלה.

אם כן, קובע הנצי״ב – הרי כך נראית התורה שלנו:

כך הוא טבע כל התורה שאין הספור שבה מבואר יפה.
אלא יש לעשות הערות ופירושים לדקדוקי הלשון.
ולא נקרא דרוש. אלא כך הוא פשט המקרא.
ומושכל עוד שאין אדם יכול לעמוד על דקדוק דבר ה׳
אם לא שמכוין לאיזה דבר הלכה או מוסר ואגדה הבא בקבלה בדברי חז״ל. ולו מתוק האור של הדיוק ביותר.

הנצי״ב מתייחס למילות התורה, אשר גם כשהן נשמעות חדות וברורות, טמונים בתוכם סודות כמוסים המבקשים פירוש אחר מן הפירוש הגלוי לעין. בנקודה זו – התורה היא שירה.

ההבדל השני בין שיר וסיפור (פרוזה) מתואר בדבריו כך:

דבשיר יש סגולה לפארה ברמזים מה שאינו מענין השיר.
כמו שנהוג לעשות ראשי החרוזים בדרך א״ב או שם המחבר.
וסגולה זו מיוחדת במליצה ולא בספור פרזי.
וידוע דסגולה זו מכרחת הרבה פעמים להמחבר לעקם את הלשון כמעט.
רק כדי שיחלו ראשי החרוזים באות הנדרש לו.

בגלל הצורך של השירה באסתטיקה, פעמים לא מועטות השירה נוטה להעדיף את הצורה החיצונית על פני התוכן. שיר שיש בו אקרוסטיכון דוחק את השיר לתוך תבנית ומאלץ אותו. גם חריזה ומשקל משמשים ככבלים על השירה ומאלצים את כותבה להתאים בין התוכן הרצוי למסגרת הקישוטית.

ודבר זה ממש היא בכל התורה כולה.
שמלבד העניין המדובר בפשט המקרא.
עוד יש בכל דבר הרבה סודות ועניינים נעלמים
אשר מחמת זה בא כמה פעמים המקרא בלשון שאינו מדויק כל כך.
וכל זה אינו בתורה הקדושה לבד אלא בכל מקראי קדש.

דווקא מנקודת המבט ה"שימושית" והתכליתית של התורה, היא מתגלית כשירה. התורה אינה עושה חסד עם לומדי ההלכה, ולשונה סתומה ומרחפת, מכסה טפח ומגלה טפח. אין זאת, כי אם התורה כולה היא שירה, וכל כוונתה לנגן את שירת ההלכה, את שירת הנפש.

החידוש של הנצי"ב הוא שככזו, התורה לא רק פורצת וזורמת ממעמקי התודעה הא-לוהית, ככזו היא גם כלואה במגבלות הדוחק של השירה. שני אלו מחייבים אותנו בבואנו ללמוד את התורה להיזהר משנה זהירות בפרשנותנו, בלי לערבב בין תוכן לצורה.

עם סיומה של השנה אנו מבקשים להתחדש בשירה, לצלול לחיקה של השירה הזו ולחוש את ליטופה, ואת הדיה על אוזנינו, לשמוע את הנגינה העתיקה שתפקידה להלך את רוח א-לוהים במחנה.

שני צדדים למטבע אחד

עם העברת שרביט ההנהגה ממשה ליהושע, מתבקש משה לחזק את לימוד התורה לבני ישראל, ואגב כך מתוודע לעובדה שעם ישראל לא ישמרו בסופו של דבר את דברי התורה וייענשו על כך. הפרשה חוזרת את שני הדברים לפחות ארבע פעמים. פעמיים בדברי ה' אל משה ופעמיים בדברי משה.

בדברי ה' (ל"א, טז): "וְקָם הָעָם הַזֶּה וְזָנָה" (הודעה על החטא).

ואז (ל"א, יט): "וְעַתָּה כִּתְבוּ לָכֶם אֶת הַשִּׁירָה הַזֹּאת וְלַמְּדָהּ אֶת בְּנֵי יִשְׂרָאֵל" (מניעה באמצעות התורה).

ושוב (ל"א, כא): "וְהָיָה כִּי תִמְצֶאןָ אֹתוֹ רָעוֹת רַבּוֹת וְצָרוֹת" (הודעה על החטא ועל העונש).

ואז (שם): "וְעָנְתָה הַשִּׁירָה הַזֹּאת לְפָנָיו לְעֵד כִּי לֹא תִשָּׁכַח מִפִּי זַרְעוֹ" (התורה המרפאת).

ובדברי משה נתינת ספר התורה למשמרת ולמרפא (ל"א, כו): "לָקֹחַ אֵת סֵפֶר הַתּוֹרָה הַזֶּה וְשַׂמְתֶּם אֹתוֹ מִצַּד אֲרוֹן בְּרִית ה' אֱלֹהֵיכֶם".

ובצד זה הנימוק, החטא העתידי (ל"א, כז): "כִּי אָנֹכִי יָדַעְתִּי אֶת מֶרְיְךָ".

ולאחר מכן שוב הקהלה ונתינת התורה (ל"א, כח): "הַקְהִילוּ אֵלַי אֶת כָּל זִקְנֵי שִׁבְטֵיכֶם וְשֹׁטְרֵיכֶם וַאֲדַבְּרָה בְאָזְנֵיהֶם אֵת הַדְּבָרִים הָאֵלֶּה" בנימוק (ל"א, כט): "כִּי יָדַעְתִּי אַחֲרֵי מוֹתִי כִּי הַשְׁחֵת תַּשְׁחִתוּן".

החזרות הללו מתמיהות ומחייבות הסבר, ואכן ישנם הסברים שונים. אבל, אם קוראים את הפרשה קריאה "מוזיקלית" ומאזינים למנגינה החוזרת בהתעלם מן הפרטים המתרצים אותה, ניתן לשמוע לימוד ונפילה, לימוד ונפילה, וחוזר חלילה. הלקח הבסיסי שמשתמע לאוזנינו מתוך הפסוקים הוא שעם ישראל אינו לומד מן הניסיון. ספר התורה עצמו הוא עדות לחטאים ועונשים. הוא עדות לכך שכדאי וראוי לחזור ולשמוע את דברי התורה, להפנים אותם ולחזור לאורח חיים נכון ובריא. אבל עם ישראל לא יודע להפיק לקחים ולשבש את המחזוריות הקבועה הזו. הטענה של משה היא שמדובר באופי מרדן וקשה: "יָדַעְתִּי אֶת מֶרְיְךָ וְאֶת עָרְפְּךָ הַקָּשֶׁה" (ל"א, כז) אבל ייתכן שהסיבה לכך אחרת. טבעו של עולם הוא שאי אפשר לשחזר שיאים. אחרי העליות תמיד יש ירידות, הצד השני של כל עליה והתעלות היא נפילת מתח והתפרקות, מעין מה שקורה עם תום הימים הנוראים.

אל מול מעגל הקסמים הזה אנו רגילים למקד בטעות את המבט שלנו דווקא על הנפילה. אנו תוהים איך ייתכן שעם ישראל מתדרדר שוב ושוב אל עברי פי פחת. מדוע, אין קו עלייה רציף. אבל יש מי שקורא את הדברים בדיוק להפך. השפת אמת קורא את המעגל המתואר בפרשה מצדו החיובי, והוא מגלה שפרשתנו מתעדת גם את התהליך ואת הגורמים המסייעים לצאת ממצב השקיעה אל מצבי הארה וצמיחה.

דבריו בשנת תרל"ט מתייחסים לפסוק "וְאָנֹכִי הַסְתֵּר אַסְתִּיר" שבפרשתנו (ל"א, יח). מצבי הנפילה, הוא מסביר, עשויים להיות מצבים של "הסתרה בתוך הסתרה". עם ישראל יכול להיות לא מודע לכך שהקב"ה נסתר ממנו. אפילו היסתרותו של הקב"ה נסתרת ממנו. ומכאן שיש שתי צורות של היסתרות. כששני ילדים משחקים במחבואים ואחד מחפש את חברו הוא יודע כל העת שחברו נמצא אי־שם ממתין לו. בבוא העת יצא מן המחבוא. אבל במצבי "הסתר אסתיר" עם ישראל אינו חש את הנוכח־הנעדר ואומר לעצמו: "אין א־לוהיי בקרבי". וזהו עיקר הנפילה שעליה מדברת הפרשה.

השיא של חיבוק התורה איננו שיא של גילוי א־לוהים. הוא שיא של ידיעה שהקב״ה איתנו בכל עת, וגם בעת צרה וצוקה. התורה היא העדות לנוכחותו של הקב״ה.

לפי הדברים הללו משה בערוב ימיו, עם העברת השרביט ליהושע, מודע למעבר לחיים של הסתר. סיום הנהגתו של משה מציינת חתימה של תקופת התגלות מפורשת, של אכילת מן ושל שו״ת מן השמיים. אומנם, הדברים עוד יקרו בתהליך איטי, והנבואה עוד לא מסתיימת אבל הגילוי המתמיד של הקב״ה, הנמצא באוהל הסמוך, עומד להיעלם.

לא מנפילה טבעית ורגילה משה חושש אלא מכך שההסתרה תתפרש כהיעלמות. והרפואה למכה שהוא מביא אתו היא התורה. כי החיות של התורה, התחדשותה בכל דור, היכולת לחלץ ממנה שוב ושוב את מה שנוגע לשאלות הדור הם העדות לכך שה׳ בקרבנו. אומנם הוא עדיין נחבא ומסתתר, אבל אנחנו יודעים לחפש את אותו צל שדי לחסות בו. הוודאות שה׳ בקרבנו, הנרכשת באמצעות התורה, איננה בבחינת גאולה ושיא, היא קרש ההצלה של החיים שבתוך הנפילות. מתוך כך מתברר שהתורה והנפילה אינן עומדות בסתירה אלא הן שתי צדדיה של אותה מטבע. שכל הסתרה קוראת לגילוי חדש ולהסרת הלוט מעל חלקים רדומים בתורה ולגילוי שכינה מחודש.

עזה כמוות אהבה

הגזרה המוטחת במשה, שלפיה ימות הוא בטרם יכניס את בני ישראל ארצה וכי יהושע יהיה זה שינחיל את הארץ, עוברת בשקט ובציות מוחלט. הפרשה נפתחת בתיאור שנשמע שווה נפש לגמרי מפיו של משה: ״וַיֹּאמֶר אֲלֵהֶם בֶּן מֵאָה וְעֶשְׂרִים שָׁנָה אָנֹכִי הַיּוֹם לֹא אוּכַל עוֹד לָצֵאת וְלָבוֹא וַה׳ אָמַר אֵלַי לֹא תַעֲבֹר אֶת הַיַּרְדֵּן הַזֶּה״ (דברים ל״א, ב). משה מעביר לעם את המסר הברור שהוא כבר אינו כשיר למשימה ואף טבעי הוא להאציל את ההנהגה הלאה למי שראוי לכך. ותכף גם מסופר: ״וַיִּקְרָא מֹשֶׁה לִיהוֹשֻׁעַ וַיֹּאמֶר אֵלָיו לְעֵינֵי כָל יִשְׂרָאֵל חֲזַק וֶאֱמָץ כִּי אַתָּה תָּבוֹא אֶת הָעָם הַזֶּה אֶל הָאָרֶץ אֲשֶׁר נִשְׁבַּע ה׳ לַאֲבֹתָם״ (ל״א, ז). אולם בניגוד לסדר המופגן של העברת השרביט הלאה, ושל ההשלמה עם חלוף העיתים, המתואר בפרשה, מספר לנו המדרש סיפור אחר על הרגעים האלה, סיפור של קנאה וקושי גדולים כשמשה מתמודד עם

הרעיון שיש לו תחליף. הסיפור שבמדרש מתבסס על הפסוקים שבהמשך הפרשה. שם מתואר מעמד ההחלפה בין משה ויהושע: "וַיֹּאמֶר ה' אֶל מֹשֶׁה הֵן קָרְבוּ יָמֶיךָ לָמוּת קְרָא אֶת יְהוֹשֻׁעַ וְהִתְיַצְּבוּ בְּאֹהֶל מוֹעֵד וַאֲצַוֶּנּוּ" (ל"א, יד), ובהמשך "וַיֵּרָא ה' בָּאֹהֶל בְּעַמּוּד עָנָן וַיַּעֲמֹד עַמּוּד הֶעָנָן עַל פֶּתַח הָאֹהֶל" (ל"א, טו), ואז "וַיֹּאמֶר ה' אֶל מֹשֶׁה הִנְּךָ שֹׁכֵב עִם אֲבֹתֶיךָ" (ל"א, טז). רצף המאורעות הזה מצביע על תפנית. אנו מצפים שמשה יעביר את התפקיד במלואו ליהושע, אולם הוא מתייצב יחד איתו לאוהל מועד אף שה' מתכוון לצוות רק את יהושע, "ואצוונו". הענן נעמד בפתח האוהל, אם כן, יש להניח שמשה נותר בחוץ כשעמוד הענן סוכך רק על יהושע, הנמצא בתוך האוהל. ומיד לאחר מכן הקב"ה מזכיר את מותו הקרב של משה. בתוך חללם של הפסוקים הללו נכנס המדרש ומלמדנו על פרק סיום בטון שונה:

> אמר משה לפני הקב"ה, מפני יהושע תלמידי אני מת? יכנס הוא לשררה ואני אצא,
> אמר לו הקב"ה, עשה לו כאשר עשה לך,
> אמר לו, הן.
> קרא את יהושע והתיצבו – השכים משה אחריו...
> טוב אני לך, שאם תשכח ההלכה תשאלנה, וקבל שאעשה לך מה שהיית עושה לי,
> היית משכים אחרי, אשכים אחריך,
> הייתי הולך בשמאלי, אתהלך בשמאלך.
> א"ל יהושע, כל מה שר' גוזר עלי אקבל ע"מ שאראה פני רב.
> עשה לו כל מה שהיה עושה לו (דברים רבה, וילך).

בשלב הראשון מתואר שהתנאי של הקב"ה להשארת משה בקירבת יהושע היה שמשה יהפוך להיות לשולייתו, כשם שיהושע היה שולייתו. משה משכנע את יהושע שהדבר נעשה לטובתו שכן יוכל להמשיך ולהיוועץ בו. ומבטיח לתת לו את הכבוד המתבקש. יהושע מתרצה, ולו כדי להמשיך ולזכות לראות את פניו של רבו. אולם אז מתרחש המפנה:

> וירא ה' באהל בעמוד,
> ירד העמוד ועמד בין משה ליהושע, נמצא יהושע בפנים ומשה בחוץ,
> צווח משה ואמר מאה מותין ולא חדא קנאה...

תבע מיתה בפיו,
אמר לו הקב"ה הן קרבו ימיך (שם).

משה אולי השלים עם העברת נטל ההנהגה ליהושע אך נשבר כשהשכינה מדברת מגרונו של יהושע והוא הופך כלי שני. קשה למצוא מילים מדויקות יותר ממילותיו של המדרש כדי לתאר בעזרתן את הקושי שעובר מי שנמצא לו תחליף בהנהגה. אך המדרש מיטיב לתאר את המשבר לא רק ברובד הבינאישי. עננו של הקב"ה העומד בין משה ויהושע מעיד שלא קנאה צרת אופק עומדת ביניהם. אהבת ה' העזה שיוקדת בקרבו של משה והשאיפה לחסות בצילו אינה מניחה למשה לפנות בלב שמח את מקומו. ועזה כמוות אהבה. אולי מכאן נבין טוב יותר את המילים השגורות על לשוננו בימים אלו: "אַחַת שָׁאַלְתִּי מֵאֵת ה' אוֹתָהּ אֲבַקֵּשׁ שִׁבְתִּי בְּבֵית ה' כָּל יְמֵי חַיַּי לַחֲזוֹת בְּנֹעַם ה' וּלְבַקֵּר בְּהֵיכָלוֹ" (תהילים כ"ז, ד).

פרשת האזינו

"כטל אמרתי"

בפרשת האזינו זוכה התורה לשלל דימויים שבכל אחד ואחד מהם ניתן למצוא זווית התבוננות שונה וחדשה עליה. הצורך בשלל הדימויים, שיפורטו להלן, מפתיע. האם לא די היה באמירה הפשוטה – קיבלנו את התורה? מתברר שכבר בימיו של משה רבנו צריך היה ל'תרגם' את המתנה הגדולה שניתנה לנו, ולתארה, ובכך להוסיף ולבאר את מידת תרומתה כדי לגרום לשומעים להבין ולהפנים מה מונח עתה בידיהם.

"יַעֲרֹף כַּמָּטָר לִקְחִי תִּזַּל כַּטַּל אִמְרָתִי" (דברים ל"ב, ב). המטר מבטא באופן ראשוני את הרוויה המגיעה לעולם היבש. הערפת המטר רומזת לכך שלעיתים המטר מטיח עצמו בקרקע ורק לעיתים הוא יורד כברכת שמיים נוחה ומלטפת. במטר כזה יש משום הטפת מוסר והשמעת לקח. הטל מבשר על לחלוחית אחרת שיש בתורה, על החיות שדברי התורה משפיעים על לומדיה ושומריה.

דימוי המים – כטל וכמטר – מתגלגל בלבושים חדשים של תיאור התורה גם במקומות אחרים בתנ"ך. בשיר השירים נמשלה התורה למעיין. "מַעְיַן גַּנִּים בְּאֵר מַיִם חַיִּים וְנֹזְלִים מִן לְבָנוֹן" (שיר השירים ד', טו). משל המעיין מצביע על תכונה נוספת של התורה ויכולתה לעורר את היצירתיות ולעודד את כוח הנביעה של המחשבה והחכמה. התורה היא מקור השראה בלתי נדלה, עד ש"יָפוּצוּ מַעְיְנֹתֶיךָ חוּצָה בָּרְחֹבוֹת פַּלְגֵי מָיִם" (משלי ה', טז) ועד שאדם הלומד תורה "נעשה כמעיין המתגבר וכנהר שאינו פוסק" (משנה,

אבות פ"ו מ"א). עומקיה של התורה הם אינסופיים ועל כן ככל שהופכים בתורה כך מגיעים לפשטים מתחדשים שנובעים מתוכה. "הוֹי כָּל צָמֵא לְכוּ לַמַּיִם" אומר הנביא ישעיהו (ישעיהו נ"ה, א). החידוש בדימוי התורה למים מרווים הוא בכך שהצימאון הרוחני אינו זהה בדרך כלל בין בני האדם. ההבטחה למציאת הרפואה למחסור המטריד אינה תלויה בשאלה למה בדיוק האדם צמא. הדימוי של המים התפרש במסכת תענית כמתייחס לתכונה נוספת של התורה הדומה לזו של המים: תכונת היקוותם אל המקום הנמוך ביותר, "מה מים מניחין מקום גבוה והולכין למקום נמוך, אף דברי תורה אין מתקיימין אלא במי שדעתו שפלה" (תענית ז ע"א). הדגש על תכונה זו של המים מתמקד לא רק בתורה אלא גם בלומדיה. ככל שהלומד עניו וצנוע, כך תורתו מתברכת. המים גם מטהרים את האדם הטובל בהם כל גופו.

התורה נמשלה גם למשקים משובחים אחרים כדוגמת היין: "וּשְׁתוּ בְּיַיִן מָסָכְתִּי" (משלי ט', ה). במקביל, דברי חכמים נחשבים לטובים מהם "כִּי טוֹבִים דֹּדֶיךָ מִיָּיִן" (שיר השירים א', ב; ירושלמי, סנהדרין פי"א ה"ד). וכדוגמת החלב והדבש: "דְּבַשׁ וְחָלָב תַּחַת לְשׁוֹנֵךְ" (שיר השירים ד', יא) וכן "וּמְתוּקִים מִדְּבַשׁ וְנֹפֶת צוּפִים" (תהילים י"ט, יא). התורה נמשלה גם לשמן "לְרֵיחַ שְׁמָנֶיךָ טוֹבִים" וגם "שֶׁמֶן תּוּרַק שְׁמֶךָ" (שיר השירים א', ג). לכל אחד מהמשקים הללו ייחוד משלו: שכרון היין ותכונת השתבחותו עם השנים, מתיקות החלב והדבש שיש בהם לתאר את תחושתו של מי שמתבסם מן התורה. צלילות השמן וזכותו, יכולתו לשמור על טהרתו בכך שאינו מתערב במשקאות אחרים, כושר הציפה שלו, המצביע על עליונותו על פני שאר המשקים.

רבדיה השונים של מסירת התורה נמשלו לתבלינים: התורה למלח, המשנה לפלפלים והתלמוד לבשמים. שלושת התבלינים נצרכים לאניני הטעם והריח, אנשים פשוטים יכולים לוותר על חלק מן המגוון (מסכת סופרים פט"ו ה"ו). אך ללא תבלין, החיים חסרי טעם והמאכל אינו משביע. אדם יכול להתנהל כל חייו חיים שהם חסרי פשר ואינם ממלאים אותו.

התורה נמשלה גם לאש "הֲלוֹא כֹה דְבָרִי כָּאֵשׁ נְאֻם ה'" (ירמיהו כ"ג, כט), כוחה של האש בתכונת ההתפשטות שלה, בעוצמתה ובתכונתה לצרוף כל הבא לתוכה. היא נמשלה גם לכסף וזהב, "הַנֶּחֱמָדִים מִזָּהָב וּמִפַּז רָב" (תהילים י"ט, יא), שוויה לא יסולא בפז ואין ערך חומרי לגנוז בתורה. היא כעין מטמון המעניק משמעות לחיינו, ולכן מביאה עמה אושר שכסף וזהב אינם יכולים להשיג.

בתהילים אנו מוצאים את הדימוי לנר, "נֵר לְרַגְלִי דְבָרֶךָ וְאוֹר לִנְתִיבָתִי" (תהילים קי"ט, קה) שהוא פיתוח מסוים של הדימויים לשמן ולאש. המשל הזה מצביע על תובנה נוספת וחדשה: התורה מסמנת את הדרך הנכונה ואף מונעת תאונות ונפילות בדרך, כשם שפנסי הרחוב מועילים להצביע על הנתיב הנכון ומאפשרים הליכה בטוחה.

התורה גם משולה לסמי רפואה, "רִפְאוּת תְּהִי לְשָׁרֶךָ וְשִׁקּוּי לְעַצְמוֹתֶיךָ" (משלי ג', ח). לכן החש בראשו יעסוק בתורה (עירובין נד ע"א). התורה אינה מועילה רק לרפואת גופו של אדם אלא גם לרפואת רוחו ונפשו מתאוות, ממחשבות זרות, ובכך היא סגולה לאריכות ימים "כִּי אֹרֶךְ יָמִים וּשְׁנוֹת חַיִּים וְשָׁלוֹם יוֹסִיפוּ לָךְ" (משלי ג', ב).

התורה היא גם סם החיים, "עֵץ חַיִּים הִיא לַמַּחֲזִיקִים בָּהּ" (משלי ג', יח). המשל הזה אינו מתייחס רק לחיות שמרעיפה עלינו התורה אלא גם להיותה "עץ החיים". כידוע, הקב"ה מנע מאדם הראשון לאכול מעץ החיים שמא יחיה לעולם, אך מתברר שבה בעת גם העניק לנו את התורה, שהיא היא עץ החיים, כי יש ביכולתה להפוך כל רגע לנצח. רגע של חידוש ושל יצירה ייחודית הוא רגע שננצר לעד. גם הרבה לאחר פטירת האדם הוא חי בזכות חידושי תורתו ומצוי בבית המדרש, נלחם על מעמדו בין שאר הדעות והעמדות שנאמרו במשך הדורות.

אוצר המשלים הזה הוא ביטוי להתפעמות מברכת התורה ומן השפע שהרעיף עלינו הקב"ה בתיתו לנו אותה. הצורך לתרגם לחוויות פשוטות את טעמה של התורה לא חלף מן העולם ואנו נוסיף את הנדבך החשוב שלנו לאוצר זה. בדורנו קשה להסתפק במשלים המתייחסים לתורה כאל מים קרים לנפש עייפה, כאל אוצר טבע, שפע וברכת שמיים. התורה שלנו דומה יותר לדם הזורם בעורקינו, לבית חמים שמתגוררים בו ולנים בצילו. לקרקע שיש לעבדה, לחורשה ולזורעה על מנת לקצור פירות שהושקע בהם עמל אישי רב. התורה היא איבר מאיברינו ובה בעת גם סוכתנו שבצילה אנו לנים אך גם זו שאותה אנו בונים. הצטרפות הנשים ללימוד התורה בדורותינו היא ביטוי חזק וברור לכך.

כי לא דבר רק הוא מכם

בסיומה של פרשת האזינו משה מוסיף ומזהיר את עם ישראל להיצמד לחיים

של תורה ומצוות וגם מנמק: "כִּי לֹא דָבָר רֵק הוּא מִכֶּם כִּי הוּא חַיֵּיכֶם וּבַדָּבָר הַזֶּה תַּאֲרִיכוּ יָמִים עַל הָאֲדָמָה" (דברים ל"ב, מז). המשפט "כִּי לֹא דָבָר רֵק הוּא מִכֶּם" בעייתי תחבירית. אם הדבר אינו ריק, איך וכיצד הדבר קשור ומושלם באמצעות המילה "מכם"?

הנושא של המשפט, הדבר שעליו נאמר שאינו ריק – ["הוא"] אינו מבורר. ועוד יותר קשה הקביעה שהדבר הריק הזה הוא חיינו.

הפסוקים הקשים הללו עוררו פרשנים לנסות לתת פשר לצירופי המילים ולרצף הפסוקים.

"שאתם אומרים ריק הוא – הוא חייכם" (ספרי דברים, פיסקא מח). לפי פירוש הספרי, רומז הפסוק לכך שאנשים מסוגלים לפעמים למאוס בדבר היקר ביותר לליבם, נשמת אפם וערך חייהם. כאן מדובר בתורה ובמצוות. שהן הן נשמת אפינו. זניחת התורה כמוה כהתאבדות.

בספרי דברים במקום אחר מובא פירוש שונה. "אין לך דבר ריקם בתורה שאם תדרשנו אין בו מתן שכר בעולם הזה והקרן קיימת לו לעולם הבא" (ספרי דברים, פיסקא שלו). הדוגמה המובאת בהמשך המדרש להמחשת העיקרון היא מן הפסוק: "וַאֲחוֹת לוֹטָן תִּמְנָע" (בראשית ל"ו, כב), ואותה תמנע הייתה פילגש לאברהם. פסוק מיותר לכאורה. מה לנו ולכל זה? אלא שמכאן יש ללמוד שתמנע העדיפה להיות פילגש לאברהם ובלבד שתדבק בעם ישראל. ומכאן ששמירת המצוות וקירבת ה' מעוררת את קנאת הגויים מסביב ואלו מבקשים להידבק בעם ישראל. המאור שבתורה עושה חשק להידבק בעם ישראל ותורתו אפילו אצל אישה רחוקה כתמנע. התורה היא המקור לחיזוק גאוות היחידה והיצמדות אליה רק תגביר את תחושת השליחות והמשמעות.

ניתן לקשור בין שני הפירושים הללו המצביעים על כך שהתעלמות מן התורה גוררת בהכרח אובדן דרך וחיפוש נתיב בריחה מחוסר המימוש בלי ידיעה שאותו הדבר המבוקש, הזהות והמשמעות נמצאים בדבר שאותו זנחנו. ומנגד, עיון בתורה מעניק משמעות וממלא אותנו בגאוות יחידה, בין אם זו מקרינה כלפי חוץ ובין אם זוהרה מגיע רק בבית פנימה. הפירושים הללו קושרים בין שאלות של זהות לבין מהותה של התורה.

אך יש פירושים שראו בלימוד התורה את מושא הפסוק. הלימוד הוא המעניק לעם ישראל את חיותו. לפי מדרש תנאים לדברים הפסוק קובע כי אין בתורה אפילו פסוק או אות שאין מקום להעמיק בהם. על כן, אין דבר

ריק. אם דברי התורה נראים תפלים משמע שלא העמקנו בהם ולא ניסינו לבחון אותם היטב.

אף הירושלמי סבור שהיעד המוצב בפסוקים הללו קשור עם לימוד תורה. וכך מסופר בירושלמי:

> מעשה ברבי ישבב שעמד והחליק את כל נכסיו לעניים,
> שלח לו רבן גמליאל, והלא אמרו חומש מנכסיו למצות,
> ורבן גמליאל לא קודם לאושא היה? (ירושלמי, פאה פ"א ה"א).

רבי ישבב הפריז בחלוקת צדקה. בתגובה, רבן גמליאל העיר לו שבאושא הוכרע שאין לפזר לצדקה יותר מחמישית הנכסים. אבל סיפור זה על ר' ישבב ורבן גמליאל לוקה בכשל היסטורי: רבן גמליאל קדם לאושא ולא יכול היה להפנות את רבי ישבב להלכה זו שנאמרה באושא. כדי לפתור את הפלונטר ההיסטורי הזה, הירושלמי מבאר כך:

> ר' יוסי בר' בון בשם ר' לוי, כך היתה הלכה בידם ושכחוה,
> ועמדו השנים והסכימו על דעת הראשונים,
> ללמדך שכל דבר שבית דין נותנין נפשן עליו הוא מתקיים כמה שנאמר למשה מסיני.

התירוץ להקדמת המאוחר הוא שלמעשה, כבר באושא לא התחדשה ההלכה. אלא היא נאמרה עוד קודם לכן על ידי רבן גמליאל. והעובדה שבאושא מסרו את נפשם על ההלכה, הובילה אותם לגלות רזים שנאמרו כבר בסיני.

> ואתייא כיי [=וזה כההיא] דאמר רבי מנא "כי לא דבר רק הוא מכם",
> ואם הוא רק מכם הוא, למה שאין אתם יגיעין בתורה, כי הוא חייכם,
> אימתי הוא חייכם כשאתם יגיעים בו (שם).

ומכאן לביאור הפסוק שלפנינו. העיון והכורח למצוא משמעות בדברי התורה מסייעים להתגבר על חלוף הזמן ולחשוף רבדים שהוסוו בתורה משניתנה לעם ישראל. ודוק, אין הכרח לומר שכבר משה רבנו שמעם מפי הגבורה. אין הכרח לומר שחכמי כל הדורות ידעו מה שייאמר בעתיד. הכוונה היא

שתחושת האחריות ללימוד התורה הופכת אותה למשמעותית בכל דור ודור. התורה מחזירה לנו אהבה ואנו מגלים בה מחדש את מה שרק בדורנו ניתן להתייגע ולגלות.

לפי הירושלמי, התורה מסבירה פנים אלינו והופכת להיות חיינו כשאנו יגעים בה. יש בתורה סגולה שבכוח לימודה אנו יכולים לשחזר בכל יום ויום את מעמד הר סיני, ולאו דווקא את הנאמר בסיני אלא את הכוח לחדש הלכות מתוך היגיעה. וכך התורה מתגלה כמקור חי ותוסס. ואם חלילה אנו מוצאים שהתורה ריקנית וחסרת משמעות אין זאת, אלא שזנחנו את חובתנו להפוך בה ולהפוך בה עד שנמצא בה את מקור חיינו. עד שנמצא כיצד היא מרפאת את מבוכות הדור. עד שנגלה כיצד חיינו משתקפים בה עם התמורות המתחוללות בכל דור.

בחסידות הצליחו לקשור בדרך דרשנית יפה (החלפה בין רֵק לרַק) בין שאלות הזהות לבין דרישת התורה וראו בשניהם דבר אחד שתורם להעצמתו של עם ישראל.

> וזה פירוש כי לא דבר רק הוא מכם.
> כי התורה הוא **רק מכם** – משורש נשמתם אשר עמדו בהר סיני.
> וכן כל הדורות יש בהם שורש הנשמות שקבלו אז התורה במעמד הר סיני
> (תפארת שלמה, מועדים, שבועות, לר׳ שלמה רבינוביץ, תלמיד החוזה מלובלין והיהודי הקדוש מפשיסחא).

בתורה ניתן למצוא את מקור נשמתו של כל יהודי ויהודי. חיפוש הזהות ומקור ההזדהות של כל אחד ואחד מעם ישראל נעשה באמצעות חיבור לשורשו הטמון בתורה. לכל אחד אות בספר התורה אשר ממתין לו ואך ורק לו, ורק הוא יכול לחשוף את הגנוז בו מאז מעמד הר סיני. זהותו של כל יהודי ויהודי טמונה ביכולת שלו להוציא מן הכוח אל הפועל את האות הריקה ממנו – את האות שממתינה לגילויו.

פרשת וזאת הברכה

פרידות

אחת המשימות הקשות בחיים היא להיפרד. קשה לנו להיפרד מחפצים שאגרנו, גם אם הם תופסים מקום ואיננו זקוקים להם עוד. קשה להיפרד מעבודה גדולה שרצינו כל כך לסיים, אבל לא נדע איך נחיה כעת בלי המחויבות לה. קשה להיפרד מתקופה, אך בעיקר קשה להתרחק מאנשים שכה התרגלנו לנוכחותם בחיינו. חז"ל הדריכו אותנו: "לא יפטר אדם מאצל רבו ולא מאצל חברו אלא מתוך דברי תורה, שמתוך כך זוכרו" (כלה רבתי ח, א), ומוסיפים חז"ל שהפרידה לא תיעשה מתוך שחוק או קלות ראש, צריך לתת לה את כובד הראש המתאים. הציניות ברגעים כאלו אינה במקומה גם אם היא דרך להחליק את הקושי ולחמוק מהתמודדות ישירה עם הסיטואציה (ברכות לא ע"א). במימרה זו נתנו חז"ל הד לצורך להיפרד בפועל, אך במקביל להותיר חותם בלב. חידוש דבר הלכה או עיון משותף בלימוד מחיים את דמותו של האדם שממנו אנו נאלצים להיפרד ומנציחים אותה, מזהים ומחברים אותה עם רעיונות שאין להם כיליון.

לאחרונה ליוויתי את אחת מבנותיי לשדה התעופה, התעקשתי ללוות אותה כל עוד אפשר, כדי להדחיק ולהרחיק את הצורך לומר שלום. עבור רבים קושי הפרידה גורם לכך שהם אינם מתעמתים חזיתית עם השינוי והמעבר. הם מעדיפים לקבל את המצב בלי דרמות ובלי נאומים כבדים ובכך לעקוף ולמסמס אותו. אבל חז"ל הורו לנו במסכת דרך ארץ: "לא יפטר אדם לא מאצל חבירו ולא מאצל רבו, אלא עד שיטול הימנו רשות"

(מסכת דרך ארץ, פרקי בן עזאי פ"ג ה"א). את הפרידה צריך לציין, לעמוד מולה ולהתעמת איתה, לבטא אותה ואף לקבל אישור על הצעד שעושים. ליוויתי את בתי עוד ועוד, עד שברגע מסוים היא אמרה לי: "אימא, תחתכי".

פרשת וזאת הברכה מזמנת לנו התבוננות במשה רבנו ההולך בדרך כל האדם, באופן שבו הוא מנהל את ימיו האחרונים וכיצד הוא נפרד. קשה להכביר בעוצמת הכאב שבפרידה הזאת. היא אף מבוטאת היטב בסוף הפרשה כשהתורה מציינת: "ולא קם נביא עוד בישראל כמשה". ובכל זאת משה אינו חומק מן המבט המפוכח והישיר אל מול הדרמה המתחוללת, לא בקלות ראש, לא בשחוק ואף לא מתוך דברים בטלים או שיחת חולין. משה מישיר מבט אל סופו הקרב, ופועל בהתאם.

במעשיו של משה ניתן לזהות רובד נוסף, לא רק של פרידה מעם ישראל ודאגה לאשר יקרה אותו לאחר לכתו, אלא גם של בניית התהליך האישי שהוא עצמו נזקק לו כדי לסיים את חייו. האתנוגרף ארנולד ואן גאפ בספרו טקסי המעבר (בתרגום לעברית) מכונן את המושג של טקסי מעבר. טקסים כאלה התקיימו ומתקיימים בכל התרבויות האנושיות, אנו מכירים את טקסי ההתבגרות (או בר מצווה ובת מצווה), טקסי נישואין (המציינים את המעבר לבית הזוג ובניית חיים עצמאיים משותפים) ועוד. לטקסים כאלה יש דפוסים קבועים שאפשר לזהות וליישם: **ניתוק, עמידה על הסף ושילוב.**

שלב הניתוק הוא שלב הפרידה עצמה. בפרשה שלנו משה הולך משבט לשבט (למעט שבט שמעון) ומתייחס באופן אישי לכל אחד מן השבטים ונפרד ממנו באמירות בעלות ערך הנתפסות כצוואה. הוא אינו "מחליק" את המעבר אלא מוודא שהידיעה על פרידתו הממשמשת ובאה תהיה "על השולחן" ושתהיה לה הכנה נפשית ורוחנית.

לאחר שלב הניתוק מגיע שלב העמידה על הסף. הקב"ה לוקח את משה אל הסף – נקודת הגבול בין מה שעשה לבין מה שכבר לא יוכל לעשות: הוא עולה מערבות מואב אל הר נבו, אל ראש הפסגה. המעבר הגיאופיזי הזה מסמל בפני עצמו את הניתוק מן הארץ והקירבה אל הלא נודע. שם, בהר, הקב"ה מראה לו את המקום שאליו כבר לא יגיע: ארץ ישראל, נחלת הנשארים שאליה כבר לא יוכל להיכנס. מנקודה זו הוא מתבונן על הארץ לאורכה ולרוחבה ממעוף הציפור. נקודת המבט הזאת, המסמנת את הגבול שבין המדבר לארץ, הגבול בין הנייד לקבוע ובין מה שהוא יכול לעשות ומה שכבר אינו יכול לעשות, מבטאת היטב את העמידה על הסף, בין שמיים

וארץ ובין מדבר וארץ נושבת. שלב השילוב הוא החיבור הנוסף לכל מה שאינו פיזי, המוקדש לפרידה מן החומר ולהשלמה עם המוות הקרב.

פרידה נכונה אינה מקלה על האבל שלאחריה ואינה ממעיטה מהחסר הגדול, אבל היא נותנת הזדמנות לכל הצדדים להשלים את מהלך חייהם ולסגור אותו בכבוד ובאהבה.